새로운
세계에서의
문화연구

로렌스 그로스버그 선집

일러두기

- 한글 전용을 원칙으로 하되, 필요한 경우 원어나 한자를 병기하였다.
- 한글 맞춤법은 '한글 맞춤법' 및 '표준어 규정'(1988), '표준어 모음'(1990)을 적용하였다.
- 외국의 인명, 지명 등은 국립국어원의 외래어 표기법을 따랐으며, 관례로 굳어진 경우는 예외를 두었다.
- 사용된 기호는 다음과 같다.

  신문 및 잡지 등 정기 간행물, 영화, TV 프로그램 제목 등: 〈 〉

  책(단행본): 《 》

새로운 세계에서의 문화연구

로런스 그로스버그 선집

로런스 그로스버그 지음

조영한 이미카 옮김

culture look

새로운 세계에서의 문화연구
로런스 그로스버그 선집

지은이 로런스 그로스버그
옮긴이 조영한 이미카
펴낸이 이리라

책임편집 이여진
편집 하이픈
표지 디자인 식스틴

2023년 7월 10일 1판 1쇄 펴냄
2025년 2월 20일 1판 2쇄 펴냄

펴낸곳 컬처룩
등록 번호 제2011-000149
주소 03993 서울시 마포구 동교로 27길 12 씨티빌딩 302호
전화 02.322.7019 | 팩스 070.8257.7019 | culturelook@daum.net
www.culturelook.net

ISBN 979-11-92090-19-1 93300

★ 2024 세종도서 학술 부문

culturelook

차례

무엇을 느끼는지, 그리고 그것을 체험하는 방법 등을 알려준다. 이야기는 무엇이 중요하고 무엇이 중요하지 않은지 알려준다. 이야기는 다른 이들은 무시하고 인식하지 못하는 특정한 복잡성과 모순을 보고 들을 수 있게 한다. 권력은 인구, 자원, 폭력뿐만 아니라 이야기를 통제하려고 든다. 권력은 이야기 하나(또는 일련의 이야기)를 지배적으로 만들고, 명백하고 상식적이면서 의심의 여지 없이 자연스럽게, 싸울 가치가 있는 것으로 만들려고 고군분투한다. 권력은 관계와 권력의 체계를 확립하기 위해 우리가 자신에게 하는 이야기를 통제하려고 한다. 종종 이야기가 우리를 선택하는 것처럼 보이지만, 권력은 우리가 선택하는 이야기를 조작하려고 한다.

민주주의를 지향하는 사회에서 사람들에게 습관이나 생각을 바꾸라고 강요하는 (또는 바꾸는 척하게 하는) 것만으로는 충분하지 않다. 사람들이 현재 어디에 있든 그들을 같은 편으로 끌어들여야 한다. 이를 위해서 이야기를 바꾸어야 하는데, 그러려면 사람들이 어떤 이야기에는 포함된다고 느끼고 어떤 이야기에는 배제된다고 느끼는지를 알아야 한다. 사람들이 삶의 조건을 살아내고 느끼는 방식을 바꾸어 새로운 의미와 가능성을 제공하려면 다음의 작업이 있어야 한다. 이미 가능한 이야기들을 위치 짓기 mapping, 사람들의 경험을 규정하는 의미·정동·위치에서 풍경의 복잡성을 인식하기, 특정한 경험과 감정을 이야기로 읽어 냄으로써 그것들을 이해하고 인정하기 등이다. 우리는 사람들이 (머릿속의 많은 목소리같이) 많은 이야기 속에 살고 있으며, 그중 많은 것이 불완전할 뿐 아니라 서로 모순된다는 점을 인식해야 한다.

다양한 이야기는 위기를 합리적이고, 알 수 있고, 살게 만드는 다양한 방법을 제공한다. 서로 다른 이야기는 우리가 다르게 반응하도록 유도한다. 예를 들어 상식적인 의견을 의심의 여지가 없는 것처럼 강조하거나, 들려오는 이야기에 (종종 폭력을 통해) 제약을 강화하거나, 예측할 수 있거나 불합리할지라도 오래된 이야기를 두 배로 늘리거나, 자신 이야기의 확실을 재확인하며 다른 곳에 있는 이들을 비난하면서 말이다. 우리는 자주 생존을 위한 지름길을 찾는다. 즉 우리는 생명줄을 원하며, 이는 종종 지나치게 단순하거나 감상에 젖은 희망적인 이야기나 반대로 지나치게 무서운 이야기를 받아들이게 된다. 그 방법과 시기는 아주 다르지만 우리는 파멸과 종말을 이야기한다. 우리는 과학이나 자본주의, 또는 신이 어떻게 우리를 구원할지 매우 낙관적으로 이야기한다. 우리는 중앙과 소통하고 타협하며 중앙으로 나아가야 하는 방식을 자유주의적으로 이야기하는데, 이때 중앙은 항상 가장 좋고 합리적인 곳으로 여겨진다. 그러나 이 격동의 시대에 우리를 편안하게 하거나 반대로 두렵게 만드는 이야기는 충분하지 않다. 이런 이야기는 우리 안에 이미 자리 잡거나 우리 마음의 가장자리에 사는 친숙한 이야기이거나, 현실과 거리가 먼 예외적 환상이다.

절망과 불안 속에서 우리는 이야기가 허술하고 불완전하며 미완성인 데다, 특정 상황과 맥락 또는 다른 시간과 장소, 특정한 선입견과 삶의 경험에 얽매여 있다는 사실을 종종 잊는다. 우리는 사람들이 다른 이야기에 어떻게 반응할지 또는 그 효과가 무엇인지를 미리 알거나 장담할 수도 없다. 이야기의 결과는 항상 (다양한 정도로) 예측되지 않는다. 사람들은 낙관과 비관, 냉소와 절망, 불안과 헌신, 우울과 희망, 두려움과 행동, 사랑과 분노가 다양하게 혼합된 서로 다른 이야기를 살아간다. 이야기는 우리를 냉소적으로 만들고, 수동성에 갇히거나 행동하도록 힘을 부여하기도 한다.

세상에는 나쁜 이야기가 너무 많다. 나쁜 이야기란 단순히 우리가 좋아하지 않는 이야기가 아니다. 예를 들어 나쁜 이야기는 모든 이야기가 똑같거나, 완전히 새롭다고 가정한다. 나쁜 이야기는 종종 과거의 교훈을 거부하거나, 무엇이 왜 효과가 있거나 없었는지 등에 대한 질문 없이 과거의 분석과 전략을 반복한다. 나쁜 이야기는 모든 것이 같은 것(예를 들어, 경제 또는 문화)에 관한 것이며, 모든 것은 결국 한 가지(경제 또는 문화)에 관한 것이라고 가정한다. 그리고 나쁜 이야기는 실행 가능한 유일한 답을 가지고 있다고 주장한다. 그래서 우리가 지역적으로 조직하지 않았기 때문에, 방어적으로 싸우기 때문에, 경제나 제도보다 정체성을 앞세웠기 때문에, '국민'에게 권한을 부여하는 데 실패했기 때문에, 자유주의의 본질을 보지 못했기 때문에, 그리고 자본주의와 세계주의 등에 우리의 도덕적 나침반이 굴복했기 때문에 등등으로 우리의 패배를 단순하게 설명하려 한다.

더 나은 세상을 만들기 위해 헌신하는 사람이라면 누구나 더 나은 이야기를 해야 한다! 그러나 이러한 명제가 현 상황에서 무엇을 의미하는가? 더 나은 이야기는 이야기 내에서 어떤 구성 요소가 어떻게 서로 다른 위치를 차지하는지 이해하는 데 필요한 경험적, 이론적 작업을 수행한다. 더 나은 이야기는 사람들이 어디에 있는지, 어떻게 그곳에 도착했는지, 위치 짓게 되었는지 등을 발견하게 한다. 이는 단순히 신뢰를 쌓는 행위와 같은 첫 번째 단계가 아니며, 이후에 '합리적인rational' 주장으로 전환할 수 있는 것도 아니다. 그들(또는 당신)의 감정이 정당한지 논쟁할 수 없다. 그의 이야기가 왜 효과가 있거나 없는지를 이해하지 않고는 그들이 진실이라고 믿는 것을 단순히 '잘못된 정보misinformation'라고 볼 수 없다. 더 나은 이야기는 차이(심지어 적대감)를 인정하고, 공통의 목표를 공유하지만 우리의 위치와 사용될 전략 분석에 동의하지 않는 일을 받아들이는 것이며, 전략은 공유할 수 있는데 목표는 공유할 수 없다는 것을 받아들인다.

새로운 이야기를 구성하는 사람들은 사람들의 머릿속에 있는 이야기가 그들에게 무슨 의미인지를 이해해야 한다. 그들은 사람들이 무엇을 느끼고 왜 그런지를 이해해야 한다. 그들은 그러한 감정이 실제적이고 심지어 합리적인 반응이라는 사실을 받아들여야 하며, 그러한 감정을 어리석다거나 속기 쉽다거나 사악하다고 비난하지 않아야 한다. 새로운 이야기를 위해서는 뒷이야기를 밝혀야 한다. 왜냐하면 모든 이야기의 시작은 들려주지 않은 이야기의 끝이기 때문이다. 이런 이야기들은 왜 사람들이 특정 이야기로 자신이 표현되도록 허용하는지 말해 준다. 사람들은 대중문화를 통해 자신이 적절하게 표현되지 않거나 잘못 표현된다고 느낄 수 있다. 그들은 국가가 자신들을 실망하게 했고, 자신들이 경제, 정치, 의료, 교육 등의 제도로부터 끊임없이 뒤통수를 맞는다고 느낄 수 있다. 더 나은 이야기는 차이 사이의 (심지어 격렬한 불일치 속에서도) 열정적이고 지능적인 논쟁을 허용하는 새로운 공간을 열고 새로운 형태의 커뮤니케이션을 만들어 낼 것이다. 이러한 이야기들은 적대적이지 않으면서도 적대감을 마주하게 한다. 하지만 우리가 구체적으로 어떻게 할 수 있을까?

우리는 더 나은 이야기를 하는 방법에 대한 더 나은 이야기를 해야 한다. 더 나은 이야기에는 발상ideas과 생각thinking이 중요하다. 발상은 신념이나 의견과는 다르다. 발상은 다른 사람들과 생각하고 논쟁하고, 우리가 당연하게 여기는 것을 질문하고 재평가하는 데서 비롯된다. 의견이 중요하지 않다는 것은 아니다. 의견은 생각을 소유하는 것이 아니라 생각의 전제 조건이다. 생각은 다른 사람들의 생각을 진지하게 받아들이고 우리가 틀릴 수 있음을 받아들이라고 요구한다. 생각은 순전히 객관적이고 보편적인 진리로 이끄는 것이 아니라, 맥락에 대한 더 나은 지식을 얻으려는 노력의 기초이자 항상 일시적인 결과다. 그리고 생각은 그들에게 틀림없다고 여겨지는 감정과 느낌, 욕망과 관심, 열정과 확신과 독립되어 존재하지 않는다. 생각은 일시적으로 우리 자신을 낯선 사람으로 만들고 세상을 다르게 보기 위해 우리를 '이중 의식double consciousness'으로 몰아넣는다.

하지만 이것은 우리가 다르게 생각하는 법, 차이와 함께 살아가는 법, 그리고 스튜어트 홀이 말한 '차이 속 통일성unity-in-difference'을 만드는 법을 배우는 경우에만 가능하다. 우리는 오컴의 면도날(단순한 것이 최고다), 확신과 보편성, 그리고 모순의 법칙 없이 생각하는 법을 배워야 한다. 더 나은 이야기는 다층성과 복합성을 포용하는데, 모든 불확실성에 마법 같은 대답(이는 궁극적으로 모든 이야기를 악화시킨다)을 만들지 않는다. 사회는 관계, 관행, 경험, 이야기 및 제도 등의 경쟁적이고 중복되며 심지어 모순되는 체계를 포함하기 때문에 복잡하다. 사회는 새것과 옛것의 독특하고 불안정한 혼합이며, 옛것은 때로는 새것에 조응하게 다시 만들어진다. 사회는 (자본주의와 종교와 같은) 장기적 세력의 교차, 지도력과 권력을 위한 지속적 투쟁, 다양한 이야기와 진실에 관한 주장, 그리고 약간의 우연성(아마 팬데믹과 같은?)에 따라 끊임없이 변화하는 결과다.

해야 할 이야기는 언제나 더 있다. 더 나은 이야기는 우리가 한편으로는 다층성과 복합성, 다른 한편으로는 구조와 통일성 사이의 균형을 끊임없이 저울질할 것을 요구한다. 즉 결말을 끝없이 열어 두는 것과 결론을 너무 빨리 짓는 것 사이의 균형이고, 그것은 전술적이고 전략적인 정치적 유용성의 문제에 따라 결정되어야 한다. 이러한 균형은 우리가 모든 것을 알지 못한다는 점을 인정하고, 다른 사람들이 우리가 모르는 것을 우리와 다른 방식으로 알 수도 있다는 사실을 인정하라고 요구한다. 우리는 모든 문제에 대한 하나의 답을 찾는 것이 아니다. 그렇기에 답은 항상 여러 가지이고, 대부분이 중요한 통찰력을 준다. 하지만 현실은 항상 더 복잡할 뿐만 아니라 항상 변화하기 때문에(그리고 감사하게도 생각하기 위한 새로운 도구도 항상 만들어지고 있다), 이러한 답들은 항상 불완전하다. 이러한 점은 우리가 자신을 아무리 꼼꼼하고 세련되다고 생각하더라도, 우리 자신의 편협함parochialism을 고려하게 한다. 그렇다면 결과는? 우리는 자기 생각에 다른 관계, 즉 맥락적, 집단적, 과정적 관계를 만들어야 하고, 무엇보다 겸손해야 한다!

우리는 어떤 사회를 구성하는 관계와 구조가 완전히 우연적이지도 않고 반대로 원래부터 관계와 구조가 보장된 적이 없다는 점을 받아들여야 한다. 그 어떤 관계도, 결과도, 정체성도 대안이 없이 확정적이거나 자연스럽거나 불가피하거나 필수적이지 않다. 그렇다고 해서 관계, 결과, 정체성 등이 구성되고 해체될 수 있기에 실제하지 않는다는 의미는 아니다. 오히려 그것들은 실제 효과가 있으므로 실제적이지만 동시에 항상 우발적이다. 따라서 이러한 새로운 모델은 변화가 결과 이상이라는 인식을 요구할 것이고, 변화는 지속적이고 계속되는 시공간적, 물질적, 체험된 과정이란 점을 인식해야 한다.

마지막으로 한 가지 예를 들고자 한다. 세상은 왜 그렇게 쉽게 비관주의와 절망에 빠지거나 절대주의와 증오에 빠지는 것일까? 정치와 문화 분야에 대한 지배적이고 상식적인 이야기(또는 이야기들), 즉 국가, 심지어 세계가 근본적으로 양극화되었음을 우리에게 계속해서 알려주는 이야기에 답이 있다. 때때로 우리는 미국의 남북 전쟁, 도금 시대,[2] 1960년대의 선례로 돌아가서 똑같은 옛날이야기를 되풀이한다. 뉴스 헤드라인을 장식할 만한 극적 요소와 함께 사회는 단순한 이분법적 용어, 즉 그들과 우리로 나뉜다. 사회 집단과 지지층 사이의 많은 차이는 극명하게 그려진 두 진영으로 분산되고 압축된다. 각 진영에는 고유한 통합, 필수적 정체성, 정치적 선택이 할당된다. 문제는 다음과 같다. 양극화는 실제적인 것이지만, 그것은 또한 구성되었으며 하나의 정치적 전략이다. 의도적이든 아니든 간에 양극화에는 실질적 효과가 있으며, 양극화는 함께 살아가기 위해 더 유쾌하고 민주적인 방법을 제공할 수 있는 새로운 차이 속 통합을 접합하는 능력을 방해한다.

이 글을 쓰는 시점에 나는 노스캐롤라이나대학교에서 은퇴를 앞두고 있다. 공부를 시작한 지 거의 50년이 지난 지금 나는 더는 학자라는 직업을 갖지 않을 것이고, 학자라는 직업과 학계가 지금까지 그리고 앞으로 나아갈 방향을 아쉬워하지 않을 것이다. 그러나 정치적 지식인과 교사로서의 삶은 지속하고 싶다. 가르치는 일을 늘 좋아했지만, 이제는 새로운 교육의 가능성을 찾을 때다. 내가 지금까지 제기한 질문에 대한 답은 계속해서

2 산업화와 공업화의 영향으로 엄청난 양의 부를 축적하는 동시에 갖가지 부정이 잇따라 발생하던 남북 전쟁이 끝난 1865년부터 1890년경을 말한다. — 옮긴이

나를 피해 갈 것이다. 그래서 나는 다른 경로를 찾아볼 생각이다. 그 어느 때보다 우리는 격동의 현재를 다루기 위해 함께 생각하고 고군분투하는 방법을 찾아야 한다.

1984년에서 2010년 사이에 출판된 나의 에세이 일부가 한국어로 나오게 된 것을 영광으로 생각한다. 이 번역 작업에 많은 시간과 노력을 들인 (나의 제자) 조영한과 이미카에게 감사의 말을 전한다. 내 글을 번역하는 일이 쉽지 않았을 텐데, 그것을 읽는 것도 그만큼 어렵지 않을까 염려도 된다. 그러나 누구든 이 글을 읽으며 보낸 시간이 가치가 있기를 바란다.

2022년 5월

로런스 그로스버그

3부 세계화와 다중적 근대성

내가 그동안 배운 것들

우리는 항상 적어도 부분적으로는 역사의 산물이다. 여기서 나의 역사를 길게 설명하지는 않겠다. 나는 베이비 붐 시기에 태어나 과학자가 되고자 대학에 들어갔는데, 졸업할 즈음에는 격동의 시기였던 미국과 전 세계(당시 미국 외의 지역에 대해서는 아무것도 몰랐지만)에서 '정치적 지식인political intellectual'이 된다는 의미를 이해하려고 노력했다. 현재도 격동의 시기는 누그러들지 않고 계속되지만, 사람들은 현재의 격동이 더 강렬하고 더 위협적이며 더 힘든 것처럼 느낀다고 한다. 현재를 더 강렬하고 위협적으로 느끼는 방식이 사람들이 진실을 포착하였다거나 과거를 잊어버렸다는 것을 의미하는 바는 아니다. 결국 다양한 사람들에게 다양한 결과를 초래하는 사회, 경제, 정치, 문화 등에서 일어나는 크고 작은 위기가 항상 존재한다. 그런데도 변화의 물결이 우리를 여러 방향으로 끌어당기는 것처럼 보이는 순간이, 우리가 삶과 미래를 통제할 수 없다고 느끼는 순간이, 그리고 잠식하는 혼돈과 협상할 수 없다는 것을 발견하게 되는 순간이 있다. 동시에 발생하는 여러 위기가 불가피하게 가시화되고 얽혀 있을 때, 위험은 전례가 없는 것처럼 느껴질 수 있다.

사람들이 세상을 변화시키거나 세상을 끝내기 위하여 힘든 싸움을 하고 있다고 믿는 것은 결코 새로운 일이 아니다. 사람들이 선과 악 사이의 투쟁에 휘말려 있고, 그것에 미래가 걸려 있다고 생각한 것도 이번이 처음이 아니다. 우리는 이런 감정을 무시할 수 없다. 소란, 전선, 혼돈이 모두 계속해서 확장되고 심화하여 종종 새로운 형태와 벡터[1]를 취한다는 느낌 말이다. 그러나 우리는 그러한 경험이 고유한 지형과 시간성을 가지고 있음을 인정해야 한다. 나는 특정한 시간과 장소(민족 국가, 지역, 현장)에서 무슨 일이 일어나는지 알아내려고 노력하면서 다른 곳에서 이야기하는 목소리를 듣고, 우리가 잠깐이라도 함께 걸을 수 있도록 그들과 대화하려 한다.

내가 정치적 지식인의 삶을 추구하는 것은 현실을 바꾸어 더 나은 세상을, 더 인간적이고 평등하고 정의로운 세상을 만드는 데 지속적으로 노력하려는 열망에서 비롯되었다. 그 역할은 어느 정도 이 시대의 선택을 받았다. 나는 그러한 노력이 '성공'하려면 지금 우리가 어디에 있는지, 우리가 그곳에 어떻게 도달했는지, 어떻게 해야 더 나은 곳으로 갈 수 있는지 등을 이해해야 한다는 것을 알았다. 여기서 우리를 구체적으로 또는 추상적으로 정의 내릴 수 있고, 더 바람직하게는 '우리'를 초대할 수 있다. 즉 우리의 다층적이고 다양한 현재의 실체를 알아야 한다. 나는 그 당시 많은 사람이 인정하기를거부했던 것, 즉 문화가 중요하다는 것을 인정하는 일로 시작했다. 너무 많은 사람이 여전히 사회적, 기술적, 정치적 또는 경제적 영역만이 중요하다고 믿는다. 이러한 차원은 실제적이고 중요하지만 불완전하다. 이러한 차원은 체험 가능한 현실로 변환되고, 접합되고, 조정되어야 한다. 문화는 체험의 영역이다. 문화는 혼돈에서 질서(관계와 구조)를 잡고, 의미를 부여하고, 그것들을 다양한 방식으로 중요하게 만들고, 그것들

1 벡터는 크기와 방향을 모두 가진 양을 의미한다.

을 신체의 특정 능력에 연결하여 느낌, 감정, 열정 및 활력(내가 '정동'이라고 부르는 것)을 만든다. 다시 말해, 사회 현실이 전부 문화라는 의미가 아니라 불가피하게 문화에 관한 것이라는 점이다. 사람들은 너무 현재의 '문화 전쟁'이 지식과 무지, 또는 지식과 믿음 사이의 전투를 정의한다고 여긴다. 하지만 나는 이 문화 전쟁을 위협적인 혼돈과 통제 사실에 대응하는 다양한 방식의 전투로, 그리고 분노, 우울, 불안, 두려움, 희망 또는 믿음을 끌어내고 표현하는 다양한 방법으로 접근하는 것이 더 유용하다고 본다.

나의 탐색은 나를 제임스 케리와 스튜어트 홀과 같은 훌륭한 스승들 곁으로 이끌었고, 학부생과 대학원생을 포함한 훌륭한 많은 학생이 나에게 모이게 했다. 모두 각자의 길을 가면서도 내가 나의 길을 계속해서 나아갈 수 있게 도와주었다. 나의 길은 나를 정치적 지식인으로 정의하게 된 두 가지 중첩되는 기획(프로젝트), 즉 더 나은 이야기를 하고, 다르게 생각하기를 실천하도록 하였다. 나는 이 두 기획에 대해 몇 가지 이야기하고자 한다. 이는 내 논문들에 새겨진 길들을 이해할 때 다소 도움이 될 것이다.

나는 '이야기stories'라는 비유를 사용하는데, 여기서 이야기는 서사narratives만을 의미하지 않는다. 즉 이야기는 이미지나, 사운드트랙이 될 수 있고, 심지어 우리 각자가 당연하게 여기는 모순된 지식일 수도 있다. 사람들은 세상에서 자신이 속한 장소와 삶의 방식이 합리적이라고 믿는 경향이 있다. 이야기는 우리가 누구이며, 어디에 있는지, 어떻게 여기에 왔는지, 서로 다른 집단 간에 어떤 종류의 관계가 존재할 수 있고 존재해야 하는지 알려준다. 이야기는 우리가 어디에 속하는지, 어떻게 느끼는지, 세상이 어때야 하는지, 그리고 어떻게 그곳에 도달할 수 있는지 알려준다. 이야기는 우리에게 다양하게 살아가는 방법을 알려주며, 어떤 사람은 연결하고 어떤 사람의 관계는 끊는다. 이야기는 선택의 순간에 판단의 논리를 알려준다. 이야기는 우리의 상상을 구체적이고 체험할 수 있게 만들어지며, 우리의 삶을 상상할 수 있게 만든다. 이야기는 무엇이 우리에게 의미 있는지, 우리가

문화연구자로서의 로런스 그로스버그

이기형

'문화연구'라는 지식의 특정한 지향성과 실행을 꽤 오래 추구해 온 사람으로, 로런스 그로스버그 선생의 이 주제와 관련된 풍성한 지적 활동을 소개하는 긴요한 번역 작업에 글을 쓰게 되어 남다른 감회를 품게 된다. 무엇보다도 그는 나를 포함한 문화연구와 문화정치를 탐구하는 다양한 지역의 주체들에게 지식의 원천으로, 여러모로 돌아볼 예시와 감응을 준 바 있다. 한국에서 활동하는 문화연구자들에게도 그는 중요한 인물이다. 다양한 사회적 쟁점이나 첨예한 현안과 관련해, 그가 정초한 정교한 이론 틀과 탐구의 방식을 활용하고 이를 한국과 같은 '로컬'에서 변형하고 대응하는 일은 상당한 성과도 있었지만 만만치 않은 난점과 압박이 되기도 했다.

나 또한 문화연구를 미디어 관련 학과에서 가르치며 변화된 문제의식과 관점을 모색하면서 지도 교수였던 그로스버그의 가르침과 제언을 종종 곱씹어 왔다. 돌아보면 그의 작업은 내가 한국에서 활동해 오면서 수행한 문화연구와 직결된 소명 의식과 앎의 진중한 모색에도 지속적인 영향을 주었다. 동시에 그가 도모한 최근 몇 년간의 지적 도전을 충분히 수렴하지 못한 측면도 떠올리게 된다. 그런 면에서 이 글에서 나는 후학이자 동료로서 그가 지향한 작업에 관한 평가와 기억을 조심스럽게 녹여내고자 한다. 이 지면에서 나는 상대적으로 자유롭게 우리가 '래리'라는 애칭으로 부르던 그로스버그의 열정적인 활동상을 떠올리면서, 그가 실행한 작업의 함의를 독자와 공유하고자 한다.

문화연구와 그로스버그와의 만남

나는 1990년대 초에 어바나-샴페인 소재 일리노이대학교 커뮤니케이션 대학 건물 1층의 커다란 원형 테이블이 있는 오래된 세미나실에서 처음 그를 만났다. 동료 대학원생들이 그의 강의를 추천했기에, 기회를 찾다가 그가 개설한 수업을 드디어 듣게 되었다. 당시 40대 중반으로 접어들던 그로스버그는 청재킷과 청바지 차림에 한 손에 커피가 든 보온병을 들고서 — 커뮤니케이션학과 관련된 주요 인물들의 손길과 호흡이 배어 있는 — 그 사연이 많은 방으로 들어왔다. 첫 수업이 준 인상에 관해 말하면, (좀 관행적인 표현이지만) 그가 격식이나 권위를 내세우는 유형의 교육자는 아니라는 점을 어렵지 않게 느낄 수 있었다.

'문화연구 I'이라는 강의계획서상으로는 별반 구체적인 제목이나 핵심 주제어가 선뜻 눈에 들어오는 수업은 아니었는데, 돌아보면 생각할 거리가 무척 많고 향후 씨름하게 될 자원을 얻게 된 강좌였다. 토론이 많이 오가는 형태가 아닌 그가 열정적으로 주도하던 강의 방식이 특이하기도 했다. 대학원 수업에서 종종 접하는 수업 참가자들의 발표와 논의로 구현된 친숙한 구성에서 벗어난 그런 구성이 내게는 오히려 큰 도움이 되었다. 당시 내가 아직 전모를 파악해 가던 지식 실천으로의 문화연구에 관한 다양한 단서와 좌표를 상세하게 파악하는 데 큰 도움이 되는 방식이었기 때문이다. 이후 그가 개설한 수업을 적잖이 수강했지만, 첫 수업의 강렬한 인상은 아직도 남아 있다. 해당 수업은 문화연구와 직결된 스튜어트 홀과 레이먼드 윌리엄스 등 관련 인물들의 텍스트에서부터, '외부'에서 문화연구로 수용하게 된 데이비드 하비와 같은 지리학자의 작업이나 에드워드 사이드와 미셸 푸코 그리고 질 들뢰즈의 글과 저작을 읽고, 주요 이슈를 집중적으로 조명하는 방식으로 진행되었다. 주제 영역으로는 문화 관련 주요 논의 외에 역사와 철학, 공간 연구, 전 지구화, 근대성 등과 교차하는 내용을 문화연구의 관점과 결합하며 다루기도 했다. 그런 꽤 범위가 넓은 — 동시에 당대 지식 생산에서 주목받는 — 일련의 주제를 엮어 내고 공략하면서, 그는 주기적으로 개념과 이론의 지형 사이사이에서 일종의 '알아두면 쓸 데 있는' 지성사로 호명할 만한 인물들의 일화와 출판물에 등장하지 않는 이들의 동향에 관해서도 꽤 상세하게 담화를 풀어내곤 했다.

한편 거의 한 주마다 할당된 특정 저작을 읽고 수업에 참여해야 했기에, 지면의 압박과 함께, 까다롭게 도사린 개념이나 이질적인 사유들이 형성한 미로에서 당시 막 박사 과정을 밟아가던 나는 길 찾기를 위한 적지 않은 헤맴과 진통을 겪기도 했다. 그 수업에서 주요 사회 이슈와 갈등적인 공적 의제에 집중하는 문화연구의 관련 전략을 꼼꼼하게 설파하던 그의 몸짓과 표정 그리고 나긋나긋한 목소리로 전해 오던 응축된 담화들은 상당히 명료했고 인상적이었다. 당시 그는 수업이 시작할 때마다, 수강생들이 (큰 인덱스 카드나 A4 용지에) 읽을거리와 관련된 질문을 적어 제출하는 방식을 선호했으며, 수업 후반에 수강생들이 제시한 질문에 상세한 설명을 해주곤 했다. 영어로 된 길고 복합적인 결의 텍스트를 읽고 관련 내용 중에 의문점이나 소감을 압축해서 제시하는 그런 방식이 생각보다 까다로웠지만, 나는 그런 도전이 유의미한 단서가 녹아든 기대나 새롭게 이어지는 앎의 실타래로 변환되는 경험을 생생하게 접하게 되었다. 예컨대 처음에는 감을 잡지 못하고 부유하기도 하다가, 배당받은 읽을거리에 관한 다른 자료와 서평 등을 찾아 읽어 가면서, 텍스트를 파악하기 위해 노력하던 기억도 떠오른다. 또한 나름의 집중력으로 텍스트와 씨름한다고는 했는데, 돌아보니 그 과정에서 난독과 오독도 적지 않게 겪었던 듯싶다. 주기적으로 칠판에 특정 지식의 계보와 쟁점을 그가 또박또박 명료한 필체로 적어 가며, 좌중을 향해 던지던 시선도 기억난다. 그는 친근한 화술로 우리가 주목했던 지성들과 얽힌 예시적인 이야기와 유머를 적절하게 배합할 줄 아는 노련한 이야기꾼이기도 해서, 난해함이나 딱딱함을 탈피한 흥미진진한 대화의 흐름을 시종일관 접할 수 있었다. 시간이 지나면서 나와 친교를 맺게 된 동료들은 래리가 대체 무슨 에너지로 몇 시간씩 이어지는 흡인력과 집중력이 유지되는 강의에 주력할 수 있는지를 두고 놀라움을 표출했던 적이 꽤 있다.

박사 과정 초기에 여름방학 동안 래리의 집에서 동료들과 공유했던 구조주의 관련 수업도 떠오른다. 강의실을 벗어나 비교적 편한 분위기에서, 우리는 기호학과 구조주의 관련 논의를 진행했는데, 그런 접근이 꽤 매력적이었다. 특히 그 시점까지 기호학과 같은 지향이 지식 생산과 결부된 체계적이면서 유용한 분석의 틀이란 '통념'을 갖고 있던 내게, 구조주의가 주력하는 의미화signification의 특징 외에 명백한 한계를 제기하며, 그가 대안적으로 강조했던 물질과 테크놀로지 및 제도의 영역에 주목하는 '담론'으로의 인도나 '공간적 유물론'으로의 소개는 상당히 신선했다. 이런 대응은 당시 특정 현상을 의미론 중심의 접근이나 해석의 격자로 낱낱이 포착하고, 이를 조밀하게 엮어 내는 방식에 익숙하던 내게 새로운 차원의 고심과 배움을 생성하는 자극과 성찰이 깃든 방향성의 전환을 일깨워주었다. 래리가 강의와 더불어 지식의 공유를 무척 즐거워하며, 타고난 교육자이기도 하다는 생각이 들었다. 무엇보다도 지적인 에너지와 배움이 풍성했던, 동시에 풍요로운 분위기와 열기를 지속해서 견지했던 그의 수업에 관한 기억은 긴 세월을 넘어서 아직도 선명하다.

이후 그가 담당한 수업에서 포스트구조주의나 당시 지식 영역에서 크게 가시적이었던 이른바 포스트모더니즘을 포함한 '포스트'주의postisms를 다루기도 했지만, 그는 지나치게 난해하게 강의를 전개하지는 않았다. 당시는 포스트모더니즘이 맹렬한 기세로 다양한 분과 학문 영역으로 '범람'

하면서, 상당한 주목과 관심을 받으며 제어되지 않는 '이론하기'의 욕망이 관찰되던 시기였다. 그는 미학에서 인문학과 사회과학 분야로 강한 영향을 생성하였으며, 기존 거대 서사에 관한 '해체'와 '탈중심화'의 도전 및 인식론적 실험의 효과를 발휘하던 포스트모더니즘에 관해서도, 신중하면서 비판과 대응이 조합된 관점을 유지했다. 예컨대 포스트모더니즘의 여파가 당시 상당히 강했고 확장된 유행을 타기도 했지만, 그는 이 '괴물' 같은 개념이 드러내던 역할 외에, 과도한 상대주의의 한계나 단단한 판단과 진단의 틀이 틀어지는 경향에 대한 경계와 냉정한 비판의 끈을 놓지 않았다.

그는 늘 기존의 확립된 이론과 부상하는 이론적 자원들을 촘촘하게 대비하고, 이론 공부와 축적 자체에 공력과 노력을 지나치게 경주하는 강박을 벗어나서, 이론의 위상과 활용을 현실의 난제와 출구를 찾는 노력에 대응하기 위한 전술적인 '연장통toolbox' 구현으로 간주했다. 예컨대 문화연구의 특화된 기획을 밟아 가는 과정에서, 그는 필요한 지적 자원과 생산적 걸언을 '촉매'하는 다양한 이론적 자원의 전유와 수혈이 마땅히 더 긴요한 의제가 되어야 하며, 이를 목수가 섬세하게 연장을 다루듯이 선택적이면서도 효과적으로 활용할 필요가 있다는 관점을 견고하게 유지했다. 첨언을 하자면, 그는 기성의 미디어나 문화 관련 이론의 관성과 제한성을 돌파하는 방안으로, 들뢰즈와 가타리가 제기한 '탈주론nomadic thought' 등의 급진적 철학에서 '규제학파the regulation school'로 상징되는 새로운 마르크스 경제학의 사조나 인종 연구와 여성학에서 부상한 '관점 이론standpoint theory' 등의 대안적 접근을 종종 비교하고 비판적으로 접합하는 노력을 기울였다. 이런 독특한 선택과 조합의 전략으로 그는 당대 미국 사회에서 분출된 거시적 정치적 쟁점과 사회경제적인 이슈를 지식 자원들의 접합이 발휘하는 '상황 적합성'과 특화된 유용성을 기준으로 탐구하기도 했다.

즉 당대 학계에서 주목을 받는 유럽에서 발원된 일련의 이론이나 커뮤니케이션학 인접 분야의 쓰임새가 높은 지식 담론을 소개하면서도, 그는 이런 연장을 문화연구의 급진적 전략과 필요성을 기반으로 '벼려' 내는 sharpen 작업을 꾸준히 해 왔다. 단적으로 논해, 이론의 정합성과 효용을 그는 특정 쟁점에 착종이 된 구체적인 '질문'과 관련 사회·역사적 맥락성과 유기적으로 결부된 문제 제기라는 방향타로 수시로 시험하고, 검증하려는 태도를 유지했다. 이런 측면과 함께, 그는 우리가 가용 가능하며, 배울 필요가 있는 이들이 제공한 지적-비판적 자원을 적극적으로 수렴하거나 '훔칠' 필요가 있다는 전언을 주기도 했다. 그의 수업을 수강하던 어떤 순간에 나는 '문화연구'라는 대상을 세상을 바라보는 핵심적인 '렌즈'로 활용하고 싶다는 생각을 품게 되었다. 돌아보면 내가 큰 기대를 품으며 미국 사회학과 대학원 생활 초기에 접했던 일군의 강좌들은 당시 지나치게 심리적 변인에 안주하면서, 사회 내 역사적·구조적 쟁점에 관해 '기능적인' 인식을 상당 부분 드러냈다. 또한 소수 과목을 제외하고는 마찰과 갈등이 도사린 공적 이슈와 사회 구조의 문제를 조명하는 노력에서도 적지 않은 한계를 드러냈다. 그런데 흥미롭게도 공간적으론 사회학과와 같은 건물에 자리한 커뮤니케이션학과의 과목에서 그로스버그의 결이 다른 강의를 접하면서, 나는 새로운 지향점과 명료한 문제의식을 점차 발견한 것이다.

달리 서술하면, 나의 지적인 허기의 시기에 그가 설파했던 문화연구라는 대상을 만나, 긴요한 단서와 깨달음을 얻게 되었다. 무엇보다도 그가 진득하게 주해와 통찰을 풀어간 수업 내용을 통해, 내가 원하던 핵심적인 사유와 고민의 대상이 '문화'라는 질료임을 헤아리고 재확인하게 된 계기가 되었다. 요컨대 문화라는 (수백 가지에 이르는 정의가 가능할 정도로 유동적이고 녹록하지 않으면서도, 인간 주체와 사회 구조 간의 끈끈한 상호 작용을 추적하며, 삶의 양태를 변화하는 데 중요한 힘으로 작용하는) 이 독특한 존재에 대해, 나는 조금씩 정련된 이해와 가치를 배워 가게도 되었다. 이런 발견과 각성은 또한 사회과학 영역에서 활동하지만, 인문학적 질료의 강점과 문화적 상상력에 큰 애착과 관심을 투사해 온 나의 개인적인 여정에서 — 그로스버그를 안내자로 —

중요한 자원과 발판을 발견했던 순간이었다. 이론가로 그를 위치 짓는 이들이 꽤 있으며 그런 정의가 일정하게 타당할 수 있지만, 적지 않은 강의를 통해 내가 주목한 측면은 매우 정제되고 동시에 팽팽하게 학생들에게 다양한 지식의 질료를 소개하며, 대응과 논쟁점을 활성화하는 그의 교육 방식이 주는 생산적인 효과였다. 특히 수업에서 문화연구자들이 고심할 교육의 방식이나 상호 간 공동 작업과 관련해, 그는 이른바 엘리트 대학이 아닌 성인 교육에 헌신했던 레이먼드 윌리엄스의 역할이나 버밍엄대학교와 개방대학교the Open University에서 긴 세월 동안 제자들과 굵직한 작업을 도모했던 스튜어트 홀에 대한 일화도 종종 소개한 바 있다. 그러한 각별한 예시들과 만나면서, 나와 동료들은 특히 문화연구가 선명하게 추구해 온 또 다른 특징인 '비판적 교육학critical pedagogy'의 전통과 《위기 관리 *Policing the Crisis*》와 같은 핵심적 저작을 생성한 독특한 '협업'의 효능을 차차 이해하게 되었다. 이후 그와의 인연과 지적 결연을 기반으로 나는 문화연구로 더 깊게 입문하게 되었다.

그로스버그, 스튜어트 홀과 제임스 케리의 행로

이제 꼭 필요한 논의를 — 그로스버그가 장구하게 천착해 온 문화연구 관련 작업의 함의를 — 제시해 보자. 그는 미국을 중심으로 활동해 온 문화연구자로, 2022년 봄 학기를 끝으로 퇴임하기 전까지 관련 탐구와 교육을 끈기 있게 이끌어 왔다. 나아가 그는 각자의 장소에서 특화한 문제의식으로 활동해 온 다양한 문화연구자들과 수많은 교류와 대화를 부단히 모색했던 인물이기도 하다. 인정컨대, 이 짧은 글에서 그가 긴 세월 동안 밟아온 문화연구의 이론적 '모험'과 집합적으로 발산하게 된 '기획project'의 전모를 세밀하게 논하기는 어렵다. 그럼에도 그로스버그가 강조하고 실천했던 문화연구의 핵심을 압축해서 고려해 보자.

먼저 문화연구라는 호칭을 접하는 이들은 대략 이 지적-비판적 지향성이 대중문화를 포함한 문화의 역할과 사회 내 관련 영역에 관한 비판적이면서도 창의적인 분석을 도모하는 작업이라 생각할 수 있다. 예컨대 문화연구라는 이름으로 드라마와 영화에서 팬덤과 청년층이 참여하는 일련의 문화적 양식의 특징과 사회적 함의를 꼼꼼하게 조명하며, 그런 다변화된 진단에서 생성된 의미 재현의 차별성과 명암을 풀어가는 분석들은 대단히 많다. 즉 그런 방향으로 특정 대중문화물의 탐구에서 관찰되는 주요 이데올로기 효과나 자본주의 상품 미학에 대한 세밀한 비판과 선택적으로 재현된 세대와 젠더의 문제 등을 깊숙이 파고드는 분석들도 적지 않다. 일견 그런 '친숙한' 분석 방식이 부분적으로 문화연구의 역할에 일정한 관련성을 주기는 하지만, 그로스버그는 전술한 차원을 넘어서려는 끈질긴 노력과 성찰이 탑재된 모색을 수행한 바 있다. 요컨대 그는 다양한 사례들에서 문화가 미학적 가치와 의미 작용의 생산적 역할이나 특정 주체들이 표출하는 감정적 동인을 포착하는 데 긴요하지만, 그런 시선을 넘어서, 일련의 문화 양식이 당대 사회상에 깊이 관여하는 다양한 결의 정치적인 효과와 권력 작용을 추동한다는 점을 결코 잊거나 방관하지 않았다.

이와 함께, 그는 앞선 사례들에서 관찰되는 '징후적' 해독이나 비판이 '예고된' 측면에 문화연구의 분석적 화력과 문제의식을 집중적으로 투사하는 활동에는 정제된 이견과 대안의 필요성을 주창하기도 했다. 요컨대 그가 강조한 문화연구의 핵심 의제는 기존의 관행과 문제의식을 현실을 관통하는 복합적인 긴장과 변화된 상황에 조응하는 견고한 문제의식으로 대응하고 도전하는 일이었다. 이런 관심으로 그는 일부 문화연구자들이 관행적으로 실행하던 탐구의 '협소함'이나, 혁신과 고민이 부족한 관성에 제동을 걸고, 보다 현실에 접맥되며 가치 있는 대항적 기획을 제기하는 방식으로의 필요성을 '깐깐하게' 주창한 바 있다. 예를 들면, 특정 문화 현상이나 대중적으로 소비되는 텍스트의 역할을 조밀하게 진단하는 사례들에서 '저항'과 '협의'나 '굴절' 등의 사회적 의미와 기류milieu의 특징을 추적하거나, 이를 분석적으로 축적하는 일 자체를 그는 문화연구의 핵심 과업으로만 정의하지는 않았다. 즉 그가 설파한 문화연구의 주목할 역할은 사회 내에서 전술한 현상과 사례들이 어떤 복합적인 관계성과 다양한 정치적 함의를 내장하는지에 더욱 주력하는 모색과 도전을 동적으로 추구하는 지적 노동으로 상징된다. 부연하자면, 그로스버그는 문화라는 대상을 두고, 치열하고 급진적인 방식으로 이 구성물construct의 간과된 역할과 효능 및 동태적인 역량, 그리고 문화의 활용이 생성하는 다각적인 정치적 대항과 변혁의 가능성을 굶직하게 탐구해 온 주체다. 그가 수행한 일련의 작업은 다양한 사회문화적 현상에서 문화의 특성과 다면적인 역할을 주의 깊게 간파하면서도, 이를 현실의 구체적 문맥과 연계된 다양한 정치적 기획 및 상상의 모색으로 변용하는 일관성을 발현해 왔다.

앞선 논의에서 일정한 단서를 파악할 수 있지만, 그로스버그의 널리 알려진 공적 성제성으로 문화연구의 전통에서 상당히 선명한 급진적 이론 기획과 반향이 큰 탐구의 틀을 맹렬하게 제공해 온 측면을 거론할 수 있다. 이런 모색에는 — 이 책 속에 그가 치열하게 경험한 지식 탐구의 궤적이 소상하게 등장하지만 — 구체적인 지적·역사적인 특이성과 지식의 계보와 연관된 특정한 인연affiliation이 선명하게 존재한다. 먼저 그는 영국의 버밍엄 대학교에서 문화연구를 공부하면서 비슷한 관심을 가진 이들과 긴밀하게 교류했다. 특히 그곳에서 스튜어트 홀이 주도하던 당대 문화연구의 본산인 '현대문화연구소Center for Contemporary Cultural Studies'를 근거지로 삼아 그로스버그는 다양한 경험과 분석의 전략을 체득한 바 있다. 이후 그는 홀의 추천으로 미국으로 돌아와서 제임스 케리를 만나게 된다. 제임스 케리는 문화와 커뮤니케이션에 관한 독자적인 탐구를 실행했던 학자였다.

스튜어트 홀은 주지하다시피 영국 '문화 좌파the cultural left'의 대표 아이콘이자 '공적 지식인public intellectual'으로 이데올로기와 정치적 기획으로서 헤게모니 작용이나 변화하는 자본주의의 역할에 관한 정련된 분석을 주도한 인물이다. 현대문화연구소를 기반으로 그가 학생들과 추구한 전방위적 활동은 거시적으로 상식과 대중의 동의에 기반을 둔 지배의 모색이 — 즉 헤게모니의 기획이 — 다양한 미디어나 문화 현상을 기반으로 전개되는 제 양상과 다층적인 효과를 밀도 있게 분석하는 연구의 기틀과 영향을 구축한 바 있다. 홀은 특히 '유연 축적' 등의 주요 경제적 변곡점이나 특정 정치적 이슈의 형성을 탐구하면서, 문화를 경제나 정치적 요인에 종속적 요인이거나 이런 요인에 의해 상대적으로 단순하게 구획된 반영reflection 정도로 설정하지 않았다. 예시하면, '권위적 포퓰리즘authoritarian populism'의 성격을 표출하면서 새로운 지배 방식을 강하게 형성한 영국의 '대처리즘'을 대상으로, 그는 예리한 이론화와 변화된 현실에 응전할 필요가 있는 정치적 전략을 깊게 파고드는 일군의 작업을 도모한 바 있다. 주지하다시피 마거릿 대처는 '법과 질서law and order'를 정치적 구심점으로 삼으며, 영국의 전통적 보수 이념과 신자유주의를 조합한 이데올로기 공세와 단호한 기조로 대중적 지지를 공고화했으며, 노동자 계급과 서민층에게 심대한 타격을 주는 일련의 정책을 주도했다. 홀은 대처로 상징되는 중대한 정치·경제적 변화의 동학을 예리하게 진단했으며, 이런 그의 노력은 제대로 된 대응과 변화를 위한 의지가 부족했던 진보 진영의 구성원들에게도 상당한 자성과 숙고의 기회를 제공한 바 있다. 또한 홀은 문화연구를 대중문화나 소비자본주의와 연계되는 콘텐츠 혹은 텍스트의 영역에 관한 탐구에서 벗어나서, 다양한 이들과 끈끈한 협업이 반영된 전략적 기획으로 구현했다. 주요 사례로는 인종주의와 탈식민의 쟁점post-colonial issues이나 문화 생산의 복합적인 회로circuit를 다각적으로 모색하는 혁신이 반영된 기획 등이 그런 사례에 해당한다. 이와 함께, 홀은 동료들과 당대 청년 문화나 노동자 계급이 형성한 하위문화subcultures가 상징적으로 분출하는 고유의 에너지와 자생적인 역량을 촘촘하게 탐구하는 담론의 조명과 이와 관련된 면밀한 경험 분석을 하위문화에 관한 '민속지학ethnographic works' 등으로 구현하기도 했다. 그런 다면적인 활동은 버밍엄에서 수학하던 그로스버그에게도 선명한 영향을 주었다.

한편 제임스 케리는 커뮤니케이션이라는 현상이 일상 속에서 독특한 의례ritual와 상징적 의미들을 풍부하게 생성하는 동태적인 과정이라는 문제의식으로, 미디어가 생산하는 메시지의 효과를 탐구하는 데 주로 집중하던 당시 미국의 주류 커뮤니케이션학과 선명하게 대비되는 차별점과 대안적인 접근을 구축한 대표적인 주체였다. 그런 의미에서 주류 커뮤니케이션학의 특징을 '효과론의 전통the effects tradition'이라 부르기도 한다. 한편 이런 주류적 흐름과 비교되는 광의의 '비판적' 접근에 문화연구와 정치경제학적 접근이나 여성학적 관점이 포진된다. 케리는 인류학과 인문학에서 다원적인 질료와 해석 방식을 수렴했으며, 분절된 대상이 아닌 역사적인 동인들과 접맥된 미디어의 '사회적 구성social shaping of technology'과 복합적인 효과를 테크놀로지와 권력의 역할로 확장하여 탐구하는 차별성을 구현하기도 했다. 단적으로 논해, 두 인물의 공통점으로 분과 학문 내 세련된 이론과 연구의 전통을 확립하는 데만 이들이 주력하기보다, 유연하고 넓은 안목과 담대한 비판적 시각으로 거시적인 사회적 의제로도 지식의 실행을 도모했던 궤적을 짚어 낼 수 있다. 그로스버그에게 깊은 영향을 준 두 학자는 이른바 커뮤니케이션학의 주류적·통상적인 연구와는 상당히 이질적이며, 관련 연구에서 특히 도외시되거나 주목을 받지 못했던 '사회로 향한 문제의식'을 힘있게 추구한 이들이기도 했다. 영어권 문화연구의 반석을 제공한 이 두 인물이 준 생산적 영향 속에, 그는 문화라는 '진입로'이자 복잡다단한 변화와 진통이 생성되는 광활한 영역을 종횡으로 누비며, 역사적 변화와 사회 변동에 문화가 개입하며 발산하는 역할을 천착하는 일련의 탐구를 밟아가게 된다.

이러한 흐름 속에, 그로스버그가 구현한 독특한 지적인 여정은 스튜어트 홀과 제임스 케리 등 그가 긴밀하게 교류했던 스승의 작업과 그가 상호 작용했던 동료들 — 특히 메건 모리스와 존 클라크나 토니 베넷, 폴 길로이 등 — 의 기획을 창의적으로 흡수하고 변용하면서, 점차 개방적인 사유와 정교한 이론적 조망으로 다양한 지적 기획을 구체화하게 되었다. 또한 그런 과정에서 그는 마치 닮은꼴처럼 많은 후속 학자들을 길러내며, 이들과 교우와 협업을 수행하는 방안을 꾸준히 실행하기도 했다. 일리노이대학교 졸업 이후 그는 오랜 기간 모교에 자리 잡고 점차 영미 문화연구의 중핵으로, 상당히 가시적인 활동을 꾸려간다. 이후 1990년대 중반에 그는 노스캐롤라이나대학교로 옮겨가서 그런 궤적을 계속 이어갔다.

문화연구와 현실과 접맥된 지식의 추구

이 지점에서 커뮤니케이션학을 전략적인 거점으로 삼아 그로스버그가 활동하던 특정 시기에 그가 대면해야 했던 일련의 '오해'나 관성적인 비판과 '억측'이 커뮤니케이션학을 포함한 학계와 지성계에 존재했던 측면을 잠시 환기할 필요가 있다. 예컨대 1980년대에서 1990년대 미국 학계의 경우, 흔히 인문학 관련 연구자들이 특정한 의미와 지배적인 가치 및 관련 감수성의 결합체로 문화를 주로 좁게 정의 내리고, 이를 관행화된 해독의 방식과 특히 전문가가 주도하는 세련된 해석의 방식을 통해 적용하는 흐름과 관성을 크게 드러냈다. 동시에 그로스버그 같은 영미 문화연구의 세례를 받고 이 시기를 통해 점차 핵심 주체로 부상했던 인물의 관점에서, 앞서 언급한 집합적 지향성은 기실 상당히 낡고 고답적이었으며, 무엇보다도 문화의 생산적이고 혁신적인 동력을 충분히 간파하거나 고심하지 못한 한계로 문제시되었다. 그는 문화라는 질료와 관련 영역이, 사회 정치적인 변화상이나 이전투구와 권력 작용의 다양한 단면을 유연하면서도 새롭게 탐구할 수 있는 전략적인 대상이자, 동시에 상대적 자율성과 변화의 단서가 내장된 지형으로 문제의식을 공고화했기 때문이다.

앞서 설파했듯이, 그는 이미 '답안'이 준비된 식으로 관행화된 분석의 틀을 고수하며, 이를 주로 세련된 이론적 자원이나 해석에 치중하면서 연구를 도모하는 학자들의 작업과는 단호하게 선을 그었다. 특히 미국 문화연구의 좌장으로 그는 특정 사회적 '국면conjuncture'이나 '정세'를 밀도 있게 읽어 내는 이론 작업의 가치와 경험 분석의 역할을 중시하면서, 동시에 완성도와 지식 자본의 가치가 높은 이론 중심의 모색을 넘어서, 문화연구가 견지하는 공적 역할을 유기적으로 숙고하는 행보에 주력했다. 그런 과정에서 그는 미국 사회에서 레이건과 부시의 등장 이후 1990년대를 기점으로 큰 폭으로 강화된 보수의 집합적인 공세와 신자유주의로 대표되는 지배의 방식에 대응한 진보 세력의 지략과 해석 틀이 노출한 '실패담'이나 직면한 문제점을 주의 깊게 재진단하고, 이를 '탈각'하는 방향으로도 힘을 기울인 바 있다. 그런 주목할 대응과 함께, 당시 미국 내 언론학을 포함한 사회과학의 일각에서는 문화라는 요인을 정치나 경제와 비교할 때, 부차적이거나 덜 중요한 대상으로 간주하거나 주변적인 요인으로 설정하며 차별하는 시각도 여전히 접할 수 있었다. 다소 단적으로 논하자면, 일군의 학자들은 문화와 관련 자원을 자본의 동학이나 경제적 요인의 영향 속에서 '조건화'되거나, 여전히 단선적으로 문화의 역량과 효과를 한정하는 방향성을 드러내기도 했다. 또한 그런 대상화를 유지하던 이들 중 일부는 문화연구가 무언가 유행fad을 타고, 젊은 층 학생들에게 호소력과 흥미는 주지만, 대단히 엄중하고 긴요한 학문적 실행으로서의 가치는 떨어지는 존재로 간주하기도 했다. 이런 기류는 그로스버그와 동료들이 질적으로 단단한 방식으로 대항하면서 견고하게 활동상을 추구했던 측면과도 명백히 교차한다.

그간에 생산한 다양한 작업과 협업으로 진행한 결과물을 기준으로 볼 때, 그로스버그는 '간학문적인 방향cross-disciplinary approach'으로 이론적 전략의 모색과 변용을 — 특히 이론을 통한 현실과 특정 국면의 분석과 결부되는 '전략적 우회detour'를 — 창의적으로 구현했다. 요컨대 그는 — 구체적인 예시를 다시 들겠지만 — 커뮤니케이션학 내부에서 주로 통용되는 미디어가 발휘하는 효과나 주요 프레임에 주로 몰두하는 분석이나 그런 관행화된 문제 틀의 적용을 넘어서, 공적 함의가 큰 기획을 부단히 주도하는 활동상을 보였다. 그는 특히 인접 분야에서 수렴한 특정 이론 틀의 활용을 그런 화학 반응이 중층적으로 이루어질 수 있는 방향이나, 구체적인 담론과 물질적 효과를 밀도 있게 고려하는 방안과의 조합으로 대응하기도 했다. 관련 사례로, 그로스버그가 시행한 작업 중 상당수는 특정 미디어의 분석이나 대중문화물에 관한 기성의 연구 방식을 상당히 탈피하면서, 당대를 대표하는 '신보수 세력의 부상'이나 관련 주체들이 전개한 갈등적 의제로의 정치적 담론화의 주요 양상과 지배 방식의 변화를 다면적으로 진단하는 급진성과 더불어 확장된 분석의 동력을 모색했다. 그가 시도한 접근은 확장된 담론 분석의 변주이면서도, 분석 과정에 선정된 주제와 결부되는 감정과 정동의 거시적인 구성과 정치적 배치의 문제에도 예민하게 진단의 역량을 적용하는 차별성을 발현하기도 했다.

한편, 그가 학부 수업에서 다룬 주제나 그가 천착했던 주요 분석 대상 중에 록 음악과 관련 문화구성체에 관한 일련의 조밀한 분석의 의의도 이 대목에서 잠시 거론할 필요가 있다. 예컨대 그는 대중문화와 팬덤에서 록 음악의 특성을 진단하며, 당대 미국 사회의 변동과 보수주의의 부상과 연계된 '정동적인affective' 차원의 재구성을 예시하는 영역으로 전술한 주제 영역을 변용하면서 상당히 차별적인 진단도 꾸준히 추구했기 때문이다. 이 대목에서 그가 월남전 당시 징병을 피해 유럽으로 가서 독특한 정체성을 구현했던 아나키스트 유랑 극단의 구성원으로 활동했던 측면도, 그로스버그가 장기간 모색했던 대중문화나 음악과의 친연성을 파악하게 해주는 단서로 생각된다. 요컨대 정동이라는 기존의 이데올로기적 접근이 상당한 난점을 보이는 감정과 에너지가 독특하게 결합하는 현상에 대한 개념을 새롭게 벼려 내면서, 그는 정치적 지지와 당대 정치적 변동의 구성과 복합적인 효과를 대안적으로 파악하려는 노력을 이 개념을 중심으로 상술한 바 있다. 이런 대응은 지배 이데올로기에 관한 대항과 저항의 문제를 좀 더 사려 깊고 기성의 한계를 벗어나는 '쇄신'의 방향성과 예리한 정합성의 추구로 집중한 결과이기도 했다. 예를 들면, 그는 레이건의 부상 이후 미국의 보수 세력이 주도한 정치적 전선의 구성을 대중문화의 영역을 중심으로 부상한 첨예한 사회적 갈등이나 이른바 '문화 전쟁culture wars'을 주요 사례로 짚어 내면서, 대중에게 특정 보수적 가치의 효과와 설득력이 증폭된 효과와 수용을 생성하는 단면을 '냉철하게' 진단하기도 했다. 요컨대 그는 광의의 진보 진영이 신보수의 부상과 위력을 접하며 드러낸 예단의 문제점이나 한계를 드러낸 전통적인 비판적 분석의 틀을 '교정'하면서, 무섭게 변화하는 대중의 감정과 이에 기반을 둔 응어리진 반응의 집합적인 함의를 끈질기게 추적하고자 하는 노력을 기울여 왔다. 이는 명백히 문화가 발휘하는 정치성과 역사성을 응집력 있게 그리고 당대에 구현된 주요 역사적·복합적 국면과 관련 변화상의 명암을 맹렬하게 파고들어 대응한 기획이기도 했다.

이 대목에서 나를 포함한 적지 않은 이들이 공적으로 연계되는 지식의 추구나 사회 문제 제기 등에 있어서 앞서 거론한 문화연구가 정초한 비판적 계보의 영향과 구체적인 자장 속에 관련 활동을 활발하게 구현하게 된 점도 자명하다. 돌아보면 나 또한 버밍엄에서 발원하고 그로스버그와 연계한 '뜻을 함께하는like-minded' 이들의 작업을 다양하게 접하면서, 그런 지식 공동체의 일원으로서의 소속감과 자부심을 그리고 소명과 책임감을 서서히 각인하게 되었다. 조금 다르게, 이런 면모는 그가 표출한 지적인 지도력과 우애에 기초한 상호 작용이 특히 비주류적이면서 변혁과 사회상의 '개입적인' 진단을 추구하는 주체들에게 얼마나 긴요하며 통찰을 주는지를 확연하게 시사해 준 사례이기도 했다.

그로스버그가 주력한 문화연구를 상징하는 핵심 개념

그가 정련해 낸 주요 개념들에 관한 논의도 — 이 책 본문에 해당 사안들이 선명하게 설파되지만 — 여기서 일부 거론할 필요가 있다. 예컨대 그가 구축한 지적 활동의 요체로 문화연구 영역에서 큰 관심을 투사해 온 '문화적 유물론,' '정동,' '국면 분석,' '접합,' '급진적 맥락주의,' '헤게모니,' '문화정치학,' '근대성,' '전 지구화' 등의 주제에 관한 천착과 담론적 기여를 논할 수 있다. 다소 거칠게 정리하면, 그에게 앞서 거론한 개념들은 고급스러운 이론high theory으로서 이른바 지식 자본이나 유명인 자본celebrity capital의 핵심으로 기능하기보다는, 기성의 문화 관련 담론과 이를 통한 분석을 다층화하고 급진화하면서, 이를 재편되는 사회 현실과 유기적으로 접합하기 위한 전략적인 진단과 '기동maneuvering'을 위한 핵심 질료로서의 위상을 보인다.

이를테면 그는 체계와 완성도 높은 이론 모델이나 구성적 혁신에만 주안점을 두기보다, 요동치는 현실을 치밀하게 읽어 내며, 필요한 변혁을 활성화하는 이론 전략의 진중한 탐구와 특히 이를 구체화하는 단단한 비판적 모색에 집중력 있는 노력을 투여했다. 관련 사례를 소개하면, 1980년대 이후 미국 학계와 공적 영역에서 크게 부상한 '정체성의 정치politics of identity'나 사회적·인종적 차이가 발현하는 정치적 동력과 함의politics of difference에 관한 그의 작업은, 지배와 저항이라는 기존의 이분법적인 인식을 넘어서, 이 주제가 '중층적'으로 발휘하는 성취와 더불어 유념할 전략적 한계를 미국 사회의 변화하는 가치와 정동의 재구성이라는 매우 민감한 사회적 양상을 대상으로 끈기 있게 파고든 대응이기도 했다. 그는 정치적 효능과 당위를 제기한 정체성의 정치학이나 관련 담론 작업의 필요성을 명백히 인지하면서도, 이 개념을 이상화하거나 타협과 조율의 노력이 크게 요구되지 않은 정치적 구심점이자 '본질essence'로만 활용하는 방안에는 선을 그은 바 있다. 요컨대 그는 젠더적 차이나 인종적 차별성에 기반을 둔 정체성의 추구가 가져오는 반작용이나 다른 타자들에 관한 분리나 배제 및 경직성 등이 이 개념의 사회 내 운동 방식의 활용에서 등장하는 측면을 성찰하고, 부단히 경계하기도 했다. 단적으로 그는 인종과 젠더나 섹슈얼리티를 기반으로 구현되는 특정 정체성의 정치가 어떤 복합적인 이해관계와 사회 운동의 결합물로 부상하고 변화하며, 그런 과정에서 주시할 측면과 한계를 드러내기도 하는지를 꼼꼼하게 짚어 냈다. 예컨대 특정 정체성이나 역사적 경험을 일종의 강한 결속력을 지닌 '내부자주의insiderism'로 변환하며, 단일한 정치적 선명성이나 전략적 효과로만 집중하는 방안에 관해, 그는 더 신중하면서도 그런 정체성에 관여하는 권력의 작동과 배타적인 범주의 설정에도 적지 않은 이견과 비판적 대응을 제기해 왔다.

그는 앞서 예시한 개념들의 필요성과 역할을 끈질기게 소개하고 적용하면서, 관련 범주를 일상과 대중문화에서 사회상의 거시적·역사적 변화나 공적 쟁점까지도 수렴하여 변형하면서, 그런 탐구 노력을 변화무쌍하게 이어왔다. 그가 수행한 일군의 사례를 접하면서, 지식 생산이 사회적으로 유의미한 시도나 귀결을 줄 수 있는 작업이면서, 이를 도모하기 위한 '엄중한rigorous' 모색의 과정임을 감지할 수 있었다. 그런 과정에서 그가 소개하고 재구성한 영미 문화연구의 틀과 전략이 주는 현실적 함의와 대응할 난점을 곱씹게도 된다. 이 대목에서 주요 문화 현상의 특징과 함의를 당대의 변화하는 특정 물질적·제도적 실천과 권력 효과의 조합 속에 자리매김하면서, 그로스버그는 그런 변화의 동력과 세밀한 정치적 함의를 다면적인 '정세 분석'으로 모색한 바 있다. 특히 이런 고단하지만, 힘 있는 '맥락화된' 지적-비판적 실행은 그가 상당한 집중력과 혜안으로 변주해 냈던 기획의 핵심이라 강조할 수 있다. 주지하다시피 맥락context은 동태적으로 설정해야 할 개념이며, 통상적으로 배경이나 특정 현상의 외부에서 주로 영향을 발산하는 요인만은 아니다. 예시하면, 앞서 논했듯이 미국에서 '재현의 정치'에 주력하는 해독과 이론화로 특정 문화 현상이나 텍스트를 진단하는 방식이 꽤 확산이 되고 유행했지만, 그런 흐름에 대항하면서 그는 텍스트나 담론적 조망에만 집중하는 방식을 넘어서, 특정 역사와 정치적인 맥락의 구성과 역할을 좀 더 급진적이고 관계론적으로 탐구하는 작업의 의의를 주창했다. 이런 문제의식과 관련해, 그로스버그는 수업에서 마빈 게이Marvin Gaye의 유명한 곡인 "어떤 일들이 일어나고 있는가What's going on"를 문화연구자들이 성찰할 핵심적 질문이자 곱씹을 예시로 자주 거론하기도 했다. 흑인 음악인 마빈 게이의 앨범 제목이자 동명의 노래가 담긴 이 작업에서 그는 베트남 전쟁의 참혹함과 인종 갈등이 빚어낸 당시 사회상과 관련된 차별과 불평등 그리고 비난과 혐오 등을 감각적으로 짚어 내면서 이런 질곡에서 벗어날 필요성을 설파했다. 이 노래는 인종 갈등의 파고가 심히 높았던 1970년대 미국 상황에서, 대중음악이라는 매개체를 통해 마빈 게이가 어떤 정련된 이론적 주제문보다 더 강렬하게 맥이 닿은 방식으로 당시 굴곡진 상황과 정세를 발화한 예시다. 그로스버그는 현실 정세 변화를 긴 호흡으로 논하면서, 마빈 게이의 사례를 되짚으면서, 문화연구자들이 고심할 근본적인 질문의 함의를 되새겨 주었다.

또한 그로스버그는 자신의 지적 이력에 큰 영향을 준 마르크스주의를 유기적으로 활용하는 면모를 보였지만, 특정 강령이나 이론적 중핵으로 이를 수용하지만은 않았다. 이 측면과 관련하여, 특히 커뮤니케이션 영역에서 그와 (지명도 높은 정치경제학을 전공했던) 비판 언론학 계열 학자들 간의 치열한 논쟁도 생성된 바 있다. 그는 문화연구와 정치경제학의 '결합'을 주창했지만, 후자의 중요도나 권위를 은연중에 강조했던 이들의 노선과 관점에는 동의하지 않았으며, '심미적' 자본주의의 부상이나 '문화경제'와 같은 새롭고 까다로운 현상의 진단에서도 자본의 변화하는 논리와 효과를 대안적으로 탐구하는 방향성을 추구해 왔다. 예시하면, 그는 신자유주의의 전개 속에 특히 금융자본주의의 강력한 효과가 확장되는 상황에서 '경제적 전환'과 같은 새로운 문제의식과 개념화를 이론과 사례 분석으로 대응하고자 했으며, 이를 기존의 자본주의 논리 비판을 단선적으로 적용하거나, 소유와 독과점의 문제로만 파악하지는 않았다. 그는 이 측면과 관련해, 좀 더 유연한 작동 방식과 주체화의 효과를 발휘하는 자본주의 생산양식의 변화와 구조화된 권력 효과, 그리고 그런 변화에 조응하는 담론화의 기제 등을 전략적으로 '가로지르며,' 동시에 접합하는 접근 방식을 맹렬하게 모색했다.

짧게 서술할 때, 접합articulation이라는 그가 스튜어트 홀에게서 계승한 전략적 개념이 시사하듯이, 이는 일군의 이질적인 요소나 요인이 결합하여 재구성하는 특정한 효과 및 가치의 생산과 특히 의미망에만 포착되지 않는 구성적·제도적 효과를 긴밀하게 연계하는 작업을 포함한다. 예시하면, 그는 스튜어트 홀의 제언을 변주하면서, '문화연구는 복잡하고 혼란스러운 세계를 경제 밖의outside economy 정치적 문제로 끌어내려는' 기획이라는 점을 강조한 바 있다. 조금 더 구체적인 서술로 이런 문제화problematization는 마르크스주의나 자본주의 동학에 관한 특정 관점을 보편적으로 적용하기보다는, 지배와 노동 및 주체의 훈육과 관리 방식을 예리하게 풀어내는 일련의 이론 자원과 이 과정에 연동되는 역사적·경험적 자료를 응축해 내면서, 기존의 관점과 확신certainty을 탈피하는 — 즉 해체와 도전적인 탈중심화의 노력decentralizing efforts을 포함하는 — 작업으로의 변환을 의미했다. 다시 강조하여, 이런 그로스버그의 관점은 기성의 협소하게 설정된 분석에 안주하며, 관련 쟁점이나 파장을 비판적으로 '해독'하는 방안과는 상당히 구분되는 입장을 드러내기도 했다. 나아가서 그는 특정 갈래의 문화연구를 포함하여 '비판적 지식 생산'이 관성화되거나, 특정 영역과 주제에 갇히는 경직된 측면에도 예민한 대응과 극복의 필요성을 설득력 있게 강조했다. 그런 측면에서 그는 분석의 진전된 역량과 함의를 위해, 다양한 방법론을 전략적으로 조합하고 전유appropriation하는 방식을 즐겨 활용했다. 물론 그런 실행이 광의의 '비판 패러다임'에 속하는 동료들의 공인이나 동의만을 받지는 않았지만, 특정 사건의 물질성과 다층적인 전개에서 이와 결합이 되는 역사적 우발성contingency 등의 측면에 예민하게 주력하는 — 특히 당대 공적 국면의 특징과 복합성에 주력하는 — 그가 제기한 대안적인 접근은 상당한 반향과 공유를 생성하기도 했다.

조금 다르게, 광의의 커뮤니케이션학 분야에서 활동해 왔지만, 그로스버그는 기존의 미디어 관련 주제나 대중문화에 크게 주력하는 주변 연구자들의 '완강한' 지적 관심을 벗어나서, 미국 사회의 '신보수화'나 강한 변화를 추동하는 금융자본주의의 동학에 관한 연구를 꾸준히 시도할 정도로, 특정 분과 학문과 직결된 특정 '영역주의'의 관성이나 협소하게 설정된 전문성과 지적 분업에 국한되지 않은 방식의 활동상을 모색했다. 즉 미디어나 플랫폼 관련 이슈를 넘어서 그는 상당히 범주가 다양한 기획을 추구해 왔다. 그런 노력으로서 가령, 그의 저서 《십자포화에 사로잡힌: 어린이, 정치, 그리고 미국의 미래*Caught in the Crossfire: Kids, Politics, and America's Future*》(2005)는 미국에서 아동을 대상으로 제기되는 주요 공적 담론의 충돌과 대립의 상황을 다원적으로 풀어내면서, 이 주제가 갈등적으로 매개하는 집합적인 감정과 정동까지 아우르며 형성되는 복합적인 효과를 다양한 역사와 정치 및 미디어 관련 요인을 접합하며 탐구해 낸 기획이다. 이 기획이 보수적 가치를 강하게 적용하는 정치적 세력화의 전모와 그런 거시적 의제에 관한 끈질기고 엄정한 개입 작업이기도 하다는 측면에 주목하면, 그가 실행한 전략적인 기획이 뿜어내는 '현실로의' 개입적인 대응의 방향성이나 그런 실천의 함의를 좀 더 헤아릴 수 있다.

나아가 그가 이른바 '트럼피즘'의 부상과 특성을 조명한 《혼돈의 은폐 아래서: 트럼프와 미국 우파를 위한 전쟁*Under the Cover of Chaos: Trump and the Battle for the American Right*》(2018) 역시 미국 사회의 변화하는 정치적 전선의 구성과 분노 및 혐오의 집합적 구현을 도널드 트럼프로 상징되는 보수 세력의 포퓰리즘 전략과 파급 효과의 특성을 중심으로 밀도 있게 탐구한 책이다. 이 작업에서 그는 트럼피즘이 계승하는 신보수의 이념적 성격과 반동적인 보수 정치의 특성을 백인 중심 인종주의의 반영과 기성 가치를 뒤흔드는 혼란 및 매우 공격적인 담론의 스타일로 표출한 트럼프의 '반근대적인' 정치를 연계하는 방식으로 세밀하게 조명한 바 있다. 요컨대 그는 홀 등이 고안한 국면 분석에 트럼프 현상을 통해 당대 미국인이 집합적으로 느끼는 분노와 좌절, 혐오 등의 가시적인 감정과 정동을 접합하는 방식의 탐구를 추구한다. 이 텍스트도 특정 분과 학문의 범주를 벗어나서, 정치적 합의와 민주주의에 관한 심대한 위협이 미치는 복합적 양상을 밀도 있게 추적하는 차별성을 제기하기도 했다. 또한 이 두 권의 저작은 문화연구가 당대 정세의 심대한 변화를 두고 필요한 '지적 비관주의intellectual pessimism'의 성찰적인 적용과 이를 보완하는 — 동시에 미래에 관한 '희망의 자원'으로서 견지할 필요가 큰 — '의지의 낙관주의optimism of the will'를 면밀하게 고민하는 대응이 복합적으로 녹아든 기획들이다.

달리 표현하면, 그로스버그는 문화연구의 기획으로 당대의 공적 의제와 뜨거운 쟁점을 독자적으로 응대하고, 동시에 언론학에 확립된 내부적 지식과 분석의 관성을 넘어서는 간학문적인 자원들을 효과적으로 수렴하면서, 그런 진단 자체가 발산하는 '사회 참여적인participatory' 성격과 급진적 함의를 촘촘하게 변환하는 작업을 경주해 왔다. 돌아보면 이미 오래전의 일화이지만, 그로스버그가 시도한 접근법을 두고, '그게 커뮤니케이션과 관련된 분석이야?'라는 질의가 나와 같은 미디어 관련 전공을 공부하던 학생들 일부나 내가 공부하던 학과 내 다른 세부 전공을 담당하던 교원들에게서 등장한 것을 — 그리고 그런 노력을 은연중에 '낮추어' 평가하는 발언도 — 기억한다. 그럴 때면 그가 천착한 작업이나 강의를 통해 체득한 시선과 경험으로, 나는 '맞아, 그런 문화연구의 차별적인 접근이 매우 필요하고, 더 큰 지적 가능성과 앎을 준다고 봐'라고 대응할 수 있었다. 이후에도 그와 같은 나의 평가는 그로스버그가 구상하고 제시했던 일련의 기획을 대하며 흔들리지 않았다. 이와 함께, 영미의 문화연구와 유럽에서 발원한 (탈)구조주의나, 근대성과 탈식민의 기획과 관련해서도, 그가 전유한 다양한 이론적 자원은 특정 현상의 구성과 복합적 효과를 규명하는 데 긴요하고 유연한 지적-비판적 자원으로 작용하며, 상당한 공인과 영향을 발휘하게 된 바 있다. 단적으로 논하면, 이런 측면은 일군의 분과 학문 사이에서 전략적인 '교량'의 역할을 추구하는 문화연구의 강단이 담긴 개방적 기조나 '비판적 실용론'과도 적지 않게 접맥되는 노력이라 할 수 있다.

1990년대 초 대만에서 열렸던 '인터-아시아 문화연구' 모임에 그와 동반한 적이 있다. 그로스버그가 알려준 이 행사에 나는 예정에 없이 참여하게 되었는데, 한 주간 개최된 행사에서 상당히 진한 교류와 소통의 기회를 접할 수 있었다. 특히 해당 세미나는 대만의 천관싱, 한국의 강명구, 일본의 요시미 순야 등을 포함한 다수의 범아시아 권역 내 문화연구자들과 서구에서 온 이들이 회동한 흥미로운 모임이었다. 참석자들은 종일 다양한 주제를 다루며 밀도 있게 이어진 세미나장에서 대화와 생산적인 공방을 전개했으며, 특정 날에는 대만에서 여성주의나 외국인 노동자들 관련 사회 운동에 관여하는 이들과 만나 이들의 경험을 수렴하기도 했다. 또한 '비서구'에서 고안된 동시에 영미 문화연구의 지향과 차별화된 동료들의 작업도 능동적으로 제기되면서, 일군의 논쟁과 이견이 충돌하고 뜨겁게 교차하는 계기가 만들어졌다. 특히 이 모임에서 아시아권에서 상당한 역사적인 공유를 드러내는 식민지 근대성의 문제나, 권위적 정치 체제에 대항하는 '사회 운동'으로서 문화연구의 진보적 방향성과 역할을 두고 다양한 논점과 공감이 체화되기도 했다.

우연히 이 한 주간 여러모로 팽팽하게 진행되던 행사에 참석했던 나는 앞서 언급한 이들이나 존재를 알지 못하던 아시아 권역의 문화연구자들을 만날 수 있었고, 그간에 주로 글로만 접했던 한계를 넘어서, 각자의 방식이나 지역적 변주로 문화연구를 수행해 온 이들과 경험과 복안을 교환하며, 진득한 문제의식을 공유할 수 있었다. 돌아보면, 요즘은 접하기 어려운 유형의 지식 공동체 성격이 유감없이 발휘되는 모임이었다. 현장에서 그로스버그는 빠지지 않고 참석하면서, 대화와 경청을 이어 갔다. 이 행사 이후 미국을 벗어나 한국을 두 번 방문했을 때도, 그가 진지하게 로컬의 연구자들이나 학생들과 상호 작용하는 면모를 가까이서 접할 수 있었다. 그런 교류의 기회에서, 비슷한 행로를 걷는 이들에게 그가 보여 준 우애와 관심, 경청과 소통의 노력을 환기하게도 된다. 문화연구로 입문하고 나름의 명료한 정체성과 궤적을 쌓아 왔지만, 그가 제공한 작업을 접하며 나는 꿋꿋한 행보를 위한 동력과 비판적 지식의 원천으로 그로스버그의 존재를 곱씹게 된다.

이제 마지막으로 이 책을 번역한 두 분에게 감사를 표한다. 번역은 다분히 까다롭고 소통을 위한 매우 고단하고 진중한 노력을 밟아야 한다. 두 동료가 이러한 번역을 위해 얼마나 치열한 노동을 기울였는지 지면을 넘어가며 느낄 수 있었다. 한편으로는 미국과 한국 사회 간의 역사·사회적인 맥락의 차이나 지식 생산에 굵게 각인된 주요 사건들의 차별적인 특성을 고려하면, 이러한 품이 많이 드는 노력으로 빚어 낸 번역에도 불구하고 그로스버그의 작업을 파악하는 일은 독자로서도 제법 까다로운 과정이 되리라 판단된다. 이와 함께, 그의 글쓰기 스타일과 사유가 매우 촘촘하며 정제된 흐름을 보이는 만큼, 그가 펼쳐낸 복합적인 개념화의 압박이나 난이도가 상대적으로 높은 글을 읽어 가며 앎을 추구하는 방식은 독자에게 고단하리라고도 생각된다. 그런 경험을 먼저 경험했던 사람으로 제언하면, 한국에서 문화연구자들이 제공한 연계된 성과와 구체적인 문제의식을 교차해 가면서, 이 책을 접할 독자가 그가 탐구한 문화연구하기의 실천을 능동적으로 수행하기를 기대해 본다. 또한 그로스버그가 모색한 사유의 틀을 통해, '지금, 여기에서' 대면하는 난점을 독자가 자신이 구성한 전략으로 직접 대응해 내는 작업도 고대하게 된다. 이를 위해 만만치 않은 노동과 집중력을 발휘한 옮긴이 두 분의 노고에 다시금 감사의 말씀을 전한다. 독자들이 이 책에서 자신들 나름의 씨름할 거리와 긴요한 지식의 자원을 구해 가기를 소망하면서 이 글을 맺는다.

이기형

경희대학교 미디어학과 교수로 대중문화와 민속지학, 청년연구와 미디어 생산자 연구에 관심을 갖고 연구하고 있다. 연세대학교 영어영문학과를 졸업하고 미국 일리노이대학교 대학원 사회학 석사 및 커뮤니케이션학 박사 학위를 받았다. 책으로는《미디어 문화연구와 문화정치로의 초대》,《미디어 문화연구의 질적 방법론》(공저), *South Korean Golden Age Melodrama*(공저) 등이 있다.

1부

문화연구의 형성과 새로운 도전

1

문화연구의 다양한 형성
: 버밍엄에 머물렀던 한 미국인의 관점에서

미국의 최근 학계를 관찰하는 사람이라면 누구나 문화연구 붐이 일어나고 있음을 분명히 알 수 있다(Morris, 1988d).[3] 마틴 앨러Martin Allor(1987)가 지적했듯이, 문화연구라는 용어 자체는 담론, 아이디어 및 문화자본의 세계 경제에서 자유롭게 유통되는 문화 상품이 되었다. 1984년 이 용어는 고유 명사로 기능하기 시작했으며, 구체적으로 영국 전통의 연구를 가리키게 되었다. 이 전통은 레이먼드 윌리엄스Raymond Williams와 리처드 호가트Richard Hoggart의 연구에서 시작해 버밍엄대학교 현대문화연구소the Center for Contemporary Cultural Studies(이후 버밍엄 현대문화연구소)의 다양한 구성원의 기여와 점점 더 분산되고 제도화된 동시대 연구자들의 현장을 포함했다. 또한 커뮤니케이션 분야에서 이 용어는 시카고 사회사상학파의 사회적 실용주의에 뿌리를 둔 미국 고유의 전통과 관련이 있다. 그러나 '문화연구'는 이전에 '비판 이론'(즉 사회와 문화에 관한 이론, '고급 문학 이론'에서 파생된 이데올로기와 예술의 이론, 인류학과 이차적으로는 커뮤니케이션과 대중문화에 관련된 이론 등의 다양한 분파)으로 생각되었던 전체 이론을 가리키는 가장 모호한 용어가 되고 있다.

이러한 용어 사용에 항의하는 것은 헛된 일이지만, 일련의 잠재적 위험을 지적하는 일은 중요하다. 다시 말해 영국의 문화연구를 단일한 위치 또는 선형적 역사로 축소하거나(따라서 차이를 무시하고), 관련 없는 차이의 집합으로 확산시키는(따라서 통일성을 무시하는) 위험이 있다. 이러한 위험은 영국 문화연구에 대한 현재의 관심과 미국에서 급속한 확산에 따라 더욱 가능성이 커진다. 이 전통의 '차이 속 통일성unity-in-difference'을 이해하려면 문화연구가 지적, 정치적, 사회적, 역사적 맥락의 특정 조건에 항상 대응해왔다는 것을 인식해야 한다. 그 결과, 연구 전통에서 이론적 입장은 항상 잠정적이며, 우리가 세상을 더 잘 파악할 수 있도록 하기 위한 것이고 항상

3 이 글은 1989년에 작성된 것으로 1980년대 미국 학계를 배경으로 한다. — 옮긴이

지적 및 정치적 투쟁과 관련이 있다. 모든 입장은 항상 다른 입장과의 토론에 대응하여 구성되고 관여된다. 문화연구는 항상 논쟁의 여지가 있는 지형이었고, 그 논쟁은 전통 내부뿐만 아니라 외부에서도 발생한다. 문화연구를 문화구성체 내에서 기존의 능동적 지배와 종속의 조직을 이해하고 개입하기 위한 개방적이고 지속적인 이론 투쟁으로 본다면, 문화연구 전통의 경계는 불안정하고 변화하며 동시에 논쟁과 토론의 현장이 된다.

이러한 차이 속 통일성의 역사와 실천을 인식하지 못하면, 지적 실천이 비역사화할 우려가 있으며 문화연구의 통찰과 실천을 우리 작업의 특정 맥락으로 재접합하는 더 어려운 작업을 회피하게 된다. 이렇게 문화연구가 단일한 입장으로 존재하지 않는다면, 우리는 문화연구를 스스로 재접합하는 기획, 헌신, 벡터(궤적)로 이해해야 하고, 어떻게 문화연구가 변화하는 정치적이고 지적인 지도 내에서 자기 정체성을 항상 재협상하고 재배치해 왔는지를 이해해야 한다. 문화연구 역사는 대안적 입장이 끊임없이 고려되고 새로운 입장이 제시되는 정치적 참여와 이론적 논쟁의 역사다. 이 과정에서 문화연구의 핵심 질문과 문제 틀은 항상 재형성되고 재반영되고 있다.

영국 문화연구의 전통을 구성하는 복잡한 구조적 차이점을 살펴보는 것으로 시작하겠다. 구체적으로 스튜어트 홀Stuart Hall이라는 인물과 그의 마르크스주의에 대한 지적이고 정치적 헌신을 중심으로 형성된 구성체formation의 궤적을 분리하려 한다. 이것이 버밍엄 현대문화연구소 내(또는 영국 문화연구 내)의 유일한 구성체는 아니지만, 연구소의 고유성을 크게 정의한다는 것을 기억해야 한다. 버밍엄 현대문화연구소에는 다른 구성체와 사상의 사유가 기관의 현장에 또한 남아 있다. 그러나 우리는 홀의 구성체 자체가 항상 개인적으로나 사회적으로, 지적으로나 정치적으로 정의되는 모순과 적대antagonism로 가득 차 있다는 점을 기억해야 한다.

이러한 구성체의 역사가 문화연구에서 이미 정립되어 자리 잡은 것은 놀라운 일이 아니다. 이 서사 내에서 문화연구는 두 가지 결정determination

을 통해 구성된다. 첫째, 문화연구는 이론적 '타자others'와 일련의 논쟁을 통하여 생겨났다. 문화연구 내에 이러한 투쟁은 종종 이론적 극단 사이에서 중간 지점을 차지하는 것으로 재현되었다. 둘째, 문화연구는 명백한 역사적 사건과 요구에 대한 직접 대응으로 자신을 끊임없이 재접합해왔다. 이 서사에서 문화연구는 이념과 담론에 대한 유물론적 이론을 제공하는 것으로 보인다. 나는 이 서사가 너무 선형적(그리고 진보주의적)이고, 서사 초기의 지속적 활력과 영향을 무시할 뿐만 아니라 구성체의 역사 내에서 문화연구 기획 내에 대립하는 정의들의 계속되는 도전을 설명하지 못한다고 주장하려 한다. 문화연구 내에서 논쟁은 단순히 문화의 정치, 또는 문화와 권력의 관계에 대한 대립하는 이론뿐만 아니라 문화와 역사적 특수성의 본질에 대한 서로 다른 이론에 대한 것이었다. 즉 문화연구에서는 자신의 문제 설정에 대한 질문 자체가 끊임없이 의문시되었다는 것이다.

이러한 약점에도 불구하고 당연하게 여겨지는 '표준standard' 역사를 요약하는 것은 시작점으로는 유용하다(Turner, 1990). 이를 위해 나는 상호 관련성이 있지만, 분석적으로 분리 가능한 두 가지 결정선(정치적 및 지적)을 제시하고자 한다. 그런 다음 나는 문화연구 형성에 대한 표준 역사와는 다른 좀 더 논쟁적인 역사를 제안하고자 한다. 이는 부분적으로 내 개인사와 개인적 상황(특정 시점에 버밍엄 현대문화연구소에서 공부하였고 친밀한 관계를 유지해 온 미국인이라는), 그리고 나의 정치적이고 역사적 맥락에 의해 해석되었다. 나는 버밍엄 현대문화연구소에서 이루어진 작업의 많은 부분을 낭만적으로 묘사할 것임이 틀림없지만, 그곳의 실제적 문제와 실패를 외면하려는 것은 아니다. 거기에는 심각한 구조적 부재, 해결되지 않은 질문, 문화적인 것의 '외부'에 남아 있는 정치 투쟁 등이 있었다. 자신의 작업을 성찰적으로 분석하는 능력이 너무 자주 그리고 너무 제한되기도 하였다. 개인이나 집단을 권능화하거나 무력화할 방법을 분석하지 않은 채 집단 작업에 대한 찬사도 있었다. 제도화된 학계 내에 계급과 젠더 관계는 너무 오랫동안 침묵의

장으로 남아 있었고, 대중문화에 대한 진정한 관심에도 불구하고 전통 지식인의 대중성에 대한 지적 거리감이 너무 오랫동안 유지되기도 했다(Fry, 1988). 그런데도 나는 버밍엄 현대문화연구소(내가 설명하려는 문화연구의 구성체로서)가 지적으로 중요할 뿐만 아니라 학제 간, 집단적, 정치적으로 참여하는 연구 모델로서도 중요하다고 생각한다. 마지막으로, 나는 이러한 문화연구의 구성체가 자신만의 의제와 삶의 이야기biographies를 가진 개별 연구자들의 사회적 상호 작용을 통해 이루어졌다는 사실을 인정하고자 한다. 여기서 논의하지는 않지만, 버밍엄 현대문화연구소 역사의 한 부분은 이 연구소와 문화연구 분야에서 일하는 사람들의 역사와 변화하는 관계다. 찰스 라이트 밀스Charles Wright Mills와 마찬가지로 문화연구는 (비록 열정을 연구 대상으로 이론화는 경우는 드물지만) 항상 지적 및 정치적 작업에 대한 열정을 가졌다. 비록 상상적이고 회고적 동일시를 통해서일지라도, 그러한 작업은 버밍엄 현대문화연구소의 경우 지속적인 관계 및 공동체(그것이 긍정적이든 부정적이든)에 의해 항상 부분적으로 결정된다. 그리고 문화연구의 차이 속 통일성은 부분적으로는 매우 실제적인 사회적, 정서적 관계의 결과다.

문화연구의 규범적 역사: 정치적 맥락

문화연구는 여러 복잡한 역사적 경험이 교차하는 1950년대에 등장했다. 때로는 '영국의 미국화'에 초점을 맞추기도 했고, 2차 세계 대전 이후 근대화가 취한 새로운 형태에 초점을 맞추기도 했다. 두 설명 모두 매스 미디어의 합리화, 자본화, 기술화를 통해 가능해진 '대중문화mass culture'의 출현을 지적한 것이다. 이 새로운 문화 공간에서 처음으로 대다수 인구가 문화 상품의 공통적인 수용자로 편입되었다. 물론 대중문화에 관한 관심은 2차 세계 대전 이전부터 존재했다. 그러나 이러한 변화에서 미국 문화와 자본주의의 중심적 역할은 대중문화와 통신 수단을 통해서 영국 사회에 대한 영향력을 넓혀가면서 미국이 제기한 위협을 보다 실질적이고 구체적으로 만들었다. 이 위협은 공동체도 엘리트가 아닌 계급 문화와 민주적 문화구성체의 가능성을 겨냥한 것이었다.[4]

두 번째 역사적 발전은 신좌파New Left의 출현이었는데, 그 구성원 중에는 문화연구 창시자들도 있었다. 그들의 출현은 적어도 부분적으로는 전통 마르크스주의 좌파가 후기 자본주의의 시작, 새로운 형태의 경제적, 정치적 식민주의와 제국주의, 이른바 민주주의 세계에서 인종 차별의 존재, 권력관계에서 문화와 이념의 위치, 그리고 소비자 자본주의가 노동 계급과 그들의 문화에 미치는 영향에 대하여 이론적이고 정치적으로 대응하지 못한 것에 기인한다.

1960년대는 다른 관심사가 문화연구에 영향을 미쳤다. 그것은 이전 관심사를 완전히 대체하지는 않았지만, 종종 그들에게 새로운 굴절을 초래하였다. 여기서 다시 두 가지 예시적 발전을 지적할 수 있다. 첫째, 엔터테인먼트 형태뿐만 아니라 불가분하게 루이 알튀세르Louis Althusser가 '이데올로기적 국가 기구ideological state apparatuses'라고 부른 매스 미디어의 중요성이 커진다는 것이다. 사실 1960년대(그리고 1970년대 대부분) 연구는 뉴스, 다큐멘터리 프로그램과 같이 정치 영역과의 직접적 연관성이 보이는, 명백히 이념적 기능에 초점이 맞춰졌다. 이러한 연구의 협소화는 1960년대에 문화연구와 관련된 두 번째 발전, 즉 다양한 방식으로 지배 권력 구조에 적어도 일부 저항하는 것처럼 보이는 다양한 하위문화의 출현과 모순된다. 그러나 이러한 하위문화는 비전통적 정치 문제, 모순, 사회적 위치를 중심으로 조직되었고, 대중문화의 흔치 않은 영역에서 분투하였다. 다양한 노동 계급 청년 문화의 부상과 중산층의 저항하는 하위문화의 지속적

4 대중문화에 대한 전후 미국의 대응 역사는 물론 존재한다. 그것은 영국의 대응과 유사점과 차이점이 있는데, 아직 기록되지 않았다. 앤드루 로스Andrew Ross(1989)를 참조하라.

조직은 문화연구 작업에 분명히 막대한 영향을 미쳤다.

1970년대에 우리는 문화연구에 즉각적이고 강력한 영향을 미쳤던 두 가지 중요한 발전을 또다시 확인할 수 있다. 첫째는 젠더와 성적 차이의 관계에 대한 정치적, 이론적 작업의 새로운 등장이다. 페미니즘에 대한 반응은 항상 완전히 동정적이거나 적절하지는 않더라도 즉각적이고 지속적이었다. 그런데도 나는 '포스트페미니즘'적이지 않은 문화연구는 없다고 생각한다. 이 말은 문화연구가 페미니즘을 넘어섰다는 의미가 아니라, 오히려 페미니즘 이론과 정치의 급진적 비평과 함의에 스스로를 개방했다는 의미다. 두 번째 발전은 똑같이 위력적이었는데, 저항에 대한 너무 쉬운 식별과 찬사를 통해 (지배와 종속을 당연시하는 분석에 의존한) 문화연구를 혼란스럽게 만들었다. 여기서 언급하려는 것은 영국(그리고 다른 선진 자본주의 민주주의 국가)에서 강력한 정치적, 이념적 세력으로서 신우익New Right의 부상이다. 게다가 신보수주의자들의 운명은 좌파로부터 조직화된 반대파의 분열(또는 붕괴)과 반비례하는 것처럼 보였다. 우파에서 새로운 정치 기구와 입장이 등장하면서 전통적인 좌파는 일관된 전략과 대응을 내놓지 못하는 것 같았다.

마지막으로, 1980년대는 이러한 문제 중 다수가 이전과는 다르고 때에 따라서는 훨씬 더 긴급한 형태로 계속해서 나타났다. 게다가, 전후 직후에 나타났던 종말론적 우려(미래에 대한 세계적 위협, 그리고 비합리성, 테러, 무의미함의 시대적 경험 등)가 매스 미디어와 지적 담론에서 강력하게 재등장하고 있다. 이와 같게 중요한 것은 증가하는 자의식self-consciousness이다. 이 자의식은 지적 작업과 학생의 생산 관계에, 사회 형성의 다양한 수준에서 정치적 차이에 대한 복잡한 관계에 지배를 구성하였다. 그리고 마지막으로, 우파의 승리가 확보되었다는 사실(적어도 마거릿 대처Margaret Thatcher 총리가 영국의 사회 기반 시설을 상당히 약화시킬 수 있을 만큼)은 좌파가 (학자와 학생 사이의 거리뿐만 아니라) 대다수 사람과 맺는 거리와 반대 세력을 조직할 수 있는 새로운 기반을 확보하지 못하는 무능력으로 평가될 수 있다.

문화연구의 규범적 역사: 이론 개발

이러한 정치적이고 역사적 관심은 일련의 이론적 논쟁 및 도전과 함께 조직되고 연관되면서 형성된다. 때때로 이러한 논쟁은 문화연구를 한쪽으로 치우치게 하였다. 예를 들어, 포스트구조주의자들과 정신분석학 담론 이론가들이 유물론의 문제를 포기하는 것에 단호히 반대했을 때 그러하였다. 문화연구는 종종 지배적인 '두 가지 패러다임'[5] 사이의 공간을 찾아야 할 필요성에 대한 홀의 설명(1980c)과 같이 두 극단에 스스로를 위치시킨다. 사실 문화연구는 거의 필연적으로 구조주의에서 문화주의 입장 사이에서 움직이는 것처럼 보이는데, 현재 정신분석학에 반대하는 것이 아니라 오히려 정신분석학의 극단적 형태와 그것의 진실 또는 급진적 통찰력을 부인하는 사람들 사이를 매개한다. 대안에 대한 반대 입장을 취하는 것은 스스로 고유한 정체성을, 그리고 그것의 특정 문제와 헌신을 유지할 수 있게 한다. 그러나 매개mediation는 자신의 부적절함과 통찰력을 다시 고려하게 하고, 새로운 역사적 맥락에서 자신의 문제 틀과 신념을 재반영하게 한다. 따라서 문화연구의 가장 흔한 수사학적 모습은 한 극단의 입장을 피하려다 실수로 '다른 극단으로 직행'한 것으로 위치시키는 것이다. 버밍엄 현대문화연구소뿐만 아니라 이 연구소와 다른 제도화된 지적 활동 기관 사이에서 종종 발생하는 이러한 논쟁 내에서, 각자의 입장을 재구축하기 위해 서로가 필연적으로 상대방을 잘못 해석하고 왜곡한다는 사실이다.[6]

문화연구의 시초는 대개 윌리엄스, 에드워드 파머 톰슨Edward Palmer Thompson, 호가트(그들 사이의 엄청난 정치적 차이에도 불구하고)의 사회주의적 인본

5 구조주의와 문화주의를 가리킨다. — 옮긴이

6 예를 들어 로절린드 코워드Rosalind Coward(1977)와 이언 챔버스 등(1978)을 참조하라.

주의와 현대적 삶과 정치에 대한, 전통적 마르크스주의, 문학적이고 역사적 접근 방식의 논쟁 가운데 위치한다. 전자는 원조 신좌파 집단을 포함하면서 마르크스주의자들의 경제적 환원주의에 도전하고, 창조적 인간 행위자와 인간의 경험, 문화 생산 자체가 지닌 결정력의 중요성을 주장했다. 그들은 역사 연구에서 노동 계급과 자신들 문화를 지우는 것을 정당화하기 위해 사용된 엘리트주의를 (다양한 정도로) 거부했다. 문화연구를 최초로 정의하려는 시도로서 이러한 '문화주의자culturalists'들은 문화가 투쟁의 현장일 뿐만 아니라 그 원천이자 척도라고 주장했다. 문화는 텍스트성textuality과 경험의 교차점이었고, 비평의 과제는 전자가 후자를 어떻게 재현하는지 혹은 잘못 재현하는지를 조사하는 것이었다. 그들은 (문화적 투쟁의 현실을 부정하는) 지배 이론과 (문화와 사회를 근본적으로 분리하는, 즉 사회가 문화의 외부에 위치하면서 문화의 의미에서 사회를 읽어 내는) 반영 이론 모두를 거부했다.

그러나 문화연구는 이러한 인문주의적 마르크스주의(홀이 '문화주의'라고 부르는 것)와 알튀세르의 구조적 마르크스주의의 반反인문주의 사이의 (처음에는 대부분 암묵적이었던) 대치에서 학문적 구성체와 지적 입장으로 등장한다. 후자는 전자의 환원주의적 가정을 문화적 형태, 경험과 계급적 위치 사이의 일련의 필연적 상응 관계necessary correspondences로 지적했다. 알튀세르는 역사의 근원이나 척도로서 주체나 경험에 대한 어떤 호소에도 이의를 제기했는데, 둘 다 역사적(특히 이념적) 결정 과정의 외부에 존재하지 않기 때문이다. 동시에 알튀세르는 문화 영역의 힘과 상대적 자율성을 인정했다. (첫 번째 또는 마지막 심급에서) 역사의 결정적 요소로서 '실제the real'에 대한 주장으로부터 거리를 둠으로써, 알튀세르는 문화적인 것의 특수성을 정의하는 기획에 새로운 자극을 주었다. 많은 사람이 버밍엄 문화연구와 동일시하는 입장이 바로 이 논쟁에서 비롯된다. 상징적으로 말하자면 윌리엄스의 글이 알튀세르의 구조주의를 통해 다시 읽음으로써 '구원'받는 순간이다.

1970년대 중반, 이렇게 정교화된 문화주의는 알튀세르주의가 아닌 구조적 마르크스주의를 다른 식으로 전유하면서 매우 노골적이고 열띤 논쟁에 돌입한다. 문화연구가 윌리엄스의 인문주의를 구조주의로 완화했다면(그리고 그렇게 함으로써 알튀세르의 급진적 반인문주의에서 물러났다면), 문화연구는 알튀세르를 포스트구조주의 영역으로 데려간 이론들을 상응 관계의 필연적인 결여lack라는 이유로 반대하였다. 이러한 해석은 다른 '중도middle ground'를 정의하는 역할을 하는 안토니오 그람시Antonio Gramsci에 대한 새로운 해석을 통하여 가능하였다. 그러한 '담론 이론'은 알튀세르의 이데올로기 이론을 다시 읽게 되었는데, 때로는 미셸 푸코Michel Foucault의 권력 이론과 함께하거나 자크 데리다Jacques Derrida의 의미화와 주체화에 대한 탐색을 통하여 가능하였다. 게다가 문화주의는 알튀세르(그리고 아마 포스트구조주의도)를 미리 정해진 정신분석학적 궤도를 선호하여 역사 개념을 포기한 라캉적 정신분석학과 연결하는 시도도 반대하였다. 알튀세르를 자크 라캉Jacques Lacan과 연결하려는 시도는 종종 버밍엄 현대문화연구소에서도 발견할 수 있었다. '포스트구조적 알튀세르'라 불리 수 있는 두 가지 해석 모두 사회심리학의 담론적 이론이라고 할 수 있는 것을 선호하면서 사회구성체의 재생산에서 이념의 역할에 대한 유물론적 질문을 무시했다. 문화연구는 이러한 이론이 사회적 정체성과 그 정치적 중요성에 관한 질문을 미리 결정된 텍스트 또는 리비도 과정의 반복으로 감소시켰다고 주장했다. 더욱이 이러한 입장은 급진적으로 대안적이거나 전위적인 담론 형식의 생산을 통하지 않고는 저항의 가능성조차 이론화할 수 없는 것처럼 보였다. 이러한 형식은 필연적으로 의미의 무한한 복수성과 주체의 끝없는 파편화를 칭찬하거나, 텍스트의 궁극적인 정치적 결정 불가능성에 호소함으로써 정치적 지형을 완전히 벗어나게 될 것이다.

다른 한편, 알튀세르의 포스트구조적 전유는 문화연구의 인문주의에 대한 지속적 헌신(본질화한 계급 정체성과 경험의 개념이 수반되면서)이 주체성subjectivity과 주체 위치subject-positions의 생산을 종종 문화의 표면적 내용과 모순되는 중요한 이념적 효과로 이론화하는 것을 불가능하게 하였다고 주장했다. 문화연구는 이데올로기를 사회적 차이의 현장에서 조직된 정체성에 의미를 부여하는 연속적 과정이라고 생각했지만, 정체성과 사회적 차이 자체가 주체 위치로서 함께 생산되는 과정에 대한 보다 근본적 특질을 이론화하지 못했다. 따라서 문화연구가 노동 계급에서 문화적 저항의 현장을 찾아다니고 찬미하게 된 것은 결코 우연이 아니었다. 그러나 동시에 문화연구는 노동 계급의 그러한 저항의 형태가 지배 권력 관계, 특히 인종차별과 성차별을 종종 다시 새긴다는 것을 알아내지 못했다.

표준 역사에 따르면 이 논쟁에서 나온 것은 상당히 다른 입장으로, 이러한 입장은 (알튀세르를 통해) 그람시를 비구조주의적 반인문주의자로 (재)해석하거나 대안적으로 알튀세르를 재해석(그람시를 통해)한다. 이러한 입장은 동시에 유물론적 문제 틀에서 벗어난 포스트구조주의자, 정신분석가, 담론 이론가를 따르지 않았다. 이러한 그람시적 입장은 문화연구를 비환원주의적 마르크스주의로 정의했는데, 이를 통하여 특정한 역사적 맥락과 형성을 이해하였으며 역사와 현실의 투쟁에서 역사적 관계가 생산한 것들로 인하여 미리 보장된 것이 없음을 가정한 것이다. 이와 같은 '국면주의 conjuncturalist' 이론은 모든 실천을 문화로 환원시키는 방식을 거부하면서 지배와 종속의 관계에 따른 권력의 실제 구성을 인식한다. 그람시적 문화연구는 역사를 개인과 사회 집단이 정해진 조건에서 최선을 다하기 위해 고군분투하면서 능동적으로 생산된 것으로 본다.

그러나 이 입장은 이미 또 다른 중요한 논쟁에 얽혀 있다. 그것은 역사적, 문화적 특수성에 초점을 맞추면서 장 보드리야르Jean Baudrillard, 장프랑수아 리오타르Jean-Francois Lyotard, 폴 비릴리오Paul Virilio 등의 '포스트구조주의' 이론과 직접 대면하게 되었다. 이 순간이 아직 이 선형적 서사에 통합되지는 않았지만, 반대되는 두 가지 서사 사이의 논쟁은 이미 이야기의 다음 장으로 구성되고 있다. 따라서 많은 포스트구조주의의 이론화의 극단주의에 대한 문화연구의 반대가 분명해지고 있다. 포스트구조주의의 어떠한 구조, 의미, 주체, 정치의 가능성에 대한 극단적 비판과 모든 텍스트가 탈근대적 조건 내에서 모순되지 않는 존재의 재현이 될 것이라는 환원주의의 재서사는 문화연구가 반대할 중요한 움직임이 되고 있다.

문화연구: 진지전을 서술하기

내가 규범적 역사를 재해석하는 것은 단지 반론을 제기하기보다 더 큰 복잡성을 드러내기 위해서다. 규범적 역사는 이념과 문화에 대한 더 큰 유물론적이고 구조주의적 이론의 분야에서 문화연구를 위치시키는 정확하고 중요한 지도다. 또한 이것은 이론적 위치의 정체성이 다양한 입장들 사이에 일련의 차이를 통하여 구성된다는 것을 알게 해 준다. 그러므로 제한적 수준에서, 규범적 서사는 문화연구가 특정한 핵심 개념과 비판적 전략을 둘러싼 일련의 투쟁을 통해 구성되고 있음을 이미 시사한다. 예를 들어, 문화연구에서 '헤게모니'의 의미는 당연하게 여겨져서는 안 된다. 그것은 윌리엄스와 그람시뿐만 아니라 버밍엄 그룹의 문화주의 및 국면주의 입장에서도 중요한, 즉 구성적인 차이가 있다. 규범적 서사는 역사를 각각의 고정된 가정을 가진 일련의 닫힌 패러다임이 서로 대립하는 '기동전war of maneuvers'으로 재현한다. 이 서사는 지적 대화를 통한 점진적이고 이성적인 변형을 암시하거나 근본적으로 단절되고 총체화된 일련의 패러다임 전환을 나타낸다. 어느 경우든 문화연구의 발전은 선형적이고 진보적이며 내부적으로 지시된 것으로 보인다. 문화연구는 불완전하게 접합되었더라도 이미 정의된 기획(예를 들어 반본질론적, 반환원론적, 반엘리트주의 문화이론)을 실현하기 위한 지속적인 투쟁으로 묘사된다. 반드시 목적론적인 것은 아니지만, 이 서사는 기획을 수행하는 데 필요한 개념적이고 성찰적 도구를 갖추지 못한 일련의 단계를 구성한다.

더욱이 이 서사는 버밍엄 현대문화연구소와 문화연구 내에서 제공되는 다양한 입장 간의 지속적 논쟁을 (갈수록 그리고 어떠한 특정 순간에도) 무시한다. 이 서사는 또한 문화연구의 복잡하고 모순적 지형에서 작동해온 지속적인 변화의 노력을 무시한다. 기존 역사에 대한 대안적 해석은 문화연구 담론 안에서 이론이 불연속적으로 그리고 종종 불규칙적으로 진행된다는 점, 그리고 특정한 일련의 역사적 질문들에 대응하여 이론적 지형의 차이를 재정립하고 재정의하려는 지속적 투쟁을 수반한다는 것을 인식해야 한다.

그러한 수정주의적 해석은 문화연구를 역사적으로 접합된 담론 구성체로 바라보게 하며 동시에 다양한 질문을 통하여 끊임없이 자신을 재정의한다. 이 해석은 본질적이고 통일된 조화를 가정하기보다는 다양한 현장에서 서로 대립하는 다양한 공동 입장에서 시작할 것이다. 변증법적 발전의 합리적 역사를 제시하기보다는, 새로운 해석은 다양한 이론적 및 정치적 현장에서 작동하는 진지전a war of positions을 설명하기 위해 개념적 차이와 역사적 궤적 사이의 상동성correspondence을 지속적으로 불안정하게 한다. 문화연구는 때로는 포기해야 할 지형으로 이동하기도 하고, 마찬가지로 추후에 되찾아야 할 지형을 포기하기도 한다. 어떤 비판적 기획과 마찬가지로 문화연구 역시 잘못된 출발을 하는 경우가 있어, 종종 탈출하기 위해 고군분투해야 했던 길을 다시 걷기도 하고, 때로는 상상하지 못했던 길로 도약하기도 했다. 한 지점에서 검토했던 텍스트를 다시 해석해야 하기도 했으며, 접합되었던 헌신은 어떤 순간에 다시 확립해야 했으며 다른 때는 해체되어야 했다.

문화연구가 자신의 경계를 차지하고 재구성하기 위한 다양한 연속과 불연속을 고려하기 위해서, 우리는 이 진지전에서 다양한 투쟁의 현장에 대한 몇 가지 이정표를 식별할 필요가 있다. 그래야만 우리는 문화연구의 구성체를 다시 서술할 수 있다. 이렇게 다시 쓰는 서사는 문화연구를 단순히 지적인 영향력과 진보에 관한 것이 아닌, 한편으로는 문화 투쟁의 특수성을 정의하고 다른 한편으로는 (현대 문화 실천이 기능하는) 근대성과 근대화의 역사적 맥락의 특수성을 이해하기 위한 지속적 투쟁으로 서술한다. 우리는 모두 문화연구가 '텍스트'와 '담론'이 인간과 사회구성체의 일상생활에서 생산, 삽입, 작동하는 방식을 기술하고, 그래서 기존의 권력 구조를 재생산하고, 맞서 싸우거나 변형시킬 수 있는 방식에 개입하는 것에 관련이 있음을 인정할 수 있다. 즉 사람들이 자신이 만들지 않은 조건에서 역사를 만든다면, 문화연구는 특정한 역사적 구성체 내에서 문화 실천이 작동하는 방식과 이러한 실천이 작동하는 장소를 탐색한다. 그러나 이러한 기술(이것은 표준 서사의 기초가 된다)은 문화연구가 '문화'와 '사회'의 의미뿐만 아니라 이들 사이의 관계에 대한 역사적 접합을 지속해서 문제 삼았다는 점을 인식하지 못한다.

나는 현대 정치 용어로 '저강도 전쟁low-intensity warfare'이라고 부를 수 있는 여덟 가지의 이론적이고 정치적인 문제의 현장을 식별하는 것으로 시작하려 한다. 이들 현장이 문화연구에만 국한된 것은 아니지만 이것이 문화연구의 방향과 경향을 파악할 수 있게 해 준다. 간결하게 논의하기 위해 여덟 가지 이론적 문제 틀을 나열하겠다. 이들은 내 생각엔 상당히 자명한데, 그렇지 않은 경우는 위치의 변화가 도표화될 때 구체적으로 설명될 것이다. 여덟 가지 문제 틀은 (1) 인식론과 해석, (2) 결정, (3) 행위자성agency, (4) 사회구성체의 구조, (5) 문화구성체의 구조, (6) 권력, (7) 문화 투쟁의 현장, (8) 근대성의 역사적 현장이다(표 1 참조). 여기서 입장에 대한 완전하고 정확한 설명을 제공하는 대신(이미 다른 곳에서 찾을 수 있기에), 각 질문에 대한 답변이 어떻게 변했는지와 그 변화의 방식이 반드시 필연적이거나 일관된 것이 아니었음을 설명하려고 한다.

이 '분산의 장field of dispersion' 위에 나는 문화연구 발전의 서사 구조를 다시 새기고 싶다. 이 수정된 궤적은 표준 스토리(기동전)와 유사하지만, 나

표 1 여덟 가지 이론적 문제 틀을 통해 그린 문화연구의 참고 지도

	문학적 인본주의	변증법적 사회학	'문화주의'	구조-국면적	탈근대-국면적
인식론	직감적 경험론	구조적 경험론	전통주의	현실주의 / 맥락주의	제작fabrication / 기구apparatus
결정	원자화된 본질주의	변증법적 본질주의	구조적 본질주의	특수성으로서의 접합	유효성으로서의 접합
행위자성	인본주의적-미학적	사회적 인본주의	사회적 인본주의	사회적 접합	유목적 접합
사회구성체	계급	계급	지배 내 구조	균열한 총체성	균열한 총체성
문화구성체	엘리트/대중	공/사	중심/주변	지배적/대중적	감수성
권력	정당화 / 가치	동의	통합/저항	지배 / 종속	권능화 / 비권능화
문화적 투쟁의 특수성	감정 구조로서의 문화 / 사회	세계관으로서의 관념	경험으로서의 관념	시민 사회	대중적 영역
근대성의 현장	매스 미디어	매스 미디어	소비	헤게모니	대중the masses

열된 여덟 가지 궤적을 따라 전개되는 진지전에 내재한 분열되고 불균등한 발전이 그 서사에 통합될 것이다. 나는 개념과 전략의 광범위한 차이의 지속적인 투쟁 속에서 문화연구의 구성에 있어 일시적이지만 안정적인 다섯 가지 형태를 추상화하고자 한다. 이 다섯 가지 형태는 (1) (호가트와 윌리엄스의) 문학적 인본주의, (2) 변증법적 사회학을 정의하려는 초기 절충주의적 노력, (3) 명확한 첫 '버밍엄 현대문화연구소의 위치', (4) 구조적 국면주의 입장, (5) 탈근대적 국면주의 입장 등이다. 다시 강조하는데, 이러한 서사는 인위적이다. 이러한 입장들은 버밍엄 현대문화연구소나 문화연구 역사의 실제 단계로 나타나거나 특정 텍스트의 해석으로 여겨질 수 있지만,

그것들은 진지전에서 계속해서 일어나는 다중의 현장과 벡터를 제안하기 위하여 문화연구의 복잡한 지형 속에서 추상화된 것이다. 각각의 작가와 글은 종종 이러한 이상적인 궤적을 따라 앞뒤로 미끄러지면서 이 지형을 따라 끊임없이 움직였다. 지적 서사와 버밍엄 현대문화연구소의 이 특정한 구성체가 지닌 실제 역사 사이의 일부 괴리를 지적하기 위해 노력하겠지만, 나는 '진실된' 역사적 설명을 제공하려는 것은 아니다. 이러한 '입장들'은 기껏해야 특정 현장을 특정한 방식으로 점유하고, 문화적, 사회적 맥락의 정치에 효과적인 대응을 하려는 정적 노력으로 나타난다. 서사의 명백한 역사성에도 불구하고, 이러한 입장들은 문화연구를 구성하는 힘들의 장에서 다양하게 변화하는 상태를 보여 주는 지도로 제공되며, 각각의 입장은 계속해서 존재한다.

우선 나는 문화연구의 많은 헌신이 호가트의 의도, 즉 '문학적 인문주의적 끌림'과 매스 커뮤니케이션 이론에 반대하는 기획을 반대하는 노력으로 정의된다고 주장한다. 이러한 노력 속에서 문화연구는 연구 대상인 커뮤니케이션을 특정 개념적 틀(변증법적 커뮤니케이션 모델)에 동일시했다. 이러한 문화연구는 문화, 이념, 커뮤니케이션, 공동체, 경험, 상호주관성 사이의 일련의 상동성을 확립하였다. 이러한 가정된 관계는 (후에) 국면주의적 입장을 해체해야 했다. 둘째, 나는 '현대문화연구소의 위치'가 구성되는 순간이 문학과 사회 사이의 끌림이라는 계속되는 갈등의 틀에서 구조주의를 제한적으로 전유하려는 노력에 달려 있다고 주장한다. 이러한 노력은 비유적으로나 역사적으로 한편으로는 그람시의 텍스트로, 다른 한편으로는 알튀세르와 니코스 풀란차스Nicos Poulantzas의 텍스트로 되돌아가려는 시도로 구체화되었다. 각각의 시도는 자기 입장을 문화연구의 역사적 기획에 재접합시키려는 노력으로 재해석되었다.

문화연구에 대한 문학적 인문주의 시각

리처드 호가트는 버밍엄 현대문화연구소의 설립자이자 구별 가능한 (분석과 비판의) 기획으로서 문화연구의 설립자였다. 그는 일련의 강의(1967; 1970)와 고전적 연구인 《교양의 효용*The Uses of Literacy*》(1957)을 통해 문화연구에 첫 번째 지적 형태를 부여했다. 초기부터 현재까지의 차이는 크지만, 그의 영향력은 여전히 강하게 존재한다. 호가트는 프랭크 레이먼드 리비스Frank Raymond Leavis의 문학 비평 개념을 확장하고 개선했다. 호가트는 문학 비평의 특징인 '꼼꼼하게 읽기close reading' 방식을 통하여 예술은 사회에 대하여 다른 방식으로는 볼 수 없는 무엇을 드러낸다고 주장하였다. 호가트는 그 무엇을 "삶의 체험되는 가치"라고 묘사했고, 이후에는 "가치의 장"이라고 설명하였다. 그는 특히 문화연구를 레이먼드 윌리엄스(1958)가 "문화와 사회의 전통the cultural and society tradition"으로 구성한 비판적 관심의 영역에 위치시켰다. 그 과제는 가치 분석이었지만 목표는 가치 판단이었다. 문학적 관심으로 정의되는 질문은 사람들이 텍스트로 무엇을 하느냐가 아니라, 복잡한 문화적 텍스트와 독자의 '상상적 삶'과의 관계에 대한 것이었다(1969: 18). 호가트의 문화연구는 가치를 지닌 사회 구조가 문화 텍스트에서 재현되는 개인의 정신적 삶과 교차하고 상호 작용하는 지점을 탐구할 계획이었다(19). 호가트의 궁극적 관심은 항상 의미 구조의 규범적 차원에 집중되었지만, 그는 문화적 존재의 복잡한 다차원성을 강력하게 주장했다. 호가트는 사람들의 조밀하고 감각적인 일상을 떼어놓는다면 아무도 문화 변화의 영향을 이해할 수 없다고 하였다. "오직 예술에서만 삶이 모든 차원에서 구현되고 재창조된다. 따라서 특정한 도덕적 선택은 이 시간과 저 장소, 또는 다른 사람과 다른 습관과 밀접한 관계를 갖게 된다. 오직 여기서만 우리는 스스로를 조밀하고 취약하게 보고, 동시에 시간에 얽매인 일상 경험의 외부에서 생각하고 꿈꾸는 생물로 보게 된다. 이 융합을 설명하기 위해 좋은 구절을 빌리자면, 이는 "신학과 말의 실제 세계the real world of theology and horses다"[7](1970: 249).

유사하게, 레이먼드 윌리엄스(1965)는 모든 문화 텍스트는 사회구성체 전체의 맥락, 삶의 전체적 방식의 모든 요소 간 관계의 맥락에서만 이해할 수 있다고 주장했다. 이 총체성은 개인의 인생 경험과 분리된 의미론적 추상으로 축소될 수 없었다. 윌리엄스는 모든 문화 텍스트의 중요성은 항상 "감정 구조structure of feeling"에 대한 관계(그가 구조적 상동성이라고 가정한 것)로 매개된다고 주장했다. 문화연구에서 홀의 노동에 대한 초기 모델은 버밍엄 현대문화연구소의 기획과 거리가 있으며 커뮤니케이션 분야의 연구와도 분명한 거리를 보여 준다(n.d.). 홀의 모델은 첫째로 "내용과 구조, 태도와 가정, 잠재적이고 명시적 가치에 대한 비판적 분석을 통해 대상에 대한 충분한 '독해'"를 얻는 것, 둘째, "대상의 사회에 대한 영향, 그것의 매력과 대중성을 고려하는 것," 셋째, 대상을 '그것의 사회적 문화적 위치'에 '배치'하고 '가능한 그것의 문화적 의미와 중요성'을 해석하는 것으로 이해된다.

이와 동시에, 버밍엄 현대문화연구소는 기획을 수행할 수 있는 집단적, 학제 간 작업의 모델을 찾았다. 호가트는 지식과 능력의 필요 때문에 여러 학문 분야에서 부분적으로 연결된 방법론이 요구될 것이라고 강조했다. 학제 간 연구 모델은 '분할과 통합'이었다. 즉 한쪽에는 문학 연구가, 다른 한쪽에는 사회학자와 인류학자가 있었다. 그들은 함께 모여서 서로를 가르치고, 계몽하고 돕기로 되어 있었지만, 그들은 여전히 분리되어 있었다. 문학 분석은 정교한 교육이 필요한 어려운 작업이었고 사회학은 그것과 너무 동떨어진 학문이었다. 물론 궁극적 과제는 두 학문의 통찰력을 하나로 모아 문화와 사회의 관계에 대한 새롭고 중요한 통찰력을 제공하

7 20세기 영국 시인 위스턴 휴 오든의 시 〈불안의 시대*The Age of Anxiety*〉의 한 구절로서, 말은 조밀하고 감각적인 일상(말)과 문화적 변화(신학)의 융합을 뜻한다. — 옮긴이

는 것이었다. 반면에 홀은 문화연구의 세 가지 순간을 통해 작업하고 통합해야 할 필요성에 초점을 맞추었다. "분석은 물론 세 단계로 분리되지는 않겠지만, 세 단계가 모두 완료되고 함께 관련될 때까지 완료되지 않을 것이다"(n.d.).

호가트의 입장은 몇 가지 신념과 가정으로 구성되었다. 인식론적으로 호가트는 리비스의 직관적 경험주의를 받아들여서 꼼꼼하게 읽기를 통하여 텍스트의 의미를 드러낼 수 있다고 생각했다. 이런 입장은 방법론뿐 아니라 가치의 영역에서도 강한 문학적 영향력을 받은 것으로 다소 단순한 결정의 이론이고, '원자화된 본질주의atomic essentialism'로 설명될 수 있다. 여기서 텍스트와 문화는 모두 자기 지시적이고, 그들의 관계는 필연적인 상동 관계로 가정된다. 이 상동 관계의 기저에는 (상상적이고 창의적인) 개인이 역사의 주체로서 또는 적어도 문화연구의 관심사인 지역의 주체로 존재하였다. 더구나 《교양의 효용》이 추적하는 듯한 역사 변화의 이면에는 '진정한 authentic' 노동 계급 경험에 대한 향수가 있다. 호가트의 사회구성체의 모델이 계급 투쟁이라면, 그것은 확실히 비마르크스주의로, 특히 문화적 방식으로 정의되었고, 사람은 예술 엘리트와 미디어 엘리트에 갇힌 것으로 묘사되었다. 권력은 필연적으로 정당화와 폭로를 위한 투쟁으로 표현됐는데, 권력은 예술 엘리트에 의해서 삶의 방식을 표현하거나 비판하기보다 지배 엘리트의 소통적 '가치의 장'을 통하여 삶을 식민화한 것으로 표현된다. 그리고 문화적 투쟁은 정당성과 문화적 지위의 전쟁을 수반했다. 마지막으로, 호가트가 관심을 갖던 근대성의 특정 현장은 매스 미디어였다. 《교양의 효용》은 새로운 문화적 형태의 매스 미디어와 미국화가 노동 계급을 '식민화'하는 방식에 대한 연구로 받아들여졌다. 《교양의 효용》은 "그 당시의 책무로서, 본질적으로 매스 미디어에 관한 텍스트"로 읽혔다(Center, 1969~1971: 2). 그 결과 문화연구는 종종 매스 커뮤니케이션에 관한 기존 연구와 대비되는 문학을 기반으로 한 대안으로 여겨지기도 했다. "현대문화연구소가 '현대

문화'에 대한 비판적 연구에 주의를 기울이는 데 본질적으로 텔레비전, 매스 미디어 및 대중 예술 연구를 해야 한다는 생각은…… 상황에 대한 우리의 인식을 충족시키지 못했음에도 불구하고…… 기본적으로 우리와 우리 작업을 정의하게 되었다"(2)라고 호가트는 말한다.

문화연구의 특수성이 처음 구성된 것은 바로 이러한 복잡한 입장이 모인 지점이었다. 즉 문화연구는 특정한 접합 지점에서 문화와 사회의 관계를 연구하였는데, 그 지점은 점차 텍스트와 사회 구조에서 삶의 총체적 방식과 감정 구조로 이동하였다. 여기서 지점은 두 영역 사이에, 더 정확히 말하면 그들의 중첩에서 작동한다. 그러나 초기 단계에서도 문화연구가 형성되는 방식과 입장에 대한 어느 정도 불만이 있었다. 따라서 동시에 (이미 1966년에도) 《교양의 효용》의 다른 해석에 기초한 문화연구의 대안 모델이 형성되었다. 즉 "하위 계급의 '행동의 원천'이 새로운 커뮤니케이션 수단을 활용하여 지배 문화의 의도에 '꺾이지 않을' 수 있는, 그리고 그 계급에서 동의를 얻는 극도로 복잡한 방식에 대한 생생한 묘사가 필요한데, 그것은 《교양의 효용》에서 불가분 관계인 '전반부'와 '후반부'의 연결을 설명하는 것이다"(Center, 1969~1971: 2). 더욱이 홀은 이 논쟁을 마르크스 이론인 '매개' 이론으로 위치시키고자 하였다. 즉 "물론 비평가가 텍스트 '자체'에서 사회와 문화와의 관계로 이동하는 경우, 둘 사이의 '매개'가 연구되는 자료의 성격과 발견될 관계의 복잡성을 고려하여 명확하게 성립되어야 한다"라고 주장하였다(Hall, n.d.).

변증법 사회학의 형성

역사적으로 볼 때, 1960년대 후반부터 1970년대 초반까지 진행되었던 버밍엄 현대문화연구소 작업의 '두 번째 단계'는 종종 사라지곤 한다. 여기에는 적어도 두 가지 중요한 이유가 있다. 첫째, 이 단계는 표면적으로는 종종 다른 위치와 방법에 대한 절충적이고 불편한 탐구가 수반되기 때문에 묘사하기가 더 어렵다. 둘째, 관련된 텍스트를 찾기가 어려운데, 두 번째 단계 텍스트들은 버밍엄 현대문화연구소의 논문집과 나중에 영국 이외의 지역에서는 거의 볼 수 없는 저널에 실렸고 이 작업 일부만 이후 다양한 선집에서 재인쇄되었다. 그 결과, 그 안에 구현된 다양한 위치는 훗날 더 분명한 위치에 동화되면서 생략되었다. 그러나 비록 초기 이론적 작업은 곧 포기되었지만, 두 번째 단계는 새로운 공간을 열어 주었고 문화연구의 기반을 전환한 결정적 시기였다. 나중에 다른 형태로 재점유되어 일부 입장을 포기하기도 했지만, 두 번째 단계는 중요한 새 입장을 얻을 수 있었다. 그뿐만 아니라 두 번째 단계는 버밍엄 현대문화연구소가 집단 연구를 시작한 시기이기도 하다. 그 첫 번째 노력은 1969년에 한 '여성 잡지'에 게재된 "결혼을 위한 치료Cure for Marriage"라는 단편을 해석하려는 시도였다.

버밍엄 현대문화연구소의 실제 역사에 대한 질문에서 한발 벗어나면, 그곳에서 등장한 입장은 레이먼드 윌리엄스의 작업을 재이론화하는 것으로 볼 수 있다. 초기에 두 가지 중요한 발전이 있었는데, 그것은 윌리엄스의 문화에 대한 두 가지 주요한 개념화, 즉 (해석의 대상과 공동체의 내용으로서) 감정 구조와 (공동체와 커뮤니케이션 사회 과정으로서) 과정의 공동체community of process에 관한 것이다. 따라서 한편으로는 문학 및 문화 해석을 위한 보다 광범위하고 '과학적' 기반 또는 적어도 방법론적으로 엄격한 절차를 찾으려는 시도가 있었다. 전통 문학 연구의 경험주의, 엘리트주의, 언어 편견의 대안으로 문체 분석, 수사학, 기호학/구조주의 등 모두가 문화연구의 의제에 추가되었다. 마지막 단계에서 버밍엄 현대문화연구소의 방법론과 이론에 지속적 영향을 미친 것은 기호학과 구조주의였다. 반면에 사회학과 인류학에 관한 관심은 버밍엄 현대문화연구소를 개인주의 형태가 아닌 상호주관성의 변증법적 이론으로서 현상학적 사회학으로 이끌었다. 즉 "문제는…… 주관적 의미와 의도가 어떻게 특정 조건에서 사회생활의 '구조'

를 만들고 알려 주는가에 대한 것과 동시에 사회생활의 구조가 어떻게 개인의식의 내부 공간을 형성하고 알려주는가에 대한 것이다"(Hall, 1971: 98). 문화연구는 공적 의미와 주관적 의미를 구별하는 것을 거부함으로써 전통 마르크스주의 메커니즘을 피했고, 상황적인 사회적 의미와 문화를 구별하는 것을 거부함으로써 현상학과 실존사회학의 이상주의를 피했다. 문화연구의 문제는 변증법적으로 이해해야 하는데, 그 질문은 어떻게 사람들이 부적절한 집단적 재현과 불완전한 개인적 의미 사이의 공백을 채우는가에 대한 것이다. "동일한 사회를 공유하는 행위자의 주관적 의미가 어떤 '매개'에 의하여 문화적 가공물과 사회적 동작과 상호 작용 안에서 표현되거나 '객관화'되는지"를 질문한다(Centre, 1966~1967: 29). 상호주관성은 개인의 경험과 사회 구조 사이를 매개하는 핵심 용어였다. 문화연구의 문제는 '의미의 구조'가 문화 텍스트의 공간 내에서 움직이게 되는 매개 과정의 적절한 모델을 찾는 것이었으며, 이는 의미의 상호 주관적 구성이라는 커뮤니케이션 모델로 이해되고 있다("〈그림 우편〉의 사회적 눈The Social Eye of the *Picture Post*"[8][Hall, 1972] 및 《종이 목소리*Paper Voices*》[A. C. H. Smith, 1975]와 같은 초기 연구를 보라). 윌리엄스와 호가트에게 쉽게 발견되는 의사소통 과정에 이론적 초점은 예술이 지닌 특권을 해체하는 데 도움이 되었다.

이 시기의 절충주의에도 불구하고 문화연구의 지형은 근본적으로 재편되었다.[9] 해석 작업 대부분은 여전히 경험주의적 인식론에 기반을 두었지만, 그것은 의미가 조직되는 구조와 체계에 대한 해석에 기반을 둔 점점 더 구조적인(또는 기호학적인) 경험주의가 되었다. 또한 문화연구는 문화와 사회 사이의 직접적 대응을 가정하는 것처럼 보였던 호가트의 본질주의를

8 〈그림 우편*Picture Post*〉은 1938~1957년 발행된 대중적인 영국 사진 잡지다. — 옮긴이

9 이 동일시 체계의 역사적 조건과 이론적 논리에 대한 보다 자세한 분석은 그로스버그(1988b)를 참조하라.

넘어섰다. 이 첫 번째 '현대문화연구소의 위치'는 문화와 사회 사이에 필연적인 매개를 강조하였는데, 이는 개인과 사회 사이의 복합적 변증법에 관한 것이다. 그 변증법은 본질적으로 "실천 방식Praxis의 사회적 형태"(사르트르)인 커뮤니케이션 과정으로 공적 의미와 사적 의미 사이, 또는 개인적 현실과 집단적 현실(후자는 '공적으로 일상화된 사회적 존재'로 정의된다) 사이의 관계로 구체화되었다.

어쩌면 가장 중요한 점은 이 변증법적 사회학이 개인의 행위자성에서 역사적 행위자성으로 강조점을 옮긴 것이다. 그리고 역사적 행위자성을 상호 주관적 의미의 영역에 위치시켰다. 이러한 변화는 문화연구가 본질에서 창조적인 인간 주체의 개념을 포기했다는 것을 의미하지는 않는다! 그러나 문화연구는 인문주의의 구조를 변형시켰고, 점점 더 호가트의 문학적 요인보다 '사회학적' 요인에 의해 정의되었다(Allor, 1987). 문화연구 내 사회구성체 모델이 계속해서 계급 구조로 정의되었다면, 그것은 점점 더 마르크스주의적인 해석으로 여겨졌을 것이다. 그러나 문화적 구성체는 민중과 지배 엘리트 사이의 갈등 구조가 아니라 사회 소통의 지속적 과정과 구조를 통해 생산되는 과정적 총체성으로서 재조명되었다. 따라서 문화연구는 현대성을 계속해서 매스 미디어 안에 위치시키고(스스로를 매스 커뮤니케이션 이론의 대안으로 제시하면서), 문화 권력과 투쟁의 현장을 심도 있게 다시 고려하였다. 문화연구의 특수성은 (문화와 사회 사이를 매개하는) 상호 주관적 의미의 영역, 즉 점점 더 일반 용어가 된 이데올로기의 영역에 위치했다. 버밍엄 현대문화연구소는 초창기 때도 이데올로기에 대한 반영주의적이고 환원주의적 개념에 반대하며, 그것을 합의된 세계관의 구성으로 이해하는 데 찬성하였다. 여기서 문화 권력은 동의로, 문화 투쟁은 경쟁적이고 사회적으로 배치될 수 있는 의미의 구조에 대한 반대로 이해된다.

이러한 방식으로, 커뮤니케이션의 문화이론cultural theory of communication은 문화에 대한 커뮤니케이션 이론communicational theory of culture으로 변형되었다. 문화에 대한 커뮤니케이션 이론은 문화연구의 초점을 공유된 의미, 공동체 내 참여, 그리고 사회 지위, 의미 생산 및 경험 사이의 이념적 매개에 대한 질문으로 방향을 바꾸었다. 문화가 텍스트와 경험된 실재의 관계로 분기되었다면, 커뮤니케이션의 문화이론은 상호 주관적 의미로 정의되고 후자는 사회적으로 결정된 경험으로 정의되었다. 그러나 문화적 복합성과 경쟁에 대한 (여러 면에서 윌리엄스의 작업을 재현한) 이러한 인식은 투쟁 또는 저항의 개념을 이론화하는 근거를 문화연구에 제공하지 못했다. 왜냐하면 이러한 인식은 복합성(또는 홀이 나중에 차이라고 부른 것)에 대한 진정한 인식에서 멀어져 상충하는 이해관계, 의미의 중복 구조, 그리고 협상된 타협에 대한 개념으로 이동했기 때문이다.

지금까지 설명한 입장이 문화와 커뮤니케이션에 대한 현상학적 재개념화에 주도되었다면, 기호학과 구조주의에 대한 증가하는 관심은 근본적으로 다른 방향을 가리켰다. 기호학은 다른 문화 모델을 제시하였는데, 움베르토 에코Umberto Eco와 롤랑 바르트Roland Barthes의 작업을 통해 버밍엄 현대문화연구소는 커뮤니케이션을 사회학적 과정이 아닌 형식적 과정으로 여기는 담론으로 바라보게 되었다. 의미화 구조만을 가리키는 기호화encoding와 해독decoding이라는 기호학 개념(Hall, 1980b)은 문화연구가 차이라는 개념의 의미를 인식하도록 하였고, 상호주관성(그리고 공유된 약호에 대한 가정된 존재)이라는 가정에 도전하였다. 카를 마르크스Karl Marx의 텍스트(특히 《정치경제학 비판 요강*Grundrisse*》과 "방법에 대한 주석Notes on Method"[Hall, 1974])에 대한 관심이 증가하고 알튀세르를 읽고 논쟁하려는 버밍엄 현대문화연구소의 노력이 시작되면서 문화에 대한 기호학 이론의 가능성이 강화되었다. 그리고 문화에 대한 기호학 이론은 통일된 합의를 거부함으로써 저항 가능성에 대한 이론적 근거를 제공할 수 있게 되었다.

문화주의적 구성체

버밍엄 현대문화연구소와 가장 일반적으로 동일시되는 입장은 1970년대 중반에 상당히 일관되지만 구분된 두 작업의 상호 작용을 통해 나타났다. 첫째는 청년 하위문화 연구에 초점을 맞췄고, 두 번째는 기호화와 해독의 단절에 기반을 둔 미디어 커뮤니케이션 모델을 제공했다. 이러한 연구가 권력과 저항 사이의 복잡한 관계에 대한 이론을 통하여 역사적 발전을 이룬 것을 인식하는 것이 중요하다. 미디어 연구에서 저항 이론은 저항적 해독의 위치가 가능하다는 순수 기호학 이론에서 발전했다. 이 형식 이론이 제도적이고 사회적 결정 요인과 관련 있음을 인정했지만(Parkin[1971] 및 Mann[1973]의 작업을 바탕으로), 그들의 입장은 해석적 입장이기에 권력관계에 대해서는 추상적 가능성 수준에 머물렀다. 이러한 입장에 사회학적 특질이 덧입히고 나서야(즉 경험적으로 식별 가능한 수용자 및 사회학적 특징으로 특징지어지는 사회 집단과 연관될 때[Morley, 1980]), 버밍엄 현대문화연구소는 비로소 노동 계급이 지배 문화에 완전히 통합되지 않았다고 주장할 수 있었다. 버밍엄 현대문화연구소의 저항 이론의 주요 사례로 간주하는 하위문화 이론은 사회와 문화에 대한 현상학적 이론을 정의하려는 노력에서 시작되었다. 민속지학을 사용하는 일련의 연구는 일탈 사회학의 '낙인 이론labeling theory'에 반대하면서 스타일이 이념적 담론이라고 주장하였다. 동시에 이러한 연구는 일탈적 정체성을 포함한 의미의 문제를 사회적이고 문화적 구성체의 더 넓은 맥락에 넣으려고 시도했다. 《의례를 통한 저항*Resistance through Ritual*》(Clarke et al., 1975)의 첫 장에서 훌륭하게 표현된 저항 이론은 사실 '하위문화 집단'에 대한 연구 이후에 작성되었다. 그러나 우리는 최소한 이러한 전통 내에서 존재했던 다양성을 인정해야 한다. 즉 연구자 사이에서뿐만 아니라 시간이 지남에 따라(새로운 아이디어가 연결되면서) 그들의 입장은 달라졌다(예를 들어 존 클라크John Clarke, 폴 윌리스Paul Willis, 토니 제퍼슨Tony

Jefferson, 딕 헵디지Dick Hebdige 등의 하위문화 작업 간에는 상당한 차이가 있다).

윌리엄스의 문화주의와 알튀세르의 구조주의를 일관된 이론 공간으로 결합한 데 이바지한 것은 홀의 논문 "두 개의 패러다임Two Paradigms"(1980b)이다. 홀의 글은 인문주의와 구조주의 사이의 논쟁을 제삼의 시선, 즉 문화연구의 관점에서 재해석하려는 노력으로 볼 수 있는데, 이미 자신을 둘 사이의 공간에 위치시킨다. 그것은 어찌 보면 요청이라기보다는 자기 표상과 같은 작업이었다. 홀은 윌리엄스의 이론은 모든 것이 함께 들어맞는, 너무 조화롭고 잘 짜인 사회적 총체성을 가정했다고 주장했다. 윌리엄스의 이론은 인간 주체에게 저항을 가능하게 하지만, 지배를 설명하는 데 한계가 있었다. 가장 중요한 것은 윌리엄스의 이론은 경험적으로 이해된 현실을 통해 이데올로기(그리고 그것의 신비한 효과)를 측정하고 설명한다는 점이다. 이데올로기와 별개인 경험이 가능해졌고, 이데올로기 투쟁은 경험이 어떻게 해석되는지에 대한 것이 되었다.

반면에, 알튀세르(그리고 그의 추종자들)의 작업에서 구조주의는 차이에 기초한 구조를 가정하였다. 하지만 차이들은 너무 쉽게 자율적인 것이 되면서 다른 수준 사이의 관계는 마치 절대 도래하지 않는 마지막 심급으로 연기되었다. 구조주의는 (사회 재생산 이론을 통해) 지배를 설명하였지만, 저항을 위한 공간을 제공하지 않았다. 그 이유는 구조주의의 반인문주의 결과라기보다 이데올로기의 사회경제와 문화 사이의 관계를 설명하지 못했기 때문인데, "이데올로기적 국가 기구"라는 에세이에서 부분적으로 구체화하였다. 마지막으로 구조주의는 경험을 이데올로기의 산물로 설명했다. 그 결과 이데올로기적이지 않은 담론(과학)의 가능성을 제외하고는, 이데올로기를 벗어난 현실은 없게 되었다. 그러므로 이데올로기는 허위의식이라기보다, '우리의 실제 존재 조건에 대한 상상적 관계를 살아가는 방식'을 재현하는 필연적인 신비화가 되었다. 투쟁은 경험 해석에 관한 것이 아니라 경험을 구성하는 재현 장치에 관한 것이 되었다. 더욱이 이데올로기가 작동하는 가장 중요한(또는 유일한) 과정은 호명interpellation 과정이다. 즉 이념적 실천은 개인을 담론 내에 위치시킴으로써 주체성을 정의한다.

따라서 이데올로기 저항에 관한 이론은 이데올로기를 역사적으로 구체적이지만 광범위한 문화구성체에 재삽입시키고, 나아가 하위문화와 수용자가 위치한 실재의 사회, 경제, 역사적 관계에 재삽입시키려는 시도로 이해할 수 있다. 홀의 개념을 따라, 나는 버밍엄 현대문화연구소의 위치가 문화주의와 구조주의 사이에서 어떻게 협상하였는지를 간단히 논하고자 한다. 버밍엄 현대문화연구소는 기본적으로 문화를 "사회 범주와 의미가 개인과 집단 간의 사회적 과정을 매개하는 방식"으로 여기는 인문주의적 개념을 주장하였다(Center, 1972~1974: 2). 즉 "우리는 '문화'라는 단어를 사회 집단이 독특한 삶의 패턴을 만들어가고 그들의 사회적이고 물질적인 삶과 경험에 표현적인 형태를 부여하는 것으로 이해한다. 문화는 집단이 그들의 사회적, 물질적 존재의 원료를 '취급'하는 방식이자 형태다…… 한 집단이나 계급의 '문화'는 그들의 독특하고 특유한 '생활 방식way of life'이다…… 문화는 삶의 물질적이고 사회적인 구성이 스스로를 표현하는 독특한 형태다"(Clarke et al., 1975: 9).

하지만 여전히 이데올로기를 문화에 위치시키면서 버밍엄 현대문화연구소는 문화에 알튀세르적 해석을 부여하였다. 즉 현대문화연구소는 "인간은 이데올로기 안에서 그들의 실제 존재 조건과의 '상상적 관계'를 살고 있다"라고 인식한다(Clarke et al., 1975: 33). 이데올로기가 저항의 형태로 작용할 수 있는 것은 그 이면에 숨겨진 진정한 '경험' 때문이 아니라 바로 이데올로기가 '문화 속에서 그들의 종속적 위치와 경험을 표현하고 실현하는 방법'을 제시했기 때문이다(12). 그들의 경험은 지배 이데올로기의 상상적 관계로 구성되며, 동시에 그 종속적 경험의 생산 자체가 지배 이데올로기에 저항하는 표현의 가능성을 열어 준다. 합의consensus의 개념은 두 입장 사이의 공통점을 제공하였다. 즉 이데올로기 지배(또는 '헤게모니')는 "사상과 갈등이 움직이고 해결되는 한계를 규정한다”(39). 그러나 정체성의 이데올로기적 구성은 재인문화되었다rehumanized. 즉 이데올로기는 현실 조건의 일부인 다양한 사회적 차이와 역할에 의미를 부여함으로써 정체성을 형성하는 것이다.

문화와 이데올로기의 관계에 대한 이러한 관점은 사회구성체에 대한 전형적인 알튀세르적 이미지, 즉 문화와 이데올로기가 ‘상대적으로 자율적relatively autonomous’이라는 관점에 위치한다. 여기서 “하위문화는 필연적이지만…… 중간 수준inter-mediary level의 분석을 나타낸다. 하위문화를 ‘전체로서의 사회문화적 구성체’에 연결하려는 모든 시도는 이러한 필연적 차별화를 통해 그것의 복잡한 통일성을 파악해야 한다”(Clarke et al., 1975: 15). 따라서 문화는 첫째, 자신의 특수성에 의해, 둘째, “문화와 사회 구조, 역사 경향, 집단과 계급의 사회관계, 그리고 기구와 불가분의 상호 연결”에 의해 “이중으로 접합articulated”되었다(Centre, 1972~1974: 2). 이 입장은 사회문화적 구성체의 구조화된 복합성과 역사적 특수성의 이미지를 포함했을 뿐만 아니라, 구성체의 다양한 수준 사이의 상응 관계가 결코 보장되었거나 미리 결정되지 않았기 때문에 저항을 가능하게 하는 중층 결정overdetermination의 복잡한 과정을 강조할 수 있었다. 그러나 이 입장은 이데올로기와 사회 형성에 대한 ‘알튀세르적’ 사고를 전유하였고, 동시에 사회적 지위와 문화적 해석, 자원 및 역량 사이의 매개 역학을 강조하였다. 그러한 점에 이 입장의 문화와 경험에 대한 설명은 확고하게 인본주의적이었다.

이러한 차이가 저항의 가능성과 형태에 대한 버밍엄 현대문화연구소의 관점을 정의하였다. 하위문화 연구와 기호화/해독이라는 두 관점에서 특정 집단이 분리되고 그 집단의 정체성은 사회관계의 객관적 집합 속에서 정의되었다. 이런 실제 관계는 한편으로는 사회적으로 정의된 차이에 의해 구성된 사회 정체성에, 다른 한편으로는 일련의 경험에 조응한다. 이데올로기적 투쟁의 현장을 규정하는 것이 바로 이 정체성인데, 차별적 경험 자체가 이데올로기적 상상과 경험 속에서 구성되는 방식과 유사하다. 즉 어떤 집단의 정체성은 경험과 이중적으로 연결되어 있는데, 바꾸어 말하자면 '경험'의 의미가 두 가지 사이에 위치한다. 하나는 사회적 지위에 의해 즉각적이고 객관적으로 결정되는 의미이고, 다른 하나는 이데올로기를 통해 사람들이 어떻게 관계를 살아가는지를 해석하는 의미다. 예를 들어, 하위문화주의자들이 스타일을 중층 결정된 특정 사회 집단의 살아 있는 모순에 대한 '마법적 대응magical response'이라고 말할 때, 그 모순은 항상 모호하게 실제 관계와 삶의 경험 모두에 자리 잡고 있다. 그 스타일은 적어도 첫 번째 경우에서는 분명히 체험된 것(상상계) 안에 있고 실제 관계에 대한 필연적(그리고 직접적) 연결이 없기 때문에 '마법적인' 해결책으로 보여야 한다. 스타일은 저항의 한 형태인데, 그것이 구성하는 정체성이 지배 이데올로기의 헤게모니 한계를 벗어나 '금지'되어 있기 때문이다. 경험의 두 가지 의미 사이의 것과 같이, 체험된 모순에 대한 저항과 '반응성responsiveness' 사이의 연결은 다양한 수준의 하위문화 존재 사이의 구조적 상응 관계(또는 상동성)에 달려 있다. 하위문화 스타일로 실천된 모순은 항상 다른 곳에서 결정된다. 따라서 입장, 정체성, 경험 사이의 상응 관계는 (적어도 이론적으로는) 반드시 주어진 것은 아니다(알튀세르). 그러나 사실상 상동성이 반복되는 헌신과 이미지로 이해되든, 의미의 구조 또는 의미 작용 실천으로 이해되든, 그러한 상응 관계는 항상 사전에 진행되었다. 경험이 문화와 사회라는 더 큰 지형 사이를 효과적으로 매개하기 위해서는 두 수준의 경험 사이의 상응 관계가 가정되었어야 했다.

내가 제안하는 문화연구 형성의 결정적 순간은 버밍엄 현대문화연구소가 그람시 이론을 통하여 알튀세르 및 포스트알튀세르주의자의 관점(Hall, 1985a)을 지속해서 전유한 시점이다. 이데올로기 실천의 특수성에 관한 문화연구의 관심은 (합의와 통합의 헤게모니 관계 내에서 작동하는 데) 의미 작용 실천의 특수성에 대한 구조주의적 접근에 명시적으로 반대하였다. 버밍엄 현대문화연구소는 역사적으로 특정한 사회구성체 내에서 문화의 상대적 자율성을 탐색하는 데 주안점을 두었으며, 이는 문화 실천에 절대적인 자율성을 부여하고 그것에 보편적 텍스트성과 정신분석적 과정에 기반을 둔 구조주의 경향에 대한 대안이었다. 구조주의가 주체성subjectivity이 이데올로기를 구성한다고 주장한다면, 문화연구는 이데올로기가 주체subject를 구성한다고 주장했다. 의미의 담론 생산에서 주체가 어떻게 위치하는지를 살피기보다는, 문화연구는 의미에 대한 더 큰 사회적 투쟁의 일부로서 사회적 정체성에 대한 문제를 제기했다. 주체는 사회적 차이의 체계 내 위치에 의해 정의되며, 특정한 이념적 사건 외부에 존재하는 것으로 가정되었다. 문제는 차이의 경계가 어디에 위치하며, 거기에 사람과 의미가 어떻게 부여되는지에 대한 것이다. 주체는 잠재적 투쟁의 현장이자 의미 생산의 적극적 원천으로서 이미 (담론의 외부에) 자리 잡은 이데올로기에 도달한다.

나는 이 단계에서 버밍엄 현대문화연구소가 문화연구의 지형에서 점유하고 통합하려고 했던 다양한 입장을 간략하게 요약하겠다. 버밍엄 현대문화연구소의 해석적 입장은 점점 더 구조주의적이고 인습주의적으로 변했다. 문화는 형식적으로 (공유된 구조 측면과 아울러 표현 방식과 이데올로기 문제틀과 같은 형식적 개념의 측면에서도) 읽혀야 했을 뿐만 아니라, 그러한 형식적 매개는 비판 행위 자체에서도 항상 작동했다. 이데올로기 비평에 대한 과학도 없었고, 의미의 이데올로기 지도의 과정 외에는 보장된 정치적 입장도 없었다. 따라서 문화연구는 구조주의로의 우회를 통해 인문주의적 마르크스주의의 대부분을 지배했던 관습주의를 재확인했다. 앞서 제안한 바와 같이 결정에 대한 이론은 불편한 긴장의 결과였다. 상대적 자율성과 중층성에 대한 알튀세르의 이론이 (필연적인 상응 관계가 결여된 채) 차이를 점점 강조하는 반면, 역사적 상응 관계(그리고 그것의 상동성 이론)에 대한 극단적 부정을 피하려는 열망은 구조적 상응 관계(그것은 항상 실천 속에 보장되었던 것)의 체계적 본질주의를 다시 도입하였다. 문화연구는 초기 이론의 사회학적 요인을 지속하였지만, 사회적 총체성에 대한 단순한 가정에는 도전하였다. 대신, 문화연구는 지배 내 구조에 대한 알튀세르의 개념과 함께 윌리엄스(1973)의 잔여적, 부상하는, 지배적 구성체(앞의 두 구성체는 지배적 구성체와 조화로운, 협상적 또는 반대적 관계에서 존재할 수 있다) 간의 구별을 지지했다.

그러나 (해독과 전유를 통해) 사회적 차이를 구성할 가능성이 증가함에 따라 문화 형성의 다른 모델이 제시되었다. 이 모델은 임시적일지라도 중앙과 주변부 사이의 급진적 분리에 기초한 것이다. 따라서 문화연구는 (아무리 파편적이고 상상적이라 할지라도) 저항의 순간을 찾을 수 있었던 반면, (하위문화 이론에서) 차이의 저항은 항상 헤게모니적으로 주변부를 중앙으로 통합시키면서(저항의 편입을 보장하는 과정) 위협받는 진정성의 순간과 연결되었다. 소비 내에서 저항의 현장을 찾아냄으로써, 이 입장은 근대성의 문제를 소비 자체의 문제로 변형시켰다. 이러한 변형은 한편으로 소비가 제공하는 것처럼 보이던 새로운 가능성이지만, 다른 한편으로는 문화 실천과 사회 집단이 헤게모니 구성체에 통합되던 빠르게 증가하는 비율이기도 하다. 마지막으로, 버밍엄 현대문화연구소의 입장은 문화와 이데올로기의 구분에도 불구하고 문화연구의 문제 틀을 이데올로기의 문제와 계속하여 동일시하였다. 그러나 이데올로기는 이제 일관된 세계관이 아닌 실제 사회학적 차이를 둘러싼 사회적 정체성과 경험의 생산에 관한 것이었다.

버밍엄 현대문화연구소의 이러한 입장은 정확한지는 모르겠지만 이 단계를 관통하며 점점 증가하는 그람시의 중요성을 과소평가한다. 그람시는 처음에는 인문주의자로 해석되었다가 갈수록 알튀세르의 이론주의(역사적 특수성, 상대적 자율성, 헤게모니에 대한 그의 이론화)와 풀란차스(국가, 계급, 생산 방식에 대해)를 연결하기 위한 대안으로 재해석되었다. 그람시의 영향력은 이데올로기 및 사회구성체에 대한 광범위한 이론에서뿐만 아니라 국가, 인종 관계 등에 대한 새로운 작업 집단에서도 발견된다. 그람시의 영향력이 커졌다는 첫 번째 징후는 《위기 관리*Policing Crisis*》(Hall et al., 1978)의 출판으로 이어진 집단적 작업이었다. 《위기 관리》는 비록 이데올로기와 사회구성체에 대한 관점에서 여전히 알튀세르적이었지만, 역사적 국면과 문화의 관계에 대한 다른 시각을 제시하기 시작했다. 《위기 관리》는 아직 국면을 이론화할 수는 없었지만, 이 책은 사회민주주의의 붕괴로 정의된 국면에서 시작한다. 이 책은 문화에 대한 의사소통적 모델(기호학적으로나 상호 주관적으로 정의된)에서 벗어나 역사적이고 '구조적structural'(그러나 구조주의는 아닌) 이론으로의 중요한 변화를 재현했다.

> 우리는 이 시기에 분명한 역사적, 구조적 세력들이 작용하고 있다고 주장한다. 그 세력은 '길거리 강도muggers'와 잠재적 강도, 그리고 그들의 피해자와 체포자 사이의 즉각적 관계를 외부로부터 형성한다. 많은 연구에서 이처럼 크고 광범위한 힘은 단지 언급되고 인용될 뿐이고, 그것의 직간접적 영향에 대한 분석은 모호하고 추상적이어서 대부분 "배경"의 일부로 남겨진다. 그러나 우리는 바로 이런 '배경의 문제'가 실제로 나타나는 특정 형태의 '강도질'을 생성하는 주요한 힘이라고 믿는다. …… 우리는 이러한 형성되는 맥락에 시선을 돌리다. 이를 통해 단순화하거나 축소하지 않고, 범죄와 통제의 특별한 사건과 그것이 발생하는 역사적 국면 사이의 모순적인 연결을 단순화하거나 축소하지 않고 정확하게 하려고 한다(185).

《위기 관리》는 사회적 차이의 의미를 통해 구성되는 사회 정체성에 대한 초점을 두면서, 동시에 정체성 자체가 모순적으로 구성되어 있음을 인식했다. 또한 텍스트에 대한 주관적인 해석과 이데올로기의 경험적 차원에서 멀어지면서, 《위기 관리》는 의미와 차이의 장을 구성하는 대중 언어와 상식에 더 큰 중점을 두었는데, 이 영역은 한편으로는 헤게모니적 기획에, 다른 한편으로는 가능성의 특정 조건에 연결된다. 비록 이 연구는 기존 문화연구의 입장에 머물러 있지만, 《위기 관리》는 다른 가능성을 가리키는 중요한 벡터를 재현했다.

구조적 국면주의적의 구성체[10]

문화연구의 규범적 역사는 그람시를 인문주의로 회귀시키지 않고 구조주의의 경향을 제한하면서 중간 지점을 점유할 수 있는 새로운 방향으로 제안하였다. 하지만 나는 그람시로의 (재)회귀가 문화연구의 신념을 재접합시키고 정체성을 구성하는 문제 틀을 바꾸었다고 제안한다. 즉 중간 지점을 차지하기보다는, 이러한 입장(그람시로의 회귀)이 게임의 규칙을 바꾼 것이고, 문화연구의 담론을 근본적으로 바꾸어 차이difference에 대한 새로운 질문을 가능하게 했다. 물론 그람시의 영향을 단독으로 설명할 수는 없다. 역사적, 정치적 압력이 (현대문화연구소 내부와 외부에서) 있었고 푸코를 비롯한 다른 중요한 지적 영향력도 있었다. 특히 페미니즘은 문화연구의 많은 지적, 정치적 가정에 이의를 제기했다. 무엇보다도 페미니즘은 정체성 문제를 문화연구 의제로 되돌려 놓으면서도 본질주의에 관한 문화연구만의 급진적인 비판과 문화연구만의 차이의 이론theory of difference을 제공했다.

이러한 '국면주의적' 문화연구로의 이론적 전환의 급진적 함의를 설명하는 가장 간단한 방법은 내가 문화연구 형성의 초기를 설명하는 데 필요하였던 여덟 가지 질문에 대한 반응을 서술하는 것이다. '국면주의'는 본질주의적 결정 이론의 두 가지 오류, 즉 필연적인 상응 관계와 필연적인 비상응 관계noncorrespondences를 피하고자 하는 '확고함determinateness'의 모델로 볼 수 있다. 두 가지 오류는 모두 환원적이라서 결정 이론은 역사가 보장된다고 가정한다. 여기서 보장되는 것은 이론의 무관심이거나 불확정성일 뿐인데 말이다. 국면주의는 필연적인 상응(관계)은 없지만, 실제 (효과적)

10 홀의 그람시적 입장에 대한 논의는 *Journal of Communication Inquiry 10*(Summer 1986)의 특별호(Morley & Chen, 1996으로 확장)를 참조하라. 홀(1988c)도 참조하라. 홀(1987)은 정체성과 주체성의 문제를 명시적으로 다룬다.

상응 관계는 항상 있다고 주장한다. (우리가 '정체성'이라고 말하는) 특정 사회적 사건, 텍스트, 실천 및 구조의 의미, 효과 및 정치는 우연하거나 명문화되는 방식으로 절대 보장되지 않는다. 따라서 국면주의는 차이에 대한 포스트구조주의적 강조와 정체성 해체의 (그 본질성과 필요성을 부정하기 위한) 필요성을 따르는 반면, 추가적 비판 과제를 주장하는 페미니즘 이론을 따르는데, 이는 특정한 정체성의 생산이 달성된 역사적 맥락을 재구성한다. 그러한 생산의 현실과 변화의 가능성 모두는 오직 이 이중 과제를 통해서만 이해될 수 있다. 국면주의 관점에서 차이의 이론의 반본질주의는 정체성 이론에 대한 반대가 아닌 후자를 특수성 이론으로 재해석한다. 추상화 수준에 관계없이 모든 국면의 특수성은 항상 생산되고 확실하다.

국면주의의 행위자성 이론은 "사람은 역사를 만들지만 스스로 만든 조건에서 역사를 만드는 것은 아니다"라는 마르크스의 발언을 해석한 '접합articulation' 개념으로 압축될 수 있다. 특정 텍스트(또는 일련의 텍스트)에 특정한 효과적인 의미를 부여하고 특정 사회 집단과 정치적 입장에 연결하는 관련성은 실제 조건과 역사적으로 접합된 '힘의 경향선'의 한계 내에서 활동하는 사람들에 의해 형성된다. 접합은 실천과 구조 사이의 (다양한 정도의) 불안정한 관계의 지속적 구성을 가리킨다. 접합은 맥락의 생산, 특정 실천을 관계의 다양한 구조에서 제거하고 삽입하려는 지속적 노력, 하나의 관계를 다른 관계로 구성하는 것, 변화하는 세력의 장 내에서 실천을 재배치하려는 지속적 투쟁을 수반한다. 그러나 요소와 맥락은 모두 관계를 벗어나서는 적절하게 설명될 수 없으며, 어느 쪽도 먼저 존재한다고 간주할 수 없다. 텍스트는 이미 존재하는 맥락(텍스트 사이)에 추가되는 것이 아니라 오히려 텍스트와 맥락은 서로에게 삽입되면서 접합된다. 사실, 텍스트와 그 맥락(또는 실천과 구조)의 차이는 단지 그것이 작동하는 추상화 수준의 결과이자 종종 상식의 역사적 산물일 뿐이다(예를 들어 하나의 서사, 저자의 이름 또는 다른 수준에서의 제본이 종종 '텍스트'의 범위를 정하기 위하여 사용된다는 사실은 우리가 매우 당연하게 여기는 가정 가운데 하나다).

접합 이론은 권력의 사회 조직에 완전하게 또는 단순히 '꿰매어지지' 않은 능동적인 개인을 포기하지 않으면서, 또한 본질적인 인간 주체를 부정한다. 개인과 사회 집단은 역사를 만드는데, 이것은 어떤 본질적 창의성(또는 저항의 충동) 때문도 아니고 그들의 역사적, 사회적, 문화적 입장에 의해 개인과 집단이 결정되기 때문도 아니다. 입장이라는 것은 획득, 손실, 점유되는 동시에 비워진다. 이용 가능할 뿐만 아니라 점유되는 입장은 항상 다양하며, 다른 의미, 경험, 권력, 관심, 정체성 등이 함께 접합될 방법도 다양하다. 역사적 개인 자체가 계속되는 투쟁과 접합의 현장이다. 그런데도 역사적 개인은 항상 사회적으로 정의된 개인이며, 그는 이미 차이의 각인된 체계 내의 자신의 위치에 의해 구성되었다. 접합 이론은 접합이 구성되는 사회적 차이의 주어짐givenness에서 시작된다. 그러나 가장 주요한 함의는 접합 이론의 반엘리트주의일 것이다. 접합 이론은 사람들은 항상 실천적이어서 그들의 실천이 특정한 역사적 경향에 반하여 어떤 식으로 작동할지 예측하거나 미리 판단할 수 없다고 말한다. 또한 대립하는 접합들 사이에 투쟁이 벌어지는 상황에서 우리는 어느 쪽이 승리할 것인지 또는 그러한 승리가 궁극적으로 무엇을 의미할 것인지 예측할 수 없다. "사람들은 (문화적) 얼간이가 아니다"라고 단언하는 것은 잘 표현한 것이지만, 이러한 단언의 급진적인 의미는, 정치적으로나 분석적으로나, 대부분 심각하게 받아들여지지 않는다.

국면주의는 알튀세르의 '지배 구조'와 같이 사회구성체를 설명하는 것처럼 보이지만, 국면주의라는 개념뿐 아니라 특정한 국면을 역사화하고 따라서 문제화할 것을 요청한다. 국면주의는 (마치 어떻게든 경제 영역이 나타나서) 첫 번째 또는 마지막 심급에 나타나서 구조적 총체성이 보장된다는 것을 거부할 뿐 아니라, 각각의 특수성(상대적 자율성)이 특정 국면 외부에 위치할 수 있는 모델도 거부한다. 물론, 비평가는 다른 추상의 층위에서 작동하고 또 작동해야 하지만, 특수성은 항상 역사적으로 접합되어야 한다. 또한 어떤 수준이, 그리고 얼마나 많은 수준이 어떤 방식으로 언제 활성화되는지에 대한 보장도 존재하지 않는다. 어떠한 수준(예를 들어 정치적, 이념적, 경제적 수준)도 그것이 유용한 개념인 한도 내에서 내적과 외적으로 접합되고 차이와 모순으로 가득 찬 것으로 보여야 한다. 따라서 차이 속 총체성이기보다는 우리는 균열하거나 접합된 총체성을 논의할 것이다. 이러한 시도는 총체성이 어떻게 부서지고, 균열이 지점은 어디이고, 어디를 함께 연결해야 하고, 어떻게 '차이를 극복하는 협조'가 구성되는지가 예측 불가능하고 절대 보장되지 않는다는 점을 강조하기 위해서다.

문화구성체의 국면주의 이론은 문화연구의 문제 설정과 문화와 사회 간의 경계를 크게 재배치한다. 문화 지형의 복잡성을 인식하기 때문에, 엘리트/대중, 공적/사적, 심지어 중심/주변부의 모델은 역사적인(그리고 정치적으로 굴절된) 기술로 간주한다. 그렇다면 더 추상적인 설명, 즉 지배적인 것과 대중적인 것으로 옮겨가야 하는데, 여기서 대중적인 것은 항상 지배 문화에 대한 종속과 지배 문화와의 차이를 통하여 정의된다. 그리고 지배적/대중적이라는 구조는 어떤 의미에서 대중적인 것에게 적어도 저항의 가능성을 보장한다. 그러나 이 구조의 추상성은 구조의 탈맥락화된 모습의 결과일 뿐이고, 특정한 관계는 지배 문화와 대중문화의 관계가 구성되는 다양한 방식에 대한 인식을 항상 요구할 것이다.

국면주의는 권력에 대한 담론, 즉 사람들이 살아가는 복잡하고 변화하는 사회관계, 네트워크 속 지배와 종속의 담론 안에서 문화적 관계를 설명한다. 그 결과 문화적 관계는 권력의 차등적이고 위계적 관계에 종종 모순되는 방식으로 함축된다. 가장 구체적인 경우에도 권력관계는 항상 다층적이고 모순적이다. 사람들과 실천이 특정한 모순을 중심으로 조직되는 곳에는 늘 다수의 차등적인 권력관계가 수반되어 있다. 국가권력, 경제 권력, 성적 권력과 젠더 권력, 인종 권력, 계급 권력, 국가권력, 종족 권력, 연령 권력 등은 모두 '차이 속 통일성'으로서 사회 구성의 다양한 지점에서 잠재적으로 활동하며, 어느 시점에서든 다양한 권력은 서로 다른 관계로 작동할 수도 있다. 계급 지배와 착취의 철폐가 성, 젠더 지배와 착취를 없앨 것이라는 보장이 없다면, 후자가 전자를 짊어질 것이라는 보장도 없다. 그러나 권력에 관한 국면주의 이론은 그러한 모든 권력관계가 평등하고, 평등하게 결정적이며 평등하게 체험된다고 주장하지 않는다. 권력관계는 특수적이고 구체적인 국면의 분석에 기초하는 질문이다. 권력에 대한 이러한 이론은 여러 가지 결과를 초래한다. 첫째, 문화 관계에 대한 형성은 항상 국면적으로 분석되어야 한다. 둘째, 지배적 또는 종속적 위치에 있다는 것은 — 특정 역사적 현장이든 더 분산되었지만 여전히 명확하게 표현된 사회 구조 내에서든 — 종종 내부에서뿐 아니라 다른 사회 위치 및 구조와의 관계에서도 모순되는 복잡하고 결정적인 관계의 집합을 수반한다. 셋째, 지배와 종속은 항상 능동적으로 체험되는 것이다. 그리고 자신의 종속적 위치를 체험하는 능동적인 실천은 항상 그 위치의 지배적 접합을 그저 재생산하거나 수용할 필요는 없다. 따라서 국면주의는 초기 문화연구에 함축된 채로 남아 있던 것, 즉 권력뿐만 아니라 저항에도 다층적인 형태가 있다는 것을 명시적으로 이야기한다.

국면주의 버전의 문화연구가 문화적, 역사적 국면의 특수성을 이해하는 방법으로 돌아가기 전에, 국면주의의 인식론과 해석적 실천에 대한 질문으로 (되)돌아가겠다. 국면주의는 수정된 현실주의를 선호하며 문화주의의 관습주의를 피한다. 경험주의자에 대한 이미지(표면에 손을 얹는 마술사와 같은)에 반대하여 발터 벤야민Walter Benjamin의 유물론자에 대한 이미지(현실을 자르는 외과 의사와 같은)를 호출한 홀(1976)은 역사적이고 물질적으로 구성된 현실의 제약을 진지하게 받아들이려는 또 다른 노력을 의미한다. 이러한 노력은 담론적 '실제들'과는 다른 경향성을 드러내는 것으로, 의미를 만들어 내는 세계가 있다는 것이다! 이데올로기 형식을 통해서만 실제the real를 이해할 수 있다는 사실이 이데올로기적 형태의 차이나 실제의 유효성을 부정하지는 않는다. 이데올로기는 실제 실천, 입장, 관계를 접합하지만, 그것들을 발명하지도 않고 그들을 무관하거나 결정 불가능한 것으로 만들지도 않는다. 여기에는 특정한 해석 전략이 작동하는데, 그것은 앞서 설명한 문화연구의 형식이 전유와 저항의 실천을 밝히려고 시도한 것과는 다르다. 여기서 과제는 맥락주의적인 것이다. 즉 단순히 특정 텍스트가 삽입된 객관적 맥락을 식별하는 작업이 아니라, 내부 및 외부적으로 특정 관계에 접합되는 방식에 관련하여 특정한 (이데올로기적) 분야의 맥락을 (재)구성하는 것이 중요한데, 이것은 하나의 텍스트나 실천에 초점을 맞출 수 없다. 이러한 구성은 늘 모순과 투쟁의 현장이다. 해석에는 다양한 정도로 맥락을 능동적으로 생성하고 그것의 특질을 정의하는 결정 요소의 지도를 그리는 작업이 포함된다. 그러나 이것은 비평가가 결정이 작용하는 다양한 '추상화 수준'(자신이 관심을 지닌 특정 맥락과의 거리)을 지속해서 인식하는 경우에만 달성할 수 있다. 예를 들어 《자본론*Das Kapital*》에서 자본주의 구조에 대한 마르크스의 설명은 실제 역사적 결정을 묘사하지만, 그것은 1980년대 후기 자본주의의 특수성과는 거리가 먼 높은 추상화 수준에 위치한다. 이러한 맥락주의적 실천 내에서 맥락의 '깊이'는 주로 인식론적 용어로 이해된다. 그리고 결과적으로 이론과 접합을 완성하는 정치적 측정과 인식론적 측정 사이에는 항상 약간의 거리가 있다.

이제는 이전에 문화연구를 구조화한 방법론적 이분법을 넘어서 이데올로기의 '이중 접합'을 이해해야 할 때다. 여기서 이분법은 기호화와 해독 사이, 또는 (문학적 관점에서) 텍스트 이상주의적 문제 틀과 (사회학적 관점에서) 사회 물질주의적 문제 틀 사이를 가리킨다. 국면주의에서 이데올로기의 문제는 어떻게 텍스트가 상식과 경험 생산의 일부로서 특정 기표에 접합하는가에 대한 것이다. 담론으로서 이데올로기는 먼저 내적 접합을 포함하는데, 의미 생산은 특정 담론적 실천과 형식이 더 큰 '상호텍스트적'

관계에 삽입되는 위치와 방법에 의존한다. 권력은 여기서 이미 작동하는데 텍스트 해석을 둘러싼 투쟁이 항상 대립하는 접합 내에 위치하기 때문이다. 텍스트는 의미를 생성해야 할 뿐 아니라, 담론의 형성 및 연합을 달성, 유지, 변화하기 위한 투쟁이라는 생산을 둘러싼 투쟁 역시 있다. 의미화 효과signifying effects의 영역에서도, 다른 효과가 생산되고 투쟁이 발생하기도 한다. 즉 특정한 주체 위치가 부여되지만, 이러한 위치는 의미를 만들어 내는 실천이나 의미의 특정한 구조와 미리 연결이 보장된 채 나타나는 것은 아니다. 의미와 주체 위치가 연결되는 방식은 또 다른 접합의 현장인 것이다. 더 나아가, 이렇게 생성된 의미 또는 주체 위치는 이러한 접합 자체가 다른 실천, 특히 존재의 실제 조건에 어떻게 접합되는지를 보장하지 못한다. 실제가 텍스트가 아닌 경우, 그것은 의미화되어야 할 뿐만 아니라 '재현'되어야 한다. 따라서 이데올로기적 투쟁은 두 번째 접합을 수반하는데, 의미가 실제 사회 실천, 관계, 조건에 접합되는 효과의 두 번째 영역을 가리킨다. 차이들은 다른 곳(텍스트적, 정신분석학적 또는 경제적 관계)에서 형성될 수 있는데, 이러한 차이들은 의미를 통해 사회적 위치 및 사회적으로 권능화된 함의의 체계와 연결된다. 이러한 접합이 실천되려면, 연결점은 명백하고 실제적이며 자연스럽고 필연적이어야 한다. 그래야만 이러한 연결점은 '상식'이 되고, 오직 이중적 접합을 통해서만 이데올로기적 접합이 우리가 실제와 연결되어 살아가는 (즉 경험을 생산하는) 방식을 구성하게 된다. 차이, 호명, 함의 — 이들이 능동적으로 생성되더라도 — 는 재현 효과의 이데올로기적 생산을 중심으로 접합된다. 이제 문화연구는 특정 텍스트, 실천, 정체성이 어떻게 보이는지를 해석하고, 그들의 정치가 미리 정의되는지를 살펴보아야 하는데, 이러한 외견은 결코 이미 보장되지 않기 때문에 항상 부분적으로 환상에 불과한 것을 인정해야 한다. 사람들은 이미 만들어진 접합(내부적 및 외부적인 곳, 의미화하거나 재현적인 것)에 구멍이나 약점을 찾으면서 저항하는데, 이러한 저항은 그들에게 텍스트와 실천을 그들의 삶으로 끌어들이게 한다. 물론, 어떤 이데올로기가 제안되고 지배적인 것이 되도록 하는 이중 접합이 성공하는 지점을 경향적 위력tendential forces이라고 정의할 수 있다. 비록 일시적이고 모순적일지라도, 이 승리들은 사회적, 문화적 구성체에 흔적을 남기고, 더 많은 접합이 있어야 하면서도 가능한 조건을 정의하는 실제 역사적 경향에 기여한다.

문화연구의 국면주의 형식을 잘못 해석하는 때도 있는데, 이러한 해석은 이데올로기가 계속하여 문화연구의 문제 틀을 정의한다고 가정한다(Johnson, 1986~1987). 이런 해석은 문화적 특수성의 기획이 역사적 특수성에 대한 요구 안에 위치해야 한다는 사실을 무시한다. 문화연구는 그람시가 논의한 바와 같이 담론(의미, 재현, 주관성의 접합 장소), 권력, 시민 사회의 교차점에 관심이 있다. 문화연구의 특수성을 정의하는 것은 자유와 사생활, 그리고 무력의 부재라는 개념들이 가정되는 영역으로서의 시민 사회의 역사적 등장이다. 문화연구에서 홀의 헤게모니 이론(1986a; 1986c)이 타당한 것은 바로 이런 맥락에서다. 즉 헤게모니는 이데올로기 이상의 것이며 합의의 생산과는 다르며, 특정 계층의 동맹이 경제적이고 정치적 지도력을 획득할 수 있는 방법을 포함한다. 이러한 모델의 헤게모니를 순전히 이데올로기 용어로 분석할 수 없는데, 이것은 이데올로기 작업을 통해 부분적으로 구성되지만, 경제적이고 정치적 투쟁(투쟁 역시 이데올로기에서 재현되기는 하지만)과 연결되기 때문이다. 이런 헤게모니는 때로는 억압적 힘의 형태를 암시하기도 한다. 헤게모니적 기획이나 승리는 (상식은 종종 모순적이고 파편적이기 때문에) 합의의 생산을 요구하지 않고, (헤게모니는 종속과 저항 모두의 위치를 생산하기 때문에) 통합의 과정을 요구하지 않는다. 헤게모니는 종속과 저항을 억제하는 특정 이해관계의 수렴 생산을 통해 작동한다. 그러나 이러한 억제는 통합과 동일하지 않은데(물론 억제가 특정 투쟁에서 지엽적 전략일 수도 있다), 억제는 종속적일 뿐 아니라 지배적 이해관계를 재구성할 수 있는 종속적이고 저항적인 분파와의 협상을 포함한다. 헤게모니는 지도력의 위치를 얻기 위해 노력하는

데, 지도력은 동의가 있어야 하며 반대(제거가 아닌)를 억제하기만 하면 된다. 헤게모니는 특히 사람들의 상식과 사회의 정치적, 경제적, 이념적 제도 모두에 스스로를 특정한 방법으로 접합해야 한다. 헤게모니적 연합은 그들의 입장에 대한 대중의 동의를 얻기만 하면 되는데, 특정 이데올로기적 재현이 아닌 광범위한 해결책을 요구하는 위기에 대한 입장을 통해 가능하다. 또한 헤게모니적 연합은 어떤 이데올로기적 접합이 어떻게 채택되는지에 대한 복잡한 차이를 가능하게 한다. 게다가 헤게모니를 구축하기 위한 투쟁은 결코 단순하고 단일한 것이 아닌데, 그것은 시민 사회를 구성하는 광범위한 활동과 제도에 걸쳐 접합되는 국가적 기획이 있어야 한다.

그러나 나는 헤게모니가 문화연구의 특수성을 정의한다고 주장하려는 것은 아니다. 헤게모니를 시민 사회 내에서 지속되고 편재하는 권력 투쟁과 동일시하는 경향이 있지만, 나는 홀을 따라 그것을 역사적으로 구성된 특정한 권력 구조에 대한 설명으로 제한하고자 한다. 그런 의미에서 헤게모니는 문화연구의 특수성을 규정하는 것이 아니라, 역사적 특수성을 중심으로 하는 국면주의적 개념을 규정한다. 이러한 해석에서, 그람시는 이탈리아가 아직 헤게모니를 달성하지 못했기(그것에 가장 가까웠던 것은 파시즘의 순간이었다) 때문에 이탈리아 헤게모니의 문제에 관심을 가졌다고 주장되어 왔다. 헤게모니는 시민 사회의 정치, 문화 현장에 대중의 출현에 의해 존재하게 된 역사를 배경으로 부상한 권력 투쟁이다. 대중은 사회의 일반적인 권력 분할과 동일시될 수 없고, 대중은 계급, 성별, 인종, 나이 등을 가로질러 존재한다. 대중은 선진 자본주의와 민주주의 사회의 현대 세계의 지도력을 차지하기 위한 헤게모니 투쟁과 시민 사회 내의 위치에 의해서만 정의된다.

탈근대적 국면주의

헤게모니는 근대성의 역사적 맥락에 대한 응답 중 하나이며, 다양한 정치적, 경제적 위치로 표현되는 새로운 문화적 행위자의 형태로서 대중이 출현한 광범위한 역사적 조건에 대한 응답이기도 하다. 대중문화 확산의 현대적 형태와 역사적 행위자의 복잡한 (재)접합 사이의 긴밀한 연결(여기서 대중은 후기 자본주의의 현대적 권력의 주체이자 대상이다)은 문화연구의 국면주의적 구성이 탈근대적 전환(문화연구의 경우에는 회귀)과 함께 매스 커뮤니케이션의 문제와 연결되는 바로 그 지점이다. 따라서 마르크스주의적 형성의 다양한 구성에 대한 나의 견해를 마무리하기 위하여, 나는 또 다른 입장의 출현을 지적하고자 한다. 이 입장은 좀 더 정의 내리기 어려운데 그 입장이 최근에 등장한 아직 체계화되지 않은 입장이기 때문이고, 지지자들 사이에 상당한 차이가 있기 때문이다. 예를 들어, 딕 헵디지(1987, 1988)와 이언 체임버스Iain Chambers(1986)는 그 입장을 과거의 입장으로 되돌리려는 와중에, 체임버스는 동시에 그 입장을 탈근대적으로 밀어붙였고, 앤절라 맥로비Angela McRobbie(1986)와 메건 모리스Meaghan Morris(1988a, 1988b)는 그 입장을 페미니즘의 발전에 연결하려고 했고, 로런스 그로스버그(1988b)와 로스(1989)는 현대 미국 정치 맥락과의 연결성을 강조하고자 하였다. 따라서 문화연구의 탈근대적 입장을 제시하려는 나의 시도는 (진실은 그 자체로 권력이자 역사의 효과라는) 인식론적 관심을 부정하려는 기획을 따라서 탈근대적 입장을 '제작하는fabricate' 시도가 될 것이다. 국면주의의 두 형태의 핵심적인 차이는 탈근대적 형태가 차이의 특권, 즉 차이가 효능과 현실을 추정한다는 특권을 부인하는 것이다. 이 관점에서 차이는 차이를 만드는 것이 아니라, 차이의 존재(즉 차이의 유효성)가 그 접합의 역사적 산물인 것이다. 탈근대적 문화연구는 계속 자생적 타자성의 담론discourses of otherness에 맞서기보다는 점점 더 (탈)근대성의 초국가적 맥락에 재접합하려 한다.

해석의 모델로서 탈근대적 국면주의는 연구 대상으로 국면의 접합을 강조하는데, 그 속에서 자신의 재귀적인 입장을 간과하지 못한다. 결과적으로 비평가의 목소리가 결정하게 된다(예를 들어, 연구자이자 그 문화의 구성원으로서 일인칭 민속지학의 출현은 자신이 현지의 정보원이 된다). 우리는 이러한 탈근대적 문화연구의 대상을 설명하기 위해 실천이나 사건의 이질적인 앙상블 ensembles로서 '기구apparatuses'에 대한 푸코의 개념(1978b; 1979a)을 활용할 수 있다. 현실은 형이상학적이거나 역사적 기원으로 정의되기보다 구체적 효과의 선이 만들어 내는 흥미로운 지도 그리기로 정의된다. 현실은 어떤 기구의 '외부'에 있지 않고, 그것을 구성하는 담론 안에서만 재현된다. 담론과 현실 사이의 추정되는 차이는 인식론 문제를 일으킨다. 그러나 현실이 항상 우리가 스스로 만들어 낸 현실의 구조물을 통해 접합된다면, 실천이나 국면의 특수성(차이)은 우리가 구성하는 역사의 계속적 접합과 별개로 정의될 수 없다. 현실은 항상 특정한 국면적 효과 사이의 복잡한 교차점과 상호 결정의 구성인 것이다. 물질, 역사, 경험 등의 어떤 형태로든 현실은 특권적인 지시 대상이 아니라 항상 진행 중인 (질 들뢰즈Gilles Deleuze와 펠릭스 가타리Félix Guattari의 용어로 '리좀적rhizomatic'[1981]) 기구의 생산 또는 접합이다. 그리고 벤야민에 따르면, 실제의 핵심에 얼마나 깊고 정확하게 접근하였는지를 결정하는 유일한 근거는 정치적이면서 역사적인가에 달려 있다.

실제의 생산으로서 이러한 접합 모델은 약간 다른 결정 이론을 내포한다. 왜냐하면 한 기구의 구성은 일련의 작은 효과의 차원에서만 있을 수 없고, 특정한 실천의 특수성을 위치 지을 수도 없기 때문이다. 현실이 항상 효과의 복수성(예를 들어 의미, 욕망, 재현, 돈, 노동, 자본, 쾌락, 기분, 감정, 힘의 생산 및 분배)에 의해 구성된다면, 이른바 사회적 형성의 수준 사이의 어떠한 분리도 오랫동안 유지될 수 없다. 이데올로기(의미와 재현 효과의 이중 접합)는 정치적, 경제적 실천뿐만 아니라 욕망 효과, 기분 효과 등과도 항상 결정적 관계에 있다. 이러한 효과의 다른 차원은 따로 빼놓을 수 없다. 왜냐하면 이런 차원이 의미와 주체 위치가 선택되고, 점유되고, 투자되고, 소유되는지와 방법을 결정하기 때문이다. 어떤 실천이 효과적으로 결정적인 것이 되는지에 대한 보장은 없다. 예를 들어 담론의 상품화는 다른 경제적 사건과 실천보다 현대의 이념적 투쟁에 미치는 영향이 적을 수 있다. 국면주의가 의미 효과(그리고 이차적으로 재현 효과)의 접합을 통해서 계속해서 문화(와 담론)를 정의하는 반면, 담론은 특정한 기구와 다양한 정도로 다른 효과에 접합될 수 있다. 사실 기구 내에서 가장 강력한 결정은 의미와 재현을 수반하지 않을 수도 있다. 탈근대적 국면주의는 문화연구가 작동할 수 있는 효과의 장을 열어 준다. 탈근대적 국면주의는 권력과 문화의 교차에 대한 문제가 텍스트가 특정 의미와 관계와 접합되는 방식에 의하여 정의된다고 가정하는 것으로 시작하지 않는다. 대신, 탈근대적 국면주의는 텍스트를 자신의 효과에 의해 결정되고 동시에 효과를 결정하는 국면적 복합체assemblage로 이해한다. 즉 해석은 항상 구조적으로 구성되며, 실천을 '차이 속 통일성' 안에 위치 짓고 접합되는 방식을 (재)생산한다. 이것은 현대 문화연구의 매우 실제적인 문제(즉 모든 사건이 잠재적으로 증거이면서, 잠재적으로 결정할 수 있고, 동시에 너무 빨리 변하여 학문의 비판을 허용하지 않으면 어떻게 할 것이냐는)에 대한 이론적 해결책으로 볼 수도 있다. 탈근대적 국면주의는 문화연구에 서서히 등장하는 새로운 간학제성의 부분적 원인이 되기도 한다.

접합과 유효성effectivity의 이론은 주체성과 정체성이 구성되는 차이에 대해 추측하는 우리의 능력을 약화시킨다. 이러한 이론은 주체를 사회적 차이와 그것의 이데올로기적 접합에 위치시키는 문화연구의 사회학적 경향성에 도전한다. 행위자, 수용자, 전달자, 또는 대리인 등의 주체는 그 자체로 구성물이며 기구 내부와 사이에서 접합되고 동시에 접합을 만드는 움직임이다. 탈근대적 문화연구에서 행위자성은 항상 특정 효과를 통해서 또는 효과를 따라 접합된다. 예를 들어, 이데올로기로 접합된 주체는 정치적 행위자와는 필연 관계가 없다. 그러한 연결 자체는 구성되는 것이고 채택되는 것이다. 더욱이 접합은 실제 개인과 집단에 의해 수행되지만, 접합의 행위자agent는 항상 익명이다. 이러한 명제는 우리가 역사를 만들지만 그것을 통제할 수 없는 마르크스의 주장을 단지 재언급할 뿐이다. 이런 설명은 단지 의도하지 않은 결과로 치부될 수 없는데, 왜냐하면 행위자성의 문제가 제거되기 때문이다. 오히려 실천은 항상 적극적으로 논쟁되고, 재접합되고, 장악되고, 동시에 우회의 대상이 되는 것이고, 그래서 실천과 효과의 관계는 이미 정해진 방향을 따르지 않는 것이다. 더 나아가 위의 주장이 제안하는 것과 같이, 행위자의 요청에 따라 요구되는 주체의 필연적인 완전성이란 존재하지 않는다. 오히려 주체는 특정한 경우에 불완전할 수 있는데, 한 차원에서 주체는 (의식이 없는) 신체 또는 불완전한 신체로서 효과적일 수 있고, 다른 차원에서는 공모하는 주체가 이데올로기가 물질적이기보다 정동적 용어로 정의될 수 있다. 또 다른 차원에서 젠더 정체성이 특정 기구에서 어떻게, 어디서 결정적인지 자체가 (그런 젠더 차이가 접합되는 방식뿐 아니라) 기구 내의 역동적 현실일 수 있다. 기구들과 그 이동 사이에만 존재하는 '유목적 주체성nomadic subjectivity'에 대한 이러한 시각은 하나의 통일된 정체성을 지닌 실존적 주체와 해체되고 영구적으로 파편화된 주체 모두를 거부한다. 게다가 이러한 시각은 주체를 정신분석학적 또는 사회 텍스트적(이념적) 생산으로 축소하는 것을 거부한다. 유목적 주체는 유동적인 맥락에서 기동성 있는 벡터의 집합으로 끊임없이 재구성되고 재편성된다. 주체는 스스로의 역사 내에서 투쟁의 장소인 접합의 행위자로 남아 있지만, 그 주체의 형태와 실효성은 결코 보장되지 않는다. 유목적 주체는 아메바와 같으며 특정 기구(역사적 구성체)에서 자신을 위한 공간을 확보하기 위해 고군분투한다. 그것의 모양은 항상 접합에 의해 결정되지만 그것은 항상 효과적인 모양을 갖는다. 따라서 접합의 가능성은 부분적으로 유목적 주체가 특정 기구 내에서 어디에 어떻게 그 자리(들)를 차지하느냐에 달려 있다. 또한 그것은 항상 서로 접합된 수많은 기구에 동시에 서식한다.

사회구성체의 이론은 국면주의의 두 가지 버전에서 동일하게 유지되지만, 두 버전에서 권력 이론은 크게 다르다. 탈근대적 문화연구에 따르면 역사는 항상 다양한 방식으로 다양한 실천과 사회적 위치를 강화하고 무력화하는 투쟁의 산물이다. 관계와 구조의 접합 그 자체는 권력의 현장인 동시에 역사의 필연적 형태이기도 하다. 구조를 부정하는 것은 무정부 상태에 대한 유토피아적 꿈에 불과하다. 권력은 실재하며 자본, 돈, 의미, 정체성, 욕망, 감정 등의 제한된 생산과 불평등한 분배에 위치하여 우리 삶의 모든 수준에서 작동한다. 그것은 관계, 구조의 차이를 형성하고, 경계를 그리고, 복잡성을 구분한다. 또한 권력은 모순을 동일성, 일관성 및 동질성으로 축소하고, 구체적 실천과 효과의 복수성을 정체성, 통일성, 위계질서 그리고 명백한 필요성(이것들은 이데올로기가 폐쇄성과 자연화를 통해 소급해서 정의하려는 것이다)으로 조직한다. 가장 구체적 형태의 권력은 특정 관계 내에서 특정 실천을 가능하게 하는데, 권력은 항상 권능화empowerment하고(권력의 위치에 있기에 권력을 적극적으로 사용할 필요는 없다) 동시에 무력화한다. 따라서 권능화의 개념은 모든 국면에서 작동하는 권능화 효과의 복잡성을 시사한다. 실천은 단 하나의 (예를 들어 이데올로기적) 영역에서뿐만 아니라 다양한 범위의 영역에 걸쳐 다양한, 심지어 모순적인 효과를 가질 수 있다. 그러므로 특정 접합은 동시에 권능화와 무력화를 할 수 있는데 이를 통해 사람들은 무언가를 얻을 수도 있고 잃을 수도 있다. 권력은 그것의 구체적이고 국면적으로 접합된 형태로만 분석될 수 있다. 권력의 이러한 모델은 탈근대적 저항의 여러 방식에 반대한다. 즉 이런 모델은 스스로 바람직한 것처럼 여겨지는 지역적 저항을 칭송하는 것을 거부하고, 억압받는 자만이 자신을 대변하거나 자신을 위해 투쟁할 수 있다는 관념을 받아들이지 않는다. 또한 이 모델은 저항의 목적을 자아의 성찰적 생산으로 보는 것(마치 모든 권력이 '자아의 기술'인 것처럼)을 거부하고 과잉 순응을 급진적 저항으로 영웅화하기를 거부한다. 대신에 그것은 저항이 특정 국면에서 사람들의 지속적 활동으로 생산될 수 있다고 주장하는데, 이러한 활동은 매우 다른 효과에 의하여 동기 부여되고 추동될 수 있다. 그러나 저항 그 자체는 충분하지 않으며, 저항은 특정한 권력 구성체 내에서 효과적이고 진보적인 대항으로 접합되어야 한다.

마지막으로 나는 문화구성체, 문화 투쟁의 특수성, 근대성의 현장이라는 마지막 세 가지 질문을 함께 살펴보려 한다. 왜냐하면 그들은 문화연구의 특수성에 대한 탈근대 국면주의적 개념을 구성하기 때문이다. 우선 시민 사회 내에서 계급 분파의 동맹을 지도적 위치에 두도록 작동하는 사회적 권력의 특정 구조로서의 헤게모니의 개념으로 돌아가서 시작하겠다. 그런 경우 대중은 지도적 위치를 차지하는 사람들의 특정한 가치와 방향에 동의할 필요는 없고, 대중은 단지 자발적인 추종자의 위치로 접합되어야 한다. 이 접합의 일부는 당연히 그람시가 '상식'이라고 부른 것에 대한 이념적 작업을 수반한다. 상식은 때때로 형식적인 ('철학'의 생산에 관여하는) 이데올로기적 기구의 작업을 통해 달성된다. 상식은 때로 일상의 문화 기구(즉 휴식, 사생활, 쾌락, 미각, 쾌락의 현장)의 작업을 포함한다. 그러나 이러한 설명은 헤게모니의 생산에 제2의 궤적, 즉 그람시가 '국민적 대중성national popular'의 생산으로 묘사한 벡터가 있음을 시사한다. 국민적 대중성은 '대중적 영역the popular'의 결정으로 탈근대적 문화연구의 초점을 정의하는 특정한 담론의 대중성 접합이라 할 수 있다. 문화연구에서 억압되었던 것(그리고 문화연구라는 용어의 현대적 전유에도 여전히 억압된), 그래서 다시 의제에 올려져야 하는 것은 대중 영역의 특수성과 이를 둘러싼 투쟁이다. 대중 담론의 폄하는 오랜 역사를 지녔으며 다양한 전략(예를 들어 플라톤에서 아우구스티누스와 계몽주의, 마르크스주의와 신보수주의까지)을 통해 이루어졌는데, 대중적인 것은 대부분 그것이 '예술' 또는 이데올로기의 작동으로 환원될 수 있는 경우에만 지위를 부여받는다.

동시에, 대중 영역을 항상 (엘리트나 중심의) 지배 문화이자 대항적 충동의 원천으로 생각하는 것을 피하는 것이 중요하다. 지배 문화는 모든 계급 형성과 마찬가지로 자신의 고유한 대중성을 가지고 있다. 대중적인 것은 역사적으로 접합되는데, 처음에는 대중적 형태와 실천이 필연적으로 (부분적이지만) 의미화 그물의 밖에서 작동하는 것으로 이해될 수 있다. 대중적인 것은 항상 눈물, 웃음, 소름 끼침, 비명, 공포, 발기 등등 몸에 새겨져 있는 것이다. 종종 의식적으로 통제할 수 없는 것처럼 보이는 이러한 본능적 반응은 대중적인 영역의 정동적affective이고 리비도적인 작업을 가리킨다. 그렇기에 대중적인 것은 '감상적이고,' '감정적이며,' '변덕스럽고,' '흥미진진하고,' '외설적이고,' '광란적인' 것이다. 본능적 반응은 대중적인 것의 필수적 특성(이것이 형식적으로 텍스트이든 반응적이든)을 정의하지는 않는다. 오히려 그들은 특정한 종류의 효과 접합, 즉 일부 실천이 일상생활의 기구에 삽입되는 역사적으로 특수한 방식을 설명한다. 그러므로 대중적인 것은 구체적이고 역사적으로 위치한 '감수성sensibilities'(부르디외)을 설명하고, 또한 대중적인 것은 '대중적 대상'이 채택되고, 투자되고, 접합되는 방식에 의해 결정되는 효율성의 문제이기도 하다.

그러므로 시민 사회는 단순히 이데올로기적 접합의 관점에서만 이해될 수 없다. 시민 사회는 문화연구가 항상 인식해 온 것, 즉 매스 미디어의 증가하는 힘이 현대 생활에서 대중적인 것(그리고 결과적으로 대중)의 형태와 위치를 재형성하고 재분배한다는 점을 인정할 것을 요구한다. 여기서 우리는 문화연구가 이데올로기와 사회 권력 이론뿐 아니라 매스 커뮤니케이션 이론과 탈근대주의의 다양한 이론과 교차하는 지점을 찾을 수 있다. 탈근대적 문화연구는 문화연구 본래의 열정을 불러일으킨 질문들로 돌아간다. '근대' 세계는 무엇인가? 그 세계에서 우리 자신을 주체로서 어떻게 위치시키는가? 그 세계에 대한 우리의 노력은 어떻게 가능한 미래에 대한 감각을 되찾을 가능성을 제공하는가?

L. Grossberg (1997a). "The Formation(s) of Cultural Studies: An American in Birmingham." *Bringing It All Back Home: Essays on Cultural Studies*. Durham and London: Duke University Press.

2

새로운 세계에서의 문화연구

문화연구가 변화하고 있다는 제법 명백한 관찰에서 시작하겠다. 그러나 문화연구는 항상 변화하고 있다는 점에서 이와 같은 현상은 결코 '위기'가 아니라는 것 또한 강조한다. 변화한다는 것은 동시에 문화연구를 더욱 매혹적인 것으로 만드는 이유 중 하나이기 때문이다. 문화연구는 항상 변화하는 세상에 반응하면서 스스로 다시 만들어간다. 문화연구라는 영역은 경쟁하는 질문, 계획, 관점과 함께 항상 열리는 것이 중요하기에 이와 같은 변화는 가능할 뿐 아니라 있어야 한다. 그러한 점에서 문화연구는 항상 하나 이상의 것이며 동시에 문화연구가 열려 있다는 것을 단순히 다원주의로 해석해서는 안 된다. 문화연구가 열려 있다는 점은 변화하는 역사적 요구에 있어서 '이론화로 나아가는' 스스로의 약속을 위한 필요조건으로 고려해야 한다.[11]

그러나 문화연구의 현재 상황은 과거와 같지 않으며 동시에 꼭 과거와 같아야 한다고 생각할 이유도 없다. 과거와 같지 않다는 근거 하나는 문화연구가 자신의 '성공'을 어떻게 대응할지에 대한 문제가 나타났다는 것이고, 이는 문화연구의 지위status에 관한 것이 아닌 위치place에 관한 변화가 일어났다는 의미다. 현재의 성공 이전에 문화연구는 지적이고 민족적으로 다양한 장소와 전통에서 비주류의 비판적 실천이라고 인식되었다. 이러한 장소들, 유사성과 영향력의 차이를 연결하는 선들은 매우 다양하였고 상대적으로 비가시적이었다.[12]

11 문화연구는 하나의 이론적 인물이나 입장으로 동일시될 수 있다는 점에서 결코 순수주의적이지 않다. 문화연구는 자기 입장을 제시하기 위해 이론가를 사용하며 그들을 비판적이고 실용적으로 모으는 경향이 있다. 따라서 문화연구는 광범위한 텍스트의 영향을 받아왔지만, 이 모든 텍스트가 문화연구로 해석될 필요는 없다.

12 흥미롭지만 아직 대답이 없는 질문은 다른 장소에서의 문화연구의 가능성과 조건과 관련이 있다. 예를 들어, 프랑스에서는 왜 문화연구가 거의 없는 것인가? 여기서 우리는 특정 문화 엘리트주의의 힘, (문화에 관한 연구를 철학, 기호학, 역사 등에 위치 짓는) 지식 형성의 조직, 정치적 지

그렇다면 현재의 성공은 무엇을 변화시켰는가? 아마도 문화연구의 확산 정도가 달라졌다고 답할 수 있다. 즉 문화연구라는 지점이 인종과 민족 사이에, 그리고 전통과 분과 학문 사이에 급격히 확산하였다. 그러나 더 큰 변화는 다양한 지점을 연결하는 선들의 연결망, 즉 선들의 밀도와 강도 그리고 선들 자체가 변화하고 있다.

여기서 중요한 질문은 문화연구가 어떠한 방식으로 유동하느냐다. 그리고 문화연구가 지역적인 발화의 입장과 다양한 입장을 연결하는 선 간의 관계에서 어떻게 자리매김해야 하는가다. 문화연구는 확실히 세계의 지적 상품과 같은 무엇인가가 되어 가고 있다. 원칙적으로 우리는 이러한 변화를 좋아하지 않지만, 문화연구의 이미지만을 빌리는 것이 문화연구의 '사용 가치'를 반드시 해치는 것은 아니다.

아마 그보다 위험한 일은 문화연구가 국제적 공상과 같은 것이 되어간다는 점이다. 그 결과 문화연구에 대하여 더 이야기할수록 그것이 무엇을

식인의 지배적 모델(실존주의), 주변부의 주요 원천(북아프리카), (때로는 영어판을 번역해서는 수익이 나지 않는) 출판의 경제 등에 관해 이야기할 수 있다.

미국에 관한 한, 우리는 문화연구의 성공 조건(그리고 그 성공의 특정한 형태)을 급속한 확산의 조건과 구분할 수 있다. 나는 분명히 이 두 가지가 동등하다고 생각하지 않기 때문이다. 전자에 관해서는 이른바 대중문화 논쟁(그리고 그것이 결국 영문학과에서 커뮤니케이션 및 교육학과로 옮겨졌다는 사실이다. 이 중 후자는 미국에서 문화연구가 시작된 원래의 장소다)과 민주적 교육에 대한 '공약,' 그리고 문화와 커뮤니케이션 문제의 중요성(공동체와 기술, 다문화주의, 이동성, 그리고 절대 고정되지 않은 국가 정체성 측면에서)을 지적할 수 있다. 문화연구의 확산 조건과 관련하여 나는 학계의 경제(시장 규모는 학생을 위한 경쟁뿐만 아니라 학계의 출판을 결정하는데, 여기서 문화연구는 출판 시장에서 확대되고 있다), 미디어와 정치와 밀접하게 자라난 세대, 카리스마 있는 지적 인물의 부족, 그리고 문화연구와 중복되는 지적인 구성체의 존재(아프리카계 미국인 연구, 여성학 등)를 지적할 수 있다. 다음을 포함한 미국 사회와 정치에서 문화 담론 역사의 맥락에서 문화연구를 위치 짓는 일도 흥미로울 것이다. (1) 기술적 숭고함에 대한 담론, (2) 전경과 토지에 대한 담론(선구자 대 가족, 대량 학살의 기원 행위로서 역사의 억압, 토지의 성별 구분), (3) 국가 및 국가 정책에 대한 담론(그리고 '타자' 또는 일시적인 외부 적으로서의 자신과의 관계를 제외하고 국가의 '빈' 정체성과의 관계). 조디 버랜드Jody Berland(1992)를 참조하라.

의미하는지 더 모호해지는 것이다. 다시 말해 문화연구라는 정치적이고 이론적으로 지적인 실천이 이상적이지만 공허한 시각이 되어 간다는 위험이다. 공상으로서 문화연구의 위치는 문화연구의 다음과 같은 논쟁을 방기하기에 공허하다. 즉 모든 것이 문화연구가 되는 것은 아니며 동시에 모든 것에 문화연구가 열려 있는 것은 아니라는 문제의식의 중요성을 간과하게 한다. 다시 말해 문화연구는 어떠한 특정한 맥락에 대한 것이라는 점이 매우 중요하다. 문화연구가 특정한 대상을 선택한다면, 그 대상은 다시 맥락의 반응에 따라 문화연구를 다시 만드는 데 이바지할 것이다(Hall, 1992a 참조).

여기서는 우선 문화연구 영역에 대한 예비적 설명을 제안하는 것이 효과적일 것이다. 영국 문화연구는 문화연구의 하나의 공간일 뿐 아니라 다양한 전통을 연결하면서 공통 어휘와 도상iconography을 제공하였다. 물론, '영국 문화연구' 안에 있는 입장의 다양성을 인정한다면, 우리는 여전히 "다양성 자체의 승리"(존 클라크, 개인적 대화)를 인정하는 것이다. 나 역시 문화연구의 선구자를 특정하는 일이 위험한 노력이라는 것을 안다. 특정한 연구를 가리키는 문화연구가 여전히 내용이 부재한 채 있다면 우리는 계속 무엇을 놓치는지 질문해야 한다. 주어진 이름이 없는 연구는 무엇인가?

만약 문화연구가 맥락적으로 정의 내려지는 것이 중요하다고 한다면, 나는 이러한 입장은 이론적 입장보다는 비판적 실천에 관한 질문이라 하겠다. 문화연구는 명백하게 문화와 권력의 관계를 이해하고 참여하고자 하는 다양한 접근의 조합이라 할 수 있다. 그러나 이론과 맥락과의 특정한 관계 역시 매우 중요하다. 문화연구는 마치 대답을 미리 알 수 있는 것처럼 이론을 적용하지 않고 동시에 이론 없이 경험주의만으로 존재하지 않는다. 문화연구는 이론에 의하여 경도되지는 않지만 이론을 통한 우회로를 찾는 것에 복무하면서, 그 자체의 역사와 정치성의 감각 때문에 추동된다. 그뿐만 아니라 문화연구는 현실성의 사실이라는 측면과 자신을 위한 전략적 실천이라는 측면에서 논쟁 지점에 설 것을 약속한다.

가장 중요한 것은 문화연구는 급진적으로 맥락화된다는 점이다. 문화 자체는 맥락과 동떨어진 자율적인 것으로 정의되지 않는다. 문화연구의 맥락성은 크게 세 가지 층위로 서술할 수 있다. 첫째로, 문화연구에서의 '문화' 개념은 사회구성체로서 공동체, 전체적 삶의 방식으로의 총체성, 재현적 실천으로서 미학 사이에 위치한다. 지난 연구(1992)에서 주장하였듯이, 문화연구는 문화에 대한 하나의 정의를 내리거나 현실을 문화적 재현으로 축소하는 것에 반대하면서 모호한 공간 속에 '문화'를 논의해야 한다. 둘째로, 문화뿐 아니라 문화와 권력과의 관계 의미는 역시 문화연구가 개입하려는 지점의 특정한 공간에 의하여 변동될 수 있다. 셋째로, 문화적인 '텍스트'는 좁은 의미의 재현이나 사회적 타자에 대한 의미의 전형embodiment을 의미하지 않는다. 문화적 텍스트는 다양한 힘들이 접합되는 공간에 위치한다. 모리스(1988a)가 주장하듯, 그러한 실천은 다양한 것이 발생할 수 있고 사용과 효과의 다양한 가능성이 교차하는 공간으로 보인다. 다시 말해, 문화적 실천은 그 자체로 접합의 맥락과 분리될 수 없는 복잡하고 갈등이 있는 장소다. 문화적 실천은 맥락 밖에서 존재하거나 정체성을 지닐 수 없다. 그렇기에 문화연구는 단순히 텍스트 해석이나 수용자에 대한 현지 조사로 좁혀서 이해해서는 안 된다.[13]

동시에 나는 문화연구를 특정한 화자의 입장과 동일시시켜 설명하려는 전략과 거리를 두고자 한다. 이러한 전략은 토니 베넷Tony Bennett(1993)의 말을 빌리면 "권위적 종결charismatic closure"이라 할 수 있다. 이러한 움직임은 문화연구의 입장을 표방한다는 것이 화자의 생애, 특히 화자의 실제 정치적 참여의 증거를 보이기를 요청한다. 동시에 권위적 종결은 화자의

13 문화연구의 특수성에 대한 가장 좋은 설명은 존 프로John Frow와 매건 모리스(1993)의 서문을 참조하라. 문화연구의 특수성에 대한 구체적인 학문적, 역사적 접합에 대한 논의는 그로스버그(1992)를 참조하라.

문화연구에 관한 입장을 하위 계층의 추상적 입장과 동일시할 것을 요청한다. 그 결과 화자의 생애사는 그의 문화연구라는 입장을 측정하는 수단이 된다. 이러한 전략은 이른바 '정치적 정당성 논쟁'과 매우 닮았다.[14]

문화연구에 이루어지는 현재의 토론은 세계적인 것과 지역적인 것 사이의 의미 없는 논쟁에 사로잡혀 있다. 세계적인 것으로 보는 입장은 문화연구를 '이동하는 이론traveling theory'으로 여기면서 이론 자체를 물신화하고 고정화시킨다. 지역적인 것으로 보는 입장은 지역의 긴급 상황과 정치적 요구를 강조한 나머지 이론의 역할을 '정치적 필요성political necessity'으로 대체해 버린다. 이러한 입장은 문화연구의 다양한 지점을 연결할 수 있는 가치를 훼손한다. 두 입장 모두 "이론은 항상 좀 더 중요한 무엇으로 나아가는 필연적인 우회로"라는 홀의 책망(1991a: 42)을 가볍게 여긴 것이다. 세계적인 것과 지역적인 것의 관계가 그 자체로 서로가 서로를 존재하게 하고 구성하는 관계, 즉 접합된 무엇이라면, 문화연구는 그들을 연결하는 지점을 살펴봐야 한다. 그럴 때만이 문화연구는 이들 간의 관계에 도전할 수 있고 새로운 가능성을 제안할 수 있다. 나는 이러한 작업이 이미 시작되었지만, 아직 충분히 진행되지 않았다는 점을 강조하고 싶다.

나처럼 영국 문화연구로 시작된 공간에 있는 사람들은 다음과 같은 문화연구의 재접합 문제를 고민한다. 즉 문화와 사회, 상대적 자율성, 이데올로기 등과 같은 이론 체계와 근대적 기관과 권력의 기술로서 '근대적인 것'[15]에 관한 해석학적 이해 실천의 공모 관계를 질문하는 것이다. 이

14 모든 지식 기획은 '진리에 있음'이라는 자체 조건이 있으므로 여기에서 특히 주의해야 한다. 이러한 모든 기획은 진술의 정당성(진리의 가능성)을 정의하는 수사학적, 구성적, 정치적, 이론적 요구를 설정한다. 특히 특정 주제(대화 주제와 담론 주제 모두)만 승인하고 다른 사람들은 배제하는 것과 관련하여 우리는 그러한 조건에 대해 비판적이어야 한다. 동시에 우리는 이러한 조건과 배제의 단순한 존재 자체가 충분한 비판이 아님을 인식해야 한다.

15 나는 '근대'가 단일하거나 동질적인 구조라는 점을 제안하려는 것이 아니다.

것은 탈근대라고 서술하기보다[16] 문화연구의 '포스트-'에 부합하는 시점에 해당하는 질문이다. 이 시점은 더 넓은 담론 공간 안에서 문화연구의 위치를 문제시하는 순간이며, 그것의 한계와 공모된 침묵을 연결하여 가능성의 조건을 인지하는 순간이다. 여기에서 공모를 단지 유럽중심주의Eurocentrism와 같은 하나의 비판으로 축소하는 것은 문제를 단순화하는 일이다. 개념이 본질에서 공간적으로 위치하거나 반대로 일반론과 같이 어디에서나 똑같이 작동한다고 주장하는 것과 유사하다. 그러나 반대로 이 순간을 단지 유럽중심주의로 인하여 억눌렸던 목소리들의 '귀환'으로만 설명하는 것 역시 문제를 단순화시키는 것이다.

대부분은 '근대적인 것the modern'으로부터 문화연구를 분절시키고자 하는 시도는 문화의 개념과 문화적 해석의 실천에 집중하였다(예를 들어 Hunter, 1988; Bennett, 1990; Miller, 1993; Viswanathan, 1991). 이러한 연구자들은 '문화'가 문화연구에서 사용하는 방식의 역설을 지적하였다. 즉 문화는 사회적이고 역사적인 과정에 자율적인 동시에 깊숙이 관계 맺고 있다는 것이다. 이러한 차이는 때로는 각자의 입장을 견지하면서 동시에 조정되기도 한다. 문화가 권력의 기술로서 규범적으로 작동한다면, 문화의 자율성은 미학적 가치와 사회적 육성이라는 차원에서 견지되어야 한다. 이러한 방식으로만 문화는 제국주의의 구성적 역할에서 자유로울 수 있다. 연구자들은 권력이 그것을 적용하는 일군의 실천을 상징한다고 주장하는 영역으로부터 문화의 개념을 변화시켜야 한다고 제안한다. 그들의 표현을 빌리자면, 문화는 행위를 변동시킴으로써 대중을 '문명화civilize'시킨다는 것이다.

동시에 인종과 종족성ethnicity을 연구하는 그룹의 입장에서는 문화연

16 나는 여기에서 '탈근대'라는 단어를 사용하기를 꺼린다. 이것은 탈근대가 동질적인 '이전'을 구성할 뿐만 아니라 문화 형태와 그 효과 사이에 필연 관계를 너무 자주 가정하기 때문이다. 더욱이 탈근대는 미학과 경제/역사의 문제에 대한 문화적 유효성의 여러 수준을 감소시키는 경향이 있다.

구는 비판적 해석의 실천에서 접합의 실천으로 이동하였다. 다시 말해 문화연구는 텍스트, 의미, 정치적 입장과 같이 필연적으로 존재하는 관계를 밝히는 연구에서 관계들이 계속해서 형성되는, 그래서 무엇도 미리 결정되지 않은 관계를 탐색하는 기획으로 전환되었다. 이러한 변화는 문화연구가 개입주의와 맥락주의를 다시 해석할 수 있게 하였으며, 역사와 실천이 서로가 서로에 대한 맥락을 형성하는 갈등이자 관계로 바라볼 수 있게 하였다. 접합의 개념은 문화연구가 텍스트에 대한 생산 및 해독이라는 커뮤니케이션 모델에서 맥락의 이론으로 변화하는 데 이바지하였다.[17]

문화연구 내의 두 가지 움직임은 다음의 '근대적인 것'의 구성적 특징 중 하나를 기반으로 하는데, 이 특징은 사회구성체를 각각의 역사와 현재성을 지닌 분리되는 것으로 파편화시킨다. 장자크 루소Jean-Jacques Rousseau가 언급한 "사회적 독특성social sui generis" 또는 문명사회와 문화의 개입이 항상 경제과 정치로부터 분리되듯이 말이다. 그러나 나는 다른 '근대적인 것'의 구성 요소에 주목하고자 하는데, 그것은 또 다른 문화연구의 재접합의 가능한 궤적을 가리킨다.

근대적인 것, 시간, 공간

'근대적인 것'은 항상 다른 타자와의 관계에서 정의되고 위치 지어진다. 각각은 그들을 분리하지만 분명하게 정의 내릴 수 없는 단절rupture에 의해서만 최종적으로 인식할 수 있다. 자체의 의미에서 '근대적인 것'은 항상 전통과 같은 상상적인 과거나 미래로부터의 소외를 암시한다. 왜냐하면 상상적 과거나 전통은 '근대적인 것'이 묘사하거나 규정하는 위치와 측정 기준

17 접합에 대한 논의는 그로스버그(1992), 버밍엄 현대문화연구소(1982)를 참조하라.

을 통해서 투사될 수 있기 때문이다. 레이먼드 윌리엄스는 이러한 시간적 전치temporal displacement가 자율적 영역으로서의 문화 개념을 구성하는 것이라 지적한 바 있다.

에릭 로버트 울프Eric Robert Wolf(1982)와 사미르 아민Samir Amin(1989) 등 여러 연구자가 이러한 전이를 다양하게 해석한 바 있다.[18] 예를 들어 아민은 유럽중심주의를 지역주의provincialism 혹은 민족중심주의와 동일시하는 것을 거부할 뿐 아니라, 유럽이 타자를 재현할 권리가 있다는 주장 역시 거부한다. 대신 그는 유럽중심주의의 특수성을 유럽이라는 어떤 편견과 신화로 위치 짓는다. 이러한 유럽에 대한 편견 혹은 신화는 유럽이 스스로 자부하는 우월성을 보편주의적 야망에 조화시키는 데 필요하다. 유럽은 자신의 예외성을 '근대적인 것'이나 자본주의(물론 두 단어는 같지 않다)가 유럽에서 발생하였다는 인식이 아니라, '근대적인 것'이 유럽 이외의 지역에서는 발생할 수 없을 것이라는 전제에서 구성하였다. 아민은 이러한 신화가 두 가지 대립하는 전제를 통하여 가능하다고 설명한다. 첫 번째 전제는 각 사회에서 특유한 내적 요소가 그들의 발전에 결정적이라는 것이다. 그래서 유럽은 기독교적 믿음과 그리스라고 추정되는 선조에서 자신들의 독특함을 주장한다. 이러한 전제에서 주목해야 하는 것은 역사를 외부 및 타자로부터 분리할 수 있고 자율적 문화로 간주한다는 점이다.

유럽중심주의의 기저에 있는 두 번째 전제는 '근대적인 것'(또는 자본주의)의 서구 모델이 일반화될 수 있다는 생각이다. 사실 유럽적인 상상은 오직 상상할 수 있는 미래는 전 세계를 진보적인 유럽화하는 것뿐이라고 가정하였다. 동질화homogenization라는 수사에 들어있는 이러한 일반화는 그들도 우리처럼 될 것이라는 가정에서 세계 정복 기획과 식민지 폭력을 정

18 이어지는 논의에서 나는 아민의 주장만 다룬다.

당화하였다. 물론 이러한 일반화는 전혀 사실적이지 않고, 아민에 따르면 분배적distributive이거나 규범적이며 때로는 양극화하는 특성이 있다. 스튜어트 홀(1992b)이 제안하듯, 유럽중심주의는 세계를 '유럽과 나머지'로 구분한다. 근대적인 것의 지역적 가능성이란 전제와 지역의 특성을 무시하면서 근대적인 것을 일반화하려는 두 개의 모순된 가정의 결합은 공간에 따른 권력과 가치의 불평등한 분배를 제도화할 뿐 아니라 정당화한다. 이 불평등은 자본주의에 의해 식민화된 각각의 민족적인 공간의 내면과 외부에서 동시에 발생했다.

이러한 인식 위에서, 우리는 유럽중심주의와 근대적인 것의 권력 기술이 공간을 시간화하고temporalize, 타자를 다른 것the different으로 재접합시킨다고 주장할 수 있다. 이러한 주장은 스스로 규정하고 분리한 정체성에 대한 탐색을 통해서만 해결될 수 있는 문제 틀을 가능케 한다. 이러한 이유에서 아민은 근대화를 유럽화로 간주하거나 대안적 문화 정체성에 대한 탐색에 반대되는 것으로 생각하는 어떤 정치도 거절하였다. 그러나 내가 너무 앞서간 것 같다. 우선 '근대적인 것'의 시간과 공간에 관하여 이야기해야겠다. 내 주장은 '근대적인 것'이 현실과 인간의 현존을 시간화함으로 효과적으로 공간을 지워 나갔다는 것이다.[19]

사실, 근대주의는 종종 특정한 시간의 논리와 시간성을 구체화하는 것으로 묘사됐다. 다시 말해 근대적 시간은 직선적이며, 불가역적이고 반복 불가능한 것이다. 변화, 일시적인 것, 내재적인 것이 칸트적 의미의 선험적 이상향transcendental ideal을 대체하였다. 선험적인 이상향은 상대주의의 역설

19 나는 그것이 의제에서 제외되었기 때문만이 아니라 '의도적으로' 의제에서 제외되었기 때문에 공간을 특권화하고자 한다. 그러나 나는 시간적 또는 역사적 차원(근본적으로 재접합된 것이긴 하지만)을 재도입할 가능성과 심지어 필요성을 차단하려는 것은 아니다. 특정 문제를 다루지 않았기 때문에(모든 주장은 일부 중요한 문제를 무시한다) 어떠한 주장을 비판하는 것과 그 주장이 어떠한 주장을 다룰 이론적, 정치적 공간이 없다고 주장하는 것에는 중요한 차이가 있다.

을 일으키는 것으로 반드시 부인되어야 했다. 심지어 '근대적인 것'의 피해자를 자처했던 근대적인 전위파 예술가들 역시 이러한 특정한 시간의 개념에서 벗어나지 못하였다. 이들은 현재란 것은 개념적으로 그들의 예술에 준비된 것이 아니므로, 예술의 가치는 오로지 미래적인 것을 통해 인식할 수 있고 현재적 가치의 증거는 충격 효과뿐이라고 생각했다. 충격 효과는 동시에 실험을 요구하고 반복을 강제하는 미학적인 역설에 빠지게 된다. 로버트 영Robert Young(1990)에 따르면,[20] 철학적 영역에서 게오르크 빌헬름 프리드리히 헤겔Georg Wilhelm Friedrich Hegel은 중요한 인물이다. 헤겔은 (1) 공간을 역사적 시간의 산물이자 잔여물로 여기면서, (2) 민족-국가의 특정한 공간에 집착할 뿐 아니라, (3) 역사적 시간historical time을 절대적 시간History으로 이상화하였다. 그 후 헤겔을 추종하였던 (마르크스, 앙리 베르그송Henri Bergson, 에드문트 후설Edmund Husserl 같은) 위대한 사상가들은 모두 헤겔의 시간의 이상화에 발맞추어서 시간의 내재성immanence을 회복하고자 힘썼다. 그러나 종국에 그들 모두는 공간을 물신화하거나, 허위의식 또는 시간 왜곡으로 동일시하는 것을 반박하는 데 실패했다. (이미 이는 메건 모리스[1992b]가 지적한 것으로 시간의 특권화는 다른 연구에서 계속된다. 대표적으로 많은 찬사를 받는 데이비드 하비David Harvey의 《포스트모더니티의 조건*The Condition of Postmodernity*》[1989]을 들 수 있다.) 만약 헤겔이 절대적 시간을 역사적 총체성으로 연속적이고 일관된 시간으로 정의 내렸다면, 장폴 사르트르Jean-Paul Sartre는 전체주의자totalizer 없이 어떻게 그런 전체주의화가 가능할지 질문했다. 다르게 표현하면, 이러한 총체성에 대한 개인의 실천 관계가 무엇인지 반문할 수 있다.

그러나 시간의 특권화에 대한 진정한 반론은 클로드 레비스트로스Claude Levi-Strauss와 푸코에 의해 가능해졌다. 그들은 절대적 시간, 시간성,

20 다음 주장의 대부분은 로버트 영(1990)에서 가져온 것이다.

역사적인 의식 등이 인간 존재에 정말 필수적인 것인지 질문하였고, 시간에 대한 이해는 일종의 구성된 것으로 다양한 지역과 다른 시간대에 부과된 것은 아닌지를 질문하였다. 이러한 질문에 대해 긍정적으로 생각한다면, 이는 푸코가 명명한 것처럼 "역사를 전적으로 다른 무엇으로 전환"하는 사고에 해당한다(Young, 1990: 61에서 재인용). 또한 이러한 인식은 우리가 권력을 어떻게 생각해야 할지에 대한 파격적 암시를 제공한다. 예를 들어, 시간을 권력의 이미지로 정의 내리려고 한 자본주의의 '생존' 혹은 '재생산'과 같은 비유는 재고되어야 할 것이고, 이러한 재고찰을 바로 푸코가 시도하려고 했다.

이러한 재고찰은 또한 '근대적인 것'에서 공간에 대한 개념의 재접합이 있어야 한다. 이를 위해서는 배제된 영역은 어디이며 어디가 어떻게 포함되었는지를 재고찰해야 한다. 이것은 나에게는 역사의 변화하는 구조에 관한 질문은 아니다. 이러한 질문은 존 버거John Berger가 제기하였다. 그는 "현재 예언은 역사적이기보다 지역적 투사를 포함하고 있고, 그 결과를 우리가 보지 못하게 하는 것은 시간이 아니라 공간"(Soja, 1989: 22에서 재인용)이라고 생각하였다. 심지어 푸코 역시 종종 공간을 역사적 문제로 간주하였다. 그는 현시대에 대한 묘사를 "공간의 시대epoch of space"라고 하였다. 또한 그는 "우리는 동시성의 시대, 병렬의 시대, 가까운 것과 먼 것의 공존하면서 산재한 시대에 살고 있다…… 아마도 시간은 요소들이 공간에 유포될 수 있게 하는 다양하게 분배된 작동 중 하나로 나타난다"라고 말한다(1986: 22~23).

이러한 사고 전략은 시간을 다시 한번 특권화하고 '탈근대'라는 이름 아래 '근대적인 것'의 구조를 재생산할 뿐이다. 이런 질문은 비판 사회 이론이나 철학적 인류학의 수준에서 충분히 논의되지도 않았다. 이러한 이론들은 시간의 변화 가능성 및 사회적 생산을 주장함으로써, 필연적이고 보편적 시간에 관한 주장에 반론을 제기한다. 또한 필연적이고 보편적이라는 가정에 반하는 공간 지리학의 변동 가능성과 사회적 생산을 강조하는 이론들을 상상해 볼 수 있다. 그렇다면 우리는 그것을 무엇이라고 불러야 하는가(세계체제론이나 중심부-주변부의 모형 등을 포함해서 말이다). 말하자면 이러한 이론들은 인간의 존재가 공간을 만들지만, 마르크스의 주장처럼 스스로를 만들어가는 조건에서 만드는 것은 아니라는 점이다. 이 이론들은 앙리 르페브르Henri Lefebvre(1991)와 함께 공간을 인간 삶의 전제presupposition/매개물 혹은 결과/전형으로 간주한다.

나는 새로운 비판적 지리학자들의 시도를 부인하려는 것이 아니라,[21] 그들의 시도가 충분하지 못하다는 것을 강조하려 한다. 그들은 종종 시간성을 공간성의 전제 조건으로 여기는 인식을 문제 삼지 않는다. 예를 들어 에드워드 소자Edward Soja(1989)는 연속성을 시간으로 동일시하고 동시성을 공간으로 간주한다. 그들은 종종 마치 권력이 공간을 단지 왜곡하기만 하듯이 공간과 권력의 관계를 도구적인 것으로 축소하기도 한다. 또한 그들은 공간적인 도형이나 이미지를 실제가 아닌 비유적인 것으로 간주한다(예를 들어 로지 브라이도티Rosi Braidotti의 페미니즘과 철학에 대한 분석[1991]은 이러한 축소가 아니었다면 훨씬 탁월한 결과물이었을 것이다).

문화연구와 차이

나는 시간성에 대한 논의를 근대적인 것은 항상 자신을 차이를 통하여 구성한다는 제안에서 시작하고자 한다. 차이 자체가 시간성을 구성하는 논리이기도 하다. 차이의 논리는 정체성과 근대성 간의 특별한 해석을 제안하는데, 여기서 해석은 그 논리에 따르면 근대적인 것의 논리를 벗어나는

21 비판 지리학의 가장 좋은 예는 소자(1989)다. 더 유망한 경로는 부르디외(1984)의 분포도에서 찾을 수 있다.

어떠한 대안의 가능성을 부인한다. 근대적인 것은 자신의 정체성을 타자(보통은 시간적 타자로서의 전통, 혹은 시간적 타자로 변화하는 공간적 타자)와의 차이를 통하여 구성하였기 때문에, 정체성은 항상 차이를 통하여 구성된다. 근대적인 것은 정체성을 사회적 구성물로 만든다. 그리고 반근대적인 정치학은 정체성과 차이에 대한 이러한 특별한 관계와 경쟁해야 하는데, 이러한 관계는 근대적인 것에 의하여 구성되고, 제안되며 동시에 지속된다. 따라서 우리는 여기서 차이에 관한 질문에서 시작할 수밖에 없고, 이러한 차이의 본질과 정체성의 관계에 대하여 탐색해야 한다. 이것이 분명히 지금까지 문화연구의 전반적인 반응이었다. 그렇다면 정말 중요한 질문은 '무엇을 위하여'에 대한 것이다. 차이가 바꿀 수 없는 것이라면, 근대성은 피할 수 없는 것이 된다. 우리가 지금 특정한 정체성뿐 아니라 정체성 그 자체가 사회적인 것임을 알게 되자, 우리가 사회적으로 구성된 정체성에 대한 정치적 투쟁을 조직하는 것이 매우 반어적인 것처럼 보인다.

그러나 근대성과 정체성의 관계에 대한 대안적 이해도 있는데, 이는 근대적인 것이 정체성에 대한 모든 관계를 차이의 관계로 변화시킨다고 이해한다. 즉 근대적인 것이 차이를 통한 정체성을 구성하는 것이 아니라 정체성을 통하여 차이를 구성한다고 이해하는 것이다. 근대적인 것은 절대로 자신을 정체성(타인과 다른 무엇)으로 구성하지 않고, 자신을 차이로, 즉 시공간을 초월하여 자신을 항상 다른 것으로 구성한다. 이러한 점에서 근대성의 심층적 구조는 항상 차이의 생산이라 할 수 있다. 여기서 문제는 차이에 대한 질문에서 시작하는 일을 피하는 것이다. 근대에 대안적 정치학은 차이의 논리를 피하면서 타자성의 정치학의 가능성을 되살려야 한다. 만약 첫 번째 해석(차이를 통한)이 모든 대안적 전략을 여전히 근대적인 것 안에 사로잡고 있다면, 두 번째 시도는 첫 번째 해석을 근대 권력의 역사적인 산물로 간주하면서 근대적인 것을 결정하는 경계를 벗어나도록 시도하는 것이다.

여기서 차이의 이론과 내가 타자성 이론이라고 명명할 것과의 관계를 분명히 설명하고자 한다. 전자, 즉 차이 이론은 현재 이론 논의에서 지배적일 뿐 아니라 구조주의와 포스트구조주의 이론에 근거한 매우 강한 차이의 개념에 기반을 둔다. 즉 정체성이나 개념의 의미는 (아마 필수 불가결하지만 쉽게 가늠할 수 없는 극단을 제외하고는) 전적으로 다른 개념들과의 관계 혹은 차이에 의존한다고 생각하는 것이다. 사실 차이의 이론은 정체성이 형성되는 경제와 같이 차이를 이미 주어진 것으로 간주한다. 한편 타자성 이론은 차이가 권력의 근대 구조가 실재적인 것에 부과되어 역사적으로 형성된 경제라고 간주한다. 정체성만큼 차이도 권력의 효과인 것이다. 이러한 이론은 명백하게 타자가 존재한다는 생각을 어느 정도는 인지하지만(a가 b, c 혹은 d가 아니라는 정도로), 차이를 근본적인 구성물로 간주하지는 않는다. 그보다는 타자성 이론은 타자가 그들의 공간에서 어떤 특정한 관계와는 무관하게 존재를 인지하는 타자성에 대한 강한 인식에서 출발한다. 그러나 그것이 무엇인지는 초월적이거나 본질적인 무엇으로 규정해서는 안 되고, 그것의 특별하거나 맥락적인 권력, 그것이 영향을 주고 동시에 받는 권력에 의해 규정될 수 있다. 이러한 타자성에 대한 견해는 규정되지 않지만 특정할 수 있는 긍정성positivity을 각각의 개념에 부여하는 것이다. 결국 근대적 생각은 이분법적인 것이 아니라 이분법을 생산하는 기제와 같은 것으로 이러한 이분법은 부정을 통하여 타인이 규정되는 차이를 구성하는 논리가 된다. 들뢰즈와 가타리의 표현에 따르면 "순수한 차이가 유일한 관계인 파편을 생각하는 방식이다. 여기서 파편은 서로 다르기 때문에 연결되는 것으로 원래 어떤 총체성(심지어 잃어버린 총체성도 아닌)이나 아직 구현되지 않은 이후의 총체성에 의존하지 않는다"(1987: 42).

조금 더 철학적으로 말하자면, 이러한 대안은 데리다와 푸코의 주장 사이에 위치한다. 예를 들어 데리다와 푸코가 르네 데카르트René Descartes를 다르게 읽는 방식 사이에 위치하는 것이다(Derrida, 1978; Foucault, 1979b). 데리다는 데카르트가 이성으로부터 광기를 제외하는 방식 그 자체가 이성의 가능성과 정체성을 구성한다고 생각하였다. 그렇다면 이성과 광기의 관계는 차이의 근원적 구조이고, 다시 말해 차이는 항상 정체성의 중심에 위치하게 된다. 그러한 관점에서 데리다에게 데카르트는 어떤 이념의 구상이 광기를 반드시 생산하고 또 부인하는 이래로 항상 유효하다. 반면에 푸코에게 데카르트가 광기를 제외하는 방식은 실존하는 역사적 사건에 대한 철학적 재현과 같다. 여기서 제외는 물질적이면서 공간적이고 담론적이다. 제외가 이성의 위상을 설정하고 이성과 주체성의 동일시를 자연스럽게 하는데 필수인 반면에, 제외 자체는 이성이나 광기를 구성하는 요소는 아닌 것이다. 각 개념은 자기 긍정성 혹은 외면성exteriority을 지니며 서로에서 영향을 줄 수 있고 실제로 그러하다. 그러한 점에서 푸코에게 데카르트는 현재 더는 유효하지 않다. 그러한 점에서 데리다가 철학은 근대성을 구성하는 이성중심주의에서 결코 벗어날 수 없다고 주장한 것은 결코 우연이 아니다. 반편, 푸코는 종종 이성중심주의를 벗어난 것처럼 서술하곤 한다.

정체성에 대한 최근의 많은 저작은 데리다와 푸코 사이의 공간에서 몸부림치는 것으로 볼 수 있다. 예를 들어 에르네스토 라클라우Ernesto Laclau와 샹탈 무페Chantal Mouffe의 영향력 있는 저작(1985)은 푸코와 데리다를 (그람시와 함께) 연결하려는 시도로 볼 수 있다. 라클라우와 무페의 작업은 문화연구가 정체성 문제를 접근하는 데 이론적 틀을 구성할 때 큰 영향력을 주었다. 하지만 실제로 발생한 것은 라클라우와 무페가 푸코를 데리다의 방식으로 다시 해석한 일이었다. 즉 푸코의 개념인 분산의 규칙성regularity of dispersion은 차별적 입장의 앙상블ensemble of differential positions이 되었고, 담론의 희귀성은 담론의 잉여에서 발견할 수 있는 과잉의 외연이 되어 버렸다. 그리고 푸코의 주체성화subjectivization에 대한 관심은 주체를 생산하는 중심이 되었고, 이것은 임시적인 고착과 그것을 불안정하게 만드는 과잉을 생산하는 담론 연쇄의 바탕이 되었다.

유사하게 에드워드 사이드Edward Said는 푸코를 기반으로 하여 자신의 책 《오리엔탈리즘*Orientalism*》에서 [오리엔탈리즘을] 주장하였다. 그러나 많은 이들이 지적하였듯이 오리엔탈리즘이라는 개념은 의도적으로 모호하여 사이드의 이론적 입장을 특정 짓기는 매우 어렵다. 때때로 사이드는 오리엔탈리즘을 우리가 자신을 다른 이로부터 구별 짓기 위한 재현의 하나의 방식이라고 제안하는 것 같다. 그러나 역시 많은 비판론자가 지적하는 바와 같이, 이러한 입장은 타인을 재현하는 어떠한 시도라도 비난받게 되어 있어 미흡한 측면이 있다. 하나 더 지적할 부분은 사이드는 오리엔탈리즘을 "존재론적이고 인식론적 구별을 바탕으로 한 사고의 유형"이라고 묘사하는데, 이는 인식론과 존재론 사이 관계의 정치적 역사를 고려하는 데 실패한 것으로 보인다. 모든 존재론적 구별이 권력의 작동이라는 것인지, 아니면 이러한 존재론적 구별이 지식의 이익에 복무하여 정의되거나 위치 지어지는 때, 즉 인식론이 존재론과 같아지거나 넘어서는 시점에 오리엔탈리즘이 등장한다는 것인가? 물론 사이드는 특정한 담론과 그것들의 분산을 식민주의의 제도에 연결할 때에 푸코처럼 말하기 시작하였다. 사실은 여기서 사이드 논의의 치명적 모호성을 볼 수 있는데, 그 모호성은 정체성의 이론의 장을 정의한다. 단순히 말하면, 질문은 '오리엔탈'이 오리엔탈리즘 외부에 존재하는 것인가? 많은 해석자가 이에 부정하는 방식으로 응답하지만, 그들은 여전히 가능한 설명을 구별하는 데 실패한다. 오리엔트의 존재에 대한 가능한 하나의 해석은 동의어를 반복하는 것으로, 오리엔트와 오리엔트적인 것은 식민주의 담론의 구성물이므로, 그것들은 식민의 담론 외부에 존재할 수 없다고 설명하는 것이다. 지식 대상으로서의 오리엔트는 식민 관계라는 권력의 생산물이다. 하지만 이것이 그렇게 단순할 수 있을까? 역시 많은 비평가가 지적한 바와 같이 만일 이렇게 단순한 논리라면, 모든 지식 그리고 어떤 대상에 대한 지식의 구성은 전유적이고 억압적인 것으로 비난받아야 할 것이다. 호기심이 권력으로 재편되는 과정이 지식이 특정한 지리 경제학적이고 정치적인 관계로 접합되는 것은 아닌가?

오리엔탈리즘의 존재에 대한 다양한 입장 가운데 연속선상에 있는 세 가지 입장을 찾아볼 수 있다. 하나는 오리엔탈리즘을 순수한 과잉 혹은 부산물로 여기는 것으로 서양의 자아 이해에 내재한 부정성negativity으로 바라보는 방식이다. 이러한 관점에서는 서양이 동양(오리엔트)을 창조한 것이 아닐지라도, 동양은 어딘가 다른 곳에 위치 지었을 것이다. 두 번째 입장은 동양과 서양을 차이를 구성하는 불평등한 관계로 보는 것이다. 여기서 동양과 서양은 자신을 규정하는 데 필요하다. 각자는 타자와의 차이를 통하여 자신을 규정하기 때문이다. 그러나 다른 구성의 이론과 같이 여기에서도 중심에 필수적인 불확정성이 존재한다. 왜냐하면 각각은 관계 속에서 전유되기 위하여 관계성에서 독립적으로 존재하여야 하고, 따라서 각각은 자기 긍정성이 있다. 하지만 이러한 긍정성은 항상 지연되고 항상 구성하는 관계에서 무관하므로 그 자체로 특정할 수 없다. 세 번째 입장은 사이드의 관점에서 찾아볼 수 있는데, 오리엔탈리즘은 식민화, 여행, 약탈, 지배와 같은 실질적인 물리적 과정을 포함한다는 것이다. 따라서 사람들은 이미 존재하는 공간과 문화로 여행을 한다. 오리엔탈적인 것은 이를테면 오리엔탈리스트와는 상관없이 존재한다. 권력의 행위는 무에서 무엇인가를 창조하는 것이 아니라, 무엇인가를 마치 존재하지 않는 것처럼(즉 의미론적이고 차이의 용어로) 만드는 데서 나온다. 즉 아랍 세계의 모든 다양성의 긍정성을 부정하여 타자, 즉 차이를 구성하는 단수형의 구성 요소로 만드는 것이다. 따라서 이것은 타자성뿐만 아니라 그 외에 차이를 접합하는 방식으로 담론적 권력의 물질적 측면이 된다. 이것이 내가 주장하는 근대적 권력 형성의 가장 근본적 논리다.

내가 이미 주장하였듯이 근대적인 것은 차이의 논리를 통해 구성되는 것으로, "타자에 의해 오염될 염려"에서 사는 "대립적인 공간"으로 구성된다(Huyssen, 1968: vii). 이러한 차이의 논리는 부정성으로 타자를 정의 내리는데, 프리드리히 니체Friedrich Nietzsche가 지적한 바와 같이, 단지 "원한 ressentiment"의 정치학의 가능성을 내포한다. 그러나 이러한 이론들은 점차 비판받기 시작한다. "정치적 문제로서 차이와 다양성에 대하여는 전혀 근사한 것이 없다…… 관료제의 주문과도 같은 인종, 계급, 젠더로서 다양성과 차이를 관리하는 것은 더 주변화하고 더 억압받는 이들을 분리하는 수사학을 양성할 뿐이다"(Mercer, 1992b: 33). 반근대적인 비평가들의 의도에도 불구하고 차이를 축하하는 일은 근대성의 전체화하는 목소리를 포기한 것이 아니다. 대신, "그것은 차이화하는 것을 정복하고 차이에 대한 단일화된 이론을 제공하는 방식이다"(Wark, 1992: 436). 대안은 근본적이지 않은 타자성의 이론을 구성하기 시작하는 것이요, 유효성과 소속감, 그리고 폴 길로이Paul Gilroy(1993)에 따르면 "변화하는 동질성the changing same"의 개념 위에서 긍정성의 이론을 구성하는 것이다.

문화연구와 권력의 공간

문화연구가 다양한 현장, 즉 '새로운' 세계로 확장되기 시작하면서 모순적이지만 이러한 세계들은 돌이킬 수 없을 정도로 근대 권력의 다양한 형태의 권력에 의해 재구성되기 시작하였다. 식민주의, 제국주의, 성차별주의, 규율화, 정상화 등의 근대 권력은 또한 문화연구를 근본적이고 돌이킬 수 없는 방식으로 재구성할 것이다. 이에 문화연구는 문화와 권력의 접합을 다시 고려해 보아야 한다. 나는 이러한 재접합에 대한 두 가지 궤적을 제안하고자 한다. 첫째, 문화연구는 권력에 대한 시간의 논리에서 공간의 논리로 이동해야 한다. 둘째, 문화연구는 권력의 구조적 이론에서 기계적 machinic 이론으로 이동해야 한다.

권력을 공간적으로 생각한다는 점은 역사를 지워야 한다는 것이 아니라, 역사를 연속이나 복제가 아닌 단일한 사건들이나 '되어감becomings'(들뢰즈와 가타리[1987]의 의미)으로 바라보아야 한다는 것이다. 이러한 생각은 우리가 특정한 지도 — 이 지도는 진행형의 지형도 — 를 생각할 때, 역사, 시간, 재생산으로 표기된 공간은 상당한 강도 또는 심지어 권력이 투사된 것으로 여겨야 함을 가리킨다. 그렇다면 역사는 기억에서 분리될 수 없게 되는데, 여기서 기억은 탈공간화된 "대중적 기억popular memory"이 아닌 시간성의 지리학으로 "공간화된 시간placed time"을 의미한다(Hay, 1993).

그러나 권력의 공간을 위치 짓는 시도는 필연적으로 다른 질문을 하게 한다. 그 질문들은 변화보다는 이동성에 대한, 정체성보다는 강도에 대한 것이다. 공간화된 권력은 시작과 끝이 무엇인지에 대한 것이기보다, 들어오고 나가는 지향점과 방향성의 문제에 대한 것이다. 이러한 문제성을 공간의 논리로 설명하면 다음과 같다. 공간화된 권력을 공간의 논리로 서술하려는 것은 공간의 조직을 단지 문자 그대로 또는 물질적 측면에서 권력의 지점으로만 바라보거나, 문화의 비문자적 존재만을 검토한다는 의미가 아니다.[22]

오히려 문화 자체는 그것을 현상학적으로 접근하기 이전에, 공간적으로 이해해야 한다는 것이다. 공간이 물질적이라는 점은 공간을 물질적인 차원으로 소급하는 것을 의미하지 않는다. 다른 공간적 조직과 그것들을 만들어 내는 기술을 주목한다는 일은 공간의 벡터, 강도, 지리를 단순히 연관성의 구조만이 아니라 권력 체제로 보는 것을 의미한다. 그러나 이러한 체제는 우리가 "공간적 상상spatial imaginary"이라고 부르는 구조로 정의내려지기도 한다(Wark, 1994).

마찬가지로 권력을 기계적으로 생각하려면 우리가 던지는 질문을 상

22 푸코가 말했듯이, "지정학의 위대한 전략에서부터 서식지의 작은 전술에 이르기까지 공간에 대한 역사 — 동시에 권력의 역사(여기서 권력과 공간은 모두 복수형이다) — 는 아직까지 쓰여지지 않았다"(Soja, 1989: 21에서 재인용).

당히 바꾸어야 한다. 들뢰즈와 가타리가 말했듯이, "문제는…… 여성의 지위, 또는 하위층에 속한 이들의 지위가 더 좋거나 더 나쁘지 않은지가 아니라 그 지위가 초래되는 조직의 유형이다"(1987: 210). 이러한 제안은 비판적 기획 중 우리가 이미 아는 것을 단순히 재발견만 하는 관점을 포기할 것을 제안한다. 이러한 관점은 지배와 종속의 구조가 재생산되고 차이와 불평등의 재현이 내면화된다는 것을 재발견할 뿐이다. 그러나 동시에 우리는 재생산과 내면화의 과정에서 균열을 찾는 것에 기꺼이 만족하려는 경향도 포기해야 한다. 이러한 경향은 사람들이 활동적이고 투쟁할 수 있으며 심지어 저항한다는 사실을 재발견할 뿐이다. 이런 의미에서 나는 문화연구가 억압자와 억압의 '식민지 모델' 그리고 억압과 저항의 '위반transgression 모델'을 포함한 억압의 모형을 넘어서, 접합 모델 또는 "변형적 실천transformative practice" 모델(캐머런 매카시Cameron McCarthy, 개인적 대화)로 이동해야 한다고 제안한다. 두 가지 억압 모델은 자기 학대적(죄책감에 싸인) 방식 외에 '권능화된' 집단이 변화를 위한 투쟁에 개입시기는 방법을 제안해 줄 수 없기 때문에 권력의 현재 관계에 부적절할 뿐 아니라 동맹을 만들기에 무능력하다.

나는 문화연구가 다른 기계들 — 푸코식으로 표현하면 기구들 — 이 권력의 특정한 공간, 배치, 순환을 생성하는 구체적인 방식을 탐색해야 한다고 제안한다.[23] 이와 같은 공간, 배치, 순환은 특정한 국면과 사회적 형성물을 구성할 뿐 아니라, 지역적인 것과 세계적인 것의 관계를 구성하기도 한다. 이러한 이유에서, 나는 우리(그리고 더 능력 있는 연구자들이)가 자본주의의 역사뿐 아니라 공간적 의미의 자본주의의 특질을 다시 사유해야 한다. 하나의 작은 예를 들면 우리는 자본주의의 포디즘적 접합의 결정적 영역으로 테일러주의를 하나의 기구로 이해할 수 있다. 이 기구는 잉여 가치의

23 나는 여기서 접합과 리좀의 관계에 대한 질문을 열어 둔다.

생산 공간을 매우 정확하고 의도적으로 시간화할 수 있었다. 반면에, '포스트포디스트postfordist'라고 논의되는 많은 전략은 자본의 공간적 분배를 재조직하고 생산의 시간을 재배치하는 모든 기구의 일부분이다. 예를 들면 하도급 계약은 마누엘 카스텔Manuel Castells(1989)이 "정보적" 또는 "이중적 도시"라고 부르는 것으로 노동력과 부의 공간적 재배치로 볼 수 있다. 사실, 현재의 자본주의에 대한 분석은 자본주의 자체의 다양한 접합의 공간적 분배를 둘러싼 갈등이라는 점을 인지해야 한다. 목표는 세계적으로 부채를 순환함으로써 자본주의를 재통용시키기 위해서 자본, 사람, 상품 등의 점차 빨라지고 그러나 통제되는 흐름인 것 같다.

정체성과 차이[24]

우선 나는 국제 문화연구에 더 즉각적이고 명백한 관련성을 가진 몇 가지 주제(사실상 더 중요한 것은 아니지만)에 관심을 돌리고자 한다. 문화연구의 주 관심사 중 하나인 정체성의 문제를 고려할 때 차이의 모델에서 공간적이고 기계적인 권력의 모델로의 이동의 중요성을 설명하고자 한다. 문화연구에서 정체성의 형성 및 정치에 관한 연구는 종종 홀(1990b)이 제시한 정체성에 대한 두 가지 형태의 투쟁, 즉 정체성을 생산하는 생산의 두 가지 모델에 입각해 있다. 정체성에 대한 두 가지 모델은 홀이 이론적 구별이 아닌 역사적이고 전략적인 구별로 제안한 것으로 본질주의자와 반본질주의자의 논쟁 사이에 위치 지을 수 있다. 정체성에 대한 첫 번째 모델은 모든 정체성에 내재적인 본질적인 내용이 있다고 가정하는 것으로 본질적 내용은 공통의 기원이나 경험의 공통된 구조에 의해 정의된다. 특정 정체성의

24 나는 그로스버그(1996b)의 일부를 이 에세이에 통합했다.

기존 구조에 대항하여 투쟁하는 것은 부정적인 이미지와 긍정적인 이미지를 경쟁시키고 정체성의 '진정'한 '본래'의 내용을 발견하려고 노력하는 형태를 취한다. 여기서 정체성의 재현을 위한 투쟁은 하나의 정체성을 대신해서 완전히 구성되고 분리된 별개의 정체성을 제공하는 것이다.

두 번째 모델은 이런 식의 완전히 구성되고 분리된 별개의 정체성의 불가능성을 강조한다. 그것은 보편적으로 공유된 기원이나 경험에 기반을 둔 진정하고 독창적인 정체성의 존재를 부정한다. 이 모델에 따르면 정체성은 항상 관계적이고 진행 중이며 불완전하다. 모든 정체성은 어떠한 다른 용어의 부정과 차이에 달려 있고, 그 다른 용어의 정체성 또한 전자와의 차이와 부정에 달려 있다. 홀이 말했듯이, "정체성은 부정의 좁은 시선을 통해서만 그것의 긍정을 성취하는 구조화된 표현이다. 그것은 자신을 구성할 수 있기 전에 타자의 바늘구멍을 통과해야 한다"(1991a: 21). 정체성은 차이의 표시를 통해서 정의되기에 항상 관계의 일시적이고 불안정한 효과다. 따라서 여기서 강조하는 것은 단일한 정체성보다는 정체성의 다층성과 차이이며, 파편과 차이 사이의 연결 또는 접합이다. 다층적 정체성의 사실은 코베나 머서Kobena Mercer가 "인종, 계급, 젠더의 주문呪文"(1992b: 34)이라는 것을 필요로 한다. "중요한 것은 한 번에 둘 이상의 차이를 이론화할 수 있는 방법이다"(1992a: 425). 이러한 방법은 편 가르기가 명확하지 않고 미리 주어지는 것이 아니기 때문에 훨씬 더 어려운 정치를 암시한다. 미셸 월리스Michele Wallace가 준 조던June Jordan[25]을 상기하며 말했듯이, "여성을 여성이라는 이유만으로 신뢰해서는 안 되는 것이고, 단지 흑인이라는 이유로, 또는 동성애자라는 이유 등으로 신뢰해서는 안 된다"(1994: 185). 여기서 정체성을 둘러싼 투쟁은 더 이상 적절성이나 왜곡에 대한 문제가 아

25 준 조던(1936~2002)은 미국의 시인, 수필가, 교사, 운동가로, 자메이카와 파나마에서 뉴욕에 이민 온 가정에서 태어났다. 성별, 인종, 이민 등의 문제를 다루는 글을 썼다. — 옮긴이

니라 재현의 정치 자체에 대한 문제를 수반한다. 즉 정치는 재현의 실천을 통해 정체성이 어떻게 생산되고 점유되는지에 대한 의문을 제기하는 것을 포함한다. 데리다의 영향을 받은 이러한 입장은 정체성을 완전히 문화적인, 심지어 완전히 언어적인 구성으로 본다. 이 모델은 두 번째 용어를 동시에 조사하지 않고는 한 용어의 정체성을 탐색하거나 이의를 제기할 수 없음을 제시하지만 실제로는 거의 그렇지 않다. 문화연구의 대부분 작업은 서발턴subaltern, 소외된 또는 피지배 정체성의 구성을 연구하고 도전하는 것과 관련이 있다. 하지만 최근 문화연구 일부는 사회적 구성으로서의 지배적 정체성을 탐구하기 시작했다. 그러나 이 이론이 지시하는 것처럼 이 두 연구 대상을 상호 구성적인 것으로 함께 연구한 사례는 거의 없다.

문화연구에서 정체성을 둘러싼 작업을 정의하는 것은 분명 이 두 번째 모델이다. 하지만 나는 이 모델이 단일한 이론적 입장이나 어휘가 있다고 제안하려는 것은 아니다. 반대로, 문화연구가 정체성 문제를 이론화한 공간을 정의하는 다양한 도형figures이 존재하는데, 이 수많은 도형은 서로 다르고, 중첩되고, 교차하고, 때로는 경쟁한다. 이 도형들은 종종 함께 특정한 이론을 정의하기 위해 기능한다. 흥미롭게도, 도형은 여전히 시간성의 구조에 있음에도 이들은 공간성의 이미지의 연속선을 구성한다. 이 모든 도형은 접합의 모델로 볼 수 있으며 보다 공간적 측면에서는 경계의 도형으로 볼 수도 있다. 그리고 도형 모두는 차이 또는 부정성의 원칙에 입각해 있다. 이 도형들은 모두 장소와 위치의 차이가 지워진 텍스트성의 데리다적 공간에서 작동한다. 더욱이, 이 도형들은 정체성을 어떤 식으로든 언어와 의미화에 기반을 두기 때문에, 그것들은 모두 정체성을 의식의 시간성 또는 호미 바바Homi Bhabha가 말하는 "의미화의 시간적 비동기성"(1991: 58)에 기반을 두는 것으로 이해할 수 있다. 나는 이 도형들을 차연différance, 파편화fragmentation, 혼종성hybridity, 경계, 디아스포라로 설명하려 한다.

차연의 도형은 특정하게 구성된 부정성의 관계를 설명하는데, 이 부정성 안에서 종속적 용어(소외된 타자 또는 서발턴)는 지배적 용어의 정체성을 불안정하게 하는 필수적이고 내적인 힘이다. 여기서 서발턴 자체가 지배적 용어의 필수 구성 요소다. 지배적 정체성의 불안정성은 항상 그리고 이미 부정성을 포함해야 하기 때문에 언어와 의미화의 본질에 따른 결과다. 서발턴은 언어(또는 정체성) 형성의 중심에 있는 내재적 모호성 및 불안정성을 나타내는데, 이것은 지속적으로 통일되고 안정적인 정체성을 정의하는 언어의 힘을 약화시킨다. 우리는 이 도형의 두 가지 변형을 확인할 수 있다. '보충supplement'의 개념은 타자를 주관성의 영역 밖에(즉 순수한 과잉으로) 위치시키고, '부정성'의 개념은 타자를 구성하는 이국적 타자로서 주관성의 영역 내에 위치시킨다. 전자의 경우 서발턴은 주체성의 가능성 그 자체의 경계를 구성하지만, 후자의 경우 서발턴에 불가해한 주관성이 부여될 수 있다. 근대의 정체성 이론에는 이 두 가지 차연의 도형에 대한 수많은 예를 찾아볼 수 있다. 예를 들어, 리오타르(1990)는 '유대인'을 유럽 문화가 식별할 수 없는 것으로 본다. 왜냐하면 이들에 대한 배제, 유대인의 이름 붙일 수 없음unnameability 그 자체가 유럽의 정체성을 구성하기 때문이다. 마찬가지로, 지배 담론의 의도적 남용으로 모방mimicry에 대한 바바의 개념(1994)은 서발턴의 권력을 일종의 텍스트적 반란에서 찾는다. 여기서 서발턴은 식민지 지배자에 대한 내부적 부정에 의해서만 정의된다. 하위 집단을 그들의 관행이나 전략에 대한 권리를 부여하는 장소의 부재로만 설명하려던 미셸 드 세르토Michel de Certeau(1984)의 시도는 유사하게 서발턴을 순수한 차연으로만 정의하게 된다. 마지막으로 사이드의 《오리엔탈리즘》(1978)에 대한 일반적 해석 중에는 지배 세력이 타자를 필연적으로 억압되고 욕망이 대상이 되는 차이로 구성한다는 것이 있다.

파편화의 도형은 모든 명백한 정체성 내에서 정체성과 위치의 복수성을 강조한다. 따라서 이 도형은 특별히 구체적이거나 체험된 정체성을 일종의 '해체되고 재조립된 통일성'으로 본다. 따라서 정체성은 항상 모순적이며 부분적인 파편으로 구성된다. 파편화 이론은 개인의 정체성이나 개인을 분류하는 (차이의) 사회적 범주의 파편화, 또는 이 두 가지의 조합에 초점을 맞춘다. 이러한 파편화는 또한 역사적이거나 구성적인 것으로 볼 수 있다. 이것은 헵디지의 '커트 앤 믹스cut 'n' mix'[26] 개념과 길로이의 혼합주의syncretism[27] 개념을 상기시키는 영국 문화연구에서 가장 강력한 이미지일 것이다. 도나 해러웨이Donna Haraway는 또한 "외부자 정체성의 융합으로부터 합성된 강력한 주관성"(1991: 174)으로서 사이보그의 이미지에서 이런 도형을 제시한 것으로 보인다. 또는 데이비드 베일리David Bailey와 스튜어트 홀이 말했듯이, "따라서 정체성은 모순될 수 있고 항상 상황적이다…… 간단히 말해서, 우리는 모두 분열되거나 중심이 무너진 정체성을 둘러싼 일련의 정치 게임에 참여하고 있다…… 흑인이란 경험의 범위를 의미하기 때문에 재현 행위는 주체를 분산시키는 것뿐만 아니라 흑인성의 변화무쌍한 조건을 탐구하는 것이 된다"(1992: 21).

혼종성의 도형은 종종 다른 도형과 동의어로 사용되기 때문에 특성화하기가 더 어렵다. 그런데도 나는 경계 존재의 세 가지 다른 이미지, 즉 두 개의 경쟁하는 정체성 사이에 존재하는 서발턴적 정체성의 이미지를 설명하기 위해 이 도형을 사용할 것이다. '제3의 공간'(바바가 주장하듯)의 이미지는 서발턴 정체성을 문자 그대로 서발턴이 거주하는 '사이에 낀in-between' 장소를 정의하는 고유한 제3의 용어로 본다. 역치성liminality의 이미지는 제3의 공간 지형을 경계로 함몰시키는데, 말 그대로 서발턴은 경계에서

26 레게 음악(카리브해 음악)이 구성되는 방식을 말한다. 유럽인의 기독교 신앙과 의식, 아프리카중심주의 사상과 전통 의식, 그리고 그에 따른 여러 사운드와 정체성이 잘리고 섞이면서(커트 앤 믹스) 새로운 주체성을 만들어 낸다는 것이다. — 옮긴이

27 힘의 융합을 의미하며, 종합syn과 고대 크레타인cretan/cret의 정치문화적 특징을 조합한 용어다. 낯선 생각의 구조들을 하나로 융합하려는 시도를 상징한다. 길로이의 경우, 인종과 계급에 대한 질문과 그 관계의 재조명을 강조하는 이론적 접근 방법을 뜻한다. — 옮긴이

살아간다. 이러한 혼종성의 두 변형에서 서발턴은 둘 중 하나도 아니고, 어느 쪽의 대안과도 다른 것으로 구성되는 다른 특정한 공간적 조건에서의 위치에 의해 정의된다. 식민주의자도, 식민 이전의 주체도 아닌 탈식민 주체는 정의에 따라 다른 둘도 구성할 수 있는 독특한 혼종으로서 존재한다. '경계 횡단border-crossing'의 도형이 혼종성의 이 두 도형과 밀접한 관련이 있는데, 이는 일정한 경계 교차 사실의 이동성, 불확실성 및 복수성 외에 자신만의 장소나 조건을 구성하지 않는 중간 지대의 이미지를 나타낸다. 글로리아 안살두아Gloria Anzaldua의 아스틀란 메시카(아즈텍)[28]에 대한 설명처럼, 이 세 가지 형태의 혼종성은 다양한 방식으로 결합한다. "국경 지대는 부자연스러운 경계선의 감정적인 잔여물에 의해 만들어진 모호하고 불확실한 장소다…… 두 현실에 거주하는 사람들은 둘 사이의 접점 속에서 살 수밖에 없다"(1987: 37).

마지막으로, 디아스포라의 도형은 경계 횡단의 도형과 밀접한 관련이 있지만 종종 더욱 통시적인 굴절을 주는 경우가 많다. 제임스 클리퍼드James Clifford와 스마다르 라비Smadar Lavie와 같은 인류학자, 폴 길로이와 같은 문화비평가, 다양한 탈식민주의 이론가 등의 작업을 통해 이 도형은 점점 더 가시화되고 있다. 클리포드가 설명했듯이, "'디아스포라'는 단순히 초국적과 이동에 관한 기표가 아니라, 전이의 역사적 맥락에서 지역 — 나는 '장소'라는 단어를 선호한다 — 을 독특한 공동체로 정의하기 위한 정치적 투쟁의 기표다"(1994: 308). 즉 디아스포라는 정체성의 역사적으로 공간적인 이동성과 의도성 그리고 역사적 이동(그것이 강제적이든 선택이든, 필요한 것이든 원한 것이든)의 구조에 대한 접합을 강조한다. 디아스포라는 정체성을 공간적 위치와 동일시, 즉 "대안적 세계주의와 디아스포라 네트워크의 역사"(327)에

28 민족 건국 신화의 고향을 말한다. — 옮긴이

연결시킨다. 이 도형은 정체성의 기원을 소속의 구조와 소속 방법에 둠으로써 근대에 대한 많은 논리를 피하는 문화정치를 위한 새로운 가능성을 제공하지만 너무 자주 근대라는 개념으로 되돌아간다. 궁극적으로 정체성은 역사로 돌아가게 되고, 서발턴의 위치는 특정한 전형을 정체성의 '적절한proper' 도형으로 특권화하는 이동의 역사와 억압의 경험 속에 포함된다.

앞서 설명한 다양한 도형을 기반으로 구축된 이러한 이론들은 최근에 비판을 받고 있다(예를 들어 Parry, 1987; O'Hanlon, 1988). 그 이유는 다양하다. 우선 권력 담론(물론 장소와 공간에 따라 다른 담론)의 단편적이고 갈등적인 성격을 무시하기 때문에, 권력의 이질성을 무시하고, 그것을 재현의 담론으로 축소하고, 그것의 물질적 현실을 무시하기 때문이다. 그리고 다른 지식과 전통의 소유자로서, 종속된 자들의 계급 내에서 정의된 권력관계가 있는 그들만의 역사를 지닌 서발턴의 긍정성을 무시하기 때문이다. 이 도형들에서 소외되거나 종속된 자들의 지위에 관한 또 다른 문제를 추가할 수 있다. 어떤 근거로 서발턴에게 특권이나 심지어 다른 구조의 주관성이 부여된다고 가정하는가? 그리고 홀이 시사하는 바와 같이 주변부가 중심이 되었다면, 이것이 현대 주체를 묘사하는 것은 아닌가? 이 질문의 다른 측면은 종속의 한 형태가 모든 구조적 지배의 모델이 될 수 있는가다. 타자의 생산이 항상 다르다는 것을 알았기에,[29] 우리가 서발턴의 도형을 만들면서 연구를 시작하기도 전에 모든 지역적 투쟁에 대한 해답을 제공하는 또 하나의 보편적 이론을 개발한 것은 아닌가?

그러나 이러한 차이로의 다양한 전환은 '근대'의 철학적 유산에서 비

29 또한 백인 중산층 남성으로서 내가 다양한 서발턴 인구에게 권능화가 입증된 개념을 훼손할 수 있다는 잠재적 혐의를 알고 있다. 이에 대해 나는 정치적 권능화와 투쟁을 약화시키려는 것이 아니라 투쟁의 더 효과적인 형태와 장소를 열 수 있는 더 강력한 이론적 도구를 찾으려고 노력한다고 호소한다.

롯된 훨씬 더 중심적이고 어려운 질문들에 입각해 있다. 많은 이들은 근대 철학의 시작을 진리의 인식론적 문제로 이해되는 개인과 현실의 관계에 대한 데카르트적 문제와 연관시킨다. 물론 데카르트는 이 관계를 자기반성 의식을 가정함으로써 해결했다. 이마뉴엘 칸트Immanuel Kant는 이러한 의식을 경험의 매개적 위치와 동일시하였고, 이는 한편으로는 현상학으로, 다른 한편으로는 구조주의의 탄생으로 이어졌다.[30]

대립을 매개하는 공간으로서의 의식(또는 낭만주의에서는 상상)의 이러한 특권은 주체성을 시간성에 동일시하는 것에 기초한다. 의식은 혼돈을 오직 이런 방식으로만 총체화하고 초월할 수 있었다. 주체의 통일성은 시간의 통일성에 의존했고, 이러한 가정은 마르틴 하이데거Martin Heidegger(어쩌면 데리다)까지 계속되었다. 정치적 용어를 사용하자면 이러한 전통적 가정은 로절린드 오핸런Rosalind O'Hanlon(1988)이 "주체 행위자의 정력적 모습"이라고 부르는 것을 야기했다. 다시 말해, 근대의 '인본주의적' 개인은 다음의 세 가지 사선, 즉 (1) 지식과 경험의 통일된 원천으로서의 주체, (2) 활동의 위치로서의 행위자, (3) 사회적 정체성의 보유자로서의 자아의 접합 또는 가정된 통일성을 전제로 한다.

'동일시와 소속감의 지도'가 개인과 집단이 세계에서 어떻게 그리고 어디에 위치하는지 정의한다면, 동일시와 소속감에 대한 이 세 가지 다른 측면이 단일하고 일관성 있는 모습으로 접합된다는 것은 필연적으로 역설을 발생시킨다. 그러나 이 역설은 주체와 자아의 통합에 대한 어떤 주장에도 반대하는 반본질주의 주장이 성공적으로 제기되고, 주체와 자아의 사회적 구성을 보여 주기 위해 비판적 주장이 성공적으로 제기되고서야 마

30 이것은 내가 여기서 논의하지 않을 또 다른 '근대적' 논리를 가리키는데, 이것은 실재의 의미화, 즉 실재를 의미로 축소하는 것이라고 부를 수 있다. 근대의 가장 근본적 명제, 즉 현실은 사회적으로 구성된다는 것을 주장할 수 있는 것은 오직 이 기반에서만 가능하다.

침내 가시화되었다. 이 역설은 아주 간단하다. 개인이 어떻게 동시에 원인과 결과, 즉 주체이자 주체화의 대상subjected이 될 수 있느냐에 관한 것이다. 다시 말해서, 행위자성을 어떻게 찾을 수 있는가? 이 문제는 종속적인 정체성과 저항의 가능성에 대한 현대의 많은 정치적이고 이론적인 연구를 활성화시켰다. 서발턴, 페미니즘, 반인종주의, 탈식민주의, 또는 새로운 민족주의 등 다양한 주제에 관한 연구들 말이다. 나는 이론적으로나 정치적인 차원에서 흥미롭고 중요한 입장과 논쟁을 되풀이할 생각은 없다. 대신 이 분야에서 작동하는 세 가지 주요 전략을 설명하고자 한다. 하지만 여기서 강조해야 할 것은 내가 '이상적인 유형'을 구성하기 위해 이 전략들을 그들의 담론적 맥락에서 분리했다는 점이다. 종종 한 명의 연구자가 두 가지 이상의 전략을 사용하는데, 이것이 반드시 모순되거나 역설적인 입장을 초래하는 것은 아니다.

세 가지 주요 전략에 대해 간략히 설명하자면 다음과 같다. 첫 번째 전략은 호명이 결코 완전히 성공적이지 않다고 가정하면서 특정한 이념적 텍스트에 의해 호명되지 않는 과잉이나 잔여물이 항상 존재한다고 전제한다. 이러한 입장은 호명의 복수성과 다양한 주체 위치 사이에 존재할 수 있는 복잡하고 심지어 모순된 관계를 강조하는 경향이 있다. 주체로서의 개인이 중층적으로 결정되면, 그는 단일한 이데올로기를 초월하게 된다. 이 주장은 주체를 근본적으로 파편화된 것으로 보는 다수의 정체성 이론과 밀접하게 연관되어 있다. 그러나 나는 복수적 호명의 가정이 주체성의 역설을 어떻게 해결하는지 의문이다. 왜냐하면 그것은 주체성이 서로 다른 주체 위치 사이의 모순이나 간극의 산물이라고 가정해야 하기 때문이다.

두 번째 전략은 인간 현존의 다른 영역, 보통 존재론적이고 종종 억압된 영역에서 행위자에서 찾으려 한다. 그러므로 행위자 영역은 주체성 영역으로부터 독립적이고 그것을 초월한다. 행위자가 무의식에 위치하든 아니면 조지 허버트 미드George Herbert Mead의 '창의적인 자아creative I'와 같이 특권적 '의지'의 다른 표현에 있든, 이러한 이론들은 결국 행위자 또는 적어도 행위자의 형태 자체가 생산된 것이라는 가능성을 부정하는 본질주의적 개념을 구체화하게 된다. 더욱이 이러한 이론들은 종종 행위자가 저항의 가능성을 설명하거나 허용하는 데만 필요하다고 가정하여, 지배의 행위자를 설명하려는 시도를 거의 하지 않는다.

마지막 전략은 호명과 정체성을 분리하는데, 정체성은 호명된 주체 위치를 이데올로기적으로 생성된 의미 체계로 접합하는 것을 수반한다고 주장한다. 이러한 접합들은 서로 다른 사회 영역 내에서 다르게 작동하는 여러 다른 사회적 힘으로 결정된다. 따라서 문화적 정체성은 다양한 주체 위치의 의미와 경험을 결정한다. 첫 번째 전략과 마찬가지로 이 전략 또한 행위자가 다양한 정체성 사이의 공간에 위치해야 한다고 가정하지만, 이 전략은 주체 위치와 정체성 사이의 틈을 두고 시작한다. 게다가 이 전략은 다양한 사회 영역에 걸친 정체성의 개념을 분열시키는데, 행위자는 여러 영역 전반에 걸친 정체성의 다양한 순간의 접합에 의존한다. 예를 들어 행위자는 경제적으로 종속된 주체가 정치적으로 반대되는 정체성에 접합된 결과로 여겨진다. 그러나 결국 이것은 단지 문제를 지연시키고 접합의 실천으로 미루는 것이다.

정체성과 공간

나는 이러한 담론이 대표하는 이론적이고 정치적인 작업의 중요성을 과소평가하려는 것이 아니지만, 나는 여전히 이러한 담론들이 불만스럽다. 나는 특정한 정치적 투쟁에서 정체성의 개념이나 그것의 정치적 중요성을 거부하려는 것은 아니다. 내가 거부하는 것은 정체성을 차이의 논리 안에 포섭한 것과 정체성의 구조가 필연적으로 특정한 주체 집단에 속한다는 가정이다. 그리고 권력을 둘러싼 모든 투쟁이 정체성 문제를 중심으로 조직될 수 있는지, 또는 그래야 하는지 묻는 것이 중요하다고 생각한다. 최소한 문화연구와 정치에서 정체성의 범주와 그것의 위치를 재접합하는 것이 필요할지도 모른다. 예를 들어 다문화주의에 대한 논쟁은 너무 급히 정체성(종속성)과 문화 사이에 필연적인 관계를 가정한다. 미국이 광범위한 문화적 관행을 가진 다민족 사회라는 사실을 무시할 수 없음에도 불구하고, 기존의 가정과 달리 나는 다문화 사회가 바람직한가에 대한 질문은 규범적 문제(사회가 공통의 문화 없이 얼마나 지속할 수 있는가)라고 주장하고자 한다.

결국 문화연구가 새로운 가능성을 열어 주고 새로운 정치 전략을 가능하게 하는 것으로 판단된다면, 내 생각엔 뭔가 문제가 있다. 이러한 작업이 우리의 가능성을 발전시킨 만큼 제약한 것일 수도 있다. 특히 현대 미국의 동향과 사건의 맥락에서 그렇다. 두 가지 예를 들자면, 우선 광범위한 차원에서 비판적 관점은 신보수주의의 권력과 점점 더 보수적으로 변해가는 미국 생활의 분위기를 이해하지 못하고 이의를 제기하지 못하는 우리의 명백한 무능력을 인정하는 것에서 시작해야 한다. 그리고 구체적인 수준에서, 어떤 면에서 훨씬 더 충격적인 것은 예를 들어 1992년 로스앤젤레스에서 일어난 폭력 사태다. 나는 이 사건을 폭동이나 반란이라고 부르기를 거부한다. 로스앤젤레스에서는 반본질주의의 교훈 — 만약 이러한 교훈이 있었다고 전제한다면 — 이 사라진 것 같다. 사람들이 실제로 거리로 나왔을 때, 그들의 분노, 실망, 적대감 등이 가장 본질적 형태로 드러났던 것이다. 이 사건의 많은 투쟁과 고통에도 불구하고, 우리는 미국의 도시민을 위해 변하는 것은 거의 혹은 전혀 없을 것이라는 점을 알고 있다.[31]

31 분명히 이에 대한 더 완전한 논의는 역사적이고 경제적 결정을 인식할 필요가 있다. 이것은 계급 구분이 어떻게 작동했는지(결국 전체 흑인 인구가 관련되지는 않았기 때문에), 그리고 변화하는 경제 맥락(생산의 세력과 관계의 모순 자체가 재접합되는 맥락 말이다. 관계는 민영화되는 가운데 세력이 사회화되는 것인가?)의 작동을 탐구해야 한다. 더욱 완전한 논의는 또한 이 특정 사건의 출현 조건을 규정하는 특정 상황을 고려해야 한다. (이 사실을 상기시켜준 마크 리드Mark

우리는 이론에 너무 매료되어 근본적인 교훈을 잊어버린 것 같다. 사람들의 가장 깊은 신념과 투자가 잘못되었다는 말과 함께 시작한다면 그들을 성공적으로 변화시키거나 정치적으로 움직일 수 없다는 것이다. 다시 말해 사람들을 다른 곳으로 옮기고 싶다면 그들이 현존하는 곳에서부터 시작해야 한다는 것이다. 이러한 제안이 현재 갈등을 구성하는 종종 비효율적인 형태의 상식적인 근거를 받아들이자는 것은 아니다. 대신 다음 두 가지를 가능하게 하는 이론적 기획을 찾아야 한다. 첫째는 지역과 전 세계를 분리할 수 없게 만드는 지점을 찾는 것이고, 둘째는 사람들의 적대감과 희망의 형태와 장소를 재접합하는 것이다.

이 기획이 나를 정체성, 타자성alterity, 행위자성agency을 공간적이고 기계적으로 바라보는 방법을 찾도록 이끌었다. 여기에 관련된 세 가지 기계적 생산물부터 설명하고자 한다. 첫째로는 현상학 분야에서의 주체성의 생산이 있다. 나는 모든 사람이 세상을 체험하는 한, 주체성은 비록 불평등하게 분배되더라도 보편적이라고 주장하고자 한다. 그러나 모든 사람은 자신의 현상학적 영역의 중심에 존재한다는 의미에서 주체성을 갖는다. 결과적으로 그들은 자신과 세계에 대한 어떤 경험과 지식에 접근할 수 있다. 알튀세르가 주장했듯이, 주체성은 경험에 어느 정도의 '권한'을 준다. 그러나 이러한 경험의 개념은 존재론적인 것이 아니다. 주체성은 담론 이

Reid에게 감사한다.)

그러나 다음과 같은 질문이 남는다. 특정인을 겨냥한 폭력이 주체 정체성의 관점에서 이해되었나? 그것이 사실이라면 교육은 이러한 오해의 기초가 되는 암묵적인 문화적 상대주의를 극복하도록 도와주어야 한다. 그러나 폭력이 흑인의 삶에서 다양한 사람들이 하는 역할에 의해 정의되고 그 역할을 목표로 하는 것이라면 우리는 그 역할을 어떻게 정의해야 하는지 물어봐야 한다. 내 대답은 당연히 이것을 공간적으로 정의해야 한다는 것이다. 이것이 사실이라면 교육은 빠르게 무의미해질 것이다. 왜냐하면 새로운 표면적 특징이 적대감을 정당화하기 위해 빨리 발견될 것이기 때문이다. 이런 의미에서 지역적 인종 차별은 점점 더 일반적으로 사용되는 인종이나 민족이 아닌 장소의 문제가 되고 있다.

전 또는 영역 이전의 현실이라기보다는 기계적으로 만들어진 가치다.[32]

그러나 물론 이 의미에서의 주체성은 추상적이며, 두 번째 단계의 '차별화 기계differentiating machine'에, 그리고 이 기계를 통해 접합되어야 한다. 이 기계는 차별화된 가치의 주체 위치를 (담론적 호명을 통해) 담론적이거나 이데올로기적으로 생산하는데, 이 주체 위치는 의미 지도에 접합될 때 일반적으로 정체성이라고 부르는 것을 생산한다. 따라서 비록 모든 사람이 주체성의 '계층strata'이라고 부를 수 있는 것 안에 존재하지만, 그들은 또한 이 계층 내의 특정한 위치에 위치하며, 각각의 위치는 이러한 경험의 가능성뿐 아니라 그들에 대한 재현을 표현하고 정당화하는 것을 가능하게 하고 제약한다. 이런 의미에서 우리는 역사적 차이가 각인된 후에야 주체가 존재한다는 앞서 설명한 다양한 입장에 동의할 수 있다. 르페브르가 말했듯이, 주체는 "사건 이후에 구성되기 때문에 결코 현장에서 잡힐 수 없다"(1984: 92).

그러나 사람들은 다양한 방식으로 서로 다른 정체성을 수행하고 담론적인 호명을 항상 체험하거나 내면화하지는 않기 때문에, 또 다른 기계가 있어야 한다. 이 기계는 정동적 호명을 통해 개별성을 벡터로 구성한다. 이 세 번째 기계적 생산은 설명하기가 더 어려운데, 그것은 더욱 명확한 공간의 영역화(장소와 공간의 조직화)를 수반하며 정동적 투자의 개념이 있어야 한다. 이를 설명하기 위해 우선 스튜어트 홀의 두 인용문으로 시작한다.

> 종족성에 의해 개인이 세상에서 어떤 장소와 위치를 갖게 하는 모든 애착 지점(그것이 특정한 공동체, 지역, 영토, 언어, 종교 또는 문화와 관련이 있든지 간에)이 놀랍게도 정치적 의제로 되돌아간다. (1989: 33)

32 들뢰즈식 용어를 사용하자면 주체성은 표현으로서의 신체의 내용을 말하며, 그것은 내부의 지층을 만들기 위해 외부가 스스로 접히는 것으로 생성된다.

…… 상상 속에서 알 수 있는 장소는 세계적인 탈근대를 직면하여 재구성되고 재창조되었는데, 다시 말해 특정 장소의 정체성이 파괴되었다…… 그래서 사람들이 이러한 토대를 향해 손을 뻗는 순간을 이해할 수 있고…… 그러한 토대를 향한 손길이 바로 내가 종족성이라고 부르는 것이다. (1991a: 35~36)

루돌포 아나야Rudolfo Anaya와 프란시스코 로멜리Francisco Lomeli는 아스틀란을 치카노스Chicanos와 치카나스Chicanas[33]가 점점 더 자신들의 종족성을 위치시키게 된 역사적 상상의 장소로 묘사한다.

정체성의 요소는 우리의 발전을 향상시키는 안정적 지대로 기원을 경험할 수 있게 하는 총체성의 한 조각에 불과하다. 아스틀란은 이 과정을 역사적 사건들의 복잡한 네트워크와 관련하여 특정한 환경에서 지역화한다. 다시 말해서 아스틀란을 통해 우리는 심리적 시간(정체성), 지역적 구성(장소), 진화(역사적 시간) 등을 더 잘 이해할 수 있게 된다. 이 요소 중 하나라도 빠진다면 우리는 현대 실향민과 같은 유목민이 되어 우리가 자란 땅에서 디아스포라를 겪고 다른 사회 세력에 휘둘리게 될 것이다. 아스틀란은 우리가 완전히 통합된 개인으로 스스로를 유지할 수 있게 해 줄 뿐만 아니라 우리의 공동 배경과 함께 다시 원점으로 돌아올 수 있도록 한다. (1989)

여기서 우리의 초점을 공간, 장소, 사물, 그리고 사람들의 관계로 돌려보자. 그러나 이런 제안은 정신을 물질세계로부터 데카르트적 이원론으로의 회귀를 의미하지는 않는다. 우리는 오히려 정신에 대한 문제를 새롭고 때로는 당혹스러운 방법으로 제기해야 한다. 나는 공간 속에 주체성과 주

33 아스틀란은 아즈텍인 조상의 고향이다. 치카노 혹은 치카나는 미국에 거주하는 멕시코계 이주민 중 강한 민족의식을 지닌 공동체를 일컫는 말이다. — 옮긴이

체 위치를 분배하는 영토화 기계territorializing machine를 설명하고자 한다. 영토화 기계는 이동과 배치의 선을 표로 나타낸다. 즉 영토화 기계는 사람들이 어디에서 그리고 어떻게 멈추고 스스로를 위치시킬 수 있는지에 대한 가능성을 정의하거나 위치 짓는다. 이러한 장소는 투자와 권능화, 방향감orientation과 장착installation, 그리고 소속과 동일시의 일시적인 지점이다. 이러한 장소들은 임시적인 주소나 집을 창출한다. 그러나 메건 모리스(1992a)가 지적했듯이, 이러한 장소나 집은 이동성, 즉 공간의 선보다 먼저 존재하지는 않는다. 이 장소들은 기원이 아니다. 들뢰즈와 가타리가 묘사한 바와 같이(1987: 311), 이 장소들은 제한된 공간을 조직하려는 노력의 산물이다. 이 장소들은 권능화나 주체성의 형태, 즉 나아가는 방법과 나가는 방법을 정의한다. 이러한 장소들 주변에는 의미, 욕망, 쾌락의 지도가 접합될 수 있다.

영토화 기계는 사람들이 점유할 수 있는 장소의 종류와 그 장소를 어떻게 점유할 수 있는지를 추적하려 한다. 이 기계는 사람들이 이동할 수 있는 범위와 어디로 어떻게 이동할 수 있는지를 설명한다. 영토화 기계는 특정한 형태의 이동성과 안정성, 특정한 투자(또는 고정) 선과 비행을 차별적으로 가능하게 하고 제정하는 특정한 진로, 강도, 밀도의 선을 생산한다. 이 기계는 사람들이 항상 제한된 자유를 누리며 세력의 장을 통과하거나 머물 수 있는 방식을 설명한다.

오핸런이 관찰한 것과 같이, 이러한 기계적인 기제의 구조화된 이동성 내에서 "서발턴은 사회적 범주가 아니라 권력에 대한 진술"(1988: 207)이다. 권력과 저항은 장소와 공간의 공간적 관계와 그 안의 사람들과 실천의 분포에 의해 정의된다. 그런 의미에서 주변화는 정체성이나 공간적 위치가 아닌 접근성, 이동성, 그리고 투자와 주체성의 가능성을 정의하는 벡터 또는 분배다. 다시 오핸런의 말을 빌리자면, "서발턴은 상당히 다른 방식으로 주변화된다. 그들에게 부여되는 특정한 권력에도 불구하고, 부분적으로 그들의 주변화는 그의 빈곤, 여가의 부족, 표현의 어눌함 등에 의해 시민 사회의 공공 기관에 참여할 수 없기에 발생한다. 하지만 가장 눈에 띄지 않는 이유는 이로 인해 서발턴이 시민 사회의 자생적 신화를 접합하는 능력이 그만큼 약하기 때문이다"(221).

행위자성이 구성되고 그 가능성이 분배가 바로 영토화의 기계적인 작동 안에서 발생한다. 특정한 장소들은 특정한 형태의 행위자를 정의하고 특정한 인구에게 권한을 부여한다. 이런 의미에서 우리는 행위자성의 가능성의 조건에 대해 조사할 수 있는데, 행위자, 즉 역사를 만드는 능력은 주체성이나 주체에 내재되어 있지 않기 때문이다. 행위자는 인간을 다른 종류의 존재와 구별하는 존재론적 원리가 아니다. 행위자성은 그들의 주체 위치가 특정한 장소(투자의 현장으로)와 사회적으로 구성된 영역에 대한 공간(활동의 장으로)에 접합됨으로 정의된다. 행위자성은 특정 장소에서, 그리고 특정 진로를 따라 활성화되는 권능화다. 그러므로 접합의 행위자에 대해 말할 때 사람들이 종종 환경이나 심지어 역사를 바꾸기 위해 고군분투하는 동안 효과가 있는 행동을 한다는 사실과 역시를 만드는 행위자(장소와 진로 같은)의 존재를 구별할 필요가 있다. 행위자성은 사회적 지도상의 장소로서 특정한 실천의 구성체들이 존재함을 지적하며, 그러한 장소들은 적어도 잠재적으로 역사를 만드는 데 관여한다. 물론 현장으로서 행위자성은 특정 투자가 활성화되고 접합될 때만 실현된다.[34]

이로 인해 여러 가지 결과가 초래된다. 첫째, 저항은 추상적 형이상학적(또는 철학적 인류학적) 원칙, 또는 억압된 자들의 귀환에 대한 호소, 또는 모

34 여기서 권력의 다른 기계들, 즉 푸코가 한 주권 사회와 규율 사회 사이의 구별을 행위자성 자체가 구성되는 다른 방식으로 이해할 수 있다. 전자에서 행위자성은 신체의 물질성에 기초하고, 후자에서는 시선(감시)과 구조(정상화)를 통해 구성된다. 규율 사회에서 개인은 대규모 공간에 배치되고 감시된다. 삶은 폐쇄된 환경을 통해 조직된다(자본주의는 집중과 생산의 과정으로 정의된다). 여기에 세 번째 범주인 규율적 동원의 사회를 추가할 수 있는데, 이 사회에서 행위자성은 이동성의 통제를 통해 조직된다(그리고 자본주의는 분산 및 미래/서비스로 정의된다).

순된 호명과 주체 위치의 사실로 설명될 수 없다. 저항은 오직 인구의 작은 일부가 특정 주체성의 장소에 중층 결정된 접합으로 설명할 수 있다. 둘째, 우리는 동맹의 성격, 가능성, 효율성 등에 관한 가정을 근본적으로 재고해야 한다. 우리는 주체와 행위자의 가정된 동등성에 너무 자주 사로잡혀 '페미니즘 속의 남성'의 자리와 같은 기이한 논쟁을 초래한다. 특히 미국에서 인종 차별, 성차별, 동성애 혐오 부활 등의 맥락에서 더욱 생산적 접근법은 정동과 주체성이 도덕과 정치에 성공적으로 접합된 모델로서 민권운동을 재고하는 것이다.

따라서 행위자성의 문제는 특정 구조화된 이동성 내에서 접근과 투자가 어떻게 분배되는가 하는 것이다. 이것은 정치적 정체성이 주체 위치나 문화적 정체성과 같지 않다는 것을 시사한다. 정치적 정체성과 정치에 대한 다른 개념이 있어야 한다. 헌신, 정동, 정체성과 소속감의 정치 말이다. 여기서 다시 스튜어트 홀의 주장으로 돌아갈 수 있다. 즉 "정치적 정체성은 대부분 의식적 헌신이 있어야 한다. 따라서 문화적 정체성의 다층성은 잠시 포기할 수 있는데, 정치적 경계가 그려진 보다 단순한 문화적 정체성을 위해서다. 모든 사람이 하나의 깃발을 들고 함께 걸어가야 하고, 이 싸움을 위하여 우리는 모두 같고, 단지 흑인이며 바로 여기에 있다고 말해야 한다"(Grossberg, 1992: 380에서 재인용).

홀의 제안은 내 취향에는 너무 자발적이고 개인주의적이긴 하지만, 그럼에도 디아스포라를 문자 그대로 받아들이고 서발턴을 공간적, 정동적, 기계적 측면에서 보는 것 같다. 그의 제안은 행위자성과 종족성을 장소와 투자의 접합에 대한 투쟁으로 보게 한다. 그것은 내가 (레베카 골드스틴Rebecca Goldstein을 따라) 의미화 지도mattering maps라고 부르는 것이다. 의미화 지도는 사람들이 감정을 투여하고, 권능화되고, 행위자가 되는 방법과 장소를 정의한다. 들뢰즈와 가타리가 말했듯이, 여기서 적절한 이름은 주체의 표식이 아니라 거주지를 구성하는 표식이다(1987: 316).

공간의 구체적 정치를 향해

결론적으로, 우리 앞에는 두 가지 가능한 진로가 놓여 있다. 한쪽은 권력의 공간을 어떻게 지도로 그릴 것이냐는 추상적인 이론적 질문으로 이끄는데, 이는 그 공간이 어떻게 생산되는지에 관심을 둔다. 내가 제안한 것은 삼각 측량 모델과 같은 것인데, 이 모델은 세 가지 유형의 기계, 즉 세 가지 능동적인 권력의 조직화가 동시에 작동함으로써 이러한 권력의 공간이 생성된다는 것을 암시한다. 이 세 가지 기계는 추상화 또는 계층화하는 가치의 기계, 기호화-해독하는 차별화의 기계, 그리고 영역화-탈영역화하는 분배의 기계다. 이 세 가지 기계 또는 권력의 구조는 복합적으로 접합되어 있을 뿐만 아니라, 각각의 기계 자체도 다층적이며 내부적으로 접합되어 있다. 이 세 가지 기계는 서로를 상대로 작동하지만 시간적 순서대로 작동하지는 않는다. 또한 개별 기계의 작동뿐만 아니라 전체적인 작동도 경합의 장이다. 그러므로 이 기계들 사이의 관계는 보장된 것이 아니며, 어느 한 기계가 자본주의, 가부장제, 인종차별주의, 또는 식민주의와 동일한 것도 아니다. 비록 한 집합체(예를 들어 자본주의)가 다른 집합체(예를 들어 인종 차별이나 가부장제)를 응용할 수 있지만, 각각은 특정한 관계에 의해 접합된다. 이것은 권력의 기계적 생산에 대한 분석은 항상 국면적이어야 한다는 것을 의미한다. 이러한 기계적 복합체의 국면적 작동에 대한 지도는 푸코가 "도표diagram"라고 부르는 것을 묘사한다(Deleuze, 1988).

여기서 각각의 기계들에 대해 간략한 설명을 더 하겠다. 첫 번째 추상적 기계는 들뢰즈와 가타리(1987)가 이중 접합 또는 '포획 행위acts of capture'로 묘사한 것(연결적 합성connective synthesis)에 의해 가치 또는 축axioms을 생산한다. 이 기계는 두 개의 영역, 즉 내용과 표현의 영역을 계층을 생산한다. 그러므로 이것은 생산 또는 긍정성의 기계다. 두 번째 기호화 기계는 (각 영역의) 계층 내 또는 '환경milieus' 사이에 관계를 설정하고 분절적 합성

disjunctive synthesis을 통하여 관계를 각인한다. 그것은 주체화와 정상화의 차별화 기계로서 부정성과 교환을 통하여 확장선과 차원성으로 표시된 홈파인 공간striated space을 생성한다. 세 번째 영역화 기계는 표현과 내용 사이, 즉 계층 사이의 관계를 확립하고 국면적 합성conjunctive synthesis을 통해 고정한다. 그것은 타자성의 분배 기계로 의도, 즉 강렬함의 벡터 또는 선과 비확장적 관계의 가능성(즉 정지된 상태의 향해)으로 특정화된 매끄러운 공간을 생성한다. 따라서 타자성은 장소와 공간의 분배가 되는데, 그곳에서 각 장소는 표현성뿐 아니라 다중적 진로(즉 혼종성)와 행위자성의 현장이 된다. 들뢰즈와 가타리의 도표 정치 이론의 문제점은 그들이 도표의 세 가지 순간에서 되어감의 정치를 동일시한다는 것이다. 여기서 이 세 가지 순간은 장기 없는 몸이 되어가는 것, 다른 것이 되어가는 것(예를 들어 여성, 그리고 실제의 여성이 지워지지 않은 경우), 그리고 주변부(또는 타자)화되는 순간들이다.

두 번째 진로는 미국의 새로운 보수주의(Grossberg, 1992 참조)와 로스앤젤레스로 이끄는데, 이에 대해 결론적으로 몇 마디 하고자 한다. 로스앤젤레스를 생각할 때는 프레드릭 제임슨Fredric Jameson이 존 포트먼John Portman의 '보나벤투라 호텔'[35]을 탈근대적 텍스트로 '해석'한 것에 대한 마이크 데이비스Mike Davis의 비평(1985)이 떠오른다. 이것은 고전적 해석이면서 제임슨의 탈근대에 대한 분석 중 고전적 부분이기도 하다. 데이비스는 호텔을 고유한 미학을 지닌 텍스트로 읽기보다는 "호텔이 주변 도시로 삽입되는 야만성"(112)을 지적하고 호텔을 "도시를 근본적으로 적대적인 공간으로 양극화"(113)하는 더 큰 기획 일부라고 설명한다. 그것은 세계적 자본주의의 이중 또는 다중 도시들 사이에서 새롭게 부상하는 '미국 진지Fortress

35 존 포트먼(1924~2017)은 미국의 신미래주의 건축가이자 부동산 개발업자다. 그가 1974~1976년에 건축한 웨스틴 보나벤투라 호텔은 로스앤젤레스에서 당시 가장 큰 호텔이며 여러 다큐멘터리와 학술적 탐구 대상인 포스트모던 건축물이다. — 옮긴이

America'라는 요새화의 전초 기지다.

문제는 바로 아프리카계 미국인, 라틴계 미국인, 한국인 사이에 분출된 적대감을 어떻게 재접합할 수 있느냐 하는 것인데, 이 적대감은 본질적 정체성을 기반으로 하고 있다. 이에 대한 전통적인 대답은 문화적 상대주의를 극복하기 위해 교육을 이용해야 한다는 것인데, 이러한 대답은 이 문제가 이해와 소통의 문제라고 (아마도 잘못) 가정할 뿐만 아니라 그 적대감만큼 효과적인 동맹의 가능성을 배제하는 것처럼 보인다.

나는 다음과 같은 내 제안을 단지 하나의 가능성으로서, 그리고 아주 간단하게만 서술하겠다. 왜냐하면 아직 지역 수준에서 구체화하는 데 필요한 연구를 하지 않았고, 로스앤젤레스와 지역적, 국가적, 세계 정치 및 경제 발전을 연결하려는 내 노력도 아직 진행 중이기 때문이다. 나는 그 적대감을 정체성의 문제로부터 전후 미국의 도시 공간을 정의하는 영역화된 주변성의 다양한 지도 간의 관계에 대한 보다 공감의 질문으로 이동할 것을 제안한다. 이 공간은 두 개의 다른 지도(두 개의 다른 인구, 두 개의 다른 경제, 두 개의 다른 구조화된 이동성)가 공존하는 이중 도시로 설명될 수도 없다. 이 공간은 공간적 권능화와 비권능화, 이동성과 배치, 개방성과 폐쇄성의 복잡하고 중복되는 체계다. 다시 말해 이 공간은 다공간적polyspatial 도시다.

특히 나는 우리가 도시의 공동 공간 내에 존재하는 네 가지 공간적 존재 방식, 즉 네 가지 영역화 지도 또는 구조화된 이동성을 확인할 수 있다고 생각한다. (1) 어떤 주체성의 장소에도 접근할 수 없는, 점점 더 흩어지는 인구(물론 대부분이 흑인), (2) 이동성이 높은 디아스포리아 인구이지만 주체성의 장소에 거의 접근할 수 없는 인구(대부분 라틴계),[36] (3) 매우 제한

36 여기서 우리는 또한 실제로 흑인 인구보다 제한된 노동에 더 많이 접근할 수 있는 많은 불법 이민자의 영향을 고려해야 한다. 또한 다른 문화 및 다른 장소에 대한 권능화된 동일성을 고려해야 한다.

적이지만, 그런데도 이동성이 광범위한 인구. 이전의 유대인과 마찬가지로 한국인도 로스앤젤레스 남중부에서 일을 찾아야 하지만 다른 곳(물론 모든 곳은 아니며, 이들의 이동성 또한 인종 차별로 제한된다)에서 살 자유가 있다. 게다가, 유대인과 마찬가지로, 한국인은 그들만의 대안적 장소와 주체성과 권능화의 기관(예를 들어 공동체적, 가족들 사이의 '은행'[37])을 설립할 수 있도록 하는 그들만의 경제적, 문화적 자본을 가지고 있다.

만약 우리가 이 집단 사이에 존재하는 적대감을 정체성이 아닌 이러한 다양한 공간적 배치 형태들 사이에 구성된 갈등의 문제로 이해한다면, 이 적대감을 네 번째 공간적 지도에 대한 공통의 대립으로 재접합할 수 있을까? 이 네 번째 지도는 점점 더 '요새 같은' 조직을 묘사하는데, 백인(전부는 아님)과 부유층(중산층 중 어디까지 확장될 수 있을까?)의 일부 집단이 주류를 이룬다. 그러나 이 요새는 다양한 기술과 자본의 흐름을 통해 놀라운 수준의 이동성을 가능하게 한다. 그리고 무엇보다 로스앤젤레스와 같은 도심에서 지배의 존재를 정의하는 것이 바로 이 명백한 역설이라고 생각한다.

정치 전략에 대해 말하자면 일단 어떠한 가능성도 없애서는 안 된다고 생각한다. 결국 정치 전략은 그 자체가 국면적으로 결정되어야 한다. 공간적 의미에서 사회 운동은 공간을 재구성하고 새로운 장소를 창조하려는 영역화 지도로 이해될 수 있다. 사회 운동은 단순히 여러 이해관계를 한데 모으는 동맹이 아니라, 그들을 '하나의 깃발 아래'로 통합할 수 있는 정동적 관여를 찾는 정동적 동맹으로 간주되어야 한다. 그러나 이것을 달성하기 위해서는 정치적 투쟁이 작동하는 적절한 추상화 수준을 전략적으로 고려해야 한다.

37 여기서 우리는 다양한 순간에서, 다양한 이동으로 캘리포니아에 도착한 다른 아시아 인구(일본인, 베트남인, 중국인)의 다양한 조건과 도표를 살펴볼 필요가 있다.

결론

최근 많은 연구자가 근대 정체성에 대한 이론을 규정한 특정한 융합 논리에 이의를 제기한다. 예를 들어, 아이자즈 아마드Aijaz Ahmad(1992)는 "소속감의 부재"에서 "소속감의 초과"로 다소 쉽게 이동하는 경우가 많다고 주장하는데, 후자는 존재론적, 인식론적 조건으로서 이주성migrancy을 가정한다. 이와 비슷하게, 비벡 다레시와르Vivek Dhareshwar는 "이론의 서술적 힘에 완전히 일치하는 정체성"을 찾으려는 욕구에 대하여 경고하는데, 이러한 욕구는 이론적 체계의 도형을 정체성 서사의 '스토리라인'으로 간주한다. 다레시와르는 "이런 욕구는, 예를 들어, '탈중심화된 주체성'을 탈근대 현실로 그리고 이산dissemination을 '이민성immigritude'으로 간주한다. 여기서 이민성은 문화적 서술로서 대도시 정치에서 규범화된 경험이 된 이산에 대한 나의 단어"(1989: 142~143)라고 말한다. 내 생각에는 다양한 정체성 이론들이 차이, 개성, 그리고 시산성의 근대 논리학에 기반을 두고 있는 한, 공간적인 언어를 강조하는 이론들의 급진적인 함축은 실현 불가능하고 실현되지 않은 상태로 남아 있을 것이다. 다레시와르와 마찬가지로 나는 "전혀 다른 이론적 실천의 가능성과 필요성"(146)을 제기할 필요가 있다고 생각한다.

나는 인간 행위자성과 역사적 변화의 이론에 대한 타자성, 생산성, 공간성이라는 대안적인 논리의 함의에 관심이 있다. 특히 현재로서는 정치적 정체성과 동맹의 가능성에 관심이 간다. 행위자성에 대한 나의 논의, 즉 행위자성이 주관성이나 정체성(자신)과 다른 점은 정치적 정체성(및 집단 행위자성의 가능성)에 대한 급진적인 재고의 필요성을 제안하는 것이다. 나의 논의는 정체성 없는 소속감의 개념을 제시하는데, 이 개념은 조르조 아감벤Giorgio Agamben(1993)이 "다가오는 공동체"라고 부른 것에 기초한 정치로서, 대안적인 정치의 기초로서 '특이성singularity'이라고 부를 수 있는 개념을 제시한다. 이 기획은 본질적으로 정치적인데, 영이 말했듯이, 이 특이한 것

the singular에 관한 탐구는 "서로를 존중하지만, 똑같은 것으로 서로를 흡수하지만 않으면서 지식의 형태를 구성하는 기획과 관련"(Dhareshwar, 1990: 11)이 있기 때문이다. 다레시와르가 지적했듯이, "'다름'과 '타자성'의 물신화에 대한 끊임없는 찬사[여기서 사이드 논문의 포스트구조주의적 전유를 설명하기 위하여 사용된]는 정치적 정체성에 대한 논의를 대체했다"(1990: 235).

아감벤은 특이성을 보편적(개념적)이지도 않으면서 특수(개별적)하지도 않은 존재 방식으로 설명한다. 그는 그러한 존재 방식의 예로서 예제의 존재 그 자체를 드는데, 예제는 그것이 예증하는 계층의 내부와 외부에 동시에 존재하기 때문이다. 그 예제는 "흔한 것과 올바른 것, 속과 종, 본질적인 것과 우연적인 것의 무관심 때문에 존재한다. 그것은 모든 속성을 가지고 있지만 그중 어느 것도 차이를 구성하지 않는다. 속성에 대한 무관심이 바로 특이점을 개별화하고 전파하는 것이다"(1993: 19). 또한 이 예제의 위치는 한 번에 완성되는 것이 아니며, "흔한 것과 특이한 것 사이를 오가는 것"(20), 즉 되어감의 선이다. 다시 말해서, 예제는 공통의 보편적 속성, 즉 정체성에 대한 호소가 아니라 (계층에 대한) 소속감의 전유 그 자체에 의해 정의된다. 이 예제는 함께 존재하는 집합에 속하고, 항상 타자의 자리에 이미 속하기 때문에 그것의 대체 가능성에 의해 정의된다. 이것은 "재현이나 가능한 기술이 없는 무조건적 대체 가능성"(24~25)으로 절대적으로 재현할 수 없는 공동체다. 예제가 접하는 이 공동체는 공허하고 불확실한 총체성이며, 가능성의 외부 공간이다. 따라서 특이성은 "공동체가 어떤 소속 조건이나 단순한 조건의 부재가 아니라 소속 그 자체로 매개되는 존재"(85)로 정의될 수 있다. 이를 더 쉽게 설명하자면, 아감벤은 예제가 집합의 다른 가능한 모든 구성원과 공유하는 공통 속성을 보유하기 때문이 아니라, 집합 자체에 대한 (문자 그대로, 그리고 공간적으로 봤을 때) 환유적인 관계 때문에 예제로서 기능한다고 주장한다. 어떤 용어라도 집합의 예가 될 수 있는데, 집합에 속해 있다는 주장 자체가 문제가 되기 때문이다.

아감벤은 천안문 광장 사건[38] — 그 동맹 — 을 고려함으로써 이 문제를 정치로 전환한다. 즉 "만약 인간이 계속해서 이미 부적절하고 무의미한 형태의 개별성 속에서 적절한 정체성을 찾는 대신에 이러한 부적절함에 속하는 데 성공한다면, 즉 정체성과 개별 속성이 아닌 정체성이 없는 특이성이자 공통적이고 완전히 노출된 특이성이라는 적절한 존재를 만든다면…… 그렇다면 그들은 처음으로 추정과 주체가 없는 공동체에 들어가게 될 것이다"(1993: 65). 천안문 광장에 모인 사람들의 공통 정체성을 어떻게 묘사하고, 의도적이든 아니든 그들이 어떤 식으로 중국 국가뿐 아니라 국가 기계 자체에 대한 반대 공동체를 정의하고 구현하게 되었는지를 생각해 보라. 사실 그 장소에 그들이 함께 있었다는 사실 외에 그들을 규정하는 공통의 정체성도, 어떤 속성도 없다. 그들이 함께 소속한다는 것을 구성하는 것은 소속감이라는 사실이었다. 이러한 특이성은 (적절함의 논리가 아닌) 관여의 논리를 따르는 '운송 기계transport machine'로 작동한다. 이러한 특이성은 어떤 한순간을 진체의 제유적 이미지로 받아들이기를 거부한다. 구체적인 소속 장소에서 다양한 선이 교차하는 지점에서야 비로소 우리는 '집단과 사람을 통해 수행되는 개별화,' 즉 정체성이 없는 새로운 방식의 개별화와 심지어 주관화의 다양한 과정을 파악할 수 있다. 이러한 공동체는 소속감의 외재성, 노출, 특이성에만 기초할 것이다.

그런 의미에서 우리는 시민 사회 운동을 동원의 기계로 재고할 수 있는데, 그 생산물은 회원의 구조라기보다 특정한 소속감이라 할 수 있다. 특이성의 정치는 사람들이 속하거나 — 더 근본적인 의미에서 — 사람들이 찾아가는 장소를 정의해야 한다. 홀과 데이비드 헬드David Held는 이것을 "우리가 속한 다양한 공동체, 정체성과 동일시의 복잡한 상호 작용, 그

38 1989년 6월 4일 천안문 광장에서 중화인민공화국의 개혁 개방 정권이 반정부 시위를 유혈 진압한 사건이다. — 옮긴이

리고 사람들이 사회생활에 참여하는 차별화된 방식," 즉 시민권의 문제로 묘사했다(Giroux, 1994: 31에서 재인용). 이와 비슷하게, 머서는 1980년대 인종 정치에 대해 "중요했던 것"을 "우리가 다양한 실천을 통해 소속감을 갖는 선택적 공동체를 적극적으로 구축"(1992b: 33)한 결과라고 설명한다. 아마도 홀과 머서는 특정한 맥락에서 정체성이 사람들이 이러한 특정한 공동체에 거주한다는 표시가 될 수 있다는 주장에 동의할 것이다. 여기서 이 공동체는 현대 생활의 구조화된 이동성 내에서 사람들의 소속 방식을 표시하는 거처를 정의한다. 이러한 정체성은 만들기 위해 고군분투할 가치가 있는 정체성이다.

이러한 모델이 새로운 가능성을 열어 주는 데 도움이 될 수 있을지는 모르겠다. 그러나 나는 이런 모델을 제시하는 것이 정치적 지식인의 특권적 지위와 문화연구의 노동을 정당화하는 유일한 방법이라고 생각한다. 내가 아는 것은 문화연구를 세계적이고 지역적 노력으로 만들 수 있는 때에 비로소 최종적인 답이 나올 것이라는 점이다. 그런 이유로 내가 미국에 대하여 제기하는 질문에 대한 답은 미국 권력과 연계된 이들에게서 나오겠지만 미국 권력의 외부를 정의하려는 사람들(그들이 미국 내 또는 외부에 있든)에게서도 나올 수 있다.

L. Grossberg (1997). "Cultural Studies in/and New Worlds." *Bringing It All Back Home: Essays on Cultural Studies*. Durham and London: Duke University Press.

3

미래 시제를 위한 문화연구의 핵심

지난 수십 년 동안 '문화연구'는 다양한 정치적 스펙트럼으로부터 다양한 이유로 환영받은 대상인 동시에 공격 대상으로 대중적 인지도를 얻었다. 그러면서 문화연구는 지리적, 학문적, 정치적 영역을 빠르게 가로질러 확장하였다. 물론 이러한 대중성을 얻기 전부터 사람들은 문화연구를 해왔고, 그중 일부는 자신들의 작업을 아예 문화연구로 명명하지 않았거나 문화연구라는 공유된 정체성을 원치 않기도 했다. 문화연구는 2차 세계 대전 이후 다양한 학문과 지적 기획에서 비롯된 다양한 현장에서 나타났다. 사실 문화연구를 정의하는 것은 위험한 일이다. 많은 연구자가 문화연구를 한다고 주장하지만, 현실은 문화연구를 지지하거나 그것에 반대하는 연구자들이 동의하는 문화연구의 정의를 찾기 어렵다. 문화연구를 어떻게 정의하든 간에 정의 내리는 작업은 자신을 문화연구자로 여기는 일부 연구자를 배제할 가능성이 있다. 이러한 점은 종종 문화연구에 대한 어떠한 정의도 시도하지 말아야 한다는 증거로 인용되었다. 그래서 종종 문화연구에 대한 어떠한 정의는 결국 필연적으로 경계를 통제할 것이고, 이는 문화연구의 정치에 모순될 것이라고 가정되었다.

나는 이러한 위험을 감수해야 한다고 생각한다. 문화연구의 특수성에 대한 인식 없이는 문화연구가 학교 예산을 위한 최신의 수입처가 되거나 정치적 영향을 받는 장학금 영역에서 주변화가 될 수밖에 없다. 더 중요한 점은 이러한 특수성 없이는 문화연구의 정치적이고 지적 영역에 기여가 너무 쉽게 사라진다는 것이다. 특수성이 없는 문화연구는 점점 더 문화에 관한 연구, 또는 문화정치의 연구라는 공허한 기표가 되어 마케팅 전략이라는 영역으로 되돌아가기 때문이다. 따라서 여기서 내 노력은 단지 문화연구의 정의에 대한 다양한 후보를 판단하는 것과 같은 과거에 대한 회상이 아니라, 앞으로 나아가기 위한 그리고 기획을 수용하기 위한 전망으로 읽히기를 바란다. 이를 통해 나는 우리가 학자로서 에너지와 노력을 어떻게 활용해야 하는지에 대한 대화에 동참하고 싶다.

우선 명확하게 말하고자 한다. 나는 문화가 문화연구의 기획에 중요하다고 여기지만, 문화연구가 문화에 관한 것about culture이라고 생각하지는 않는다. 문화연구는 텍스트나 텍스트성에 대한 연구가 아니기에, 특정 텍스트와 텍스트의 종류를 해석하거나 판단하는 것을 목표로 하지 않는다. 문화연구는 단지 텍스트에서 사회 권력을 읽어 내거나, 사회 현실을 텍스트로 읽는 것이 아니다. 문화연구는 아주 작은 것을 통하여 세상을 해석하는 실천도 아니다. 또한 문화연구는 민족 문화에 관한 연구도, 언어나 지역학에 대한 새로운 접근도 아니다. 물론 이 모든 것과 문화연구가 관련이 있다고 생각하지만 말이다. 문화연구는 대량 문화, 대중문화나 하위문화에 대한 강조로 정의되지 않는다. 문화연구는 텍스트 또는 사회생활에서 권력의 각인에 대한 은유나 보증으로서 이론에 대한 것도 아니다.

우선 문화연구를 다음과 같이 기술하면 어떨까 싶다. 문화연구는 기존의 권력 구조를 재생산하고, 투쟁하며, 어쩌면 변형시킬 수도 있도록 사회 구성체와 인간의 일상 속에서 문화적 실천이 생산되고, 삽입되고, 작동하는 방식을 기술하고 개입하는 데 관심을 둔다. 즉 사람들이 스스로 만들어 내지 않은 조건에서 역사를 만들 경우, 문화연구는 이러한 과정이 문화적 실천과 함께 작동되는 방식과 역사적 구성체 내에서 문화적 실천의 위치를 탐구한다. 물론 이런 설명도 문화연구를 기술하기에 여전히 미흡하다.

문화연구는 사람들의 일상이 문화에 의해 그리고 문화와 함께 어떻게 접합되는지를 설명한다. 문화연구는 사람들이 그들의 일상을 모순적인 방식으로 조직하는 특정한 구조와 힘으로 어떻게 권한을 부여받고 박탈당하는지, 그리고 그들의 (일상) 삶이 경제, 사회, 문화 및 정치적 권력의 궤적에 의해 어떻게 접합되는지를 탐색한다. 문화연구는 사람들의 삶의 경험과 그러한 경험이 구성되는 권력관계를 변형시키는 역사적 가능성을 탐구하며, 그러한 가능성의 상상과 실현에 대한 문화적 (지적) 작업의 중요한 기여를 재확인한다. 문화연구는 담론적 실천이 권력관계의 조직과 불가분의 관계에 있다는 것을 인식하면서 권력 그물망matrices으로서의 삶의 맥락 구성에 관심이 있다. 문화연구는 특정한 맥락을 구성하는 힘들의 장에서 균형 역할을 하는 권력 상태에 대한 더 나은 이해를 얻기 위해 최고의 지적 자원을 사용하고, 지적 자원이 맥락을 바꿀 수 있고, 그 결과 권력관계도 바꿀 수 있다고 믿는다. 즉 문화연구는 권력의 조직뿐만 아니라 생존, 투쟁, 저항, 변화의 가능성도 이해하고자 한다. 문화연구는 다양한 논쟁을 당연시하는데, 논쟁이 모든 현실에서 발생한다는 의미가 아니라 보다 비판적 작업, 정치적 저항, 심지어 역사적 변화를 위해 필수적인 가정으로 여기는 것이다.

그러나 이러한 설명조차 문화연구의 중요한 부분을 놓치는 것 같은데, 사실상 문화연구의 핵심, 즉 문화연구의 특수성과 열정을 정의하는 것이 빠져 있다. 홀(1992a: 292)은 미국의 문화연구에 대해 다음과 같이 말했다.

> 이 맥락에서 그것[미국의 문화연구]이 무엇인지 말하기 위해서는 광범위하게 작업해야 한다. 이런 문화와 관련하여 미국의 문화연구를 이전의 작업이나 다른 곳에서 수행된 작업으로부터 진정으로 구분할 수 있는 것이 무엇인지 말이다. 미국의 문화연구가 실제로 이러한 자기 해명의 순간을 겪었는지 잘 모르겠다…… 나는 그런 해명의 순간이 무엇인지가 특정 상황에서 중요하다고 생각한다…… 그런 순간은 특정한 비판적 실천이 제도권으로 삽입되는 것이고, 그때가 이 국가에서 학문적인 제도권이 되는 순간이다.

이러한 제도적 측면은 지식인으로서 우리의 일에서 가장 직접적인 맥락일 뿐이고, 이는 사회적, 정치적, 경제적, 문화적 삶 등의 근접하고 동심원적concentric인 맥락, 즉 사회구성체 전체와의 관계로부터 분리될 수 없다.[39]

39 나는 특히 미국에서(하지만 미국뿐 아니라) 문화연구라고 주장하는 많은 연구가 이러한 성찰의 순간을 거치지 않았다고 생각한다. 대신 많은 경우에 비판적 작업은 자기 성찰을 자기중심주의

나는 여러 연구자와 작업을 연결하는 문화연구 기획이 지적 정치적 작업의 특정한 실천에 신념, 그리고 그러한 지적 작업이 학계 안팎에서 중요하다는 신념을 수반한다고 믿는다. 문화연구는 학자, 교사, 예술가, 지식인의 위치로 머무는 방식이며, 이론을 정치화하고 정치를 이론화하는 한 방식이다. 문화연구 기획은 그것이 작동하는 맥락의 변화(지리적, 역사적, 정치적, 지적, 제도적 조건의 변화 등)에 책임이 있는 지적 실천을 찾기 위한 노력이다. 따라서 문화연구는 학계가 주로 행하는 방식보다 더욱 제한적이고 겸손한 방식으로 권위를 주장한다. 즉 문화연구는 보편적이고 절대적이며 완전하고 완벽한 진리에 대한 모든 환상을 거부하는 동시에 진리에 대한 꿈을 상대주의 과제로 포기하는 것을 거부한다. 그 겸손함은 어떤 맥락에서든 그 맥락 내에서 가능한 최고의 이야기를 전하려는 엄격한 노력에 기반을 둔다. 문화연구는 지식과 정치, 그리고 그들의 생산 도구가 항상 불가피하게 맥락적으로 묶여 있다는 것을 받아들인다. 그러나 문화연구는 경쟁 관계에 있는 지식이나 비난할 수 없다는 식의 결론 내리기를 거부하고, 지식의 가능성과 권위에 대한 보다 겸손한 개념을 고수한다. 동시에 그 겸손함은 문화연구자가 되는 일(또는 문화와 해석의 실천에 대한 전문성을 가지고 있는 것)이 모든 것에 대한 전문가가 된다는 가정을 무너뜨린다. 대신, 문화연구는 큰 노력을 해야 한다!

나는 문화연구의 '핵심'을 그 중심이자 작업의 이면에 있는 열정의 원천으로 설명함으로써 공동 기획을 정의해 보려 한다. 그러기 위해 나는 우선 두 가지 이야기를 하면서 시작하겠다. 첫 번째는 대부분이 자전적이며, 영국 버밍엄대학교 현대문화연구소에서의 경험에서 나온 문화연구에 대한 나의 열망을 회고적으로 해석하는 이야기다. 두 번째는 문화연구 기획

의 한 형태로 만들어 너무 내향적이고 개인적인 것이 됨으로써 또 다른 편협함을 만들어 냈다. 도린 매시(2005년 4월 18일 개인적 대화)가 관찰한 바에 따르면, 비판적 지식인에게는 자신들이 사는 서구와 도시의 개인적 (내적) 정체성과 기억에 대한 질문에 집중하는 일이 너무 쉬워졌다.

을 급진적 맥락성에 대한 신념과 사회적 변혁의 가능성에 대한 정치적 참여에 기반을 둔 지식을 생산하려는 노력으로 설명할 것이다.[40] 그런 다음 나는 맥락의 범주를 개념화하려 노력할 것이며, 문화연구의 맥락에 대한 구체적인 이해를 위해서 국면을 제시할 것이다. 마지막으로 나는 간략하게 문화연구의 다양한 구성체를 여러 국면적 문제 틀conjunctural problematics에 대한 반응으로 설명할 것이다.

현대문화연구소를 찾아서

1968년에 나는 몇 가지 우연한 사건과 정치적인 이유로 영국 버밍엄대학교 현대문화연구소로 짧은 기간 동안 유학을 가게 되었다. 인생을 결정짓는 수많은 중요한 사건이 그렇듯이 이런 선택은 여러 가지 우연한 사건과 결정된 사회적 세력들의 교차점에 의한 결과였다. 많은 이들과 마찬가지로 나는 당시 중요했다고 여겨지던 일련의 투쟁과 변화에 휘말려 있었다. 이 순간은 서로 연결되어 있고 대립적인 여러 정치적 투쟁(흑인 운동, 베트남 반전 운동, 대중적 반정부 및 반자본주의적 민주사회주의, 수정된 마르크스주의, 반식민 해방 운동, 페미니즘, 환경보호주의 등)과 문화적 변화(예를 들어 청년 문화와 매개된 대중문화의 폭발적인 등장, 다양한 하위문화와 유신론, 마약 등 반문화의 등장)의 출현으로 정의되면서 이른바 '1960년대'라는 이름으로 신화화되었다. 당시 대학생이었던 우리에

40 비록 나는 주로 스튜어트 홀의 연구와 말을 인용하지만, 이러한 신념이 버밍엄 현대문화연구소의 연구와 레이먼드 윌리엄스와 같은 영국 문화연구자에게서도 발견된다고 생각한다. 분명히 말하자면 나는 윌리엄스나 버밍엄 현대문화연구소에 관련된 모든 사람이 자의식적으로 급진적인 맥락주의자라고 주장하는 것이 아니다. 당시에 그들의 연구를 묘사할 어휘는 없었지만, 나는 그들의 실천이 급진적 맥락주의를 향해 있다고 생각한다. 물론, 여기에 대한 신념이 강했을 수도 (그리고 의식적일 수) 있다. 하지만 스튜어트 홀이 나에게 말했듯이, "서술자를 믿지 말고 이야기 자체를 믿어야 한다"(2005년 4월 10일 개인적 대화).

게는 주로 베트남 전쟁과 이에 반대하는 시위가 우리의 즉각적인 미래를 형성하는 데 기여했고, 나의 경우에는 버밍엄 현대문화연구소로 향하는 데 큰 역할을 했다.[41]

솔직히 말해서 당시 나는 버밍엄 현대문화연구소가 무엇인지 전혀 몰랐고, (당시 현대문화연구소의 창립 이사와 부이사였던) 리처드 호가트나 스튜어트 홀에 대해 들어본 적이 없었다. 나는 관념(철학)으로 '사회적 삶'과 대중적 상징에 관심을 가지고 그곳에 갔으며, 대중음악이 정치와 대중적인 것을 결합시키고 동시에 당시에 운동the Movement이라고 알려진 다양한 정치적이고 문화적 분파를 결합시키는 데 지속적인 관심이 있었다. 나는 문화연구가 무엇인지 전혀 몰랐지만(내가 다녔던 로체스터대학교의 교수들은 내가 그곳과 지적으로 어울릴 것이라고 확신했지만), 다행히도 버밍엄 현대문화연구소에 있는 대부분 사람 또한 나와 마찬가지로 문화연구가 무엇인지 명확히 이해하고 있지 못했다. 흔한 구절(내가 알기로는 앤절라 맥로비[1994: 48]가 처음으로 한 말이다)을 쓴다면, 우리는 모두가 작업을 진행하면서 비로소 우리가 무엇을 하고 있었는지를 이해하기 시작하였다. 나의 지적이고 정치적 삶의 궤적이 시작된 곳은 바로 종종 혼란스럽고 모순적이며 긴장감으로 가득 찬,[42] 하지만 나에게는 언제나 흥미롭고 관대하며 열려 있는 버밍엄 현대문화연구소의 공간이었다.

버밍엄 현대문화연구소는 전후 영국에서의 삶을 특징짓는 중요한 사회적, 문화적 변화(예를 들어 이민, 미국 문화의 영향, 노동 계급의 '실종,' 새로운 국제 관계)와 그곳 연구자들이 제기했던 정치적 난제에 대한 대응이었다. 더욱 광범

41 1960년대를 계속해서 '신화화'하려는 의도가 아니다. 오히려 나는 1950년대와 1960년대에 시작된 발전이 계속해서 서구 사회(세계적이지 않을지라도)의 많은 부분을 형성한다고 생각한다. 그러나 1960년대 이후 이러한 다양한 발전과 운동 사이의 관계는 더욱 파편화되고 결집력이 떨어졌으며, 더는 대학과 같은 소수의 지리적, 제도적 장소에 집중되지 않았다.

42 이러한 긴장은 때로는 너무 단순화되었는데, 예를 들어 마치 긴장이 리처드 호가트와 스튜어트 홀의 실제적, 지적, 문체적, 정치적 등의 차이로 축소되었다.

위하게 말하자면 한편으로 버밍엄 현대문화연구소는 빠르게 사회가 변화하는 과정과 변화하는 문화의 점점 더 가시적인 영향에 대한 대응으로 볼 수 있는데, 마치 학문적 의제에 세상의 혼란스러움을 몰아주려는 듯했다. 또 한편으로 버밍엄 현대문화연구소는 학계의 제도 및 학문적 실천의 변화와 도전에 대한 대응으로, 지식인의 기능에 대하여 부분적인 재고를 요구하는 듯하였다.

내가 원하는 만큼 버밍엄 현대문화연구소에 머물지 못했다. 영국에서 베트남 전쟁의 흔적을 피하면서 나는 동시에 떠돌이 스위스 무정부주의 연극 공동체commune의 반문화적 가능성을 받아들였다. 물론 버밍엄 현대문화연구소에서의 짧은 체류는 긍정적이기도 하고 부정적이기도 한 결과를 낳았다. 가장 중요한 것은 내가 버밍엄 현대문화연구소에서 얻은 것이 그곳의 역사를 정의하는 특정한 이론의 궤적도, 버밍엄 현대문화연구소의 여러 시기와 집단과 관련이 있게 된 특정한 문제의식도 아니라는 점이다. 대신 내가 얻은 것은 기존 학계의 방식에 대한 일련의 불만과 비판에 대한 반응이자 그 작업을 다르게 하려는 시도로서 문화연구를 이해한 일이었다.

호가트는 문화(주로 문학과 예술이지만 폭넓게 이해되는 문화도 포함)가 다른 방식을 통해 얻을 수 없는 독특한 사회적 지식을 (그것을 발견하도록 훈련받은 사람들에게) 제공한다는 그의 시각을 실현하기 위해 버밍엄 현대문화연구소를 창립했다. 사회적 지식은 호가트(1969; 1970)가 시적이고 은유적이며 직관적이고 주관적인 것으로 묘사한 일종의 지식이다. 이것은 또한 윌리엄스(1961)가 '감정 구조'라고 부른 것에 대한 특권화된 지식이자 접근이라 할 수 있다. 그러한 지식을 생산하기 위해서는 '문학적 비판적 분석'을 통해 '페이지에 실린 단어'를 세심하게 조사해야 하며, 그것은 호가트(1970)의 (심리적, 문화적, 미적 복잡함을 포함한) '어조 읽기reading for tone'와 가치 판단과는 다른 '가치 읽기reading for value' 사이를 오가야 한다. 여기서 '가치 읽기'는 작품에 구현되거나 반영되거나 저항이 되는 가치의 복잡한 영역을 밝혀내는 것이다. 결정적으로 호가트는 그러한 문학적 비판적 방법론이 전통적 문학 비평가들이 상상했던 것보다 더 광범위한 인간의 활동과 생산물에 효과적으로 반영될 수 있다고 주장했다. 특히 호가트는 이러한 분석을 고급 문화의 영역에서 현대 서구 사회의 중심을 점점 더 점유하는 계급 문화, 대중문화, 미디어 문화로 옮기고자 했다.

이러한 문학적-비판적 실천은 현대문화연구소의 정규 일정을 구성하는 주간 세미나 중 하나를 차지하였다. 일주일에 한 번 호가트(또는 다른 교수나 객원 연구원)는 학생들에게 여러 텍스트의 등사본을 제공하였는데, 처음에는 고급 문학 작품에서 시작하였지만 연차가 쌓일수록 대중 문학 작품이나 심지어 매스 미디어에서 발췌하였다. 처음에는 그 작품들의 작가와 제목이 포함되었다가 시간이 지날수록 표기 없는 작업을 받았고 출처를 알아내는 과제가 주어지는 경우가 많았다. 때때로 우리는 구절을 비교하는 신중한 작업을 통해 어떤 것이 '고급 문학'이고 어떤 것이 대중 문학인지, 또는 매스 미디어인지 알아내는 과제를 받았다. 그 세미나에서 우리는 1년 내내 어조와 가치를 읽어 내는 데 필요한 기술을 연마했다.[43]

다른 세미나는 다음과 같았다. (1) 스튜어트 홀의 지도로 추후 이론 세미나라고 부른 읽기 세미나에서 우리는 사회학 및 인류학 이론, 실용주의, 실존주의, 기호학 등의 방대한 범위의 텍스트를 읽었다. 이 세미나의 참석자들은 주로 기획을 이론화하는 방법을 탐색하였는데, 주로 윌리엄스와 호가트가 체계적으로 표현한 방식으로 문화와 사회의 관계를 살펴보았다. (2) 연구 세미나에서는 자신의 연구를 발표하였는데, 이를 통해 "결

43 나는 리처드 호가트가 첫 세미나 때 우리에게 윌리엄 블레이크William Blake의 〈호랑이*The Tyger*〉라는 시의 첫 번째 연을 나누어 주고 그것을 분석하도록 한 일을 기억한다. 몇 시간 동안 이루어진 대화와 분석 끝에 우리는 호가트에게 결과물을 발표할 준비가 되었다. 우리는 단어 하나하나를 어느 정도 면밀하게 해석했다고 확신했지만, 그는 우리 자신감을 재빨리 무너뜨렸고 이러한 면밀한 해석이 텍스트에 대해 무엇을 말할 수 있는지에 대해 귀띔해 주었다.

혼을 위한 치료"라는 특정한 텍스트를 중심으로 드디어 공동의 그룹 연구 기획이 형성되었다.[44] 이런 방식으로 참석자들은 실천과 연구에서 문화연구가 무엇인지, 그리고 문화연구를 하는 것이 무엇을 의미하는지 알아내려고 노력했는데, 그것은 문화와 사회의 관계를 이해하고 문화를 통하여 사회를 이해하는 것을 의미한다. 여기서 그들은 윌리엄스(1961: 63)가 문화연구를 "총체적인 생활양식에서 요소 간의 관계에 관한 연구"로 정의 내리면서 함축적으로 표현한 복합성과 학제성에 대한 요청을 이해하고자 노력했다. 문화연구는 "이러한 관계의 복합체인 조직의 특성을 발견하려는 시도"인 것이다.

나는 텍스트에서 가치를 읽어 내는 방식의 비판적 실천보다는 호가트와 홀에게 문화연구라는 기획을 세운 계기인 더 큰 질문들에 관심이 갔다. 호가트(1969: 18)가 텍스트에 제기한 질문은 텍스트로 무엇을 하느냐가 아니라 "이 복잡한 텍스트가 텍스트의 수용자인 개인의 상상적인 삶에 어떤 관계를 맺는가?"였다. 호가트는 문화가 우리에게 구체화된 삶, 모든 복합성 속에서 체험된 삶, 삶의 경험적 총체성에 대한 지식을 제공할 뿐 아니라, 위스턴 휴 오든Wystan Hugh Auden이 "신학과 말의 실제 세계"라고 부르는 것에 대한 지식을 제공한다고 하였다. 문화는 특정한 역사적, 도덕적 맥락에서 발전하면서 체험되는 삶의 질감을 알려주고, 특정 시간과 장소에서 살아 있다는 것이 어떤 느낌인지 알려준다.[45]

물론 이 시각은 다음과 같은 물리적 조건에 의해 재구성되었다.

44 공동 기획이었던 "결혼을 위한 치료"는 공동 작업을 어떻게 해야 하는지를 이해하는 것이었다. 안타깝게도 스튜어트 홀이 초안을 작성했던 최종 보고서는 분실되었지만, 나는 그 보고서가 그의 노트를 통해 복원되길 기대한다. 흥미롭게도, 이 초기 기획은 여성 미디어에 대한 질문뿐만 아니라, 그때 당시 막 페미니스트 관심사로 정의되기 시작했던 질문에도 초점을 맞췄다.

45 이것은 호가트와 윌리엄스가 전형과 정동, 그리고 일상생활에 대한 현대적 관심의 선구자임을 암시한다.

1. 버밍엄 현대문화연구소의 물리적인 주변성(연구소는 실제로 캠퍼스의 맨 가장자리에 있는 오두막에 있었다)뿐만 아니라 버밍엄 현대문화연구소 작업의 학문적인 주변성. 어쨌든 호가트는 《교양의 효용》(1957)의 저자가 아니라 오든 연구자로 버밍엄대학교에 고용되었던 것이고, 영문학과와 대학은 그가 현대문화연구소 설립을 허용해달라는 요구에 동의했지만, 그 어떠한 실질적 지원도 제공하지 않았다.

2. 1960년대의 체험된 경험 속에 있는 정치적 모순.

3. 버밍엄 현대문화연구소 내의 혼돈에 가까운 엄청난 다양성. 이 다양성은 현대문화연구소의 지속적이고 일관된 특징이었지만, 그것은 '다양성이라는 승리the diversity that won'(존 클라크가 나에게 가르쳐준 표현)만을 보여 주는 역사에서 종종 가려졌다.

4. 버밍엄 현대문화연구소를 구성하던 다소 비전형적인 대학원생들. 이들 중 대부분은 다른 곳에서 직장을 다니는 파트타임 학생이었다. 그중 거의 모두가 (적어도 당시 영국의 대학 교육의 기준으로는) 비전형적 관심사와 비전형적 배경을 지녔고, 가장 중요한 것은 그들 대부분이 순수 학문이 아닌 방식으로 자신들의 연구 주제에 관여했다는 점이다. (그들이 연구 대상인 실천과 관계 때문에 영향을 받는) 참여자들은 그들이 제기하려는 질문에 어떤 식으로든 정치적 투사를 했다.[46]

문화연구는 버밍엄 현대문화연구소에 일종의 담론적 상상으로 제시되었는데, 문화(상징, 언어)도 중요하지만 그 못지않게 지적 작업이 학계 내부와 특히 외부에서 중요하다고 가정하였다. 그런 의미에서 버밍엄 현대문화연구소는 학계가 정치의 요구와 학계 외부의 세상(또는 학계와 교차하는 세상) 요구에 귀를 기울이게 하는 동시에 학계 내부와 외부 모두에게 의미 있는 것을 생산하고자 하였다. 그래서 사회와 일상 정치에 관여하는 사람들이

46 샬럿 브런스던Charlotte Brunsdon(1996)은 버밍엄 현대문화연구소의 학생 중 대다수가 이 프로그램을 끝내지 못했다는 것을 지적한다.

이러한 지적 작업에 귀를 기울이고 심지어 참여하고 싶게 하고자 하였다. 문화연구의 개념이 제시되어야 할 때, 그것은 교육학적 요구의 결과였고 교육학적 의미가 있는 용어로 개념화되는 경우가 더 많았다.

더군다나 다양한 열정, 신념, 관심사 등을 하나로 엮을 수 있는 기획을 찾는 청년이었던 나에게 버밍엄 현대문화연구소는 새로운 학문적 규범이나 영역을 만들려는 것이 아니라 다른 지적 기획, 즉 문제를 제기하고 그에 답하는 다른 방법을 접합하기 위해 노력하는 것처럼 보였다. 다시 말해서 버밍엄 현대문화연구소는 지배적인 학문적 규범으로는 시대의 강렬하고 중요한 질문들에 관해 적절한 답변을 할 수 없다는 생각에 따라 추진되었다. 이러한 질문들은 사회적 현실과 인간의 가능성을 이해하고자 하는 새로운 기획을 요청하였다. 더 나아가 지배적 학문 규범의 실패는 학생과 대중에게 중요한 질문이지만 학문의 영역과 전통과 관련이 없는 질문을 하지 못하는 것이었다. 그러한 질문들은 바로 학계에서는 보기 드문 것으로, 말하자면 '거리에서' 볼 수 있는 문화적, 사회적 변화에 관한 것이었다. 예를 들어 새로운 형태의 문화와 사회관계의 변화하는 규범에 대한 질문들 말이다.[47] 초기에는 현대문화연구소의 기획이 일종의 불편함과 불만족으로 체험되었고, 일관된 대안에 대한 완전하고 긍정적인 시각보다는 비판과 탐색으로 구체화되었다. 이러한 불만과 비판의 대상은 지적 작업을 수행하는 '적절한' 방법에 관한 일련의 상호 연관된 가정들이었다. 예를 들어 지식의 학과적 조직, 이론적 논증의 변증법적(부정적, 이분법적) 논리, 환원주의와 단순화에 대한 신념, 보편주의의 주장과 완성에 대한 열망, 열정과 신념뿐만

47 윌리엄스(1979)가 1960년대 대학 문화 변화의 한계에 대한 질문을 받았을 때, 그는 교수진이 질문할 수 있는 권한을 결코 포기할 수 없었거나 포기할 의사가 없었다고 대답했다. 아마도 이러한 관점은 문화연구의 많은 핵심 인물이 경력을 시작했던 비전통적인 교육학적 현장에 뿌리를 두었을 것이다.

아니라 문화와 변화에 대한 질문까지 배제하는 객관성에 대한 요구 등의 가정이 있다. 이런 가정은 심지어 인문학 내에서도 인문과학의 지배적 관행을 특징지었지만, 버밍엄 현대문화연구소에 있던 사람들에게서 발생하는 변화와 요구를 만족하게 하기에는 근본적으로 부적절했다.

버밍엄 현대문화연구소의 초기 전망에서 인식론적 신념은 학계의 기본적인 지배적 논리에 대한 종종 암묵적이거나 미완성적 거부로 제시되었다. 우선 문화연구는 다양한 전문 분야를 통합하는 방법에 어려움을 겪으면서 지식의 학과적 조직화disciplinary organization에 대한 (완전한 거부가 아닌) 불편함에 기반을 둔다. 그러나 '문화와 사회'라는 초기 개념에 요약되어 있듯이 인간의 존재가 관계적으로만 이해될 수 있다는 버밍엄 현대문화연구소 작업의 근본적인 가정은 문화연구가 학제 간의 경계를 넘어설 수밖에 없다는 것을 의미했다. 버밍엄 현대문화연구소는 여러 학제를 '구성'하는 대상을 취해야 하겠지만, 이러한 학과적 대상이 아직 관계적으로 이해되지 않기 때문에 그 대상을 변화시켜야 했다.

마찬가지로 중요한 점은, 인간 삶의 어떤 측면도 (또한 체험된 총체로서의 인간 삶) 문화의 질문과 영향으로부터 분리될 수 없다는 감각을 통해 문화연구가 학제적인 대상을 더욱더 변화시키리라는 것을 의미하였다. 왜냐하면 학과적 대상은 그것이 부분적으로 담론으로 구성되듯 부분적으로 문화의 렌즈를 통해 구성되는 것으로 이해되어야 했기 때문이다. 그 결과, 문화연구는 학제적interdisciplinary이면서 반학제적antidisciplinary이어야 한다. 문화연구는 학제를 이용하면서도 학제를 변형할 필요가 있을 것이고, 학제를 성취하는 방법에 대해 성찰해야 하고 지식 생산의 조건 그 자체에 대해 자의식을 가져야 할 것이다. 따라서 영국 문화연구의 초기 작업은 종종 문학과 사회학 연구를 결합하는 것으로 묘사되지만, 나는 문학과 사회학 연구가 함께 수행해야 하므로 영국 문화연구는 문학과 사회학 연구 각각에서 수행하는 의미를 재해석한 것으로 묘사하는 것이 더욱 정확하다고 생각한다.

따라서 문화연구는 위험을 내포했다. 그것은 자신의 학제적 그리고 자격증의 범위를 넘어서거나 그것을 벗어난 목소리를 낼 것을 요구했다.

둘째, 문화연구는 대립, 부정, 오염의 측면으로 작동하는 인문학의 논증과 불일치의 논리에 대한 불편함을 전제로 하였다.[48] 따라서 불일치는 일반적으로 하나를 선택하면 다른 하나를 부정해야 하는 모순 또는 이항대립으로 생각되고, 한쪽 편을 들어야 한다고 생각된다. 게다가 부정된 쪽은 단순한 실수가 아닌 가정된 가치, 기준, 욕망 등을 위협하는 다소 위험한 대안으로 비난받는다. 이것은 패러다임(인본주의/구조주의, 물질주의/이상주의), 정치(지배/종속, 권력/저항, 자본주의/사회주의), 문제(개인/사회, 체계/주체, 안정/변화)를 사유할 때도 해당한다. 내가 생각하기에 문화연구의 논리는 항상 중간 태도를 보이는 것인데, 타협(아리스토텔레스식 중용)의 의미가 아닌, 둘 사이에서 작동하며 가능성을 열고 단순한 차이 대신 복수성을 찾는 방식이다.

셋째, 문화연구는 지식 생산의 현대적 형태의 실천으로서 환원주의의 정상화에 대한 불편함을 전제로 했다. 이러한 지식 생산 형태는 '설명' 또는 이해가 필연적으로 복잡한 것에서 단순한 것으로, 구체적인 것에서 예시적인 것으로, 이례적인 것에서 전형적인 것으로 이동한다고 가정한다. 문화연구는 인간의 현실의 복합성을 고수하면서 인간의 삶이나 권력을 단 하나의 차원, 하나의 축, 하나의 설명 틀로 축소하는 것을 거부하는 방법을 찾고자 하는 욕망에 기반을 둔다. 문화연구는 현실의 복합성을 생물학, 경제, 국가 정치, 사회 및 성적 관계, 심지어 문화와 같은 단일할 차원이나 존재의 영역으로 축소하는 것을 거부한다. 이러한 차원들은 각각 다른 차원으로 환원되지 않은 채 서로 관련하여 존재한다. 그러므로 다른 현대 문화이론과는 달리, 문화연구는 실제적이고 측정 가능한 효과를 지닌 물

48 해체는 이 논리를 다루지만, 그것을 훼손한다기보다는 계속해서 되풀이하는데, 이 논리를 움직이게 하는 바로 그 부정을 결코 달성할 수 없다는 것을 보여 주면서 말이다.

질적(비담론적) 현실이 있다고 믿는다. 문화연구는 모든 것을 문화로 만드는 것은 아니다! 문화연구는 세상의 모든 것을 문화로 취급하지 않으며, 인간이 세상을 이해하고 세상에 대해 의사소통하는 방식 외의 세상의 물질적 존재를 부정하지 않는다. 문화연구는 현실의 세상이 우리가 (생각하고 말하는 사람으로서) 구성하는 의미 뒤로 사라진다고 생각하는 급진적 이상주의의 형태가 아니다. 문화연구의 구성주의는 단순히 사회적 구성주의의 한 형태가 아니라 행위 주체의 복수성에 대한 인정을 의미한다.

문화연구는 현상이 하나의 궤적이나 하나의 판단으로 설명할 수 있는 것보다 항상 더 복잡하다는 사실을 가능한 한 받아들이려고 노력한다. 세상이 복잡하고 변화하는 것이라면 지식 생산의 실천이 (나에게는 굉장히 새로웠을지라도) 이미 아는 것을 끊임없이 발견하는 것 이상을 요구한다는 것이 분명하다. 다시 말해서, 분석의 끝에 도달하는 곳은 시작한 곳이 아니거나 심지어 도착할 것으로 예상한 곳이 아닐 가능성이 크다. 현대 학계의 분열적 수사(A가 아니면 B) 내신에, 문화연구는 결합적 수사, 예를 들면, '맞아(그건 사실이야), 하지만 이것도…… (그리고 이것도…… 그리고 이것도……)'와 '맞아 그리고…… 그리고…… 그리고……'의 논리를 채택한다. 이를 통해 추가되는 구절은 이전 구절의 의미와 효과를 변형한다.

또한 이 기획의 참가자들은 단일한 설명을 항상 부적절하게 만드는 어려움, 모순, 과잉, 저항 등을 추신, 부록, 마지막 장으로 미루려고 하지 않았다. 문화연구는 사람들(집단, 기관, 국가 등)이 다양한 일을 성취하려고 시도하지만, 그 시도는 성공을 의미하지 않으며, 인간의 행동은 성공을 만드는 것만큼 실패를 관리하는 것이라는 점을 인식했다. 현실은 전망과 성공만큼이나 혼란, 실패와 해결, 압력, 세력과 가능성의 구성에 관한 것이다. 사실 체험된 현실이란 바로 이러한 복합성에 관한 것이고, 그러므로 복합성은 처음부터 포함되어야 한다. 그렇다면 복합성에 대한 이러한 신념은 근본적인 정치적 신념을 구체화한다. 즉 복합성을 단순성으로 축소하는 것은 변화를 일으키는 데 유용하지 않다. 따라서 문화연구는 단호하게 반환원론적이다!

넷째, 버밍엄 현대문화연구소의 연구원들은 많은 학문적 연구에서 수행되는 보편주의의 주장을 신뢰하지 않았고, 이론, 개념 관계가 보편적으로 적용 가능하다고 생각하지 않았다. 현재 많은 지식 기획이 이러한 보편성을 반대하지만, 이는 일반적으로 상대주의를 암시하거나 상대주의에 대한 작은 저항도 제안하지 않는 특정한 이론으로 구체화한다. 하지만 내가 버밍엄 현대문화연구소에서 본 것은 지식에 대해 맥락적으로 생각하고,[49] 반드시 전 세상에 해당한다고 주장하는 지식과는 다른 것을 제공하려는 시도였다. 나는 급진적으로 맥락주의적 작업을 하려는 이러한 노력, 즉 맥락주의contextualism를 대상뿐 아니라 이론과 정치에도 적용하여 과학적이고 인식론적 보편주의에 맞서려는 노력이 문화연구의 특수성을 규정한다고 항상 생각한다.

특히 인문학에는 보편주의에 대한 열망과 비판으로부터 자신을 보호하려는 완전함에 대한 열망이 있다. 완벽한 분석이라는 꿈은 학문의 척도를 제공하거나 우리 노동의 정치(정치적 순수성과 효용성)를 보장할 수 있고, 동시에 작업이 원하는 효과를 보장하거나 우리의 작업이 이용당하지 않도록 보호할 것을 목표로 한다. 이러한 욕망의 대칭은 문학에서 점점 더 보편적인 관행이 되어가는데, 그것은 어떤 분석도 완전할 수 없으므로 그 분석에

49 문화연구는 하나의 관점이나 견해를 대변하는 하나의 이론을 제공하는 것이 아니다. 이러한 이론들은 한 사람이 하나의 관점을 가지고 있거나 자신의 관점이 정체성과 동일시 체계에 의해 정의된다는 암묵적인 가정에서 벗어날 수 없다. 대신 문화연구의 관점은 일종의 "상황적 지식situated knowledge"(Haraway, 1988)을 제안하는데, 지식은 자신이 따라가는 궤적에 의해 만들어지고 그 지도는 실제를 '만든'다고 생각한다. 그러므로 문화연구는 연구자가 항상 관여되는 세상을 '걷는' 방식에 대하여 엄격한 자기 성찰을 요구한다. 그 반면에 문화연구는 선결, 정체성, 또는 한계에 대한 인정으로 이해되지 않는데, 연구자가 알지 못하는 것이 진정으로 논의할 가치가 있는 유일한 한계이기 때문이다.

필연적으로 만족할 수 없게 만든다. 가장 일반적으로 이것은 부재를 통한 논증의 형태를 취하는데, 예를 들어 연구자는 '무엇이든whatever'을 언급하지 않게 된다. 더 심각한 것은 이러한 실패는 불완전한 연구가 자신이 이해하고 도전하고자 했던 권력 체계와의 공모성을 보여 준다는 점이다. 버밍엄 현대문화연구소의 작업은 다시금 이러한 관행과 가정에 반대하는 것처럼 보였다. 문화연구는 어떠한 보장도 가능하다는 생각을 거부하면서, 세상의 복합성은 실패가 더 나은 이야기를 하기 위한 길 일부라는 것을 받아들이면서 작업을 지속하고 이론화를 계속해야 한다는 것을 의미했다.

마지막으로 버밍엄 현대문화연구소에서는 지적이고 과학적 객관성을 명분으로 개인의 열정, 자기 생애적인 공감, 정치적 신념을 배제하게 강조하는 학계의 요구에 대한 근본적 거부가 있었다. 나의 박사 지도 교수였던 제임스 케리James Carey에게 큰 영향을 미쳤던 실용주의자들이 그랬듯이, 문화연구는 세상과 우리의 삶, 그리고 다른 사람들의 삶에 대한 투자 없이는 지식에 대한 욕망, 필요성, 또는 가능성도 없다는 것을 알고 있었다. 지식은 항상 본능적 관련성에 달려 있다. 더 나은 이해를 추구하는 것은 부분적으로는 다른 정치적 가능성을 찾기 위함이지만, 정치적 유용성, 결과 또는 순수성에 대한 보장은 결코 있을 수 없다. 문화연구는 학문적 엄격함과 능력을 사회적 열정과 정치적 신념과 결합하려 한다.

동시에 버밍엄 현대문화연구소에서는 자기 위치와 실천에 대한 겸손함이 있었고, 나는 그것이 문화연구를 계속해서 특징 짓기를 바란다. 버밍엄 현대문화연구소에서 그 누구도 그들이 하는 일이 다른 형태의 지적 작업보다 필연적으로 또는 절대적으로 더 낫거나 더 중요하다고 생각하지 않았다. 그들은 모든 사람이 문화연구를 해야 한다고 생각하지 않았고, 그들만이 가치가 있는 이야기를 한다고 생각하지도 않았다. 이러한 겸손은 일부 사람들에 의해 부정되는 경우가 많은데, 그들은 버밍엄 현대문화연구소의 작업을 그것의 맥락으로부터, 즉 자체의 질문으로부터 분리한다. 문화연구는 내가 '(작은) 학과들의 초인플레이션'이라고 부른 것과 작은 차이들을 피하려고 노력한다. 내가 여기서 언급하려는 것은 이론이 아니라 분석적 범주의 보편화다. 여기서 분석적 범주의 개념들(문화, 커뮤니케이션, 퍼포먼스, 지도학 또는 수사학)은 점점 더 편재성(모든 것이 'x'의 관계에서 존재한다고 하지 않고, 모든 것이 'x'라거나 'x'가 어디에나 있다고 주장하는 것)을 주장할 뿐만 아니라, 이 개념이 상당히 중심적이라고 주장한다. 나는 항상 지식 구성체 형성에서 많이 이들이 추구해 왔던 보편적 개념의 핵심과 이론적 기초 개념에 대하여 의심했다. 이런 개념들은 주로 순전히 이론적이거나 심지어 존재론적 방식으로 정의되고 위치되었다. 따라서 개념의 구체적인 경험적 결과를 명시하지 않고서는 논증의 중요성이 무엇인지를, 그리고 개념이 만들어 내는 차이를 이해하는 것은 불가능하다. 이러한 초인플레이션은 여러 가지 방법으로 이루어진다. (1) 저자가 그것을 의도한 것과는 관계없이 자신이 좋아하는 모든 지적 작업을 'x'의 예로 읽는다. (2) 저자가 전체의 논증에서 특정 순간에 'x'를 사용하는 경우, 전체를 마치 이 부분을 예시하는 것처럼(따라서 'x'의 예가 되듯이) 읽는다. (3) 다의성polysemy을 이론화하지 않은 채 은밀히 전유하여 모두 모호함에 머물게 한다. (4) 이 개념을 세계 모든 대상에 적용한다. 종종 이런 제국주의적 형태를 띤 담론이 문화연구에 연결되기도 하지만, 이는 버밍엄 현대문화연구소의 문화연구 정신과 실천을 근본적으로 위반하는 것이다.

버밍엄 현대문화연구소는 내가 경험해 보지 못했던 것을 하려고 노력하는 것 같았다. 즉 현대문화연구소는 엄격하게 생산된 최고의 지식의 중요성에 대한 믿음, 학계 밖 세상의 혼란스러움에 대한 인식, 지식인의 정치적 책임에 대한 신념을 하나로 모으고자 하였다. 뒤돌아 생각해 보면 내가 현대문화연구소에서 경험하였던 일은 인식론적으로 대안 논리, 즉 지적 작업을 다르게 하는 방식에 대한 추구였다. 이러한 경험과 내가 버밍엄 현대문화연구소에서 맺은 관계, 특히 이후에 현대문화연구소 소장이 된 스튜어트 홀과의 관계는 이후로 내 학문의 경로를 형성하였다. 내가 설명한 대부분은 버밍엄 현대문화연구소 초기에 암묵적이거나 막 시작한 단계에 있었다. 분명한 점은 그곳에 인식론적 문제의식이 있었다는 것이고, 분명한 도전 과제, 즉 버밍엄 현대문화연구소의 기획은 지식 생산의 다른 실천을 찾는 것이었다. 그것은 인문과학의 지배적인 지적 관행을 거부하는 것뿐만 아니라 그것의 관계성(의 존재론)과 문화의 필연적 유효성에 대한 신념을 표현하는 인식론 속에서 긍정적인 표현을 찾는 것을 의미했다. 이러한 논리는 또한 지적 실천과 기획으로서 영국 문화연구와 (미국에 있는 나의 교수인) 케리의 작업을 함께 묶는 것이었다. 스튜어트 홀이 알기로는 케리는 당시 미국에서 문화연구를 하려고 시도하던 유일한 사람이었고, 그래서 나를 그의 곁으로 보냈다. 그 당시에 나는 이 사실을 몰랐지만(그리고 부끄럽게도 꽤 오랫동안 깨닫지 못한 사실이지만), 그들은 나를 유사한 기획에 참여하는 다른 지역과 기관의 여러 지식인과 연결해 주었다.

급진적 맥락성으로서의 문화연구

나는 줄곧 문화연구가 자신의 실천에 기반하여 정의된다고 주장해왔다. 다음으로 내가 제안하는 바는 그 실천이 문화연구의 기획을 정치적, 지적 작업을 맥락화하려는 엄격한 시도로 정의한다는 것이다. 여기서 맥락은 문화연구의 대상과 실천 모두를 규정한다. 빌 슈워츠Bill Schwartz와의 미공개 인터뷰에서 홀은 맥락에 대한 탐색으로 문화연구의 '지적 관점'을 명확히 설명한다(홀은 또한 '국면conjuncture'이란 단어도 사용하는데, 추후 나는 국면을 맥락을 구성하는 특정한 방식으로 설명하겠다). 홀은 "문화연구는 문화적, 역사적 국면에 대한 비판적 이해를 이끌어내는 지적 소명을 가지고 있다"라고 말한다. 그리고 버밍엄 현대문화연구소의 공동 기획에 대해서는 "국면을 이해하려는 노력은 초기부터 문화연구가 해야 할 일이라고 생각했다"라고 말한다.

다른 기획과 구성체와 유사하게 문화연구는 관계성에 대한 가정으로부터 시작하지만 관계성이 맥락성이라고 암시하거나 그와 일치한다는 혁신적 주장을 한다. 맥락성이란 모든 실천이나 사건(문화적 관행 및 사건 포함)의 정체성, 중요성, 효과는 그것을 둘러싸고, 형성하고, 서로 관통하는 복잡한 관계들에 의해서만 정의된다. 맥락을 둘러싼 어떤 요소도 이 관계에서 분리될 수 없지만, 이 관계는 변할 수 있고 지속해서 변화한다. 모든 사건은 다양함의 결정과 효과의 응축으로 관계적으로만 이해할 수 있다. 따라서 문화연구는 사회적 현실의 개방성과 우발성contingency에 대한 신념을 상징하는데, 여기에서 변화는 당연한 것 또는 규칙으로 여겨진다. 이러한 급진적 맥락주의가 문화연구의 핵심인 것이다.[50]

이것이 바로 홀(1998b: 192)이 《위기 관리》(Hall, Critcher et al., 1978)에 대하여 다음과 같이 언급한 이유다.

> 만약 당신이 인종을 흑인 문제만으로 취급했다면 법과 질서 정책이 지역 사회에 미치는 영향은 인식했겠지만, 인종과 범죄 문제가 더 큰 사회 위기의 일부라는 것을 인식하지 못했을 것이다. 즉 당신은 아직 더 큰 그림을 보지 못한 것이고 문화연구 텍스트가 아닌 흑인에 대한 텍스트를 썼을 것이다. 당신은 이런 접합을 정치인과 제도적 사법부에서 민중의 대중적 분위기, 정치, 지역 사회, 흑인 빈곤과 차별까지 이르는 것으로 보지 못했을 것이기 때문이다.

이처럼 홀은 항상 인종에 대한 작업을 다음과 같이 위치(즉 맥락화)시킨

50 여기서 나는 현대 분석에서 또 다른 급진적인 맥락적 사고인 푸코의 계보학을 언급하고 싶다. 푸코(1977)는 맥락적 실천으로서 계보학에 대한 많은 설명 중 하나를 제공한다. (1) 사건을 힘의 관계 내에서 특이점의 접합으로서 이해하는 것, (2) 우발성의 이론, (3) '가장 눈에 띄지 않는 장소에서의 사건'을 모색하는 것, (4) 역사 자체의 시간성을 변화시키기 위한 대항 기억counter-memory. 여러모로 도움을 준 조시 스미커Josh Smicker에게 감사한다.

다(1995: 53~54). “나는 인종과 민족을 일종의 하위 범주로 다룬 적이 없다. 나는 항상 인종화된 전체 사회구성체에 관하여 작업해 왔다.” 물론 그 결과 인종과 민족 문제에 대한 어떤 논의도 그것이 위치한 특정한 맥락과 분리될 수 없다. 홀(1997a: 157)은 이런 입장에 대해 엄격한 일관성이 있다. 즉 “나는 인종적 올바름에 대하여 비본질주의적 개념의 특정한 버전을 항상 제기하지는 않는다. 나는 인종적 올바름에 대해 오직 특정한 국면적[또는 맥락적이라 할 수 있는] 진실만을 주장할 수 있다.” 인종 차별과 그로 인해 발생하는 다양한 정체성에 관한 연구는 특정 사회구성체의 맥락에서 발생되고 그 맥락에 대한 대응으로 수행된다는 사실이 너무 쉽고 너무 자주 잊혀진다. 다시 말해서, 문화연구의 급진적 맥락성은 이론적이기는 하지만 결코 순전히 이론적이지는 않다. 오히려 급진적 맥락성은 정치적 관심사에 의해 정의되고 때로는 제한된다. 홀의 말을 빌리자면(2005년 4월 10일 개인적 대화), 문화연구는 맥락주의를 “실천적으로” 접근한다.

이 급진적 맥락주의는 접합이라는 개념에 구체화되어 있다. 접합은 현실의 생산과 맥락과 권력의 생산(즉 결정 또는 유효성)이라는 기본 과정과 문화연구의 분석적 실천을 모두 명명한다. 접합은 관계와 맥락을 만들고, 철회하고, 다시 만드는 실천이자 작업이고, 동시에 오래된 관계와 비관계에서 새로운 관계를 수립하고 선을 연결하고 관계를 구상한다.[51] 그러나 접합은 동떨어진 또는 이례적인 실천은 아니다. 서로 다른 연결은 특정 맥락에서 차이를 발생시키는 힘을 가질 것이고 연결은 측정되어야 하는데, 모든 연결이 같거나 똑같이 중요한 것은 아니다. 접합에는 관계의 형태만큼이나 많은 방식의 실천이 있다. 맥락의 개념을 사용하는 일이 모든 현실을 같게 하는 것은 아니어야 하는데, 마치 맥락에 관해 이야기하는 일이 모든 관계

51 이는 들뢰즈의 복합체의 개념과 관련이 있지만, 정확히 같지는 않다(Deleuze & Guattari, 1987 참조).

성의 체계를 동등하게 하거나, 그것을 같은 지평과 규모에 두는 것처럼 해서는 안 된다는 것이다. 맥락에 관한 문화연구의 감각은 항상 복잡하고, 중층 결정되고, 우발적인 통일성이다. 만약 어떤 맥락이 특정 권력의 이익을 위해 권력 작용으로 만들어진 관계로 이해된다면, 그 맥락을 바꾸기 위한 투쟁은 위의 관계를 배치할 뿐 아니라 관계들을 탈접합시키고 재접합시키는 투쟁을 포함한다.

접합은 해체와 재구성 모두를 요청하는데, 이를 위해서 이음새나 균열이 없이 조화로운 전체로 보이는 것 또는 모순이 불가피하고 피할 수 없는 자연적인 통일성으로 보이는 것이 사실은 다양하고 다른 조각으로부터 구축된 것임을 알아야 한다. 전체성과 자연스러움 역시 그러하다. 즉 접합의 과정은 삭제되었는데, 이제는 탈구의 가능성 속에서 접합의 과정은 재발견되어야 한다. 접합은 전체에서 이질성, 차이점, 균열을 발견하는 것으로 시작된다. 그러나 접합은 비판에 대한 부정으로 끝나서는 안 되는데, 이질성은 결코 순수하거나 단순히 이질성에 머무르지 않기 때문이다. 접합은 항상 다른 완전체에 재접합되는데, 이런 과정이 바로 생명과 권력의 관계인 것이다. 그리고 문화연구자들이 분석과 상상력이 요청되는 모든 작업을 동원하여 이 투쟁에 참여하지 않는다면, 또는 그들이 접합의 현실과 재접합의 가능성을 고려하여 시도하지 않는다면, 문화연구는 그것을 추동하는 정치적 가능성에 대한 감각을 포기하게 될 것이다.

그렇다고 현실이 완전히 개방되어 있다는 것을 의미하지 않는다. 문화연구는 폴 길로이(1993a)가 "반반본질주의anti-anti-essentialism"라고 불렀던 "보증 없음no-guarantees"이라는 논리에서 작동한다. 본질주의는 보장의 논리를 구현하는데, 그것은 사회적, 역사적 존재를 구성하는 관계들이 필연적으로 원래 그렇다고 가정한다. 본질주의는 체험되고 알 수 있는 현실을 구성하는 모든 관계가 항상 그 상태였고 또 그래야 한다고 주장하는데, 관계가 이미 그리고 항상 관계 자체에 내재해 있기 때문이다. 본질주의적 입장에서는 정답은 미리 보장되어 있고, 모든 것은 미리 매듭지어져 있다. 정체성은 고정되어 있다. 효과는 생산되기도 전에 결정되어야 하는데, 역사의 모든 중요한 관계는 중요한 것이 그 기원에서부터 그랬던 것처럼 포함되어 있기 때문이다. 만약 역사가 필연적인 궤적에 따라 전개되지 않는 것처럼 보인다면, 그것은 외부의 간섭이나 허위의식과 같은 부정 원리의 결과다.

모든 반본질주의와 마찬가지로 문화연구는 현실의 형태와 구조가 필연적이라는 점을 부인한다. 그러나 문화연구는 반본질주의의 다른 버전인 우발성의 보편화 역시 거부하는데, 이러한 입장은 너무 쉽게 안정성이나 현실 그리고 그것을 구성하는 관계와 구조를 부정한다. 문화연구는 관계들이 효과를 미치는 현실에 충실해야 하지만, 여기서의 관계와 효과가 필연적으로 그래야 한다는 가정은 부인한다. 관계와 효과는 꼭 그래야 할 필요는 없지만, 발생하는 방식에 따라서 그들은 실제적일 뿐 아니라 실제적 효과가 있게 된다. 문화연구는 한편으로는 절대적인 봉쇄, 폐쇄, 완전하고 최종적인 이해, 완전한 지배의 공간과, 다른 한편으로는 절대적 자유와 가능성, 개방성과 불확정성 사이의 공간에서 작동한다. 그것은 '필연적 관계'(보증된)뿐만 아니라 '필연적으로 관계가 없음'(이 또한 보증된 것)의 주장을 거부하고 대신 '필연적인 관계가 없음'(관계라는 것이 실제적이라는 것을 인정하면서)을 지지한다. 따라서 문화연구를 권력과 지배의 구조로서 (특정한) 맥락이 어떻게 만들어지고, 도전받고, 해체되고, 변경되고, 다시 만들어지는지에 대한 맥락적 분석이라 여길 수 있다.

접합은 일반적으로 구성주의라 불리는 것의 문화연구 버전인데, 구성주의는 현실은 주어지는 것이 아니라 구성된다고 하고 그래서 현실은 항상 끊임없이 조합되는 복잡한 조직 또는 구성이라는 주장이다. 이런 식으로 사고하면 단순한 사실 하나를 알 수 있는데, 그 구성 요소가 무엇이든, 무엇인가가 구성되었다는 점이 그것의 실제성을 전혀 약화시키지 않는다는 것이다. 다시 말해 문화연구가 구성 요소 중 일부가 필연적으로 담론적이라고 주장하는 것이 그것의 실제성을 약화시키지 않는다. 식탁은 나무 조각으로 만들어졌기 때문에 상상적인 것이 아니며, 못이나 나사와 같은 다른 요소도 사용되었다고 해서 덜 실제적이지 않다. 문화연구는 물리적 현실이 있다는 것을 부인하지 않지만, 이른바 원초적 사실을 사회적 사실과 분리하는 것이 불가능하다고 주장한다. 어떤 사실은 구성된 것이 아니라 원초적 사실로 취급된다는 점은 사실 그 자체보다 그러한 구별해야 하는 특정한 현실의 조직에 대해 더 많은 것을 말해 준다. 따라서 구성주의는 존재의 두 가지 유형, 즉 실제적인 것과 담론적 또는 상징적인 것이 있다는 가정을 거부한다. 여기서 후자는 존재론적으로 분리된 영역에 존재하면서 특별히 인간의 의식 행위로만 연결이 된다. 구성주의는 세계가 다양한 종류의 사건의 복잡한 조직으로 구성되어 있으며, 그중 일부는 표현적(또는 담론적)이라고 주장한다. 즉 식탁이 나무와 못, 접착제와 광택제로 구성되듯이, 모든 현실은 다양한 종류의 요소나 사건의 복잡한 접합이라 할 수 있다.

문화연구는 문화적(또는 담론적) 실천이 중요하다고 여기는데, 이러한 실천이 인간 삶의 특정한 맥락과 형태의 구성에 결정적이기 때문이다. 인간은 적어도 부분적으로는 스스로 만들어 낸 세상에 살고 있으며, 그 세상은 물리적이면서 동시에 밀접하게 상호 연결된 담론적 현실과 비담론적 현실을 구성하고 변화시키는 (개인적, 제도적, 인간과 비인간을 포함한 다양한 형태의 행위 주체의) 실천을 통해 구성되어 있다. 모든 인간의 사건이나 실천이 문화적으로 접합될 뿐만 아니라 문화적 실천은 반드시 의도된 성취가 아니더라도 변화하는 현실 생산에 끊임없이 관여한다. 간단히 말해서, 우리가 사는 문화, 우리가 사용하는 문화적 실천, 우리가 현실에 배치하고 삽입하는 문화적 형태는 현실이 조직되고 체험되는 방식에 영향을 미친다. 문화적 실천은 권력의 조직으로서의 맥락 생산에 이바지하고, 맥락을 권력의 체험된 일상 경험으로 구성한다. 문화가 중요한 이유는 바로 이것인데, 문화가 현실의 지속적인 변형 및 구성의 핵심 차원이기 때문이다. 그러나 이러한 주장은 현대 이론이 주장하는 것처럼 문화 그 자체로(예를 들어 의미화나 주체성의 생산으로서) 현실을 구성하거나 권력의 형태라는 것을 의미하지는 않는다.

문화연구는 권력 조직이 관계의 탈구와 재접합을 통하여 어떻게 구성되는지를 이해하고자 하는데, 이때 문화를 출발점, 즉 문화, 사회, 정치, 경제, 일상생활 등의 더 복잡한 관계로부터 형성된 세력들의 복잡한 균형의 진입로로 여긴다. 첫째로 문화연구는 세력과 권력의 불평등한 관계를 형성하는 물질적 맥락으로의 진입로로서 문화적 실천에 관심이 있다. 그러나 맥락 자체는 문화적 실천과 권력관계로부터 분리될 수 없는데, 문화적 실천은 체험되는 환경으로서 맥락의 통일성과 특수성을 접합하기 때문이다. 이러한 접근은 문화연구의 가장 두드러진 신념 중 하나로 연결되는데, 문화적 실천은 필연적으로 학제적이라는 것이다. 이러한 신념은 종종 급진적 맥락성이라는 논리의 결론보다 일종의 선험적 신념(또는 학계의 학제적 조직에 대한 정치적 공격)이라는 오해를 받는다. 맥락과 문화는 순전히 문화적인 용어로 분석할 수 없으므로, 문화연구의 작업은 학제적이어야 한다. 즉 맥락을 이해하고 그 안에 특정한 문화구성체를 이해하려면 문화가 아닌 것에 대한 문화의 관계를 살펴보아야 한다. 하지만 어디에서, 어떻게, 얼마나 많은 학제성이 필요한가? 다시 말하지만, 답은 맥락적이고 실용적이어야 한다. 문화연구의 학제성은 유용한 지식을 생산할 필요성에 의해 형성되어야 하기에, 학제성은 맥락의 전략적 가능성, 즉 현재 가능하고 성취될 수 있는지에 대한 감각에 의해 제한되기도 한다.

앞서 언급했던 영향력 있는 레이먼드 윌리엄스(1961: 63)의 문화연구의 정의는 두 가지 문제를 제기했다. 첫째, 문화의 특권은 어디에 위치하는가? 둘째, 가장 적절하게 작업을 하기 위하여 어떻게 총체적인 삶의 방식이라는 개념을 구체화할 것인가? 우리는 총체적인 삶의 방식이라는 공간이 다양한 맥락과 경쟁하는 삶과 투쟁 때문에 분열되고 모순되는 공간이라는 점을 인식함으로써 윌리엄스의 시각을 발전시킬 수 있다.[52] (내가 강조하는 바와 같이 이러한 맥락화 방식은 문화연구에서 국면이라고 하는 것이다. 국면은 담론과 일상생활, 그리고 미셸 푸코가 권력의 기술 또는 체제라고 부르는 것의 복잡한 접합이다.) 어떤 공간에서도 이러한 맥락은 항상 복수형이다. 게다가 어떤 맥락에서도 권력은 다른 맥락과의 복잡한 관계의 결과이고, 그렇기에 권력은 항상 다차원적이고 모순적이며 결코 봉합되어 있지 않다.

문화연구는 맥락을 설명하는 데 필요한 지식을 얻기 위해 이론(과 연구)을 전략적으로 채택하여 새롭고 더 나은 정치 전략을 접합할 수 있게 하려고 한다. 새롭고 더 나은 설명을 하기 위해서는 마르크스(Hall, 2003a)가 "이론을 통한 우회detour through theory"라고 명명한 것이 필요한데, 이를 통해서 '경험적인 것the empirical'에 '구체적인 것the concrete'으로 나아갈 수 있고 구체적인 것은 개념의 발명을 위한 이론적 작업을 통하여 생산될 수 있다. 그러나 지속적인 이론화로 나아가기 위해서는 실제적인 것, 즉 경험적 맥락을 통해 우회해야 한다. 문화연구는 맥락에 대해 시작할 때 주어진 정치적 요구와 질문이 근거한 이해(또는 이론적 가정을 통해서만 예측한 이해)와 다를 뿐 아니라 더 나은 이해에 도달하려 한다. 우리가 이미 알고 있는 것을 재발견하는 것은 문화연구가 아니다. 이런 까닭에 문화연구는 연구를 끝냈을 때야 비로소 정치에 대한 비판적 질문을 제기할 수 있는 이유이고, 정치와 전략이 문화연구의 작업 이후에만 가능한 이유다. 문화연구는 정치를 위한 지식을 제공하는 동시에 정치가 지식의 권위에 귀를 기울이도록 노력한다(상대주의에 대한 거부는 이러한 이유 때문이다). 따라서 나는 문화연구를 활동이나 참여와 단절시키지 않으면서 엄격한 지식 생산의 활동으로서 문화연구를 지지하고자 한다.

52 이것은 논쟁의 여지가 있는 주제다. 정확히 어떤 정도로 윌리엄스가 삶의 전체적인 방식을 항상 거의 조화로운(의사소통적) 단위라고 서술한 것인가?(Hall, 1992; Gilroy, 1987 참조).

이러한 급진적 맥락성은 문화연구의 실천의 모든 요소에 영향을 미치는데, 문화연구의 첫 번째 대상은 (내가 앞서 말했듯이) 언제나 맥락이다. 결과적으로, 문화연구의 초기 관심의 대상은 결코 고립된 사건(텍스트이건 아니건)이 아니라 이미 담론적 실천과 비담론적 실천을 모두 포함하는 문화구성체, 담론적 체제와 같은 실천의 구조화된 집합체structured assemblage다. 그러나 그러한 구성체조차도 일상생활(현대 권력의 조직된 평면으로서)과 사회 및 제도적 구조가 중첩되는 구성체에 위치해야 한다. 즉 첫 대상이나 사건 그리고 그것이 구성되는 맥락과 연구 사이에는 근본적인 단절이 있을 수 없다. 《위기 관리》에서 스튜어트 홀과 체스 크리처Chas Critcher 등(1978: 185)이 쓴 바와 같이,

> 우리는 이 시기에 분명한 역사적, 구조적 세력이 작용하고 있다고 주장한다. 그 세력은 '길거리 강도범'과 잠재적 강도범, 그리고 그들의 피해자와 체포자 사이의 즉각적인 관계를 외부로부터 형성한다. 많은 연구에서 이처럼 크고 광범위한 힘은 단지 언급되고 인용될 뿐이고, 그것의 직간접적 영향에 대한 분석은 모호하고 추상적이어서 대부분 '배경'의 일부로 남겨진다. 그러나 우리는 바로 이런 '배경의 문제'가 실제로 나타나는 특정 형태의 '강도질'을 생성하는 주요한 힘이라고 믿는다.

아쉽게도 이러한 '배경'은 너무 많은 학술 저작물에서 첫 장에만 논의되거나 각주로 밀려난다. 바로 이 배경이 연구 대상을 구성하는 맥락인데, 문화연구에 있어 더 중요한 것은 연구 대상에 대한 전통적인 개념이 단지 시작점이자 접합의 지점이고, 이를 통해 실제 연구 대상인 맥락으로 나아갈 수 있다는 점이다.

이 초기 연구 대상이 관심과 연구의 실재 대상인 맥락을 대체해서는 안 된다. 이 대상은 맥락으로 들어가는 진입점이자, 접합이 가정되는 지점이자 결정이 결정화crystallization되는 지점으로, 증후와는 다르다. 여기서 증

후는 헤겔의 용어로 이해될 수 있고 숨겨진 원인을 제시한다. 증후는 항상 다른 무엇의 증후가 된다.[53] 이러한 작은 순간들은 더 큰 순간, 움직임, 모순, 투쟁 등을 정제하거나 접합한다는 점에서 그것들은 이상한 끌개strange attractors다. 이러한 진입점은 사회적 실체로서 그 자체로는 들려줄 이야기가 있음을 알 수 있지만, 우리는 그것이 무엇인지는 아직 모른다(그런 의미에서 진입점을 선택하는 것은 일종의 도박이다). 가장 일반적으로 그 이야기는 결정화의 지점을 사회구성체의 다양한 지점에 작동하는 (사회적, 경제적, 정치적, 문화적) 모순과 그것들의 관계를 연결하는 용어로 전달된다. 맥락주의의 작업은 예를 들어 《위기 관리》에서 길거리 강도 행위의 '사실'이나, 나의 책 《십자포화에 사로잡힌: 어린이, 정치, 그리고 미국의 미래*Caught in the Crossfire: Kids, Politics, and America's Future*》(2005)에서 아이들을 다루는 방식의 변화와 같은 사회적 사실을 둘러싸고 구성하는 배치에 대한 지도 그리기 작업을 수반한다.[54]

문화연구의 급진적 맥락성은 또한 이론과의 관계를 재구성한다. 문화연구는 이론적 작업의 필요성에 전념하는 한편, 이론을 특정 문제 틀, 투쟁, 그리고 맥락에 대응하기 위해 전략적으로 사용되어야 하는 자원으로 본다. 이론의 진실성은 맥락에 대한 더 나은 (재)기술을 가능하게 하는 능력에 따라 측정된다. 여기서 '더 나은'의 의미는 첫째로 맥락의 복잡한 현실과의 관계를 단순하거나 직접적인 상응 관계로 축소시키지 않는 것으로 정의할 수 있다. 둘째로 '더 나은'의 의미는 그 맥락을 변화시킬 수 있는 새로운 가능성과 그 가능성에 대한 새로운 상상을 여는 능력으로 정의된다. 이론적 패러다임의 선택은 항상 무엇이 효과적일지에 달려 있다.

53 그러므로 나는 홀의 실천에 대한 마이클 러스틴Michael Rustin의 해석에 동의하면서도 동의하지 않는다.

54 여기서 제기되는 질문은 일반적으로 맥락적 분석이 단일한 지점을 중심으로 구성될 수 있는가, 아니면 맥락적 분석이 맥락을 구성하기 위한 교차-접합을 사용하기 위하여 다른 지점을 다루어야 하는가다. 나는 후자를 찬성한다.

문화연구에서 이론과 맥락은 상호 구성되고 상호 결정적이다. 그런 의미에서 문화연구는 이론을 '탈신성화desacralize'하고 전략적 자원으로 활용한다. 따라서 문화연구는 단 하나의 이론적 패러다임이나 전통과 동일시될 수 없다. 즉 문화연구는 마르크스주의, 현상학, 해석학, 실용주의, 포스트구조주의와 포스트모더니즘 등을 포함한 다양한 근대 및 탈근대 철학 그리고 페미니즘, 비판적 인종 이론, 퀴어 이론, 탈식민주의 이론, 담론 이론 등의 다양한 이론적(및 정치적) 의제와 씨름해 왔고 계속해서 씨름하고 있다.[55]

홀(1997a: 152)은 자신이 이론가라는 망토를 우아하게 거부하는 의의를 다음과 같이 설명한다. "나는 이론에 전략적 관계를 유지한다. 이론이 자신의 주요 작업이라는 의미에서 관점에서 보면 나는 스스로 이론가라고 생각하지 않는다. 나는 항상 세상을, 구체적인 것을 이론화하는 데 관심이 있지만, 이론 그 자체를 생산하는 데는 관심이 없다. 그래서 나는 이론을 전략적으로 사용한다…… 내 목적은 다양한 관계 속에서 대상의 구체성을 고려하는 것으로 생각하기 때문이다." 홀은 문화연구에서 이론의 다른 실천을 다음과 같이 정의한다. "문화연구는 겉보기에는 느슨하고 유연하지만 엄밀하지 않은 것은 아닌 이론적 작업이다. 문화연구는 항상 구체적인 순간의 세부 사항과 연결되어 있다"(홀, 인터뷰). 이론과의 이러한 특별한 관계는 문화연구의 중심에 있다. "문화연구는…… 개념적으로 정제되지 않은 채 진화하는 이론적 틀을 사용하여 한 역사적 국면에서 다른 역사적 국면으로 이동함으로써만 작동할 수 있다"(홀, 인터뷰). 결과적으로 문화연구는 이론적 질문에 의해 주도되지 않고 이론적 관심으로부터 질문을 도출해 내지도 않는다. 그렇지 않으면 이론은 연구의 위험을 피하는 방법이 된다. 질문과 답변을 미리 정의함으로써 이론적 신념은 종종 놀라움

55 '새로운' 문화연구를 위한 이론적 난제와 자원에 대한 훌륭하고 광범위한 토론으로는 개리 홀Gary Hall과 클레어 버철Claire Birchall(2006)을 참조하라.

과 발견에 대한 새롭고 더 나은 이야기를 들려줄 가능성을 감소시킨다.

동시에 문화연구는 상품화, 인종주의, 식민화 같이 특정 장소와 영역을 초월하는 것처럼 보이는 추상적이거나 일반적인 범주의 중요성을 부정하지 않는다. 맥락을 벗어나는 것처럼 보이는 특정 논리나 과정에 관한 관심은 반드시 급진적 맥락주의로부터 멀어지는 것이 아니라, 공간적 규모와 시간적 지속성의 측면에서 맥락의 복합성에 대한 추가 분석을 요청한다. 이러한 관심은 (국면으로서) 맥락에 대한 분석이 중첩되는 맥락, 다양한 규모에서 작동하는 맥락, 그리고 내재한 맥락의 다층성에 대한 분석을 가능하게 한다. 이러한 추상화와 개념은 항상 맥락적이고 가능성에 대한 자신만의 물질적 조건을 가지고 있어서 그것들은 지역적 개념으로 볼 수 있다. 어디에서 중요한 작업을 수행하는지는 단순히 분석 수준의 문제가 아니다. 상품화와 같은 추상화는 우리에게 자본주의와 봉건주의를 구분하는 것에 대하여 알려줄 수 있지만, 자본주의를 다른 형태의 시장 경제와 구별하는 데 반드시 도움이 되는 것은 아니다. 또한 추상화는 특정한 자본주의의 구성에 있어서 자본주의 사이의 역사적, 지리적 차이를 이해하는 데도 도움이 되지 않는데, 이런 역사적 지리적 차이에 대한 이해는 우리가 새로운 미래와 그 미래를 실현하기 위한 새로운 전략을 상상하기 위하여 꼭 이해해야 한다.

물론 문화에 관한 이론도 마찬가지다. 문화가 맥락을 관통하는 연구 궤도의 시작을 정의할지라도, 문화적 실천에서 본질적인 운영 방식은 존재하지 않을 뿐 아니라 그 실천들이 특정 맥락에서 어떻게 작동하는지에 대한 보장도 없다. 문화연구에는 문화에 대한 일반적인 이론이 없는 것이다. 문화연구는 문화적 실천을 여러 가지 가능한 효과가 교차하는 장소로 본다. 문화연구는 문화나 그 영향을 정의하면서 시작하지 않고 특정 실천을 설명하기 위한 관련된 차원을 미리 가정하지 않는다. 대신, 문화적 실천은 다양한 일들이 발생할 수 있고 실제로 발생할 뿐 아니라 다양한 가능성이 교차하는 장소다.

문화연구가 정치적으로 추진되는 것이라면, 문화연구는 또한 정치가 맥락적이라고 믿는다. 누군가 정치적으로 중요한 것을 그리고 정치적으로 해결책을 미리 안다고 가정하면, 그는 늘 똑같은 이야기를 하게 될 것이다. 그는 정치적 복합성에 대한 맥락적 분석과 실행 가능한 전략적이고 창의적인 개입 방안을 마련하는 데 필요한 지적 작업을 정치적 신념으로 대체할 것이다. 투쟁의 장소, 목적, 형태 등을 이해하기 위해서는 우선 권력관계를 더욱 잘 이해할 수 있도록 맥락을 재구성하는 작업을 거쳐야 한다. 특정한 맥락의 정치적 이해관계나 지지층을 당연하다고 가정할 수 없다. 어떤 정치적 투쟁이 1980년대에는 이치에 맞았다고 해서 2010년대에도 그럴 것이라고 가정할 수는 없다. 어떤 정치 투쟁이 영국에서 이치에 맞았다고 해서 미국에서도 그럴 것이라고 가정할 수 없다. 문화연구는 항상 정치적 욕망, 이론적 자원, 경험적 작업의 균형을 추구해야 한다.

문화연구는 권력을 여러 축과 차원이 복잡하고 모순적으로 조직된 것으로 여기는데, 여기서 각 축과 차원은 다른 것으로 환원될 수 없다. 예를 들어 젠더나 성적 관계를 경제적, 계급적 관계만으로 설명할 수 없고, 젠더와 성적 관계만으로 경제적, 계급적 관계를 설명할 수도 없다. 젠더와 성적 관계가 바뀐다고 계급 관계가 (유사하거나 비교할 만한 방식으로) 바뀐다는 보장은 없고, 계급 관계가 변한다고 젠더와 성적 관계가 (유사하거나 비교할 만한 방식으로) 변한다는 보장도 없다. 유감스럽게도 권력은 그보다 더 복잡하다. 그러나 다행인 것은 권력은 결코 스스로를 총체화totalize할 수 없다. 투쟁과 변형의 능동적 장소가 될 수 있는 균열과 단층선은 항상 존재한다. 권력은 원하는 모든 것을 모든 곳에서 성취한다는 법은 없으며, 권력의 구조와 조직을 변화시킬 가능성은 항상 존재한다. 지배와 저항이라는 단순한 용어로 권력관계를 설명할 수는 없는데, 저항은 권력을 형성하기보다 제한할 수 있는 권력에 대한 항상 그리고 유일하게 가능한 대응이다. 권력 내에서 통제와 역통제의 관계 자체도 맥락적이면서 복잡하다. 게다가 권력은 기관과 국가에서 작동하지만 사람들이 일상생활을 하는 곳, 그리고 이러한 분야가 교차하는 공간에서도 작동한다. 문화연구는 항상 사람들이 단지 존엄하게 그리고 안전한 방식으로 삶을 살아가는 가능성에 권력이 어떻게 침투하고, 오염시키고, 제한하고, 권한을 부여하는지에 관심이 있다. 만약 권력관계를 바꾸고 싶고 사람들을 조금이나마 움직이게 하고 싶다면, 당신은 사람들이 있는 곳, 즉 그들이 실제로 살아가는 장소와 방식에서 시작해야 한다. 다시 말해, 당신은 그곳이 '어디'인지 알아내는 작업을 해야 한다는 것을 의미한다.

나는 문화연구가 복합성(우연성과 모순)을 의례적으로 들먹이며 단지 새로운 주문을 만들어 낸다는 비난을 받아왔음을 알고 있다. 그러나 이러한 복합성의 호출은 종종 환원주의의 형태로 돌아가거나, '인종, 계급, 젠더'와 같은 복합성의 용어를 미리 명시한다. 여기서 복합성은 추상적, 전 지구적, 이론적이라고 가정된 것과 반대되는 것으로서 일반적으로 구체적, 지역적, 경험적인 것과 동일시된다. 그러나 나는 이런 종류의 복합성은 어떤 것도 문화연구의 핵심에 있는 복합성을 실천하지 않는다고 분명히 말하고 싶다.

맥락을 이론화하기

문화연구가 급진적 맥락성의 실천이라면, 맥락의 범주를 성찰하고 맥락적으로 접근하여 맥락에 대한 맥락적 이론을 제시해야 한다. 문화연구는 지식 창조 실천에서 지배적인 경향을 보이는 모든 종류의 보편주의와 본질주의를 재생산하지 않도록 맥락의 개념을 구성해야 한다. 사실 모든 연구자는 경험적으로나 개념적으로 맥락이라는 혼돈을 직면하는데, 맥락이 장소, 지역, 지역성 등과 분명하게 그리고 구체적이지 않은 방식으로 연결되어 있기 때문이다. 문화연구는 복잡성에 대하여 '일상 그대로의 방식'의 이론이 아니라 구조화되고 중층 결정된 방식으로 사고하는 법을 찾아야 한다.

맥락에 대한 대부분의 논의는 다음의 두 가지 가정을 인정하지 않는다. 첫째, 맥락은 공간적으로 경계가 있는 내부성을 규정하는 것으로, 그것은 비어 있거나 혼돈된 공간 안에서 질서 잡힌 존재의 안정적인 섬과 같다. 둘째, 맥락은 관계적이며 스스로 외부성을 확립시키는 사회관계와 관계성의 집합과 궤적에 의해 항상 구성된다. 도린 매시Doreen Massey(2004: 11)의 질문처럼, "장소의 정체성이 장소를 넘어 퍼져있는 관계의 산물이라면(공간/장소를 영역의 차원이 아닌 흐름과 연결성의 측면을 고려한다면), 더 광범위한 구성의 지리학에 연결되는 정치적 관계는 무엇이 되어야 하는가?" 예를 들어 아르투로 에스코바Arturo Escobar(2001; 2008)와 휴 래플스Hugh Raffles(1998: 324)의 연구에서 장소에 대한 정교한 이론화조차도 그 관계를 언급하지 않는다. 래플스는 "지역성은 구체화하고 서술되며, 결과적으로 매우 유동적인 경우가 많다. 장소는 그곳을 구성하는 사람들과 함께 이동한다. 따라서 지역성을 위치와 혼동해서는 안 된다. 지역성은 다양한 위치에 있는 사람들과 정치경제의 실천을 통해 담론적이고 상상적으로 구체화하고 제정되는 일련의 관계, 진행 중인 정치, 그리고 밀도"라고 한다.

나는 맥락의 개념을 복수성이기도 한 단일성으로 이론화할 것을 제안한다. 여기서 맥락은 맥락 자체를 생산하는 데 적극적으로 관련된 사건들의 분포, 기능, 효과를 조건 짓고 수정하는 관계성의 적극적이고 조직적인 집합체다. 맥락은 그것을 구성하는 '사실' 또는 개인들과 관계를 '접합'할 때 생산된다. 맥락은 항상 다른 맥락과 관련되어 다차원적 관계와 연결의 복잡한 집합을 생산한다. 맥락은 자체 생산에 적극적으로 참여하는 여러 (잔여적인, 지배적인 그리고 부상하는) 기술들을 구현하면서 동시에 그것의 결과이기도 하다. 이러한 기술은 (다중 기구, 다중 프로세스, 다중 기획, 다중 구성체의 압축의) 접합 또는 되어감의 메커니즘과 형태를 정의하는데, 이 메커니즘과 형태는 맥락의 '구성원'에 특별한 조직, 개별성 그리고 행위를 부과한다

(Deleuze & Guattari, 1977).

맥락을 구성하는 세 가지 방법, 맥락성의 세 가지 양태, 맥락화라는 세 가지 논리가 있는데, 그것은 환경(또는 위치), 영역(또는 장소), 존재론적 시대(또는 도표)다. 이들은 모든 맥락의 상호 연결된 차원을 설명하는데, 이 상호연결성의 특성(예를 들어 계층적 관계) 자체가 상황적이다. 따라서 한 차원의 특정 논리를 다른 차원에 적용하거나 다른 차원에서 읽어 낼 수 없다. 또한 이들은 맥락을 선택적으로 지도화하는 방법을 설명한다. 세 가지를 모두 접합시킨 것이 항상 최고의 지도는 아니다. 특정한 사건/맥락을 지도화하는 방법은 현재 던지는 그리고 물어봐야 하는 질문에 달려 있다(나는 이러한 내용을 나중에 맥락의 문제 틀 또는 문제-공간problem-spaces으로 설명하겠다.)

나는 환경과 영역에 대한 들뢰즈와 가타리(1987)의 구분을 고려하여 맥락화의 이 세 가지 방식을 설명하려 한다. 첫 번째의 경우, 공간은 이질적인 시공간의 연합으로서 (겹치는) 환경의 복수성이다. 환경은 특정 시공간 내의 물질적 관계의 합이며 시공간의 물리적 연합으로 가득 차 있다. 환경은 경계가 있는 특이성들로 불확실하고 유동적이고 구멍이 많을지라도 실질적 경계로 표시된다. 환경의 경계는 물리적 규칙으로도 정의된다. 이러한 맥락은 무작위적이거나 무질서하지 않고, "구성 요소의 주기적인 반복 때문에 구성된다"(313). 모든 환경은 다른 환경과의 복잡한 공간적 관계에서 존재하는데, 예를 들어 "살아 있는 것은 물질의 외부 환경, 구성 요소와 구성 물질의 내부 환경, 세포막과 한계의 매개하는 환경, 그리고 에너지원의 부가적 환경을 가지고 있다"(313).

영역은 환경을 접합, 조정 그리고 연결하는 공명 또는 리듬이 있을 때 존재하는데, 환경과 다른 수준에서 다른 환경의 요소와 함께 모인다. 영역은 이미 이질적인 환경의 이질적인 요소를 결합하여 일종의 일관성을 형성한다. "환경 요소들이 방향성을 멈추고 대신 차원적으로 되어갈 때 그리고 기능적이길 멈추고 표현적일 때 바로 영역이 존재한다…… 영역을 정의하는 것은 표현의 출현이다"(Deleuze & Guattari, 1987: 315). 영역은 환경과 다른 존재 방식을 가지는데, 왜냐하면 새의 노래부터 도시를 세우는 의례까지 모든 것으로부터 창조된 (비주체적인) 표현의 문제 출현을 알리기 때문이다.

영역의 정체성은 그것의 내부만으로 정의되지 않고, 그것의 외부를 부정하지도 않는다. 표현은 다공성이 있으며 유동적인 경계, 즉 내부('충동'과 활동의)와 외부('상황'의)를 구성하고 그 과정에서 표현은 환경 내의 기능을 재구성하고 위력을 재편성한다. 영역은 요소들 사이의 리듬을 표현함으로써 이질성을 결합한다. 영역은 작은 시공간이 아니라 시공간을 가로질러 다른 무언가를 만들어 내기 위한 접합이고, 다른 영역과 환경으로 연결되어 통로와 릴레이의 공간이 된다. 경계가 열려 접촉할 수 있는 곳이 외부이기 때문에, 내부성은 그것의 외부와 분리할 수 없다. 영역에는 항상 "거주지 또는 피난처의 내부 영역, 영역의 외부 구역"이 있다(Deleuze & Guattari, 1987: 314). 영역은 환경의 방향적인 벡터와 환경을 가로지르는 차원적(표현적) 공명과 분리될 수 없기에 영역은 출발시도 목직지도 아니다. 영역은 제한된 공간을 조직화하는 것, 행동을 수행하고 소속감(거주지)을 생성하기 위한 역동적인 장소, 혼돈을 끊임없이 억제하고 개방하는 방식인데, 영역 역시 환경의 공간이기에 결코 혼란스럽기만 한 것은 아니다. "혼돈이 위협할 때 팽창할 수 있고 휴대 가능한 영역을 확보하는 것이 중요하다"(320).

> 어둠 속에서 공포에 사로잡힌 아이는 숨을 죽여 노래를 부르며 스스로 위로한다. 그는 노래를 들으며 걷기도 하고 멈추기도 한다. 길을 잃은 그는 피난처를 찾거나 노래 한 곡으로 최선을 다해 방향을 잡는다. 그 노래는 혼돈 속에 진정되고 안정되는, 고요하고 안정적인 중심의 밑그림과 같다. 아이는 노래를 부르며 깡충깡충 뛰거나, 속도를 내거나 늦춘다. 그러나 노래 자체가 혼돈이어서 혼돈 속 질서의 시작으로 깡충 건너뛰고 언제든지 무너질 위험에 처해 있다…… 이제 우리는 집에 도착했다. 그러나 집이란 것은 이전부터 존재했던 것이 아니다. 그것은 단지 제한

된 공간을 조직화하기 위해, 불확실하고 쉽게 부서지는 중심 주위에 원을 그리는 데 필요한 것이다. 매우 다양하고 많은 구성 요소(다양한 종류의 명소와 표시 등)가 여기와 관련되어 있다…… 혼돈의 세력들은 최대한 외부에서 차단되고, 내부 공간은 끝내야 할 과제나 해야 할 일의 발아력을 보호한다…… 한 아이가 콧노래를 부르면서 숙제를 마치기 위해 필요한 힘을 불러일으킨다. 한 주부는 그녀의 일에서 나오는 혼돈의 반대 세력을 지휘하면서 혼자 노래를 부르거나 라디오를 듣는다. 라디오와 텔레비전은 모든 가정을 둘러싸고 있는 소리의 벽과 같으며 소리를 이용해 영역을 표시한다(소리가 너무 시끄러워지면 이웃이 불평한다). 도시의 토대나 골렘[56]의 제작과 같은 숭고한 행위를 위해서는 원을 그리거나 리듬이 있는 모음과 자음을 결합하여 어린아이의 춤과 같이 원을 그리며 걷는다…… 속도, 리듬 또는 화음의 실수는 혼돈의 세력을 되살려 창조주와 피조물을 모두 파괴하기 때문에 대참사가 될 수 있다(311).

영역은 우리를 경계의 논리(모든 종류의 활동, 실천 및 관계를 포함하는 경계가 있는 공간으로서의 환경)에서 벗어나 '관계와 관행의 망' 내에 환경을 위치시키는 연결의 논리로 이동시킨다. 영역은 "밖으로 뻗어나가는 가닥과의 연결의 무리"로서, 오직 환경을 가로지르는 형태로써 존재한다(Massey, 2005: 187). 환경과 달리 영역은 시공간적 경계에 의해 적절하게 정의될 수 없다.

맥락화의 이 두 가지 형태가 인간의 사회생활 수준에서 맥락을 설명하는 데 사용되는지를 어렵지 않게 이해가 될 것이다. 위치라고 부를 수 있는 환경은 '사회 물리적' 맥락, 즉 담론과 비담론, 인간과 비인간, 물리적, 생물학적, 사회적, 실천, 구조와 사건의 복합체를 설명한다. 그러나 무엇이 작은 시공간을 채우는 것이 중요한 것이 아니라, 가능성의 조건으로 그리고

56 신화에 등장하는 사람의 형상을 한 것으로, 랍비가 의식을 마친 후 주문을 외워 진흙을 뭉쳐서 만든다고 한다. — 옮긴이

환경의 시공간을 생산하는 것으로서 작은 시공간의 존재 자체가 중요하다. 그것은 장소 안 요소의 반복 및 규칙에 따라 구성된다. 각 위치의 정체성은 그 자체의 필요에 따라 상대적으로 사용할 수 있지만, 우리는 위치를 서로의 경계와 가로지르는 흐름의 차원에서 상호 작용하는 것으로 볼 수 있다. 그러나 이러한 관계는 맥락의 지형에 (수직적) 규모, 즉 확장을 도입한다.

스튜어트 홀(2003a: 128)이 문화연구의 방법에 대하여 다음과 같이 설명한 바와 같이 환경은 이론화된 경험주의의 대상이다. 홀은 "방법은 구체적이고 경험적인 대상을 이론적 분석 내에서 이를 '실증적으로' 처리하지 않으면서 특권적이고 분해되지 않은 '순간'으로 유지한다. 방법론은 구체적인 맥락에서 구체적인 분석"이라고 한다. 환경은 또한 일시적 질서의 연결성에 대한 푸코의 설명이기도 하다(Philo, 1992: 150). 그러나 푸코(2007b: 176) 자신도 이러한 설명이 충분하지 않다는 것을 인식한다. 즉 "이 공간을 정확히 명시하는 작업이 남아 있다. 즉 특정 과정이 어디서 멈추고, 무엇이 발생한 이후의 한계는 무엇인지 등을 학제 간의 공동 연구를 통해 다루어야 할 것이다." 길로이(1993a)의 "검은 대서양Black Atlantic"이라는 개념은 특정한 지역주의에 찬성하여 국가 공간의 관점을 거부한 것으로 환경이 연구와 정치의 특정한 장소로 구성되는지를 보여 주는 예다. 길로이는 지리-지역적geo-regional 논리를 위한 보편적 요구를 옹호하는 것이 아니라, 특정 맥락에 대한 이중적 요구에 대응하는 것이다. 이중적 요구의 하나는 대서양 노예 무역인데, 이는 대서양 근대성을 구성하였고 현대 대서양(특히 유럽) 정치에 여전히 흔적을 남기고 있다. 다른 하나는 이러한 유산과 관련한 것으로 분석적이고 정치적 범주로서 민족주의의 한계다.

영역, 또는 장소라고 부르는 것은 체험된 현실의 맥락이다.[57] 영역은 정

57 나는 경험에 대한 현상학 이론을 특권화하는 것은 아니다. 특별한 특권 없이 경험은 단순히 체험된 현실 영역에 포함될 수 있는 일종의 사건일 수 있다. 사람이 그 영역을 어떻게 체험하는지

동적 현실, 또는 정동적 접합의 복잡한 집합을 기술하고, 이미 사회적으로 정해진 위치의 다양한 삶의 양식과 투자, 변화와 안정, 관심과 중요성, 쾌락, 욕망, 감정 등의 다양한 가능성을 등록한다. 또한 영역은 소속감과 소외, 정체성과 동일시, 주체화와 주관화 사이의 복잡한 관계를 설정한다. 장소는 사회 시공간적 투자의 표현적인 조직인데, 광범위한 시공간(위치)을 집중적인 관계를 통해 살기 좋은 시공간으로 변형시킨다. 장소는 우리 삶에 공명과 음색을 더해 주는 정동적 조성tonalities의 협주와 같다. 메건 모리스(1992a: 467)가 시사하는 바와 같이, 장소는 "일상생활의 쾌락뿐만 아니라 노동이 수행되는 다양한 시간/공간의 조직"이다. 장소는 밀도, 거리, 속도로 표시되는 표현적이고 정동적인 맥락성인데, 이것은 접근과 주체성, 이동과 안정성, 그리고 실천, 담론, 경험, 그리고 정동의 복합체의 맥락성이라 할 수 있다.

장소는 다른 방식의 경계를 정하는데, 이 경계는 항상 불안정하고 깨지기 쉬우며 다공성이 있으며 확정하기 어렵다. 사실, 장소의 맥락성을 경계선의 논리로 접근할 수 없고 연결성의 논리가 필요하다. 연결성의 논리에 대하여 매시(2005: 175)는 "궤적의 항상 변화하는 무리는 우리에게 던져진 함께함togetherness에 대한 질문을 던지는데," 공동의 '장소'에서 공동의 존재에 대한 질문이라고 설명한다. 장소는 이동 및 번역으로 구성되는 맥락으로 다른 장소와의 관계 때문에 정의된다. 결과적으로 장소는 (수평적) 규모를 맥락의 지형에 (의도적으로) 도입한다. 영역의 개념은 우리를 영국 문화연구의 기초 문헌으로 되돌아가게 한다. 즉 윌리엄스와 호가트 모두 문화의 분석이 영역을 체험된 총체성으로서 구성하는 독특한 지식에 다다를 수 있게 한다고 주장했다. 호가트(1969)는 영역을 특정한 시간과 장소에

는 사는 공간과 다른 이들과의 관계를 포함한 많은 것에 달려 있다. 그렇다고 일부 포스트구조주의 이론처럼 위치와 영역과의 관계를 주체-위치의 문제로 축소하려는 것은 아니다.

서 산다는 것에 대한 감각으로 설명했고, 레이먼드 윌리엄스(1961; 1977)는 그것을 감정 구조로 설명했다.

맥락화의 세 번째 형태인 도표는 모든 맥락의 존재론적 또는 초월적 조건을 수반한다. 이러한 도표는 보편주의적, 본질주의적 또는 초월적인 것이기보다 역사적 또는 맥락적인 존재론으로 이해되어야 한다. 도표는 존재의 방식, 즉 시공간에 존재하는 방식을 기술하는데 이런 방식은 환경과 영역 그리고 그들의 관계의 가능성에 대한 조건을 구성한다. 맥락의 존재론으로서 이러한 도표는 맥락을 이론화하는데 매우 중요한데, 현재 무슨 일이 일어나는지 뿐만 아니라 앞으로 실현되거나 가능성이 발생할 수 있는 우발성의 방식에 대한 이해를 가능하게 해 준다.

이러한 존재론이 현재 중요한 연구에 미친 영향을 간략히 설명하겠다. 이 존재론적 연구의 많은 출발점은 마르틴 하이데거의 《존재와 시간 *Being and Time*》(1962)의 해석학적 존재론이다. 이는 존재론적(실증적) 것에서 '세계 내 존재의 형태modes of being-in-the-world'로 분석의 축을 이동시켰고, 하이데거가 현존재Dasein(인간적인 것을 포함)라고 부르는 종류의 존재와 '세계의 세계성the world-hood of the world'을 포함한다. 현존재는 일련의 공간적, 시간적 관계와 관여에 의해 구성된다. 그러나 하이데거는 자신의 후반기 글에서 존재론을 비인간화하고 비주관화하려고 시도한 후 맥락에 대한 보다 명시적인 존재론을 제시했다. 하이데거의 관점에서 한 시대는 이 세상의 어떤 존재 형태도 가능하게 하는 것일 뿐만 아니라 우리가 존재하는 곳이기도 하다. (사실 시대가 바로 '인간'에게 주어진 것이다.) 시대는 공간적-시간적 가능성의 망이며, 위치와 장소의 특정 구성이 명시되고, 구체화되고, 친밀해질 수 있는 구조화된 관여이기도 한다.

하이데거의 용어를 사용하자면, 시대는 '인간'이 세상 안에 그리고 세상과 함께 '거주'할 수 있는 방식을 명시한다. 이러한 거주 형태는 세상이 우리에게 주어진 방식과 우리가 세상을 조직하고 관련시킬 수 있는 방식

모두를 정의한다: 예를 들어, 현재의 (존재론적) 맥락은 하이데거(1982)가 틀 Gestell(또는 '틀에 끼우기')과 '세계상'이라고 부르는 기술로 정의된다. 하이데거가 의미한 틀은 존재론적 도표로서 그 안에서 우리는 인간으로서 우리의 존재를 발견하고 세계와 세상에 거주하는 생명체들의 존재를 발견한다. 틀은 세상이 우리에게 주어진 특별한 방식과 우리가 세계에 개방되고 연결되는 특정한 방식을 정의한다. 틀 속에서 현실은 사용되고 소모되는 자원으로 존재한다. 하이데거에게 있어서 인간은 시대를 창조하는 것이 아니며 그것을 끝낼 수도 없다. 그런데도 시대는 끝나고 새로운 시대가 시작된다.

오늘날 존재론적 질문에 접근할 때 사람들은 들뢰즈와 가타리(1977)의 스스로 생산하는 현실이라는 개념을 접할 가능성이 크다. 현대 이론의 인간중심주의와 기호중심주의에 반대하여 들뢰즈와 가타리는 현실이 끊임없이 스스로를 생산하고 따라서 변화(또는 되어감)가 유일한 존재론이라는 현실주의적 존재론을 제안한다. 그들의 내재성의 철학은 칸트의 초월철학에 반대하는데, 칸트의 철학은 주체와 대상 (현상과 본질) 사이에 메울 수 없는 간극을 전제로 하며, 보편적 구조/매개의 과정을 존재하도록 한다. 이에 반대하여, 가타리(1996: 210~211)는 "대상과 현실과의 연결을 거부함으로써 쓰여진 모든 것은…… 스스로를 계층에 봉사하게 된다"라고 주장한다. 들뢰즈와 가타리는 현실을 현실적(생산적)이자 우발적(생산된 것)으로 여긴다. 그들은 현실을 기호학적, 사회적, 무의식적 또는 물리적인 것 등의 단일 차원으로 축소하거나 모든 차원의 효율성을 하나로 묶는 것을 거부한다.

들뢰즈와 가타리는 현실이 두 가지 존재 형태를 지닌다는 가정으로부터 시작하는데, 두 형태 모두 단일 평면에 존재하므로 평면 존재론flat ontology이라고 할 수 있다. 그들은 이 두 평면을 일관성과 조직화의 평면이라고 부른다. 일관성의 평면 존재 형태, 즉 가상은 영향을 미치고 영향을 받을 수 있는, 그리고 실현되지 않았지만 실현 가능한 수용력의 영역이다(이는 가능한 것, 즉 실존하지 않는 것과 구별된다). 일관성의 평면에서 실재는 강도 또는 되어감의 선의 실질적인 다중성(리좀)이다. 그러나 일관성의 평면은 항상 이미 동일한 평면에서 자체적으로 조직되고, 현실의 특정 구성은 복수의 특정 기계 또는 기술의 작동에 의해 실현(생산)된다. 이러한 기계들(들뢰즈와 가타리는 주체성에 대한 인본주의적이고 의지주의적인 개념을 피하기 위해 이 용어를 사용한다)은 인구를 생성, 분배, 조직하고 그들에게 행동, 주체성 및 유효성의 체제를 부과한다. 그러한 실제 현실은 존재론적으로 평면적이지만 다양한 고원plateaus(예를 들어 무기물의, 유기물의, 인간의 고원 등)을 가로질러 접합된다. 다른 철학(예를 들어 실용주의)과는 달리 들뢰즈와 가타리는 동일한 기계가 모든 장소와 단계에서 동일한 방식으로 작동한다고 가정하지 않는다. 실재의 이러한 생산은 기계의 세 가지 형태 — 계층화(또는 추상화 기계), 코딩(내접화), 영역화 — 에 의해 수행되는데, 연결, 분리, 결합이라는 관계성 또는 접합의 세 가지 형태를 구체화한다.[58]

58 나도 기계의 형태를 선의 형태로 동일시하는 것이 지나친 단순화라는 것을 알지만, 그런데도 이런 동일시는 유용한 점이 있다. 마누엘 데 란다Manuel De Landa(2006)는 들뢰즈와 가타리를 사회와 문화 분석가들의 관심사와 연결시키는 중요한 작업을 하였다. 내가 들뢰즈와 가타리의 작업을 어떻게 이용할지를 고려할 때, 이런 동일시는 나의 주장과 이론이 총체성의 이론에 반대된다는 데 란다의 가정을 구별하는 데 도움이 된다. 총체성의 이론은 "내부성의 관계, 즉 구성 요소는 전체의 다른 부분과의 관계에 의해 구성"(8)되는 것으로 특징지어진다. 반대로 현실주의적 사회 존재론(데 란다의 표현)은 구성 요소들이 복합체 외부에 존재하는 부상 이론에 기반을 둔다. 데 란다는 모든 총체성 이론이 헤겔적 이론이라고 가정하면서, "부분들이 서로 융합되어 이음새 없는 그물"(10)을 이루는 전체를 가정한다. 나는 맥락주의적 존재론을 주장하는데, 이 관점에서 (가상적인 것의 차원을 제외하고) 구성 요소는 복합체와 총체성 밖에 존재하지 않지만, 구성 요소는 항상 변이를 일으키고 현실을 변화시키는 기계 과정을 통해 항상 변화하는 복합체다. 맥락주의적 존재론에서 복합체의 최신 과정, 즉 최신 재접합은 부분을 재구성한다. 이러한 방식으로 나는 부분의 정체성이 관계와 내부성의 헤겔적 모델에 빠지지 않고 복합체 안에서 구성된다고 주장하려 한다. 데 란다의 이론은 구성 요소나 개체를 정의하는 속성과 그것의 능력이라는 새로운 이원론에 의존한다. 여기서 능력의 행사는 항상 외부성의 관계에 의해 정의된다. 이상하게도 이러한 구분은 영국 경험주의자들의 1차와 2차 속성의 구분과 유사하다. 그러나 속성이

실제 현실의 모든 고원 또는 단계는 표현과 내용이라는 두 가지 복합체 또는 인구로 계층화된다. 표현은 '기능적이거나 변형적인' 인구의 집합으로 활동과 주체성의 형태로 특징지을 수 있는 개인성의 집합이다. 내용은 "모든 종류의 신체에 영향을 미치는 모든 매력과 거부감, 공감과 반감, 교대, 융합, 침투 및 확장을 포함한…… 신체가 혼합된 정확한 상태"(Deleuze & Guattari, 1987: 90)를 설명하는데, 여기서 인구는 자명한 것으로 여겨진다. 표현이 능동적 지각과 행동(담론 포함)의 형태를 기술한다면, 내용은 주어짐 또는 자명함의 방식을 기술하며 결코 수동적이지 않지만 주체성으로 구성되지 않는 집합체를 의미한다. 또한 내용은 지각할 수 있고 말할 수 있는 것이기도 하다. 계층화 기계stratifying machine는 비주관적 주체성과 비수동적 물질성이라고 부를 수 있는 것을 정의하는 두 개의 집합체를 생산한다. 특정 사건(되어감의 가상선)에 어떤 계층이 '배정'될 것인지 미리 보

능력의 맥락적 현실화일 뿐이라고 가정한다면 어떨까? 복합체가 이질적이고 우발적(즉 비헤겔적)인 경우 외부성의 관계는 복합체 내에서, 그리고 고원 내에서의 기능에 의해 정의될 수 있다. 데란다는 이러한 논리를 따를 수 없는데, 그는 지층을 특정한 계층화 기구의 결과나 고원 위의 여러 개의 복합체로 보기보다는 지층과 복합체를 동일시하기 때문이다(그는 이런 식으로 환경의 공간을 허용하지 않으며, 따라서 영토 이론도 가능하지 않다). 그 결과 데 란다는 복합체를 인구의 생산과 조직에 의한 현실의 생산이 아닌 인구 내부에 위치시킨다. 마지막 차이점은 결과적으로 데란다는 그러한 이론이 평면 존재론을 가정하는 것으로 기술하는 것은 현실이 "다양한 크기의 개별 특이성만을 포함하고 있다"(28)라고 단언한다고 주장한다. 어떤 복합체가 특이성이라는 것을 부인하지 않으면서도, 나는 평면 존재론을 모든 특이성과 모든 복합체가 동일한 평면(그러나 서로 다른 고원)에 존재하고 따라서 복합체와 고원의 외부에 위치하는 초월적 권력은 존재할 수 없다라는 주장으로 정의한다. 게다가 데 란다는 계층화 기계를 통해 지층의 생산을 무너뜨리고, 그 기계들이 구성 요소를 분배하고 영역화(그리고 탈영역화)의 '융합 과정'을 통해 두 가지 인구 — 물질적인 것(내용)과 표현적인 것 — 를 생산한다. 그는 이러한 과정들을 안정과 불안정의 영향과 동일시한다. 그런 다음 그는 또 다른 융합 과정(기호화와 해독)을 일종의 부차적인 역할로서 표현의 평면에서만 작동하는 "전문화된 표현적 개체에 의한 정체성의 생산과 유지"(14)라는 좁은 의미로 소개한다. 들뢰즈와 문화연구에 대한 또 다른 견해로는 제니퍼 슬랙Jennifer Slack(2003)과 그레고리 시그워스Gregory Seigworth(2006)를 참조하라.

장해 주는 본질적이고 고유한 무엇이 존재하지 않는다는 것을 깨닫는 것이 중요하다. 서로 다른 현실(또는 서로 다른 고원)을 구분시키는 것은 이 실제 구별의 본성이며 이러한 집합체(그리고 다른 개인성의 각각 위치)를 분리하는 선의 위치이자, 이러한 집합체의 특정한 유효성이다. 실제를 실천되고 실천 가능한 현실로 정의하는 것은 맥락의 복수의 계층 안에 있는 물질과 기능, 그리고 내용과 표현의 조직이다. 마이클 하트Michael Hardt와 안토니오 네그리Antonio Negri(2000)의 제국 이론은 부상하는 추상화 기계에 대한 설명을 제공하는 것이라고 볼 수 있다.

계층화 기계는 제2의 생산을 수행한다. 각 계층(표현과 내용)은 그 자체로 형식과 실체 사이의 관계로 접합된다. 예를 들어 내용의 평면은 통계적 질서를 부과하는 반면 표현의 평면은 기능적 구조다. 내용의 평면은 형성된 물질의 평면이고, 표현의 평면은 형식화된 기능의 평면이다. 나머지 두 개의 기계가 바로 이 두 차원, 즉 형식과 실체에 작동한다. 코딩 기계는 내용과 표현의 형태 모두에 차별화의 밍을 새기고 영역회 기계는 내용과 형식의 실체를 분배한다. 코딩 기계는 계층을 가로질러 형식적 차이를 새기는 분리선을 생성하여 적정성의 논리('또는'으로 이루어지는)를 생성한다. 부호codes는 정상화의 메커니즘과 정체성과 차이의 논리를 통해 독립적으로 보이는 영역을 결합하며 확장한다. 영토화 기계는 타자성의 결합적인 논리('그리고'로 이루어지는)에 따라 공간적 분포를 생성하는 내포적 분포를 수행한다. 이 기계는 근접성과 거리의 관계로 사건들을 결합적으로 연결하면서, 거리와 근접성 그리고 이동성과 안정성을 정의한다.

그러나 이러한 기계들의 작동 방법은 그리 간단하지 않다. 다양한 기계가 항상 작동할 뿐 아니라, 모든 기계(사실상 모든 되어감의 선)는 양방향으로 작동한다. 즉 되어감, 탈되어감unbecoming, 재되어감rebecoming; 계층화, 탈계층화, 재계층화; 코딩, 탈코딩, 재코딩; 영역화, 탈영역화, 재영역화 등을 생각해 볼 수 있다. 더욱이 기계는 항상 가상의 실현을 제어하는데, 실패하면서 도표의 생성물이자 탈출구로서의 탈주선을 생성한다. 이는 기계의 구성 자체 때문이기거나 기계가 항상 같은 장에서 다른 기계와 대치하고 있기 때문이다. 결과적으로 기계는 각각이 탈출('탈주선')의 가능성을 생성하기 때문에 항상 실패하기 마련이다. 현실을 생산하는 기계는 실패하기 때문에 끊임없이 변화하고 심지어 자신을 변화시킨다. 즉 몇몇 연구에 따르면 일부 개선된다. 우리는 이런 기계의 오작동은 오류가 아니라 그들이 계속 작동할 가능성이라고 말할 수 있다. 이것이 현실이 변화하는 방법이다.

이 존재론이 비평가에게 두 가지 분석 가능성을 제공한다는 점은 주목할 만하다. 첫 번째는 해체적 전략이라 할 수 있는데, 조직의 평면, 즉 가상 실현의 특정 구성을 가상으로 되돌아가는 것이다. 이런 식으로 우리는 리좀적인 것, 평면 존재로 그리고 일관성(내재성)의 평면을 언제나 발견할 수 있다.[59] 어떤 경험적 현실도 구성(현실은 기계적으로 자신을 재생산함)인 동시에 우발적이고 확률의 결과라는 인식을 유지하려면 '분자 조직'에서 '분자적으로 되어감'으로 이동하는 이 전략이 중요하다. 세상을 바꾸기 위한 어떤 투쟁(우리가 통제할 수 없음을 알고 있음에도)은 세상이 지금과 같을 필요가 없다는 점을 이해하는 것에서 시작해야 한다. 비록 이 첫 번째 전략이 들뢰즈와 가타리에 대한 가장 일반적 전유이지만, 두 번째 전략이 내 책[60]의 전체 주장에 더 중심적일 것이다. 두 번째 전략은 구체적인 실제 현실을 생성시키고 유지시키는 특정 기계[61]에 대한 분석이 수반되는데, 이 과정은 종종 불가피한 것처럼 보인다. 이러한 분석은 예를 들어 "문제는 여성이나 최하층에 있는

59 들뢰즈와 가타리는 다소 해체적인 이 과정을 'n−1'이라 묘사한다. 즉 가상을 순수한 '되어감'으로 드러내기 위해 통합이나 조직에 대한 어떠한 주장도 빼 버리는 것이다. 나는 여기에 (1) 리좀은 가상뿐만 아니라 실재에도 존재하며, (2) 리좀은 본질적으로 좋은 것이 아니라 독재적일 수 있음을 추가한다.

60 《미래 시제의 문화연구*Cultural Studies in the Future Tense*》(2010)를 말한다. — 옮긴이

61 이것은 기계적인 과정, 기술, 또는 기구로 묘사되기도 한다.

사람들의 지위가 좋은지 나쁜지에 대한 여부가 아니라, 그런 국가를 만드는 조직의 유형"이라는 들뢰즈와 가타리(1987: 210)의 주장으로 집약된다.

이 두 번째 가능성은 맥락 분석의 작업으로 돌아가게 하는 동시에 맥락의 존재론이 위치와 장소의 이론과 (권력의 생산으로서) 현재 상황을 서술하는 실증적 작업에 의해 보완되어야 할 지점으로 돌아가게 한다. 우리가 사는 도표에 대한 이해 없이는 인생의 현재 맥락, 즉 위치와 장소의 가능성과 한계를 충분히 파악하지 못하는 한편, 그 존재론적 맥락은 인생의 상황적 현실에 대한 적절한 설명과는 거리가 멀다. 존재론적 분석은 특정 맥락에 무슨 일이 발생하는지를 더 잘 이해하기 위한 복잡한 노력을 대체하는 경우가 너무 많다. 존재론적인 것과 경험적인 것은 필연적으로 접합되지만, 그것들이 또한 필연적으로 같은 것은 아니다. 존재론적으로 현실은 리좀적이거나 평면적일 수 있으며, 사회적 존재는 작동하지 않는 공동체 또는 다중에 의해 좌우될 수 있지만, 이러한 것들은 사람들이 삶을 살아가는 구체적인 맥락에 관한 서술이기에는 부족하다. 우리가 측정해야 하는 것은 바로 존재론적인 것으로부터의 정확한 거리다. 왜냐하면 권력이 존재론적 가능성의 특정한 구성을 가능하도록 작동하기 때문이다. 예를 들어 샐리 마스턴Sallie Marston, 존 폴 존스 3세John Paul Jones III, 키스 우드워드Keith Woodward(2005)는 들뢰즈적 평면 존재론이 규모 개념을 현실 분석과 무관하게 만든다고 주장하는 반면, 나는 실제가 가상에 의해 스칼라적으로scalar[62] 또는 수직적으로 생산된다고 주장한다.

따라서 존재의 일부 측면(예를 들어 종교, 파생상품, 또는 대중문화)을 고려할 때, 맥락의 적절한 차원에 맞추어 질문을 신중하게 분리하고 분배해야 한다. 현대 세상에 대한 많은 분석은 맥락성의 다양한 논리를 하나로 합친

62 방향의 구별 없이 하나의 수치만으로 표시되는 것을 말한다. — 옮긴이

다. 예를 들어, 그러한 분석은 물리적 과정과 환경의 구조, 체험이 구체화하는 방식(영역)을 동일시한다. 환경과 영역이라는 이 두 가지 개념을 (적어도 일시적으로) 구분 짓는 것이 중요하고 영역의 체험된 현실이 반드시 위치의 물질적 특수성과 일치한다고 가정하지 않는 것도 중요하다. 맥락화의 다양한 형태가 특정 순간에 접합되는 양상은 항상 우발적이고, 중층적이며, 예측할 수 없다.[63] 맥락에 대한 자기 성찰적 이론과 적절한 맥락 분석은 이러한 다양한 차원이나 형태뿐만 아니라 그들 사이의 접합도 이론화해야 할 것이다.

맥락에서 국면으로

급진적인 맥락화를 실천하기 위한 여러 비판적 분석의 모델이 있는데 이들은 문화연구의 다양한 구성체를 접합하기 위하여 채택되었다. 구체적으로 마르크스의 역사적 특수성에 대한 실천, 장치dispositifs와 담론적 기구에 대한 푸코의 분석, 상황적 지식과 행동에 관한 실용주의의 감각, 그리고 실제계the actual 생산에 관한 들뢰즈와 가타리의 이론이 이러한 모델이다. 이 모델들이 모두 문화연구에 영향을 미쳤지만, 이들이 문화연구에서 맥락이 이해되는 주요한 방식을 정의하지는 않았다. 맥락이 문화연구의 진정한 대상이라면, 그 맥락은 일반적으로 국면으로 이해된다. 국면의 개념은 마르크스주의와 정치 이론, 특히 알튀세르의 작업과 그람시적 이론의 활성화와 관련된 논쟁에서 등장했다.[64] 그러나 이 개념은 문화연구의

63 이러한 공백은 문화연구에서 가시화되었는데, 예를 들어 '기호화-해독' 모델은 담론적 현실이나 사회학적 현실은 사람들이 특정 미디어 텍스트를 어떻게 해석하고 어떻게 활용하는지를 결정하거나 보장하지 않는다고 주장한다.

64 예를 들어 알튀세르(1970), 그람시(1971), 라클라우와 무페(1985), 에티엔 발리바르Etienne Balibar(2003)를 참조하라.

기획을 통해서 정교화되었는데, 버밍엄 현대문화연구소의 경험적이고 이론적 연구뿐만 아니라 헤수스 마르틴바르베로Jesús Martin-Barbero, 네스토르 가르시아 칸클리니Néstor García Canclini, 라나짓 구하Ranajit Guha 등의 작업을 생각해 볼 수 있다.

문화연구에서 국면주의는 특정한 정치적 투쟁과 특정 분석의 수준에서 최선으로 접근할 수 있다는 가정에 기반을 둔 정치적 선택으로, 세력의 일시적인 균형이나 해결점을 만들려는 시도로 이해된다. 따라서 홀(인터뷰)은 “국면이 우리가 연구할 수 있는 전부라는 일반적인 철학적 명제에 끌리지는 않는다…… 다른 형태의 작업은 얼마든지 있다. 모든 역사가…… 국면적 역사일 필요는 없다”라고 분명히 한다. 문화연구는 지식이 정치적 투쟁과 가능성에 유용하게 구체적으로 접합될 수 있는 것이 국면의 단계라고 믿는다.

국면은 위치, 영역 또는 도표에 의해 선험적으로 정의되지 않는다. 국면은 맥락성의 상이한 형태 간의 특정한 접합에 의해 구성된다. 보다 구체적으로 말하면 국면은 모순의 접합, 축적, 응축, 즉 다양한 흐름이나 상황의 융합으로 특징지어진다. 국면은 여러 축, 평면, 규모 사이에 분열되고 갈등하는 사회구성체로 묘사되는데, 투쟁과 협상의 다양한 실천과 과정을 통하여 일시적 균형이나 구조적 안정을 끊임없이 찾는다. 국면은 다양한 시간성과 공간성을 지닌 세력, 결정, 저항이라는 선의 복합 산물이다. 그러나 동시에 국면은 구성되고, 서술되고, 만들어져야 한다.

국면주의는 변화, 접합, 모순에 대한 설명이다. 또한 국면주의는 항상 일시적이고 분열된 통일성으로 유동적인 복수성을 설명한다. 국면은 복수이며 중복되고 경쟁적이며 강화하는 다양한 세력의 선들의 접합과 서로 다른 시간성과 공간성을 지닌 변형, 불안정화, (재)안정화에 의하여 구성되며, 잠재적으로 혼란스러울 수 있지만 결코 혼란스럽지 않은 모순과 경쟁의 집합 또는 접합을 생성한다. 따라서 국면은 분석적이고 정치적인 작업을 통해 파악할 수 있는 특정한 총체성인데, 이 총체성은 항상 일시적이고 복합적이고 취약하다. 맥락과 국면은 복잡한 관계를 맺고 있다. 잠재적으로 하나의 맥락은 하나 이상의 국면을 포함할 수 있고, 맥락과 국면은 모두 복수적이며 중첩적이고 내재한 것으로 이해해야 한다.

국면이란 특별한 문제 틀(또는 일련의 문제 틀)을 생성하는 축적이나 농축인데, 이 문제 틀은 또한 국면을 구성한다. 국면 분석은 복합적으로 접합된 통일성 또는 총체성(그런데도 유기적인 총체성은 아닌 것)으로서 사회구성체에 초점을 맞춘다. 국면주의는 때때로 균형이나 일시적 안정을 찾고 때로는 도달하는 세력들의 변화하는 구성을 살펴본다. 국면주의는 오직 일시적인 안정성만을 생성하는 장의 상시적이고 중층적으로 결정되는 재구성을 강조한다. 국면은 서로 다른 시간 규모를 가지고 있어서 어떤 것은 연장되고 또 어떤 것은 상대적으로 짧게 지속된다. 그러나 국면 분석은 (모든 것이 서로에게 모두 연결되는) 총체화하는 기획으로 이해되어서는 안 된다.

국면의 통일성을 구성하는 것은 문제 틀(들)이며, 이는 일반적으로 일종의 사회적 위기로 존재(반드시 경험되는 것은 아닌)한다. 홀(1988: 127)에 따르면, 국면의 개념은 "특정한 국가 사회구성체에 전체적으로 불균등한 방식으로 영향을 미치는 복합적이고 역사적으로 특정한 위기의 지형"을 설명한다.[65] 이러한 순간들이 바로 사회구성체의 거의 모든 지점에서 불안정과 모순이 나타나는 지점이고 갈등은 가시화되고 자의식을 가지게 된다. 이런 특정 순간에 모순과 투쟁의 결합이 그 자체로 사회정치적(유기적) 위기로 접합된다. 어떤 국면은 심각한 (유기적) 위기의 특징을 갖지만, 다른 국면은 더 작

65 내가 주장하는 문제-공간으로서의 국면과 헤게모니적 구성체를 신중하게 구별해야 한다. 후자는 지도적인 위치를 주장하고 새로운 정착지, 즉 일시적 균형을 제시하기 위하여 힘쓴다. 따라서 신자유주의나 신보수주의 등이 한동안 지배적 지위를 주장할 수 있지만, 우리는 신자유주의나 신보수주의 국면에 산 적도 없고 살고 있지도 않다.

은 불확실성, 불균형과 투쟁으로 특징지어지고, 또 다른 국면은 '수동적 혁명'으로 안정화된 것으로 보이기도 한다. 위기는 객관적으로 주어지거나 분석가에 의해 직접 만들어지는 것은 아니다. 즉 위기는 국면을 구성하기 위한 투쟁의 표시가 되며, 그리하여 완전히 구별되고 분리될 수 있는 두 진영 간의 싸움이 아닌 다양한 맥락에 걸친 연합과 동맹의 형태에 기반을 둔 더 큰 정치 투쟁의 틀 짜기가 된다. 게다가 이 위기는 일반적 위기이기 때문에 투쟁은 사회 문제와 차이의 전체 범위에 걸쳐서 벌어진다. 그람시가 대립하는 정치 연합(동맹) 간의 진지전이라고 묘사한 것이 바로 이것이다. 이 연합들은 완전한 지배도 이념적 합의도 아닌 위기를 정의하고 사회구성체의 전체 범위에 걸쳐 해결책을 마련하는 능력을 추구한다.

국면이 항상 그리고 필연적으로 국민 국가에 의해 정의된다는 일반적 가정은 국면의 개념이 분석하는 데 이바지하는 가능한 복합성과 우발성을 놓칠 수 있다. 왜냐하면 국면이라는 개념이 국민 국가의 복합성과 우발성을 하나의 국면으로 볼 수 있게 하기 때문이다. 정확히 말하자면 국민 국가는 유럽적인 근대의 특정 정권(또는 정권들) 아래 만들어진 다양한 맥락의 접합이다. 따라서 한편으로는 국민 국가가 계속해서 자신을 맥락성의 지배적 형태와 비유로 선언하는 것은 의심의 여지가 없다. 하지만 다른 이들이 주장한 바와 같이, 국민 국가는 불가능한 형태, 즉 "불안정한 하이픈unstable hyphen"(Gupta, 1998)으로 묶인 이중 형태다. 어떤 이들은 현재의 위기가 이 하이픈을 제거하거나 재접합한 것이라고 주장한다. 하지만 나는 국민 국가의 역사를 단절로 보는 이러한 견해는 국민 국가의 과거 모습에 너무 많은 동조를 부여하기에, 국민 국가를 항상 느슨하고 유동적 접합의 '부분적이고 불안한 혼란,' 그래서 지속해서 작업하고 수리해야 하는 대상으로 접근해야 한다는 존 클라크(Clarke, 2004)의 제안에 동의한다. 국면은 항상 복합적이고 취약한 일련의 접합의 결과로 간주해야 하는데, 그것은 끊임없이 변화하는 모양과 밀도를 유지하기 위해 다양한 노력이 필요하다.

나는 국민 국가를 둘러싼 현대의 투쟁을 근대성에 대한 좀 더 넓은 국면 속에 위치시킬 것을 제안한다.

국면 분석(이론적–분석적–정치적 실천으로)은 최소 세 가지 핵심적 상호 연관된 과제를 제기한다. 첫 번째는 "우리가 한 국면에서 다른 국면으로 언제 어떻게 이동하는지 또는 이동하고 있지 않은지"를 판단하는 것과 관련이 있다. 그러므로 문화연구의 기본 질문은 항상 "우리가 다뤄야 할 국면이 무엇인가"(홀, 인터뷰)다. 두 번째는 이와 밀접하게 관련된 것으로, 모든 분석이 유기적인 것과 국면적인 것(그리고 우연적인 것), 유사점과 차이점, 오래된 것과 새로운 것(또는 레이먼드 윌리엄스[1977]의 용어로 부상하는 것, 지배적인 것, 잔여적인 것) 사이의 균형을 잡으려고 노력할 것을 요구한다. 마지막 과제는 내가 위치, 영역, 지역의 차원들이라고 명명한 것 간의, 그리고 그것들을 가로지르는 접합을 조사하는 것이다. 간단히 말하면 국면 분석은 국면의 사회 물질적인 것, 체험 경험적인 것, 그리고 존재론적 현실의 필연적이지 않은 접합을 살펴보아야 한다. 다시 말해서 국면주의는 무엇보다 복합성과 연구에 계속해서 최선을 다해야 한다.

문화연구의 문제–공간

동시에 문화연구의 요점은 단순히 모든 것이 맥락적이고 복합적이라는 것을 계속해서 발견하거나 주장하는 것이 아니며, 이는 단지 문화연구를 작동하게 하는 가정일 뿐이라는 점이다. 문화연구는 "역사적 특수성이라는 전제의…… 철저한 적용"을 요청한다(Hall, 1980b: 336). 따라서 문화연구의 과제는 맥락과 무관하게 미리 가정될 수 없다. 다시 말해서 문화연구가 던지는 질문, 즉 문제 틀은 분석 작업을 통하여 정의되어야 한다. 따라서 문화연구가 반드시 이념과 재현, 정체성과 주체성, 대중적 커뮤니케이션의 순환(생산–텍스트–소비) 또는 헤게모니의 이론이라는 일반 가정은 잘못된 것이다.

문화연구가 이러한 문제들을 자주 다루기는 하지만 말이다. 문화연구의 급진적 맥락성은 우리가 던지는 질문과 직면한 난제가 보편적이라는 가정, 그래서 세상 모든 곳에서 똑같은 질문에 대한 답을 찾고 있다는 가정을 약화시킨다. 우리는 너무 자주 우리가 관여된 논의의 적절성, 유용하다고 생각하는 이론, 그리고 그것들의 조건이 되는 상황에 제한이 없는 것처럼 사유한다. 그러한 '편협주의parochialism'는 비판적 사회문화적 분석가로서 우리가 현대 투쟁의 복합성을 받아들이지 못하거나 어렵게 하고, 따라서 더 넓은 논의에 참여하고 대안적 미래를 상상하는 능력을 약화시킬 수 있다.

문화연구는 학계 '외부'(이는 종종 특정한 방식으로 학계 내부에 존재한다)에서의 질문을 가능하게 함으로써 학자로서 우리에 대한 질문을 시작한다. 외부의 질문은 맥락에 관한 연구자 자신의 감각과 성패가 달린 정치적 질문과 가능성에서 비롯된다. 여기에 명백한 모순이 있다는 것을 알 수 있다. 즉 '실제' 맥락은 분석 가운데 구성되지만 연구 이전에 질문을 던지기도 한다. 맥락이 자신을 대변하도록 하는 것이 중요한 일은 아니지만, 문화연구는 물질적이고 담론적 맥락이 (정치적 가능성이 측정되는 선에서) 발언할 수 있다고 생각한다. 문화연구는 맥락이 항상 그리고 언제나 힘과 권력의 관계뿐 아니라 정치적 분노, 절망, 희망의 목소리에 의해 구성된다는 점을 인식하는 일에서 시작한다. 문화연구가 사람이 있는 곳에서 시작하려고 한다면, 그것은 이미 구성된 일상생활의 대중적 희망과 실망의 접합에서 시작해야 한다. 물론, 분석이 같은 지점에서 끝나거나 같은 용어를 반복해서 사용해야 한다는 의미는 아니다. 그러나 문화연구는 학계 내외부에서 작동하는 권력의 너저분한(때로는 고통스러운) 현실을 학문의 논리로 축소하지 않으면서 학계 안팎에서 학문의 실천으로 이끌려고 노력한다.

문화연구를 (말하자면) 발명하려고 했던 버밍엄 현대문화연구소의 노력을 이해하려면, 우리는 문화연구를 당시의 맥락, 더 구체적으로 말하자면 당시의 국면으로 돌려보내야 한다. 홀(1990: 12)이 말했듯이, 나는 그 국면은 항상 사회 변화에 관한 것으로 생각한다.

> 나에게 있어 문화연구는 전후 영국의 사회적, 문화적 변화의 본질에 대한 논쟁에서 시작된다. 그것은 전통문화, 특히 전통적인 계급 문화로부터의 명백한 단절을 다루려는 시도로, 문화연구는 부유함과 소비 사회의 새로운 형태가 영국 사회의 계층적이고 피라미드적 구조에 미치는 영향을 기록하기 시작했다. 매스 미디어와 부상하는 대중 사회가 오래된 유럽 계급 사회에 미치는 유동성과 영향을 이해하기 위해, 문화연구는 오랫동안 지연된 영국이 현대 사회로 진출하는 데 끼친 문화적 영향을 기록했다.

홀(1990)이 쓴 바와 같이, 1960년대 문화연구의 부상을 결정짓는 국면 일부는 대학의 위기였다. 이 위기는 특히 좁게 정의된 과학적 지식 모델의 증가하는 힘과 그에 따라 문화, 정치, 경제 분야에 이데올로기로 부상한 '과학주의'에 의해 정의되었다. 그러나 이 위기는 사회과학(그것의 유사 객관성과 그것이 기존 권력관계의 작동에 너무나 쉽게 편입된 것에 대한 좌파의 비판을 통해)과 인문학(점점 커지는 인문학 무관함, 엘리트주의, 난해성 등에 대한 광범위한 비판을 통해)을 동요시키는 복잡한 일련의 발전을 수반했다.

이것은 대학뿐만 아니라 지식 그 자체의 위기였고, 학계뿐만 아니라 서양의 지배 문화 기관들에서 체험되고 경험되었다. 이처럼 인식론적 도전을 제기하였던 맥락에 대응하여 호가트, 홀, 버밍엄 현대문화연구소, 윌리엄스, 그리고 미국의 케리(1997a)가 1963년에 문화연구라 부를 수 있는 구성체를 제안한 것으로 보인다. 여기서 나는 호가트가 좋아하는 인용문이자 내가 버밍엄 현대문화연구소에 있을 때 자주 인용했던 구절이 떠오른다. "신이시여, 우리를 구하소서/단일한 시각과 뉴턴의 잠에서"(윌리엄 블레이크). 이 근본적인 난제는 특히 전후 맥락에서 과학의 확장되는 위치와 힘에 의해서, 더 구체적으로 자연과학 또는 일명 실험실 과학bench sciences만이 유일하게 유효한 지식을 제공한다는 인식에 의해 제기되었다. 따라서 또다른 형태의 지식을 요청하는 '급진적' 본질은 과학주의의 단일한 시야(행동주의, 기능주의, 공리주의, 경제중심주의와 최근의 인지 이론, 혼돈 이론, 네트워크 이론 등)뿐 아니라 단일한 관점을 특권화하려는 어떤 주장(미적 형식주의 또는 종교적 근본주의를 포함)에 대하여 이의를 제기하였다. 여기서 또다른 형태의 지식은 호가트가 문화 텍스트를 해석하는 방식,[66] 윌리엄스가 어떤 실천이든 사회적 총체성에 위치시키려는 노력, 또는 커뮤니케이션에 대한 케리의 문화이론 등이 될 수 있다. 또 다른 지식에 대한 급진적 요청은 지식인의 임무를 예정보다 손쉽게 만드는 어떤 가정이나 축소(이는 질문의 결과로서 놀라운 것을 제시할 능력의 감소이기도 하다)에 대한 포괄적인 비판을 위한 작은 걸음이기도 하다.

문화연구를 만들기 위한 초기의 노력에서 인식론적 도전 또는 문제틀에 대한 대응은 경험이라는 범주를 중심으로 구성되었다. 구체적으로 호가트(1957)가 "특정 시간과 공간에서 사는 것은 어떤 느낌인지"라고 묘사한 것, 윌리엄스(1961)가 과정의 공동체와 감정 구조로 개념화한 것, 또는 케리(1989)가 의례와 공동체의 개념을 통해 옹호한 것을 생각해 볼 수 있다. 그러나 이런 도전에 대응하기 위한 노력이 경험에 대한 질문에 집중할 필요는 없었다. 예를 들어 푸코(2003: 9)의 연구는 같은 문제 틀에 대한 반응

66 《교양의 효용》(1957)은 문화 전달을 이론화하려는 시도보다는 사회 변화 이론에 대한 인식론적 시작으로 이해되었다. 리처드 호가트가 이러한 사회 변화 이론을 제유적으로 '적응이 있는 수정'(또는 나중에 '접합'으로 불리게 될 것)이라는 반복적인 이미지로 축소했다. 호가트의 기획은, 적어도 문화연구에 대한 그의 시각은 문화 해석의 인식론을 (체험된 사회관계로서) 사회 변화에 대한 문제와 연관시키는 것이었다. 그는 인문학의 인식론을 사회 이론의 문제(마르크스, 막스 베버, 페르디난트 퇴니스Ferdinand Tönnies, 에밀 뒤르켐Émile Durkheim에 의해 제기된)에 연결시켜서 변화하고 체험된 사회관계에 대한 인식론을 제안하고자 하였다. 동시에 《교양의 효용》은 노동계급 문화 내에서 태도, 지능, 감정, 도덕성 등의 복합성을 증명되는 한에서 부분적으로 노동 계급 문화가 정당한 형태의 지식 실천을 구현하고 있음을 검증하려고 하였다. 인식론과 과학의 이러한 문제의식이 버밍엄 현대문화연구소의 초기 연구(특히 Hall, 1978) 전반에 걸쳐 다시 나타났다.

으로 볼 수 있는데, 그는 "계보는 꽤 명확하게도 반과학적이고…… 우리 사회에서 조직된 제도화와 과학적 담론의 작동에 얽매여 중앙집권화하는 권력 효과에 대한 반란이기도 하다…… 계보학은 과학으로 간주하는 모든 담론의 권력 효과의 특징에 맞서 싸워야 한다"라고 말한다.

하지만 나는 이런 인식론적 문제 틀이 더는 문화연구와 관련이 없다고 제안하거나, 이런 인식이 현재는 사라진 전후 맥락의 요소와 관련이 있다고 암시하려는 것이 아니다. 사실, 이 문제의식은 1950년대 이후 계속해서 연관성이 있었고, 비록 다른 형태이지만 최근에 더욱 시급해졌다. 오늘날 적어도 (내가 그동안 연구해 온 국면인) 미국에서 우리는 부분적으로 우리(지식인)가 자처한 인식론적 위기의 한가운데 있다. 내 생각에 이 위기는 대학 교육 기관이나 학계의 기업화, 자본화, 비전문화 등에 국한되지 않는, 훨씬 일반화되고 동시에 훨씬 심각한 위기다. 우리는 지원금이 발상을 이기고, 과정(합리적 민주주의라는 환상)이 전망을 이긴다는 사실에 불편해하지만, 이것이 전부가 아니다. 우리는 대학의 기업화에 불편해하고 또 그래야 하지만, 대학이 전유하는 기업화의 형태에 더 불편해야 한다. 사실 이와 관련된 질문은 훨씬 더 광범위하다. 다양한 정치 성향을 지닌 사람들에게 교육은 '곤경'에 처해 있다. 물론 진단의 내용과 예상되는 정치적 결과 역시 매우 다양하다. 그런데도 교육의 개념, 의미, 가치는 기껏해야 불확실하고, 최악의 경우 공격받는 것처럼 보인다고 말할 수 있다. 또한 지식, 증거, 합리적 판단의 개념과 가치도 불확실해 보인다. 사실 근대성을 둘러싼 미국 사회의 투쟁은 미래 구성을 둘러싼 현대적 투쟁의 핵심적 현장(Grossberg, 2005)인데, 그 현장은 지식의 의미 자체와 교육적 세속주의의 가치를 재정의하고 동시에 '지적' 권위의 중심을 재구성하려는 시도를 수반한다.

과학주의가 더는 문제의 일부가 아니라고 가정해서는 안 된다. 반대로 상황은 우리가 일반적으로 인정하는 것보다 더 모순적인데, 과학은 여전히 대학과 공공 영역에 여전히 영향력을 행사하는 것으로 보이기 때문이다. 그리고 과학의 지속적 권력(과 환원주의)에 의심해야 하는 많은 문화 지식인이 표면적으로 이것에 호의적으로 보이는 패러다임(복합성, 혼돈 또는 생명과학의 새로운 패러다임)에 편승하였다. 왜냐하면 이 패러다임들이 문화연구의 언어와 유사한 용어를 사용하기 때문인데(인문과학은 이러한 용어들을 오랜 기간 사용하였다는 것은 전혀 인정하지 않을 뿐 아니라), 그렇다고 연구비를 공유하지는 않는다. 우리는 과학주의가 특정한 패러다임의 문제가 아니라 특정한 발언을 하는 위치의 권위와 힘의 문제이자 과학과 증거로 간주하는 것이 무엇인지에 대한 문제이기에 위험하다는 점을 잊곤 한다. 과학이 복합성과 자동 생산 체계와 같이 우리의 개념을 이야기하고 복수성(과 복수의 현실)을 다룬다고 해서 과학이 자신의 권위를 기꺼이 공유할 것이라는 증거는 거의 없다.

인문과학에서 과학에 대한 비판은 종종 과학에서 가정하는 '정초주의 foundationalism'에 근거하는데, 이것은 윤리적이거나 인식론적 결정을 위한 단수의 계측이나 계산법이 존재한다는 믿음이다. 여기에는 보편적으로 진실한 지식의 가능성에 대한 믿음을 수반하는데, 이 믿음은 세상에 대한 직접적이고 실증적 관찰과 논리(또는 수리적) 재현을 통해 세상을 조각할 수 있는 능력에 기반을 둔다. 전통적으로 이러한 견해는 독립적 관찰자의 객관성이 가능할 뿐 아니라 지식의 준거라고 가정하지만, 동시에 다양한 과학의 관점에서 도전을 받는다. 따라서 단 하나의 모델이 모든 현실을 묘사할 수 있다는 오래된 가정, 즉 지식의 단일적 가능성의 가정 또한 과학의 최근 발전 때문에 산산조각이 났다. 그러나 지식의 독백주의에 대한 포기로 보이는 것은 과학이라는 더 큰 체제 내에서만 다원화된 형태로 계속 작동한다.

우리는 정신의 언어가 뇌와 같다는 주장을 흔하게 발견하게 되는데, 이런 주장은 인지과학과 신경화학의 언어로 축소될 수 있다고 가정한다. 창조론에 반대하는 진화론에 대한 옹호가 대중적인 담론에서는 진화와 유전 생물학의 영향력이 커지는 데 이바지하면서 모든 것이 생존이나 번식으로 설명되는 것처럼 보인다. 온갖 유형의 지능에 대한 조지 W. 부시

George W. Bush의 공격에 대하여 과학은 방어하면서 과학을 지식의 유일한 형태이자 더 특권적인 지위로 놓이게 하였다. 과학의 방어는 매스 미디어에서 과학과 과학자의 가시성이 증가하고 과학으로서 경제학의 지속적인 명성과 맞물렸다. 현재 과학의 권력에 대해 가장 아이러니한 점은 과학이 종종 우리가 이미 아는 것을 '발견'하는 데 사용되고 그것은 다시 권위 있는 과학으로 제시된다는 것이다.

나의 요점은 과학주의와 환원주의에 대한 질문을 포함한 인식론적 문제 틀은 부분적으로는 문화연구가 버밍엄 현대문화연구소에서 시작하는 데 이바지하였고, 문화연구가 진화해야 하고 대응해야 하는 담론적이고 정치적인 공간을 지속해서 형성했다는 것이다. 하지만 나는 다른 시기와 다른 공간에서 인식론적 문제 틀은 또 다른 질문과 문제의식에 접합되고 영향을 받았다고 생각한다.

그렇다면 문화연구는 다르고 변화하는 문제 틀에 대응하여 어느 정도는 다시 만들어져야 했다(또는 자신을 다시 만들었다). 나는 문화연구가 맥락에 대응하여 형성된다고 주장하려는 것이다. 즉 문화연구는 부분적으로 '경험된' 변화, 변화하는 정치적 도전과 요구, 그리고 부상하는 이론 자원과 논쟁에 대한 반응이다. 기획의 복합성과 문화연구의 역사에 대한 인식 없이는 문화연구를 비판하는 많은 이들의 실수를 반복하게 된다. 그 예로는 문화연구를 하나의 시각(예를 들어 사회 변화에 대한 문화 비판)으로 동일시하거나 윌리엄스(1958)가 '문화와 사회' 전통이라고 명명한 것을 구성하는 질문들로 동일시한다. 그러면서 비판자는 윌리엄스의 문화연구를 구성하는 것, 정확히 이야기하면 (급진적 맥락주의 내에서) 그가 문화와 사회를 분리하는 것을 거부함으로써 전통과 단절하려고 했다는 점을 놓치고 있다.

이러한 '문제 틀'의 개념을 간단히 설명하기 위해 데이비드 스콧David Scott의 주장을 빌리겠다. 스콧은 문화 비평의 대부분이 뻔한 대답(예를 들어 해체주의, 역사화, 또는 반본질주의의 이름으로)에 이의를 제기하는 데 만족하지만, 질문 자체에 대한 의문을 제기하는 경우는 거의 없다고 주장한다. 스콧은 국면을 '문제-공간'으로 접근할 것을 제안한다. 스콧은 또한 "다른 역사적 국면이 다른 개념적, 이념적 문제-공간을 구성하는 것으로 생각하고, 이러한 문제-공간을 새로운 입장을 발생시키는 것이 아닌 새로운 질문과 새로운 요구를 발생하는 것으로 생각하자"(2004: 7)라고 제안한다. 다시 말해 문화연구가 국면에 대응한다면, 국면은 스스로의 구체적인 질문과 요구를 제기하는 것으로 이해되어야 한다. 물론 문제-공간은 은유적으로 표현하면 분석가와 맥락 사이의 대화인 경우에만 사용할 수 있지만, 문제-공간을 식별하는 것은 국면 구성에 매우 중요하다. 더욱이 국면은 중첩되는 맥락으로 구성되기 때문에, 단 하나의 문제-공간이 중요한 이슈라고 가정할 수 없다. 국면을 잘못 분석하고 그것의 문제-공간을 잘못 설정하는 일은 여전히 무슨 일이 일어나는지 이해하지 못하는 것이고, 우리를 다른 상상의 또는 나은 장소로 이끌 정치 전략을 세우는 데 실패하는 것이다. 맥락이나 국면의 경계와 가능한 요소의 결정선의 적합도의 측면에서 볼 때 맥락과 국면을 구성하는 것이 바로 문제-공간이다. 매시(Massey, 2005: 175)가 말했듯이, "진정한 정치적 필요성은 [위치의] 특수성에 대한 인식을 강조하는 것과 정치적 필요성이 제기하는 문제의 특수성을 언급하는 것"이지만 "항상 그리고 이미 구성된 전체론holism이라는 시각"이 배제되어야 한다.

유사하게 푸코는(n.d.)는 자신이 제안한 용어인 '문제화'에 의해 위치가 제한되고 적절성이 부여받는다고 제안한다. 여기서 문제화는 푸코가 자신의 '유명론nominalism'을 현실주의와 사회구성주의 입장과 구별하기 위하여 사용한 용어다.

> 내가 광기, 범죄, 또는 섹슈얼리티의 '문제화'를 연구한다고 할 때, 이러한 현상의 현실을 부정하려는 것은 아니다. 오히려 나는 이런 현상이 특정 순간에 그토록 많은

실제적 담론과 규제의 대상이 되었던 것이고 그것이 세상에 실존했다는 것을 보여 주려고 노력했다. 나는 이런 질문들을 제기하고 싶었다. 어떻게 그리고 왜 서로 다른 것들이 '정신 질환'이란 이름으로 함께 모이고, 특징지어지고, 분석되고, 다루어지는가? 여기에 관련된 '문제화'의 요소는 무엇인가? 그리고 비록 내가 '정신분열증'이라 특징지어지는 것과 조응하는 것이 세상에 없다고 할지라도, 이것은 이상주의와는 아무 상관이 없다. 나는 문제화되는 것과 문제화의 과정 사이에는 관계가 있다고 생각하기 때문이다. 문제화는 실재하는 구체적 상황에 대한 '대답'이다.

나는 지난 40년 동안 문화연구가 적어도 6개의 다른 문제의식(그리고 종종 그들 사이의 상호 작용)에 대응함으로써 다른 형태(윌리엄스[1989b]가 공동 기획에 반대하여 구성체라고 부른 것)를 취해왔다는 것을 제안하기 위해 문제-공간 또는 문제 틀의 개념을 사용하고 싶다. 문화연구는 스스로가 놓인 국면에 의해 그리고 (내가 제안한 바와 같이) 항상 인식론적 문제 틀을 토대로 이 6개의 문제 틀을 취했다. 나는 이 6개만이 유일한 문제 틀이라거나 그것들이 항상 단순하고 유일하게 결정적이라고 제안하는 것은 아니다. 문화연구에서 작업이란 종종 특정 순간이나 투쟁을 중심으로 접합되는 다양한 문제 틀에 대한 복합적이고 혼합적인 반응이다(예를 들어 여성학 그룹). 이미 첫 번째 문제 틀을 인식론적 투쟁의 관점에서 설명하였는데, 이 문제 틀은 영어권에서 문화연구를 (어느 정도) 생겨나게 하였다. 그리고 위에서 홀을 인용하면서 두 번째 문제 틀을 암시하였는데, 이는 급진적이고 빠른 문화 변화에 대한 대응으로서 버밍엄 현대문화연구소의 문화연구 구성에 관한 것이다. 영국에서 두 번째 문제 틀은 종종 '영국' 문화의 '미국화'로, 그리고 '노동자 문화'에 대한 위협으로 논의되었다. 이것은 영국에서뿐만 아니라 전 세계적으로 매스 미디어와 (대부분 미국) 대중문화의 폭발적인 증가와 불가분의 관계였다.

셋째, 우리는 행위자성과 저항의 문제-공간(또는 문제 틀)을 확인할 수 있는데, 그것은 "복종의 이야기를 저항의 이야기로 대체하는 것"을 목적으로 하는 서사를 구성한다(Scott, 2004: 117). 이 문제 틀은 지배와 종속 사이의 단순한 대립을 가정하는 것을 명시적으로 거부하는데, 여기서 지배는 종속을 완전히 '식민화'하고 수동적으로 만들 수 있는 잠재력(반드시 성공하지 않더라도)을 지니고 있다. 이 문제 틀은 사람들이 자신들의 욕구와 욕망에 주어진 자원을 다양한 형태의 저항 시점으로 비틀어 사용할 수 있는 그들의 능력을 강조한다. 나는 이것이 영국 문화연구와 가장 밀접하게 연관된 두 가지 패러다임의 원동력이라고 생각한다. 이 두 가지 패러다임은 상징적 저항의 하위문화 이론과 소통으로서의 문화이론이다. 후자는 생산과 소비 또는 기호화와 해독 모델을 통해 이해되는 것이다.[67] 이 두 패러다임 모두 능동적인 수용자의 개념을 강조했다. 이 문제 틀은 20세기 전반에 걸쳐 좌파의 혁명적 주체의 문제와 미국의 대중문화 논쟁에서 자유주의적 주체의 문제로 재등장했다. 다양한 형태의 이데올로기 분석과 함께 민속지학으로서의 문화연구의 이미지는 바로 이 문제 틀에 대한 버밍엄 현대문화연구소에서의 작업 때문이었다.

넷째, 우리는 주체성의 문제-공간(또는 문제 틀)을 확인할 수 있는데, 이것은 정체성에 대한 현실주의적이고 본질주의적인 개념에 반대하고 경험의 권위에 더 흥미를 갖는다. 여기서 문화는 의사소통이 아니라 경험과 의식의 생산으로 이해되며, 이는 필연적으로 정체성의 개념과 주체-위치와 관련이 있는데, 이 두 가지는 차이의 기호학적 구성을 통해 생산된다. 그러므로 이 문제 틀은 지배의 형태와 실천 그 자체를 재고한다. 이 작업은 주로 텍스트성에 대한 기호학적이고 포스트구조주의적인 이론(라캉과 데리다, 알튀세르[1971]의 호명과 이데올로기의 이론에 근거하여)에 기반을 두며, 특히 영어

67 관계를 마르크스의 생산 회로를 모델의 회로로 정의하려는 홀(1980)의 노력에도 불구하고 말이다. 케리는 문화연구의 기호화-해독 패러다임을 항상 거부했는데, 그것이 커뮤니케이션의 전달 모델을 다시 도입한다는 이유 때문이다.

권에서의 문학과 영화학, 그리고 페미니즘과 비판적 인종 이론에서 가장 두드러졌다. 이러한 작업은 종종 미국의 문화연구를 정의하는 데 사용되며 문화연구를 다문화 정치와 동일시하게 했다.

다섯째, 우리는 현대 국가적 정치, 경제 투쟁의 윤곽으로서 헤게모니적 국가 정치의 문제-공간(또는 문제 틀)을 확인할 수 있다. 그것의 뿌리는 국가권력의 본질에 대한 다양한 20세기 마르크스주의 이론으로 거슬러 올라갈 수 있지만, 그것의 가장 가시적인 예는 버밍엄 현대문화연구소에서 《위기 관리》(Hall, Critcher et al., 1978)와 《제국의 역습》(CCCS, 1982)의 출판과 분석 작업에서 나타났고, 대처리즘과 그 여파에 관한 홀(1988), 홀과 마틴 자크Martin Jacques(1983), 클라크(1991), 길로이(1987), 맥로비(2009) 등의 분석에서 가장 명확하게 발전했다. 그러나 이 문제 틀은 다음의 세 가지 발전에 대한 대응으로 세상 곳곳에서 나타났다. 1970년대 글로벌 위기 이후 자본주의와 자본주의 문화의 재세계화, '제1세계'와 '제3세계' 모두에서 전후 자유주의와 다양한 해방 운동 사이의 충돌, 그리고 다양한 새로운 보수적(그리고 반집단주의적) 운동의 실질적 부상을 생각해 볼 수 있다. 이 작업은 역사적 연합이나 동맹의 측면에서 투쟁에 관한 것으로 대중적인 것과 상식의 영역 내에서 활동함으로써 특정한 형태의 국가 정치 및 경제 권력에 대한 대중의 동의를 얻기 위한 것이다. 원래 그람시가 이론화한 이 진지전은 국가권력의 다른 모델을 제시하였는데, 내부적으로 동질적인 두 진영 사이의 큰 투쟁으로 기동전의 가정에 대항하였다. 헤게모니적 투쟁은 사회와 문화 현장의 전체 범위에 걸쳐 끊임없고 지속적인 정치적 작업을 요구한다. 또한 이 투쟁은 한편으로 강압에 대한 전적인 의존과 다른 한편으로 완전한 이데올로기적 합의나 타자에 대한 식민화를 달성하겠다는 환영적 노력과는 구별되는 권력의 방식을 정의한다. 이 문제 틀이 문화연구를 국제적 무대로 이끄는 데 굉장히 중요했다는 점을 감안할 때, 놀랍게도 미국의 문화연구 학자들 사이에는 그 명백한 관련성에도 불구하고 이 문제 틀을 다루는 연구가 거의 없었다(Grossberg, 1992 참조).

마지막으로, 우리는 역사적 시대 구분에 관한 문제-공간(또는 문제 틀)을 확인할 수 있다. 이 문제의식은 탈근대성부터 세계화, 신자유주의, 통제의 사회, 제국 등에 이르는 현재 논쟁을 포함하여 더욱 국면적이며 심지어 '시대적epochal' 변화에 관심을 가진다. 영국 문화연구에서 이러한 관심사들은 "뉴 타임스New Times"(Hall & Jacques, 1989)에 대한 잘 알려지지 않은 연구들을 만들어 냈다. 다른 연구에서 이 문제의식은 식민성과 탈식민성에 대한 새로운 문제들을 제기하였다. 이 문제 틀이 내가 이 책의 다른 장[68]에서 (다중적) 근대성의 문제 틀을 통하여 설명하고 나의 연구를 위치시킬 곳이다.

결론

문화연구에 대한 가장 일반적인 불만 중 하나는 문화연구에는 방법론이 없어 보인다는 것이다. 현대 학계는 엄격함을 보장하는 수단으로 방법론에 대한 질문에 집착하는 경우가 너무 많다. 나는 관계와 맥락의 재구성이라는 접합을 하나의 방법론으로 생각하지 않는 한, 정해진 '방법론'이 없는 문화연구에서 방법론을 찾은 것은 부적절하다고 생각한다. 그리고 나쁘게 말하면 방법론에 대한 탐색은 일종의 집착을 대표하는데, 이 집착은 '엄격함'을 요청하는 과학적 주장과 학과의 해체(지난 수십 년 동안 학과가 승인한 방법론으로 엄격함을 관리하였다)를 직면한 우리의 불안감으로 구성된 것이다. 나는 특정한 맥락을 벗어난 방법론이라는 개념이 의심쩍은데, 이런 방법론은 자기 성찰적이지 않고 신비화될 가능성이 크다.[69] 사실 어떤 방법

68 이 선집의 8장을 보라. — 옮긴이

69 예를 들어, 점점 많은 학과에서 민속지학을 활용하는 와중에도 민속지학적 실천은 인류학을 학과로 정의하는 단 하나의 요소로 되어가고 있다. 이런 민속지학적 실천은 연구 대상을 '현장'으

론을 사용하든, 이 방법론의 결과로 알게 된 것이 실제로 무엇일지에 대해 질문할 필요가 있다. 이에 대한 대답은 종종 생각한 것보다 훨씬 덜 흥미롭거나 통찰력이 없는 경우가 많다. 더욱이, 문화연구 내에서 어떤 방법론이든 관계성, 맥락성, 우발성에 관한 문화연구의 신념에 비추어 다시 재고되어야 한다. 그렇다면 문화연구라는 깃발 아래 어떻게 연구할 것인가? 그것의 분석적 실천은 무엇인가? 이 질문에 대해서는 내가 행하는 연구와 강의를 어떻게 생각하느냐를 통해 이야기함으로써 답할 수 있다.

내가 생각하기에 문화연구의 실천에서 가장 어렵고 결정적인 순간은 문제-공간을 식별하기 위한 질문, 즉 연구 문제를 파악하는 것인데, 이것이 바로 국면을 구성한다. 그 질문은 연구자로서의 관심사와 국면의 요구 사이의 대치를 통해 구성되는데, 그것들은 파악하기 힘들거나 미흡해 보일 수 있다. 다시 말해 질문은 세상의 엉망이고 복합적인 정치적 현실에 대하여 책임질 수 있어야 하고, 마찬가지로 대답 가능해야 한다. 질문을 찾는 것이 연구에서 가장 어려운 부분이다!

질문은 어떤 자료가 필요하고, 그 자료를 수집하거나 만들기 위한 '방법론'이 무엇인지 묻게 한다. 내 연구에서, 나는 가능한 모든 곳에 자료를 수집한다(그리고 그 자료를 보통 스크랩 및 메모 형태로, 더욱 세분화되는 폴더에 수집한다). 나는 이 작업을 어느 정도 체계적으로 하기 위해 최선을 다하지만, 절대 그것을 완성하거나 통계적으로 정당화될 수 있는 대표성에 도달할 것이라고 기대하지 않는다. 나는 자료를 생산하는 모든 방식을 상대적으로 동등하게 취급하고 동등하게 의심하면서, 어떤 방식(해석, 민속학 또는 통계학 등) 간

로 구성한다. '현장'의 범주는 (직설적인 실증주의에서) 특정한 것의 집착된 것으로 제안되는 경향이 있으며, 비판적인 조사의 대상이 되는 경우는 드물다. 더 문제가 되는 것은 '현장'이 항상 차이를 구성하는 장소로 가정된다는 것이다. 어떤 이들은 이런 경향이 식민주의에 대한 인류학의 역사적 근원에 따른 피할 수 없는 유산이라고 주장하는데, 그로 인해 차이가 항상 복수성의 생산보다 타자의 부정으로 이해된다(Harootunian, 2000; Ribeiro & Escobar, 2006 참조).

에 질적 구분이 있을 수 있어야 한다고 인식한다. 수집하는 각각의 자료에 대해 연구자는 그 자료로 무엇을 알 수 있는지, 무엇을 배울 수 있는지 질문해야 한다. 나는 데이터 분석에도 동일하게 접근한다. 무엇이든 간에 질문을 논의하는 데 도움이 되는 방식을 사용하는 것을 찬성한다. 하지만 다시 말하지만, 민속지학(예를 들어 수용자들이 텍스트로 무엇을 하고 텍스트의 의미를 어떻게 생각하는 알기 위해서)을 하거나 텍스트 분석을 하든, 연구자는 자신이 전에는 몰랐지만 분석을 통해 새로 알게 된 것이 무엇인지 질문해야 한다.

그러나 이 모든 것은 문화연구의 진짜 작업을 위한 준비다. 문화연구자는 국면을 접합하고 실제적인 것을 만들기 위한 노력으로 자료/분석을 연결하는 일에서 시작해야 한다. 이것은 접합과 집합체의 실천이다. 나는 이를 종종 퍼즐(또는 레고나 과거로 치면 조립 완구Erector Set)[70]에 비유하는데, 지속해서 변화하는(자신을 변화시키는) 퍼즐이 있다면 그것이 더 적절하다. 완성된 그림은 없는데 매우 다양한 퍼즐들이 들어간 상자를 해결해야 한다고 상상해 보자. 처음에는 맞추고자 하는 그림이 어떤 모습인지, 어떤 조각이 어디에 맞는지 매우 희미한 상태에서 시작할 수 있다. 또한 퍼즐의 기능이 외관상 쉽게 알 수 없다. 조각들은 항상은 아니지만 보통은 딱 맞지 않을 수 있는데, 몇 조각들은 빠져 있거나 복합성을 항상 통제하려고 하기 때문이다. 조각들은 다양한 방식으로 함께 접합될 것이고 때로는 마찰, 중첩, 적대감 등이 있을 수 있고, 서로 대립하는 만큼 서로를 변화시킬 수도 있다. 물론, 이 비유가 끝내 유지될 수 없지만, 아마도 문제 틀을 접합하는 투쟁의 전형이자 집합으로서 맥락을 재구성하는 과정을 설명하는 데 도움이 될 것이다.

따라서 문화연구의 구성체는 자체의 맥락성, 자신이 제기하는 질문,

70 1913년 미국에서 발매된 금속 건축 장난감 세트를 말한다. — 옮긴이

그리고 도전에 대응하기 위하여 사용하는 도구에 대해 지속해서 성찰해야 한다. 문화연구가 요구(제기된 질문), 맥락의 제약과 가능성에 응답하기 위해서는 이러한 맥락화와 그에 따른 구체적인 자기 성찰이 필요하다. 맥락의 제약과 가능성에는 그 맥락에서 헌신적인 정치적 지적 작업을 구성하게 하는 지적 실천과 자원에 대한 가능성을 포함한다. 문화연구는 자신이 연구하는 맥락에 대한 가정과 맥락 속 또는 맥락과 관련된 자신의 위치에 대해서 항상 성찰해야 한다. 문화연구는 자신의 질문 또는 연구 문제와 그것들을 검토할 수 있는 범주와 개념에 대하여 질문을 던져야 하는데, 그렇기에 문화연구의 기획에서 가장 어려운 부분은 정확한 질문을 찾아내는 것이다. 맥락은 우리 연구의 시작이자 끝이다. 시작부터 끝까지의 궤적은 맥락에 대한 지도를, 그리고 더 나은 설명/이해에 도달하는 데 성공을 가늠하는 척도를 제공한다.

이러한 급진적인 맥락화는 우리가 작업을 끝내기 전에는 관련된 발언을 하고 싶은 모든 욕망을 제어하는데, 그 욕망은 문화연구의 특징인 복합성, 우발성, 경합, 복수성 등에 대한 신념을 포기하게 하는 것이기 때문이다. 긴급하게 느껴지는 정치적 필요성에 직면하여 문화연구자도 문화연구가 반대해야 하는 단순화, 환원주의, 본질주의를 너무나 자주, 너무 쉽게 수용할 때가 있다. 너무 자주 지식인으로서 우리는 무슨 일이 일어나는지를 이해하지 못한다는 가정, 그리고 과거 다른 곳에서 진행된 연구 방법이 오늘 여기서는 작동하지 않을 수 있다는 가정에서 연구를 시작하는 것을 꺼린다. 그 대신에 우리는 너무 많은 이론적이고 정치적인 수화물을 챙기기 때문에 놀랄 일이 거의 없는데, 찾으려 하는 것을 거의 항상 발견하고 이미 알고 있던 설명이 다시금 사실로 증명되기 때문이다. 내가 생각하는 문화연구는 우리가 아직 알지 못하는 것을 이야기하기 위하여 최선을 다해야 한다. 문화연구는 그것의 제작자, 교섭자, 수용자, 구성원 등을 놀라게 하고, 더 나은 기술과 설명(다시 말하지만 복합성, 우발성, 경합 등을 회피하지 않는 설명)을 제공함으로써 새로운 가능성을 열어야 한다.

따라서 문화연구는 연구자의 책임을 면제하게 해 주는 매력적으로 보이는 두 가지 함정을 피해야 한다. 첫 번째 함정은 자신의 정치적 가정(아무리 상식적일지라도)을 분석의 결론인 것처럼 받아들이는 것으로, 이럴 때 결론은 항상 다른 곳에서 마무리되어야 하는 것으로 가정된다(그러나 항상 부재한 채로 남는다). 정치적 욕망은 실제 경험적이고 이론적인 분석 작업을 능가한다. 극단적인 경우 당파적 정치 저널리즘(때로는 불만의 분출로 타락하는)은 지적 작업을 대신한다. 문화연구는 정치적 확신에서 벗어날 수 있다는 자신감과 싸워야 하는데, 이는 특정 연구를 시작하게 된 동기, 희망, 가정 등이 무엇이든 간에 정치가 연구의 결론에 도달할 수 있다는 것을 인식함으로써 가능하다. 두 번째 함정은 세상이 우리 개념을 설명하기 위해 존재한다고 가정하는 것이다. 이론을 통해 우회하는 대신, 이 함정은 사회에 대한 분석을 이론으로 대체하는데, 마치 이론적인 범주가 그 자체로 국면에 대한 설명으로 충분하다고 생각한다. 이 함정은 종종 철학과 존재론을 구체적인 것에 대한 맥락적 분석으로 착각한다. 문화연구는 개념적인 것과 경험적인 것(둘 사이의 구분이 절대 명료하지 않지만)을 함께 사유할 것으로 요구하며, 개념적인 것이 경험적인 것에 대한 새로운 설명으로 이끌 수 있지만, 경험적인 것이 개념적인 것을 어지럽게 만들 가능성을 생각한다. 현대 비판 연구의 일부에서는 이러한 가능성이 종종 사라지는 것으로 보인다.

마지막으로 문화연구는 모든 지적 작업을 생산성과 효율성(보통 기능주의)이라는 단일 논리로 축소하려는 일반적 노력을 거부한다. 이 논리는 마치 모든 학문이 동일한 시간성 내에서 작동하는 것처럼 여긴다. 반대로 문화연구는 문화 실천으로 자신의 존재를 성찰하면서 문화연구의 효과와 효율성의 거의 (완전히는 아니지만) 불가피한 대체displacement를 수용하고 심지어 옹호해야 한다. 결국 문화연구가 분명하게 한 것 중 하나는 문화 실천의 효과가 예상하는 장소와 시기에 발생하는 경우가 드물다는 것이다. 그 효과는 거의 항상 다른 시기에 다른 장소에서 발생한다. 지적 작업(그리고 개입)의 효과가 정치 개입의 결과를 상상하는 것처럼 즉각적이고 명백하면 좋겠지만, 안타깝게도 보통 그렇지 않다.

문화연구는 연구하는 맥락을 바꾸려고 노력하지만, 그 작업의 즉각적인 이익을 자신 있게 지적하는 경우는 드물다. 그러나 문화연구는 지적 작업이 구원이 아닐지라도 중요하다고 계속 믿는다. 문화연구는 세상도 심지어 대학도 구하지 못할 것이지만, 문화연구는 유연하고 급진적 맥락의 지적 정치적 실천을 위한 겸손한 제안이 된다. 문화연구는 더 나은 세상을 만들기 위한 가능한 최고의 지식을 생산하려고 시도한다. 따라서 문화연구는 세상을 모든 사람에게 더 공정하고 공평한 곳으로 만들겠다는 우리의 목표를 향해 조금 나아가는 데 도움이 될 것이다. 결국, 나쁜 이야기가 나쁜 정치를 만든다는 사실이 더 좋은 이야기가 좋은 정치를 만든다는 것을 보장하지는 않는다. 지식과 정치 사이에 필연적인 관계가 없으며, 단지 둘 사이에 접합의 가능성만 있을 뿐이다.[71]

71 이 점을 지적해 준 에두아르도 레스트레포Eduardo Restrepo에게 감사한다.

L. Grossberg (2010). "The Heart of Cultural Studies." *Cultural Studies in Future Tense*. Durham and London: Duke University Press.

2부

대중문화와 문화이론

4

낙원에서의 지루한 또 하루: 로큰롤과 일상생활의 권능화[72]

5년 전쯤[73] 나는 로큰롤 문화사에 관한 강의를 개설했다. 나의 접근 방식은 간단했다. 음악적인 조화와 서정적인 내용의 독특한 합성이 만들어 내는 의미를 해석하면서 수업 내용을 설명하고자 하였다. 그런 다음 나는 생산과 소비라는 제도적 실천을 통해 조정된 수용자 상황과의 유사성을 시사하고자 하였다. 음악은 특정한 젊은 수용자의 경험 구조를 완곡하게 반영하고 그것에 반응한다. 더 적절한 해석을 찾는 가운데, 이러한 유사성은 점점 더 굴절되었고, 음악은 중층 결정된 맥락에 위치 지어져야 했다. 계급, 인종, 하위문화, 성별, 나이 등이 로큰롤에 비균질적으로 영향을 주는 동시에 로큰롤에 재현된다. 그런데도 내 학생들과 로큰롤 팬인 나는 이런 방식에 만족하지 못했다. 학생들은 수업에 대부분 찬성하면서도, 나의 해석이 로큰롤의 문화정치뿐 아니라 로큰롤의 힘과 밀접한 중요한 무언가를 포착하는 데 실패했다는 것을 분명하게 느꼈다.

학생들의 불편함에 대응하면서 나는 로큰롤의 두 가지 특징인 이질성heterogeneity과 정동성affectivity에 직면했다. 로큰롤은 음악적이고 양식적인 다양성으로만 특징지어지는 것이 아니다. 같은 음악을 듣지만 팬은 근본적으로 다르다. 다른 종류의 팬들은 매우 다른 목적과 다른 방식으로 음악을 이용하는 것 같다. 그들은 자신이 듣는 음악에 대한 다른 정의를 지녔고, 로큰롤의 범주에 무엇이 포함되는지에 대한 다른 생각을 지녔다. 그래서 학생들은 하나의 방식으로 로큰롤을 정의하려는 내 시도에 반대했다. 예를 들어 때로는 특정한 가사의 의미가 중요했는데, 많은 경우 음악 경험이 그 자체로 정동적인 것이었다.

따라서 로큰롤의 (다양성에도 불구하고 어느 정도 통일성이 있다고 가정하면) 문

72 내가 말하는 '로큰롤'은 전후 기술에 의존하는 청년 음악을 뜻한다. 'Rock and roll,' 'rock 'n' roll,' 'rock' 사이를 구별하는 시도는 내가 하려는 주장을 혼동할 뿐이다.

73 이 글은 1984년에 출판된 것으로, 그 시점은 1970년대 말로 생각된다. — 옮긴이

화적 의미를 이해하려면, 다시 말해 전후 청년 음악의 특정한 사회 영향을 연구하고자 한다면, 로큰롤이 단순히 여가를 넘어서서 미치는 정동적 힘을 인식해야만 한다. 물론 음악이 강력한 정서적 영향을 미친다는 데는 논쟁의 여지가 없다. 반대로 음악의 텍스트가 가사와 함께 특정한 의미, 생각 또는 문화적 경험의 재현을 통해 기능한다고 가정한다면 문제가 있다. 로큰롤에 적용될 때 이러한 가정은 단순히 거짓이라기보다 불완전하다. 로큰롤의 특정한 사례들은 다양한 수용자와 맥락에서 전혀 다른 것을 의미할 수 있다. 최근 로큰롤에 대한 많은 글은 유사한 방식으로 불완전해 보인다. 예를 들어 사이먼 프리스Simon Frith(1981)는 로큰롤이 전적으로 여가의 한 형태로 삶의 가능성에 대한 다양한 환상을 나타낸다고 주장한다. 이런 환상의 조합은 노동 계급-도시-거리 문화와 중산층-교외-창조적 문화의 변증법이다. 영국 하위문화 연구의 전통에 기반을 둔 헵디지(1979)는 영국 노동자 계급의 경험적 모순에 대한 상상적 해결을 제공하기 위한 더 큰 하위문화의 범수 아래에 로큰롤을 위치시킨다. 프리스와 헵디지는 공통적으로 로큰롤을 계급 관계의 맥락에 위치한 '재현'의 한 형태로 다룬다. 그들은 현대 문화에서 로큰롤의 위치와 효과의 중요한 측면을 포착하지만, 음악의 정동적 힘과 보편성을 설명하지는 못했다. 즉 프리스는 "가장 불편한 것은…… 기득권층이 무엇이 지속적인 게릴라전의 일종이라는 점을 인정하지 않는 일이다…… 록은…… 미학적으로나 정치적으로 삶을 이해하는 유일한 수단이다"(Marcus, 1981b: 124에서 재인용).

이러한 연구자들은 로큰롤에 대한 자신의 해석을 기반으로 대안 전략을 제안한다. 프리스는 수용자가 음악을 사용하는 방법에 관하여 연구할 것을 제안하고, 헵디지는 로큰롤 효과는 의미화하는 실천의 범위에 달려 있다고 제안한다. 하지만 여전히 두 가지 접근 방식은 내가 제기하려는 두 가지 중요한 질문에 대한 대답이 되지 못한다. 내 질문은 특정한 형태의 로큰롤의 구체적 효과와 대중성을 어떻게 설명할 것인가? 확정적 문화 형태로서 로큰롤을 구성하는 일관성을 어떻게 기술할 것인가? 그런데도 내 접근 방식은 기존 연구에서 영향받았다. 프리스와 유사하게 나는 로큰롤의 기능성을 살펴볼 것을 제안한다. 하지만 수용자가 의식적이든 무의식적이든 음악을 어떻게 사용하는지를 미리 가정하기보다, 나는 로큰롤이 제공하는 물질적 맥락에 초점을 둘 것이다. 그 속에서 팬들은 기호학적 재현보다는 정동적 투자affective investments에 의해 정의되는 자신을 발견하게 될 것이다. 그러므로 로큰롤 팬은 로큰롤이 작동되는 효과 일부분이다. 내 관심은 전후 미국의 일상생활에서 음악과 수용자 사이에, 그들에 의해, 그리고 그들을 위해 펼쳐진 가능성에 관한 것이다.

헵디지와 마찬가지로 나는 로큰롤을 실천의 집합으로 다룰 것을 제안하는데, 의미화가 아닌 전략적 권능화의 실천으로 제안한다. 로큰롤은 욕망이 부여되고 쾌락이 생산되는 공간을 구조화한다. 그러므로 로큰롤은 권력과 쾌락의 정치학 속으로 즉시 연관된다. 나는 로큰롤이 팬들에게 생존 및 쾌락의 전략을 제공하는 방식에 관심이 있는데, 로큰롤은 특정한 맥락에서 특정한 수용자에게 힘을 실어주고 동시에 그들에 의해 힘을 부여받는다. 로큰롤은 권능화의 네트워크 생산의 맥락 속에 위치할 때만 도드라진다. 이러한 네트워크는 '정동적 동맹affective alliance'이라 할 수 있으며, 그것은 구체적인 물질적 실천과 사건, 문화적 형태와 사회 경험의 조직으로서 세상의 정동적 투자 공간을 생산하고 구조화한다. 내 목표는 정동적 동맹의 생산이라는 측면에서 로큰롤의 권능화의 매개 변수를 설명하는 것이다(내 입장의 근거에 대해서는 그로스버그[1982]를 참조하라).

나는 로큰롤을 설명하기 위한 다섯 가지 가설을 제안하려고 하는데, 이 가설들은 욕망을 조직화하는 권력의 문제 틀 안에서 로큰롤을 분석한다. 첫째, 로큰롤의 지배적 정동적 맥락은 사회학적이라기보다 시간적인 것이다. 계급, 인종, 성별, 국적, 하위문화, 나이까지 부분적으로 특정 효과를 결정할 수 있지만, 로큰롤의 출현은 2차 세계 대전 이후 (내 연구에서는 미국의) 맥락 안에서 가능하였다. 이 맥락이 로큰롤의 지속적인 자체 생산의 실천을 결정하게 된다. 두 번째 가설은 로큰롤의 권력은 정체성의 구성이나 비판적 유토피아의 생산이라는 이념적 용어로 충분히 설명될 수 없다는 것이다. 로큰롤은 오히려 지배 문화(헤게모니)의 정동적 가능성 밖에서 존재하는 것으로, 타자성으로만 표시되는 사회 현실 속에서 경계를 새기고, 감정을 투여한다cathect.[74] 전통적 용어로 말하면, 로큰롤은 차이라는 전후에 발생한 소외의 특별한 흔적을 사회 구조의 표현에 새긴 것이다. 로큰롤의 전략적 기능을 설명하는 세 번째 가설은 다양한 로큰롤 안에서 수용자의 일상생활의 물질적 맥락, 특히 그것의 이질적 파편을 한데 모은다. 정동적 투자 및 조직을 배치하는 것이 로큰롤 기구다. 따라서 로큰롤은 수용자에게 쾌락이 가능할 뿐 아니라 중요해지는 공간을 찾고 생산한다. 로큰롤은 음악적 기구로 수용자에게 힘을 부여하고 또 부여받는 전략을 제공한다. 네 번째 가설은 앞에서 제시한 '캡슐화encapsulation'[75]와 '정동적 동맹'의 개념을 사용하여 로큰롤의 다양한 가능성을 설명한다. 마지막 가설은 로큰롤이 자기 역사를 만들고 정동적 힘을 재생산하는 중요한 전략으로 '포섭cooptation'의 개념을 논의한다. 결론적으로 나는 로큰롤이 역사적으로 위치 지을 수 있는 사건이며, 일상생활의 현대적 맥락의 변화가 곧 닥칠 로큰롤의 '사라짐'에 대한 의문을 제기한다고 주장한다.

74 '카텍시스cathexis'는 경제적 은유에 기초한 정신분석학 용어로, "특정한 양의 정신 에너지가 개념 또는 개념 그룹, 신체의 일부, 대상 등에 집중되어 있다는 사실"을 나타낸다(Laplanche & Pontalis, *The Language of Psycho-Analysis*, trans. D. Nicholson Smith. New York, n.d.: 62).

75 캡슐화는 외부로부터 격리 또는 포장하는 과정으로, 로큰롤이 다양한 방식을 가지면서 자신을 독자적인 특성으로 표현하고 격리하는 과정을 의미한다. — 옮긴이

가설 1. 전후 맥락에서의 로큰롤

로큰롤에 관한 해석은 우선 로큰롤을 위치 짓고 관계를 식별할 수 있는 맥락을 찾는 것에서 시작해야 한다. 중층 결정에 대한 인식이 늘어나고 있음에도 불구하고, 지배적 특징으로 식별되는 것은 항상 사회학적 변수로 음악의 생산자와 소비의 사회학적 특성이다. 사회학적 변수는 종종 지역적으로는 중요하지만 항상 예외를 맞닥뜨리게 된다. 이를 두고 더는 로큰롤이 아니라거나 진정으로 문화적이고 정치적 의미를 잃었다고 반응하는 것은 문제를 그저 회피하는 일이다. 게다가 이러한 사회학적 서술은 로큰롤의 출현과 계속되는 힘에 대한 설득력 있는 설명을 제공하지 않는다. 그렇다면 로큰롤의 모든 맥락에 공통된 특징이 있을까? 로큰롤이 어떤 식으로든 젊은이들의 소외, 무력, 권태 등의 경험과 관련이 있다는 단순한 가정에서 출발한다면, 이러한 경험들이 등장하고 '청년 문화'에 대한 특정한 반응으로 기능하는 맥락을 찾아낼 수 있는가?

특히 1950년대에 (하지만 오늘날까지도) 로큰롤 수용자가 청년이라는 점은 분명히 음악 그 자체와 그것의 문화정치의 중요한 결정 요소다. 사춘기의 좌절, 욕망, 두려움과 원망은 로큰롤에 많은 에너지와 주제를 제공한다. 하지만 겉보기에는 간단한 이 결정조차도 다른 감정, 경험, 사건 등에 의해 매개된다. 로큰롤의 첫 수용자가 10대들이기는 했지만 이제는 상황이 확실히 그렇지는 않다. 마찬가지로 로큰롤로 재현되는 계급 경험은 어떠한 맥락에서는 유의미하게 기능할 수 있지만, 다른 맥락에서는 똑같이 기능하지 않으며, 때로는 아예 부재할 수도 있다. 헵디지가 펑크punk를 노동 계급의 음악으로 일반화하려 한 시도는 펑크가 대체로 예술파와 '보헤미안' 맥락에서 나왔다는 프리스의 주장뿐만 아니라 노동 계급을 낭만화하지 않고 대체로 중산층의 맥락에서 펑크가 기능한다는 상황과도 배치된다. 특정한 형태의, 또는 일반적인 로큰롤이 특정한 계급에 기원을 지닌다고 말하는 것이 특정한 맥락에서 로큰롤의 수용과 사회적 영향력에 대하여 논의하는 일은 반드시 아니다. 물론 로큰롤의 (계급적) 기원이 지역적 도상학iconographies을 통하여 특정한 매개 효과를 가진다는 점을 부인하는 것은 아니다.

반면에 로큰롤이 후기 자본주의와 탈근대성으로 특징지어지는 시간적 맥락에 등장했다는 명백한 사실을 고려해 보자. 전후 맥락에 대한 지배적 순간들은 다음과 같이 묘사됐다. 예를 들어 전쟁과 홀로코스트가 부모 세대에 미친 영향, 경제적 번영과 낙관주의, (원자폭탄의) 즉각적이고 완전한 멸절의 위협, 정치적 무관심과 억압이 함께한 냉전과 매카시즘, 교외의 부상과 관련된 반복의 내재적 가치화, 일상생활의 합리화와 통제를 위한 기술이 점점 정교해지는 후기자본주의(소비 사회)의 발전, 매스 미디어와 광고 기법의 확산과 이미지 미학의 출현, 베이비 붐에 대처하기 위한 시도와 궁극적 실패, 개성, 진보, 소통이라는 이념의 지속(아메리칸 드림), 그리고 수전 손택Susan Sontag을 인용하자면, 충격에 대한 점점 무너지는 기준 등이 있다. 그 결과는 (아메리칸 드림이 따분했던 것처럼) 지루할 뿐 아니라 두렵고 성인 세계와 서로에게 고립된 어린 세대였다. 성인 세계가 어린이의 독특함을 강조하고 그들에게 낙원을 약속하면 할수록, 어린 세대들은 더 화가 나고 더 불안해져 갔다.

전후의 문화적 효과들은 이제야 그 중요성이 인정되고 있는데, 그것들은 훨씬 더 광범위한 기관 내에 자리 잡았다. 그 효과들은 점차 증가하는 변화율로 특징지어지는 세계에서 작동했다. 그러나 특이한 점은 (이 과정이 한동안 진행되었기 때문에) 변화라는 것이 당연한 것처럼 보이고, 안정적이고 예측 가능한 목적론에 대한 의심을 허용하지 않았다. 의미와 깊이 또는 상속에 대한 감각을 제공할 수 있는 진보에 대한 감각이 전혀 없었다. 미래와 과거는 점차 무관해 보였고, 역사는 현재로 통합되었다. 진보의 수사학이 존재하지만, 자신들의 삶이 자신들의 부모보다 더 나아질 것이라고 믿지 않는 세대와 마주하게 되면서 이러한 사실의 파장은 이제야 가시화되고 있다. "우리는 정치의식과 삶에 있어서 취향의 기초부터 다시 만들어야 할 의무가 있다. 예전의 판단 방식은 그저 우리의 공통적 상실감에 대하여 검증되지 않은 습관과 위로하는 방어로만 남아 있다"(Schjeldjahl, 1981: 67). 역사가 의미를 잃어버리면서, 역사는 개인의 행동을 선택하고 검증하는 가치의 근원이 될 수 없게 되었다. 존 버거는 다음과 같이 주장한다.

> 오늘날 개인의 삶을 둘러싸는 것이 그 짧은 삶보다 더 빨리 변할 수 있다. 시대를 초월한 것은 폐지되었고 역사는 순간의 것ephemerality이 되었다. 역사는 더 이상 죽은 자들에게 경의를 표하지 않는다. 죽은 자들은 그저 지나간 것이다…… 이는 시간을 거스르는 순간들의 공통된 경험이 그들을 둘러싼 모든 것에 의해 명백히 거부된다는 것을 의미한다. 그러한 순간들은 더 이상 시대를 초월한 역사를 바라보는 창이 아니다. '영원히'라는 표현을 유발하는 경험은 이제 혼자서, 개인적으로만 고려할 수 있는 것이 되었다. 그 역할도 초월하는 것보다 고립시키는 것으로 바뀌었다. (Berger, 1980: 89)

역사가 불연속적이며 방향성이 없으며 의미 없는 변화가 되면서, 역사는 파편화와 파열, 억압적 물질성, 그리고 무력감과 상대주의로 대체된다.

이러한 새로운 사회역사적 맥락은 자신의 고유한 특징에 대한 젊은이들의 확신을 강화했고, 실제로 그것은 1950년대와 그 이후 지배적인 세대들의 요구와 인식을 결정하였다. 청소년기가 쾌락뿐만 아니라 실행 가능한 성인 정체성을 추구하는 시기라면, 역사의 심층 구조의 붕괴는 전통적 모델을 약화했다. 문화적 영웅으로서 홀든 콜필드,[76] 제임스 딘James Dean, 말

76 J. D. 샐린저J. D. Salinger의 자전적 소설 《호밀밭의 파수꾼*The Catcher in the Rye*》(1951)에 나오는 주인공 소년으로 반항적인 청소년의 아이콘이다. — 옮긴이

론 브랜도Marlon Brando 및 비트 세대the Beats[77]의 중요성은 이 새로운 경험들과 일치하는 정체성을 얻기 위한 그들의 투쟁에 있으며, 블랙 힙스터의 모델이 된 비트 세대는 로큰롤/청년 문화의 길을 열었다.

로큰롤은 전후와 탈근대적 맥락에서 성장한 세대들의 삶에서 비롯되었을 뿐 아니라 그 안에서 작동한다. 그것은 단순히 10대의 삶을 재현하거나 그것에 반응하거나 특정 계급에 반응하는 것이 아니다. 로큰롤은 세대 차이의 음악도 아니다. 로큰롤은 세대 차이의 특정한 역사적 등장을 영원한 것으로 표시함으로써 그 맥락을 구분 짓는다. 내가 제안하려는 것은 탈근대성이 단순히 경험이나 경험이 재현뿐만이 아니라 정동적 동맹이 생성되는 실천의 형태이자 정동에 의해 투자된 실천과 사건의 한 형태라는 것이다.

많은 평론가가 로큰롤을 약화된 리듬 앤 블루스(더 정확하게는 블루스와 백인 힐빌리hillbilly[78] 음악의 합성)라고 묘사했지만, 나는 백인 청년에 의한 로큰롤의 제작과 수용이 그것의 음악적 뿌리에 신정한 변화를 일으켰나고 주장한다. 로큰롤은 백인 청년을 새로운 역사적 형성 속에 위치시켰는데, 이것의 윤곽은 내가 탈근대 실천의 미학이라고 명명한 것에 조응한다. 이러한 미학으로 총체성의 부정과 그에 따른 불연속성, 파편화, 파열의 강조, 깊이의 부정과 뒤이은 피상적인 것의 물질성에 대한 강조, 모든 목적론의 거부와 뒤이은 변화와 기회에 대한 강조, 그리고 이를 통해 역사를 우리의 존재와 무관하면서 동시에 본질적인 것으로 만드는 것, 순수한 자의식과 자유에 대한 부정 그리고 뒤이은 담론 부호들의 맥락, 결정, 상호텍스트성에

77 1950년대 미국의 경제적 풍요 속에서 획일화, 동질화로 개인이 거대한 사회 조직의 한 부속품으로 전락하는 것에 대항하여, 포크 음악을 즐기며 산업화 이전 시대의 전원생활, 인간 정신에 대한 신뢰, 낙천주의적 사고를 중요시하였던 이들이다. 1920년대의 '상실 세대Lost Generation'처럼 기성세대의 주류 가치관을 거부하였다. — 옮긴이

78 미국 중부 산맥에서 사는 가난한 백인 노동자 계층을 가리키는 말이다. — 옮긴이

대한 강조 등을 생각해 볼 수 있다.

문제는 파편화를 지지하는 탈근대성의 의미에 대한 거부가 단지 자본주의 상품 물신화의 논리적 결론에 불과하냐는 것이다. 탈근대적 파편이 파편화 자체를 상품으로 받아들인다고 하더라도 어떻게 상품 외에 무엇이 될 수 있을까? 후기 자본주의의 상품은 근대와 탈근대의 문화적 실천 사이의 모순에 존재한다. 상품은 여전히 총체성의 재현으로 결정되고, 상품은 특정한 물체(예를 들어 신분, 패션 또는 교환 가치)뿐만 아니라 상품화의 일반적 과정에도 의미를 부여하는 총체화 충동totalizing impulse의 맥락에서만 파편을 나타낸다. 탈근대적 실천은 이러한 총체화 충격을 전적으로 부인한다. 이러한 점에서 후기 자본주의 대상은 한편으로는 이념적 미학에서, 다른 한편에서는 구조적 미학의 맥락에서 작동한다고 할 수 있다. 여기서 전자는 대상이 재현되는 방식을 설명하는데, 탈근대적 파편을 순전히 경제적이고 미학적(아방가르드)인 용어로 정의함으로써 그 맥락 속으로 전유시킨다. 이것은 탈근대주의가 담론 속에서 자본주의 상품을 사용하는 경향에 의하여 더 쉽게 이루어진다. 구조적 미학은 탈근대적 실천을 상품의 탈신비화demystification, 맥락이나 의미가 없는 파편으로서의 미학적 축소, 그리고 기의 없는 기표로 묘사한다. 탈근대주의는 해체의 미학적 실천인 것이다.

후기 자본주의에서 대상은 다음의 두 가지 실천 사이의 모순에 존재한다. 하나는 대상을 상품으로 바꾸는 이념적 신비화이고, 다른 하나는 상품을 물질적 맥락으로 바꾸는 구조적 탈신비화다. 본질적으로 탈근대적 대상은 상품으로 재현되어 회복되지 않는 한 단순히 소비될 수 없다. 따라서 로큰롤의 탈근대적 미학은 음악의 존재를 상품으로 설정하기보다, 상품화와 파편화 사이의 끊임없는 투쟁으로 설정한다.

그렇다면 이제 로큰롤을 헤게모니적 실천으로 전유하는 탈근대적 실천의 특정한 형태를 구체화해 보겠다. 저항에 대한 헤게모니의 반응이 편입incorporation의 실천을 통해 이루어진다면(Williams, 1981 참조), 로큰롤의 힘은 청년 문화와 지배 문화 사이의 경계에서 작동하고 이를 생산하는 '배출excorporation'의 실천에 있다. 로큰롤은 특정한 외부성을 주장하는 실천들이 지배 관계의 맥락에 재배치되는 편입의 헤게모니적 실천을 반전시킨다. 로큰롤은 기호, 대상, 소리, 스타일 등을 지배 문화에서 제거하고 그것을 차별과 저항의 정동적 동맹 안으로 재배치한다. 그 결과로 생기는 충격(인식과 의미의 훼손에서부터)은 지배적인 문화에서 일시적으로 통과할 수 없는 경계를 생성하는데, 이것이 바로 로큰롤 문화의 정동적 가능성의 캡슐화다. 로큰롤은 독특한 자본주의면서 탈근대적 실천인 브리콜라주bricolage[79]의 특정한 형태다. 로큰롤은 편입과 배출의 연속적인 변주로 작동하는데 모순적인 문화 실천이기도 하다. 이것의 가장 명백한 결과는 로큰롤 내에 특정한 형태의 모순인데, 이 모순은 상징주의–다다이즘–초현실주의의 전통과 로큰롤을 연결시킨다. 존 피카렐라John Piccarella가 언급했듯이 "젊음의 본질로서 로큰롤이 그 뿌리인 블루스와 컨트리 음악과 분리되는 이유는 직접적인 개인적 표현에서 생기는 모순적 거리 때문이다. 록 쇼맨십의 기이한 스타일과 과장된 매너리즘은 청소년기의 방어적인 자기 소외로 향하는 경향이 있다"(1982: 83). 로큰롤은 혁명을 믿지 않는 세대들에게는 저항의 한 형태다. 로큰롤의 저항과 정치는 지배 문화에 대한 직접적 거부도, 권력 구조에 대한 유토피아적 부정(판타지)도 아니다. 로큰롤은 지배 문화가 저항을 억압하기 위한 그 실천 방식을 응용하는데, 편입과 배출의 계속된 변증법을 통해서 존재의 경계를 재생산한다. 하지만 그 저항이 지배 문화의 정치적이고 경제적 공간에 머물기 때문에, 로큰롤의 혁명은 단지 '모조품simulacrum'일 뿐이다. 로큰롤의 정치학은 정치적 의식이 더는 불가능한 순간에만 등장한다. 로큰롤의 실천은 꿈과 악몽이 없는 초현실주의

79 인류학자 레비스트로스가 브라질의 원시 부족을 연구하면서 사용한 용어다. 사물을 새로운 방식으로 활용하거나 일반적으로 수용되는 미디어와 장르에 대한 재고를 뜻한다. — 옮긴이

이자 정치적 선택의 재현이 없는 다다이즘이다.

거부, 통제, 그리고 개념화할 수 없는 이 탈근대적 현실은 지배의 근원이자 찬사와 재미의 대상과 맥락이 된다. 현대의 지루함(반복), 무의미함, 비인간화 등에 기겁하고 분노하는 청년은 여가에 이러한 조건, 즉 기술, 소음, 상품 페티시, 반복, 파편화와 피상성을 예찬한다. 허탈함과 쾌락은 상호 구성하는 요소가 된다. 로큰롤은 이러한 조건의 가능성인 탈근대성 안에서 그에 맞서면서 자기 위치를 찾는다. 물론 로큰롤은 가끔 재현의 불가능한 거부를 피하고자 하였다. 예를 들어 애시드 록acid-rock[80]의 하위문화는 기호와 대상을 브리콜뢰르bricoleur[81]의 조각처럼 가지고 놀았지만, 그 문화 또한 자연 현실의 신화에 호소함으로써 탈근대적 실천을 부정하였다. 비록 텍스트가 명료하지 않았지만, 텍스트는 저항이 '자연적인' 삶 속으로 유토피아적 후퇴를 위해 이용되는 더 큰 맥락 안에 있었다.

가설 2. 로큰롤의 힘: 정동적 차이

우리는 무엇보다도 로큰롤이 재미있다는 것을 인정할 때 로큰롤의 작동방식을 이해할 수 있다. 즉 로큰롤은 음악의 순수한 에너지, 춤추게 하는 비트, 성적인 울림 등 다양한 쾌락을 생산한다. 사실 특정한 로큰롤을 거절하는 치명적인 방식은 그것을 '지루하다'라고 평가하는 것이다. 그러므로 로큰롤은 자신을 너무 심각하게 여겨서는 안 된다. 로큰롤이 효과적으

80 1960년대 중반에 등장한 사이키델릭 록psychedelic rock(약물 경험에서 영향을 받거나 이와 관련된 음악)과 종종 혼용해 쓴다. 애시드는 마약의 일종인 LSD를 가리킨다. 사이키델릭/애시드 록은 음악 못지않게 패션, 포스터, 음반 디자인, 콘서트에서의 시각 효과도 중시했으며 청년 반문화, 특히 히피 하위문화와 연관이 있다. — 옮긴이

81 레비스트로스가 연구한 부족 사회에서 한정된 재료와 도구를 가지고 다양한 일을 능숙하게 사용하는 사람을 가리키는 용어다. — 옮긴이

로 되기 위해서는 자신의 중요성을 계속 부인하면서 수용자의 관심을 최우선으로 삼아야 한다. 로큰롤의 힘은 그것이 무엇을 말하거나 의미하는 바에 있는 것이 아니라, 로큰롤의 질감과 그것이 사용되는 맥락이 무엇인가에 달려 있다. 다시 말해 수용자마다 같은 대상을 다르게 해석할 뿐 아니라 그들이 해석하는 의미와 사용/쾌락 사이에는 상관관계가 거의 없는 것 같다. 내가 말하려는 것은 로큰롤의 가사와 소리가 분리된다는 점이 아니라, 텍스트 분석으로 로큰롤의 의미에 접근할 수 없다는 점이다. 라이브이든 녹음이든 로큰롤은 텍스트에서 그 의미를 읽어 낼 수 없는 공연이다. 로큰롤이 의미를 생산하거나 조작하지 않는다는 것이 아니라, 로큰롤의 의미는 정동적으로 작동한다는 것이고, 욕망과 쾌락을 생산하고 조직하는 것이다. 미국의 토크쇼 진행자인 데이비드 서스킨드David Susskind가 음반 프로듀서 필 스펙터Phil Spector[82]에게 〈두두론론*Do Doo Ron Ron*〉이라는 곡의 의미가 뭐냐고 묻자 스펙터는 이렇게 답했다. "그 곡의 의미는 제가 정하는 것이 아니에요. 느낌에서 나오는 거죠! 음반 사운드가 들리지 않나요? 정말 안 들리나요?"(Marcus, 1969: 11~12). 그 질문에 대한 서스킨드의 대답이 '안 들립니다'라는 사실은 스펙터와 그의 팬 모두가 알고 있었다.

그러나 다른 한편으로 로큰롤은 자신을 너무 심각하게 여긴다. 로큰롤의 자의식이 지극히 클 뿐 아니라 상호텍스트성, 자기 참조, '리메이크'를 통해 역사를 재생하는 방식으로 자신을 재구성하거나 재캡슐화한다. 인기 여부와 관계없이 로큰롤은 본질적으로 다른 음악과의 차이를 지속해서 생산함으로써 자신의 인기를 나타낸다. 내부적 관점에서 로큰롤은 단순히 '팝'의 일부분이 아니며, 로큰롤 이외의 다른 음악이 항상 존재해야 한다. 그런 '다른' 음악은 '포섭되고,' '돈에 팔려 넘어가고sold out,' '가벼

82 필 스펙터(1939~2021)는 비틀스의 명반 〈렛 잇 비〉 등을 제작한 전설적 프로듀서이자 작곡가다. — 옮긴이

워지거나bubblegum,'[83] '얌전한 가족 오락family entertainment' 같은 것들이다.

로큰롤의 힘이 의미가 아니라 정동적 투자에 달려 있다면, 그 힘은 어떻게 느끼는가에 달린 것이 아니라 욕망과 쾌락이 만들어 내는 경계에 달려 있다. 로큰롤의 저항적 힘은 지배 문화가 받아들일 수 없는 특정한 욕망을 제공한 결과도, 쾌락의 특정한 구조도, 그리고 심지어 욕망의 무한한 실현을 요구한 결과도 아니다. 로큰롤이 지배 문화에 대한 이념적 비판을 늘 제공할 필요는 없다. 비록 특정 순간에 로큰롤이 억압 그 자체뿐 아니라 특정한 억압을 겨냥한 것으로 확실하지만 말이다. 그러나 로큰롤은 자신과 팬들에 대한 제약을 생산하기 때문에 자유와 제약의 이율배반antinomy을 투영하지 않는다. 로큰롤의 역사는 오히려 이러한 이율배반의 해체다. 즉 로큰롤은 항상 쾌락의 생산을 위한 가능성을 제한함으로써 욕망의 조직 관계를 가지고 논다. 욕망과 쾌락과 맺는 로큰롤의 관계는 차이를 표시하고 사회적 현실에 '그들'과 '우리'의 경계를 새기는 역할을 한다. 로큰롤은 끊임없이 탈근대성, 젊음, 쾌락의 교차점에서 영구적인 파열을 재접합하고 다시 불어넣는다. 로큰롤은 특정한 역사적 순간과 그 안에서 부상하는 세대들을 영구적인 파열로 이끈다. 이러한 파열은 욕망과 쾌락의 헤게모니적 통제를 방해하는 '정동적 동맹'을 생산함으로써 완성된다. 즉 이데올로기의 명부 속에서 이러한 효과는 이른바 팬들의 '감성적 삶'에서 가장 잘 드러난다.

그러나 이러한 차이점은 단순히 내부와 외부 또는 헤게모니와 혁명의 경계가 아니다. 로큰롤은 헤게모니 안에 존재하더라도 스스로의 팬을 다르게 여긴다. 그 경계는 지배 문화 안에 새겨져 있다. 로큰롤은 팬을 외부인으로 위치시키는 내부자의 예술이다. 이러한 '캡슐화'는 헤게모니를 명

83 버블검은 주로 청소년용으로 제작된 팝 음악 서브 장르이며 가벼운 팝 음악 장르를 지칭하기도 한다. — 옮긴이

시적으로 공격하거나 정동적 연결 속에 있는 이들에 대한 대안적 정체성을 정의하는 이념적 재현을 통하여 종종 만들어진다. 그러나 이러한 지엽적인 고려 사항은 로큰롤이 만들어 내는 사회 공간의 일반적 계층화를 흐리게 한다. 로큰롤은 지배 문화 안에서 정동적 동맹을 구성하는 특정한 실천을 통해 스스로의 외부성을 정의한다. 정신분석학적 은유를 사용한다면 로큰롤은 자신을 '야수의 뱃속'으로 '편입'시킨다. 로큰롤은 지배 문화 안에 "내재화되었지만 통합되지는 않은," 하지만 지배 문화에 "낯설거나 접근할 수 없는…… 동시에 동봉되고enclosed, 매장되고entombed, 피막화된encysted" 것이다(Nelson, 1978: 57~58).

마지막으로, 우리는 로큰롤과 헤게모니 사이에 정치적 관계를 구성하는 경계에 대하여 질문해 보아야 한다. 로큰롤이 가지는 긍정적 힘에 대한 가장 일반적인 설명은 그것이 산업 대중 사회에 직면하여 공동체를 재구성하려고 시도한다는 것이다. 따라서 로큰롤이 사적 욕망에서 시작된 것이라면, 그것은 사적 욕망으로부터 공동된 경험을 만든다. 예를 들어 1950년대 로큰롤은 10대의 공유된 경험을 바탕으로 커뮤니티를 만들었다. 그러나 이러한 정체성(이런 정체성은 항상 자신을 재확인하고 이전 세대의 팬들에 대하여 반란을 일으킨다)의 생산이 로큰롤의 정치적 기능을 생산하기보다 해체한다고 볼 수 있다. 로큰롤의 정치는 정체성을 생산하는 것이 아니라 (지배 문화에 통합된) 정체성에 대한 끊임없는 투쟁이자 정체성을 만들고 정치화하는 역할을 한다. 이러한 긴장의 근원은 탈근대성과의 대립에서 찾을 수 있다. 로큰롤은 상황의 절망감을 쾌락이자 가능성으로 수용하게 변화시킨다. 그러나 로큰롤이 절망감을 아예 떨쳐낼 수는 없다. 왜냐하면 로큰롤은 역사적 순간과 자신의 의미와 가치를 찾으려는 시도를 피할 수 없기 때문이다. 물론 그러한 시도는 자신의 전후 맥락과 탈근대성을 거부하는 것이다. 그래서 로큰롤은 새로운 형태의 정체성, 새로운 가치와 의미를 추구하지만, 동시에 로큰롤은 이러한 것들을 의미와 가치를 약화시키는 세계의 맥락 안으로 재배치해야 한다. 예를 들어 젊은이들이 느끼는 외로움이라는 감정이 단순히 사랑이라는 낭만적 신화를 만나고 결국엔 실패하게 된다는 것이 아니라, 로큰롤이 탈근대성에서 그러한 길을 찾는다는 것이다. 그들에게 내재한 실패라는 현실(실재), 즉 그들의 욕망에도 불구하고 실패할 것이라는 좌절감은 대중이 팝(예를 들어 비틀스Beatles와 10대의 죽음에 대한 노래)과 10대(예를 들어 미트 로프Meat Loaf[84]) 로큰롤에 왜 열광하는지를 부분적으로 설명해 준다.

로큰롤의 정치는 새로운 것을 축하하려는 욕망과 그것을 탈출하려는 욕망, 그리고 절망과 쾌락 사이의 긴장에서 이해되어야 한다. 로큰롤의 정치는 탈근대적 세계에서 생존 방식으로서 정동적 동맹의 접합에서 비롯된다. 그것은 낡은 구조의 죽음을 슬퍼하지 않고 자기 현실과 모순되지 않는 욕망의 조직을 찾으려 한다. 최상의 로큰롤은 오래된 꿈을 새로운 현실로 바꾼다. 로큰롤은 자기 캡슐화 외부에 있는 것을 거부하는데, 정치적 이유 때문이 아니라 외부의 정동적 조직이 탈근대적 세계에서 더는 적절하지 않기 때문이다. 로큰롤은 이주자 삶에 찬사를 보내는데, 그들은 그때그때 스스로 구축한 것 외에는 뿌리가 없을 뿐 아니라 그 뿌리마저 결국 무너진다. 로큰롤은 놀이, 심지어 절망적 놀이도 생존의 유일한 가능성으로 여긴다(예를 들어 엘비스 프레슬리Elvis Presley의 분홍색 캐딜락,[85] 비틀스의 장난, 펑크의 충격 전술, 포스트펑크의 부조화 등). 로큰롤은 자신의 이념적 재현을 지배 문화의 것과 대비시키지 않으며, 의미와 욕망이 겹쳐지는 헤게모니의 틈새와 균열에 위치한다.

84 미트 로프(1947~2022)는 미국의 록 가수로, '고깃덩어리'라는 뜻의 예명(본명 마빈 리 어데이)처럼 큰 몸집과 풍부한 성량을 지녔으며 1977년의 앨범 〈뱃 아웃 오브 헬*Bat Out Of Hell*〉로 최고 스타 자리에 올랐다. 밴드 해산 후 브로드웨이에서 뮤지컬을 시작으로 영화와 TV 등에서 배우로도 활동했다. — 옮긴이

85 엘비스 프레슬리의 상징이 된 분홍색 캐딜락은 그 시대 스타일의 표준이 되었고, 음악, 영화 등 대중문화에도 영향을 미쳤다. — 옮긴이

가설 3 로큰롤의 작업: 정동적 동맹

그러나 여전히 남아 있는 질문은 로큰롤 팬들이 왜 서스킨드가 음악을 '듣지' 못했다고 확신하는지에 대한 것이다. 또한 우리는 로큰롤과 그 문화들 사이의 경계와 차이점도 잘 인지하지 못한다. 예를 들어 한 수용자는 로큰롤이라고 여기는 것을 다른 수용자는 포섭된 것이라고 무시할 수 있다. 나는 특정한 음악이 '로큰롤'이 되기 위해서는 그 음악이 '로큰롤 기구'라고 부를 수 있는 좀 더 큰 결합체 안에 위치해야 한다고 제안한다. 이러한 맥락에서 음악은 특정 기능이 강화되도록 변화된다. 로큰롤 기구에는 음악 텍스트와 실행뿐만 아니라 경제적 결정, 기술적 가능성, 연주자와 팬의 이미지, 사회관계, 미적 관습, 언어 스타일, 동작, 외적인 모습과 춤, 미디어 실천, 이념적 헌신 및 기구 자체의 미디어 재현까지 포함된다. 이 기구는 공시적이고 통시적이며 일상생활의 음악적 및 비음악적 영역을 모두 포함하는 '취향의 지노'를 설명한다. 예를 들어 특정 기구는 '허용되는 음악'의 경계를 정의할 뿐 아니라 다양한 형태의 로큰롤의 여러 정동적 위치를 배치하고, 다른 방식의 권위를 부여한다. 로큰롤은 어떤 시점에서도 여러 가지 형태로 구성되며 특정 형태나 관습이 공통적으로 유지될 수 있지만, 그 효과는 기구 내에서 정의된 공시적 및 통시적 관계의 측면에 따라 변화한다. 또한 이러한 입장들은 새로운 형태가 나타나 음악 경제를 교란할 때 항상 변화한다.

로큰롤과 그 효과를 표면적으로 읽어 내거나 음악과 팬 사이를 고립 관계로 취급하는 것은 특정 로큰롤 기구 내에서 그것의 장소에 대한 해석을 미리 가정하는 일이다. 그러나 음악의 효과와 정체성은 사회적, 문화적, 물질적 실천의 이질적인 영역의 특정한 조각들을 연결하는 기구 내에서만 설명될 수 있다. 그렇다면 '그들'과 '우리' 사이에 선을 긋는 것은 바로 자신을 캡슐화하는 로큰롤 기구다. 이 기구는 헤게모니적 기호와 사건의 '배출'을 통한 브리콜라주로 존재한다. 그것들을 파편으로 취급함으로써 그 기구는 이러한 기호와 사건을 다른 '욕망의 지도'에 재투자한다.

하지만 이 기구를 그저 낱개의 물리적 사건들의 수동적인 조합으로 여겨서는 안 된다. 이 기구는 변화하는 욕망의 구조를 끊임없이 생산하고 자신을 재생산한다. 로큰롤 기구는 겉보기에는 무작위로 보이지만 로큰롤 문화를 관통하는 사건과 기호의 모음으로 구성되어 있다. 이것은 청춘이 자신의 정동적 존재를 조직하기 위한 일련의 전략이다. 이러한 '욕망의 지도'는 이념적, 정치적, 경제적 형성에 대한 관계를 승인하는 동시에 이것으로 단순화할 수 없는 '정동적 형성affective formation'이라 할 수 있다.

그러므로 로큰롤 기구의 힘은 사회생활의 다양한 영역에서 일부를 '훔치는' 데 있는 것도 아니고 그렇다고 그것들을 단순히 연결한다는 사실에 있지도 않다. 오히려 그것의 힘은 파편화된 것의 내부와 그사이의 특정 조직의 생산 및 전경화에 있다. 로큰롤 기구는 끊임없이 자신을 재생산하는 기계로 그리고 자신의 욕망 벡터를 물질적 삶에 적용하면서 우리의 정동적 삶을 재구성한다. 내 주장은 로큰롤의 연속성이 '정동적 형성'을 묘사하는 3차원적 지형을 계속 새김으로써 이루어진다는 것이다. 추상적 차원에서 논의함으로써, 나는 특정한 시점에서 로큰롤 기구가 작동하는 구체적인 단편과 이러한 기구의 축이 그 순간에 어떻게 변화하는지에 대한 질문을 무시한다. 특정한 기구와 형성에 집중하기보다, 우선 로큰롤 기구의 경계, 즉 로큰롤 출현 순간, 중단 가능성, 가변성 범위 등을 먼저 설명하려고 한다.

로큰롤 기구는 세 개의 교차 축에 따라 일상생활을 정동적으로 구성한다. (1) 차이로서의 젊음: 세대 간의 사회학적 차이는 사회관계의 현상학적 영역에 새겨져 있다. (2) 신체의 쾌락: 쾌락에 대한 찬사는 신체에 새겨져 있다. (3) 탈근대성: 불확실성(파편)의 구조는 역사와 의미의 회로에 새겨져 있다. 앞으로 이 세 가지 축을 간략하게 설명하겠다.

가장 분명한 것은 로큰롤 기구가 젊음의 범주를 중심으로 구성된다는 점이다. 물론 '젊음'이 여러 가지 다른 이념적 굴절이 있지만, 젊음은 사회적 그리고 역사적으로 위치할 수 있는 물질적 신체(그리고 정동적으로나 이념적으로나 교차하고 새겨진 신체)이기도 한다. 사실 로큰롤 기구는 차이와 배제의 정치 그리고 권태의 정치라고 표현할 수 있는 '세대 정치'를 만들어 냈다. 앞서 말했듯이 로큰롤 기구는 팬에게 필요한 정체성을 정의하기보다는 팬을 캡슐화하고 다른 이들을 배제하는 경계의 역할을 한다. 젊음이라는 범주를 기구 내에서 정동적으로 투자하고 청년 문화의 현장을 규정하는 것이 바로 이 차이다. 그러나 기구에서 배제되는 '타자'는 연대순으로 정의되는 것이 아니라 권태의 현상학에 의해 규정된다. 로큰롤 기구는 권태에 대한 반대만을 헤게모니적 현실의 경험으로 규정하는 정치를 제도화한다. 젊음의 정치는 변화에 찬사를 보내지만, 로큰롤의 기구는 지루함의 구조 자체를 쾌락으로 변화시킨다.

로큰롤 기구의 두 번째 정동적 축은 쾌락의 장소로서 신체에 대한 찬사를 수반한다. 이는 성제성을 스타일로 바꾸고 리듬과 춤의 중심에 있으며, 동시에 성과 성행위의 구애가 발생하는 공간이다. 음악적 실천 자체가 신체라는 기구 안에 투입되며, 이 기구는 신체적 욕망의 음악이다. 음악과 움직임에도 즉각적인 물질적 관계가 있다. 이 관계는 음악 전반에 해당하지만, 로큰롤에서 전면적으로 드러난다. 가장 단순한 차원에서 신체는 소리와 리듬에 따라 진동하며, 그 진동은 복잡한 효과를 생성하는 다른 실천과 사건과 접합될 수 있다. 음악의 물질성은 이념적 구성물로서 개인을 신체로 번역하는 것을 가능케 하는 정동적 힘을 부여한다. 이러한 물질적 관계는 기구 내에 존재하고 팬들이 사용할 수 있다. 신체는 쾌락이 재구성되고 욕망이 전환되는 곳이 된다. 예를 들어 미국의 로큰롤 음악과 흑인 음악 사이의 복잡하고 종종 모순되는 관계(이 둘은 양립할 수 있으면서 동시에 매우 거리가 있는)를 이 축이 변화하는 투자의 측면에서 살펴볼 수 있다. 더군다나 로큰롤 기구 안에서 반대하는 성 정치 가능성을 접합하려 할 수도 있다.

물론 이러한 제안들은 로큰롤 기구의 정동적 형성과 이념적(그리고 경제적이고 정치적)으로 생산된 미국 사회에서 인종 차별과 성차별의 구조 사이의 관계를 가로막기 위한 것은 아니다. 생산, 마케팅 및 유통에 대한 많은 제도적 실천, 그리고 성별과 인종적 소비의 패턴은 차이와 억압의 헤게모니적 구조를 분명히 강화하고 재생산한다. 예를 들어 로큰롤에 대한 페미니스트의 수많은 비판은 정당하다. 음악 텍스트와 문화는 상당히 억압적인 경우가 많다. 그러한 표현은 종종 자신만의 '감정의 쾌락'을 만들어 내는데, 가장 일반적인 로맨스와 자기 연민의 경험을 포함한다. 여기서 신체는 자아의 현장으로 새겨진다. 반면에 이러한 비판은 로큰롤 기구의 정동적이며 정치적 가능성에 대한 전 지구적 비난을 정당화할 수 없다. 구체적인 '쾌락의 정치'는 맥락적으로만 식별되고 평가될 수 있다. 그리고 정동적 형성의 차원에서 욕망은 적어도 개념적으로 이념(이 경우에는 젠더)과 무관하다. 적어도 로큰롤의 욕구와 리듬이 본질적으로 젠더적으로 기호화되어 있다는 주장은 유지하기 어려울 것이다(케리 넬슨Cary Nelson과 그로스버그[1988]에 언급된 캐서린 매키넌Catharine MacKinnon과 엘렌 윌리스Ellen Willis의 대화를 보라).

로큰롤 기구의 세 번째 축은 배경으로 하는 탈근대적 맥락을 강조한다. 로큰롤 기구는 구조의 부재로 인해 물질적으로 구조화된다. 이는 로큰롤 기구가 우리 삶을 조직하는 미래의 부재로 이해되든('미래는 고등학교 상담교사와 보험설계사가 만들어 낸 거짓이다,' '인생은 힘들고 종국에는 죽음이다') 또는 의미의 부재로 이해되든(한 학생이 말했듯이 '삶에 의미가 있다 하더라도 저는 아마 그 의미에 동의하지 못할 것입니다') 크게 달라지지 않을 것이다. 로큰롤 기구는 탈근대를 탈출하거나, 거부하거나 칭찬하고 그 속에서 쾌락을 찾는, 즉 살아남는 전략을 제공한다.

이 세 번째 축은 로큰롤 기구를 반성적으로 탈근대적 맥락 안으로 위치 짓고, 그것의 중요성과 힘에 대한 모호함을 구성한다. 다른 형태의 대중문화와는 달리 로큰롤의 '탈근대적 정치'는 그것이 안정적이고 정동적 형성을 생산한다는 주장을 약화시킨다. 오히려 로큰롤의 탈근대적 정치는 자신의 불안정성과 피상성에 찬사를 보내는 일시적인 '정동적 동맹'의 형성에 참여한다. 이러한 동맹들은 그들의 권능화의 순간에 총체성을 주장할 수도 있지만, 그들은 결정적으로 유동성과 자기 비하(〈중요한 것은 아무것도 없고, 그렇다면 어떻게 되겠나?*Nothin' Matters and What If It Did*〉,[86] 존 쿠거John Cougar), 그리고 한 동맹에서 다른 동맹으로 쉽게 넘어가는 것으로 특징지어진다. 즉 로큰롤 기구는 자신의 존재에 관한 주장을 희생하지 않으면서 정동적 동맹의 '일회성disposability'을 통합하거나 심지어 칭송한다.

그렇다면 로큰롤 기구의 존재는 바로 음악과 팬들 사이에 권능화의 장소를 찾아내는 정동적 동맹으로서 자기 생산에 달려 있다. 다시 말해 로큰롤 기구는 이 세 가지 축을 따라 다양한 파편에 다른 방식으로 감정을 투여하는 방식으로 팬들의 일상생활을 정동적으로 구성한다. 결과적으로 이 기구가 팬들을 위해 개입과 쾌락의 가능성을 찾아낸다. 이 기구는 헤게모니적 정동 형성에 세거된 벡터에 따라 물질적 세계에 대한 욕망의 투자를 포함한다. 이는 욕망이나 쾌락 그 자체가 저항적이라는 것이 아니라, 로큰롤 기구의 정동적 투자가 잠재적인 저항과 종종 생존의 차원을 결정하는 전략을 통해 수용자에게 힘을 실어준다는 것이다.

가설 4. 로큰롤의 다양성

로큰롤과 팬들 사이에 가장 흔하게 관찰되는 점은 펑크(폭력적, 성적, 감정적)와 시인(비판적, 감각적, 지적) 사이의 구분이다. 이러한 구분은 노동 계급과 중

86 미국 록 가수 존 쿠거(1951~, 본명 존 맬런캠프)의 네 번째 앨범으로, "Ain't Even Done With The Night," "This Times" 등 히트곡이 수록되어 있다. 그는 '팝계의 제임스 딘'으로 불릴 정도로 반항적인 기질이 음악에 녹아있다. — 옮긴이

산층 계급의 삶의 이미지와 대략 부합된다. 대중적 록 잡지에서는 로큰롤의 다양한 음악 스타일(팝, 리듬 앤 블루스, 아트, 포크, 컨트리, 헤비메탈 등)에 대한 설명과 분류를 찾을 수 있다. 여기서 주요 관심사는 음악적 영향력에 있다. 그러나 로큰롤을 음악 특성에 따라 제한할 수 있을지는 뚜렷하지 않다. 음악의 파편화로 인해 스타일, 맥락, 기능 등과 같이 음악을 듣는 실천의 다양성을 충분히 반영하여 보완해야 한다. 예를 들어, 동일한 음악을 다양한 그룹이 응용할 수 있고(예를 들어 뉴 웨이브), 다른 스타일은 유사한 기능을 활용할 수 있고(예를 들어 댄스 음악이나 드럭 음악), 공통 스타일을 가진 다양한 그룹(예를 들어 비틀스, 라몬즈Ramones, REO 스피드왜건REO Speedwagon, dB의 모든 팝 범주, 하트Heart, 스틱스Styx, AC/DC라는 '헤비메탈' 밴드)이 있다. 여기에는 '록을 하는 한 가지 방법'이 있는 것이 아니다.

로큰롤의 다양성과 차이를 설명하는 다른 방법은 로큰롤의 권력과 작업을 기반으로 설명하는 것이다. 첫째, 로큰롤 기구가 그동안 '그들'과 '우리' 사이의 경계를 그렸던 방식을 명시함으로써, 둘째, 특정 정동적 동맹에서 강조되는 벡터를 식별함으로써 설명하는 방법이다. 이 두 경우 지역의 정동적 동맹의 구체적 역사를 추상화해야 한다. 나는 이들 유형이 로큰롤에만 적용 가능하다고, 혹은 예측 가능한 방식으로 로큰롤의 미래 가능성을 제한한다고 주장하는 게 아니다.

차이의 새김

나는 2차원 도식을 구성하는 것을 제안한다. 수평축은 로큰롤이 다른 문화와 차별화되는 다양한 구조를 명시하고, 수직축은 로큰롤이 자신의 존재에 할당하거나 투자한 다양한 정동적 지위를 설명한다.

로큰롤은 대립적, 대안적, 독립적이라는 세 가지 형태의 경계를 만들어 냈다. 대립적 경계는 차이의 사실을 명시적으로 새긴다. 즉 우리와 그들 모두 정동적으로 자극을 받는다. 이 경계의 효과는 타자가 적으로 존재하느냐에 달려 있다. 따라서 대립적인 로큰롤은 지배 문화에 직접적인 도전이나 위협으로 나타나며, 자신의 힘으로 지배 문화의 힘에 맞서기도 한다. '우리는 세상을 원하고 바로 지금 원한다'라는 문구로 표현될 수 있다. 대안적 경계는 타자가 암묵적으로 존재할 때 새겨진다. 적은 로큰롤 문화가 자신을 차별화할 때 부정적으로 자극을 받는다. 대안적 로큰롤은 지배 문화에 대한 암묵적으로 공격을 가한다. 그것이 존재한다는 사실이 욕망의 헤게모니적 조직에 대한 잠재적 대안을 시사한다. 이는 '우리는 우리만의 세계를 원해we want the world but on our terms'라고 표현될 수 있다. 독립적 경계는 타자의 부재 시에 효과적으로 새겨진다. 독립적인 로큰롤은 지배 문화에 대하여 명시적이거나 암묵적으로도 도전하지 않는다. 그런 식으로 기능을 할 수 있음에도 말이다. 독립적인 로큰롤은 지배 문화의 관계 밖에서 존재하는 듯하고 세상을 원하지 않는다. 그것은 탈출을 추구하며 헤게모니가 침해하지도 않고 헤게모니를 침해하지도 않는 공간을 정의한다. 이는 '우리는 우리의 세계를 원한다we want our world'라고 표현될 수 있다. 이처럼 세 가지의 구조적 차이를 '우리'와 '그들'을 사용하며 표현할 수 있는데 우리/그들, 우리/(그들), 우리/( )라고 표기할 수 있다. 이러한 차이의 구조를 인지하지 않으면 로큰롤이 만들어 내는 확정적인 언사는 특정 역사적 맥락과 무관하게 설명될 수 있다. 일부 음악은 여러 맥락에 걸쳐 긍정적인 정동을 지속해서 생성할 수도 있지만, 확정적인 언사의 효과는 지배 문화와의 특별한 관계에 따라 변화할 수밖에 없다.

그렇다면 로큰롤의 긍정적인 정동의 본질은 무엇인가? 나는 그것을 정체성의 재현으로 보는 관점에 반대해 왔다. 로큰롤로 표현되는 주체-위치는 다소 다중적이고 모순적이다. 오히려 그것은 자신의 문화에 대한 특정한 정동적 지위를 정의한다. 로큰롤은 자신을 정동의 특정한 구조화로 설명함으로써 사회적 주체를 비재현적 공간에 위치시킨다. 이러한 자기 투여self-cathexes는 세 가지 — 전망적visionary, 경험적experiential, 비평적 — 로 식별할 수 있다. 이것은 본질적으로 자기 귀속으로, 그것은 세상에서 살아남는 정동적 방식으로 다른 형태의 정동적 동맹을 설명한다. 다시 말하지만, 효과적인 것은 특정한 확언의 내용이 아니라(이념적 표현이 중요한 역할을 할 수 있지만), 자기 욕망의 존재에 부여하는 지위다.

전망적 로큰롤은 유토피아적 실천으로 투사된다. 그것의 힘은 욕망의 안정된 구조라는 주장에서 비롯된다. 특정한 로큰롤 문화는 변화와 조직화에 직면하여 안정적 순간의 가능성을 보여 준다. 실제 수용자가 유토피아적 가능성과 전망의 구체적인 내용에 성공하는지는 부차적인 것뿐이다. 음악의 정동적이고 정치적 힘은 영구적인 정동적 동맹의 전망으로서 단지 생존 이상의 무엇으로 스스로를 구성하는 것에 달려 있다. 경험적 로큰롤은 좀 더 겸손하다. 그것은 자신을 필수적 생존 방식이 아닌 현재 맥락에서 실현 가능한 가능성으로만 투사한다. 그것은 변화와 움직임에 대한 자신의 언사를 확증하였다. 그것이 조직하는 동맹은 기껏해야 일시적인 휴식이다. 그것은 청년 문화의 행동과 이미지(예를 들어 운전, 춤, 섹슈얼리티, 리듬)를 칭송하는데, 청년 문화는 안정성의 조직화와 가능성 모두를 부정한다. 그것의 승인은 단지 음악이 주는 쾌락, 즉 음악적 맥락 안에 자신을 에워싸고 청년 문화의 실천에 참여하는 데 있을 뿐이다. 이러한 승인은 전망적인 것만큼 낙관적이거나 가식적이지도 않고, 비평적인 것만큼 비관적이고 자기 파괴적이지도 않다. 비판적 확언은 수용자가 자기 삶을 주도하고 이해할 수 있는 일시적 공간을 만들 수 있다는 주장조차 거부한다. 안정성과 가치의 가능성(그리고 변화 자체를 승인하는 것)을 거부함으로써 비판적 확언은 실행 가능한 생존 수단으로서 자신의 지위를 약화시킨다. 그것은 오직 자신의 부정성만을 긍정하고 확증한다. 쾌락으로서 그것의 신분은 탈근대적 현실에 유일하게 대응하는 신분에 달려 있다. 단언할 수 있는 것은 그저 비평의 실천(정동적 동맹의 해체로서)으로, 이것은 그들과 우리 사이의 차이를 새기는 실천을 포함된다. 비평적 로큰롤의 승인은 자기 성찰적인 차이

		부정	저항적 대안적	독립적
확언	유토피아	• 지미 헨드릭스(1960년대 후반) • 톰 로빈슨 밴드Tom Robinson Band(1970년대 후반)	• 그레이트풀 데드Grateful Dead(1960년대 후반) • U2(1970년대 후반)	• 데이비드 보위David Bowie(1970년대 초반) • 일렉트릭 라이트 오케스트라Electric Light Orchestra • 디스코Disco(1970년대 중반)
	경험적	• 도어스(1960년대 후반) • 브루스 스프링스틴(1970년대 중반)	• 척 베리(1950년대 중반) • 라몬즈(1970년대 후반)	• 비틀스(1960년대 초반) • 블론디Blondie • REO 스피드왜건(1970년대 후반)
	비판적	• 더 클래시 • 토니오KTonio K(1970년대 중반)	• 섹스 피스톨스(1970년대 중반) • 갱 오브 포(1970년대 후반) • 뉴 오더New Order • 아즈텍 카메라Aztec Camera 1980년대)	• 조이 디비전(1970년대 후반) • 컬처클럽Culture Club • 오렌지 주스Orange Juice(1980년대)

그림 1

의 확증이며 모든 승인에 대한 해제decathexis다

이 두 차원이 만들어 내는 '입장들stances'의 망(그림 1 참조)은 로큰롤의 정동적 정치의 가능성을 설명한다. 이것은 음악 스타일이나 특정 그룹의 의도에 대한 설명이 아니다.

또한 어떤 그룹이나 스타일도 한 범주 안에 안정적으로 배치될 수 없다. 어떤 그룹들(예를 들어 더 클래시The Clash[87])은 여러 입장에 해당할 수 있다. 앞서 강조했듯이 특정 음악의 정동적 입장은 현지에서 생산된다. 그리고

87 더 클래시는 1976년 런던에서 결성해 1986년까지 활동한 영국의 록 밴드로, 영국 펑크 록에 중요한 역할을 하였으며, 포스트펑크 및 뉴 웨이브 운동에 큰 영향을 미쳤다. 레게, 더브, 펑크, 스카, 로커빌리 등 다양한 장르를 자신들의 음악에 반영하였다. — 옮긴이

이것은 밴드의 이미지와 가사에 대한 다양한 지식의 수준(로큰롤 팬들은 가사를 타고 논다)을 포함하여 다양한 요소에 따라 달라진다. 다른 음악(펑크와 헤비메탈 등)의 팬들은 종종 외부인이 보기에 아주 미세한 음악적 차이에 큰 비중을 둔다. 음악을 듣는 방법과 듣는 음악의 종류는 다양하고 때로는 적대적인 정동적 동맹의 산물이다. 따라서 포크 록(비틀스의 "러버 소울Rubber Soul")의 등장은 특정 수용자의 청취 습관을 재정립(그들은 새로운 방식으로 가사를 들어야 했다)한 반면, AM 라디오에서 나오는 음악을 듣는 어린아이들이 똑같은 방식으로 음악을 듣는지는 확실하지 않다.

로큰롤에 대한 이러한 접근 방식의 두 가지 결과는 주목할 만하다. 첫째, 이러한 접근은 음악의 품질에 대한 평가와 정동적 정치 사이의 다양한 평가 사이에 실존하는 모호성을 지적한다. 이 둘이 갈등을 겪기 때문에 로큰롤 문화에는 딜레마가 존재하였다. 비치 보이스Beach Boys[88]의 음악과 최근 일련의 부활(스카ska,[89] 로커빌리rockabilly,[90] 글리터glitter,[91] 팝, 사이키델릭 록

88 비치 보이스는 1961년에 결성된 미국의 밴드로, 미국 서해안 젊은이들의 문화를 테마로 한 경쾌한 서프 음악의 대중화를 이끌었다. — 옮긴이

89 스카는 1950년대 후반 자메이카에서 발생한 음악 장르로, 자메이카의 민속 음악 멘토mento와 카리브해 지역 음악인 칼립소calypso를 바탕으로 리듬 앤 블루스와 재즈가 결합된 음악이다. — 옮긴이

90 록rock과 힐빌리hillbilly의 합성어인 로커빌리는 로큰롤 음악의 초창기 스타일로 1950년대 초반으로 거슬러 올라간다. 엘비스 프레슬리의 폭발적인 인기와 함께 1950년대 후반에 대유행하였다. 초창기 비틀스를 포함해 많은 로큰롤 뮤지션을 비롯해 크래시 같은 펑크 밴드에 상당한 영향을 미쳤다. — 옮긴이

91 글램 록glam rock은 글리터 록이라 불리기도 하며 음악 장르인 동시에 1970년대 초반 영국에서 활발했던 하위문화다. 화려한 의상, 원색으로 염색한 머리, 두터운 화장 등을 한 뮤지션과 콘서트의 시각적 연출을 크게 강조했다. 영국 글램의 선구자는 데이비드 보위와 게리 글리터Gary Glitter이며, 글램 록 뮤지션들이 주로 '현란한glitter' 패션을 고수한 것과 관련해 영국에서는 게리 글리터의 이름을 따 '글리터 록glitter rock'이라 부르기도 한다. 펑크 록, 고딕 록, 글램 메탈, 뉴로맨티시즘 등에 영향을 미쳤다. — 옮긴이

등)은 문제적인 정치적 효과를 지닌 좋은 음악일 수 있다. 반면에 펑크는 정치적으로 '좋은' 로큰롤의 가능성과 필요성에 관한 것이었는데, 그것의 음악적 품질은 어떤 전통적 기준으로도 모호했다. 최종적으로 일부 뉴 웨이브 음악의 네오파시스트 성향은 이러한 정동적 입장의 내용이 없는 특성에 대한, 그리고 로큰롤이 헤게모니보다 훨씬 더 억압적인 욕망의 경계를 새길 가능성에 대한 질문을 제기한다.

둘째, 이 접근 방식은 특정한 순간에 더욱 일반적인 사회적 맥락을 이해하고 해석하는 방법으로 로큰롤의 가능성을 열어 준다. 이러한 망matrix이 명료하게 하는 것은 다른 시기에 다른 입장이 자원으로 이용할 수 있고 그중 일부가 음악 내에서 그리고 청년 문화와 헤게모니 사이에서 투쟁을 지배하거나 정의 내릴 수 있다는 것이다. 그러나 이 접근 방식의 힘은 특정한 사례에 대하여 말할 수 있는 것을 기준으로 분명히 판단되어야 한다. 그림 1에는 범주마다 일반적으로 특정 정동적 기능과 연관될 수 있는 그룹들의 예가 포함되어 있다. 더 정확히 하려면 추가로 기간이 명시되어야 하고 청년 문화의 분파에 대한 정의도 포함시켜야 한다.

정동적 동맹의 구조

하지만 위에서 제시한 도식에는 적어도 두 가지 문제가 있다. 첫째, 이 도식은 동일한 위치에 있는 음악 간의 차이점을 다루지 않는다. 예를 들어 섹스 피스톨스Sex Pistols[92]와 갱 오브 포Gang of Four[93]는 둘 다 '비판적–대안

92 섹스 피스톨즈는 1975년 런던에서 결성된 영국의 펑크 록 밴드로, 많은 펑크 및 얼터너티브 록 뮤지션에게 영감을 주었다. 그들의 의상과 헤어스타일은 펑크 문화에 큰 영향을 미쳤다. — 옮긴이

93 갱 오브 포는 1976년 영국 리즈에서 결성된 포스트펑크 밴드로, 프랑크푸르트학파의 사회 비평에 영향을 받았다. 〈롤링 스톤*Rolling Stone*〉지는 "로큰롤에서 가장 정치적인 동기가 부여된 밴드"라고 평했다. — 옮긴이

적'으로 위치할 수 있지만, 위의 도식은 그들이 효과적일 수 있는 로큰롤 기구의 차이에 대해서는 아무것도 말하지 않는다. 둘째, 로큰롤 팬들과 비평가들은 같은 음악이 모든 수용자에게 같은 기능을 한다고 생각하는 것 같다. 우리는 지배적인 경제 조직의 마케팅을 통해 구성되는 것을 제외한다면, 사실 안정적이고 동질적인 로큰롤 수용자가 없다는 사실을 잊어버리곤 한다. 우리의 분석은 동일한 음악이 서로 다른 기구들 사이에, 서로 다른 기구가 동일한 차이의 입장에 공존한다는 사실(그림 1에서처럼)을 허용해야 한다. 따라서 특정한 '쾌락의 정치'와 특정한 음악에 의해 영향을 받는 권능화의 구조는 음악이 존재하는 기구의 범위에 따라 달라진다.

결과적으로 음악 자체는 그것이 내포된 다양한 정동적 동맹에서 분리된 채 사회적 힘에 할당될 수 없다. 그러나 이러한 기구/동맹은 헤게모니에 대한 구조적 위치에 의해 부분적으로만 설명될 수 있다. 이미 특정 기구를 식별할 수 있는 용어들을 언급하였는데, 지금은 주요 형태 간의 긍정적인 차이를 도식화할 수 있는 전략을 제안하려 한다. 로큰롤 기구는 젊음, 신체, 탈근대성의 세 가지 축의 배열과 반영으로 정의되는데, 다른 기구들은 특정한 기구를 전경화하는 것으로 설명될 수 있다. 즉 나는 세 축 각각에서 이루어지는 상대적인 투자에 따라 정동적 동맹 사이에 중요한 긍정적 차이를 찾을 것을 제안한다. 이 세 가지 축을 세 가지 확정적인 정동적 위치(유토피아적, 경험적, 비판적인 것이 각각 젊음, 신체, 탈근대성과 함께)로 식별하는 것이 역사적으로 정확하면서도 한편으로 유혹적이다. 그러나 이러한 방정식이 필요한 것은 아니며 다른 가능성(예를 들어 탈근대적 공상주의)을 차단하는 효과가 있을 것이다. 따라서 가장 좋은 방법은 두 도식을 개념적으로 독립적이고 구체적으로 상호 작용하는 것으로 간주하는 것이다.

로큰롤 기구에서 가장 흔한 감정적 투여는 젊음의 축(차이)과 신체의 축(쾌락)을 전경화하는 것이다(척 베리Chuck Berry, 엘비스 프레슬리 등). 두 번째 가능성은 둘 중 하나가 상대적으로 덜 중요해지는 것이다. 소울 음악은 신체와 쾌락의 축을 전경화하지만, 수용자에게 그들의 욕망이나 쾌락을 '젊음'에 투여하도록 지시하지는 않는다. 반면에 많은 비평가가 언급했듯이, '10대' 수용자를 대상으로 하는 음악의 상당 부분에는 신체의 탈투여화가 발생한다. 나는 대항 문화의 '애시드 록'과 싱어송라이터 전통이 대부분 신체의 쾌락을 지속적으로 탈부착화에 의해('사랑'과 '관계'라는 이념적으로 정의된 개념으로 편향됨으로써) 정의된다고 제안한다. 그렇다면 대항 문화와의 정동적 동맹을 거절한 글리터 록과 헤비메탈이 모두 신체의 축을 재투여화하는 것(그리고 그것을 참조하여 젊음과 차이의 축을 정의하는 것)은 놀라운 일이 아니다.

마지막으로 펑크와 포스트펑크 음악을 중심으로 만들어진 기구는 탈근대성의 축을 확실하게 전경화한다. 나는 펑크에서부터 이 예를 논의해 보고자 한다. 헵디지는 펑크가 영국에서 역사적으로 노동 계급의 경험과 역사적으로 변하는 인종 관계 및 경제적 비관주의(일도, 미래도, 의미도 없음)에서 유래했다고 주장한다(1979: 62~70). 프리스는 이러한 견해를 거부해 왔다. "선구적인 펑크 로커들은 록 전통과 대중주의의 상투적 표현을 잘 이해하는 자의식적이고 예술적인 사람들이다. 그들의 음악은 자신들로부터 자연적으로 나타난 것도 아니고 직접적으로 실업자들의 조건을 반영하지도 않았다"(1981: 158). 그는 또한 1970년대 중반에 미국 펑크 밴드(텔레비전Television, 패티 스미스Patti Smith, 라몬즈, 레지덴츠Residents 등)의 출현을 펑크 록의 기원으로 제시할 추가의 증거도 있었다. 프리스는 펑크를 '새로운 종류의 거리 문화'를 표현하는 맥락에서 이해할 것을 제안한다. 즉 "펑크의 문화적 중요성은 실업에 대한 접합이 아니라 프롤레타리아 놀이의 미학에 대한 탐구에서 비롯된다"(1981: 267). 그러나 프리스는 이것을 넘어 펑크를 로큰롤 관습의 역사 속에 위치 짓는다.

본래의 펑크 텍스트는 충격 효과가 있었다. 그것은 팝과 록의 로맨스, 아름다움,

> 그리고 여유에 대한 관습에 도전했다. 펑크인들은 주로 사회적, 정치적 주제에 관한 가사를 쓰고 젊음의 정력과 힘에 대한 전통적인 로큰롤 선언을 조롱하며, 자기 말의 흐름을 그들의 이미지와 사운드로 방해했다. 그러나 충격 효과가 사라지면서 펑크가 현실주의적인 주장과 멜로디 구조와 리듬감 있는 기반으로 제한되었다는 것이 명백해졌다. 여기서 펑크의 리듬 구조는 로큰롤의 규칙(4:4 비트, 샤우팅 보컬, 거친 기타/베이스/드럼 라인업)을 따르면서 말하는 방식으로 구성되었다. (160)

그레일 마커스Greil Marcus도 유사하게 섹스 피스톨스가 “로큰롤을 스스로에게 겨냥한 무기로 사용했다”라고 주장했다(Marcus, 1980a: 452; Marcus, 1980b; 1981a 참조). 펑크는 로큰롤의 경제적, 미학적, 정동적 변화를 거부함으로써 로큰롤과 외부와의 경계를 재설정하였다. 펑크는 로큰롤을 정의하고 제한하였던 정동적 가능성(내가 ‘유토피아적’과 ‘경험적’이라고 묘사했던 구조)을 거부했다. 펑크는 헤게모니에 대한 구조적 관계의 가능성을 열어놓으면서도 ‘비판적’ 기구를 구성하는 부정성으로만 스스로를 확정시켰다. 디스코가 기능했던 유사한 방식으로 펑크는 자체적인 ‘배출’ 관행의 증가로 이루어졌는데, 무엇이든 펑크(또는 디스코)에 통합될 수 있었다. 그러나 디스코와는 달리 펑크는 로큰롤의 배출적 관행을 일상생활의 맥락에 대한 유일한 반응으로 만들었다. 헵디지가 주장했듯이 펑크는 모든 기호와 가치, 그리고 중요성을 ‘해체’하였다. 펑크는 세상과 로큰롤에 대한 자기 부정적 해체를 실행했다. 모든 취향의 인위성, 정동적 투자의 위험성을 전경화하면서, 펑크는 로큰롤을 포함한 자기 표면 아래로 해제하려는 시도를 했다. 펑크 이후에는 ‘자유롭게 해 주는 마법’이라는 것을 더 이상 믿을 수 없게 되었다는 말이다.

기원(노동-계급 경험의 현실과 프롤레타리아 놀이의 이미지)과는 관계없이, 펑크 기구는 탈근대성의 축을 전경화함으로써 구성되었고, 그것은 로큰롤을 자신만의 탈근대적 실천으로 만들었다. 게다가 펑크는 (디스코와 달리) 종종 신체의 축을 쾌락의 장소로부터 해제시켰고, 사랑뿐 아니라 섹슈얼리티도 거부했다. 음악적 크레센도(오르가슴?)는 고동, 울림, 지속적으로 소음 등으로 대체되었다. 반면 펑크 기구는 젊은이의 축에 권력을 투자하였고, 신체를 차이를 새기는 장소로 만들었다(의상과 스타일을 통해). 그러나 차이에 대한 투여는 펑크 기구를 젊음에 대한 암묵적인 믿음 — 그리고 결과적으로 로큰롤 자체에 대한 믿음 — 의 맥락으로 되돌려 놓았다. 마커스가 관찰했듯이 "이 모든 것에 가장 진정한 아이러니는 결국 모든 것이 로큰롤 — 그 이상, 그 이하도 아닌 것으로 귀결되었다는 것이다"(1980a: 455).

하지만 펑크는 로큰롤 문화에서 등장하였던 더 큰 가능성 일부였고, 종종 그 안에서 기능했다.[94] 따라서 그것은 미국에서 크게 눈에 띄지도 않았고 인기도 없었지만 영향을 미칠 수 있었다.

펑크는 로큰롤의 정동적 힘에 의문을 제기했다. 그것은 자신의 편입 가능성을 통합하려고 시도했는데, 생존을 위한 유일한 전략은 자신의 배출적 관행을 지속적으로 확산시키는 것이다. 펑크는 로큰롤의 자만심을 인정하면서도 칭송하고자 한다. 로큰롤 문화 내에서 펑크 기구의 효과는 다양한 동맹을 출현할 수 있게 했다. 첫째 '오이!Oi!'[95] 장르와 '하드코어'를 중심으로 구축된 기구는 펑크의 '충격 기술'을 이어가고 종종 젊음과 신체의 축을 재투여하면서 동시에 탈근대성의 축에서는 해제시켰다. 둘째, 내가 '뉴웨이브'라고 부르는 것은 오래된 로큰롤 기구(로커빌리, 애시드, 개러지 록garage-bands, 팝, 소울 등)를 부활시킴으로써 통합의 불가피함을 인정하고 로큰롤의 정동적 힘을 되찾으려 한다. 셋째, '포스트펑크'는 로큰롤의 한계를 찾아내고 확장하기 위해 로큰롤을 해체하는 펑크의 기술을 사용한다. 포스트펑

94 1970년대 중반에 탈근대적 청소년의 경험 구조의 전경화가 널리 드러난 시점이 있었다. 제이 가일스 밴드J. Geils Band의 "러브 스팅크스*Love Stinks*"와 같은 노래와 핑크 플로이드Pink Floyd의 "더 월*The Wall*"의 엄청난 인기를 생각해 보라.

95 1970년대 후반 영국에서 시작된 펑크 록 하위 장르로 노동 계급의 지지를 받았다. — 옮긴이

크의 해체는 항상 로큰롤 관습의 부분적 재건을 포함한다. 마지막으로 '뉴 뮤직'은 록 관습의 한계를 전적으로 거부하고 로큰롤 문화 외부의 사람들뿐만 아니라 문화 자체에서 자신을 의도적으로 소외시키려 한다.[96] 서로 다른 이 기구 간에는 여러 관계가 존재한다. 펑크와 뉴 웨이브의 연속은 종종 젊음의 축에 재투여된다. 뉴 웨이브와 포스트펑크는 종종 신체를 쾌락의 장소로(비록 그 축의 매우 다양한 굴절에도 불구하고) 재투여되고, 포스트펑크와 뉴 뮤직은 탈근대성의 축으로 전경화된다. 다른 한편, 뉴 웨이브는 적어도 다른 기구에 재고착함으로써 투자에 균형을 유지하는 반면, 하드코어/오이 장르는 탈근대성의 축에 해제되는 방식으로 스스로를 투자한다.

존 피카렐라는 탈근대성을 다음과 같이 묘사한다. "전망은 우아함과 터무니없는 것outrageousness의 기초가 된다. 아티스트들은 페티시를 칭송하면서도 그것에 의해 정의된 이미지와 정체성이 된 신체의 유혹에 겁을 먹는다"(1980: 70). 뉴 웨이브와 포스트펑크를 결합시키는 일은 둘 다 그들만의 로큰롤 전통으로 진행된다는 것이다. 그러나 이러한 전통은 반복으로 인해 동일하면서도 다른 것으로 재생산되는 공허한 파편이 된다. 그 기구들은 맥락이 결정적이라는, 따라서 새로운 맥락에서 재생산이 새로운 효과를 만들어 낸다는 탈근대적 실현을 바탕으로 구성된다. 뉴 웨이브는 그 결과 부활, 장르 연습, 그리고 로큰롤의 양식적 관습을 되살리려는 시도로 확산된다. 그러나 뉴 웨이브는 그 자체의 피상성과 상품화를 인정하는 성찰로 특징지어진다. 이와 관련하여 톰 카슨Tom Carson은 다음과 같이 제안하였다.

96 이 네 가지 기구에 대한 예시는 다음과 같다. 하드코어(데드 케네디스Dead Kennedys, 서클 저크스Circle Jerks, 블랙 플래그Black Flag)와 오이!(익스플로이티드Exploited, 코크니 리젝트Cockney Rejects), 뉴 웨이브(휴먼 리그Human League, 에코 앤 더 버니멘Echo and the Bunnymen, 스트래이 캣츠Stray Cats, 엘비스 코스텔로, 조 잭슨Joe Jackson), 포스트펑크(갱 오브 포, 토킹 헤즈, 조이 디비전, 퍼블릭 이미지 리미티드Public Image Ltd.), 뉴 뮤직(글렌 브랑카, 브라이언 이노Brian Eno, 로리 앤더슨Laurie Anderson, 라운지 리저즈Lounge Lizards).

> 모든 혼종이 즉각적인 형태가 될 수 있는 경우, 모든 범주가 의심스러워 보인다. 음악이 전환 중이기 때문에 당황하기보다 음악가들은 이 전환의 사실을 시작점으로 일회용 기념물을 연이어 짓고 있다. 물론 이것은 음악에서만 나타나는 현상은 아니라, 사람들 삶에도 나타난다. 현재 유행 중인 똑똑한smart 댄스 록(DOR[dance-oriented rock]. 예를 들면, B – 52's 등)의 반감정주의에도 불구하고, 종종 진정한 감성이 웅크리고 있기 때문에 그 중심에는 분명히 황당함이 있다. 표면적으로 살기에는 괴로운데, 저주받은 것이 모든 면에서 미끄럽고 애매하고 다루기 힘들다는 점을 알게 되면 더욱 괴로울 것이다. 모든 것 — 매너, 예술, 정체성 — 은 쟁취할 수 있는 것이 되었다. 따라서 당신은 그 어떤 것에도 헌신할 필요가 없고 헌신하더라도 여전히 궁금해할 것이다. (1980: 59)

이 주장은 포스트펑크(그리고 아마도 뉴 뮤직)에 해당하겠지만, 후자의 두 가지 기구는 로큰롤의 한계와 관습을 해체함으로써 그것을 폭발시키려 한다. 포스트펑크는 로큰롤의 표현도 오역하고 파열시키기도 하지만, 뉴 뮤직과 달리 그것을 재기호화하기도 한다. 그 결과는 음악에 대한 자의식적인 주변화다. 이러한 탈근대 음악은 구체적인 현실과 표면을 제외한 모든 것을 부정하고, 어떤 쾌락도 고통이며 습득된 가능성이라고 인지한다. 표면의 물질성, 파편화와 자기 성찰에 대한 강조는 지속해서 자신의 투자를 확산시키는 음악을 생산하였다. 즉 내용이 거의 무작위로 수집된 낱개의 사실로 구성된 매우 미니멀한 음악을 말이다. 그것이 비밀스럽고 지적인 것이 아니라 명백히 초현실적인 물질적인 것이다. 외부 현상에 대한 감정적 반응을 전달하기보다는, 그것은 현상을 서술하고 해석은 하지 않는데 그 이유는 해석을 신뢰하지 않기 때문이다. 그 결과는 희한하게 분리되어 있으면서도 격렬하게 활기차고 정동적인 음악이다. 포스트펑크와 뉴 뮤직은 감정을 부정하거나 불신하는 반면, 정동적인 기호에 의존하지 않는 기구를 만들려는 시도가 오히려 강력한 정동적 결과를 가져온다(토킹 헤즈Talking Heads, 조이 디비전Joy Division, 글렌 브랑카Glenn Branca 등).[97] 그러나 이 두 가지 탈근대적 음악과 그들의 기구들 사이에는 상당한 차이가 있다. 포스트펑크는 종종 현실에 직면한 스스로의 절망, 허무함, 분노, 편집증paranoia 등을 전경화하는 탈근대성 축의 특정한 굴절로 특징지어지는 반면, 뉴 뮤직은 자신의 표면에 유리하게 현실을 없애버리기 위해 자신의 탈근대적 축의 투여를 사용한다. 둘째, 뉴 뮤직은 스스로를 대립적이고 종종 접근하기 어렵고(특히 로큰롤 팬에게) 소외되는 것으로 만들어 내면서 로큰롤의 다양한 관습과 클리셰를 격리하고 부정하며 로큰롤을 해체하는 것에 만족한다. 여기에는 두 가지 주요 전략이 포함된다. (1) 비로큰롤 관습을 전유하는 것(아방가르드 클래식 및 재즈 관습, 일렉트로닉 및 퍼포먼스 음악 등), (2) 의도적으로 불협화음과 비리듬적 소리를 내는 것(DNA, 피어 우부Pere Ubu 등)[98]이 있다. 반면에 포스트펑크는 다양한 전통적 코드를 다시 통합하고(그리고 젊음과 신체의 축에 재투여하며), 소외되지만 더 일치하고 접근성 있는 그리고 대립이 덜한 음악(토킹 헤즈, 조이 디비전, 갱 오브 포, XTC[99] 등)을 만들어 내면서 자기 위치를 재구성한다. 요약하자면 펑크는 분노로, 포스트펑크는 편집증으로(그리고 뉴 웨이브와 마찬가지로 피상성을 칭송하며) 탈근대성에 반응하고, 뉴 뮤직은 탈근대성 속으로 후퇴한다. 나아가 우리는 이러한 다양한 기구들을 '비판적' 입장 안에서 헤게모니에 공감하는 다양한 가능성 속에 위치시킬 수 있다.

97 토킹 헤즈는 1974년 미국 뉴욕에서 결성된 뉴 웨이브 밴드로 1991년까지 활동했다. 뉴욕 펑크와 뉴 웨이브를 기반으로 아방가르드, 팝, 펑크 록, 아트 록, 월드 뮤직 등을 혼합한 스타일로 높은 평가를 받는다. 조이 디비전은 영국 맨체스터에서 결성된 포스트펑크 록 밴드(1976~1980)로, 1970년대 후반을 대표하는 포스트펑크 밴드로 손꼽히며, 음울한 가사와 탄탄한 연주로 인기를 얻었다. 글렌 브랑카(1948~2018)는 미국의 아방가르드 작곡가이자 기타리스트다. — 옮긴이

98 DNA는 미국의 노 웨이브 록 밴드(1977~1981)다. 피어 우부는 1975년 미국 오하이오주 클리블랜드에서 결성된 아방가르드 록 밴드로 포스트펑크에 큰 영향을 주었다. — 옮긴이

99 XTC는 영국의 뉴 웨이브 밴드(1977~2006)로, 펑크 록과 뉴 웨이브에서 출발해 브릿팝에 큰 영향을 미쳤다. — 옮긴이

비록 지나치게 단순화한 주장이지만, 우리는 오이와 하드코어 펑크가 대립적인 입장과 독립적인 입장 사이를 오간다고 말할 수 있다. 뉴 웨이브는 독립적인(그리고 때로는 엘비스 코스텔로Elvis Costello[100]와 같이 대안적인) 기구로 기능하고, 포스트펑크는 대체로 대안적인 가능성으로 존재하며, 뉴 뮤직은 근본적으로 독립적인 기구로 자리 잡고 있다고 할 수 있다.

물론 이러한 설명은 이 음악적 기구들이 서로 뚜렷이 구별되는 것처럼 취급한다. 실제로 그들은 광범위하고 구체적인 정동적 동맹을 생성하기 위해 다양한 방식으로 상호 작용해왔다. 또한, 이러한 음악들과 기구들은 서로 관계가 있지만, 그 관계가 결코 필연적이지는 않다는 점을 나는 강조하고 싶다. 음악 텍스트의 특정한 어조는 바로 해당 텍스트가 위치한 기구들의 범위에 따라 달라진다.

앞서 논의한 로큰롤 내의 다양성의 차원에서 분석을 위한 가능성과 관련해 또 하나의 예로 미국 로큰롤 문화에서 브루스 스프링스틴Bruce Springsteen[101]의 중요성을 논의하고자 한다. 내 주장은 스프링스틴의 음악이 로큰롤의 다양성에 두 가지 일련의 소리(헤게모니로부터의 부정적 차이와 기구 내 특정 축으로의 긍정적인 투여)를 평행하게 만드는 방식으로 진화해왔다는 것이다. 이로 인해 특정 수용자에게 그의 음악은 로큰롤 기구의 강력한 정동적 중심이 되었다. 스프링스틴은 1970년대 초반부터 열광적 팬들을 꾸준히 확보해왔다. 반문화 이후 그의 팬은 주로 중산층 대학생이었다. 그의 초기 앨범(〈그리팅스 프롬 애즈버리 파크*Greetings from Asbury Park*〉[1973]와 〈더 와일드, 디 이노센트, 앤디 E 스트리트 셔플*The Wild, The Innocent, and the E Street Shuffle*〉[1974])에서 스프링스틴

100 엘비스 코스텔로(1954~)는 영국의 싱어송라이터이자 음반 프로듀서다. 그의 음악은 1970년대에 펍 록으로 지칭되었고 이후 뉴 웨이브 록으로 영국과 미국에서도 큰 인기를 끌었다. — 옮긴이

101 브루스 스프링스틴(1949~)은 미국 록 장르와 대중문화를 상징하는 싱어송라이터로, 미국 노동 계급의 꿈과 좌절을 노래하며 큰 인기를 끌었다. — 옮긴이

은 젊음을 쾌락을 투자하는 지배적 장소로 위치시킬 뿐만 아니라 청년 문화의 특정한 이미지를 둘러싼 유토피아적 존재를 상세히 설명한다. 즉 그의 음악은 대체로 유토피아적이면서도 대립적이었다. 그러나 그의 위력적인 지위가 뚜렷해진 시기는 〈본 투 런*Born to Run*〉과 〈다크니스 온 디 엣지 오브 타운*Darkness on the Edge of Town*〉 앨범이 함께 발매된 1970년대 중반이다. 동시에 그의 음악은 다른 기구, 아마도 접근성이 더 좋고 존재감이 더 강력한 다른 기구에 위치하는 듯하다. 젊음과 차이보다는 그의 음악은 신체, 섹슈얼리티, 움직임의 축에 몰두하게 되는 것이다. 그는 더 이상 유토피아적 문화를 그리지 않고 그의 이미지(특히 운전과 관련된)뿐만 아니라 사운드(특히 색소폰)에도 구현된, 그리고 마치 날개를 달아주듯 등을 떠미는 움직임과 에너지를 중요시 여긴다. 따라서 스프링스틴이 신체의 축을 투여시키는 방식은 경험적이지만 여전히 저항적인 위치로의 이동과 동반된다.

그러나 스프링스틴의 경력에서 가장 흥미로운 순간은 앨범 〈더 리버*The River*〉의 발매와 함께 왔다. 이 앨범으로 그의 팬은 빠르게 확장되었고 그는 슈퍼스타의 지위를 얻었다. 이 앨범은 그의 첫 싱글 히트곡을 포함하여 음반 차트 1위를 달성했다. 하지만 동시에 그의 팬들 사이에는 약간의 적대감이 있었다. 그의 갑작스러운 인기와 팬들 사이의 관계는 그때 그의 음악이 근본적으로 다른 두 개의 기구에서 작동하고 확연히 다른 정동적 동맹을 만들어 냈다는 사실을 인식하면 쉽게 이해될 수 있다. 이 앨범은 사실 여러 면에서 과도기적이라고 할 수 있다. 많은 비평가는 이 앨범이 상당히 정신분열적이라고 한다. 한편으로 그것은 경험적이고 독립적 기구에 통합되었다. 주로 새롭고 젊은 팬들이 이 음악을 재미와 과잉의 긍정, 그리고 도피의 한 형태로 받아들였다. 그들이 잠시나마 자기 삶을 통제할 수 있는 공간을 바로 음악이 제공해 주었다. 반면에 다른 사람들에게 이 앨범은 계속해서 저항적이었지만 점점 더 비관적이고 비판적으로 보였다. 이 앨범은 우리의 공통된 절망을 인정하는 것만을 축하하는 것 같았다.

앨범 〈네브래스카*Nebraska*〉의 발매와 함께 스프링스틴은 비판적이고 저항적인 기구 안에서 그의 위치를 강화하였고, 탈근대성의 축을 생존의 유일한 수단으로서 점점 더 강화하였다. 이 앨범은 비교적 원시적인 기술로 집에서 자체 제작되었다. 또한 이 앨범은 솔로, 어쿠스틱 등 거의 '포크'에 가까운 앨범으로, 그를 슈퍼스타의 위치에 오르게 해 준 로큰롤 관습에서 거리를 두려는 자의식적인 시도다. 실제로 이 앨범의 제작 품질과 사운드는 (그의 초기 앨범과 유사하게) 고백적이고 소설적이라고 할 수 있는 느낌을 구현한다. 〈네브래스카〉는 무엇보다도 스프링스틴의 경력과 그 모호함 속에서 〈더 리버〉의 위치를 문제 삼는 것 같다. 〈더 리버〉의 재미와 순진함, 그리고 슬픔과 분노의 모순된 맥락 속에서 등장했던 사랑과 희망의 이미지들은 더 찾을 수 없다. 이제는 극단이 상징성을 지배한다. 예를 들어 범죄자와 경찰의 이미지, 절망과 엄격한 사회 규범 행위는 우리에게 그 어떠한 대안도, 탈출구도, 여정의 끝 또한 제공해 주지 않는다. 다소 거북한 종교적 이미지는 구원이 아닌 희망의 불가능성과 우리의 손에서 씻어낼 수 없는 핏자국을 불러일으킨다. "애틀랜틱 시티*Atlantic City*"의 주인공이 "언젠가 죽는 모든 것은 되살아날지도 모른다"라고 읊조리며 자기 죽음을 선택했을 가능성을 떨쳐버리는 부분이든, 마지막 곡의 화자가 유일한 현실을 지적하는 시나리오 — "힘든 하루하루 끝에 사람들은 믿어야 할 이유를 찾는다" — 를 불러일으키는 부분이든, 〈네브래스카〉의 피할 수 없는 현실은 "아무래도 이 세상에는 비열함이 있는 것 같다"라는 것이다. 외로운 외침 외에는 빠져나갈 길이 없다며 다음과 같이 노래를 부른다. "거기 누가 있다면 내 마지막 기도를 들어줘/아무 데도 없는 곳에서 나를 구해줘." 그러나 두 곡 뒤에 이 기도는 다시금 거론된다. 〈네브래스카〉는 더 이상 익명의 누군가에게 애원하지 않고 '미스터 디제이'와 '로큰롤'에게 말을 건다. 따라서 이 앨범은 〈더 리버〉의 젊음과 신체의 영웅화를 멀리하고 스스로의 '탈근대적' 인식을 강화함으로써 후자의 모순된 순간들을 중재하려 한다.

그 결과 스프링스틴의 음악은 (적어도 로큰롤 팬의 대부분에 해당하는) 로큰롤 기구의 진화를 기록한다. 그는 팬들의 정동적 역사를 그려냄으로써 그의 팬에게는 기구의 중심, 그리고 로큰롤 그 자체의 중심에 머물러왔다.

가설 5. 로큰롤의 역사: 포섭

'포섭'에 대한 논의는 일반적으로 로큰롤, 청년 문화, 전후 경험 등이 경제 체제와 다양한 '이념적 국가 기구'(특히 매스 미디어)에 의해 어떤 방식으로 이용되고 변형되었는지에 초점을 맞춘다. 1950년대 말에는 청년 시장이 소비자 지출의 거대한 원천으로 인식되었는데, 이는 쉽게 조작되는 것으로 간주하였다. 게다가 베이비 붐 세대의 엄청난 인구는 잠재적으로 경제적이고 정치적인 위협이 되었고, 그들을 지배 문화에 통합되어야 할 대상으로 삼게 했다. 이러한 착취와 통합이 다양한 전략을 통하여 성공적이었는데, 이 전략은 대부분 검토되지 않았다. 대부분의 로큰롤 역사서에 따르면 이 과정은 1950년대 후반부터 진행됐으며, 각 단계에서 로큰롤은 점점 힘을 잃고 생산, 판매 및 소비될 수 있는 상품이 된다. 하지만 이러한 일이 일어날 때마다 로큰롤은 그 포섭되는 입장에서 벗어나 새로운 사운드와 새로운 정치적 입장을 만들어 내며 그것의 정동적 힘을 재확인하는 것도 분명한 사실이다. 그 결과 로큰롤의 역사는 포섭과 재탄생의 순환 역사이며, 이 속에서 로큰롤을 스스로의 포섭에 대하여 끊임없이 저항한다.

이러한 해석은 새로운 소리, 스타일, 자세의 포섭이 점점 더 빠른 속도로 이루어지는 것 같다는 견해와 일치한다. 오늘날 대부분의 로큰롤 팬들은 더 이상 포섭과 비포섭 사이를 구분할 수 없는 상황에 처한 것 같다.

어느 날 밤 나는 친구들과 둘러앉아 로큰롤이 우리 인생의 승리가 아닌 큰 비극이 될 수도 있다고 말했던 기억이 난다. 그것은 우리에게 너무나 풍부하고 급진적인 가능성을 제시하면서 그 어떤 것도 그 강렬함에 비교되지 못하도록 하였다 — 그 후 세상은 여느 때와 다름없는 나날로 돌아갔고 우리를 고립시킨 채 뒤로했다…… 매스 미디어의 민속 문화로서 로큰롤은 항상 변칙적이었다. 대중문화의 방향은 통제력을 높이고 자발성을 줄이는 것이기 때문에, 음반 산업은 끊임없이 록을 엔터테인먼트의 현상 유지 수단으로 활용했고 그것에 성공하였다. 여전히 로큰롤이 인생을 변화시키는 것으로 생각하는 거의 모든 밴드는 더 이상 대중적이지 않은 대중문화를 창조하는 모순 아래 시달린다. 하지만 그들은 엘비스나 비틀스만큼 큰 영향을 주고자 하는 꿈을 포기할 수 없다. 그들의 음악이 다른 방식으로는 말이 되지 않기 때문이다. 이러한 원대한 야망이 이제는 대중에게 무의미하다면 그 시도는 그들에게 비극이다. 그리고 우리가 그들의 야망에 대한 신뢰를 주는 한, 그것은 우리에게도 비극이다. (Carson, 1981: 49)

더욱 최악인 것은 포섭이 상업적 성공과 동시에 이루어지기 때문에 이 과정이 불가피하다는 주장을 직면해야 한다는 것이다.

로큰롤 역사에 대한 다소 비관적인 이 해석은 로큰롤이 대중 예술의 한 형태라고 가정한다. 다른 이들은 로큰롤이 민속 예술이거나 개인의 창의성 산물이라고 주장하지만, 이러한 해석 역시 포섭과 로큰롤 역사에 대한 비관적 해석의 순환에서 벗어나지 못한다. 이러한 견해에 이의를 제기하기 위해서는 제품(또는 상품)으로서의 로큰롤의 두 가지 의미, 즉 음악과 음반을 인식해야 한다. 비록 좋은 로큰롤은 종종 공유된 경험을 가진 지역 공동체에서 생산되고 개인의 재능 산물이기도 하지만,[102] 팬은 항상 더 포괄적이다. 즉 점점 더 도시화하고 전자 기술 사회에서 성장한 젊은 층

102 로큰롤에 대한 '민속 문화'와 '예술'적 관점에 대한 비판에 관해서는 프리스(1981)를 보라.

일부이며, 이 음악은 그들의 공통된 환경의 사운드, 리듬, 조화 등을 이용한다. 이른바 로큰롤 공동체라는 것은 지리적으로 정의할 수 없으므로 공동체의 개념(따라서 '민속 예술' 또한)은 청년 문화에 적용될 때 문제가 된다. 하지만 공동체라는 것은 공간적 개념이다. 일상적인 대면 상호 작용은 공유된 경험의 지배적인 결정 요소와 공동체 기준으로 간주했다. 그러나 로큰롤 팬을 정의할 때 시간성이 공간성을 대체한 것이라면, 음악은 적합한 팬 구성원들 사이에서 공유되기 위해서는 광범위한 보급이 필요하다. 음악 제품이 음악의 경계 내에 존재하는 사람들에게, 즉 그것의 주 대상에게 제공되려면, 그것은 레코드판과 같은 물건으로 재생산되어야 한다. 음악은 자발적으로 다양한 경제 체제에 들어가야 하고 명백히 대중 예술로서의 존재를 받아들여야 한다.

이것은 포섭에 대한 매우 다른 이해와 로큰롤 역사에 대한 다른 해석을 제안한다. 포섭에 대한 '민속'과 '대중' 예술 관점의 문제는 포섭을 마치 외부에서 로큰롤에 강요된 전략의 결과인 것처럼 순전히 경제적인 용어로 정의한다는 것이다(그리고 이것은 프리스의 접근 방식에도 해당한다). 그들은 생산과 유통의 경제 체제의 요구가 음악과 대상의 생산을 규정할 수 있을 때 로큰롤이 포섭된 것이라고 가정한다. 따라서 청년 문화 내의 차이를 인정하지 않고 수용자에게 판매할 수 있도록 로큰롤을 상품으로 만들려고 시도한다. 이러한 견해는 부분적으로 정확하지만 그들은 로큰롤에서의 '포섭'의 여러 특성을 무시한다. 그들은 첫 번째로 로큰롤 내의 긴장감을 무시한다. 대량 유통은 로큰롤 기능의 실제적 일부분임에도 말이다. 특정 음악에 대한 적합한 팬을 늘 미리 규정할 수는 없다(예를 들어 "고등학생, 주부 및 다양한 현대적-성인 유형"이라는 새로운 팬 동맹을 고려해 볼 필요가 있다[Considine, 1981: 51]). 그리고 두 번째로 그들은 포섭의 문제가 로큰롤 내의 특정한 순간에 제기되고 답변된다는 사실을 무시한다.

사실 포섭의 개념은 청년 문화와 헤게모니의 교차점에서 로큰롤의 존재를 분명하게 볼 수 있게 해 준다. 외부 전략이나 내부 구성의 동질성을 가정하기보다, 편입에 관한 연구는 그것이 로큰롤의 역사의 다양한 지점에서 생겨난 구체적인 형태의 분석으로부터 시작해야 할 것이다.[103] 따라서 편입은 더 이상 로큰롤에 가해진 외부 행동(기껏해야 로큰롤 팬들의 판단에 반영되는 헤게모니적 전략)으로만 나타나지 않는다. 편입을 이러한 관점에서 보는 일은 로큰롤을 생산, 유통, 소비의 자본주의 방식에 대항하는 위치에 설정하는 것이다. 하지만 프리스가 주장하듯이 로큰롤은 항상 자본주의 상품의 한 형태다. 특정 로큰롤을 편입된 것으로 설명하는 것은 로큰롤의 정상화를 인정하고 그것에 기여하는 일이다. 포섭은 경계의 해제, 음악과 그 문화의 비캡슐화, 그리고 정동적 동맹을 욕망의 헤게모니 조직으로 통합하는 것이다. 편입은 텍스트의 미학적 또는 이념적 구성의 변경보다는 음악의 정동적 재동맹을 나타낸다. 포섭은 음악을 관통하고 둘러싸는 정동적 동맹의 재구성이라는 정동의 재맥락화 결과다. 특정 상황에서는 강력한 차이의 투여로 작동할 수 있는 것은 다양한 상황에서 정동적 기능을 잃거나 박탈당할 수 있다.

포섭은 로큰롤이 스스로의 역사를 생산하는 한 형태다. 로큰롤은 팬들 간에 차이를 나타내는 것처럼 끊임없이 로큰롤 내의 차이를 강조한다. 포섭된 로큰롤은 더 이상 그것의 차이와 팬들 간의 차이를 뚜렷하게 새기는 음악이 아니다. 그리고 이것은 로큰롤 문화 내에서 측정되는 것이다. 포섭은 로큰롤이 자신의 경계를 더욱 강력하게 새기기 위해 과거와 현재의 순간을 거부하면서 스스로를 새로 생성하는 방식이다. '포섭'은 로큰롤 내

103 예를 들어 로큰롤 수용자 사이에 나이 차이가 나자마자, 나이 든 팬들은 그들이 비슷한 정동적 동맹 관계에서 자랐음에도 불구하고, 종종 '10대 록'을 포섭된 것이라고 묘사했다. 1970년대에 상당수의 로큰롤 수용자는 헤비메탈과 디스코를 '포섭된 것'으로 여겨 거절했다. 그러한 음악을 무시한 많은 사람은 젊은 시절 이것과 비슷한 음악을 들었거나 현재 본질적으로 동일한 음악을 듣고 있다는 사실에도 불구하고 말이다.

의 한 입장에서 다른 입장에 지시하는 특정한 정동적 명령이다. 그것은 로큰롤 문화와 언어들 내에서 새로운 정동적 동맹을 생성한다. 이것에는 로큰롤의 역사에 대한 매우 다른 해석을 수반한다. 진정성 있거나 편입된 음악의 순환이 아니라, 로큰롤은 정동적 동맹과 소속 네트워크의 구축에서 진정성과 편입의 차이가 정의되는 파열된 통일성으로 존재한다. 이러한 동맹은 항상 다중적이고 모순적이다. 따라서 특정 형태의 로큰롤에 포섭되었다는 것은 역사적으로 불안정한 판단이고, 그것은 로큰롤의 음악적, 정치적 가능성의 변화에 따라 변화할 수 있다. 또한 포섭은 확실히 로큰롤이 특정한 수용자에 따라 변화한다.

결론: "로큰롤은 죽었고 우리는 상관하지 않는다"

(더 루비누스)[104]

몇 년 전 〈뉴욕 타임스*New York Times*〉 잡지는 로큰롤이 세대 차이를 드러낼 뿐이고 미국 젊은이들에게 서서히 호소력을 잃어가고 있다고 주장하는 표지 기사를 실었다(Zion, 1981). 〈트라우저 프레스*Trouser Press*〉의 편집장인 아이라 로빈스Ira Robbins는 록 평론가 레스터 뱅스Lester Bangs의 죽음을 다음과 같이 애도했다. "더 이상 당신과 같은 사람은 없을 것입니다. 당신의 시대가 당신보다 먼저 죽은 것일지도 모르겠지만요"(Robbins, 1982: 46). 아마 다른 어떤 비평가들보다도 뱅스는 로큰롤의 정동적 정치를 칭송했으며 그의 죽음은 로큰롤의 가능성 자체가 의문시되는 순간에 일어났다. 〈트라우저 프레스〉의 같은 호에 믹 패런Mick Farren은 다음과 같은 글을 남겼다. "록 음악은 현재 가장 큰 위기에 직면해 있다…… 우리는 록 음악을 원하지도, 필요로

104 더 루비누스The Rubinoos는 1970년 미국 캘리포니아 버클리에서 결성된 파워 팝 밴드다. — 옮긴이

하지도 않는 세대가 도래하는 것을 목격하고 있다. 이 시점에서 드는 의문은 앞으로 로큰롤은 어떻게 될 것이냐다"(1982: 52). 로큰롤이 사멸할 것이라는 가능성에 대한 이야기는 점점 더 보편화되어 〈뉴욕 로커*New York Rocker*〉와 〈뉴 뮤지컬 익스프레스*New Musical Express*〉와 같은 유명 록 잡지에도 등장했고 로큰롤 팬들 사이에서도 흔한 대화 주제가 되었다.

이러한 논란거리가 등장한 것은 이번이 처음이 아니다. 1960년대 초반에 흔했던 이 화두는 비틀스의 등장과 함께 사라졌다가 1970년대 중반에 또다시 나타났고 펑크의 등장과 함께 다시금 사그라졌다. 그러나 현재의 순간과 로큰롤의 정동적 힘에 대한 도전에는 독특한 점이 있다. 그것은 단순히 경기 침체가 여가 지출에 미치는 영향을 반영하는 경제 위기가 아니다. 로큰롤에 대한 잠재적 거부는 두 가지 벡터의 상호 침투의 결과로 발생한다. 하나는 새로운 세대의 등장 — 이것은 전통적으로 로큰롤 활성화의 원천으로 여겨진 — 이고, 다른 하나는 펑크가 로큰롤 문화의 전면에 드러낸 딜레마다.

나는 로큰롤의 정동적 정치가 그것의 특정한 시간적 맥락에 달려 있다고 주장해왔다. 로큰롤은 "끊임없이 움직이는 삶이 현재의 정세에 한편으로는 반해 있고 한편으로는 억압된 사람에게 이상적으로 들릴 방법"을 묘사한다(Hunter, 1981: 71). 새로운 세대의 젊은이들에게 로큰롤이 작동하는 맥락이 변화하는 듯하다. 다시 말해 경제 호황에 대한 약속은 지속적 불황의 위협으로 대체되었고, 베이비 붐 세대의 이미지는 젊음과 변화에서 책임감과 '중년기'를 감수하려는 이미지로 대체되었다. 결국 반란의 상징으로서의 로큰롤은 향수로서의 신분으로 대체되었다. 오늘날의 젊은이들은 로큰롤을 들으며 자라온 부모 세대와 마주한다. 로큰롤은 더 이상 낙인이 되거나 적대감의 요소가 아니다. 이제는 '착한' 아이들도 로큰롤을 연주할 수 있고 부모에게 그것에 대한 지원과 관심마저 받을 수 있다. 게다가 청년의 정동적 삶에서 음악의 중심성은 새로운 미디어와 사운드(비디오-컴퓨터 기술)로 인해 대체되는 듯하다. 그들도 계속해서 로큰롤을 듣고 있지만 음악은 그들의 정서적 생활과 여가의 배경으로 물러났다.

이러한 전개는 두 가지 면에서 설명될 수 있다. 첫 번째로 로큰롤은 더 이상 로큰롤 팬들과 로큰롤 문화의 외부에 있는 사람들 사이에 강력한 정동적 경계를 형성할 수 없다. 로큰롤은 일부 관점에서는 여전히 비난을 받지만 대체로 현대 사회에서 인정받고 환영받는 특징이 되었다. 예를 들어 비디오 게임은 로큰롤이 받았던 비난과 공격을 그대로 받는데, 대상이 다른 이 공격의 맹렬함과 사용되는 수사법의 유사함이 아주 흥미롭다. 두 번째 설명은 젊은이들이 더 이상 감정이 강력히 투여된 경계를 원하지 않고, 대신 보다 일시적이고 유동적인 세대 격차의 경험으로 되돌아가는 일에 만족한다는 것이다. 역사가 그들에게 탈근대성에 찬사를 보내며 살아갈 수 없다는 점을 가르친 것일지도 모른다. 대신 그들은 가능한 안정의 순간을 칭송한다. 이 새로운 젊은이들의 생존은 그들이 위치한 역사적 맥락에 대한 반응보다는 헤게모니에 적응과 그것으로부터의 탈출을 요구하는 것 같다.

그러나 문제는 로큰롤이 던져 주는 더 큰 문제의식, 즉 탈근대 일상에서 청년의 신분이 설명되지 않았다는 것이다. 즉 청년의 역사적 출현과 변화는 사람들의 몸을 통제의 대상으로 삼는 더 큰 권력 기구의 일부다. '청년'이라는 범주가 전후에 나타난 것은 사실이지만, 로큰롤이 청년의 부상과 그것의 문제화/사라짐 사이의 특정한 시점에서 존재한다는 것 또한 사실이다(Hebdige, 1982 참조).

로큰롤의 내부에 있는 현대 위기라는 벡터 또한 존재하는데, 그것은 앞서 언급했듯이 펑크의 출현으로 거슬러 올라갈 수 있다. 1980년대 로큰롤은 단순히 파편화된 것이 아니라 서로 대립 중인 세 개의 벡터에 의해 구성된다. 첫째, 상업적(MOR) 음악은 그저 기존 스타일(그것이 정동적 힘을 잃었음에도)의 표면 구조를 재현할 뿐이다. 둘째, 뉴 웨이브 록은 저항으로부터의 쾌락을 재확인하려고 하지만 상업적이고 대중적인 성공에 대한 자신의 욕망, 즉 지배 문화와의 공모를 벗어날 수 없다. 셋째, 포스트펑크 및 뉴 뮤직은 로큰롤 문화와는 더 이상 일치하지 않는 쾌락을 접합하고 경계를 형성하려 한다. 상업적 음악은 그것의 표면 뒤에 안정성을 그리고 뉴 웨이브는 로큰롤의 안정성을 추구하지만, 포스트펑크와 뉴 뮤직은 탈근대적 관행과 일치하지 않는 것을 점점 거부하는 것처럼 보인다. 로큰롤의 이 세 가지 방향은 서로(그리고 수용자를)를 둘러싼 정동적 동맹 간에 공통점이 거의 없는 상황을 만들었다. 그들이 가장자리로 존재할 수 있도록 하거나 그들이 교차할 수 있는 중심이 없다. 편입에 대한 상업적 시도와 일부 음악이 세 가지 벡터 모두에 해당됨에도 불구하고, 그들은 점점 더 빠른 속도로 반대 방향의 궤도를 달린다.

음악의 내부와 외부에서의 이러한 전개의 결과는 로큰롤이 더 이상 앞서 설명했던 정동적 기능을 하지 않는다는 것이다. 젊은 세대뿐만 아니라 많은 베이비붐 세대에게도 로큰롤은 여가로서도 지배적인 욕망의 조직에 도전할 수 없는 배경 음악이 되어 버렸다. 로큰롤의 정동적 힘을 재확인하려는 이들에게는 경계선이 이전되었다. 그 결과 새로운 동맹이 형성되고 있으며 로큰롤 역사 속 지금 이 순간의 문화적, 정치적 파장은 1950년대 로큰롤의 '탄생'과 함께 등장한 파장만큼 강력하고 흥미로울지도 모른다. 이것이 로큰롤의 '죽음'인지는 두고 볼 일이다.

L. Grossberg (1997b). "Another Boring Day in Paradise: Rock and Roll and the Empowerment of Everyday Life." *Dancing in Spite of Myself: Essays on Popular Culture*. Durham and London: Duke University Press.

5

"지루한 것보다 기분 나쁜 게 나아"
: 로큰롤, 쾌락, 권력

나는 역설로 시작하려 한다. 그 역설은 우리는 로큰롤에 대하여 수많은 이야기를 듣고 있지만, 여전히 팬들의 삶이 사회의 권력 구조와 어떤 관계를 맺는지를 전혀 이해하지 못한다는 것이다. 물론, 이러한 역설은 매스 미디어와 대중문화에 대한 현대의 비판 담론에서 발견되는 여러 빈틈 중 하나일 뿐이다. 아르망 마틀라르Armand Mattelart는 만연한 이 간극 일부를 밝혀내면서, 대중음악에 관한 분석이 형편없음에 대해 다음과 같이 말한다.

> 기호학적 연구와 언론인의 실천을 재정의하려는 담론 분석에 대한 잠재적 수요 사이의 관계 부족: 기호학과 광고 산업 간의 유동적 교류와는 대조됨.
>
> '거대한 공중grand public'을 구성하는 다양한 사회적 범주에 대한 미디어 담론을 재전유하는 세밀한 이해의 부족.
>
> 권력 기구에 대항하는 여러 사회 주체가 지시하는 회피와 일탈의 전략에 대한 분석 부족.
>
> 이른바 사회적 개입 실험(영화, 비디오, 라디오)과 주요 기구의 기능에 대한 접합(변증법적 분석 모델을 통한)에 관한 연구 부족
>
> 문화 생산에 대한 대학 내 연구와 비평 분야와의 교류의 부재 또는 변증법적 분석의 부족…… 겉보기에 관련이 없는 많은 분야에서의 학술 연구에 대한 인용과 성과가 다른 영역 담론의 한계를 정하곤 한다. 저속한 담론은 영화 분석에서 더 이상 용납되지 않지만, 여전히 대중음악 분석에는 지배적 방식으로 여겨진다. **음악 분야에서 주목할 만한 연구의 부재**(음악 문화산업에 관한 진지한 연구는 프랑스에서 진행된 한두 개뿐인데, 심지어 그것 또한 대중음악 현상에 대한 인류학적 시각에서 영감을 얻었다)**는 모든 미디어에서 가장 이상적이고 불가사의한 담론이 이 분야에서 신뢰를 얻는다는 것을 의미한다**(1988: 598, 강조는 필자).

대중문화에 관한 현대 연구가 이러한 과제에 실패한 원인 중 하나는 그들이 스튜어트 홀이 '대중문화의 감수성'이라고 부르는 것을 고려하지

않았기 때문일 수도 있다. 여기서 대중문화의 감수성은 다양한 시청자가 접근 가능한 미디어 메시지들 가운데 제한적인 것을 선택하고, 전유하고, 사용하는 방식을 의미한다. 대중문화의 감수성은 취향과 쾌락의 문제로 이어질 수밖에 없는 듯하다. 미셸 마틀라르Michele Mattelart가 주장했듯이,

> 충격적인 것은 이 이야기들(TV 연속극)이 얼마나 시청자를 소외시키고 누가 이러한 악랄한 소행의 메커니즘을 진행하는지 찾아낸 시청자들이 계속해서 그것에 의해 짜릿한 쾌락을 얻는다는 것이다. 우리는 문화산업의 이러한 허구적 산물이 드러내는…… 취향과 쾌락에 대한 문제를 무시할 수 없다. 여기에 문제가 있는데, 그것은 지금까지 거의 다뤄지지 않았다. (1982: 141)

여기에 문제가 있지만 우리는 그것을 너무 빨리 정의해서는 안 된다. '취향'과 '쾌락'은 우리를 (어쩌면 마지못해) 개인화하고 심리학적 담론으로 이끈다. 피에르 부르디외Pierre Bourdieu(1980)가 보여 주듯이, 취향의 시위를 결정의 과잉으로 문제화하려는 취향의 정치경제학이 있다. 그 반면에 '쾌락의 정치'를 정의하려는 노력에도 불구하고, 쾌락은 매우 모호하고(종종 정동이나 욕망을 대체한다) 때로는 매우 좁은(종종 고통의 반대나 부재로 정의된다) 개념이다. '쾌락'은 우리를 감정의 현상학으로 되돌려 놓지만, 그러한 과정에서 이념의 복잡한 역할을 무시하는 경우가 많다.

그렇다면 첫 번째 사안은 문제를 찾아내고 정의하는 것이다. 이러한 질문을 던지는 분야 중 하나는 '팬'의 범주와 팬이 암시하는 독특한 관계다. 청년 문화와 로큰롤의 영역 안에서의 이 관계가 바로 내가 이 글에서 탐구하려는 것이다. 팬과 소비자의 차이점은 무엇인가? 둘 다 음악을 즐기는 것일 수 있고, 둘 다 그것을 '여가' 활동의 중요한 일부로 이용할 수도 있다. 이 관계가 로큰롤을 팬 각자에게, 그리고 현대 청년의 전반적인 문화 내에서 그토록 중요하게 만드는 이유가 무엇인가? 이 관계가 어떻게 로큰롤 팬

을 로큰롤에 스스로를 투자할 수 있게 하고, 로큰롤을 여가뿐만 아니라 투쟁과 저항의 한 형태로도 활용하게 하는 것인가? 물론 로큰롤이 항상 또는 반드시 저항의 기능을 하는 것은 아니다. 로큰롤이 헤게모니적 편입의 한 형태로 항상 또는 반드시 기능하지 않는 것처럼 말이다. 문제는 로큰롤이 다른 시간에, 다른 수용자들에게, 다른 방식으로 기능하게 하는 팬들과 음악 사이의 조건을 정확하게 파악하는 방법이다. 이러한 유대감(적극적 수용자와 생산적 맥락/텍스트의 변증법적 산물)은 로큰롤이 만들어 내는 기능과 효과(긍정적이든 부정적이든)의 범위를 밝혀낼 수 있다. 그것은 우리가 '대중문화의 감수성'에 대한 광범위한 질문을 이해하는 데 도움이 될 수 있다.

로큰롤에 대한 담론

로큰롤에 대한 글들이 위의 질문에 대한 답을 주지 않는 이유는 무엇일까? 우선 로큰롤이 현재 비판적인 글에서 어떻게 틀 지워지고 읽히는지를 확인한 후, 현재 담론들의 부적절함을 지적하는 것이 도움이 될 것이다. 나는 네 가지 틀frameworks을 구분 지을 것을 제안한다. 첫 두 개의 틀은 확실히 비호의적이다. 이 두 개의 틀은 로큰롤 문화에서 거의 통용되지 않는 기준에 따라 로큰롤을 평가한다. 예를 들어, 첫 번째 담론은 로큰롤을 그저 (무지한) 젊은이들이 소비하는 많은 상품 중 하나뿐이라고 공격한다. 이에 따르면 로큰롤의 중요한 기능은 단 세 가지다. (1) 이익을 창출하는 것, (2) 실제 사회 문제로부터 젊은이들의 관심을 분산시키는 것, (3) 젊은이들을 자본주의적, 젠더적gendered, 인종주의적 주체로 만드는 것이다. 음악은 젊은이를 조종하면서 현재의 모습보다 더욱 수동적이고 덜 비판적이게 만든다. 로큰롤 팬들은 자신들의 문화로 생각하는 것이 오히려 자신들을 속이고 착취하는 데 사용된다는 사실조차 인식하지 못하는 '문화적 얼간이cultural dope'다. 이 첫 번째 담론은 음악과 그 문화 사이의 접점보다 로큰롤과 지배적 정치경제 기관 간의 접점에 더 관심이 있다. 음악이 문화 분석의 가치가 있는 유일한 경우는 음악이 소비의 일반 패턴을 초월해서 대중문화 현상(엘비스 프레슬리, 비틀스, 마이클 잭슨Michael Jackson 등)을 일으킬 때다. 또한 로큰롤의 역사는 빌보드의 관점에서 쓰인다. 다시 말해 음악 문화는 잘 팔리는 음악에 의해 정의된다(통계적으로 의심스러운 톱 100 차트에서 보고되는 자료를 바탕으로). 가장자리에 있거나 '버블링 언더bubbling under'[105]에 해당하는 음악과 팬은 완전히 무시된다. 또한 사회구성체에서 경제 제도와 정치 제도 간의 모순, 로큰롤과 다양한 헤게모니 권력 제도 간의 변화하거나 종종 적대 관계, 그리고 로큰롤 문화 내의 차이(장르, 용도, 음악적/문화적 동맹과 적대감의 구성 간의 차이 등) 또한 무시된다.

두 번째 틀은 로큰롤을 예술과 비교하며 그것에는 내재적 가치나 독창성이 거의 또는 전혀 없다는 결론을 내린다. 호의적이면 이러한 관점은 예술가의 표현적 성실함이나 예술적 능력에 호소한다. 더 전형적으로 로큰롤은 블랙 리듬 앤 블루스, 또는 남부 백인 노동자 계급의 컨트리 및 웨스턴 음악 등 다른 집단들 음악의 아류로 여겨진다(그리고 이런 음악처럼, 로큰롤도 사람들의 경험과 고통을 이용하거나 희석하는 것으로 간주한다). 물론 백인 수용자가 특별히 접근 가능한 기술(과 유통 시스템)이 음악에 추가될 될 때는 창의성이라는 환상이 존재하기는 한다. 이러한 관점에서 토론할 가치가 있는 유일한 로큰롤은 천재성을 지닌 작품으로서 (시나 예술처럼) 우리의 마음을 움직이는 것뿐이다. 우리는 '위대한 텍스트 증후군the great texts syndrome'이라는 정전화라는 관행을 재생산할 뿐이다. 예를 들어 라몬즈는 아니지만 토킹 헤즈는 해당하고, AC/DC는 아니지만 브루스 스프링스틴은 해당하

105 미국 〈빌보드〉에서 매주 발행하는 차트로, 아직 빌보드 핫 100 메인 차트에 오르지 않은 상위 곡이 들어있다. — 옮긴이

고, 필 스펙터는 아니지만 밥 딜런Bob Dylan[106]은 해당하고, 피어Fear[107]는 아니지만 비틀스는 이에 해당한다. 이러한 틀의 문제점은 명백하다. 첫째, 팬들이 종종 이런 기준에 동의할 때도 로큰롤은 예술로 기능하지 않는다. 둘째, 특정 텍스트의 인기와 기능은 그 텍스트 자체에서 읽어 낼 수 없다. 즉 특정 음악이 특정 팬에게 중요한 이유는 매우 다양하며 여러 가지 상황 요소에 따라 달라진다. 마지막으로, 로큰롤이 다른 음악을 차용하지만, 이런 특징이 로큰롤 역사에서 특정한 음악 구조가 등장한 것을 설명할 수 없다. 게다가 다른 음악으로부터의 전유는 음악뿐만 아니라 수용자가 음악을 활용하는 방식에도 큰 영향을 끼친다. 사실 현대 대중음악의 역사는 음악 관습의 복잡하고 문화적이며 국제적인 교류를 보여 준다. 백인 전통과 흑인 전통 사이에는 변증법적 관계가 있다. 이 과정의 복잡성을 인식하려면 슬라이 스톤Sly Stone, 지미 헨드릭스Jimi Hendrix, 조지 클린턴George Clinton, 프린스Prince, 제임스 블러드 울머James Blood Ulmer, 킹 서니 아데King Sunny Adé 등의 음악을 들어보면 된다.[108]

나머지 담론들은 음악에 대한 수용자의 현상학적 관계를 기반으로 하며 더 호의적인 해석을 제시한다. 세 번째 틀은 팬들이 자신의 젊음을 축하하고 쾌락을 얻기 위해 음악을 사용하는 것을 강조한다. 로큰롤은 아이들의 오락거리가 되고, 일종의 용인된 젊음의 무책임, 미래에 (실제 또는 상상된) 사회적 역할의 제약을 벗어난 놀이의 한 형태로 간주한다. 이러한 담론의 한층 정교화된 논리는 로큰롤이 여가와 놀이의 가능성에 대한 환상

106 밥 딜런(1941~)은 미국의 싱어송라이터로, 공민권 운동에서 포크 음악인 그의 곡들이 널리 불리면서 상징적 존재가 되었다. 미국 노래의 전통에서 시적인 표현을 새롭게 만든 공로로, 2016년 노벨문학상을 수상하였다. — 옮긴이

107 1977년에 결성된 미국 로스앤젤레스 출신의 펑크 록 밴드로, 캘리포니아 하드코어 펑크의 사운드와 스타일이 형성되는 데 영향을 주었다. — 옮긴이

108 이들은 록 음악과 펑크 음악에 이바지한 유명한 흑인 아티스트다. — 옮긴이

을 투영한다고 제안한다. 이 틀 안에서 로큰롤의 역사는 종종 문화 그 자체의 관행이나 음악보다는, 자신을 대변하는 로큰롤 문화의 재현에 기초하여 구성된다. 결국, 아이들은 자신을 대변할 수 없고, 쾌락만을 추구하는 관행은 자신을 정확히 재현하려고 크게 힘쓰지 않는다. 다시 말해, 약점들은 명백하다. 로큰롤에 대한 이러한 해석은 로큰롤이 저항, 투쟁, 또는 절망의 전망을 명시적으로 제시하는 순간을 쉽게 논의하지 못한다. 예를 들어 이러한 해석은 도어스Doors[109]는 설명할 수 있지만 벨벳 언더그라운드Velvet Underground[110]는 설명하지 못하고, 라몬즈는 설명할 수 있지만 보이도이즈Voidoids[111]는 설명하지 못하고, 마이클 잭슨은 설명할 수 있지만 조이 디비전은 설명하지 못한다. 이는 이러한 담론이 쾌락이나 여가의 정치 문제에 맞설 수 없기 때문이 아니라, 특정 음악 텍스트의 사회적 기능과 효과 속에 존재하는 모순을 인식하지 못하기 때문이다. 그리고 그것은 수용자가 음악에 대해 가질 수 있는 다양한 관계를 무시하고 팬을 여가의 한순간으로 축소해 버린다. 그것은 특히 로큰롤과 젊음의 관계를 지나치게 난순화한다. 적어도 이는 로큰롤 수용자의 일부가 '성장하면서' 로큰롤 팬이라는 정체성을 포기하지 않는다는 사실로 인해 분명해진다. 게다가 젊음의 범주는 역사적으로 구성되었을 뿐만 아니라 기구apparatus 내에서 구성된다.

네 번째 담론은 사회적 현실의 재현으로서의 텍스트에 초점을 맞춘다. 그것은 로큰롤을 특정 청년 집단의 심리적, 경제적, 정치적 경험을 재현하는 일종의 민속 음악으로 해석한다. 결과적으로 로큰롤의 역사는 '진

109 1965년 로스앤젤레스에서 결성된 미국 록 밴드로, 1960년대 가장 영향력 있고 논란 많은 공연을 하였다. 보컬 짐 모리슨 등 이 그룹은 당시 반문화를 대표하기도 했다. — 옮긴이

110 미국 뉴욕에서 활동한 록 그룹으로, 1960년대 중후반 전위적이고 실험적인 록 음악을 구현했고, 펑크 록, 뉴 웨이브, 아트 록, 얼터너티브 록 등에 영향을 끼쳤다. — 옮긴이

111 1976년 뉴욕에서 결성된 미국의 펑크 록 밴드 리처드 헬 앤 더 보이도이즈Richard Hell and the Voidoids를 말한다. — 옮긴이

정한' 순간과 '편입된' 순간의 순환으로 구성된다. 진정한 순간에는, 로큰롤은 청년에 의해 생산되고 통제(예를 들어 세상에 대한 청년의 실제 경험들로 인하여)될 뿐만 아니라 정치적 반대의 한 형태로 스스로를 나타낼 수도 있다. 하지만 자본주의의 생산 요구가 지배하게 될 때, 음악의 의미는 '희석'되고 사운드는 '전문화'되고, 그 결과 똑같은 것들이 계속 재생산된다. 그런 경우 로큰롤은 더 이상 헤게모니 권력의 구조에 대한 어떠한 저항도 제공할 수 없게 된다. 자본주의는 로큰롤을 가장 많은 수용자에게 팔릴 만한 가장 저급한 요소로 축소시킨다. 음악 그 자체가 헤게모니 문화의 일부가 되어 저항하지 못하고 현실과 그 안에서의 수용자의 위치에 대한 고정관념을 강화하는 상황에 처하게 된다. 이러한 관점에서는 진정한 순간들만이 의논할 가치가 있을 뿐 아니라 첫 번째 담론(즉 황금기, 반문화, 펑크)들과 구별되게 해 준다. 10대 아이돌, 버블검, 싱어송라이터, 디스코, 헤비메탈, 화이트 소울[112] 등 다른 순간들은 무시되고 상품이나 나쁜 예술로 취급당한다.

이 담론의 변형들은 로큰롤 역사에서 정당화되고 특권을 부여받았던 순간들, 즉 로큰롤의 본질적인 진정성을 정의할 수 있는 순간들에 따라 나뉜다. 첫 번째 변형은 로큰롤의 적대 세력은 계급과 인종 갈등에 뿌리를 둔다고 본다. 이 변형은 노골적인 대중주의적 정치와 함께 '황금시대'에 구성되었다는 노동 계급 수용자에게 특권을 부여한다. 두 번째 변형은 젊음의 이상주의와 (반문화와 같은) 정치적 대안의 명시적인 제시를 찬미하는 순간들에 특권을 준다. 그리고 세 번째 변형은 현대 생활의 소외, 분열, 무의미함에 대한 항의(예를 들어 펑크와 뉴 웨이브의 정치)를 전면적으로 표현할 수 있는 음악의 능력을 강조한다.

이 담론의 약점은 이전의 담론보다 덜 분명한데, 부분적으로 이러한

112 백인 아티스트가 흑인 아티스트의 소울 음악을 커버(또는 표절)한 경우를 말한다. — 옮긴이

관점이 팬들에게 공유되기 때문이다. 그런데도 이 담론에는 몇 가지 문제점이 있다. 첫째, 이 담론은 로큰롤 문화에 있는 엘리트주의를 재현한다(이런 틀에서 로큰롤 팬은 자신이 모두 로큰롤의 실체를 파악하고 있다고 믿는다). 이 관점은 팬의 삶이라는 맥락에서 특정 음악의 효과를 적절하게 질문하지 못한다. 따라서 그것은 동일한 음악이 어떻게 한 수용자에게는 정치적으로 적대적일 수 있지만 다른 수용자에게는 그렇지 않을 수 있는지 설명할 수 없다. 둘째, 이 담론은 로큰롤이 가장 최고의 순간에도 실행과 이념의 차원에서 종종 성차별적, 인종 차별적, 자본주의적이라는 사실을 인정하지 않는다. 로큰롤은 헤게모니의 일부이며 그 방식은 설명되어야 한다. 아마도 이것은 재현되는 경험이 이미 이념적이기 때문일 것이다. 하지만 음악의 정치적 기능이 음악의 재현 요소로 완전히 설명될 수 없다는 점을 인식하는 것이 더 중요할 수 있다. 마지막으로, 이 틀은 상업적 성공과 대중음악 사이의 관계를 모순과 투쟁의 장소로 지나치게 단순화한다. 경제적 편입과 정치적 편입은 동일하지 않을 뿐 아니라, 하나가 다른 요소로부터 일방향적으로 추론될 수 없다(예를 들어 상업적 전유와 성공에도 불구하고 브레이크댄스와 포괄적인 '힙합' 문화가 인기를 유지하면서 위반하는 힘이 지속되기도 한다).

저항으로서의 로큰롤

여기서 고려해야 할 틀이 하나 더 있다. 이 틀은 두 가지 중요한 측면에서 다른 틀과 다르다. 첫째, 그 기원은 학문적이지만 저널리즘에서 기원을 찾을 수 있다. 둘째, 이 틀은 동질적이지 않으며 분열되어 있는데, 하위문화 이론과 탈근대(또는 해체) 이론이라는 경쟁하는 담론에 의해 정의된다. 이 틀은 여가의 정치학이라는 문제에 접근하는데, 쾌락을 생산하는 형태가 어떻게 저항에 접합되는 데 사용되는지를 분석한다. 로큰롤은 내면의 삶의 표현이나 외부 세계의 재현이 아니라, 오히려 헤게모니 문화의 모순적 요구에 대한 저항, 위반 또는 적어도 협력의 형태로 청년이 전유할 수 있는 능동적으로 순간으로 간주된다. 따라서 이 틀은 앞서 설명했던 세 번째 관점과 마찬가지로 팬들이 음악을 어떻게 사용하고 그로부터 무엇을 얻는지에 관심을 지닌다. 그리고 네 번째 관점과 마찬가지로 (이제는 능동적인 것으로 간주하는) 이 틀은 음악과 팬들의 삶이 관계 맺는 맥락에 관심을 둔다. 그러나 앞서 논의한 모든 틀과는 결정적으로 다르게 저항 이론은 음악의 의미가 음악의 맥락과 사용법에서 분리된 텍스트의 해독에서 시작될 수 없다는 인식에서 시작된다. 구체적인 맥락에 전유된 예를 두 가지만 들자면, 여성 밴드인 이비스Ibis가 여성 음악 축제에서 팻 베네타Pat Benatar[113]의 헤비메탈 히트곡 "러브 이즈 어 배틀필드*Love is a Battlefield*"를 커버했을 때 벌어진 일이다. 그리고 두 번째로 영화 〈청춘 낙서2*More American Graffiti*〉에서 슈프림스Supremes[114]의 노래 "베이비 러브*Baby Love*"는 공동체와 저항에 관한 그들의 진술이 된다. 저항 이론 내의 차이는 저항의 근원에 대한 경쟁적인 견해에서 비롯된다. 하위문화 이론은 음악을 재전유하는 팬들의 활동을 강조하는 반면, 탈근대 이론은 텍스트 자체의 활동을 강조한다.

하위문화 이론(Hail & Jefferson, 1976)은 로큰롤을 젊음의 하위 집단(일반적으로 백인, 남성, 도시, 노동 계급)으로 단순화시킨다. 하위문화 이론은 이러한 집단들이 특정 음악 장르를 더 포괄적인 '하위문화적 스타일'로 전유하고 그것을 통해 그들이 경험하는 모순, 즉 사회 지위에 따라 결정되는 모순에 대한 '마법 같은' 또는 '상상적' 해결책을 제공한다고 주장한다. 이 스타일은 하위문화의 구성원이 헤게모니 문화 및 부모의 문화와의 차이(그 속에 계

113 팻 베네타(1953~)는 미국의 록 싱어송라이터로, 1970년대 후반부터 1980년대 중반까지 대중적 팝 록과 하드록을 적절히 배합한 성인 취향의 록으로 인기를 끌었으며, "러브 이즈 어 배틀필드"로 최우수여자록보컬상 등 그래미상을 네 차례 수상받은 바 있다. — 옮긴이

114 1960년대 모타운의 성공을 대표하며 1960년대를 상징하는 보컬 그룹이다. 전 세계적으로 엄청난 인기를 누렸던 대중음악 역사상 가장 성공한 여성 그룹이다. — 옮긴이

속해서 생활하고 있으면서도)를 표현할 수 있는 '금지된 정체성'을 제공한다. 그러나 이러한 접근 방식에는 몇 가지 문제가 있다. 첫째, 앤절라 맥로비(1980)가 주장했듯이, 그것은 구조적으로 로큰롤 수용자에서 여성을 배제한다. 나는 추가적으로 이것이 '팬'의 정의를 하위문화적 자격과 혼동하고 (특히 미국에서) 대다수의 로큰롤 팬을 배제하는 등 팬의 정의를 체계적으로 제한한다고 생각한다. 둘째, 그것은 하위문화가 음악을 '스타일'에 '적합'하게 할 수 있다고 가정하지만, 이 두 개념은 여전히 모호하다. 결과적으로 음악이 이러한 음악과 스타일의 상관관계를 어떻게 가능하게 하는지 불분명할 뿐 아니라, 팬들이 스타일과 경험 사이의 관계(또는 상동)를 어떻게 읽는지 역시 불분명하다(Coward, 1977).

보다 최근에 스튜어트 홀(1983)은 '이데올로기적 접합'에 대한 더 광범위한 이론을 제안하였는데, 이는 텍스트의 의미가 특정 텍스트를 다른 텍스트 및 사회 관습과의 관계의 네트워크로 '접합'하려는 적극적인 문화적 투쟁의 산물이라고 설명한다. 텍스트를 배치함으로써 그것의 의미, 그리고 현실을 재현하는 그것의 구체적인 주장은 함축된 의미의 그물망 속에서 구성된다. 따라서 텍스트와 경험 사이의 관계, 그리고 저항의 구조 내에서 텍스트를 사용할 가능성은 미리 주어진(텍스트의 기원 속에서 새겨진 듯이) 것도 아니고 동시에 불가능한 것도 아니다. 관계와 가능성은 자신의 경험을 재현하려는, 즉 헤게모니 규칙이 아닌 자신의 목소리로 말하려는 시도 속에서 그것을 전유하려는 지속적인 노력의 산물이다. 우리는 대중문화를 이해하기 위하여 이처럼 수정된 의미를 사용할 수 있다. 이 이론이 하위문화에만 국한될 필요는 없다. 이 이론은 팬들이 로큰롤을 사용하여 그들의 실제 사회 경험에 대한 대안적인 재현을 제공하여 그들의 정체성을 형성한다고 제안하기 때문이다. 이러한 설명은 문화와 이데올로기의 매우 실제적인 조합이므로 전혀 마술적이지 않다. 또한, 서로 다른 수준의 텍스트와 경험 사이에 일련의 상동성을 구현하는 스타일이 사전에 존재할 것이라고 가정할 필요도 없다. 대신 스타일이란 팬들이 음악적 텍스트를 전유하면서 구성된 상응 관계correspondence가 작동하는 능동적인 분야다. 이 '접합'의 정도는 경험에 대한 일부의 상응 관계에 의해 미리 결정될 필요는 없다. 오히려 적합의 여부는 재현 내부에 그리고 재현을 둘러싼 투쟁의 본질이라 할 수 있다. 그런데도 이 이론에는 이러한 투쟁의 한계 또는 가능성을 설명할 여지가 거의 없다. 즉 텍스트라는 것이 어떻게 처음부터 그 표면에 가능성 또는 의미마저 새겨진 채 받아들여지는 것일까? 암호화된 의미(대중음악 분야에서 암호화된 이 의미들은 누구의 것인가?)와 기원에 호소하지 않으려면 음악 자체의 생산성을 어디에서 찾아야 할까? 홀은 문화 내에서 사람들의 능동적 투쟁을 강조하지만, 문화 분야 자체는 여전히 팬들에 대한 조작이 가능한 수동적인 산물로 남아 있다.

'저항 이론'과는 반대로, 탈근대 이론은 (음악적) 텍스트가 의미를 생성하지 않기 때문에 텍스트가 경험이나 현실을 재현한다는 관점에서 이해될 수 없다고 한다. 탈근대 이론은 텍스트(맥락적으로 구성된 것마저)의 의미를 추구하고 확장하려는 해석을 거부한다. 탈근대 이론은 의미를 무관하게 만들고 소통을 불가능한 것으로 만든다. 텍스트는 기표의 체계가 아니며, 각 기표는 함축과 재현의 네트워크로 접합되기를 기다리면서 의미의 구조에서 위치를 찾는 데 어려움을 겪고 있다. 오히려 텍스트는 파편 모음으로 이해되는데, 그 속의 기표는 지속적으로 서로를 가로지르며 통일성, 안정성 및 일관성에 대한 모든 주장의 경계를 위반한다. 이 경우에 텍스트는 스스로를 해체하고 분해하면서 자기 특권의 순간들self-privileging moments을 약화시키는 것으로만 해석될 수 있다. 텍스트의 생산성을 제공하는 것은 바로 텍스트와 그것의 의미를 분열시키고 약화시키는 빈틈이다. 따라서 탈근대 이론은 수용자 대신 텍스트 자체를 (정의할 수 있는 실체가 아니라 지속적인 자기 전유 과정으로) 능동적 저항의 근원으로 만드는 일종의 형식주의로 되돌아간다.

로큰롤의 탈근대적 해석은 두 가지 변형이 있다. 첫 번째 해석은 이데올로기를 재현으로 바라보는 마르크스 이론에 대한 대안으로 제시되는데, 그것은 텍스트의 이데올로기 힘을 수용자를 자신의 공간으로 위치시키는 방식에서 찾는다. 텍스트는 경험의 재현으로 사회적 정체성을 형성하지 않는다. 오히려 텍스트는 이미 구성된 특정 위치에 수용자를 주입하거나 호명함으로써 특정한 경험을 만들어 낸다. 예를 들어 댄 그레이엄Dan Graham(1983)은 로큰롤이 전통적으로 사전에 정의된 헤게모니적, 젠더적 주체-위치로 팬을 생산하는 반면, '포스트펑크'의 로큰롤 텍스트는 이러한 인식을 분열시키고 방해하여 그러한 헤게모니적 관계에 저항하는 주체를 생산한다고 주장한다.

탈근대 이론의 두 번째 변형은 이데올로기적 질문을 쾌락의 정치에 대한 관심으로 대체한다. 다시 말하지만, 수용자가 자신의 공간에서 발견하는 쾌락을 생산하는 것은 텍스트 그 자체다. 쾌락은 해체deconstruction로서 텍스트의 틈새에 새겨져 있을 뿐 아니라, 쾌락의 위반하는 특성(헤게모니 구조에 대한 저항으로서)도 텍스트가 수용자를 자신의 공간에 호명하는 과정에 기록되어 있다. 마치 스튜어트 홀의 거울 이미지mirror image처럼, 탈근대 이론은 저항을 텍스트의 쾌락 속에 위치시키고, 쾌락을 헤게모니적 요구에 대한 텍스트의 저항에 다시 위치시킨다. 물론 이러한 해석은 음악의 효과를 음악과 수용자 사이, 그리고 음악과 그것의 맥락 사이의 단순히 기계적 반응으로 보이게 할 수 있다. 탈근대 이론이 종종 성찰과 단순한 결정의 이론들로 되돌아간다는 이러한 역설은 〈뉴 뮤지컬 익스프레스〉의 담론에서 찾아볼 수 있다. 예를 들어 이언 펜먼Ian Penman(1982)은 마치 쾌락이 정치를 보장하기에 충분한 것처럼 "우리는 최면적이고 태평하고 예민하지 않은 댄스 음악이 필요한데, 이러한 음악은 도그마와 대변동을 내뿜는 도덕적인 괴물과 허수아비의 대열에 참여하는 것을 막아준다"라고 주장한다. 마찬가지로 데이비드 몰리David Morley에 따르면, "사람들의 삶에 색과 화려함뿐만 아니라 자극도 줄 수 있는 욕망의 대상"을 칭찬하면서

“지루함은 우리 모두가 채워야 하는 공허함과 같다”(Harley & Botsman, 1982: 259에서 재인용). 다시 말하지만, 여기서 음악은 세계와 거의 기계적인 관계를 맺고 있는데, 심지어 능동적 저항에도 동일하다.

대중음악에 대한 탈근대적 해석 중 가장 흥미로운 해석으로 프레드 필Fred Pfeil은 다음과 같이 주장한다. “탈근대적 작품에 대해 새롭게 구성된 대중 수용자의 경험은 근본적으로 원초적 쾌락과 원초적 두려움 사이의 불안정한 상호 작용이라 할 수 있다. 이 상호 작용은 두 가지 원초적 충동, 즉 세상을 자신과 통합하려는 것과 자신이 삼켜지는 것을 막으려는 것으로 볼 수도 있다”(1985: 386). 탈근대적 미학 실천은 관료주의화, 광고, 그리고 가족 구조의 변화가 수용자의 ‘반오이디푸스화de-oedipalization’에 기여하는 ‘최신 자본주의 사회 변화’를 반영한다. 궁극적으로 미학적 경험 자체에 반영되는 것은 바로 이 반오이디푸스화다. 그렇다면 이 상동성은 이 경험의 쾌락이 가져올 정치적 결과를 보장하지 않는가? 그것이 반드시 해방적이거나 억압적이지 않을 수 있을까? 즉 “이 수용자들은 ‘발언의 반기원de-origination’으로부터 쾌락을 찾고 얻을 수 있는 것이 아닐까? 그 이유는 아마 우리를 발언의 의미 규칙으로부터 해방시키거나 우리 자신을 확산된 의미의 변화무쌍한 산물로 실현하기 위해서일 것이다. 내 생각에 이런 질문 자체가 그것에 대한 대답이다”(Pfeil, 1988: 387). 후기 자본주의의 구조를 반영하고 이러한 구조를 수용자의 쾌락으로 변화시키는 탈근대적 텍스트에 의해 필연적으로 개방된 오이디푸스 이전 공간은 이데올로기 내에서 재구성되는 방식에 따라 정치적으로 양면적ambivalent이다. 따라서 탈근대 이론은 쾌락을 텍스트 자체에 의해, 그리고 그 내부에서 열린 틈새에서 생성되는 것으로 정의한다. 이것은 현대 생활의 분열을 반영하는 해체다. 탈근대 이론의 최선은 이 쾌락에 새겨진 정치적 영향, 즉 쾌락 자체가 저항의 한 형태로 접합될 수 있는 방식을 분석하는 데 있다.

저항 이론의 문제점은 탈근대 이론(쾌락의 정치 수준에서 생산적인 텍스트성)

과 마르크스 문화이론(특정 텍스트의 재현을 향한 이념적 주장을 접합하기 위해 고군분투하는 능동적 수용자) 사이의 모순에서 찾을 수 있다. 그리고 이 모순의 공간에서 로큰롤에 대한 나만의 해석을 찾으려 한다. 후자에 관해 나는 사람들이 문화적 꼭두각시가 아니라고 가정한다. 그들은 대체로 권력과 지배의 구조 속에 자신의 의미를 잘 알고 있고, 문화적 메시지가 자신을 조종하려는 방식을 잘 알고 있다. 그리고 전자의 경우, 로큰롤에 대한 해석이 상징적이라기보다 담론적(수용자 일부와 음악 텍스트 사이의 다양한 관계를 설명하는)이라고 가정한다. 대중문화도 수용자도, 그리고 로큰롤과 그 수용자도 결코 단일하지 않다. 이러한 관점은 문화 속에 음악과 수용자의 다양성을 인식하는 것 이상의 과정을 수반한다. 텍스트와 의미 사이, 그리고 텍스트와 그 효과 사이에 필연적 상관관계가 없는 경우, 분석의 출발점은 바로 그것의 관계 자체이기 때문이다.

동시에 나는 탈근대 이론의 형식주의(초텍스트성에 대하여 수용자를 수동적으로 만드는)와 텍스트의 결정 능력을 이론화하려는 문화주의의 무능력(메시지와 그것의 해석 이외의 수준에서) 모두에 대하여 반박하려 한다. 나는 앞서 설명한 두 관점의 약점과 문화 실천과 사회적 현실을 같은 용어로 묘사하는 탈근대적 함정을 피하기 위해 수정 목록을 제안하려 한다. 이러한 함정은 두 영역을 같은 기호 아래에 두고, 저항 이론을 반영 모델reflective model, 사회적 비관주의, 정치적 테러리즘으로만 묘사해 버린다. 나는 능동적 텍스트성과 능동적 수용자 모두를 변론하고자 한다. 이를 통해 나는 접합의 이론을 시도하는데, 이는 푸코와 홀의 이론에 기반을 둔 것으로 홀이 "보증 없는 마르크스주의"라고 묘사한 탈근대 이론의 통찰을 통합하는 것이다.

담론으로서의 로큰롤: 기구의 정동적 경제

첫째, 로큰롤 텍스트가 그것이 초래하는 효과에 중요한 역할을 하지만, 그것의 '텍스트성'은 단순히 음악적/언어적이거나 해체적인 것은 아니다. 로큰롤의 효과는 특정 음악 및 언어적 실천(이는 종종 다른 전통에서 온다)이 항상 (1) 다양한 기구 및, (2) 특정 사회와 역사적 장소에 이미 주입된 것으로 여겨진다는 사실에 달려 있다. 기구는 음악 텍스트와 실천에 다음과 같이 많은 것을 결합한다. (연주자와 팬의) 이미지, 사회관계, 미학적 관습, 언어, 동작, 외모 및 댄스 스타일, 미디어 실천, 이념적 헌신, 기구 자체의 재현 등이 그것이다. 마치 수용자가 사회학의 샘플링 방식으로 설명되는 것처럼 특정 수용자를 텍스트에 속하게 하는 것은 일련의 규칙이나 자원이 아니다. 오히려 수용자는 기구 내의 위치에 따라 정의된다. 그뿐만 아니라 로큰롤 기구는 단일한 형태가 아니라, 로큰롤을 구성하고 효과의 한계를 정의하는 중첩되는 동시에 적대적 기구들의 복잡한 배열이라 할 수 있다. 동일한 음악 텍스트가 다른 기구들에 따라 위치하기도 하고, 각 기구는 텍스트를 다르게 접합시킨다. 그런 텍스트는 다양한 팬들에게는 다른 효과와 의미를 지닌 또 다른 노래로 기능할 것이다. 결과적으로 '기호화'의 문제, 즉 특정 텍스트가 어떻게 수용자의 전유 능력을 제한하는 방식으로 작동하는지는 다양한 로큰롤 기구 내에서 음악과 팬을 호명하는지에 달려 있다.

그러나 로큰롤의 텍스트가 기구의 담론에 의해 구성된다는 것을 인지하는 것만으로는 충분하지 않다. 왜냐하면 기구의 효과, 즉 기구가 접합되는 관계는 항상 간극과 모순, 그리고 상응과 불상응 관계로 특징되기 때문이다. 특정 로큰롤 텍스트의 실제 효과는 기구의 담론이 다양한 수준의 사회생활과 권력에서 기능한다는 사실에 달려 있다.[115] 담론은 자본의 분배와 경제 관계의 구성(예를 들어 여가와 스타 시스템)에 관계될 뿐 아니라, 이념

115 따라서 로큰롤에 대한 모든 해석은 맥락적이어야 하며, 그것을 중층 결정되며 동시에 중층 결정하는 지역적 사건으로 취급해야 한다. 로큰롤의 역사를 여러 기구의 관계 외부에서 작성할 수 있는 분석 체계는 없다.

투쟁의 경제에도 연결되어 있다. 그러나 로큰롤의 엄청난 인기와 팬들에게 그것의 특별한 힘은 이 두 영역 외에 무엇을 가리키는 듯하다. 탈근대 이론은 이 다른 영역을 쾌락의 생산 측면에서 설명하면서 쾌락이 일탈적이거나 저항적이라는 입장을 강요하도록 한다. 대안적으로 나는 팬과 '대중문화의 감수성'의 자원의 관계를 정동적 존재의 차원으로 설명하고자 한다.[116] 정동과 쾌락의 구별은 중요한 것이다. 로큰롤의 정동적 경제는 쾌락의 생산과 동일하지도 않고 이에 국한되지도 않는다. 동일한 정동적 경제가 서로 다른 여러 가지의 쾌락을 생산할 수 있다. 더군다나 쾌락 자체는 현상적 범주로서 지배적이지 않지만, 이데올로기 공간 또는 그 보충제로서 작동한다. 대신에 나는 로큰롤 기구가 부분적으로 팬들의 일상생활의 정동적 지형을 변화시킨다고 주장한다. 이 변화는 쾌락의 특정한 형태를 기반으로 하고 생성하는데, 기구 내에서 팬들에게 힘을 실어준다.

우리는 로큰롤 기구가 정동적 권능화의 공간을 자신의 헤게모니적 존재의 균열과 모순에 삽입함으로써 저항, 회피 심지어 역봉제의 선략을 제공한다고 말할 수 있다. 예를 들어, 상품의 처분 가능성은 소비자에게 상품을 맘대로 사용하도록 한다. 내가 아는 사람 중에 자신이 불쾌하다고 느낀 노래를 레코드판에서 지워 버린(말 그대로 알아볼 수 없게 긁어낸) 한 여성이 있다. 마찬가지로 많은 팬은 자신들의 마음에 드는 노래를 고르고 심지어 리믹스하기 위하여 카세트테이프를 사용하여 자신들만의 텍스트를 만

116 이러한 정동적 실존 수준을 받아들이려는 시도로서의 현대 이론은 많다. 예를 들어 르페브르의 '일상' 개념, 벤야민의 '충격 효과'에 대한 설명, 푸코의 '사건화eventalization' 이론은 모두 이념적으로 구성된(또는 의식적으로 경험된) 실존이 아닌 수준에서 현대 생활의 변화에 대한 해석을 제공하는 것 같다. 나아가, 리비도 경제와 카텍시스에 대한 프로이트의 개념, 특히 들뢰즈와 가타리의 욕망 이론과 리오타르의 강도와 충동pulsions 이론에서 재구성되었듯이, 이러한 개념은 우리가 세상에, 그리고 우리의 이념적 재현에 투자하는 에너지를 설명하는 데 우리가 가진 가장 강력한 도구다.

든다. 더 논란이 되는 예는 로큰롤의 정동적 경제가 담론의 더 큰 경제 안에 존재하는 방식을 보여 준다. 정동적 권능화는 항상 이데올로기적, 경제적, 정치적 관행과 (종종 모순되는 방식으로) 관계를 맺는다. 비록 내가 로큰롤의 이데올로기 경제를 우선시하는 것은 아니지만, 정동적 권능화는 항상 이데올로기와 함께(그리고 때로는 이데올로기를 통해) 접합된다는 것을 인지할 필요가 있다. 로큰롤은 그것의 이데올로기와 젠더화된 소비 패턴 속에서 젠더와 섹슈얼리티에 대한 지배적 정의를 재생산한다는 이유로 종종 비난을 받는다. 그러나 특정 기구들은 욕망과 젠더 구성에 대한 지배적 제약에 저항할 기회를 제공할 수 있다. 이런 기구들은 여성의 몸과 목소리를 물질적이고 사회적인 환경으로 삽입하는 방식으로 몸을 쾌락과 권력의 장소로 재구성한다. 남성이 생산하고 소비하는 장르로 해석되고 광고하는 로커빌리의 경우를 생각해 보자. 하지만 여성도 그것을 사고, 따라 부르고, 춤을 추고, 그 스타일에 참여했다. 그러한 팬들을 모두 문화적 얼간이로 판단하지 않는다면, 이 기구를 사용하는 팬들의 능력을 설명할 필요가 있다. 음반이 거의 발표되지 않았지만 로커빌리를 노래하는 여성들도 있었다. 그러나 오늘날에도 조지아 깁스Georgia Gibbs가 "그레이트 볼즈 오브 파이어*Great Balls of Fire*"[117]를 부르는 것을 듣는 것은 (그 가사는 말할 것도 없고) 새로운 방식으로 그 노래를 듣는 것이다. 그렇다면 그것이 새로운 의미를 얻는 것일까? 물론이다. 하지만 그것은 그 특정한 기구에 여성의 목소리를 삽입함으로써 다른 어떤 것, 즉 정동적 투자가 바뀌었기 때문이다. 이러한 정동적 투자는 (리비도의 개념이 암시하듯) 성별 차이의 접합이라는 이데올로기

117 1957년 미국 로큰롤 가수인 제리 리 루이스Jerry Lee Lewis가 부른 곡으로 로큰롤 영화 〈잼보리*Jamboree*〉(1957)에도 삽입되었다. 발매된 지 10일 만에 100만 장이 팔려 당시 미국에서 가장 많이 팔린 싱글 중 하나가 되었다. 이후 재즈 가수인 조지아 깁스(1918~2006)가 이 곡을 불렀다. — 옮긴이

적 결합에 선행하는 원초적 기원은 아니다. 정동적 투자는 효과의 차원이자 권능화의 순환이다. 따라서 남성으로서 로큰롤의 정동적 경제의 이데올로기적 변형은 중요하고 강력한 전유를 증언한다. 그러나 반면에 로큰롤의 '쾌락'이 이미 남성으로 의미화되어 있다면 여성으로 재전유하는 쾌락은 배가 될 것이다.[118]

우리가 음악 기구를 다룬다는 사실은 정동 경제가 물질적 영역에서 작동한다는 점을 분명히 해 주는데, 정동 경제는 의식적으로 경험되거나 재현될 필요는 없다. 음악의 감각적 물질성은 수동적 수용을 능동적 생산으로 변화시킨다. 음악은 수용자의 몸을 둘러싸고 침범하며 그들을 공간에 통합시키고 음악적 사건의 일부로 만든다. 수용자는 실제적이고 복잡한 방식으로 생산자가 된다. 로큰롤의 많은 음악 관행은 이 효과를 보장하거나 과장하는 기능을 한다. 이 변형시키는 힘은 "음악의 추상적인 기계는 가장 비의미화non-signifying하고 탈영역화하는 것"(1984: 107)이라는 가타리의 관찰에서 찾아볼 수 있다. 이러한 변형은 단순히 장소석 소비의 산물도, 사용 가치가 없는 대상과의 새로운 관계의 산물도 아니다(Baudriallard, 1983). 사실 로큰롤에 관한 대부분 글은 음악 기구의 생산을 정의하는 데 실패하였는데, 이는 음악의 생산뿐 아니라 콘서트, 녹음되지 않은 음악(지역의 라이브 밴드에게 절대적으로 필요한 것), 예술과 춤, 글쓰기와 패션 스타일 등이 포함된다. 따라서 가타리는 "음악 생산의 집합체가 음악 자체에 내재된 탈영역화의 힘을 방해하고 지연하도록 조직화되었다"라고 주장하는 반면, 나는 로큰롤 기구의 집합적 제작이 팬들에 힘을 실어주는 정동 경제에 대한 투자 가능성을 높이고 연장시키면서 저항과 투쟁을 위한 새로운 공간

118 샐리 그린Sally Green, 제인 갤럽Jane Gallop, 주디스 윌리엄슨Judith Williamson이 이 문제의 복잡성을 해결하는 데 도움을 주었을 뿐만 아니라 여성 로큰롤 팬으로서 도움을 준 것에 대해 감사의 말을 전한다.

을 열어 준다고 주장한다.

물론 이 정동 경제가 본질적으로 저항적이고 분열적인 것은 아니다. 정동적 권능화 역시 투쟁이나 생존을 보장하지 않는다. 하지만 그것은 팬들에게 꼭 필요한 '에너지'를 제공한다. 벤야민이 제안한 것처럼 상품의 이데올로기가 '언제나 똑같은 것'을 생산하고 오늘날 비관주의의 헤게모니를 생산한다면, 로큰롤의 정동 경제는 팬들에게 차이를 재현함으로써 비관주의를 초월하고 조직화하며 변화시킬 가능성을 제공한다. 정동 경제는 팬들에게 새로운 정동적 공간을 제공하며 그들이 비관주의의 헤게모니에 저항하거나 적어도 살아남기 위한 전략을 접합할 수 있도록 한다. 기구가 투쟁의 가능성을 통해 힘을 실어주는 곳이 바로 팬의 정동적 위치다. 이 수준에서 문화는 패권적이거나 저항적인 대중 운동의 형태로 동원될 수 있는 자원을 제공한다. 특정 담론을 둘러싼 투쟁의 조직은 정동 경제 내에서의 접합, 즉 담론과 사람들이 권능화되는 다양한 투자에 달려 있다. 가장 격렬한 순간마저도 저항의 현장이 될 것이라는 보장은 없지만, 대중문화의 정동 경제가 없다면 그러한 투쟁은 이데올로기의 비관주의라는 바다에 떠내려갈 가능성이 높다.

권능화: 기구의 정동적 실천

권능화는 활성화 또는 무력화의 과정을 가리킨다. 로큰롤의 정동 경제에 대한 설명은 쾌락이 팬들에 의해 생성되고 당연시되는 방식에서 멈춰서는 안 된다. 그것은 경제가 어떻게 팬들에게 힘을 실어주고 팬들이 그 경제(기구의 다양한 쾌락뿐 아니라)를 활용하여 일상생활, 타협과 생존 관계, 혹은 저항과 반항의 정동 관계를 가능하게 하는지를 설명해야 한다. 로큰롤 기구가 어떻게 팬들에게 힘을 실어줄 수 있는가? 볼륨, 리듬, 음색 등의 음악적 특성으로만 설명이 충분하지 않도록 주의해야 한다. 중요한 것은 왜 로큰롤 기구가 일부의 음악 텍스트를 특정한 수용자를 위하여 특정한 정동 경제에 접합시키는가다. 나는 이러한 로큰롤 기구의 작업, 즉 가능성에 대한 그것의 담론적 조건을 캡슐화, 배출, 전이/역전의 실천으로 설명하고자 한다.

로큰롤 스타일, 문화, 기구의 다양성에도 불구하고 이러한 실천들은 늘 표현에서 관찰된다. 첫 번째 캡슐화는 가장 명백한데, 로큰롤은 항상 다른 기구들 사이에서 자신의 정체성과 역사를 구성하기 때문이다. 즉 음악적, 문체적, 정치적 매개 변수에 구현된 공시적이고 통시적인 차이에도 불구하고, 그 범주 자체는 처음부터 다시 만들어지지 않을 뿐 지속적으로 반복되고 재창조된다. 이러한 자체 지명과 역사적 전례와 커버[119]의 선택에서도 특정 기구는 항상 로큰롤 문화에 허용되는 것을 제한한다. 더 나아가 이러한 음악적 경계의 제한은 팬들의 판단 구조에서도 구체화된다. 즉 나쁜 로큰롤뿐만 아니라 로큰롤 범주에서 제외되어야 하는 다른 음악이 항상 존재한다. 팬마다 경계에 대한 의견이 다를 수 있고, 일부를 제외하고 경계는 음악적이고 경제적인 기준으로 완전히 정의되지 않는다. 특정한 텍스트가 경계의 어느 쪽에 위치하는지는 그것의 정동적 힘, 즉 그것이 팬 기구의 정동 경제 안에 위치할 수 있는지에 달려 있다. 결과적으로 로큰롤은 지배 문화에서 완전히 벗어난 것도 아니고 완전히 통합된 것도 아니다. 로큰롤 팬은 기구 외부에 있는 사람들이 로큰롤에 이질적이며 접근할 수 없다고 가정한다. 근본적으로 다른 로큰롤 기구에 속한 사람들을 포함한 외부인들은 이 음악을 '들을' 수 없고 음악의 힘과 쾌락을 느끼거나 그것의 권능화에 참여할 수 없는 것으로 인식된다.

따라서 로큰롤 기구는 음악을 캡슐화하는 방식으로 음악을 굴절시키고 결과적으로 기구의 공간 안으로 팬을 캡슐화한다. 그것은 팬들에게 음

119 커버는 다른 사람이 만든 음악을 자신의 스타일로 다시 해석하여 부르는 것을 의미한다. — 옮긴이

악을 소유할 수 있는 특권과 그것의 힘을 이용할 수 있는 특권을 준다. 그 결과 팬들이 기구 속으로 호명되는데, 그것은 반드시 긍정적인(가시적, 해석되는, 재현되는) 정체성의 생성을 통해 호명되는 것은 아니지만, 경계 반대편의 팬과는 확실히 다르게 호명된다. 로큰롤 기구에서 사람들은 그들이 듣지 않는 음악에 의해 정의되는 것은 아니다(이는 사람들이 듣는 음악에 의해 정의되는 된다는 것과 같은 딱히 같은 말은 아니다). 정동 경제의 공간을 정의하는 것은 이러한 캡슐화의 경계이고 이것은 항상 로큰롤 기구의 다양성에 의해 복수화된다. 그러나 이 경제는 어떻게 어디에서 생산되고, 그 효과는 무엇인가?

기구의 두 번째 실천 방식인 배출이 경계를 찾아내고 동시에 생산한다. 로큰롤은 이미 구성된 경계들 밖에서 끝없이 훔치는 방식으로 작동한다. 로큰롤은 문화적 기호(텍스트, 사건, 실천)를 자신의 공간으로 재배치하고 새로운 이데올로기적이고 정동적 변화를 부여한다. 이는 마치 안정적인 의미와 기능을 전제하는 문화적 기호의 정상성normality을 훼손할 뿐 아니라, 문화 구성체를 가로지르는 방식으로 특별한 충격 효과를 일으키며, 차이를 경계로 다시 각인한다. 이 충격 효과는 문화적 기호를 물질적 감각으로 감소시킴으로 정상적인 것을 타자로 만드는 것에 달려 있다. 로큰롤 기구는 똑같은 것을 다르게 재생산함으로써 스스로를 다른 것으로 만든다. 즉 그것은 정상적인 것(예를 들어 백인 청년을 위한 흑인 문화의 기호)을 위해 배제되고 주변부의 기호를 전유하고, 이미 정상적인 것(주류 헤게모니 문화)의 기호를 이미 '타자'(예를 들어 틴 팬 앨리Tin Pan Alley[120] 스타일의 뉴 웨이브의 전유 등)를 위하여 도용한다. 로큰롤 기구는 정상성과 타자성의 대립을 해체하면서 정상성 또는 타자성의 기호를 자신의 모호한 공간으로 배출한다. 정상도 타자도 아닌 상태에서 로큰롤 기구는 자신의 차이와 그것을 캡슐화하는 경계를 보장한다.

120 19세기에서 20세기 초까지 미국 대중음악을 장악한 뉴욕시에 있었던 음악 출판사와 작곡가 집단을 말한다. — 옮긴이

그러한 점에서 로큰롤 기구가 자신의 정동 경제를 구성하는 지점은 경계와 차이의 표면이다. 그 스타일과 태도는 같은 것과 다른 것의 인위성에 대한 찬사다. 스타일과 태도는 '위장'과 자신의 차이의 불안정하고 일시적인 특성을 영웅화한다. 실제로 이러한 전략은 로큰롤의 정동 경제, 에너지, 쾌락 및 힘의 지형을 정의한다. 예를 들어, 엘비스를 그토록 강력한 인물로 만든 것은 그가 아메리칸 드림을 실현했기 때문이 아니라, 모든 사람 앞에서 자신의 삶을 통해 미묘하게 그 꿈을 바꾸었기 때문이다. 엘비스는 단순히 자수성가한 사람이 아니다. 자수성가한 사람이 흥미롭지 않다면, 엘비스는 자수성가한 왕인 셈이다(Marcus, 1981c; Marsh, 1982). 사람들이 살아가는 일상이라는 장소는 스타일의 정치를 정의하는데, 이것은 단순히 욕망의 찬사 또는 저항으로서의 쾌락이 아니다. 이것은 임시적인 쾌락을 찬미함으로써 힘을 부여받는 능력이다. 스타일은 권능화로서 일시적인 것의 쾌락과 힘을 찬미한다. 인위적인 것의 쾌락에서 로큰롤은 인위적인 쾌락에 힘을 부여한다(예를 들어 대상 없는 사랑 노래와 같이).

따라서 로큰롤 기구의 경계는 정동적 양극화 지점을 재현한다. 배출에 의해 달성된 반전은 사건과 기호에 대한 정동적 투자를 변화시킨다. 로큰롤은 부정적인 것, 억압적인 것, 불쾌한 것을 차이와 쾌락의 긍정적인 측면, 즉 권능화의 현장으로 변화시킨다. 그렇다고 로큰롤이 불쾌함을 완전히 쾌락으로 탈바꿈시킨다는 것은 아니다. 이 반전은 정동을 단순히 쾌락과 고통으로 감소시킬 뿐만 아니라 로큰롤을 불쾌한 것을 해소시키는 마법의 과정으로 만드는 것이다. 로큰롤은 분노, 지루함, 절망 등을 쾌락으로 바꾸지 않는다. 오히려 그러한 경험의 물질적 기반(반복, 소음, 익명성 등)을 쾌락의 기회로 바꾼다. 권능화의 원천이 되는 것이 바로 이 반전이고, 그것은 로큰롤을 구성하는 반복성에서 자신의 익명성이나 쾌락을 통해 힘을 찾게 해준다. 이 과정은 지그문트 프로이트Sigmund Freud의 반복 충동을 반영한다. "트라우마를 주는 사건은 그것에 붙어 있는 불쾌함에도 불구하고 반복되는 것이 아니라, 바로 이 불쾌함으로 인해 반복된다"(Safouan, 1983: 74).

로큰롤 기구의 표면에서 반전으로 나타나는 것(로큰롤이 배출된 사건의 정동적 전율을 뒤집는 것)은 결과적으로 전달 기구로서의 기구의 기능에 대한 표현일 뿐이다. 기구의 경제는 그것의 내부 모순이라는 양극 사이에서 그것이 생산하는 회로로 구성된다. 기구가 자신의 '타자성'을 생성하려면 차이를 정의해 주는 대상을 통합해야 한다. 그러나 팬들의 일상생활 구조를 자체적으로 재생산함으로써, 기구는 팬들을 다른 정동 경제에 위치시킨다. 따라서 기구와 그것이 존재하고 대응하는 헤게모니적 현실 사이뿐 아니라 기구 내부에도 관계가 형성된다. 그러나 후자의 관계에서 기구는 자체 생산의 에너지와 쾌락(음악, 춤, 섹슈얼리티, 스타일 및 차이의 감각을 포함하여)을 사용하여 그들 자신의 공간에 새겨진 것과 같이 팬들의 사회생활을 재투자할 수 있다. 그것은 팬들의 생활을 쾌락의 장소로 만든다. 이러한 전이에 위치한 기구의 생산성은 팬이 쾌락과 불쾌함의 헤게모니적 선 사이의 작은 틈에서 에너지를 찾을 수 있도록 한다. 이러한 전이의 현장에 호명된 팬은 현실과 환상, 힘과 쾌락 사이의 이분법적 해체를 통하여 힘을 얻는다. 팬은 다른 경제에서는 억압적 구조 안에서 쾌락을 찾는다. 따라서 기구의 생산성은 특정 형태의 무력함과 불쾌함에 대한 대응으로 쾌락을 제공하는 것에 그치지 않는다. 바로 이 전이 과정이 팬들이 자신들의 일상생활의 현실적인 문제와 모순(예를 들어 경제적, 정치적, 이념적 꿈과 현실 사이, 여가와 규율 사이, 자유와 책임 사이, 그리고 권력과 무기력 사이의 모순)을 이겨내고 이에 대응하기 위한 전략을 찾는 새로운 에너지와 새로운 형태의 통제를 생산한다.

권능화: 기구의 정동적 현장

나는 앞서 로큰롤의 효과가 기구의 기능뿐만 아니라 특정 사회적이고 역사적 장소와의 연관성에 달려 있다고 말했다. 로큰롤 기구가 반응하는 것은 바로 이러한 맥락이다. 그러나 우리는 이러한 반응을 마치 맥락이 기구 외부에서 존재하는 것처럼 정의할 수 없다. 오히려 기구가 맥락에 반응하는 방식은 전이 메커니즘을 통해 이해되어야 한다. 기구는 역사적 맥락을 통합하여 팬들을 권능화하는 특정 장소를 생산한다. 이 장소들은 단순히 현실의 반영이 아니며, 억압의 지점을 특정한 장소로 전환하는 것은 아니다. 오히려 장소들은 로큰롤 기구가 정동적 권능화의 가능성을 열어 주는 공간이다. 나는 로큰롤 기구의 맥락을 정의하는 세 가지 상호 연결된 축, 즉 스타일, 청년, 신체에 관해 간략하게 설명하려 한다. 이것들은 로큰롤의 지리적 가능성 조건이며 권능화의 장소다. 이것들은 또한 로큰롤의 경제가 활동하는 공간을 정의한다.

스타일은 로큰롤이 등장한 역사적 조건, 즉 젊음과 신체가 삽입되는 역사적 조건에 대한 반응을 미리 정의한다. 2차 세계 대전 이후 미국에서 성장한 이들에게 삶은 다양한 사건의 결과로 질적으로 변화되었다. 예를 들어, 새로운 커뮤니케이션 미디어는 사회적 지식을 재분배하고 청년에게 그들만의 미디어와 교육에 접근할 수 있게 했다. 교외로의 이동은 반복과 주변화의 원칙을 중심으로 사회적 공간을 재구성했다. 베이비 붐은 사회적 지위와 세대의 기대치를 재정의하였다. 새로운 형태의 전쟁(냉전 및 원폭)은 새로운 종류의 두려움과 불안을 일상생활에 가져다주었다. 기술적, 경제적, 사회적 관행의 새로운 구조는 소외감을 증가시켰을 뿐만 아니라 일상생활의 근본적인 재편에도 기여하였다.

나는 앞서 이러한 물질적 맥락의 효과를 비관주의의 헤게모니라고 표현했다. 우리는 이 구조를 시간성과 지식의 변화하는 구조로 해체할 수 있다. 우리는 아무도 통제할 수 없고 방향도 없는 듯한 끊임없는 변화의 소용돌이에 던져졌다. 과거와 미래는 모두 현재 속으로 무너져 통합되었고, 우리 삶은 역사적 연속 가운데 현재에 대한 어떠한 연결도 없이 조직되었다. 우리는 과거에 대한 감사함과 미래에 대한 의무감을 갖지 못한다. 최근한 텔레비전 영화에 나온 것처럼, "미래는 고등학교 상담 교사와 보험설계사가 만들어 낸 거짓이다." 더 나아가 지식의 민주화와 매스 커뮤니케이션의 확산은 불확실성, 상대주의, 나르시시즘의 새로운 형태의 출현에 기대했다. 당연하게 여겨졌던 의미와 목적, 질서의 구조가 무너진 것으로 보인다. 우리는 더 이상 우리 삶을 일관된 총체로 조직하고 조직에 대한 정당화와 합리화를 제공하는 초월적인 의미를 가정하지 않는다. 한 학생이 설명하듯, "삶에 의미가 있다 하더라도, 저는 아마 그 의미에 동의하지 못할 것입니다." 이러한 의미의 결여는 기호, 상품, 정체성을 동일한 수준으로 감소시키는데, 그것들의 파편은 일상생활의 표면에 존재한다. 요즘 인기 있는 티셔츠에 적혀 있듯이, "인생은 힘들고 종국에는 죽음이다." 이러한 빠른 변화 속도, 위기와 위험에 대해 늘어나는 지식, 생존 규칙이 더는 좋은 삶을 보장하지 않는다는 느낌 그리고 모든 가치의 상품화 등을 감안할 때, 사람들은 점점 더 '통제된 공황' 상태에서 살고 있다.

물론 이런 상태가 삶이 파편화되고 일관성 없어 보이는 첫 순간이라고 생각하는 것은 '신기원-중심적epochcentric'이다. 아날학파 역사가들의 말처럼 인생은 항상 그랬을 수도 있다. 무엇이 바뀌었기에 현대 비관주의의 헤게모니가 생산되었는가? 그 해답은 변화하는 매개의 실천과 현실의 물질적 표면과 보이지 않는 깊이 사이의 변화하는 관계에 있다. 그 관계 자체가 의문시되는 동시에 관계가 권력과 통제 기술의 중심이 되는 순간, 모든 것이 전시되어야 한다. 어디서 정체성을 찾아야 하고, 정체성을 고민할 가치가 있다는 느낌은 어디서 찾아야 하는가? T. 벤 T. Benn이 말했듯이 "통제되는 것이 (사람들의) 존재의 사실이 아니라 그들의 존재 규칙이라면…… 편집증의 템포를 늦추거나 높이면서 사람들을 통제하고 관리하는 것은 필수적이다. 이는 자기 통제 방법이다." 전시되고 통제되는 것은 살아 있는 실체나 정체성의 총체도 아니고 그러한 총체성의 파편도 아니라, 보드리야르가 말했듯이 "지나치게 가시적인 것all-too-visible과 가시적인 것보다 더 가시적인 것의 외설성"이다(1983: 131). "자신의 정동과 재현 그리고 소유, 상실, 애도, 질투에 대한 자신의 환상과 함께"(127)하는 것만을 허용하는 헤게모니에 맞서 어떻게 맞서 싸울 수 있을까? 모든 대상은 상품이고 후기 자본주의에서 '항상 동일'하기 때문에, 자기-대상 관계 아래 또는 그 안에서 무언가를 발견할 가능성과 권능화하는 정체성의 가능성 대상 자체에 의해 필요성이 선언되면서도 지속적으로 훼손된다. 비관주의의 헤게모니에 맞서 싸울 수 있는 방법은 무엇인가?

스타일은 편집증의 경제가 로큰롤 기구로 전이되는 것과 헤게모니적 감시를 역전시키기 위한 전략(Hebdige, 1982)을 가리킨다. 또한 스타일은 이동적이고 유연하면서 임시적인 정체성의 권능화 가능성과 쾌락을 찬미하는 장소를 가리킨다. 자신의 표면, 심지어 표면의 부분과 움직임을 물신화함으로써, 스타일은 표면(정체성이 투여되는 화면으로서의 신체)과 정체성 사이의 관계를 약화시킨다. 스타일은 이미지를 넘어 헤게모니 통제의 대상인 정체성을 바라보는 내면과 외면의 시선에 이의를 제기한다. 그러나 매개의 부재를 수용함으로써 스타일은 이미지에 밀도를 부여한다. 스타일은 자신만의 '초현실'을 만들어 내는데, 이는 정체성을 보호하는 동시에 부정할 수 있다. 로큰롤 기구 내에서 신체가 삽입되는 곳이 바로 이러한 초현실의 공간이다.

스타일은 그 아래 또는 뒤에 숨겨진 다른 현실을 참조하지 않는다. 스타일은 끊임없이 자신을 타자로 대체하지만, 그 타자는 그저 또다른 스타일이나 태도일 뿐이다. 스타일은 그 배후에 특권을 가진 행위 주체가 있음을 전혀 암시하지 않은 채, 삶의 표면을 일시적인 투자와 조작의 현장으로 만든다. 스타일은 비관주의의 헤게모니(표면 아래에는 아무것도 없다고 끊임없이 그리고 편집증적으로 주장하는)를 방어적 전환의 진술로, 학습된 무관심의 태도로, 그리고 파편화된 나르시시즘의 찬사로 변형시킨다. 끊임없이 변화하는 표면의 밀도 속에서 청소년은 자신의 과도기적 존재를 권능화할 수 있는 공간을 찾는다.

로큰롤과 청년 사이의 밀접한 관계는 분명하다. 그러나 담론 경제에서 청년의 위치는 그만큼 분명하지 않다. '청년'은 역사적으로 결정되고 모순과 접점으로 가득 찬, 의미론적으로 풍부한 범주다. 무엇보다도 그것은 유년기와 성인기 사이의 전환 시기이며 각 시기의 변화하는 반향을 수반한다. 예를 들어, 어린 시절은 한편으로는 순수함과 보호와 지도의 필요성을, 다른 한편으로는 극복해야 할 윤리 원칙의 자기중심적 결핍을 내포한다. 청년은 아동기의 자원을 사용하여 성인기의 책임과 제약에 대비하고, 성인의 역할을 수행하는 데 필요한 기술을 습득하는 시기다. 누군가 기회를 잡고 위험을 감수할 수 있는 시간, 가능성을 가지고 노는 시간, 그리고 즐거운 시간이 젊음의 시기다. 또한 '타자'에서 정상으로 전환되는 계획된 순간이기도 하다. 바로 이러한 이유로 인해 청년은 사회로부터 모호하게 평가되는데, 바로 사회의 가장 큰 희망이자 가장 큰 문제(비행 범죄)로 부러움이자 동시에 두려움의 대상이 된다(Hebdige, 1982).

청년은 인구의 중요한 일부를 차지하는 물질적 부분인데, 이는 단지 개념이나 개인의 집합이 아니라, 그 자체의 밀도와 완결성integrity을 지닌 것이다. 그것은 시간과 공간에서 재분배되어 다양한 힘과 영향력에 의해 끊임없이 연구되고 재구성되고 있다. 청년은 정상화, 규율화, 차이의 제도화라는 헤게모니적 기법의 포화점이다. 그것은 가족, 학교, 여가, 의학, 심리학, 형법 등을 포함한 여러 기구의 교차점에 위치한다. 따라서 예를 들어 1950년대 청년 세대는 그들만의 자본, 욕망, 상품 등을 가진 고립 가능한 소비 시장이 되었다. 그러나 이것은 청년의 존재 자체가 로큰롤 기구에 진입하는 순간에 변화된 방식 중 하나일 뿐이다. 나의 주장은 이러한 관계가 변화의 문화transitional culture를 이행의 문화a culture of transitions로 변화시켰다는 것이다. 즉 이러한 관계는 불가능한 요구를 만들어 냈는데, 로큰롤이 스스로 가능성의 조건을 해체시켰다는 것이다. 따라서 '아동 문학'에 대한 재클린 로즈Jacqueline Rose의 설명을 수정하여 사용한다면, 로큰롤은 "우리

문화에서 자신의 불가능성을 향한 기념물로 서 있다. 그것은 [청년을] 대표하고, [청년에게] 말하고, [청년을] 대변하며, 그들을 위해 [음악이] 존재하는 만큼 [음악]을 위해 알 수 있고 [음악을] 위한 존재하는 집단으로 불린다"(1984:1).

로큰롤에서 청년의 구성은 모순 덩어리다. 그것은 한편으로는 고립과 자기 동일시의 그리고 다른 한편으로는 분산과 자기 부정의 끝에 존재한다. 청년 생산과 생산성의 가장 강력한 두 장소인 가족과 또래 집단 사이의 대립을 생각해 보자. 미디어, 특히 텔레비전은 이 두 현장을 함께 묘사하는 경우가 거의 없다는 점이 흥미롭다. 로큰롤은 이데올로기뿐만 아니라 물리적으로나 정동적으로도 팬을 가족 밖에 배치한다. 프리스와 맥로비(1990)는 가족에 대한 이러한 공격(로큰롤의 반가정성)을 로큰롤이 지닌 여성 혐오의 또 다른 예라고 보는 반면, 보다 정확한 해석은 가족에 대한 공격을 제도 자체에 대한 공격, 즉 청년을 구성하는 규율 자체에 대한 저항으로 보는 것이다.

다른 한편으로 로큰롤과 노래 문화가 위치하는 장소(거리와 주크박스 주변에서)는 청년이 구성되고 저항하는 다양한 제도 사이의 공간이다. 거리는 가족과 학교 사이, 그리고 공적인 것과 사적인 것의 사이에 있다. 어떠한 경제적 측면에서는 의미가 없는 장소, 즉 장소의 전환에 불과한 공간이 로큰롤 경제에서는 청년의 특권적 장소가 된다. 자기 방의 사생활(음악에 둘러싸여 숨어 버리고 싶은), 학교의 공공적 감시, 그리고 거리의 '고립된 익명성'의 절대적인 구분이 무너져 통제와 무관심이 융합된다. 그리고 로제타 브룩스Rosetta Brooks가 주장하듯이, 청년이 헤게모니 문화와 소비문화의 제약(성적이고 젠더화된 제약을 포함하여)을 재생산하고 위반하면서 끊임없이 변화하는 그들의 정체성을 실천할 수 있는 곳이 바로 이 새롭고 모호한 (거리와 같은) 공간이다.

그렇다면 로큰롤 안에서 청년의 경제는 어떻게 설명할 것인가? 그것은 헵디지가 생각하는 것처럼 단순히 기호와 쾌락의 정치도, 재미와 고난의 융합 정치도 아니다. 이러한 주장들은 청년을 그들 앞에 놓인 세계를 상상된 미래로 바라보는 지루함, 감시, 통제에 대한 거부와 동일시한다. 그러나 더 중요한 점은 청년이 분열되고 자기애적인 유혹을 통해서 정체성과 자기 정체성의 문제를 차이의 생산으로 대체한다는 것이다. 정체성을 통해 차이를 경험하기보다 음악과 스타일을 소유함으로써 차이를 갖게 된다. 따라서 익명성은 차이로 변환된다. 이러한 전이는 헤게모니적 주체의 자기 성찰적 위치를 비우고 청년을 쾌락의 장소로 권능화한다. 로큰롤 청년은 통제력을 잃을 위험을 감수하면서 얻은 통제력, 그리고 정체성을 거부하면서 얻은 정체성에 관한 것이 된다. 그것은 가장자리, 결함, 변화, 불완전성 등에 관한 것이다. 안정성을 추구하기보다는 불안정성을 찬미한다. 그것은 스스로를 영구적인 '사이'로 위치시키면서 그것의 과도기적 지위를 구체화한다. 그것은 자신의 타자인 성인기로서의 필연적인 전환에 직면하면서 '마법적 전환'의 공간으로 스스로를 구성한다. 로큰롤에서의 청년은 불가능한 존재에 대한 찬사인 것이다.

마지막으로 신체는 청년과 스타일이 구현되는 공간이자 쾌락이 현장으로서 로큰롤 기구의 경제에서 중심적인 역할을 한다. 로큰롤 신체의 쾌락은 가장 직접적으로 움직임과 춤과 관련이 있다. 음악 자체는 항상 되돌아오는 볼륨과 리듬, 특정 톤, 음색, '목소리의 육체적 현전성grains of voice'을 통해 운동하는 신체를 전경화할 뿐만 아니라 팬의 정체성을 해체하고 신체로 대체시킨다. 신체는 쾌락이 재구성되고 헤게모니적 권력과 통제의 틈에 삽입되는 장소가 된다. 음악에 대한 어떤 인지적 관계에 선행하는 로큰롤의 "촉각적 전유"(Chambers, 1985)가 있다. 로큰롤은 팬의 신체를 만지고, 조각내고, 증식시키고 또한 나아가게 한다. 그리고 일시적이고 유연한 로큰롤 신체는 청년에 대한 헤게모니적 개념(예를 들어 로맨스와 자기 연민)의 다양한 감정적 이데올로기를 교차시키는데, 이를 통하여 정체성을 자아selfhood로 재지정한다.

그러나 특정 기구에서 신체의 위치는 단순히 음악과 상응하는 것이 아니다. 역동적인 움직임의 장소 — 즉 섹슈얼리티, 하지만 더 중심에는 춤 — 는 이러한 사실을 더욱 분명히 한다. 춤은 음악을 신체의 공간에 삽입할 뿐만 아니라 공간의 신체에도 삽입한다. 로큰롤의 신체는 단순한 이데올로기적 구성물이 아니며 수동적인 물리적 현실도 아니다. 이것은 팬들이 "포즈를 잡고 위협을 제기하는" 무대가 아니다. 이것은 대상이 아니라 "구성되고, 해체되고, 재구성되는"(Hebdige, 1982) 공간이다. 로큰롤의 신체는 자신만의 공간을 만들어 냄으로써 공간 속에서 스스로를 생산한다. 우리는 그것이 투영하는 변화를 통하여 댄스를 이해할 수 있다. 즉 (개인, 커플 또는 그룹의) 모든 신체가 단일성과 정체성을 새기기 위해 움직이는 공백의 공간으로부터 시간적으로 구성된 신체의 임시 규칙에 따라 물질적 집합체로 재분배, 재전유, 재조립되는 공간으로의 변화다. 이 신체는 나르시시즘에 투여되고 심지어는 물신화된 파편과 틈의 분산된 집합체로만 존재한다. 로큰롤의 신체는 스스로를 재배열하면서 댄스 현상의 공간을 구성하는 유일한 방식이기 때문이다. 르페브르(1984)의 주장처럼 자본주의가 자본의 설치를 자신의 흐름의 일부로 만드는, 그리고 시간이 공간의 제약으로 축소되는 추상적으로 공간을 생산한다면, 로큰롤 기구는 신체의 흐름을 방해하는 파편과 차이의 공간을 생산한다. 공간은 시간의 제약과 역동적인 신체의 요구에 의해 재구성된다.

이러한 설명은 젠더 관계와 구애 행동에서 춤이 차지하는 중요한 역할(Frith, 1981)을 부정하려는 것이 아니다. 춤은 스타일과 마찬가지로 성적 표현의 한 형태다. 춤은 우리를 정동 경제와 이데올로기 경제 사이의 복잡한 관계로 다시 이끈다. 신체의 중심성은 로큰롤이 재현과 무관한 것을 의미하지 않는다. 신체의 리듬을 둘러싸며 그것이 만들어 내는 공간에서 로큰롤은 종종 의식적으로 자신의 재현을 나타낸다. 로큰롤은 어떠한 단일 서사를 결정적인 것으로 받아들일 수 없으며, 오히려 그것이 찾고, 사용하고, 버리며, 회수하는 이미지들을 전시한다. 그러나 우리가 로큰롤 팬에게 춤이 얼마나 중요한지(많은 팬에게 춤의 필요성은 음악 자체만큼이나 강력하고 춤을 주지 않거나 적어도 음악과 함께 움직이지 않는 사람은 기본적으로 팬이 아니다), 그리고 그것이 팬들에게 주는 힘의 진정한 감각을 이해하려면(더 후The Who[121]의 기타리스트 피트 타운젠드Pete Townsend는 로큰롤이 우울함을 없애지는 못하지만 우울함을 짓밟으며 춤추게 할 것이라고 말한 적이 있다고 한다), 우리는 로큰롤과 팬 사이의 정동적 권능화 관계를 설명할 수 있어야 한다.

현대 사회에서 공간은 재편될 뿐만 아니라, 도시와 교외, 쇼핑몰, 슈퍼마켓, 지하철 등의 새로운 공간이 만들어지고 있다. 다양한 로큰롤 춤은 이러한 공간을 통해 그리고 공간에 의해 다양하게 투영될 수 있다. 즉 다른 움직임, 관계, 파편뿐만 아니라 다른 쾌락, 위험 및 권능화가 투여된다. 이미 규정된 시간성 속에 재구성된 공간을 움직이기보다, 로큰롤은 과도기적 공간을 구체화하고 과거가 공간을 파열하고 재구성하는, 그리고 시간성이 공간을 권능화하는 물질적 비전을 제공한다. 벤야민의 산책자 Flâneur와 리오타르의 표류drifting의 개념과 같이, 신체는 헤게모니적으로 통제될 수 있었던 공간과 시간에 자아도취적 신체를 권력의 장소에 삽입시킴으로써 오래된 공간에 새로운 선들을 가로지르게 한다.

결론

《텍스트의 즐거움*The Pleasure of Text*》에서 바르트는 다음과 같이 말한다. "두 개의 가장자리가 생성된다. 하나는 순종적이고 순응주의적이고 표절하는 가장자리이고…… 다른 하나는 움직이고 비어 있는(그래서 윤곽을 짐작하게 하

121 1964년 영국 런던에서 결성된 록 그룹으로, 1960년대 중반 비틀스, 롤링 스톤스와 함께 '브리티시 인베이전British Invasion'을 주도했고, 록 오페라의 대중화에도 기여했다. — 옮긴이

는) 가장자리인데, 이것은 효과의 장소에 지나지 않는다…… 문화도 문화의 파괴도 에로틱하지 않고, 오히려 그들 사이 이음새, 결함, 결점이 에로틱하다…… 문화는 그렇게 가장자리로 되풀이된다"(Barthes, 1975: 6~7). 나는 로큰롤 기구가 이데올로기에만 위치하지 않으며 정동 경제의 권능화 효과에 달려 있다고 제안했다. 바르트와 달리 나는 이것을 문화에 대한 보편적인 설명으로 제안하지도 그리고 단순히 근대주의 비극을 재생산하는 쾌락과 행복의 이원론 안에 두려고 하지도 않으려 한다. 아마 우리는 로큰롤이 결함, 전환, 헤게모니 내에서 자신의 모호한 위치의 '가장자리'를 에로틱하게 만든다고 할 수도 있다. 요점은 이러한 실천이 항상 저항적이지는 않다는 것이다(반면 이데올로기는 항상 공모적일 수 있다). 오히려 음악과 스타일-청년-신체의 경제가 교차하는 지점에서 발생하는 권능화는 로큰롤을 단지 저항적이거나 공모적인 것 이상으로, 그리고 여가나 반란 그 이상으로 만든다. 현대 팬들에게 일상생활에서 권능화의 필요성을 파고들지 않는 한 우리는 '대중문화의 감수성'을 이해할 수 없을 것이다.

L. Grossberg (1997b). "I'd Rather Feel Ban than Not Feel Anything at All": Rock and Roll, Pleasure and Power. *Dancing in Spite of Myself: Essays on Popular Culture*. Durham and London: Duke University Press.

6

포스트모더니티와 정동
: "잘 차려 입었지만 갈 곳이 없는"

서론: 조심스러운 제안

포스트모더니즘에 대한 담론은 너무 불안하면서도 너무 조심성이 없다. 단순히 역사적 사건(핵전쟁, 텔레비전화, 컴퓨터화 등)이나 텍스트(갤러리, 거리, 영화관, 텔레비전 안에서)를 축적하는 것은 '실재적인 것의 소멸'이나 정신분열증적 주체의 등장과 같은 흥미롭지만 자극적인 논리적 추상화로의 도약을 정당화하지 않는다. 이러한 불안을 제어하기 위해서 괴물을 연구할 때는 스스로가 괴물이 되지 않도록 주의해야 한다는 니체의 경고를 명심하는 게 좋다. 마찬가지로 좀 더 조심스럽게 하기 위해서는 중요한 것은 신이 죽었다는 소식이 아니라 이 소식이 효과를 발휘하는 데 걸리는 시간이라는 니체의 관찰을 덧붙일 수 있다. 니체의 경고는 정치적으로 이론적으로 중요한 차이가 계속 존재한다는 점을 상기시킨다. 즉 서사의 불가능성을 종말론으로 만드는 서사 역시 여전히 서사라는 것이다. 니체의 관찰은 역사가 복합적이라는 것을 상기시킨다. 역사는 사건이 역사를 통해, 다양한 벡터를 따라, 다양한 속도로 이동할 때 생성된다.

나는 포스트모던을 이야기하려는 다양한 시도에 관해 비판적이지만, 역사적 차이와 특수성의 문제의식을 통해 현대의 문화 실천을 이해하려는 노력을 포기하고 싶지 않다. 이렇게 표현하는 것이 포스트모던을 현재의 정치적이고 지적 작업 안에 위치시키는 적당한 방법이길 바란다. 관련하여 나는 구체적인 사건과 효과를 중심으로 이론화를 시도하는, 보다 적당한 전략을 제안하는데, 이는 그 사건과 효과를 물신화하지 않고 본질주의에 대한 이론적 비판을 통한 이득을 포기하지 않는 방식이다. 반본질주의는 특정한 것the particular에 대한 물신주의와 혼동되어서는 안 된다. 나는 반이론적 주장으로부터 반본질주의적 주장을 분리하고자 한다. 도나 해러웨이(1987)의 표현처럼 우리는 당대의 실천과 사건을 "문자 그대로 받아들이는" 진술로 접근하며 시작해야 하지만, 우리는 마르크스(1973)가 경험적으로 가능한 것을 구체적으로 이해되는 것으로 변형시키기 위해 필요하다고 생각한 "이론을 통한 우회"를 포기해서는 안 된다. 우리는 특정한 사건(그것에 대한 설명은 항상 추상화다)으로부터 가장 탈맥락화된 범주와 개념으로 반복적으로 이동하는 다양한 종류의 추상화를 천천히 그리고 신중하게 시도해야 한다. 이러한 시도는 첫째, 사회적 현실의 복합성과 둘째, 자신이 서술하는 역사 안에서 사회적으로 결정된 입장을 인식하면서 동시에 현실적이고 주관이 반영된 정치적 개입을 포기하지 않는 방법이다. 윌 스트로Will Straw(1987)는 최근 포스트모던에 관해 글을 쓰는 많은 이들의 '스타일'을 "서사시/시대를 의미하는…… 축적된 일화의 담론"으로 특징지었다. 축적을 해석을 통한 텍스트의 구성으로 혼동하는 이러한 도약은 (정치적으로) 명확해지려는 충동을 포기하게 되는 강력한 이데올로기적 순간을 구성한다. 서사로 표현되더라도 사실의 축적은 의미론적 감각을 제공할 수 있지만 설명이나 이론을 구성하지는 않는다.

그런데도 이런 일화적 논리에는 매우 매력적인 면이 있는데, 포스트모던 질문의 몇 가지 예를 상기하는 것으로 시작하고자 한다. 그것은 아주 좁은 범위의 담론에서 가져온 것으로 허무주의적이지는 않지만 냉소적인 초현실적이라고 할 수 있는 (초월성이나 무의미함이라는 무게감도 없이 일상의 거칠고 불쾌한 작은 것들을 제공하는) 최근 텔레비전 광고의 등장이다. 예를 들면, 절망과 우리 삶의 임박한 붕괴를 묘사한 죠다쉬 광고의 느와르 스타일 시나리오는 가출한 소녀와 부모의 이혼을 이해하려고 애쓰는 소년의 이미지를 통해 구성된다. 도시 생활과 부패에 관한 많은 파편화된 장면들이 들어간 혼다의 광고는 실존적인 것부터 세속적인 것까지 낙서하듯 휘갈긴 질문을 보여 주며, "만약 이것이 답이 아니라면, 적어도 또 다른 질문은 아니다"라고 제안한다. 결별하는 커플이 등장하는 컨버스 광고에서는 남자가 여자에게 헤어지자고 하면서 친구로 지낼 수 있다고 외치자 아이스크림을 얼굴에 맞으며 "꺼져"라는 말을 듣는다. '혁명'이라는 용어를 사용하는 나이키 광고의 상업적 자아의 아이러니도 있고, 리바이스 광고는 자신이 사랑하는 모든 사람과 물건이 떠난 후에도 청바지는 남을 것이라고 가정한다. 폭스바겐 광고는 젊은 운전자가 어머니에게 “좋은 차가 아닐 수 없겠지요. 아무튼 1980년대니까요”라고 흔쾌히 인정한다. 이들 광고는 모두 성공적이었지만 그들이 팔고 있던 것은 과연 무엇일까? 우울함일까 아니면 현실일까?

물론 이런 서술은 현대 문화 생산 전반에 걸쳐 찾아볼 수 있다. 케이블 채널 USA 네트워크USA Network에서 방송한 인터뷰에서 테리 길리엄Terry Gilliam[122] 감독이 자신이 세상을 바꿀 수 있다고 생각하고 그러기 위해 최선을 다했지만, 결국 말도 안 되는 소리라는 것을 알게 되었다고 말한 순간을 생각해 보자. MTV의 자체 홍보도 그렇고, 홀로코스트 이후를 다룬 영화 〈리버스 엣지*River's Edge*〉(대학살이 이미 발생하였다는 설정)와 〈매드 맥스*Mad Max*〉(첨단 기술의 유토피아적 미래가 현재의 교전 지역처럼 보인다)도 그렇다. 소설에서는 여피Yuppie[123]의 전형을 다룬 《0보다 작은 것*Less than Zero*》에 나오는 다음 진술이 계급을 뛰어넘어 공명한다(Ellis, 1985: 189~190). “하지만 당신은 아무것도 필요하지 않잖아요. 당신은 모든 걸 가졌으니./아니요, 그렇지 않아요./당신에게 없는 것이 뭐죠?/저는 잃을 게 없어요.” 또는 슬로건과 유머에서도 찾을 수 있는데, 최근 터프츠대학교 신문에는 다음의 두 가지 문장을 ‘삶에 대한 최고의 철학’으로 제시했다. “사소한 일에 신경 쓰지 마

122 테리 길리엄(1940~)은 미국 태생인 영국의 영화감독, 코미디언, 애니메이터, 배우이며 몬티 파이튼Monty Python 코미디 극단의 전 회원이다. 〈여인의 음모*Brazil*〉, 〈바론의 대모험*The Adventure of Baron Munhau-sen*〉, 〈12 몽키즈*12 Monkeys*〉 등 그가 연출한 영화 대부분은 상상력의 중요성을 탐구하고 관료주의와 권위주의에 대한 반대를 표현하며 어둡거나 편집증적 상황에 처한 인물을 특징으로 한다. — 옮긴이

123 YUP(Young Urban Professionals)와 히피Hippie의 합성어다. 도시(특히 뉴욕 등)에서 활동하는 젊은 직장인을 일컫는다. — 옮긴이

라. 모두 사소한 것들이다."

이러한 서술을 이해하려면, 텍스트의 차이를 표시하는 형식적인 실천을 찾는 것은 중요한 일이 아니다. 다양한 포스트모던 텍스트는 근대주의적 운동을 구성하는 형식적 실천을 확대하고 증가하면서 오히려 자신을 '맹렬한 근대주의'로 치장하며 스스로를 배반한다. 물론 이런 지적은 포스트모더니즘과 근대주의 사이의 중요한 차이를 부정하려는 것이 아니다. 즉 근대주의자들에게 위기였던 것이 이제는 상식(또는 축하할 것)이 되었다. 그런 포스트모던 미학을 만들려고 한다면, 그것을 만드는 다양성은 매우 많다. 다양한 종류의 텍스트를 포함하거나, 또는 적어도 특정 텍스트의 배제를 정당화해야 할 것이다. 초분열적, 초현실적, 신역사적(수용자의 실제 역사가 코드를 제공하는 경우인데 예를 들어, 예를 들어, 〈우주가족 젯슨*the Jetsons*〉[124]에서 영감을 받은 키스 해링Keith Haring의 그래피티, 또는 스탠리 큐브릭Stanley Kubrick의 영화 〈풀 메탈 재킷*Full Metal Jacket*〉 마지막 장면에 사용된 "미키 마우스 클럽*Mickey Mouse Club*" 테마곡)이거나 신판나시석 텍스트들이 있다. 또한 자의식적으로 반어적이고 해체적인 서술(맥스 헤드룸,[125] 피 위 허먼[126]과 같은 캐릭터 등)과 신향수적인 것(〈람보*Rambo*〉, 〈탑건*Top Gun*〉, 〈백 투 더 퓨처*Back to the Future*〉, 〈E.T.〉 등)과 냉소적인 것(〈블루 벨벳*Blue Velvet*〉, 〈몰리 도드의 낮과 밤*The Lives and Times of Molly Dodd*〉 등)도 포함할 수 있다. 새로운 공포 영화와 고어gore 영화[127]뿐만 아니라 다양한 '뉴 에이

124 1960년대부터 1980년대까지 방영된 미국의 대표적인 애니메이션이다. — 옮긴이

125 미국 ABC에서 1987~1988년에 방영한 〈맥스 헤드룸〉은 미래의 디스토피아가 지배하는 시대를 배경으로 하는 풍자적인 SF TV 시리즈다. '컴퓨터로 만들어진 최초의 TV 아나운서'인 주인공 맥스 헤드롬은 다양한 시사 문제에 대해 오만하고도 신랄하게 논평하는 캐릭터로 유명했다. — 옮긴이

126 피위 허먼은 1980년대 유명한 어린이 TV 프로그램의 진행자인 폴 루번스Paul Reubens의 캐릭터다. 1985년 팀 버튼Tim Burton은 어린애 같은 피위 허먼을 주인공으로 한 영화 〈피위의 대모험*Pee-wee's Big Adventure*〉을 만들기도 했다. — 옮긴이

127 신체손괴, 죽음과 살상 등으로 인한 잔인성과 그에 따른 공포, 혐오, 반사회성 등이 강조된

지' 텍스트들도 포함해야 할 것이다. 물론, '포스트모던 텍스트'의 집합체의 구조는 부분적으로 포스트모던으로 평가되기 위하여 꼭 포스트모던으로 보일 필요는 없다는 것이다(예를 들어, 다양한 재방송과 스타일의 전유 및 텍스트의 '의도적인 이중 코딩'에 대한 즉각적인 전유, 〈드래그넷*Dragnet*〉,[128] 슈퍼히어로 만화 등을 생각할 수 있다).[129]

요점은 그러한 개별적인 서술이나 우리가 구성하는 형식적 범주들이 그것들의 특정 효과가 접합되는 맥락에서 분리될 수 없다는 것이다. 이러한 서술과 범주는 해석을 위한 텍스트가 아닐 뿐 아니라, 단지 포스트모던 세계의 구현이나 소우주적 재현도 아니다. 들뢰즈와 가타리(1977)가 말했듯이, 그것들은 점-기호point-signs로서 항상 모순적이고 복합적이며 변화하는 리좀적 맥락에 내재되어 있다. 그들은 '흐름의 언어학'을 '기표의 언어학'으로부터 그리고 기표의 초월성이 스스로의 철회를 통해서만 성립되는 것으로부터 구별하기 위하여 많은 노력을 한다. 점-기호는 정체성도 차이도 없다. 즉 그것은 단지 유효성의 벡터를 함께 흐르고 단절되는 교차점이자 균열일 뿐이다.

특정 텍스트에서 고유한 의미를 찾는 일이 불가능하다는 것에 대한 반응 하나는, 문화적 서술에 대한 이해는 수용자가 그것을 어떻게 해독하고 사용하고 즐기는지에 달려 있다는 점을 제안하는 것이었다. 예를 들어 위의 예를 든 광고를 매우 인상적으로 만드는 것은 아마도 그에 대한 가장 흔한 반응이 "당연하죠. 그래서요?"라는 것이다. 오늘날 '상식적'이면서 동

영화를 말한다. — 옮긴이

128 LA에서 발생한 종교적인 엽기 살인 사건을 조사하게 된 형사인 주인공들이 엉터리 텔레비전 전도사가 이 사건과 관련이 있다고 보고 추격한다는 내용의 영화다. — 옮긴이

129 이러한 다양성을 인식해야만 대중문화의 지형에서의 변화와 움직임을 이해할 수 있다. 예를 들어, 스프링스틴의 성공은 항상 특정한 신향수주의neonostalgia에 의존해왔지만, 최근 그의 '슈퍼스타덤'은 그의 노래 형식을 신화적 판타지에서 대중적 신현실주의로 바꾸었다.

시에 역설적으로 보이는 것이 30여 년 전 근대주의 관점에서는 광기 또는 천재의 표식으로 여겨졌을 것이다. 그러나 다시 말하지만 우리는 신중하게 다뤄야 한다. 즉 전유, 해석, 소비의 실천이 이러한 서술의 구체적 효과와 접합에 중요한 부분이지만, 이러한 실천은 서술 그 자체만큼 문제적이다. 이런 실천을 문자 그대로 받아들여야 하지만, 이것은 우리 작업의 결론이 아니라 시작을 규정할 뿐이다. 사실 이 실천들은 우리가 구성하는 맥락 일부이기 때문에 어느 정도 설명이 필요하다. 일상의 표면(관계와 실천이 생산의 것이든 소비의 것이든)은 중요한 투쟁의 현장일 수 있지만, 이 표면은 사회구성체나 일상에서 일어나는 결정의 총체성도 아니다.

기호화나 해독에 호소하는 것은 답을 정의하거나 심지어 답을 위한 언어도 정의할 수 없다. 우리가 무엇을 관찰하면서 시작하든, 예를 들어 그것이 문화 텍스트의 증가하는 형식적 그리고 자의적인 파편화든, 쇠퇴와 매혹의 초고속 언어처럼 보이는 특정 텍스트의 어조이든, 우리는 이제 문제를 정의하기 시작했을 뿐이다. 마찬가지로, 사람들이 이런 텍스트를 전유하고 해독하고 즐기는 방식을 고려하는 일은 해석의 문제가 제기되어야 하는 복잡한 공간을 구성하는 데 필요한 작업을 지속하는 것이다. 우리가 이 포스트모던 서술의 궤적과 존재 방식(즉 그들의 유효성의 평면)을 모두 살펴봐야만 포스트모던 서술의 존재 사실을 넘어 그들이 어떻게 기능하는지를 이해하기 시작할 수 있다. 우리는 이 포스트모던 서술이 대중문화와 일상의 중심으로 이동하는 것과 그 서술의 형성과 부상을 검토해야 한다. 후자는 고도화된 자본주의 구성체의 사회문화 공간을 구성하는 다수의 벡터와 기호와 함께 진행된다. 그러므로 우리는 문화 구성체와 교차하는 코드의 복합적인 배열로서 부상하는 서술의 집합체에 대해 논의할 수 있다. 이 구성체와 코드는 현대 역사, 경제, 이념, 쾌락 등의 더 큰 모순된 영역, 즉 일상생활이라고 접합되는 영역에 존재한다.

이러한 구성체의 포스트모더니티는 기호학과 정치학의 모순된 경향과 효과로 특징지어진다. '포스트모던 서술'을 수집하는 것은 재미있지만, 그것으로 충분하지 않다. 오히려 예술과 미디어의 세계뿐 아니라 일상생활과 대중 영역에서 이러한 서술의 증가하는 존재감과 권력을 진지하게 고려해야 한다. 이런 서술에는 재미있는 (심지어 웃긴) 무엇인가가 있는 것처럼 불안하고 심지어 끔찍한 면도 있다. 우리는 "인생은 힘들고 결국에는 죽는다"라는 말을 듣고 웃으면서도 동시에 섬뜩할 수 있는 것이다. 이러한 서술이 사회구성체 안에 삽입되고 기능하는 복합적 방식을 살펴보기 시작할 때 우리는 역사의 현대적 요구에 효과적인 정치적 대응을 제안할 수 있다.

다소 단순한 관찰로 시작하자면, '포스트모던'으로 이야기되는 것의 대부분은 특정한 미적 실천뿐만 아니라 다양한 삶의 경험과 역사적 사건에 대해 무언가 다른 '느낌'이 있다는 인식에 근거한다. 그러나 이러한 '느낌'과 경험의 상태가 어떠하며 우리 존재의 어떤 평면에 위치하는지는 명확하지 않다. 더욱이 우리가 취할 수 있는 분리될 수 없는 서로 다른 두 가지 관점, 달리 표현하면 두 가지 질문 또는 같은 지형에 진입할 수 있는 두 가지 방법이 있다. 첫째는 이 '느낌'의 복합적 결정 또는 가능성의 조건은 무엇에 관한 것이다. 둘째는 우리가 묘사하려는 부상하는 역사적 '느낌'의 효과는 무엇이며 이는 어떤 조건을 가능하게 하는지에 관한 것이다. 나의 주 관심사는 후자이며, 나의 주장은 이 '느낌'을 현상학적 초월주의나 경험의 이데올로기적 생산을 설명하는 해체 이론으로 너무 빨리 복원해서는 안 된다는 것이다. 즉 이 느낌이 의미화 또는 재현적 경제 내에서 필연적이거나 주도적으로 작동한다고 가정할 이유가 없다는 것이다. 이 느낌이 부분적으로 이데올로기적이고 항상 이데올로기 입장과 접합되는 것을 부인하지 않지만, 그 느낌의 가장 중요한 효과가 이러한 평면에 있다고 가정할 필요는 없다. 느낌의 이데올로기적 효과에 대한 묘사가 충분한 설명을 제공한다고 가정할 명분은 훨씬 더 적다.

포스트모던의 특수성

나는 이러한 포스트모던 서술의 인기를 추측해 보고 싶다. 이런 서술은 점점 더 명백해지고 인기를 끌고 있는데, 오늘날 주요 텔레비전 방송보다 더 이상한 것은 없다. 포스트모던 서술의 유효성은 무엇인가? 이 서술을 현대 생활이라는 맥락에 놓을 때 그것으로부터 우리가 '들을 수 있는 것'은 무엇인가? 이 서술은 무엇을 불러일으키는가? 이 서술은 삶에 대한 현상학적 서술로서 '감정 구조'가 아니라, 특정한 담론 전략을 통해 구체화되고 성립된 특정한 태도나 기분('권능화된 허무주의' 또는 '무관심에 대한 무관심')이다. 이 개념들에 대해서는 뒷부분에서 다시 다루겠다. 이 담론적 책략은 전적으로 이데올로기적이거나 기호학적이지 않다. 이 책략은 다른 방식과 다른 효과의 평면에서 '전달'되는데, 바로 '정동적' 방식이다.

정동적인 것은 일상생활의 한 평면이며, 의사소통적 경제의 한 형태다. 우리가 의사소통적 경제의 다양성을 인식한다면, 포스트모던을 사회적 기관과 영역을 가로지르는 '바이러스'로 정의한 보드리야르(1985: 13)의 설명과 포스트모던이 미국의 상상적 통일성과 연속성을 제공하는 광고판같이 기능한다는 나의 주장(Grossberg, 1987)에서 이 사실을 인식할 수 있다.

> 패션의 즐거움은 확실히 문화적인 것이지만, 대부분이 기호의 놀이를 통해 빛나는 즉각적인 공감대 덕분이 아닌가? 스타일은 또한 전염병처럼 퍼져나가 상상력을 황폐화시키고, 바이러스가 지쳤을 때 낭비되는 기호의 측면에서 지불해야 할 대가는 전염병과 같이 터무니없이 비싸다. 하지만 모두가 그것에 동의한다. 우리의 사회적 경이는 (굉장히 느린 의미 순환의 표면이 아닌) 기호 순환의 초고속 표면이다. 우리는 아무 생각 없이 즉시 감염되는 것을 좋아한다…… 다른 많은 과정과 마찬가지로 패션은 환원할 수 없는 현상이다. 왜냐하면 패션은 일종의 무의미하고 바이러스성이며 어떤 면에서는 비사회적인 의사소통 방식에 관여하기 때문이

다. 그리고 패션이 빠르게 순환하는 이유는 그것이 이성의 매개를 회피하기 때문일 뿐이다. 차이와 구별의 논리는 너무 느리기 때문에, 그것만으로는 패션을 설명할 수는 없다. (Baudrillard, 1985: 13)

그러나 보드리야르와 달리 나는 투쟁의 가능성과 모순의 현실을 포기하고 싶지 않다. 또한 나는 반본질주의의 이름으로 이 정동적 의사소통을 사회구성체의 결정과 접합의 복합적인 과정으로부터 고립시키거나 그것을 대체할 새로운 본질주의를 확립하는 것을 원하지 않는다. 사회구성체는 그것의 역사적으로 특정한 복합성에서만 특징지어질 수 있다. 그리고 그 복합성(또는 차이점)은 항상 역사적으로 특정한 방식으로 구조화되지만, 그 구조화는 결코 완전하거나 안정적이지 않다. 모순은 결코 하나의 일관된 구조로 '꿰매어지지' 않는다. 더욱이, 사회적, 문화적, 정치적 관계를 해체하고 재접합하기 위한 투쟁의 역사는 여러 권력 체제의 지속적 수립과 재형성의 역사다. 실천의 구체적 효과가 결정되는 것은 이러한 투쟁 안에서다. 비록 이러한 체제 자체가 결정의 단일한 평면으로 축소될 수 없지만, 체제의 자율성은 항상 체제가 특정한 관계로 서로 연결된 방식에 의해 제한된다. 예를 들어, 젠더와 성차를 중심으로 조직된 권력의 체계는 경제적, 계급적 관계로 설명될 수 없지만, 그들의 구체적인 역사 형태는 특정한 경제적, 계급적 관계로 접합되는 방식을 떠나서는 이해될 수 없다.

이러한 사회구성체에 대한 개념에서 두 가지 함의가 주목할 만하다. 첫째, 역사에는 보장된 것이 없다는 점이다. 실천, 관계 및 사회적 지위는 본질적으로 서로 동일시되지 않으며, 그들의 정치, 의미, 효과는 사람들이 실제 사회적 맥락 밖에서 결정되지도 않는다. 사람들은 그 사회적 맥락 안에서 (반드시 의도적이거나 저항적인 방식일 필요는 없이) 투쟁하지만, "그들 자신이 만들어 내지 않은 조건에서 역사를 만들어간다." 홀(1985)이 말했듯이, 그러한 상동성은 항상 실제적이지만 결코 필연적인 것은 아니다. 둘째, 비평가와 지식인 등 전체 지역을 살필 수 있는 사회구성체를 벗어난 안전한 지식 또는 지위는 존재하지 않는다. 결과적으로 비평가들은 자신의 해석이나 정치적 의제의 타당성을 가정할 수 없다. 더 중요한 것은 사람들이 자신의 관심사, 욕구 및 종속을 전혀 모르는 문화적 얼간이가 아니라는 점이다. 사람들에게 어디서 어떻게 투쟁해야 하는지 지시할 수는 없지만, 그것이 일상생활 공간에 지능적이고 효과적인 방법으로 개입할 수 없다는 것을 의미하지는 않는다. 다시 말해, 이러한 개입은 비평가들이 자신의 사회적 위치에서 가져온 판단이 아니라, 사회구성체의 특정 현장에서 작동하는 복합적이고 모순된 벡터의 부분을 그려내려는 실제 노력에 달려 있다는 의미다. 하지만 나는 보장의 한계와 반엘리트주의의 한계도 강조하고 싶다. 한편으로 어떤 사회적 실천도, 어떤 문화적 텍스트도 스스로의 효과를 결정하거나, 스스로의 진리를 이야기하지 않는다. 반면에 모든 효과나 접합이 실제 투쟁을 수반하는 것은 아니며, 모든 투쟁에서 승리하는 것도 아니며, 모든 승리가 저항하는 것도 아니고, 모든 저항이 진보적인 것도 아니다.

스튜어트 홀이 1960년에 말했듯이, "사회주의의 과제는 사람들이 있는 곳 — 즉 그들이 접촉하고, 물어뜯고, 감동받고, 좌절하고, 메스꺼워하는 곳 — 에서 그들을 만나서 불만을 키우는 동시에 사회주의 운동에 우리가 사는 시대와 방식에 대한 직접적 감각을 더하는 것이다." 홀이 쓰는 용어는 윌리엄스의 감정 구조와 비슷하다. 그러나 두 저자 모두 '감정'이라는 개념이 가져오는 추가적인 깊이와 이 사회주의적 기획의 역사적으로 특정한 형태를 이론화하는 데 어느 정도 실패했다. 그런데도 홀의 서술은 우리에게 세 가지 요구를 함으로써 풍부한 조언을 제공한다. 첫 번째 요구는 사람들이 언제, 어디서, 어떻게 사는지 알기 위해서는 대중 영역에 진입해야 한다는 것이다. 이것은 사람들이 자신들의 존재에 대해 지닌 의식의 형태를 발견하는 현상학적 작업이 아니다(확실히 이런 작업이 부분 필요하지만). 두 번째 요구는 우리가 그러한 위치의 복합성과 다중적 결정을 인식해야 한다는 것이다. 마지막으로 홀의 서술이 요구하는 점은 사회주의의 과제를 혁명과 변화의 장소, 시간, 형태를 정의하는 것이 아니라, 오히려 이미 존재하는 모순을 열어젖히는 것이며, "그러므로 이미 존재하는 활동을 혁신하고 비판적으로 만드는 것"(Gramsci, 1971:331)으로 이해하는 것이다.

그러므로 우리는 현대의 발전과 경향을 직면하여 찬양하거나 당황하지 않으며, 그것들(과 그것의 역사)을 이미 정의된 이론적이고 정치적인 위치에 단순히 꿰매 넣지도 않는다. 포스트모던을 이해하는 작업은 구체적인 것(그리고 그 주변)에서 이론화되어야만 진행될 수 있고, 보다 명시적으로 "가능한 것의 정치"(Chambers, 1985)를 여는 방향과 "미래를 상상하는 다른 방법을 찾는 것"(Hall, 1987)으로만 진행될 수 있다. 이러한 입장은 포스트모던을 이해하려는 마르크스주의적 노력과 가타리의 다음과 같은 설명 사이에 확연한 차이를 확립한다. "많은 지식인과 예술 집단, 특히 포스트모더니즘의 기치 아래에 있다고 주장하는 사람들이 내린 개탄스러운 결론은…… 현재 지구를 범람하고 있고 지속될 것으로 보이는 잔인함과 냉소의 물결에 직면하여 우리가 수동적으로 남는 것은 불가피하다"(1986: 40). 그러나 가타리조차도 여기서 너무 많은 것을 당연시하는데, 예를 들어 현대적 형태의 냉소주의와 잔인함 사이에 연관성이 있다는 것과 이러한 것이 지구를 '범람'하고 있다는 것이 명백하다고 당연시한다.

좌파의 전략

우선 좌파가 포스트모던의 도전에 어떻게 대응해왔고 좌파가 제시한 지배적인 해석과 틀을 간단히 설명하고자 한다. 문학 이론에서 시작된 포스트모던의 부상에 대한 최초이자 가장 영향력 있는 마르크스주의적 반응은 포스트모던을 새로운 이데올로기적 구성체로 해석하는데, 여기서 포스트모던 서술이 이데올로기적 텍스트가 된다. 예를 들어, 제임슨(1984)은 다양한 담론의 구조를 우리 경험의 구조에 대한 직접적 표현이라고 가정하는데, 이 경험은 다시 후기 자본주의의 경제 관계에 삽입되어 직접적으로 결정된다. 마치 경험에 대한 이데올로기의 결정이 즉각적이고 인과적인 것으로 여긴다. 이러한 관점에 이의를 제기하는 이론적 반대와는 별개로, 이 관점은 이데올로기가 오늘날 작동하는 방식에 무엇인가 다른, 즉 '포스트모던'이 무엇인가가 있다는 점을 무시한다.

신비화의 문제로 다시 돌아오도록 하겠다. 허위의식에 대한 이론을 포기한다면 우리는 이러한 비판적 개념을 어떻게 고수할 수 있을까? 그람시(1971)와 알튀세르(1971)가 제시한 급진적인 해결책의 일부는, 이데올로기는 신념보다는 실천의 문제이며, 믿음은 실천의 문제라고 주장하는 것이다. 슬라보예 지젝Slavoj Žižek(1987)이 주장했듯이, 이데올로기 작동에 대한 가장 좋은 묘사는 "그들은 그것을 알지 못하지만 그것을 하고 있다"일 것이다. 즉 이데올로기적 활동은 항상 환상이 실제 사회 활동을 구조 짓는다는 사실로 특징지어진다. 마르크스가 자본주의의 이데올로기를 헤겔주의 관념론, 즉 특정 실체(상품)가 보편적이고 추상적 가치의 표현이라고 주장했을 때, 마르크스는 사람들이 그러한 신념을 지녔다고 주장한 것이 아니다. 상식은 헤겔적 발상이 아니다. 헤겔은 반대로 유명론자nominalist다. 사람들은 구체적인 특수성의 현실을 믿는다. 그러나 사람들은 이상적인 보편 가치가 존재하는 것처럼 행동한다. 사람들은 실제 상황을 알면서도 신비로운 신념을 가진 것처럼 행동한다. 신념과 행동 사이의 거리가 중요한데, 이 거리가 신비화의 현실과 비판적 작업과 투쟁을 위한 공간의 가능성 모두를 허용하기 때문이다. 그러나 지젝은 포스트모던 이데올로기의 구성체라고 부르는 작업 속에서 이 비판 공간이 사라졌다고 계속해서 주장한다. 대신 이데올로기 영역에서 작동하는 냉소적 아이러니만 남았다. 사람들은 자신이 무엇을 하는지 알지만 그래도 그것을 계속한다. 그들은 이데올로기 신비화를 인지하면서도 그것에 참여한다. 따라서 현대의 이데올로기 실천은 이미 지배 이데올로기에 대한 거리를 가정하는데, 그 거리는 지배 이데올로기에 대한 비판 가능성을 정의한다. 그러므로 지배 이데올로기에 대한 비판적 관계의 가능성과 필요성은 명백히 약화된 것으로 보인다. 이러한 냉소주의 그리고 이 거리감의 붕괴 역시 역설적이다. 즉 냉소주의는 스스로의 이데올로기 위치를 심각하게 받아들이기를 거부함으로써 작동한다. 사실 냉소적 사고에 따르면 진정한 악은 어떤 신념이라도 너무 심각하게 받아들이는 것인데, 그 신념이 지배적이든 저항적이든 상관이 없다. 그러나 이런 분석은 아무리 정교하더라도 중요한 질문에 답하지 않았는데, 그 질문은 왜 오랜 역사를 지닌 이러한 냉소적 아이러니가 갑자기 대중적 태도의 일부가 되었는가 하는 것이다.

예술 비평에서 시작된 좌파의 두 번째 전략은 현대적 맥락에서 의미와 의식의 생산을 포함한 모든 문화가 자본주의적 상품 관계에 통합되었다고 주장한다. 예를 들어, 프리스와 하워드 혼Howard Horne(1987)은 예술과 상업의 '등식equation'에 대해 이야기하는데, 그 결과 텍스트의 '미학적 효과'는 시장 효과와 분리될 수 없다. 더 나아가 그들은 욕망이 시장 효과로부터 분리될 수 없다고 주장한다. 즉 예술은 수용자를 점점 더 관객 겸 소비자로 위치시킨다. 나는 이 입장에 전적으로 반대하고 싶지는 않지만, 그러한 입장에 대한 너무 강한 해석에 대해서는 두 가지 이의를 제기하고자 한다. 첫째는 역사적인 것으로 결국 예술(그리고 일반적으로 문화)은 생산과 유통 방식의 측면에서 동시대보다 훨씬 이전부터 자본주의 경제에 통합되었다. 시장 경제 내에서 예술의 위치는 새로운 것이 아니다. 새로운 것은 문화 상품의 대량 공급이다. 두 번째 이의는 개념적인 것인데, 예술과 상업의 차이가 최근에 의미 있는 방식으로 무너졌다면, 이러한 무관심(차이에 대한 명백한 무관함)이 나타나는 구체적 차원을 식별하려고 노력하는 것이 중요하다. 예술을 사람들의 삶에 위치시킨다는 것이 예술이 반드시 하나의 상품으로 환원될 수 있다는 것은 아니다. 예술이 상품이 될 수 있다는 것이 예술이 여전히 다른 것이 될 수 있다는 점을 부인하지 않는다. 더욱이 소비 행위의 구체적 복합성은 이러한 예술적 실천이 수용자를 소비자로 위치시킨다고 하더라도 그들을 다른 모순된 주체-입장에도 위치시킬 수 있음을 암시한다.

다른 식으로 표현하면 상품을 단순하고 뻔하고 역사와 관계없는 개념으로 다루는 경향이 있는데, 이런 경향은 마르크스가 상품이 추상화의 매우 일반 수준에 작동한다고 주장한 것을 잊고 있다. 한편으로 상품의 개념은 사용 가치와 교환 가치 사이의 관계를 내포하고 다른 한편으로 상품은 생산력과 생산 관계 사이의 모순을 암시한다. 이러한 두 등식은 역사적으로 특정한 방식으로 서로 위치 지어지고 있고, 또한 역사적으로 특정한 방식으로 각각 접합되어 있다. 우리가 기호와 상품 관계의 복합적인 본질을 분석하기 시작하고 다양한 텍스트가 작동하는 의사소통적 경제의 복수성을 인식할 때 비로소 우리는 일상생활의 윤곽을 풀어 설명할 수 있다.

좌파의 세 번째 전략은 가장 복합적이고 확실한 형태가 없는데, '위반과 쾌락의 정치'라고 할 수 있다. 이러한 전략은 쾌락을 특정 텍스트적 실천의 유효성에 있어 두 번째 차원으로 보고, 체임버스(1985: 211)를 따라 쾌락이 "일상생활의 직접적인 표면에서" 작동한다고 가정한다. 쾌락은 "대중문화의 외견상 '명백함'을 일상생활에 대한 상상적 정복으로 변화"시키고 "현재에 거주할 권리를 확인시키는" 역할을 한다. 이러한 견해는 의미의 구조와 특이성이 항상 억압적이라고 가정한다는 점에서 종종 해체적이다. 반면 기의의 폭발과 기표의 상승을 통해서만 무질서한 리비도적 충족이라는 위협적인 가능성이 해방된다. 이런 견해는 해체적인 오르가슴을 포스트모던의 긍정적인 면으로 찬미하는데, 대신 매스 미디어에서 가장 파편적인 텍스트와 이미지조차도 정체성과 일관성의 새로운 형태를 제공한다는 사실을 무시한다. 파편화된 정체성은 새로운 형태의 파편화를 정체성에 통합한다고 해도 여전히 정체성이다(예를 들어 맥스 헤드룸과 로보캅 같은 사이보그의 경우가 그렇다). 나는 쾌락과 위반에 관한 모든 견해를 동일시하려는 것은 아니다. 쾌락에 대한 좌파의 관점에는 상당한 차이가 있는데, 극도의 긍정적이고 엘리트적인 관점(예를 들어 바르트[1975]의 쾌락plaisir과 희열jouissance의 구분)부터 제임슨(1983)의 "신체에 대한 삶의 동의"라는 쾌락에 대한 부정적인 시각 그리고 보드리야르(1986)의 매혹 이미지로서 무관심, 적어도 모조품의 무관심에 이르기까지 다양하다.

쾌락의 체계에 대한 포스트모던의 정치학을 위치 지으려는 시도에서 나타나는 세 가지 문제를 간단히 확인해 보겠다. 첫째, 이런 이론은 '쾌락' 자체의 복합성을 무시한다. 이론은 욕망, 기분, 만족, 필요, 쾌락을 구별하는 데 실패한다. 또한 이론은 쾌락이 이론화되는 다양한 담론 경제에 따라 다르게 만들어지는 모호함을 인지하는 데 실패한다. 쾌락은 때로는 필요의 만족으로, 아픔에 대한 회피로, 긴장의 해소로, 그리고 순전한 긍정성으로 인식된다. 이론은 종종 쾌락의 형태와 이데올로기적 구성체 사이에 존재하는 복잡한 관계를 무시한다. 그 결과 쾌락은 단순히 이데올로기 과정(제임슨[1983] 또는 머서[1986]의 반대 주장에도 불구하고)이나 (잡지 〈스크린*Screen*〉의 이론에서처럼) 리비도적 전이의 이데올로기적 결정으로 단순화된다. 이러한 이론 중 어떠한 것도 이데올로기적 경제와 리비도적 경제의 복잡하거나 때로는 모순적 관계와 효과의 다양한 차원에 대한 적절한 분석을 하지 않는다.

둘째, 이런 이론은 쾌락이 선천적으로, 본질적으로, 필연적으로 저항 또는 권능화의 형태가 아니라는 사실을 종종 무시한다. 쾌락은 특정한 맥락적 결정 속에서만 권능화되는 것이다. 쾌락이 특정 순간에 정치적 서술이 될 수 있다는 바로 그 주장이 어떤 사회적 국면에서도 쾌락의 정치적 유효성이 있다는 것을 보장하지 않는다. 주디스 윌리엄슨(1986)이 주장했듯이, 대중문화의 쾌락을 인정하고 묘사한 후에도, 우리는 다시 대중문화의 구체적인 정치적 접합의 문제로 돌아가야 한다.

마지막으로, 이데올로기로서의 포스트모던 이론과 마찬가지로 이런 이론은 쾌락의 포스트모던 모호성을 인지하는 데 실패했다. 이 모호성은 "작은 쾌락을 추구하라, 큰 쾌락은 너무 위험하니" 혹은 섹스는 "30초간의 질퍽거리는 소음에 불과하다"(조니 로튼Johnny Rotten[130])라는 서술에 잘 담겨 있다.

정동적 커뮤니케이션

보드리야르의 '다른 의사소통 방식'의 문제로 돌아가 의사소통적 경제의 형태에 대한 몇 가지 간단한 제안을 하고자 한다. 그런 다음, 사회구성체 내의 역사적으로 특정한 위치, 즉 포스트모던 구성체 내의 결정과 결정 요인에 대한 문제로 이동할 것이다. 다시 말하지만, 우리는 다루기 익숙한 것 이외의 유효성을 인정하기 위해 가타리(1986: 41)로부터 배울 것이 있다. "구체적인 사회구성체는…… 언어학적 수행 이상의 것에서 비롯된다. 즉 인종학적 차원과 생태학적 차원, 기호학 및 경제적 요인, 미학적, 육체적, 환상적 요인까지…… 수없이 많이 참조해야 할 것이 있다." 가타리의 마지막 구절이 특히 중요하다. 우리는 (기표의 우위라는 이름으로) (탈)구조주의자들의 지시성을 거부의 차원이 아니라 오히려 효력과 지시성이라는 다중적 평면의 영역에 있다.

의미화, 경제, 리비도 간의 이미 복잡한 관계에 나는 네 번째 요소, 즉 '정동' 혹은 '신체적corporeal 태도'라는 용어를 추가하고자 한다. 이 개념을 설명하기 위해서 내가 (동일하지 않지만) 유사한 개념을 이론화하는 데 큰 노

130 영국 펑크 록 밴드 섹스 피스톨스의 보컬리스트 존 라이든John Lydon의 예명이다. — 옮긴이

력을 기울인 두 연구자를 언급하겠다. 이러한 논의는 역사적 특수성과 결정의 문제로 계속 되돌아갈 필요성을 분명히 한다. 포스트모더니티를 둘러싼 논쟁의 맥락에서 니체보다 더 중요한 인물은 없으며, 그의 '권력에 대한 의지'(들뢰즈[1977]에 따라)의 이론은 내가 '정동'이라고 부르는 것에 대한 중요한 통찰력을 제공한다. 니체에게 세력(또는 권력)의 개념은 항상 특정한 세력의 복수성뿐만 아니라 '세력들을 합성해내는' 원리를 가정한다. 이러한 '계보학적 원리'는 동시에 차별화하며 생성한다. 즉 이 원리는 양적으로 힘들의 차이와 질적으로 각 힘의 정체성을 동시에 생산한다. 이 양적 차이는 권력의 척도인데, 니체에 따르면, 양적 차이는 지배하는 세력과 지배받는 세력 사이의 차이를 구성한다. 질적 차이는 각 세력의 벡터를 적극적인 또는 반작용의 방향성으로 정의한다. 들뢰즈에 따르면 이처럼 복합적 관계의 경제 속에서만 '권력에 대한 의지'가 가치의 원천으로 긍정적이거나 부정적일 수 있다. 우리는 권력에 대한 의지라는 계보학적 원리가 보편적이라고 잘못 가정하지 않도록 한 가지를 더 언급할 필요가 있다. 계보학적 원리는 항상 맥락적으로 구체적이라는 점이다. 알튀세르와 푸코에 따르면, 그 원리는 그것이 결정하는 것에 의하여 결정된다는 점이다. 이 원리는 그 자체로 항상 그것이 작동하는 세력들의 장의 구체적인 결과다.

두 번째 인물은 지그문트 프로이트(장 라플랑슈Jean Laplanche와 장베르트랑 퐁탈리스Jean-Bertraind Pontalis[1973]가 해석한 방식에서)로, 나는 그가 정신 에너지psychic energy를 명명하는 데 사용한 '정동'이라는 용어를 가져왔다. 정신 에너지는 특정한 관념에 묶여 있을 수도 그렇지 않을 수도 있다. 따라서 관념 없는 정동과 정동 없는 관념의 가능성이 모두 있다. 프로이트 이래로 정동이라는 개념은 정신분석학적으로는 성적 에너지(리비도)로 대체하거나 비정신분석학적으로는 보편적 원리로 (카를 융Karl Jung과 빌헬름 라이히Wilhelm Reich처럼) 환원시키면서 사라져 버렸다. (결국 프로이트가 융을 비판한 이유 중 하나가 융이 성욕을 '무엇을 향한 경향'으로 탈성욕화하면서 차이를 붕괴시켰다는 점이라는 것을 기억하는 것이 중요하다.) 그런데도 정신 에너지 개념을 이해하려면, 그것이 어떻게 지워지고 어떻게 사라졌는지를 질문해야 한다. 프로이트의 형이상학은 세 가지 관점, 즉 지형적인 것the topographical, 역동적인 것the dynamic, 경제적인 것the economic을 함께 가지고 가야 할 필요성에 의존한다. 이 세 관점은 어떤 의미에서 모순되지만 때로는 상호 배타적인 것으로 가정되기도 한다. 지형적 관점은 요소의 구조적 모델을 자아-이드-초자아와 같은 관계로서 구성한다. 역동적 관점은 의식과 무의식이라는 서로 충돌하는 세력들의 전장을 구성한다. 마지막으로 경제적 관점은 에너지의 순환과 분산으로 정의되는 기계나 공간, 즉 투여의 경제를 구성한다.

이것은 분명히 지나친 단순화이지만, 정신분석학의 역사는 각각의 관점이 점차 이전의 관점들을 덜 중요하게 만드는 것으로 읽힐 수 있다(예를 들어 에고 심리학에서 갈등은 지형학적으로 정의된다. 반면에 라캉이 프로이트로 돌아온 것은 부분적으로 역동적 모델의 회복인데, 이 역동은 무의식의 기호학에 의해 정의되었다). 그러나 프로이트에게 심리적 갈등은 (비록 변형된 용어지만) 경제적 모델 안에 위치하는데, 이는 항상 리비도적 에너지와 다른 에너지가 있기 때문이다. 리비도는 결코 정신 에너지의 유일한 형태나 조직이 아니다. 더 중요한 것은 리비도는 결코 근원적이지 않고 다른 본능이나 충동에 의지하여 의존적으로 발생한다는 점이다. 성적 본능의 에너지인 리비도는 항상 차이라는 더 큰 경제에 위치한다. 물론 이 큰 경제 지형의 복합성과 모순을 묘사하는 기획이 프로이트의 평생 작업이 되었는데 그가 점차 지형의 복합성과 모순을 인식하였기 때문이다. 따라서 한편으로 성적 본능은 에고 본능(자기 보존의 본능)과 반대되는데, 이러한 차이는 쾌락 원리와 현실 원리 사이의 차이와 밀접하게 관련되어 있다. 반면에, 이 두 본능 집합은 에로스 또는 생명 본능이라는 더 큰 기구의 일부이며, 이 기구는 타나토스Thanatos 또는 죽음의 본능이라는 또 다른 기구와 연결되면서 이와 반대된다. 더 높은 추상으로 나아갈수록 정신적 '원리'의 확산은 점점 더 풀기 어려워진다. 그러나 여기서 우리는 정신분석 이론에서 '쾌락'의 주요한 모호성 중 적어도 하나를 발견할 수 있다. 쾌락은 항상성을 추구하는 불변 원리와 모든 갈등을 없애려는 열반Nirvana 원리 모두에 위치한다는 것이다. 따라서 쾌락은 한편으로 긴장의 완전한 부재이자 다른 한편으로 과도한 긴장의 방출과 균형 상태의 유지로 묘사될 수 있다.

흥미로운 점은 라캉주의자들(예컨대 라플랑슈와 퐁탈리스)과 반라캉주의자들(예컨대 들뢰즈와 가타리) 모두 형이상학적 이데올로기에 빠지지 않은 채 이 에너지를 정의(그 효과와 변형은 예외)할 수 없다는 점에 동의한다는 것이다. 양측 모두 생명력life-force, 의지, 구성 이전의 생명–세계, 그리고 하이데거적 분위기라는 개념들이 서로 연결되어 있음을 인식하는 것처럼 보이지만, 이러한 개념들이 문제를 그것의 기원으로 개념화하고 재구성하기 때문에 이러한 개념을 따르기를 거부한다. 정동 또는 정신 에너지는 긴장의 존재 그 자체이며, 관계의 존재인데, 그 관계는 더 큰 모순적인 영역에 표시된 차이로 항상 존재한다. 게다가 정동은 동질적인 범주가 아니다. 들뢰즈와 가타리(1977)가 정신 에너지를 세 종류로 구분한 것을 생각해 보자. 세 가지는 (생산의 결합적 합성으로서) 리비도, (녹음의 분절적 합성으로서) 누멘numen,[131] (소비의 국면적 합성으로서) 볼룹타스voluptas[132]다. 마지막으로 정동은 질적이기도 하면서 양적이다. 정동은 양적으로는 측정 가능한 '할당량quota'(프로이트식 용어)으로, 질적으로는 기분의 상태(또는 종종 감정적 태도로 표현으로)로 특징지어질 수 있다.

니체와 프로이트를 인용함으로써, 내가 '정동'을 권력에 대한 의지나 정신 에너지와 등치시키려는 것은 아니다. 나는 단지 가치, 이데올로기, 리비도의 경제 이외의 경제들을 이론화하려는 시도의 역사를 보여 주려

131 신령이라는 뜻의 라틴어로 여기서는 분리와 새김의 정력을 의미한다. — 옮긴이

132 고대 로마의 쾌락의 여신으로 여기서는 잔류의, 또는 희열의 정력을 뜻한다. — 옮긴이

는 것이다. 사실, 나는 욕망의 리비도 경제와 기분의 정동적 경제를 두 개의 다른 평면으로 구별하고자 한다. 두 개의 평면에 정신 에너지가 조직된다. (투여의 개념이 암시하는 바와 같이) 욕망이 항상 집중되어 있다면 기분은 항상 분산되어 있다. 두 가지 모두 욕구의 측면에서 체험될 수 있지만, 리비도적 욕구만이 불완전하게나마 충족될 수 있다. 기분은 결코 만족되지 않고 단지 실현될 뿐이다. 욕망이 깊이의 경제를 가정한다면(예를 들어 억압의 개념에서), 기분은 항상 표면적이다(그리고 의식과 동일시되어서는 안 된다). 세상을 바꿀 수 있도록 투자를 하고 헌신을 가능하게 하는 것은 열정이다. 마지막으로 정동적 경제는 차이에 힘을 부여하지만 리비도적 경제는 그렇지 않다. 쾌락과 욕망은 구조 안에 작동하는데, 구조 안에서 체계의 작동을 정의하는 것은 자기만족(비록 무한히 연기되더라도)이다. 쾌락과 욕망은 내용으로 가득 찬 체계다. 반대로 정동은 내용이 없고 차이의 가능성뿐 아니라 그러한 차이가 특정한 정동적 경제에서 가능한 조건을 구성하는 것을 목표로 한다. 예를 들어 가정과 관계에서 심리적으로 그리고 물질적으로 안정감과 친밀감을 필요로 하는 정동적 욕구를 생각해 보자. 이런 욕구는 특정한 관계에 의해 충족되지 않고, 특정한 관계가 효과를 미치는 보다 일반적인 태도와 기분에 의해서만 충족된다.

정동에 대한 논의를 마치면서 네 가지 결론을 내리고자 한다. 첫째, 정동은 비의미적asignifying인 차이의 체계를 만들어 낸다. 정동은 양적으로(활성화의 정도에 대한 척도로서), 질적으로(다른 차이가 기능하는 특정한 기분으로서) 차이를 구성한다. 정동적 차이의 형태 그 자체, 즉 '가능성의 조건'뿐 아니라 차이를 위치 짓는 바로 그 방식들은 보다 일반적으로 여겨지는 체계를 구성하는 방식과 반드시 동일하지는 않다. 일상생활에서 작동하는 다양한 경제를 인식해야만, 다양한 사회적 관행의 특수성과 일상의 모순된 지형을 모두 이해할 수 있다. 예를 들어 무의식이 언어와 같다면, 무의식은 또한 언어와 같지 않다. 무의식적 효과의 특수성은 부분적으로 리비도적 경제와 기호 경제 사이의 차이에 달려 있다. 이런 생각은 정동과 정동적 차이가 권력 체계에 직접적으로 관련될 수 있다는 것을 부인하지 않는다. 또한 이런 정동적 차이가 이념적으로 그리고 리비도적으로 사회적 차이와 권력의 다른 구조와 형태에 접합될 수 있다는 것도 부정하지 않는다.

둘째, 정동은 물질적 태도와 지향의 특정한 방식과 조직을 역사적으로 서술한다. 정동은 항상 사회적 세계의 물질성에 대한 벡터를 포함하지만, 의식의 지향성intentionality도 아니고 (현상학적 의미로) 체험된 신체도 아니다. 셋째, 정동은 주관적 속성이 아니라 역사적으로 특정한 과정인데, 이 과정에서 주체는 정동이 관통하는 집중적 특성(정동적 상태)에 의해 정의된다. 즉 주체는 정동적 차이의 장을 가로지르는 움직임에 따라서 유목적으로 구성된다. 정동적 주체는 항상 일시적이며 질적 그리고 양적 궤적에 의해 정의된다. 마지막으로 정동 차원에서 작동하는 권능화의 형태는 통제, 방향 또는 의미 이외의 것을 포함한다. 투쟁의 가능성 그 자체는 그람시(1971)가 "의지의 낙관주의"라고 묘사한 정동적 권능화에 달려 있다. 벤야민(1968)은 가장 강력한 이데올로기 입장도 비관주의의 조직을 수반할 것임을 인식하였는데, 이 비관주의는 세상을 바꿀 힘이 부족하다는 감각으로 우리가 잘 아는 영역뿐 아니라 세상과의 열정적 관계의 가장 기본적 현장에서도 작동한다. 물론 이것이 정동 경제의 정치에 대한 답변을 주지는 않는다. 이 답변은 투쟁과 접합에 열려있다. 그리고 정동은 정치적 개입의 가능성의 조건을 정의하지만, 정동은 특정한 역사적 조건의 체계에 접합되는 경우를 제외하고는 이념적으로, 경제적으로, 리비도적으로 중립적이다.

포스트모더니티와 정동

결론으로 가기 위해, 포스트모더니티의 '사건'의 성격 또는 상태에 대한 질문으로, 또는 적어도 내가 이 글을 시작한 포스트모던 서술의 성격이나 상태에 대한 질문으로 돌아가고자 한다. 포스트모던 서술들의 진정한 효과와 의미를 이해하려면 사회적 세력의 장에서 변화하는 역사적 관계 안에 그것들을 위치시켜야 한다. 그람시(1971)가 '진지전'에 대해 말할 때, 그는 역사적으로 특정한 구성체와 정동, 리비도, 기호, 및 가치의 경제 사이의 복합성과 모순에 대하여 나의 모델과는 다른 것을 염두에 두었다. 그렇지만 나는 이러한 이미지를 특정한 문화적 서술이 사회구성체 안에 위치지어지고 정치적 효과를 결정하는 방식을 서술하는 데 활용하는 것을 부당하다고 생각하지는 않는다. 사회적 세계(언어와 사물을 포함한)에 대한 변증법적 또는 대화적(미하일 바흐친Mikhail Bakhtin[1981]적인 의미에서) 관계의 역사적 형성이 처한 '위기'의 관점에서 나는 이러한 서술들의 정동적 힘에 관하여 이야기하고자 한다.

이 위기에서 두 가지 벡터를 확인할 수 있다. 첫째 벡터는 역사적으로나 기호학적으로 많은 근대주의적 문화 실천에서 이미 작동했다. 이 벡터는 정동과 이데올로기 사이의 점점 문제적 관계를 수반한다. 그리고 이것은 어떤 의미이든 열정적인 헌신(어떤 질적 상태이든)을 가능하고 적절한 자원으로 위치시키기 위하여 세상의 의미(그리고 의미성)에 투자하는 우리의 능력 안에서 나타난다. 우리는 이것을 푸코(1970)가 "인식론적 이중체epistemological doublet"라고 부른 것의 해체로 설명할 수 있다. 인식론적 이중체는 주관성과 객관성의 경계에서 살아가는 것이 점차 불가능해지는 것을 의미한다. 이것은 많은 근대주의적 텍스트에서 주관성을 객관성으로, 그리고 객관성으로 주관성으로 환원하는 것으로 기호학적으로 코드화된다. 이것은 객관성의 사실뿐 아니라 주관성의 사실에서도 점점 증가하는 공포감으로 체험된다. 따라서 우리가 현대의 경험을 고려한다면, 우리는 지루함과 공포의 정동적 양극은 정동성의 부재(순수한 객관성에서)와 통제 불가능한 과잉(순수한 주관성에서)의 가능성을 중심으로 비선형적인 방식으로 구성된다고 제안할 수 있다. 이는 최근에 언어와 의미 자체가 이론적 작업을 통해 객관화되고 이러한 이론적 입장이 '상식'이 될 때 더 강력한 결정 요인이 된다. 그러나 이러한 '위기'에서도 리비도적 관계뿐 아니라 리비도적 만족의 이데올로기(예를 들어 1960년대 반문화)에 대한 투자가 남아 있다.

내가 포스트모던의 위기라고 부르는 세력의 장을 재구성하는 두 번째 벡터는 점점 더 문제가 되어가는 정동과 리비도의 관계에 의해 정의된다. 거칠게 말하면 쾌락의 구조가 그 자체로 점점 문제적으로만 투여된다. 쾌락 그 자체가 위협적으로 보이거나 아니며 불신받게 되었는지를 부분적으로 설명하는 사건들은 많다. 예를 들어 1960년대 반문화의 명백한 실패와 리비도적 쾌락의 이데올로기를 창조하고 투자하려는 명백한 시도의 실패, 리비도적이고 젠더적 관계가 권력관계에 의해 압도된다는 점을 지적한 페미니즘의 중요한 성공, 그리고 노동과 여가 사이의 관계의 중요한 (때로는 비자발적으로 진행된) 재분배 등이 있다. 일상생활의 공간으로서, 우리의 '사적'이고 특권적인 정체성의 장소로서, 그리고 활동의 특정한 형태로서 여가가 더 광범위한 권력관계에 밀접하게 관련되었다는 것이 더 분명해졌다.

정동적 경제와 리비도적 경제 사이의 격차가 커지는 공간에서, 더 정확히 말해 이동하고 커지는 격차의 공간에 산다는 것은 욕망 자체뿐 아니라 욕망의 대상을 의심한다는 것이다. "이 세대는 '난 만족할 수 없어'라는 외침을 물려받았다. 그리고 그들은 만족을 움켜잡으면서도 만족의 가능성 자체를 거부하는 모순 속에서 살아간다"(Aufderheide, 1986: 14). 일반적 통념과 달리 이 공간은 사람들이 위험을 추구하거나 모험적인 삶을 살기 위해 노력하는 문화 공간이 아니다. 그곳은 오히려 현실 없이 스릴을 느끼고자 하는 공간인데, 모험적인 삶의 공간 스릴을 너무 현실적으로 그리고 너무 위험하게 만들 수 있기 때문이다. 글렌 오브라이언Glenn O'Brien(1987)이 최근에 제안한 대로, 모험적 삶을 사는 사람을 알고 지내는 것만으로도 충분하다. 리비도는 그러한 쾌락을 비판하는 신보수주의자들뿐만 아니라 쾌락에 끌리는 사람들에게도 적이 되었다. "섹스는 이제 개념적 행위다. 우리가 서로 접촉할 수 있는 것은 오직 이러한 성도착perversions의 관점에서만 가능할 것이다. 성도착은 어떤 정신병리학의 평가와는 달리 완전히 중립적인 것인데, 사실 내가 시도한 것이 시대에 뒤떨어진 일이다"(Ballard, 1972: 63). 바이러스성 성병의 초고속 확산을 고려할 필요가 있는데, 섹스는 불치병이 되었다. 쾌락에 반대하는 우파의 캠페인은 단순히 조작적인 것이 아니라, 현대 생활의 정동 경제에 실질적인 변화를 일으킨다.

포스트모던은 일상생활의 복잡한 경제에 변화를 예고하는데, 위기로서 포스트모던은 서로 다른 의사소통적 경제가 연결되어 있는 이른바 '고정 효과anchoring effects'라는 것에 중요한 변화를 지적한다. 이데올로기적 그리고 리비도적 경제의 현대 구성체는 구체적이고 역사적으로 정의되었더라도, 그것은 차이에 전념한다는 측면에서 정동적인 것 안에 스스로를 고정시키고 있다. 이 경제들의 조건이라는 측면에서 중요한 것은 특정하고 다른 무엇이 중요하다는 점이다. 따라서 정동적 차이는 항상 다른 경제에 의해 구성되는 차이에 의해 고정되어 있어야 한다. 반면에 정동성의 조건에서는 무엇이 중요한지가 중요하지 않다. 중요한 것은 바로 중요해지는 것(기분이나 열정) 자체의 양과 질이다. 그러나 비정동적 차이에서 정동을 고정시키는 바로 그 가능성이 문제가 된다면, 말 그대로 아무것도 중요하지 않다. 정동은 일시적이고 지엽적으로 마음대로 요동친다. 정동은 무관심에서만 차이를 구성할 수 있고, 그 차이는 차이의 경제 없이 정의되어야 한다. 위기는 무엇인가를 중요하게 만들어야 할 필요성(헌신을 위하여 어떤 형태든 관심을 갖는 것)의 관점에서 설명될 수 있는데, 이때 다양한 (차이의) 경제와 연결된 가능성은 없다. 이러한 상황에서 정동(또는 기분) 자체는 점점 의심스러워지고 권력의 동일한 구조의 접합에 이용 가능해진다. 무엇인가에 관심을 갖는 것은 불가능하지 않더라도 항상 (중요하기에는) 너무 쉽거나 (가능하기에는) 너무 어렵다. 그러나 이데올로기와 마찬가지로 기분은 피할 수 없고 포스트모던 이데올로기의 냉소적 아이러니와 마찬가지로 기분의 냉소적 논리(내가 "진정한 비진정성"이라고 부르는 것)[133]라는 것도 존재한다. 냉소적 논리에는 정동의 양만 관련이 된다. 중요한 것은 무엇에 관심을 갖는지 또는 어떻게 관심을 갖느냐가 아니라 얼마나 많이 관심을 갖느냐다("지루한 것보다 차라리 기분이 나쁜 게 나아"라는 식이다). 우리의 포스트모던 영웅들(가장 최근에는 올리버 노스Oliver North[134])은 정동의 양이라는 측면에서만 차이가 난다. 그들은 (우리가 동의하든 말든) 어떤 것에 많은 관심을 가질 수 있기 때문이고 그들은 자신을 다르게 만들면서(비록 그들이 차이를 만들지는 않지만), 우연이 아니라면 어느 정도의 성공을 거둘 수 있기 때문이다. 그들이 비록 짧은 순간이라도 우리의 '영웅'이 되는 것은 그들의 유일한 차이가 정동적 측면이라는 사실에 달려 있다. 다른 모든 면에서 그들은 우리와 같은데, 그들의 변화는 목표 및 평범한 기술에 대한 그들의 열정적 관계에 달려 있다.[135]

133 '진정한 비진정성'은 유일한 진실은 진실이 존재하지 않는다는 커뮤니케이션 논리를 의미한다. 사회적 용어로, 이것은 자신이 '그런 척을 한다'는 사실을 속이지 않는 것을 말한다. 이것은 현실 또는 초현실의 이름으로 작동하지 않는 시뮬레이션 의미 규칙의 집합으로 생각될 수 있다. 그로스버그(1993a)를 참조하라.

134 당시 미국 해병대 중령으로, 이란-콘트라 사건(레이건 행정부가 이란에 무기를 판매한 수익으로 니카라과 공산 정권의 반군을 비밀리에 지원한 사건)의 핵심 인물이자 주동자다. 그런데도 사건의 전모를 고백하여 미국의 명예를 지킨 영웅으로 불리며 큰 인기를 얻었다. — 옮긴이

135 현대 대중 영웅의 문제는 우리가 다양한 문화적, 역사적 구성체 사이의 유사성과 차이점 모두를 주목하려면 역사적 복합성과 커뮤니케이션 경제의 다양성을 인식해야 할 필요성을 제공한다. 예를 들어, 나는 전쟁 채권 캠페인에서 케이트 스미스Kate Smith[2차 세계 대전 때 많은 인기를 누린 미국의 여가수 — 옮긴이]의 인기(로버트 머튼Robert Merton[1946]의 보고서에 따르면)에 대한 제임스 베니거James Beniger(n.d.)의 연구에 도전하고자 한다. 머튼의 설명은 수용자의 "믿고 싶은 심각한 욕구"와 스미스의 "인식된 진실성"에 대한 수용자의 반응에 달려 있다. 머튼은 또한 자신도 '케이트처럼 될 수도 있었다'는 수용자의 인식을 지적한다. 베니거는 이것을 〈USA 투데이*USA Today*〉(1986. 12. 3, 8C)의 여론 조사인 "스포츠인들이 홍보하는 가장 신뢰할 수 있는 제품"과 동일시하며, 이 인물들에 대한 신뢰성은 그들의 평범함과 그들이 얼마나 우리와 같은지에 달려 있다고 시사한다. 그러나 베니거는 이 두 가지 동일시가 현저하게 다른 경제에 의존한다는 것을 인식하지 못했다. 즉 스미스와의 관계는 "사회적 기반을 지닌다…… [그녀는] 내부 그룹에 속한다. 그녀는 친족이다." 존 매든John Madden[미국의 미식축구인, 코치, 해설자 —

"미래의 때이른 도착"(Toffler, 1997)을 묘사한 최근 〈블룸 카운티*Bloom County*〉[136] 만화에서, 빙클리는 "갈 곳이 없는데도 옷을 차려입은" 자신을 발견한다. 종종 자신의 옷장에서 나오는 악몽에 시달리는 빙클리는 그의 최악의 악몽에 직면하는데, 그는 미래의 자신과 직면하고 자신의 미래를 보게 된다.

(어린 빙클리) 우리가 리지, 여드름이 잔뜩 난 그 '리자드'랑 결혼했다고??

(성인 빙클리) 이제는 그녀를 '엘리자베스 여왕님'이라고 불러. 자, 따라와, 너의 미래 세계로…… 이 못생긴 작은 집이 우리 집이야. 우린 이곳을 '빙클리 저택'이라고 불러. 1998년에 여기로 이사 왔어. 저건 1993년식 폭스바겐이야. 우린 그걸 '작은 람보르기니'라고 불러. 이 모두가 우리 성인 생활의 평범함…… 그리고 우리-너의 젊음의 실패한 꿈들과 타협하는 방식이지.

(어린 빙클리) 저기…… 땅다람쥐가 내 발에 오줌 싸고 있어……

(성인 빙클리) 하지 마, 람보…… 이 나쁜 개야!

옮긴이]이나 밥 유커Bob Uecker[미국의 야구 선수, 해설자 — 옮긴이]와 같은 '스타'와의 관계는 그들의 평범함이 그들의 진정성과 마찬가지로 명백히 진실하지 않다는 것을 당연하게 여긴다. 매든의 팬이 스미스의 '추종자'와 같이 다음과 같은 진술을 하지 않는 것은 바로 이러한 이유 때문이다. "나는 그녀를 믿어요. 만약 그녀가 가짜라면 정말 끔찍할 것 같아요." 반면에 우리는 우리의 영웅들이 이미지(람보)로서만이 아니라 현실(레이건)로서도 가짜이기를 예상한다. 우리는 진실성이 단지 또 하나의 포즈와 같다는 것을 알지만 상관하지 않는다. 베니거는 이 두 영웅의 형태를 더 큰 문화 구성체와 역사적 맥락에 배치하는 데 실패했기 때문에 그 차이를 인식하지 못한다. 그러나 더 중요한 것은 베니거가 이러한 인기 있는 영웅들이 작동하는 커뮤니케이션 경제를 대인간 커뮤니케이션과 대중 커뮤니케이션의 다시 그어진 선이라는 관점에서 이해하려고 시도한다는 점이다. 그 결과 문제는 다양한 커뮤니케이션 경제와 효과의 차원에서 역사적으로 접합된 관계의 측면이 아니라 의도된 청중의 규모에 대한 청중의 해석에 초점을 두게 된다.

136 1980년부터 1989년까지 미국 신문에 실린 만화로 빙클리는 그 만화에 등장하는 소년이다. — 옮긴이

앞서 언급했던 광고와 같이 이 만화에도 우울할 정도의 현실성이 있다. 빙클리는 공포와 비관주의에도 불구하고 내일 아침을 맞이하고 일상을 정동적으로 타협할 수 있는 방법을 찾을 것이다. 결국 평범한 것이 위험해졌으니 말이다(예를 들어 로스앤젤레스의 출근길 같은 것). 역사적 사실성이 무엇이든 일상은 위협적으로 느껴지고 우리는 프레디 크루거(《나이트메어*A Nightmare on Elm Street*》)나 제이슨 부히스(《13일의 금요일*Friday the 13th*》)[137]가 우리 옆집 이웃은 아닐까 걱정한다.

이런 상황에서 정치적 위기가 암묵적으로 존재한다면 그것은 특정 정치(신보수주의 부상)나 아노미(소외로서) 혹은 냉담함(무관심으로서)의 위기는 아니다. 그것은 바로 정치의 가능성 그 자체의 위기이며, 권력의 이데올로기적, 경제적, 국가적, 리비도적 체제의 매우 실제적이고 지속적인 구성을 부정하는 형태가 아니다. 오히려 이 위기는 (우리가 점점 더 인식하고 인정하는) 이러한 구조를 우리가 권능화되고 차이의 감각을 구성시키는 감각의 장소에 접합시키는 능력을 문제화하는 것이다. 하지만 이런 서술조차 오해의 소지가 있는데, 일종의 총체화된 정동적 무능화 또는 허무주의가 있다고 제안하는 것처럼 들리기 때문이다. 포스트모던 문화 형성이 대중적인 영역의 중심으로 더 빠르게 이동하는 것은 그것의 서술이 부분적으로 포스트모던 위기에 직면하여 정동적 권능화를 위한 전략을 제안하는 역할을 담당하고 있음을 시사한다.

따라서 포스트모던 문화 구성체는 보드리야르가 생각하는 것처럼 허무주의와 무관심의 찬사가 아니다. 포스트모던 문화 구성체는 권능화의 현장으로서 허무주의를 생산하는 것이 아니라, 허무주의 가능성과 어느 정도 실현 가능성을 직면하는 권능화의 여러 형태를 생산한다. 오늘날 유

137 프레디와 제이슨은 호러 영화에 나오는 살인마다. — 옮긴이

일하게 확실한 것은 모호함ambiguity이라는 생각에는 일리가 있다. 즉 실재는 결국 '생활방식으로는 너무 제한하기' 때문이다. 포스트모던 서술은 허무주의적이기 때문에(또는 그런데도) 힘을 부여하는 것이 아니라 허무주의적이면서 동시에 힘을 부여하는 것이다.[138]

따라서 우리에 놓인 해석적 과제는 대중적 기분이나 태도의 현대적 문화 구성체에서 사용 가능한 정동적 권능화의 전략과 장소를 식별하는 것이다. 좌파가 정동적 권능화의 현실과 광범위하게 사용 가능한 정동적 권능화의 장소를 파악하지 못한다면, 좌파는 투쟁을 위한 공간이 형성될 수 있고 이미 형성되고 있다는 점은 인지하지 못할 것이다. 또한 좌파는 또 다른 정치적, 이데올로기 기획에 재접합되어야 하는 권능화의 장소도 알아채지 못할 것이다. 즉 이러한 위기에 대한 좌파의 대응은 새로운 목표와 새로운 도덕성을 정의하는 것이 아니라, 역사적으로 특정한 방식으로 일상생활의 모순적 지형에 진입하는 것이다. 이 모순적 지형에서 포스트모던 구성체는 사람들의 관심과 요구, 그리고 투쟁을 접합하고 다시 연결시키는 단지 하나의 벡터일 뿐이다.

138 권능화된 허무주의의 구성체에 대한 자세한 설명은 나의 다른 연구(Grossberg, "It's a Sin," 1988)를 참조하라.

L. Grossberg (1997b). "Postmodernity and Affect: All Dressed Up with No Place to Go." *Dancing in Spite of Myself: Essays on Popular Culture*. Durham and London: Duke University Press.

3부

세계화와 다중적 근대성

7

가치를 고찰하다
: 경제학자로부터 경제를 구하기

나는 이 장에서 다중적 근대성이라는 문제 공간에서 또 하나의 국면 분석을 발전시키기 위해 계속 노력하고자 한다. 동시에 환원주의나 본질주의에 빠지지 않고 경제에 관한 질문을 던지는, 비판적이고 문화적 관점에서 작업하는 다양한 연구자들의 지속적이고 집단적 기획에 기여하고자 한다. 이러한 목적을 달성하는 일은 새로운 경제 이론을 고안하거나 경제를 기호화, 재현 또는 담론의 체계로 축소하려는 것이 아니다. (나는 단일하면서도 총체화하는 경제라는 것이 있다고 생각하지 않는다. 오히려 경제는 항상 다양한 경제, 또는 경제 기구의 접합이다.[139] 이렇게 말한다고 해서 '경제적인 것'이라고 여겨지는 것의 담론적 구성물에 관한 효과를 부정하는 일은 아니다.) 또한 이러한 목적을 달성하는 일은 경제 정책 문제에 새로운 전문 지식을 주장하려는 것이 아니다. 나의 관점에서 이러한 작업의 요점은 보다 나은 국면적 이야기를 만드는 것이다. 즉 '경제적' 사건, 실천, 관계 등을 잘 이해하기 위해 그들을 맥락화하는 것이고, 경제를 맥락에 편입시킴으로써 그 맥락을 더 잘 이해하는 것이다.

이러한 노력은 문화연구가 직면한 근본적이고 절대적으로 중요한 과제이기에, 이 과제를 실천하기 위해 필요한 다양한 노력을 검토하고자 한다. 나는 '문화경제cultural economy'라는 부상하는 분야를 간단히 살펴보고자 한다. 문화경제는 경제학에 '문화적 전환'을 불러일으키기 위해 노력한다. 문화경제의 중요한 발전과 기여에도 불구하고, 나는 문화경제의 특징을 제도화된 '소심함timidity'이라 제안하고자 한다. 그런 다음 문화경제와의 관계를 인정하고 때로는 발전시키면서 경제에 대한 문화연구를 진행한 연구를 살펴보고자 한다. 대표적으로는 데이비드 루치오David Ruccio(2008a), 밥 제솝Bob Jessop(Jessop & Oosterkynck, 2008), 로저 리Roger Lee(2006), J. K. 깁슨-그레이엄J. K. Gibson-Graham(1996), 미첼(1998; 2005), 매시(1995), 폴 듀 게이

139 나는 '기구'라는 개념을 담론 형성과 동등하게 사용하려고 하는데, 이는 들뢰즈와 가타리(1977)가 언술 복합체라고 부르는 것이기도 하다.

Paul du Gay(du Gay & Pryke, 2002) 등을 생각해 볼 수 있다. 문화연구에서 좀 더 넓게 살펴보면 클라크(2007; 2009), 맥로비(1998), 여성학 그룹Women's Studies Group(1978), 랜디 마틴Randy Martin(2007),[140] 에스코바(2005) 등의 연구를 살펴볼 것이다. 내가 주장하려는 것은 동시대의 국면을 풀어내고, (재)기술하고, 재구성하려는 문화연구의 기획과 나의 책무는 다음과 같은 세 가지의 장기적인 조사 또는 문제화를 수반한다는 점이다.

(1) 문화연구 기획은 관련 영역을 단일한 '경제'로 환원하지 않고, 경제들의 복합성과 다중성을 살펴보아야 한다. 단일한 경제는 종종 자본주의의 단일한 개념과 동일시된다. 우리는 경제 기구의 복합성과 그들 사이의 관계를 살펴보아야 한다.

(2) 문화연구 기획은 '경제적인 것the economic'과 '경제the economy'의 담론 형성을 진지하게 받아들일 것을 요청한다. 경제가 부분적으로 담론적이라는 것을 인식하면서, 우리는 경제적 담론의 편재성을 고려해야 한다(이 부분은 투지오[2008b]와 에번 왓킨스Evan Watkins[1998] 등의 중요한 작업을 기반으로 한다). 이런 작업은 경제학이라는 학제의 이질성과 경제학의 담론 중에서 문화가 등장하는 간극에 대한 짧은 토론을 포함한다. 이러한 고려의 맥락에서 이번 장의 두 번째 근본적 관심사인 현대 연구의 학제적 실천에 관한 문제를 제기하고자 한다. 학제적 실천은 문화연구의 가장 근본적 실천일 뿐 아니라, 현재의 지적 게으름(아마도 분과화 주장에 대한 수용)이 초래한 엄청난 결과를 일으키는 영역이기 때문이다.

(3) 경제에 관한 문화연구의 기획은 경제와 경제적인 것의 맥락 형성

140 랜디 마틴이 현대를 경제학과 사회문화 경험의 관계라고 설명한 것은 중요한 노력이지만 두 가지 면에서 결함이 있다. 첫째, 이는 모든 경제학을 하나의 발전으로 압축한다. 둘째, 그것은 대응 관계를 너무 즉각적이고 단순하게 만든다. 결국 마틴은 경제를 제대로 다루지 않는다. 대신 그는 경제학 영역의 현실과 금융 자본 자체에 대한 담론의 진실을 가정한다. 그리고 그는 후자를 전자뿐만 아니라 모든 현대 국면을 위한 제유로 사용한다.

과 구체화를 연구하는 방법을 찾는 것을 동반한다. 우리는 경제가 사회적 총체에 완전히 통합되어 있음을 이해해야 하고, 동시에 총체성으로부터 떨어져 존재하는 독특한 방식을 인식해야 한다. 그러기 위해서는 경제의 존재 방식이 맥락에 따라 결정된다는 점에 대해 이해하는 방법을 찾아야 한다. 이를 통해 맥락적으로 구성되는 경제의 효과를 연구할 수 있으며, 이는 맥락적으로 결정되는 물질적-담론적 기구의 집합으로 이루어진다. 이러한 방법은 경제를 기구(담론적이고 비담론적인 실천의 접합 또는 복합체)와 다른 기구의 산물로 보는 것을 포함한다. 또한 이러한 방법은 (경제적) 생활의 다중 기구 분석을 포함하는데, 여기서 기구는 다른 기구들과 서로 겹치고, 모순되고, 지지하는 등 변화하는 관계가 있다. 그리고 여기에는 가치나 상품과 같은 '경제적' 관계의 기본적인 '구성 요소building blocks'가 기구나 맥락에 따라 일정하게 유지된다는 보장이 없다.

나는 칼 폴라니Karl Polanyi(2001)와 페르낭 브로델Fernand Braudel(1977), 게오르크 지멜Georg Simmel(1991)과 같이 서로 다른 방식으로 (유럽) 근대성에서는 경제, 즉 자본주의가 사회적 총체로부터 분리되었다고 주장한 획기적인 연구들을 인용하고자 한다. 그러나 이와 같은 주장을 활용하는 학자들은 경제를 분리시키기 위한 폴라니, 브로델, 지멜의 작업, 즉 탈착근성의 착근성embeddedness of its disembeddedness에 대한 그들의 설명을 자주 무시한다.[141] 요점은 특정하게 착근된 존재의 실제성과 효과성을 부인하지 않는 것인데,

141 나는 경제의 탈착근성을 자율적 영역의 존재로 이해하거나 아니면 자체 규제 또는 자체 조직의 체제로 이해한다면 어떤 차이를 만들 수 있는지에 관한 질문은 다루지 않았다. 폴라니는 경제는 항상 특정한 사회관계에 감춰져 있거나 그와 동일시된다고 주장한다. 자본주의의 기초인 교환과 더불어 폴라니는 상호주의(예를 들어 친족 관계와 같은 대칭 관계), 재분배(중앙 조공 관계) 및 가사를 인정하지만, 우리는 이 목록을 공동성(공유)과 선물을 주는 것(의식)을 포함하도록 확장하는 것이 좋다고 생각한다. 마르크스의 원시적 축적 이론은 이러한 접합들이 근대 자본주의로 바뀌는 것을 묘사하려는 시도로 볼 수 있다.

잘못하면 이러한 존재의 우연성이 현실성에 반대되고 착근성으로 되돌리려 하는 것으로 보일 수 있다. 탈착근된 존재는 단순히 이념적인 것(일부 마르크스 해석가에 따르면 허위의식이나 부수 현상epiphenomenon을 뜻하는)이 아니다. 국면 분석은 탈착근된 것the disembedding의 특수성을 생산된 것으로 보고, 그것이 생산되는 메커니즘이나 기술을 설명할 것을 요청한다. 다시 탈착근된 것을 삽입하고 메커니즘에 도전하는 이중적 움직임을 통해서만 우리는 현실에서 항상 그리고 이미 존재하는 다른 가능성을 찾아볼 수 있다. 경제학은 국면적으로 생각하려는 노력이 다분히 추측에 근거한다는 점을 나는 인정한다. 내 논의는 그러한 분석의 기초를 찾는 이론적 노력, 즉 일련의 이론적 개념, 운영, 논리를 (공동) 고안하는 작업에 초점을 맞출 것이다.

마지막으로 이 장에서 나의 세 번째 관심사는 현재 국면에서 경제의 위치와 운영의 특수성에 관해 생각하기 시작하는 것이다. 여기서도 두 가지 가능한 경로가 있다. 내가 따라가지 않을 첫 번째 경로는 사회구성체의 근대주의적 존재론을 계속 진행하는 경우다. 이런 경로는 총체성을 영역으로 나누고, 영역으로서 경제의 복잡성에 대한 구체적으로 맥락적이고 담론적 분석을 제공한다. 이러한 분석은 어떤 것들 — 복잡하고 모순적인 것이라고 하는 — 에 대한 분석을 경제라고 불리는 다양한 종류의 활동, 관계, 기술로 구성된 기구의 체계에서 시작한다. 그러나 이러한 분석은 또한 경제가 국면에 삽입되고 기능하는 특정한 형태 — 그것은 동시에 결정되면서 결정되고, 가능하게 되면서 가능하게 하는 — 를 동시에 조사해야 한다.[142] 다시 말해, 이런 연구는 국면을 구성하는 관계성에 한계를 정하면

142 국면은 단순한 시공간적 장이 아니라 다양하고 다중적으로 접합된 모순과 구성체의 변화하는 장이다. 국면은 장에 가장 일시적 정착이나 안정성조차 제공하지 못하는 오래된 해법의 무능력으로 구성된다. 국면은 일반적으로는 국가적 용어로 이해되지만, 현대 세계의 조건은 국면 자체를 국가적, 지역적, 세계적 세력과 구성체 사이의 불안정한 접합으로 볼 것을 요구한다. 내 관심사는 유럽-근대성의 북대서양 지역과 미국이라는 국가 사이를 오간다. 내 관심사를 넓혀 준

서 경제(들)의 착근된 탈착근성을 재구성(어느 정도는 해체)하려고 시도한다.

내가 선택한 두 번째 경로는 경제 담론과 특권에 대한 현대의 근대주의 형식 밖에서 사고함으로써 가능성을 찾기 시작한다. 나는 경제에 관하여 유럽-근대적 영토화를 거부함으로써 국면적 경제학의 질문에 접근하고자 하며, 이를 통하여 국면을 횡단하고 접합하면서 발생하는 위력의 경제선을 찾고자 한다. 두 번째 경로를 선택한다고 해서 내가 첫 번째 경로의 중요성을 부정하는 것은 아니다. 또한 내가 유럽-근대적 사회구성체 속의 경제가 구성된 현실을 단순히 부인하거나 무시하거나, 그것을 분석하거나 개입하면 안 된다고 제안하려는 것은 더욱 아니다.

나는 가치value의 문제에 관해 몇 가지 고려할 것을 제안하면서 이 문제를 접근하려 한다.[143] 경제 가치의 복잡한 본질을 보다 복잡한 가치 체계와 연결하여 인정함으로써, 가치 생산이 현대 국면에서 실제로 문제가 되는 것은 아님을 인식할 수 있다. 현재는 모든 가치가 경제 가치로 축소되고 있다는 주장과 두려움이 가득한 상황이다. 이러한 논의에서 중요한 점은 가치의 가치the worth of value, 가치의 측정이나 비교의 문제 설정, 가치의 환산성 또는 통약가능성commensurability이다. 경제적인 것의 힘 또는 미셸 르 되프Michèle Le Doeuff의 개념을 사용하자면 경제적인 것의 '생산faire'을 정의하는 것은 바로 통약가능성에 대한 질문이라고 나는 생각한다. 통약가능성에 대한 질문은 근대성에 대한 더 큰 국면적 투쟁을 부분적으로 구성하는 불안정성과 투쟁의 선도 정의한다. 즉 다른 영역들보다 우리는 통약의 흩어져 있는 위기를 연결하는 선들 위에서 정처 없이 그러나 결코 우연적이지 않게 살고 있다. 나는 우리가 반드시 점검해야 할 질문을 찾고,

존 클라크에게 감사한다.

143 가치에 대한 자신의 생각을 기꺼이 공유해 준 딕 브라이언에게 다시 한번 진심으로 감사를 표한다.

우리가 따르거나 넘어서야 할 방향과 궤적을 찾고, 그리고 우리가 수행해야 할 작업을 특정하기 위하여 몇 가지 작은 제안을 할 뿐이다.

경제 문제에 내가 관심을 가진 것은 오랜 기간 지속되었고 여러 면에서 문화연구와 (특정 형태의 마르크스주의) 정치경제학 사이의 더 오랜 논쟁을 재생산해 왔다. 정치경제학자들은 문화연구가 기본적으로 경제학에 대한 질문을 무시해 왔다고 주장한다. 반면, 문화연구는 경제에 대한 질문의 중요성을 거절하는 것이 아니라 정치경제학의 일부 전통이 그 질문에 대답하는 방식을 거부하는 것일 뿐이라고 주장해 왔다. 문화연구는 정치경제학이 경제와 그 형성과 운영의 방식을 지나치게 단순화하고 결국 경제가 사회의 모든 것을 필연적으로 설명한다고 여긴다. 즉 문화연구는 경제 및 계급 환원주의의 모든 형태에 대하여 반대한다. 문화연구는 경제가 사회 현실을 설명하는 최종 심급을 정의할 수 있다는 믿음을 거부할 뿐이다.

이러한 논의 속에서 내 입장은 종종 양측의 의견을 반복하고 동의하는 것이었다. 한편으로, 나는 스튜어트 홀(1996b: 258)의 생각에 동의하는데, 홀은 "결정론적 경제학을 폐기함으로써 초래된 것은 경제 관계와 그 영향에 대하여 질문하는 대안적인 사고방식이 아니라, 거대하고 웅변적이기만 한 거부 선언disavowal이었다. 대안적 방식은 경제 관계를 '실존의 조건'으로 여기며 그것을 '탈중심화' 또는 탈구된 방식으로 우리의 설명 모델에 삽입하는 것이다"라고 하였다. 즉 문화연구는 현대 국면의 특정한 현실, 관계, 위력으로 인하여 경제학의 질문을 더 진지하게 받아들일 필요가 있다. 하지만 다른 한편으로 문화연구는 경제를 진지하게 받아들이는 다른 방법을 찾아야 한다. 이는 경제에 대한 질문을 분석에 통합하면서 동시에 정치경제학의 많은 형태인 환원주의를 재생산하지 않아야 한다.

동시에 나는 현대 국면을 진단하기 위해 경제 관계가 구체적으로 어떻게 중요한지, 그리고 맥락에서 무엇을 하는지 이해하면서 관련된 주제를 인정하고 포함시키기 위해 노력해 왔다. 그러나 내가 그 작업을 다른 인문과학의 연구자들만큼 서툴게 하지는 않았지만, 그렇다고 그 작업을 훌륭하게 해냈다고 생각하지는 않는다. 루치오(2008b)가 주장하듯이 경제학 분야보다 다른 학문 분야의 연구자들이 경제학에 관한 문제를 더 많이 다루었다는 것을 명심해야 한다. 중요한 작업이 등장하지 않는다면 문화이론가 및 비평가가 경제적인 것에 대해 노력한 것에 대한 나이절 스리프트 Nigel Thrift(1991: 457)의 평가가 지속적으로 정당화될지 모른다. 그는 문화이론가 및 비평가가 종종 "현대 세계의 변화하는 흐름에 대한 매우 수상한 추측"을 제공하고 "문화에 대한 논고의 절묘함은 종종 경제 및 사회 분석의 조잡함에 반비례한다"라고 평가한다.

이러한 평가는 현재 학계의, 그리고 구체적으로 문화연구의 학제성이 지닌 딜레마의 핵심이다. 루치오(2008b: 893)가 설명하듯이, 경제학에 관한 현대 문화적 서술의 대부분은 자기 성찰적이지 않다. 즉 "텍스트의 경제를 표현하는 주요 수단으로 교환(및 유통, 배포 등)의 수치를 사용하는 것은 종종 경제적 가치에 대한 신고전주의의 '주관주의' 관점을 지지하는 결과를 낳는다." 하지만 우리는 더 나아갈 수 있다. 문제의 진실은 바로 이러한 분석이 종종 경제학에 대한 매우 제한된 해석에 기반을 둔다는 것이다. 문화 및 사회 비평가들은 경제에 관해 보다 접근하기 쉽고, 더 중요하게는 더 받아들이기 쉬운 글을 읽는다. 또한 우리는 이미 우리가 지닌 이론적이고 정치적인 신념을 바탕으로 텍스트를 읽는다. 즉 우리는 우리가 쉽게 동의할 수 있는 경제에 관한 연구자, 책, 입장 등을 읽는다는 것이다(예를 들어, 하비[1989], 규제학파[Aglietta, 1976; Lipietz, 1987], 카스텔[2000], 하트와 네그리[2000], 아민[1997], 아마르티아 센Amartya Sen[2000], 마우리치오 라자라토Maurizio Lazzarato[1996]).[144] 우리는 다른 대안들을 연구하지 않기 때문에, 우리가 하는 선택(가능한 입장들 및 설명의 가능

144 내가 이 글을 쓰는 시점에서는 나오미 클라인Naomi Klein(2007)을 예로 들 수 있다.

성 가운데서)의 중요성을 알지 못한다. 말하자면 우리는 세상의 무게가 이 이론의 효용성 또는 진실을 증명하는지를 고려하지도 않는다는 것이다. 우리는 단순히 이미 주어진 범주와 설명 방식을 선택하여 기껏해야 우리가 현재 후기 자본주의, 포스트포드주의, 신자유주의, 네트워크자본주의, 또는 지식 경제 등에 살고 있는지와 같이 결정 불가능한 논쟁에 휘말린다. 물론, 이렇게 게으른 행동도 종종 선의에서 비롯되곤 한다. "이러한 공식[교환 수치의 사용]은 대안적 경제 체계와 '반경제'에 대한 탐색, 즉 자본주의 교환이라는 엄격한 경제 논리와 그러한 체계를 찬양하는 경제 이론의 지배를 받지 않는 공간을 개척하기 위한 시도에서 비롯된다"(Ruccio, 2008b: 893). 그러나 선의는 쓸모없는 지식의 황무지에서 우리를 구할 수 없다.

이러한 게으름은 학제성을 학과에 포함시키고 제한하면서 길들이려고 하는 경향 증가로 나타난다. 우리는 다른 학과의 학문을 받아들이기보다 초학과적transdisciplinary으로 변모해 가는 문헌과 패러다임을 고수하는데, 이는 학과의 정전으로부터 어느 정도 해방시키는 것처럼 보인다. 경제학자들이 우리의 글이 너무 기술적technical이라고 주장하는 것처럼, 우리도 종종 경제학이 너무 기술적이라고 주장한다. 우리는 열려 있는 가능성을 찾으려고 하지 않는다. 대신, 우리는 논의하고자 하는 경제적 실천의 하위 집합을 분리한다. 이런 하위 집합은 문화와 직접적 관계가 있고, 이러한 하위 집합을 편리할 때만 그리고 가장 추상적인 방법으로 광범위한 경제적, 사회적 변화에 접합한다. 우리는 경제학의 담론을 이데올로기의 '유령 같은 존재'로 논의하는데, 많은 경우 이를 고려하지 않은 채 (신자유주의에 대한 글에서 볼 수 있듯이) 담론과 실천, 의도와 효과를 혼동하여 사용한다. 이러한 방식은 자유 시장 이데올로기를 경쟁(즉 프리드리히 하이에크Friedrich Hayek[1994]) 또는 규제(즉 밀턴 프리드먼Milton Friedman[1982])의 관점에서 이해하든 말든 상관없이, 그것이 종종 자유 시장 또는 자유 시장에 전적으로 헌신하는 정책을 보장한다고 가정하는 것처럼 보인다. 그 결과 우리는 '그들의' 이야기를 액면 그대로 믿거나 받아들이는 경향이 있고, 우리의 과제가 그들의 부정적인 영향을 보여 주는 것이라고 가정하여 결국 실제로 신자유주의 질서가 존재한다는 주장을 가정하고 다시 작동시킨다.

급진적으로 외부적 입장 외에는 경제학을 비판할 수 없는 무능이나 주저함은 사회문화적 비판과 경제학의 세계 사이의 극단적인 단절을 초래한다. 학구적 경제학에 대한 비판은 경제학에 대한 상상적 요약이나 상대적 무지에 근거하는 경우가 너무 많다. 게다가 이러한 비판이 제기되는 지점은 종종 실제 경제적 복합성에 대한 이론적 분석이 아니라, 급진적인 반대에 기반을 둔 상상된 입장이다. 이 상상된 입장에서 유일하게 가능한 정치는 자본주의를 전복하는 도덕적 기획뿐이다. 또는 이러한 입장이 경제의 특정한 징후를 단순히 탈자연화(또는 사회화)하는 것이 필연적으로 주류 경제학 담론의 권위를 조금이나마 약화시킨다고 가정할 수 있다. 나는 이러한 가정이 실질적인 의미에서 사실인지 의심스럽다. 하지만 더 중요한 것은 이러한 작업이 경제학의 기술과 이론을 재구축하기 위한 더 나은 방법을 찾으려는 노력, 즉 경제적인 것과 경제를 비환원주의적 방식으로 그리고 구체적으로 국면적인 방식으로 논의하려는 노력을 포기했다는 것이다.

최근 연구가 지닌 모순은, 특히 지적 생산의 많은 부분에 대하여 당혹스러운 것은 연구자들이 매우 빠르고 쉽게 경제 환원의 형태로 되돌아갔다는 점이다. 경제 환원론에 맞서 싸워왔던 50여 년의 세월을 외면한 채, 최후 심급에서의 경제가 아무런 문제가 없는 답인 것처럼 어디든 투입하는 것은 그들에게는 너무 손쉬운 일이다. 그람시(1971: 336)가 인식한 바와 같이, 이런 모순에는 맥락적 이유가 있을 것이다. "투쟁에서 주도권을 갖지 못하고 투쟁 자체가 일련의 패배로 동일시될 때, 기계적 결정론은 도적적 저항의 엄청난 힘이 된다."

학문적 경제학에 직면한 문화연구의 소심함은 문화연구와 다른 지적 구성체가 문학 연구, 커뮤니케이션, 인류학 및 사회학과 같은 다른 학문을 다룰 때 취한 '뻔뻔함chutzpah'과는 극명하게 대비된다. 아마 이렇게 말할 수도 있다. 후자의 학문들은 다양한 국면적 발전의 결과로 '위기'에 놓여 있다고 말이다. 이 발전의 일부는 학문 내부에, 그리고 학계와 더 넓은 문화와 연결된 것이고, 다른 일부는 여전히 다양한 정치, 경제, 사회적 발전의 결과물이다. 이것이 사실이라고 가정하면, 경제학을 학문과 지식 생산의 분야로 공정하게 평가하는 것은 경제학 역시 위기에 처해 있고, 이는 유사하게 다양하고 이질적인 발전의 결과라고 결론짓는 것이다. 개인적으로는 좀 더 세심한 연구가 진행된다면 이 분야의 다양성과 위기의 오랜 역사를 드러낼 것이라고 확신하지만 말이다.

나는 여기서 [버밍엄] 현대문화연구소의 초기에 발생했던 일을 상기시키고 싶다. 당시 그 대학의 사회학과 학과장은 캠퍼스 끝에 있던 퀀셋형 오두막집Quonset hut[145]에서 무슨 일이 벌어지는지에 대한 자세한 내용을 듣고는 학생 신문에 편지를 실었다. 그는 공식 기록을 남기기 위해 현대문화연구소가 하는 일은 사회학과와는 전혀 관계가 없으며 거기에 참여하는 연구자들에게는 사회적 담론을 이야기하고 사용하고 가르칠 정당한 권리가 없다고 명시했다. 물론 초기 단계에서 버밍엄 현대문화연구소에 있던 사람들이 제대로 응답할 정도로 도전을 충분히 이해했는지 확신할 수 없다. 나를 포함한 당시에 현대문화연구소 연구자들은 사회학과 사회 이론을 폭넓게 읽었고 그러한 작업의 장단점에 대하여 논의했다. 그러나 나는 그 편지에 대한 대답을 추후에 알게 되었는데, 부분적으로 스튜어트 홀(1990: 16)이 현대문화연구소의 엄격한 학제적 특성과 어떤 면에서는 반학제성에 대한 서술을 통하여 그 편집에 대한 답변을 다른 맥락에서 서술했기 때문이다.

우리가 [현대문화연구소에서] 발견한 것은 진지한 학제적 작업은 단순히 학제적

145 철판을 반원으로 구부려 만든 건물을 말한다. — 옮긴이

연구라는 깃발을 세우고 다양한 학과의 동료들로 이루어진 일종의 연합을 의미하지 않는다는 것이다. 이런 연합은 학과의 전문적 영역을 학생들이 차례로 맛보는 일종의 학문적 뷔페일 뿐이다. 진지한 학제적 연구는 전문적 사회학자들에게 그들이 말하는 사회학은 실제 사회학이 아니라고 지적하는 위험을 수반한다. 우리는 문화를 연구하는 사람들에게 도움이 되는 사회학을 가르쳐야 했고 그것은 스스로를 사회학자라고 칭하는 이들에게 얻을 수 없는 것이었다. 진지한 학제적 연구는 이 분야의 발전에 어떤 학과가 기여할 것인가에 대한 질문이 아니라, 어떻게 다양한 학문 분야의 중심을 흔들어 놓을 수 있는가에 대한 문제였다. 우리는 우리가 문화연구라고 부르는 것을 구축하기 위하여 학문 분야에서 각각의 지식의 패러다임과 전통 그리고 경험적인 작업을 존중하면서 관여하였다.

그렇다면 문제는 문화연구의 국면 분석에서 경제학과 경제를 어떻게 하면 진지하게 받아들이고 그 의미는 무엇이냐는 것이다. 즉 문화연구는 어떻게 경제학을 할 수 있는가? 달리 표현하면, 문화연구가 경제와 경제학을 어떻게 국면 분석에 포함시키는가? 나는 문화연구가 사회학, 문학 연구 또는 미디어 연구를 정복했다고 생각하지 않는 것처럼, 우리가 경제학이라는 학문을 '이길' 거라고 제안하는 것이 아니다. 이러한 제안은 경제학이라는 학문을 가로채거나 심지어 또 하나의 '진정한' 경제 이론이나 진단을 창조하려는 환상이 아니다. 그러나 다른 이들과의 협력을 통하여 경제 효율성과 경제 활동, 기구, 집합체의 현실에 대해 생각할 수 있는 다양한 가능성을 만들어야 할 중요한 작업이 있다. 이런 작업이 없으면 세계에서 일어나는 현상을 더 잘 이해하고, 더 나은 이야기를 전하고, 그리하여 더 나은 전략적 정치를 구성하는 데 많은 한계가 있을까 우려된다. 다행히도 이런 작업은 많은 사람이 오랜 시간 동안 크고 작은 방식으로 집단적이고 협력적인 기획이다.

이러한 작업은 현대 맥락에 두어야 한다. 적어도 미첼(1998: 84)의 다음의 통찰에 동의해야 하기 때문이다. "경제는 분석에 저항하는 개념으로 보인다. 경제는 근대 사회의 다른 많은 개념을 불편하게 했던 이러한 종류의 비판에서 벗어난 것처럼 보인다." 사실, 경제학은 지난 50년간 비판적이고 문화적인 작업에 심각하게 도전받지도 않고 이런 논의를 위한 공간을 만들 필요도 없었던 인문과학의 유일한 분야일 것이다.

학문으로서 경제학은 다소 독특한데, 그 위치가 얼마나 특이한지 검토해 볼 가치가 있다. 이런 고려는 '경제적인 것'이라는 기호가 (예를 들어 '역사'와 같이) 분야와 대상 모두를 가리킨다는 단순한 사실에 의하여 좀 더 어려워진다. 경제학만큼 많은 사람에게 즉각적 관심을 불러일으키면서도 대중의 호기심을 무시하면서 또 이해하기 어려운 학문이 어디 있겠는가? 적어도 그 가시성과 지위로 보았을 때 경제만큼 대중적 성공을 거두면서(예를 들어 국가적 아이콘으로 앨런 그린스펀Alan Greenspan[146] 또는 스티븐 레빗Steven Levitt과 스티븐 더브너Stephen Dubner의 《괴짜 경제학*Freakonomics*》[2005]과 같은 대중적 성공), 동시에 사람들이 경제학에 대하여 이야기하는 것을 완전히 무시하는 경우가 있을까? 그토록 성공적이면서 동시에 경계를 강화하는 학문이 또 있을까?[147] 경제학은 내부적으로는 경쟁 모델과 패러다임의 측면에서 그리고 외부적으로는 《경제와 그 적*Economics and Its Enemies*》(Coleman, 2002)과 같은 책 제목에 구현된 편집증으로 지적 세계에 직면하여 경계를 강화하고 있다.

경제학만큼 실제 정책에 대한 직접적 권리를 가진 학문이 있는가? 경제학은 현실과 아주 미세하게 또는 전혀 연결되어 있지 않은 모델을 추상함으로 작동되는 분석 도구를 만들고 있다. 경제학만큼 인문과학 가운데

146 1968년 닉슨의 경제자문관을 시작으로, 제럴드 포드 정부에서 경제자문위원회 의장을 지냈고 로널드 레이건 정부 때 연방준비제도이사회 의장으로 18년 6개월 동안 활동했다. '경제 대통령,' '경제의 신' 등으로 불린다. — 옮긴이

147 철학 또한 그 경계를 지키는 것을 중요하게 여길 수 있지만, 성공적 노력이라고 할 수 없다.

유일하고 진정한 과학이라고 주장하는 학문이 있는가? 그러면서 경제학은 애덤 스미스Adam Smith의 시장의 보이지 않는 손[148]을 인용하는 것으로 충분하다고 여기면서 (스미스나 마르크스의) 기초 문헌을 신성시한다.[149] 권위적이면서 동시에 '과학'이라고 주장할 수 있는 학문 중에 경제학만큼 나쁜 전례를 가진 학문이 또 있는가? 경제학 세계에는 모순되는 증거와 정보가 많을 뿐 아니라, 그 주장과 예측이 틀린 경우도 많다. 다시 한번 경제 이론이 현실과 일치하지 않는다는 것이 명백해진다. 2007년에 시작된 경제 위기도 그렇다. 학문적 경제학에서 예상한 것만큼 경제 위기는 큰 영향을 미치지 않는 것으로 보이며, 규제 완화, 자유 시장에 대한 논의는 대중적인 영역에서 비교적 안정적으로 지속되고 있다(물론 가시성과 신뢰도가 낮았던 다른 논의들이 다시 나타나고 있기는 하다). 오히려 경제 위기는 정책 고수들보다 경제 리더들에게 가장 큰 타격을 입혔다. (2007년 위기를 1970년대 후반 경제 격변 이후에 공적 영역에서 발생하였던 사회주의 및 신케인스주의 경제학의 급작스럽고 심각한 주변화와 비교해 보라.)[150]

148 18세기 영국의 경제학자가 애덤 스미스가 《국부론*The Wealth of Nations*》에서 언급한 비유로, 개인의 이기적 영리 활동이 사회 전체의 공적 이익을 증진시킨다는 의미다. — 옮긴이

149 흥미롭게도, 애덤 스미스의 또 다른 위대한 저작인 《도덕 감정론*The Theory of Moral Sentiments*》에는 동일한 지위가 부여되지 않은 것 같다. 내 생각에 그 책은 《국부론》과 함께 읽어야 하지만 그런 경우는 드물다. 게다가 케인스의 《고용 이자 및 화폐의 일반 이론*General Theory of Employment Interest and Money*》과 같은 특정 기초 교과서도 유사한 지위를 부여받는지는 그 내용에 동의하느냐에 있는 것으로 보인다.

150 이 섹션의 주장은 2007년 금융 위기와 이어진 불황 이전에 처음 작성되었다. 물론 이 사건들은 경제학에 위기를 학문으로 생성했을 뿐 아니라 경제학에 대한 대중의 인식에도 부정적 영향을 주었다. 〈이코노미스트*The Economist*〉(2009. 7. 18: 11~12)의 사설 "경제학에서 잘못된 점What Went Wrong with Economics"은 이를 명확하게 한다. 이 사설은 경제학 분야의 평판이 "타격을 받았다"라는 점을 인정하며, "이 위기는 '우리가 경제학에 대해 아는 많은 것을 의심하게 만들었다'"라는 배리 아이켄그린Barry Eichengreen의 주장을 인용한다. 그러나 안타깝게도 편집자들은 '경제 이론,' 특히 거시경제학과 금융경제학이 이 위기를 초래하는 데 일조했으면서 위기를 전혀 예상하지 못했고, 어떻게 해결해야 할지 몰랐다는 것을 인정하면서도, 경제학을, 그리고 놀랍게도 '자유 시장 패러다임'을 옹호한다. 경제학자들은 자신들이 "더욱 많은 형태의 인간 행동"

언론인과 정치인과 협력하여 경제학자들은 지난날 자신이 했던 말(적자, 또는 경기 순환, 스태그플레이션, 세금 등이 새로운 경제에 미칠 영향에 대하여)[151]을 놀라운 방식으로 잊어버리는 능력을 보여 준다. 그리고 그린스펀이 여러 차례 그러했듯이(Grossberg, 2005) 놀라울 정도의 정직함을 보이는 순간에도 그들은 현재 일어나는 일을 이해하지 못한다는 사실을 인정하면서 여전히 자신들의 이론이 자신들 정책의 진실을 보증하는 것처럼 작업을 이어간다. 경제학 이외의 어떤 학문이 이런 주장을 할 수 있을까? 경제학은 한편으로는 그 대상인 경제가 완전히 자율적이며, 준자연적 법칙을 따르고, 그래서 외부의 어떤 것에 의해서도 결정되지 않는다고 주장하면서, 다른 한편으로는 그 대상, 즉 경제가 다른 모든 것을 설명하고 결정한다고 주장한다.

결국 나는 경제학 담론의 특권적 지위(대상으로는 학문으로든)는 국면에서 경제의 명백하게 지배적인 위치와 분리될 수 없다고 믿는다. 지배적 위치는 설명과 결정이라는 의미에서뿐 아니라, 사람들이 자기 삶을 이해하는 공간의 의미에서 그렇다. 고든 비겔로Gordon Bigelow(2005)가 말하듯이,

> 매스 미디어와 정치에서 대중적인 인물에 의해 전달되는 경제학은 현대 문화의

을 설명할 수 있다는 주장을 포기해야 할지 모르지만, 그들은 "가격이 어떻게 결정되는지부터, 경제가 어떻게 성장하는지 설명하는 이론까지 광범위한 규범"의 수호자로 남아 있다. 이 사설은 경제학의 "재창조를 위한 명확한 사례"가 있다는 것을 인정하지만, 그 재창조의 조건에 대한 상상력은 형편없다. "경제학자들은 그들의 전문화된 영역에서부터 손을 뻗어야 한다…… 결국 경제학자들은 현실 세계를 이해하려고 노력하는 사회학자이기 때문"이라는 희미한 희망과 함께 시작하지만, 곧 후퇴한다. 즉 "거시경제학자들은 금융을 이해해야 하며, 금융학 교수들은 시장이 작동하는 맥락에 대해 더 깊이 생각해야 한다." 편집자들의 말에 따르면 필요한 것은 경제학자들이 전문 분야를 넘어, 어쩌면 패러다임을 넘어(그러나 케인스주의와 신고전주의 두 가지밖에 없는 것 같다) 다른 경제학자들과 대화를 나누는 것뿐이다. 암울한 과학의 암울한 결말이다.

151 금융증권화securitization는 2007년에 시작된 신용 위기 때 일어난 세계적 영향을 막기 위한 것이었다.

우주론이자 신정론theodicy이다. 종교, 문학, 케이블 텔레비전보다 경제학은 우리 사회의 지배적인 창조 서사를 제공하며, 우리 각자가 우주와 맺고 있는 관계, 그리고 인간과 신의 관계를 묘사한다. 그리고 경제학이 전해 주는 이야기는 굉장하다. 이 이야기 속에서 수많은 낯선 이들은 모두 개인으로 혼자 분투하지만, 그들 모두가 아름답고 자연스러운 존재로서 함께 묶여 있는데, 그것은 바로 시장이다.

문화경제

최근 몇 년간 '문화경제'라는 새로운 분야의 이름 아래 경제에 대한 문화적 작업이 폭발적으로 증가했다.[152] 듀 게이와 마이클 프라이크Michael Pryke (2002: 1)는 '문화경제'의 시작을 위한 변수와 조건을 다음과 같이 설명한다.

> 우리가 '경제'라고 아는 일련의 과정과 관계는 더 이상 예전처럼 당연한 것으로 여겨지지 않는다. 기업을 결속시키거나 시장을 작동하게 하는 것에 대한 오래된 신념(실용적이고 학문적인) 중 많은 것은 더 이상 명확해 보이지 않고 그에 대한 우리의 지식 역시 불안정하게 느껴진다. 그러나 이렇게 증가하는 불확실성 사이에서 '문화'라고 불리는 것이 현대 경제 및 조직 생활에 실제로 개입할 뿐 아니라 무엇이 발생하는지 이해하는 데 중요하다는 믿음이 (다시) 생겨났다.
>
> 이러한 '문화적 전환'은 맥락과 선호하는 기획에 따라 다양한 형태를 띤다.

또는 금융의 문화경제에 관한 글에서 다음과 같이 설명한다(Pryke & du Gay, 2007: 346).

152 이 분야만의 학술지도 있고, 심지어 '문화경제' 그 자체를 제목으로 하는 (그리고 내가 편집진의 일원인) 학술지도 있다.

> 문화경제는 주류 경제와는 다른데, 예를 들어 문화경제는 현대 금융의 핵심에 합리성을 주어진 것으로 가정하지 않고 그것을 해체하여 그것의 형성을 보여 주기 때문이다…… 문화경제는 금융의 효과를 일반화하려는 정치경제와도 다르다. 문화경제는 보다 신중하게 분석적 접근을 한다.

나는 이 신중함에 이의를 제기하고 싶지만, 문화경제라는 용어가 경제학이나 정치경제에서 실제적 문화적 전환이 아닌, 경제 문제를 다루는 문화적 전환의 여러 (학문적) 대표를 지칭한다는 것을 분명히 하고자 한다. 우선 문화경제라는 기호 아래 모인 광범위한 작업을 열거한다. 이 작업은 현재 경제학에 대한 약한 도전부터 강한 도전까지 다양한 궤적을 가리킨다.

첫째, 문화경제는 문화의 경제들 또는 문화산업에 관한 작업을 포함하는데, 문화 시장, 노동, 계급, 소유권, 생산, 상품화, 소비 등에 대한 질문을 던진다. 나는 이를 가장 약한 작업이라고 묘사하는데, 그 이유는 이 작업은 '문화'를 경제 부문으로 당연시하거나 고립되거나 자율적인 것으로 취급하기 때문이고, 이 작업의 대부분이 상당히 전통적인 경제 및 정치경제 개념, 방법, 가정을 기초로 하기 때문이다. 사실 여기서 제기되는 질문들은 경제 분석에서 당연시되는 관행에 대하여 의문을 제기하지 않는다. 문화 상품이 다양한 종류의 효과(예를 들어 의미화)를 생산한다는 사실이 재접합을 위한 기반이 아닌 그저 보충물로 작동한다. 그리고 이러한 작업에서는 경제 실천이 항상 담론적으로 포화되고 맥락적으로 구성된다는 것을 인식할 필요가 전혀 없다. 물론 그중 최고의 작업은 이 부분을 고려하기는 한다.

둘째, 흔히 '평범한' 경제의 차원과 요소로 무시되었던 경제 내부의 문화 운영이라는 부분에 초점을 맞추는 작업이 증가하고 있다. 여기에는 소비자 문화, 문화 매개자의 실천, 조직 문화, 경영 이론, 학습 및 혁신에 관한 연구뿐 아니라 경제의 다양한 구조 및 관계 내에서의 문화적 정체성과 차이에 연구들이 포함된다.

셋째, (과학으로서의) 경제학의 수사학에 대한 작업은 특히 경제의 권위와 '진실'이 담론적으로 구성되는 방식을 탐구한다. 이는 주로 경제학이 발견하였다고 주장하는 경제와 그 법칙, 그리고 '법칙'과 관계의 '필연화 inevitalization'에 대한 연구를 포함한다.[153] 특히 현대 경제학의 경우, 과학성과 권위에 대한 수사학적 구성의 일부분은 모델링, 형식화 그리고 수학의 실천에 의해 구축됐다. 이러한 실천은 일반적으로 현실이라고 여겨지는 과학적 연구를 모방하지만, 그것은 경제학자들을 현실이라고 여겨지는 것으로부터 점점 더 멀어지게 했다. 그러나 경제적 (직접적이거나 간접적으로) 행위자의 다양한 이념적 실천을 고려하는 것을 포함하여 경제학의 담론적 실천에 대해 더 많이 논의할 수 있다. 모리스(1992b: 57)는 경제적 근본주의에 대한 절묘한 이해를 제시하는데, 그녀는 경제적 근본주의가 "더 이상 보편적인 논리 방식을 강요하기보다 수사학적 추론의 논의를 이성의 맹렬한 수사학으로 대체한다"라고 주장한다. 예를 들어, 나의 (당연히 옳은) 이론이 당신의 실제적으로 (실패한) 실천에 비해 낫다는 교차 패러다임 (정책) 실천에 초점을 맞춘 경제 논쟁들의 독특한 논리를 생각해 볼 수 있다. 이에 따르면 나의 자본주의 이론은 당신의 사회주의 계획 현실보다 우월하고, 나의 사회주의 계획 이론 역시 당신의 자본주의 체제 현실에 비해 더 좋게 비교된다.

넷째, 아마도 이 분야의 많은 부분은 민속지학, 담론, 제도 분석을 포함한 다양한 사회학적 접근을 특정한 경제적 사건, 입장, 관계 및 제도에 적용한다. 종종 다양한 경제 현실의 명백해 보이는 객관성과 불투명성을 종종 비자연화하지만, 이 분야의 대부분은 연구 대상의 존재를 있는 그대로의 사실, 특히 경제적 사실로 당연시한다는 점에서 명백하게 경험주의적이면서 동시에 실증주의적이다. 그러나 가장 흥미로운 사회학 연구는 종종 브

153 예를 들어 디어드리 매클로스키Deirdre McCloskey(1998), 토머스 프랭크스Thomas Franks(2001), 바버라 스미스Barbara Smith(1997) 등의 매우 다른 작업을 참조하라.

루노 라투르Bruno Latour(2005)의 행위자 연결망 이론actor network theory에 기반을 두고 '구성주의적' 분석을 하는데, 이러한 이론은 과학 및 기술 연구에 사용된다. 프라이크와 듀 게이(2007: 341)는 이러한 작업이 "시장 및 기술 기반 시설에 적용되는 체계적인 형태의 지식…… 그리고 이를 가능하게 하는 사회적, 문화적, 기술적 조건"을 강조한다고 제안한다. 그러나 이와 같이 광범위하고 급진적으로 맥락적인 질문에 대하여 이들은 "'경제적인' 것의 의존적 복합체"라는 더 좁은 의미의 문화경제를 제시하였다(du Gay & Prike, 2002: 5). 다시 "문화경제는 경제적이고 조직적 삶을 분석하는 다양한 접근이다. 문화경제는 대상과 사람(기업, 시장, 소비자)이 담론과 기구에 의해 '만들어'지거나 '조립'되는 이질적 방식에 공통적으로 집중한다…… 경제적으로 관련된 활동을 생산하는 (물질적) 실천, 질서, 담론 등에 공통적으로 초점을 맞추면서 말이다"라고 설명한다(Pryke & du Gay, 2007: 340).

따라서 문화경제 중 가장 급진적 작업은 특정 경제 현상의 '조합assembling'에 초점을 둔다. 예를 들어 "경제적 현실의 '결성' 및 '구성'이 수행되고 달성되는 방법과, '경제적'이라고 분류되는 활동, 대상, 개인이 여러 부분으로 구성되거나 조립되는 방법이 있다. 여기서 여러 부분은 경제학이라는 학문에 의해 제공되지만 피상적으로는 비경제적 문화 실천을 포함해 다른 출처에서 비롯된 것도 많다"(du Gay & Pryke, 2002: 5). 그러나 이런 작업의 급진성은 분명히 제한적인데, 대부분은 미시 경제(시장, 공장 등)에 초점을 두는 경향이 있고 결국 경제의 적절한 영역을 구성하는 것('경제 관련 활동'이라는 불리는 것)을 당연히 여기면서 각 현상의 명백하게 자연스러운 것을 해체하기 때문이다. 게다가 이런 작업이 보여 주는 인위성을 구성주의로 표기하는 보다 훨씬 제한된 방식의 맥락주의 혹은 국면주의다.[154]

154 예를 들어 미셸 칼롱Michel Callon(1998), 데이비드 매켄지David MacKenzie 등(2007)을 참조하라. 나는 행위자 연결망 이론(Latour, 2005)이 맥락을 부정하면서 모든 것을 연결망으로 취급

다섯째, 가장 흥미로운 작업은 현대 자본주의의 특정한 시대적epochal 본질을 진단하려는 시도다. 일반적으로 이러한 작업은 자본주의가 스스로를 재발명하여 새로운 것이 되었다고 가정한다. 독점 또는 '후기' 자본주의 이후에 자본주의는 무엇이 되었나? 당연하게도 '문화경제'라는 기호 아래 신자본주의는 경제의 문화화로 정의된다. 주요 진단으로는 신자유주의 이론(시장이나 새로운 통치성이라는 일반화하는 이데올로기의 역할을 강조하는), 경제 또는 일상생활의 금융화, 지식 경제의 출현, '비물질 운동'이 늘어가는 우세, 그리고 '새로운 지식 경제'(기술 혁신에 기반을 둔 새로운 생산성 향상을 가리킴), 그리고 '자본의 문화적 순환'의 중심성 등이 있다(Thrift, 2005). 이러한 이론 중 다수는 경험적 근거가 거의 없고 종종 현대 자본주의의 한 측면을 일반화하는데, 이런 이론이 새로운 이유는 단지 가시성이 커지거나 더 영향력 있기 때문이다. 심지어 이런 이론들이 새로운 현상을 가리킬 때 종종 그것을 자본주의와 국면을 구성하는 더 넓은 관계와 모순 안에 위치시키지 못한다. 따라서 자본주의에 대한 해석이 급속히 확산되지만, 이들 사이에서 우리가 어떻게 결정을 해야 할지에 대한 지침은 전혀 없다. 게다가 이러한 작업은 분명 중요하지만, 종종 경제학 범주에 대한 급진적인 재고 없이 정치경제학의 전통 속에서 계속된다.

마지막으로, '대안 경제alternative economies'라고 불리는 연구를 하는 중요한 작업이 있다.[155] 대안 경제는 소규모 지역-시장 경제이거나 잉여 가치, 조합 또는 대체 통화 등을 전유하기 위한 대안적인 형태일 수 있다. 이들 작업은 다양한 '창의적' 관심사와 활동에 초점을 맞춘다. 유사하게 지

한다고 생각한다. 행위자 연결망 이론은 일종의 초경험주의적이며 일반적으로 비정치화된 문화 연구의 형성으로 간주할 수 있지만, 나는 이 이론이 아직 국면적으로 자리를 잡지 못한 일련의 집합체에 대한 조사라고 본다.

155 예를 들어 깁슨-그레이엄(2006)을 참조하라.

역 경제를 탐구하는 인류학적 연구도 있는데, 지역 경제는 초국가적 기업과 자본주의적 세계화의 증가하는 힘에 위협을 받고 있다.[156]

문화경제의 작업은 중요하며 문화와 경제의 불가분성을 결정적으로 증명하는 실질적 기여를 하기도 했다. 실제로 듀 게이와 프라이크(2002: 9)에 따르면, 문화경제의 분석적 특징은 "명확한 규범 및 기술 체계의 맥락에서 공식화되고 평가될 수 있다"라고 강하게 주장한다. 즉 이 특징은 특정한 맥락 의존적이라는 특징으로 나타난다. 그러나 내가 이미 주장한 바와 같이 이러한 특징은 훨씬 더 강력하고 지속적인데, 이것이 유럽 근대성에 의해 구성되면서 동시에 유럽 근대성의 구성 요소이기 때문이다.

그러나 동시에 문화경제의 광범위한 연구 분야에는 심각한 약점이 있다. 이러한 작업은 종종 경험주의적이며 경제적인 것의 사실성이나 주어진 특성을 당연시한다. 이러한 작업은 특정한 활동이나 실천을 경제적인 것으로 가정한 다음 그것들이 어떻게 구성되고 기능하는지 살펴본다. 이런 작업은 경제적인 것의 범주를 구성하기 위한 논쟁, 즉 어떤 실천이 경제적인 것으로 여겨지고 어떤 것은 그렇지 않은지에 대한 논쟁을 적절하게 탐색하지 않는다. 이런 작업은 설명하려는 대상을 시작부터 알고 있다고 가정한다. 어떤 사실은 문화적으로 구성되지만 그것들은 마치 맥락적 뒤얽힘이나 결정의 외부에 존재하는 것처럼 다루어진다. 사실, 이 작업의 대부분에는 맥락이 결여되어 있다. 결과적으로 이런 작업은 금융화, 증권화 또는 브랜딩을 연구 대상으로 구성하는 데 자본주의 작동 조건을 당연시한다. 듀 게이와 프라이크(2002: 2)는 경제 담론을 "재현적이고 기술적인 실천의 한 형태이고, 이는 경제적 행동이 형식화되고 틀에 짜이는 공간을 구성한다"라고 설명할 때 이런 부분을 암시한다. 그런데도 문화경제는 어떤

156 예를 들어 스티븐 구데만Stephen Gudeman(2001)과 구데만과 알베르토 리베라Alberto Rivera(1990)를 참조하라.

담론이 경제적이라는 것을 언제나 그리고 이미 아는 것처럼 보인다. 이는 문화경제의 대부분이 경제적인 공간의 구성을 탐색하지도 않은 채 어떤 사건이 명백히 경제적이라고 가정하는 것과 동일한 방식이다. 이와 달리, 우리는 어떠한 경제적인 것의 등장에 대해서도 질문해야 하고, 그것이 어떻게 형성되고, 그것이 어떻게 경제적으로 구성되는지도 질문해야 한다.[157] 레이 허드슨Ray Hudson(2004)이 주장한 바와 같이, 중요한 것은 "바로 무엇이 경제로 정의되고 여겨지느냐"의 문제다.[158]

그러나 무엇이 경제인지를 따지는 작업은 더 큰 사회적 맥락 또는 국면 안에서 경제 그리고 특정 경제적 사건을 위치 짓는 과제일 때 가능하다. 그렇지 않으면 경제에 대한 현대의 많은 연구가 다시 다양한 종류의 경제주의와 기술적 결정론으로 후퇴하고 다시 경제가 가장 핵심적이거나 최종 심급으로 삽입되는 것은 놀라운 일이 아니다. 예를 들어 "모든 게 경제야, 바보야!"라는 말이 그러하다. 현대의 연구들은 문화연구의 복합성, 관계성 (중층 결정) 그리고 맥락에 대한 구성주의적 신념을 포기한다. 경제와 경제적인 것에 대한 급진적 맥락화 없이는 문화경제의 기획은 지침이 되는 분석적 가치와 정치가 결여된다. 그래서 나에게는 프라이크와 듀 게이(2007: 248~49)가 인정한 부분이 충격적이다. 그들은 "문화경제의 연구 가운데는 돈과 금융의 정치학을 인식하는 관점이 있지만…… 다른 관점들은 '문화적 전환의 불가지론을 단순히 재생산하는 것이 아닌, 보다 정치적으로 관여하는 문화경제'를 요구한다"라고 평가한다. 문화경제는 정치적 비평을 위한 충분한 근거를 제공하지 못하고 경제를 구성하는 것과 그것의 맥락적 접합과 결정

157 따라서 메건 모리스(1992b: 75)의 견해를 따르면, '신자유주의'와 같은 범주를 고려할 때 "대부분 이질적인 경제 이론, 행정 실천 및 정치 정책이 왜 그렇게 강력하게 융합되어…… 공론을 위한 가시적이고 지명할 수 있는 '교리'가 되었는지" 질문할 수 있다.

158 피터 밀러Peter Miller와 테드 오리어리Ted O'Leary(1990), 밀러와 니콜라스 로즈Nikolas Rose(1990) 등을 참조하라.

에 대해 핵심적 질문을 던지지 못하였다. 문화경제에 이런 우려를 고민하는 공간이 있어야 한다고 제안하는 것이 이상해 보인다. 대신, 나는 문화경제가 보다 급진적인 또 다른 기획의 안이나 옆에서 위치를 찾는 것을 제안하고 싶은데, 그 기획은 문화연구라고 부르는 것으로 경제와 경제학을 보다 진지하고 일관된 방식으로 설명하고자 한다.

문화경제의 소심함은 경제학 분과와의 관계, 사실은 관계의 결여라는 측면에서 가장 뚜렷하게 나타난다. 이는 경제학의 진정한 사회 권력을 인정하고 있음에도 불구하고 문화경제가 현실적인 목적을 위하여 경제학을 방치하는 것을 의미한다. 사실, 문화경제는 대부분 경제학의 분과에 관여하기를 (그리고 익숙해지기를) 거부할 뿐 아니라, 경제 담론의 영역을 심각하게 감소시킨다. 따라서 듀 게이와 프라이크(2002: 6)는 "문화적 구성에 대한 신념을 따르는 방식으로 경제학을 할 수는 없다. 왜냐하면 경제학을 하는 것과 '문화경제'를 하는 것은 다른 종류의 실천이기 때문이다"라고 주장한다. 이들은 이 두 가지 별개의 실천을 혼동하면서 "조점과 목석의 사실"의 위험이 있다고 지적한다(6).

경제 및 문화지리학의 두 대가인 애시 아민Ash Amin과 나이절 스리프트도 그러한 소심한 접근을 취한다는 것은 더욱 놀라운 일이다. 경제학은 사회과학의 핵심이며, 정책적 영향력, 명백한 (물론 출처가 불분명한) 엄격함, 그리고 일반적으로 알려진 경제학에 대한 명백한 참조로 인하여 소심해질 수 있다. 그런데도 아민과 스리프트(2008: 8)가 경제학 이외에서 일하는 사람들은 이론과 방법론에서 "적합성이 결여"되기 때문에 주류 경제학과의 관계 회복을 추구하면 안 된다고 주장한다. 예를 들어 문화경제 연구자의 강점은 개방적 구조, 맥락, 질적 기술 등을 다루는 능력이다. 그들이 마지막에 말하듯이, "우리는 사자와 함께 누워 우리가 사냥감 이상이 될 수 있다고 믿는다면, 우리는 스스로 속이는 것이라고 생각한다."

문화연구를 경제학으로 되돌리기

역설적으로 내가 제안하는 기획은 정치경제학자 루치오(2008a: 897)가 다음과 같이 발표한 것이다. "내가 찾는 것은 경제학 분과와 '실제' 경제 관계와 제도의 기존 개념을 탈자연화하고, 그들을 다르게 만들어서 새로운 개념을 만드는 것으로…… 이런 목표를 달성하기 위한 새로운 담론 공간을 만드는 방법이다." 그는 이런 과제의 예로 "영역들(예를 들어 생산과 노동)을 재고하고, 영역들이 종속된 환원과 본질주의 형태를 찾아 극복하고, 그것들을 자신과 다른 것으로 만드는 것"을 제안한다.

이것은 문화경제에서 자주 보이는 조심스러움과 소심함이 수반되지 않은 급진적 기획이다. 이것은 또한 경제학을 재창조하는 것으로 단순히 경제학을 해체나 탈자연화하는 것이 아니라 재접합하는 것이다. 이를 위해서 경제적 현실이 구성된 것이고 부분적으로 담론적이라는 것뿐만 아니라 경제학이 비경제적인 것과 복잡한 관계에 착근되었다는 것을 인식해야 한다. 다시 말해 경제학은 자신의 형태와 효과를 얻게 되는 특정 맥락의 다른 영역과 단절된 채 자신만의 학문으로는 살아남을 수 없다는 것을 인식해야 한다.[159] 이 기획은 새롭고, 단일하고 완전히 통일되고 총체적인 학문을 생산하는 것이 아니라, 경제적인 것의 급진적 맥락성을 인식하는 것을 추구한다. 즉 경제적 사건은 무엇을 의미하는지, 무엇이 경제적 사건이고 아닌지, 심지어 경제적인 것과 비경제적인 것의 차이를 인식하기 위해서는 늘 특정한 맥락과 갈등 속에서 정의되어야 한다는 것이다.[160] 그리

159 여기서 "가격이 모든 것을 결정하는 것이 아니라, 모든 것이 가격을 결정하는 것"이라는 부르디외(2005: 77)의 주장이 떠오른다. 그러나 우리는 또한 가격 범주 자체가 어떻게 구성되고 효과적으로 만들어졌는지 물어 봐야 한다.

160 따라서 경제학이 항상 교환 관계를 수반한다고 해도, 나는 여전히 어떤 맥락에서 특정한 교환만이 경제적인 것으로 간주되는지를 알고 싶다. 어떻게 보면 의사소통, 섹슈얼리티, 가정 등

고 동시에 경제적인 것과 비경제적인 것 사이의 경계는 아무리 성공적으로 생산되고 관리된다고 하더라도 상상하는 것만큼 뚜렷하지 않고, 그것은 항상 구멍이 많고, 일시적이고, 손상되고 증식된다.

나는 경제학 분야를 가로채거나 대안적인 '경제적' 이론 또는 진단을 제시하는 환상을 제안하는 것이 아니다. 오히려 나는 그람시를 따라 경제적 상식에서 모순을 알아내고 경제 정책과 실천에 관한 토론에 들어갈 수 있는 보다 실행 가능한 입장을 찾아야 한다고 제안한다. 그러나 진정한 목표는 경제학을 할 수 있는 다른 방법을 찾는 것이며, '경제적' 기구, 기술 및 유효성에게 반드시 첫 번째 또는 최종 발언권을 주지 않고 그것들을 국면에 재배치시키는 방법을 찾는 것이다. 이 작업은 경제학 분과에도 맥락에 따라 다양한 접합이 있다는 것을 가정한다. 나는 경제학이 문화연구에 활용된다면 어떤 모습일지 이해하려고 노력하는데, 이것은 현대 국면의 문제-공간에 항상 어느 정도 초점을 두는 것을 의미한다.

현대의 많은 작업은 문화연구의 국면주의 기획(또는 푸코의 계보학적 기획)에 내포된 자기 성찰적이고 자기 구성적인 작업 없이 현실에 대한 진단을 가정한다. 현대의 작업은 종종 유기적 위기(근대성에 대한 투쟁)를 새로운 안정, 즉 세력들 간의 새로운 균형을 만드는 시도로 혼동한다. 후자는 단순히 오래된 안정의 변형(예를 들어 버락 오바마Barack Obama가 케인스주의 정책을 신고전주의 체계에 도입하려는 것)이거나 위기가 더 오래된 가능성을 무의미하게 만들었다는 가정에서 급진적으로 새로운 안정을 구축하려는 시도(예를 들면 볼리비아에서 에보 모랄레스Evo Morales[161]의 정책)라 할 수 있다. 나는 지난

모두 교환 관계로 특징지어질 수 있으니 말이다.

161 볼리비아 첫 원주민 대통령으로 2005년 대통령에 취임해 2019년까지 14년간 재임한 그는, 볼리비아 역사상 최장 집권 기록을 남겼다. 천연가스 등 주요 기간 산업의 국유화를 통해 재정 수입을 확충하고 복지 정책을 시행하면서 안정적인 경제 성장은 물론 빈곤 해소에 기여했다. 중남미 좌파를 대표하는 지도자로서 자리매김하기도 했으나 2019년 부정 선거 논란 속에 사임을 결

50~60년 동안 세계의 일부가 일종의 과도기적 순간으로 투쟁을 한다고 생각하는데(반면 최근에 다른 궤도로 진입한 세계의 다른 부분이 있다), 이런 노력은 지난 30년 동안 점차 가시화되고 있다. 그러나 겉으로는 안정적이지만 항상 일시적인 안정이나 타협적인 구성체가 이루어진 짧은 순간들이 있었다. 근대적인 것의 가능성을 재접합하고 재구성하기 위한 일련의 경쟁적 투쟁으로 구현된 이 문제-공간은, 우리에게 근대성에 대한 가정과 우리의 분석 능력에 재한을 주는 방식에 대하여 끊임없이 성찰할 것을 요구한다. 재성찰하는 일은 스리프트(2005: 2)가 경고한 함정에 빠지지 않게 도와줄 것이다. 스리프트는 "많은 사회 이론가들이 자신의 역사적 상상력을 위축시키면서 '근대성'에 대한 일반적 주장을 하는데, 이는 역사를 봉인하고 모든 것을 마무리 짓는 것을 의미한다"라고 비판한다. 우리가 알다시피 '경제'만큼 모든 것을 쉽고 잘 '마무리 짓는' 것은 없으며, 경제적 사고만큼 현재 발생하는 일이 늘 똑같은 일이거나(그래서 우리가 정말 해야 할 일이 없는), 완전히 새로운 일(그래서 우리가 이전에 벌어진 일에 대하여 신경 쓸 필요가 없는)이라고 가정하는 것이 잘 작동되는 영역은 없을 것이다. 이러한 방식에서 옛것과 새것, 그리고 유기적인 것과 국면적인 것의 균형을 분석하는 국면적 분석의 중요성은 무시된다.

내가 여기서 제안하는 기획은 다른 이들의 작업과 확실히 밀접하게 연결되어 있는데, 예를 들어 "'경제적인 것'을 단순히 사회의 정치, 문화, 이데올로기 측면으로부터 분리하는 것은 불가능하다"라는 매시의 주장(1995: 309)을 생각해 볼 수 있다. 매시는 정치경제학자들이 "무엇이, 어떻게, 누구의 관점에서 재현되는지, 그리고 그러한 재현의 정치적 효과"에 더 많은 주의를 기울일 것을 요구한다(1991: 44). 더 나아가 매시는 시공간 압축의

정한 뒤 멕시코로 망명했다. — 옮긴이

개념을 비판하면서(1994: 179) 개인이 사회경제적 변화를 어떻게 살아가는가는 다양한 '권력-기하학power-geometrics'에서의 위치에 달려 있다고 주장한다. "서로 다른 집단과 개인이 이러한 흐름과 상호 연결과 관련하여 서로 구별되는 방식으로 위치 지어진다. 이러한 점은 누가 이동하고 이동하지 않는가에 대한 문제뿐 아니라(이것도 중요한 문제이지만), 흐름과 이동에 관련한 권력에 대한 문제에 주목한다."

마찬가지로 제솝과 스텐 오스테랭크Stijn Oosterlynck(2008: 1157)는 문화연구와 정치경제를 통합하려는 시도로서 '문화정치경제cultural political economy(CPE)'를 다음과 같이 설명한다. "문화정치경제는 '실제로 존재하는 경제'를 상상적으로 서술되는 '경제'(더 정확히는 복수형으로 '경제들')와 구별한다. 여기서 전자는 모든 경제 활동의 혼란스러운 합계로서 실질적인 공급을 위해 자연의 사회적 전유와 변형과 관련한 포괄적인 것으로 정의되고, 후자는 특정한 시공간적 틀에서 발생하는 일련 활동들의 일관된 체계를 가리킨다." 나의 기획과 유사하게 문화정치경제가 제기하는 질문은 다음과 같다. "왜 유통되는 많은 경제적 상상계imaginaries 중에서 일부만이 선택되고 제도화되어 경제적 주체성, 관심, 활동, 조직, 제도, 구조적 앙상블, 부상하는 경제 질서와 사회적 착근성embedding, 그리고 경제 성과의 역동성을 구성하게 되는가?"(1155). 게다가 제솝과 오스테랭크는 "각각의 '상상된 경제'는 언제나 부분적으로 구성된다. 주어진 '경제적 구성economic arrangement' 또는 더 넓은 '경제적 질서'를 식별, 통치, 안정화하려는 어떤 시도도 회피하는 틈새적, 잔여적, 주변적, 무관한, 다루기 힘든, 명백한 모순은 항상 존재한다"(1158)라고 인식한다.

그런데도 내가 제솝의 견해를 전적으로 따르는 데 주저하는 이유는 두 가지다. 첫째, 정치경제에 기반을 둔다는 점에서 그의 기획은 놀랍지 않게 전적으로 거시 경제적이다. 물론 그의 주장을 미시 경제 관계에도 적용하는 것이 불가능하지는 않지만 말이다. 둘째, 물론 제솝과 오스테랭크

(1157)가 "기술적 및 경제적 대상은 항상 사회적으로 구성되고, 역사적으로 구체적이며, 사회관계 및 제도적 앙상블이라는 보다 넓은 네트워크에 삽입(또는 이탈)되어 있고, 그것의 재생산을 위해서는 지속적인 사회적 '수리' 작업을 필요로 한다"라고 인식함에도 불구하고, 경제적인 것의 범주 자체가 여전히 침범할 수 없고, 미리 추정된 것이며 심지어 초월적인 것으로 남아 있다. 게다가 제솝과 오스테랭크는 여전히 혼란스러운 물질성과 상징적인 서술적 질서가 담론적 기구 내에서 분리 불가능하고 공존한다고 여기기보다, 둘을 구별(아마도 분석적으로?)할 수 있다고 가정하는 것 같다.

나의 기획은 '일반 경제ordinary economy'를 이론화하는 로저 리의 노력과도 관계가 있다. 나와 마찬가지로 리(2006: 44)는 "경제적인 것과 비경제적인 것의 구분은 자명한 것과는 거리가 멀 뿐 아니라 전혀 자명하지 않다"라고 가정한다. 그는 "경제적인 것에 대한 자의적 개념, 즉 경제적인 것이 다층적인 사회관계와 가치의 개념을 통해 구성되는 것이 아니라 다소 분리되고 자율적이라는 생각"(413)에 반대한다. 나는 리의 생각이 권력에 대한 국면적 접합보다는 학제적 사고에 기반을 둔다고 생각하지만, 그런데도 이런 생각은 중요한 통찰이다. 하지만 나는 그가 다음과 같은 주장으로 한발 물러선다고 생각하는데, 그는 "경제 활동에서 물질적으로 필연적인 특징은 가치의 소비, 생산, 유통의 특징"(417)이라고 주장한다. 그는 계속해서 경제적인 것을 "가치의 생산, 교환, 유통이라고 명명하면서…… 그것이 없다면 사회는 물질적으로 스스로를 재생산할 수 없다"(414)라고 언급한다.

나는 경제적인 것의 특정한 접합(어떤 맥락에서도 발견되는)과 경제적인 것으로 여겨지는 것의 특정한 접합(관련된 맥락에서 경제적인 것의 유효성이 있는) 사이에는 중요한 차이가 있다고 생각한다. 신조어를 사용하여 말하자면, 후자는 특정 활동의 경제적 가능성economic-ality을 정의하고 경제의 시공간을 결정한다. 따라서 리의 논리에는 어느 정도의 순환성이 있다는 생각이 든다. 한편으로 그는 "경제적 지리가 필연적으로 관계적이라면, 가치의 다층적이고 교차하는 물질적 및 사회적 관계의 다양성 역시 그들에게 내재적이고, 따라서 경제지리학은 본질적으로 다양하다"(422)라고 주장한다. 이러한 주장은 "가치는 매우 다양한 방식으로 실천될 뿐 아니라"(422), "가치에 대한 다른 개념과 실천이 동시에 존재한다"(415)라는 것을 시사한다. 그러나 이러한 다양성의 잠재적인 혼돈은 빠르고 불가피하게 길들여지는데, 이는 가치를 이미 경제적인 용어로 이해된 회로 속으로 제한시키면서 진행된다. 다양성을 길들이는 또 다른 방법은 "따라서 '성공'하려면, 경제적 지리는 적어도 그 속에 있는 사람들이 생존하고 지속적으로 가치를 생산하는 데 필요한 최소한의 가치를 생산할 수 있어야 한다. 이를 위해서 환경 변화와 가치의 회로에 대한 잠재적 방해에 대처하기 위한 잉여 가치가 항상 필요하다"(415)라고 주장하는 것이다. 놀랍게도 이러한 개념화는 우리를 다시 필요 가치와 잉여 가치에 대한 마르크스의 주장으로 이끈다.

마지막으로, 경제학과 경제를 재고하려는 첫 번째이자 가장 중요한 성과를 인정하고 싶다. 그것은 깁슨-그레이엄의 훌륭한 저작인 《그따위 자본주의는 벌써 끝났다*The End of Capitalism (as We Knew It)*》(1996)와 존 클라크와 재닛 뉴먼Janet Newman과 같은 그의 동료들 연구다(Clarke, 2004; 2007; 2009; Clarke & Newman, 1997; Newman & Clarke, 2009; Clarke et al., 2007). 이러한 성과들은 경제학을 문화연구로, 그리고 문화를 경제학으로 이끄는 데 기여하였다.

다른 종류의 경제학, 즉 국면적 경제학을 실천하기 위해서는 경제가 중층 결정될 뿐 아니라 다중적, 관계적, 담론적이라는 것을 인식해야 한다(Grossberg, 2006). 경제와 경제학을 탈신화화하기 위해서, 다음과 같은 네 가지의 구별되고 상식적이며 때로는 학문적인 가정들을 해체하고 대안을 찾아야 한다.

1. 경제주의economism는 경제(그것이 생산 방식, 계급 갈등, 기업가주의, 기술, 금융 또는 시장으로 이해되는 간에)가 역사의 원동력이자 최종 결과라고 가정한다. 경제주의는 현재 글에서 더 정교한 방식으로 행해지는데, 사회구성체 전체

를 경제적인 것(즉 자본주의)으로 동일시하는 것을 정당화하기 위해 경제 논리를 확장시킨다. 이러한 단순한 논리는 중층 결정과 같은 개념으로 비판받아야 하며, 그 후 유효성과 '가능성의 조건'이라는 논리 속에서 재고되어야 한다.

2. 자본중심주의는 자본주의가 단일하고 동질적이며 독특하게 어디에나 존재하는 구성체라고 가정한다. 게다가 자본주의는 정치를 위한 공간을 남겨두지 않는 핵심적이고 불변하는 논리이자 궤적으로 재현된다. 또한 자본주의는 구조적 용어로 이론화될 수 있는데, 일상생활에서 투쟁의 여지를 남겨두지 않는다. 자본주의가 항상 이질적이며 혼종적이고 다중적이며 차이를 통해 작동한다는 점을 인정함으로써 이런 가정에 이의를 제기해야 한다.[162] 또한 이런 가정은 자본주의와 비자본적 실천과 구성의 다중성을 인식하는 것으로 대체되어야 한다. 다중성에 대한 인식은 다양한 자본주의 구성뿐 아니라 경제적, 사회구성체들을 구성하고 정의하는 데 도움을 준다. 스튜어트 홀도 과거에 유사한 주장을 한 것으로 보인다.

우리는 자본의 논리를 파악할 수만 있다면 그것이 세상 모든 것을 집어삼킬 수 있을 것이라고 생각하곤 했다. 자본의 논리가 세상의 모든 것을 자본의 복제품으로 바꿀 것이라고 생각했다…… 그러나 자본의 발전에 대해 더 많이 이해할수록 우리는 그것이 이야기의 일부일 뿐이라는 점을 점점 더 이해하게 된다. 모든 것을 상품화하려는 자본주의의 중요 논리와

162 이것이 깁슨-그레이엄(1996)의 핵심 주장이다. 자본중심주의 사고의 좋은 예는 하트와 네그리(2000)다. 또 다른 예는 '천 년의 자본주의millenial capitalism'라는 장 코마로프Jean Comaroff의 개념에서 찾을 수 있다. 이 개념은 천 년 동안의 자본주의와 "구원의 복음"으로서의 자본주의를 연결하는 특성을 가정한다. "천 년의 자본주의 지배하에 있는 존재론적 조건은 근대주의 사회 이론의 '아버지들'에게도 그랬던 것처럼 생산에서 소비로, 따라서 노동에서 자본으로의 구성적 관계에서 획기적인 변화와 함께 시작된다"(Comaroff & Comaroff, 2001: 3). 코마로프의 이론에서 유혹적이면서도 불편한 지점은 모든 것이 너무나 깔끔하게 들어맞는다는 점이다.

함께 중요한 부분은 특수성 안에서 그리고 특수성을 통하여 작동한다. 따라서 자본이 지배적이고, 지속적이며 완전히 합리화할 수 있다는 생각은 우리를 자본에 완전히 통합시키고 흡수하는 능력이 있다고 설득하는 기만적인 방법이다…… 그 결과, 우리는 마르크스의 《자본론》에서 가장 심오한 통찰 중 하나, 즉 자본주의가 모순적인 지형에서만 발전한다는 점을 놓치게 되었다. 자본주의 확장을 만들어 내는 것은 그것이 극복해야 하는 모순이다. 그 모순된 지형의 본질을 볼 때까지, 그리고 특수성이 어떻게 관여되고, 어떻게 엮이며, 어떻게 저항을 재현하고, 어떻게 부분적으로 극복되고 그리고 극복된 것들이 다시 나타나는지를 볼 수 있을 때까지. 우리는 모순적인 지형을 이해하지 못할 것이다(1991: 29).

3. 가치론적axiological 규범성은 가치의 단일한 본질성 또는 가치의 보편적인 위계(예를 들면 시장 근본주의)가 존재한다고 가정하거나, 모든 가치(예를 들어 노동주의laborism, 생산주의productivism)에는 단일하고 근본적이며 본질적인 원천이 있다고 가정한다. 이런 규범성은 가치의 다중성, 분산, 우발성에 대한 인식으로 대체되어야 한다.

4. 마지막으로 경제적 본질주의는 경제적인 것과 비경제적 실천 또는 관계 사이에 안정적이고 보편적인 구분이 있다고 가정한다. 이 본질주의는 경제적 관계 자체가 부분적으로 담론적일 뿐 아니라, 경제적인 것이 항상 관계적이고 맥락적으로 생산된 범주라는 인식으로 대체되어야 한다. 그러므로 다음과 같은 질문을 던질 수 있다. 어떤 생산적 기구가 다른 것들보다 더 경제적인 이유는? 다른 종류의 생산적 기구가 있는가? 어떤 사건들은 경제적인 것으로 식별되는 이유는 무엇이며 그렇게 식별되는 결과로 무엇이 일어나는가? 이러한 식별이 항상 우발적인가 국면적인가?

우리는 경제적 사건을 해체하고 그것이 담론적이며 비담론적인 요소들로 조립되는 방식을 보여 줄 수 있다. 그러나 이러한 해체는 그러한 구성 자체가 특정한 (국면적인) 결정에 따라 어떻게 구성되는지, 구성이 작동하게 하고 효과를 가지도록 어떻게 구성되는지를 확인할 수 있도록 진행되어야 한다. 즉 우리는 경제적 사건이 어떻게 생산적 기구로 작동하는지뿐만 아니라 생산적 기구의 특정한 종류(즉 경제적 종류)로서 어떻게 기능하는지를 질문해야 한다. 그러나 이것은 경제적 기구를 재구성할 것을 요청할 뿐만 아니라 결정의 개념을 재고함으로써 경제적 기구를 사회 맥락(단순하거나, 동질적이거나, 폐쇄적인 총체성이 아닌)에 다시 삽입할 것을 요청한다.

우리는 우선 경제적인 것의 존재에 대한 지배적인 정의들을 인식하는 작업에서 시작할 수 있다. 첫째, 경제적인 것은 "힘, 관계 및 관심의 물질적 하부 구조"다(Clarke, 2007). 이러한 개념은 '순수한' 물질성을 가정할 필요가 없으며, 정치적이고 이데올로기적 형태를 경제적인 것에 잘 통합할 수 있다. 가장 일반적인 예는 자본 축적의 형태 또는 생산 방식에 대한 분석일 것이다. 둘째, 경제적인 것은 점차 "정부 업무를 통해 경제적인 것으로 담론화되는 실천, 관계, 조직의 형태"를 의미한다(Clarke, 2007). 전자가 전통적으로 (반드시 그런 것은 아니지만) 정치경제를 주도해 왔다면, 후자는 문화경제를 지배한다. 경제적인 것에 대한 세 번째 해석(나에게는 별로 흥미가 없는 것이지만)은 경제적인 것, 또는 더 일반적으로 특정 경제적 범주를 물질적 현실이 거의 없는 단순히 이데올로기적이거나 언어적 구성으로 여기는 것이다.

하지만 상충되는 정의를 협상하려는 시도가 단지 우리를 정체성 논리의 딜레마를 반복하는 것으로 되돌려 놓는다는 것이 염려된다. 대신, 우리는 질문을 다시 생각해야 한다. 우리는 경제적인 것의 특수성 그리고 경제적 유효성의 본질에 대한 질문을 피할 수 없다. 구체적으로 생각해 보면 특정한 실천, 관계, 기술 또는 기구를 예를 들어 문화적인 것이 아닌 '경제적인 것'으로 여기는 이유는 무엇인가? 어떤 사건을 경제적인 것으로 지명할 때 우리는 무엇을 의미하는가? 경제적인 것에서 '할 것'은 무엇인가? 하지만 이러한 질문들은 반드시 맥락적이어야 한다. 즉 어떤 국면에서 경제적인 것으로 구성되는 것은 국면에 의해서 그리고 그 안에서 접합된다. 그 국면에서 경제적인 것으로 지명되는 것은 마찬가지로 국면적으로 접합된다. 따라서 경제적인 것의 구성적 유효성은 국면 내에서만 고려 가능하다.

따라서 정의 대신 우리는 '경제'의 변화하는 본질에 대한 몇 가지 공통된 인식에서 시작할 수 있다. 현대의 자본주의 형태에 대한 공통적인 몇 가지 관찰과 진단이 있는데, 이것들은 현대의 국면에 그 안에 있는 경제의 위치를 이해하는 능력을 종종 미리 결정하고 있다. 다음의 세 가지 예를 통해 생각해 본다. 첫째, 경제 활동의 본질 자체가 변화한다는, 즉 경제의 문화화, 정보화, 디지털화 과정에 있다는 생각이 있다. 그 결과, 경제는 자기 성찰적이면서 자체 생산적인 다른 종류의 기구를 수반한다(Thrift, 2005). 둘째, 많은 관찰자는 자본주의가 사회적인 것, 사실상 모든 것을 경제적인 것으로 확장하고 통합한다고 주장한다. 모든 것이 시장이 될 수 있고 시장으로 만들어지는데, 이러한 시장은 경쟁이 아닌 규제되지 않는 교환으로 정의된다. 셋째, 자본주의 가치(아마 돈?)가 다른 형태를 대체하거나 적어도 자본주의 가치가 교환 또는 시장 가치로 전환되어야 할 요구가 있다고 두려워한다. 마지막으로 경제가 물질적 욕구의 충족이라는 가정은 더 이상 정확하지 않은 것으로 보인다. 왜냐하면 우리 모두는 욕구의 문화적 생산뿐 아니라 부와 사치에 대한 점점 더 무자비한 강조(예를 들어 증가하는 소득 격차의 수용)를 인식하게 되었기 때문이다. 결과적으로 가치와 욕구의 관계가 점점 더 가치의 추상적인 개념 및 척도에 의하여 분열되었다.

나는 이러한 진단에 동의하지 않는다. 나는 현대 자본주의의 진실은 더 분열되고, 모순되며, 다층의 사회성, 시간성, 공간성 등에 의해 특징지어진다고 믿는다. 그리고 나는 시간적 차이도 결코 뚜렷하지 않다고 생각하는데, 과거는 결코 우리가 생각하는 것만큼 간단하지 않으며 현재도 우리가 상상하는 것만큼 다르거나 복잡하지 않다. 나는 그런 진단을 '진실'이 아닌 담론적 사실이나 진술로 받아들인다. 그렇다면 문제는 그런 진단이 왜 일반적으로 언급되고 받아들여지는가다. 이러한 진술을 확산시키고 심지어 대중적인 것으로 만드는 경제적인 것의 조건은 무엇인가? 그리고 국면이 항상 이중적 역학이라는 전제에서, 이런 경제적 진술이 확산되고 대중화될 수 있는 국면의 조건은 무엇인가?

그렇다면 우리는 이러한 가정에 반대하면서도 그것을 고려하는 방식으로 경제학을 어떻게 국면화하는 작업에 접근할 수 있을까? 다시 말하지만, 나는 경제에 대한 일반적인 이론을 제시하려는 것이 아니라, 경제가 국면 내에서 어떻게 구성되고 어떻게 작동하는지를 더 잘 이해할 수 있는 도구들을 생각하고자 한다. 이에 대한 다음과 같은 난제들은 각자의 정치와 무관하게 제시될 수 있고 그래야 한다. 이런 난제들은 우리가 국면 안에서 경제와 경제적인 것의 존재와 작동의 특수성을 이해할 수 있게 하는 이론적이고 분석적 도구로 이끌게 되어 있다. 이러한 질문과 과제는 어떤 의미에서 내가 목표로 하는 문화연구 작업의 전제 조건이기도 하다. 난제들은 다음과 같다. 경제적인 것의 다층성, 경제적인 것의 복합적인 담론성discursivity, 경제적인 것의 맥락성, 가치의 다층성 등이다. 국면적으로 구체적인 이 네 가지 질문은 현대 문제-공간에서 경제학과 경제를 재고하는 것이 무슨 의미인지를 정의하는 데 도움이 된다. 현재 문제-공간은 유럽-근대성의 헤게모니를 둘러싼 투쟁과 근대적이 된다는 방법의 다중성 가능성에 의하여 정의된다. 이러한 질문은 우리가 경제학에 접근하는 논리, 우리가 '경제들'을 구성하는 알고리즘, 그리고 우리가 경제적 기구와 담론을 더 큰 맥락에 삽입하고 유효성을 위치시키는 틀을 재구성하는 논리를 모색하게 한다.

경제적인 것의 다층성

획기적인 저작인 줄리 그레이엄Julie Graham과 캐서린 깁슨Katherine Gibson의 공동 작업(Gibson-Graham, 1996)의 중요한 공헌은 그들이 경제적 실천, 관계,

제도 및 구성체 등의 경제들의 복합성을 수용하도록 한다는 점이다. 나는 여기서 그들의 주장을 요약하고 동시에 주장의 약점을 언급하고자 한다. 주장의 약점은 강점만큼이나 중요하고 긍정적이기 때문이다. 그들의 주장은 다음과 같은 몇 가지 명제로 표현할 수 있다.

첫째, 사회적 세계는 경제적으로 복잡하고 차별화되는데, 비자본주의, 비상품, 그리고 비시장을 포함한 다양한 경제적 과정과 관계가 존재한다. 깁슨-그레이엄은 경제적인 것의 다원성과 이질성을 강조하면서, "생산과 교환의 비자본주의 형태, 잉여 노동의 전유와 분배(즉 계급)의 비자본주의 형태, 봉건주의, 노예제, 가계 경제 실천, 기업 내 관계 등의 이미지"(1996: 205)를 언급한다. 깁슨-그레이엄은 또한 이런 것들 사이의 관계가 항상 부분적으로만 고정된다고 주장한다.

둘째, 대문자 'C'로 표시되는 단일한 의미의 '자본주의Capitalism'란 것은 존재하지 않는다. 자본주의는 다원적이고 이질적일 뿐 아니라, 그 형태가 항상 중층 결정되는 특수한 자본주의들로 존재한다. 즉 자본주의 그 자체는 정체성이나 본질, 그리고 자본주의를 항시적으로 정의하는 내부라는 것이 없다. 대신 자본주의는 근본적으로 비어 있고 결정되는 것인데, 외부에 의해 중층 결정되는 것으로 다양한 경제적 과정, 실천, 관계의 접합 효과일 뿐이다. 그러므로 자본주의의 각 형태는 역사적으로 구체적이고 단일하다. 어떤 자본주의 구성체는 단지 일시적이고 기껏해야 부분적으로만 안정적이다. 그러므로 자본주의는 실천, 과정 그리고 기획으로 이해되어야 한다.

이러한 명제는 깁슨-그레이엄의 계급 분석에서 더 명확해진다. 정체성으로 이해되는 계급은 개인을 범주화하고 사회를 집단으로 나누는 방법이다. 그러나 깁슨-그레이엄에게 계급은 잉여 노동을 생산하고, 전유하고, 분배하는 사회 과정이다. 더 정확히 말하면, 계급은 다중성을 띠며, 따라서 본질이 없는 과정이다. 계급은 잉여 노동의 다중적 흐름이다. 계급은 맥락에 따라 중층 결정되며 서로 다른 형태를 취하며, 잉여 노동의 전유를 포함하는 착취의 각 형태다. 그러나 잉여 노동을 생산, 전유, 분배하는 비자본주의적 방식 또한 존재하며, 따라서 사회적 장에 걸쳐 사람들을 분배하는 비자본주의 방식도 존재한다고 가정할 수 있다.

이런 주장은 자본주의와 비자본주의의 차이를 가정하면서 또다시 반복하기 때문에 명백한 모순이 존재한다. 이 모순은 자본주의가 단지 그것의 존재 조건이자 외면성으로만 존재일 수 없다고 시사하는 것 같다. 구체적인 자본주의 구성체의 특정한 본질과 형태가 중층 결정되었다는 점이 우리가 본질의 담론에서 벗어난 것을 보장하지 않는다. 사실 자본주의에 본질이 없다면, 자본주의 다층적 가능성에 대하여 논의하는 것이 왜 문제가 되겠는가? 또한 이런 가능성이 어떤 의미에서 모두 자본주의의 가능성이 되는가? 사실 깁슨-그레이엄은 자본주의에 대한 아주 좋은 정의를 제공한다. 자본주의 경제적 과정의 존재는 임금 노동의 현전과 가치 형태에 따른 잉여 노동의 전유에 의해서 나타난다. 즉 다소 순환적 논리 속에서 자본주의는 자본주의적 계급 착취의 가정으로 식별된다.[163]

셋째, 가장 중요하게 깁슨-그레이엄은 '자본주의 헤게모니'가 담론적인 인공물이라고 주장한다. 즉 세상에 대한 자본주의의 거의 절대적인 완전한 통제가 구축되는 것은 담론을 통해서다. 이 헤게모니는 자본주의 대한 세 가지 특징, 즉 구조적이고 체계적인 통일성, 단일성, 총체성이라는 특징을 할당하는 것에 달려 있다. 그러나 여기에는 상당한 불확실성이 있다. 누가 그리고 어떻게 이 헤게모니를 구축하는지가 불분명하다. 때로는

163 이 점이 깁슨-그레이엄이 축적이라는 개념을 받아들이기를 주저하는지를 설명한다. 그래서 깁슨-그레이엄은 자본주의의 두 가지 모순(생산의 힘과 관계 사이, 자본과 노동 사이의)이 서로 다를 수 있지만 서로 다른 자본주의의 접합을 구성한다는 가능성 역시 받아들이기를 거부한다. 물론, 이 명백한 딜레마에서 벗어날 수 있는 다른 방법도 있다. 예를 들어, 반반본질주의의 논리를 따르고 내가 여기서 정의한 대로 자본주의의 '도표'를 구축하는 방법 말이다.

이것이 자본주의 헤게모니의 실천과 상식 구축의 일부라기보다는 다양한 반자본주의 담론의 결과인 듯하다. 그리고 이러한 담론적 귀속이 자신만의 실질적 유효성을 지녔는지, 또는 단순히 잘못된 재현인지 분명하지 않다. 여기서 잘못된 재현은 자본주의가 실천의 비중심적인 집합체로 간주되어야 한다는 주장을 가능하게 한다. 후자의 입장을 채택한 것처럼 보이는 깁슨-그레이엄은 자본주의 헤게모니의 현대적 형태에 대한 비판적 분석의 적절성을 부인할 뿐 아니라, 더 구성주의적이고 이질적인 분석이 필요한 진정한 자본주의 헤게모니가 존재한다는 것을 부인한다.

중층 결정과 역사적 구체성을 수용하면서 자본주의를 다원화하고 비자본주의의 존재를 받아들이는 것이 자본주의 지배 — 그것이 아무리 일시적, 복합적 그리고 접합된 것이라도 — 의 현실을 부정할 필요는 없다. 사실, 깁슨-그레이엄은 "물건이 일렬로 함께 무너지는 것 같은 헤게모니 구성체를 묘사하는"(1996: 237) 기획에 노골적으로 반대하며, 그에 따라 반헤게모니적 투쟁의 어떤 기획도 배제하는 것처럼 보인다. 사실 깁슨-그레이엄은 저항, 반대, 변화의 정치보다는 대안적 경제의 지역 정치를 받아들인다. 그들은 자신의 기획을 경제에 대한 '약한 이론'으로 제시하는데, 이것은 새롭고 생각하지 못한, 그리고 예기치 않은 것의 창조적 표현과 실현을 가능하게 한다. 하지만 불행하게도 깁슨-그레이엄은 이런 혁신이 많은 경우 사회적 투쟁과 변화에 대한 개인주의적이고 자발주의적인 이해 안에 표현되고 자본주의적 관용의 범주 안에서 존재하는 것을 인정하지 않는다.

깁슨-그레이엄의 공헌에도 불구하고, 나는 그들이 상대적으로 자율적인 (탈착근된) 경제의 개념과 더 놀랍게도 일종의 경제적 결정론의 개념을 가지고 작업한다는 느낌을 피할 수 없다. 후자는 그들이 (알튀세르의) 중층 결정과 국면의 개념을 강조하지 않은 결과인데, 이는 그들로 하여금 '자유주의적 주체'를 다층적이고 모순적이고 중층 결정된 주체가 아닌 경제적인 주체이거나 인식론적(데카르트적) 주체라고 가정하게 한다. 이것은 부분적으로 그들의 국면주의가 급진적으로 맥락적이고 물질적이기보다는 순수하게 언어적이기 때문이다.

그러나 깁슨-그레이엄의 다음 연구는 "자본주의는 탈구축과 기호의 확산을 통해 대체될 수 있는 단순한 경제적 기표가 아니다"라는 점을 인정한다(Gibson-Graham, 2006: xxxv). 그들은 자본주의를 주체화subjectivation의 방식(자아에 대한 감각을 제공하는)과 세계 내 존재being-in-the-world(사회성, 행복, 행동 능력의 형태를 제공하는)의 방식으로 제시하는데, 이는 자본주의에 반대하는 이들에게도 마찬가지다. 자본주의 실천과 관계가 리비도적 투자의 현장으로 기능하는 것을 인식하는 동시에, 깁슨-그레이엄은 대안적 경제적 기획은 사람들이 계속해서 헤게모니적 자본주의를 부정하려는 것에서 철수하는 방법을 찾아야 한다고 인식한다. 자본주의는 여전히 "권력의 체계적 집중이 아닌 지역 위에 흩어져 있는 일련의 경제적 실천"(2)으로 남아 있다. (이 두 가지 정의 사이에서 작동하는 방식이 있는데, 이는 자본주의의 분산dispersion을 항상 헤게모니적 기획을 통해 접합되는 것으로 보는 것이다.) 결과적으로 그들의 대부분 작업은 분석적으로나 정치적으로나 이러한 도전을 무시하지만, 여전히 의미 있는 방식으로 경제의 새로운 언어와 그것을 작동하는 새로운 방식을 찾고자 한다(또한 이때 후자의 노력이 전자에 얽매이지 않도록 노력한다). 깁슨-그레이엄은 대안적 시장 그리고 심지어 비시장의 가능성, 거래의 종류와 통약성을 협상하는 방법(즉 동등한 가치의 교환), 노동의 종류와 보상의 형태, 기업의 형태, 그리고 잉여 금액의 생산, 전유 및 분배 방법 등의 언어들을 확장시켰다. 덧붙이자면, 이런 작업을 통하여 투자와 리스트, 자원 및 사회적 가치 등의 상징 관계의 다층성을 고려할 수 있게 되었다.

그러나 깁슨-그레이엄은 다양한 경제 사이의 접합을 인정하면서도 이러한 경제들이 자본주의에 접합되는 방식과 대안을 찾아 구속하려는 특정 지배적 경제들의 권력을 계속해서 과소평가한다. 게다가 그들의 분석은 무엇이 오래되고 무엇이 새로운지, 그리고 무엇이 유기적이고 무엇이 국면적인지에 대한 국면적 질문을 거의 다루지 않는다. 결국 그들이 분석하는 대부분은 오래된 반문화 담론과 실천, 특히 1960년대 세계적인 반문화 운동으로 거슬러 올라가기 때문이다. 그러나 그들은 왜 초기 반문화적이고 대안적 경제가 실패했는지에 대한 질문을 무시한다. 이에 대한 답은 ('경제적') 권력의 기존 헤게모니 제도를 분석하고 수용하는 것, 그리고 저항이나 위기 대응 시 스스로를 재접합하는 능력을 인지하는 것과 깊은 관련이 있다. 이러한 능력은 권력의 기존 관계를 부분적으로 재구성하고 새로운 진보적 구성체와 동맹(그리고 아마도 새로운 진보적 반문화적 가능성)의 부상을 부분적으로 가능하게 한다.

요약하자면, 깁슨-그레이엄은 자본주의를 단일하고, 동질적이며 편재하는 구성체, 즉 무적의 괴물로 가정하는 것을 거부한다. 대신 그들은 자본주의를 다중적이고 분열된 채 증식하는 것으로, 구성체의 모순된 집합으로 이해한다. 마찬가지로 그들은 자본주의를 경제적 활동, 관계, 형태의 총체성으로 보는 것을 거부한다. 내신, 그들은 경세석인 섯을 하나의 빙산으로 묘사하는데, 경제들의 다양성과 복수성을 구체화하는 거대한 부분이 표면 아래에 감춰진 (경제학 담론에 의해 수몰된 것처럼) 것으로 묘사한다. 그러나 이들은 경제적 구성체 내부와 구성체 간의 관계를 축소, 부인, 단순화하는 작업을 거부하기 위하여 이 논의를 더욱 진행시킨다. 그래서 우리는 자본주의의 너그러움에 모든 것을 포함시킴으로써 이 복수성을 무장 해제시키기보다는 경제적 공간을 더욱 복잡하게 만드는 논쟁, 경쟁, 독립성 등을 인식해야 한다. 그들의 주장에 대한 한 가지 마지막 함의는 우리가 '경제'에 대해 근본적으로 새로운 것을 발견하고 진단하기 위한 집요한 수색을 포기해야 할지도 모른다는 것이다. 그것이 새로운 종류의 경제 실천이나 기구를 묘사하는 방식(포스트포드주의, 증권화, 신자유주의)이든, 새로운 형태의 자기성찰과 자기 생산(문화화, 정보화, 경제의 인식론화)이든, 새로운 기술 혁명(디지털화, 컴퓨터화)이나 새로운 공간성이든 간에 말이다. 이 모든 것이 기껏해야 부분적이고 부적절하며 최악의 경우 잘못 이해되었거나 환원주의적이다.

경제적인 것의 담론성

깁슨-그레이엄(1996)은 두 번째 과제를 제시하는데, 그것은 '경제적인 것'이 부분적으로 담론적인 구성체임을 인식하고 이를 통하여 경제들을 국면 분석에 통합하는 것을 고려하는 일이다. '경제적인 것'은 부분적으로나마 항상 담론적이고 또한 담론적으로 구성된다. 우리는 문화주의적 또는 언어적 환원(마치 경제적인 것을 그 복합성에도 불구하고 재현 방식에 불과하다는 듯이 표현하는)을 거부하면서, 동시에 자연주의적이면서 물질적인 환원 역시 피해야 한다.

단지 경제와 관련된 활동이 아닌 경제적인 것의 담론적 구성을 조사하기 위해 우리는 첫째로 경제와 경제학 담론의 편재성과 다양성을 인식해야 하고, 둘째로 학술적이고 제도적인 경제학의 담론과 실제로 연계하기 시작해야 한다. 우리는 "사회에 대한 경제적 이해가 확산된 문화적 형태"의 범위를 전체적으로 검토해야 한다(Morris, 1992b: 8). 루치오는 이미 자신의 '경제적 재현 기획'에서 이 작업을 시작하였다. 그는 경제 활동과 담론을 겉으로는 조금밖에 드러나지 않은 빙산에 비유한 깁슨-그레이엄의 도식을 인용하여 학문적 경제학이 경제적 현실에 대한 포괄적인 지식을 제공할 수 있는 주장에 이의를 제기한다. 그는 "경제적 재현의 지형을 확장적으로(학계 전체와 그 외부에서 발생하는), 파편적으로(한 분야에서 생산된 지식이 다른 분야에서 생산된 지식과 비교할 수 없기 때문에), 논쟁적으로(일부 재현은 여러 분야에 거쳐 가장 기본적인 요소부터 다르기 때문에)" 볼 것을 제안한다(Ruccio, 1998a: 905).

루치오는 이에 해당하는 네 가지 분야, 즉 학계의 경제학자, 학계의 비경제학자, 경제 활동가, 대중문화를 식별한다. 그중 대중문화는 "경제적 주제와 이슈에 대한 언급과 재현으로 가득 찬" 곳으로 제안한다(1998a: 895). 이 분야 중 우리에게 가장 친근한 것은 두 번째다. "거의 모든 학문,

특히 인문학과 사회과학 분야에는 경제 분석을 하는 많은 연구자가 있다. 그들은 경제 개념을 참조하고 생산하여, 사회의 경제적인 것과 비경제적인 것의 관계를 분석하고, 사회와 문화 분석에 경제적 은유를 사용하거나 텍스트, 예술 작품, 문화 생산물을 분석하기 위해 경제 이론과 개념을 사용한다"(895). 물론, 이런 담론을 특권화해서는 안 되며, 이런 담론들이 현재 국면에 현재와 같은 형태로 지속적으로 나타나는지를 질문해야 한다. 그래야 이런 담론의 생산 조건 그 자체를 검토할 수 있다. 게다가, 이런 담론들은 비판될 수 있어야 한다.

나는 루치오의 네 가지 범주에 세 가지 수정안을 제안하려고 한다. 첫째, 나는 다섯 번째 범주를 추가해야 한다고 생각하는데, 이 다섯 번째 범주는 루치오가 경제 활동가로 의미한 것과 반대되는 의미로 정책, 법, 기업의 담론을 가리킨다. 예를 들어 미첼(2005, 298)은 이런 담론을 "상품의 디자인과 마케팅, 준비은행reserve banks과 투자신탁회사의 계산과 예측, 경영대학과 법학대학의 사례 연구, 정치적 싱크탱크의 프로그램과 국제 개발 기구의 정책"에 위치 짓는다. 물론 이 목록은 경제 이론, 논리와 계산이 호출되거나 만들어지는 실제 정책과 사업 현장을 모두 포괄하도록 확장될 수 있다. 그러나 (경제 과제에 의해 정의되는) 자기 성찰적 경제 행위자의 개념도 보완되어야 하는데, 이는 스스로를 경제 행위자로 여기지 않는 사람(및 기관)에 의해 수행되는 모든 종류의 경제 활동에 대한 인식과 함께해야 한다.

둘째, 루치오의 대중문화 범주를 확대해야 하는데, 이는 경제적인 것이 정당하게 이야기되는 일련의 장소들을 확장하여 이해하기 위하여 경제적 상식의 개념을 취함으로써 가능하다. 대부분의 사람들이 일상생활에서 경제와 그것의 구체적 측면에 대하여 논의한다는 것은 사실이다. 그들은 경제 영역과의 관계와 그 속에서 자신의 행동을 계산한다. 또한 그들은 경제적 선택과 판단을 위한 자신들만의 이론, 논리와 계산 방식을 가지고 있다. 왓킨스(1998)는 자본주의적 상식에 따르면 자본주의는 자신의 (경제적) 자원의 기원으로 보인다고 주장한다. 예를 들어, 시장에 대하여 말하면서 그는 "시장은 경제적 자원이라기보다 경제 가치를 가진 특정한 자원이 있는 장으로 보인다"(5)라고 주장한다. 또한 왓킨스에 따르면 "시장의 존재 자체가 항상 그리고 어디서나 손에 넣을 수 있는 것이기 때문에, 시장의 출현 또는 출현의 실패에 대한 주요 조건은 사회적 장의 총체성이 있는 곳에서는 어디서나 나타날 수 있다. 따라서 시장이 가능한 주요 조건은 상품과 발생하는 기존 시장을 가정하는 '사회생활의 상품화'가 아니라 시장을 구성하는 소비자의 작업이다"(17). 하지만 단지 소비자의 작업으로 가능한가? 그리고 소비자의 가정된 존재에서 이미 가정된 것은 무엇인가?

여기서 최선의 방식은 상식 개념을 '재고 없는 흔적'으로 간주하는 그람시(1971)의 모델에 기초하여 이 담론의 영역을 종종 서로 모순된 파편들로 구성된 것으로 여기는 일이다. 이러한 상식은 개인의 문제가 아니라 사회적 구성과 투쟁의 장소다. 이 상식은 주로 다양한 재현적 미디어(영화, 텔레비전), 정동적 미디어(음악), 참여적 미디어(비디오게임, 게임쇼) 등의 대중 영역에서 만들어지지만, 다양한 제도적 담론(예를 들 '낙수 이론,' '불량 자산 toxic assets')과 주요 인물(예를 들어 그린스펀, 제프리 삭스Jeffery Sachs,[164] 폴 크루그먼Paul Krugman[165] 등)이 대중 영역에 재접합하는 곳에서도 만들어진다. 이 상식은 예를 들어 직접적이고 간접적으로 다루어지는데, 일확천금의 방식과 '경제적 제국주의'의 한 형태로 제공되는 다양한 책과 미디어 제품의 대중화를 통해 이루어진다. 즉 이런 상품들은 모든 인간 활동과 문제에 대하여 경제적 논리와 실천을 해결책과 최선의 설명을 제공한다(예를 들어 Becker, 1978). 심지어 고루한 대학 평가 기관 THE에서 발행하는 《대학 평가 보충 자료

164 미국의 경제학자로 국제 금융, 거시 경제 정책에 대한 탁월한 연구 업적으로 세계적인 명성을 얻고 있다. — 옮긴이

165 미국의 지리 경제, 국제 경제 분야 경제학자로, 2008년 노벨경제학상을 수상했다. — 옮긴이

Times Higher Education Supplement》(Reisz, 2008)도 "오늘날 경제학의 '음울한 과학'은 섹시하다"라고 인정해야 했다. 그러나 이러한 상식은 다양한 경제 사건, 이슈 그리고 종종 위기에 대한 뉴스 보도와 저널리즘의 다양한 형태와 미디어를 통하여 매우 자의식적으로 형성된다.[166] 젊은 세대는 대화형과 비대화형 미디어를 통하여 교육 실천과 자료에 더 크게 영향을 받고 있다. 하지만 의외로 국가경제교육협의회National Council on Economic Education나 국가경제협회National Economics Association와 같은 단체들이 종종 기업의 도움을 받아 가며 제작하고 배포하는 유치원부터 고등학교 교육까지 다양한 교재와 자원에 대한 논의는 거의 존재하지 않는다.

셋째, 이와 같이 다양한 담론 간의 관계를 조사해야 한다. 우리는 이 담론 간의 필연적 관계가 있다고 가정할 필요가 없는데, 예를 들어 더 이론적이고 교육적인 담론, 특정 기관을 정당화하거나 설명하는 담론, 그리고 구체적 행동과 일상생활에 대한 담론적 실용성 등을 생각할 수 있다. 이것이 신자유주의 담론 내부분의 약점인데, 이것은 이런 담론들이 모두 동등하고 동일하다고 가정하는 경향이 있다. 예를 들어 분과 학문으로서 경제학의 담론 및 실천과 경제 정책으로서의 다양한 담론 및 실천 사이의 관계를 생각해 보자. 나는 이것을 한편으로는 경제 이론과 과학의 담론, 다른 한편으로는 제도와 일상생활에서의 다양한 장소에 배치된 응용 경제학의 담론 사이의 관계로 묘사한다. 경제학 분야(적어도 신고전주의 형태)를 비판하기 위해 우리는 경제학이 현대 정책을 설명하거나 결정한다고 가정하는데, 너무 자주 현대 경제 실천과 정책 내의 거대한 모순이나 광범위한 경제 담론, 정치 이데올로기와 실용성 그리고 상식의 교차점에서 정책이 결정되는 방식을 검토하지 않은 채 이런 가정을 한다. 그리고 다양한 경영

166 예를 들어, 존 클라크는 2007년에 시작된 경제 위기 당시 시장을 '신경'계(긴장, 패닉, 전염성, 공포 등)로 묘사하는 빈도가 증가한다고 지적했다(2009년 2월 개인적 대화).

이론을 지지하는 서적들이 베스트셀러가 되는 가운데, 우리는 이런 이론들이 실제 사업을 이끈다고 가정하는 위험을 감수한다. 사업가를 포함한 모든 경제 행위자는 다양한 형태의 강신론spiritualism과 종교를 포함한 복합적이고 종종 모순되는 믿음과 가정에 따라 움직이다(Salamon, 2001; Rubin, 2007). 달리 말하면, 경제는 절대 경제학자들이나 다른 이들이 가정하는 만큼 합리적이지 않다(예를 들어 존 케인스John Keynes의 "야성적 충동animal spirits"[167] 또는 로버트 실러Robert Shiller의 "비이성적 과열irrational exuberance"[168]).

루치오의 기획은 경제 담론과 지식을 말 그대로 폭발시킬 뿐 아니라 경제 담론이 너무 정당하고 그럴싸하게 논의될 수 있는 일련의 공간들을 지적한다. 그의 기획은 우리(즉 학계의 비경제학자들)에게 우리가 여전히 학계 내에 위치하고 따라서 경제의 제도화된 언어를 생산한다는 점을 상기시킨다. 동시에 우리는 학계 외부를 경제 지식의 생산자이자 소비자로 간주해야 한다. 그러나 더욱 중요한 것은 루치오가 이제는 우리가 경제학을 다수의 담론에 의해 구성되는 경쟁하는 분야로 생각해야 한다고 주장한 점이다. "이 관점에서, 경제 이론과 접근법은 다른 사회적 장소에서 생성되고, 학습되고, 활용되고, 경쟁하는 것이며, 학계 내외에서 많은 사회적 실천에 내재된 것으로 보아야 한다"(2008a: 896).

경제학 담론의 세계가 이렇게 확장하는 것은 이 담론의 전체 범위를 비판적으로 다루어야 하는 우리 과제를 바꾸지는 않지만, 분명히 과제의 범위를 바꾼다. 사실 학계의 경제학자들과 비경제학자들 사이의 가장 가능한 관여는 아마 가장 인식되지 못한 것일지도 모른다.

167 소비 의욕을 사람들의 표면적으로 드러나는 행동(직감, 성향, 감정과 같은)으로 설명하기 위한 용어다. — 옮긴이

168 2013년 노벨경제학상 수상자 로버트 실러가 2000년 초 '닷컴 버블'의 종말을 고하며 IT 버블의 형성과 붕괴를 경고하며 쓴 말이다. — 옮긴이

> 학계의 경제학자들은 비경제학자에 의해 수행된 경제 분석을 읽거나 다루기는커녕 거의 인정하지도 않는다. 마찬가지로, 경제학 이외의 분야의 학자들은 종종 경제학을 하나의 방법이나 일련의 결론으로 생각한다. 예를 들면 "경제학자들에 따르면 이러하다"거나 "경제학은 이렇게 작동한다"와 같은 답답한 주장을 한다. 이런 주장은 경제학 분과를 구성하는 다양한 이론적 접근을 간과하거나 무시한다. 그리고 대부분의 경우 학계의 어느 집단도 경제 활동가와 경제 외부의 사람들에 의하여 생산되고 확산되는 경제의 언어와 담론을 심각하게 다루지 않는다. (Ruccio, 2008a: 895)

루치오는 경제적 담론의 "형성 규칙과 담론 규칙"(896)을 밝히기 위하여 모든 범위의 경제 담론을 분석할 것을 제안한다. 이런 담론에 대한 비판적 관여는 우리로 하여금 경제적 재현으로 여겨지는 것은 무엇인지를 질문하고 다른 사회적 장소와 집단에서 다양한 재현이 중요해지는 방식을 탐구하게 함으로써 경제 지식을 탈중심화한다.

실제로 학계 내에서 비경제학자와 경제학자 사이의 관여는 우려될 정도로 드물다. 그런 만남이 발생하더라도, 나는 그 만남 자체로도 걱정스러운데, 경제학자는 '실제'에 대해 학과의 틀에 얽매인 담론으로 이야기하는 경향이 있는가 하면, 문화연구자는 이런 주장을 일반적으로 순진하다고 무시한다. 결국 각 측은 각자의 분야가 최종 (때로는 종종 최초) 심급에서 결정한다고 생각하는 경향이 있다. 우리는 대화를 이어가되 다른 분야를 즉각적으로 거부하지 않으면서 학제성의 약점을 특정한 학과의 탓으로 돌리지 않는 방법을 찾아야 한다.[169] 이러한 대화는 경제 패러다임을 보다 광범위하

169 어떤 지식의 주장, 심지어 가장 절제되고 축소된 주장에도 다음과 같이 질문할 필요가 있다. 그것은 어떤 용도와 관련성이 있는가? 우리가 아는 것은 무엇인가? 우리가 이를 통해 무엇을 할 수 있는가? 나의 가정은 학제성이 유일하게 가치 있는 지식의 형태라는 것이 아니라, 실증주의에 반하

게 다룰 것을 요청한다. 우리는 종종 경제학이 너무 기술적이기 때문에(이는 경제학자들이 문화연구에 대해서도 비판할 수 있는 지점이다) 이러한 작업을 하지 않는다고 정당화하지만, 우리는 이런 대화가 가능한 공간을 찾으려 하지도 않았다. 학제적 탐색을 위한 요구는 다른 방향으로 작동되기도 한다. 예를 들어 경제학자들은 점점 다른 분야, 특히 심리학과 사회학으로 눈을 돌리고 있는데, 그들은 종종 여전히 무책임하면서 무례하다. 그러면서 그들은 이런 패러다임이 자신의 요구에 가장 일치하거나 그들이 가장 과학적으로 보이기에 선택한다고 말한다. 그리고 경제학자들이 인류학이나 담론적인 용어로 문화에 대하여 논의하기도 하는데, 결과는 문화연구자들이 무역 협상이나 관세 등을 다루는 방식 못지않게 부끄러울 따름이다.

현재 경제 현실에 대하여 논의하는 최선의 방법을 찾는 데 방해가 된 실수는 신고전주의 경제학의 패권적 위치가 더 지배적인 양적 및 모델링 기법과 결합된 것이고, 그다음은 이런 결합이 학과의 총체성을 결정할 것이라고 가정한 것이다. 이런 가정들 가운데 우리가 확인할 수 있는 문제들이 무엇이든 간에(예를 들어 균형에 관한 실질적인 가정, 모델의 추상성, 사회관계의 정량화, 또는 실증주의가 유일한 인식론이라는 주장 등), 우리는 이런 작업을 무시하면서 스스로를 위험하게 한다. 게다가 대부분의 경우 신고전주의 경제학에 대한 문화연구자들의 이해(이를 종종 정의되지 않는 신자유주의의 정치 및 경제 개념과 혼동하기도 하는)는 심각하게 불충분하고 지나치게 단순하다. 평론가들은 신고전주의 패러다임이 20세기 초 경제 침체와 정부의 역할에 대한 케인스의 이론에 반대하여 만들어진 것이라고 너무 자주 가정한다. 사실 신고전주의의 기본적 틀과 가정(한계주의marginalism 등)은 19세기 후반과 20세기 초에 만들어진 것이고, 한편으로는 계획 경제에 반대하는 논의와, 다른 한편으

여 문화연구가 사회 세상의 변화를 상상하려고 하는 한 가치 있는 지식의 형태라는 것이다.

로는 제임스 리빙스턴James Livingston(1997: 61)에 따라 "비용 할당 및 장기 투자 계획"에 대한 실질적 해결책으로서 "제한 없는 경쟁에 대한 기업의 대안"의 부상과 관련이 있다. 리빙스턴(61~62)에 따르면, 한계주의자들과 신고전주의 경제학자들은 "자본주의 연대와 경영 재량이 새로운 경제 성장과 사회 발전의 조건이 될 변화를 상정하는 (전제하고 촉진하는) 모델을 설계하였기 때문에" 이겼다.

신고전주의는 2차 세계 대전 후 그리고 1970년대 세계 금융 위기와 선진 공업 국가들의 스태그플레이션의 출현 이후 재구성되었다. 사실, 다양한 버전의 신고전주의 이론들이 현존하는데, 이들은 일련의 가정과 이론으로 여겨야 하고 그중 많은 부분은 지난 수십 년 동안 도전받았고 수정되어 왔다. 더군다나 이러한 가정과 정리theorem는 또한 신고전주의 경제학의 다양한 입장으로 결합되고 접합되었다. 주요한 전제들은 한계효용 이론, (효용의 최대화로서) 인간 행동에 대한 합리적 선택 모델, 자유 시장 이론 등이 있다. 자유 시장 이론에서 자유 시장(이것이 경쟁 또는 규제 완화를 의미하는지는 논란의 여지가 있지만)이 가격 메커니즘의 합리성을 구체화한다. 신고전주의는 한때 완벽(투명)한 정보의 결과를 수반했을지 모르지만, 이런 전제조차 도전받는다. 게다가 신고전주의 경제학은 일반적으로 거시경제학을 미시 경제 이론 아래로 통합시키고 균형equilibrium 이론과 집합aggregate 이론을 채택한다. 더 구별되게 특정 형태의 신고전주의 경제학은 기업가의 중심 역할(오스트리아학파의 핵심 전제), 통화주의, 주적으로서 인플레이션, (단기) 수익성의 근대화의 바람직성, 그리고 경제 성공의 척도로서 성장이라는 우선순위를 포함한다. 그러나 현대 신고전주의 이론의 헤게모니 효과를 가장 정확하게 특징짓는 것은 고도로 정량적(20세기 이용 가능한 자료가 폭발한 결과로서)이고 매우 정형화된(모델링) 방법론의 채택이다. 물론 이런 방법들은 신고전주의 학문에만 한정된 것은 아니다.

경제학 분과의 다양성을 더욱 인정하고 신고전주의 경제학의 헤게모니가 완전히 분과를 지배 또는 점령한 것으로 가정하지 않는 것이 중요하다. 경제학 분과와 모든 경제학자가 신고전주의라는 가정은 학계 내 경제학 담론의 복합성을 무시하는 것이다. 이러한 복합성을 진지하게 받아들이기 위해 나는 두 가지 발전, 이는 학계 경제학 내에서 관련 있는 두 개의 집단 또는 운동을 강조하고자 한다. 첫 번째는 보통 '비주류 경제학heterodox economics'이라고 불린다. 이것은 학계 내에서 매우 실질적인 제도적 존재감을 가지고 있으며 신고전주의 경제학의 헤게모니가 성립되는 과정에 소외되거나 배제된 많은 패러다임, 입장, 연구 전통 등의 연합을 묘사한다. 이 목록에는 종종 포스트케인스주의, 신리카도주의neo-Ricardian, 마르크스주의, 페미니즘경제학, 제도주의, 정치경제학, 비교경제학, 실험경제학, 진화경제학, 역사경제학, 행동경제학, 환경경제학, 신경경제학neuro-economics, 복합성 이론 등이 포함된다. 경제사회학, 경제인류학, 경제역사학, 경제지리학 등 다른 분과와의 연계를 통해 이 목록을 더욱 확대시킬 수 있지만, 이를 위해서는 새로운 형태의 참여가 필요하다. 언뜻 보기에 이런 다양한 전통을 연결시키는 유일한 것이 신고전주의 헤게모니와 그것의 전체주의적 전술에 대한 반대뿐인 것 같지만, 이러한 집단 중 적어도 일부는 현재 경제적 기반에 대한 비판과 새로운 공통 기반을 찾는 데 함께 관여하고 있다.[170]

두 번째 집단인 '포스트자폐적 경제학post-autistic economics'도 중요한 제도적 존재감이 있다. 2000년 6월 21일 프랑스의 유력 신문 〈르 몽드*Le Monde*〉는 "교육 과정에 다원주의가 결여된 것을 비난하는 경제학 전공 학생들"이라는 제목의 기사를 실었다(Fullbrook, 2003 참조). 이 기사에서 언급된 이들은 경제학 명문대로 손꼽히는 국립고등사범학교École Normale Supérieure

170 비주류 경제학에 대해서는 존 하비John Harvey와 로버트 가넷Robert Garnett(2008)을 참조하라.

의 학생이었다. 그들의 불안은 쉽게 말해서 모델링과 방법론에 대한 지나친 강조가 경제학 연구가 경제 현실과 단절된 상황을 초래했다는 것이다. 같은 달 케임브리지의 경제학과 대학원생들도 비슷한 공식 항의문을 발표했다. 2001년 8월에는 비주류 경제학을 전공하는 학생들로 구성된 한 국제회의가 경제학 연구에서 근본적 개혁을 요구하는 캔자스시티 제안Kansas City Proposal(39~41)을 발표하였다. 이 개혁안은 인간 행동에 대한 보다 넓은 개념, 문화 인식, 역사 고찰, 사실과 가치의 분리를 거부하는 지식의 새로운 이론, 경험적 기반에 대한 헌신, 확장된 연구 방법론, 학제 간 대화 등을 포함하였다.[171]

캔자스시티 제안에서 확연하게 드러나듯이, 이 두 운동은 신고전주의 헤게모니에 대한 다양한 비판을 제공한다. 가장 공통적인 것은 현대 신고전주의 이론의 형태와 관련이 있다. 포스트자폐적 경제학과 비주류 경제학자들은 신고전주의 경제학의 형식주의가 필연적으로 경제학 연구가 실질적이고 실천적인 문제들로부터 분리된 상태를 야기한다고 주장한다. 그 결과 경제학에는 현실주의가 결여되어 있다. 대표적 비주류 이론가인 토니 로슨Tony Lawson(2003: II)은 다음과 같이 말한다. "현대 학문이 별로 건강한 상태가 아니고, 형식주의적 주류 기획이 지배적 위치에 올랐다는 사실이 이 기획이 지금까지 사회 현실을 설명한 기록과는 관계가 없다는 의견이 널리 퍼져 있다." 여기에 문화연구를 위한 공간을 제공하는 경제학 내부에 있는 위기의 기미가 보인다.

현실에 대한 형식주의의 포기는 신고전주의 이론의 연역주의 논리와 관련이 있는데, 이는 '사건 규칙성'을 끊임없이 탐색하게 하고, 세계가 폐쇄적인 체계로 작동한다는 가정을 강요하게 한다. 로슨은 경제학이 과학이

171 포스트자폐적 경제학에 대해서는 에드워드 풀브룩Edward Fullbrook(2003; 2007; 2008)을 참조하라.

되기 위해서는 인간과 사회 모두를 복잡하고, 진화하고, 열린 것으로 간주하는 존재론을 견지해야 한다고 주장한다. 이러한 존재론은 실제적으로 조건적이고 역사적이며 틀릴 수도 있다.

> 다양한 생산성 성과, 작업 조건, 실업률 상승 또는 하락 등에 초점을 맞출 때, 우리는 우리가 강조한 이러한 특징이 일시적인 발견적 척도로서라도 고립되어 존재한다고 생각하지 않는다. 그렇게 하는 것은 우리가 사는 세상과 전혀 다른 세계를 가정하는 것이고, 이렇게 가정된 세상은 현실과 무관할 것이다…… 간단히 말해서 무언가를 (일시적으로) 초점으로 여기지 않는 것과 그것이 아예 존재하지 않는 것처럼 다루는 것 사이에는 큰 차이가 있다. 추상을 그리는 것과 무엇을 고립된 상태로 다루는 것은 결코 같은 것이 아니다. (Lawson, 2003: 23)

루치오(2005)는 로슨의 제안에 동의하면서도 경제 분석을 위한 새로운 존재론적 기반으로서 비판적 실재론으로 전향한 로슨을 비판한다. 마찬가지로 존 데이비스John Davis(2006: 23)는 비주류 경제학이 사회적 현실을 "본질적으로 역동적이며 과정적이며, 상호 연결되고 유기적이며 구조화된 것으로 보며…… 비주류 경제학은 출현을 나타내며 가치와 의미를 포함하며…… 다기능적"인 것으로 제안한다. 한마디 덧붙이자면 많은 경제학자에게 이러한 이론은 정치 영역의 현저성을 인식해야 하는 것으로 여겨진다. 비주류 이론가들은 사회적으로 삽입된 개인과 사회 구조 사이의 변증법에 대하여 이야기하며, 다른 학문에 적극적으로 관여한다. 그들 중 많은 사람은 특별한 접근법이 헤게모니가 되는 반면 다른 접근법은 비주류가 되는지에 대하여 자기반성적인 관심을 갖는다. 그리고 경제 연구에서 수학적, 통계적 기업의 위치에 대한 진지한 논쟁이 있다.

비주류/포스트자폐적 경제학에 대한 우려와 주장은 소외된 '괴짜들loonies'로 이루어진 작은 집단에 국한되지는 않는다. 최근 경제학 내에서 많은 논쟁과 난제에 관한 여러 기사가 발표되었는데, 대부분은 당시 진행 중이던 금융 위기와 관련된 것으로 제시되지 않았다.[172] 많은 일류 경제학자는 캔자스시티 제안과 같은 주장에 동의하였고, 보다 많은 사람이 주류 경제학에 대한 비판을 받아들이기 시작했다. 매리 모건Mary Morgan과 로버트 솔로Robert Solow와 같은 존경받는 주류 경제학자들은 20세기 초반부터 더 많은 양과 빠른 속도로 수집되는 데이터를 설명하는 모델을 만들려는 의지가 경제학을 지나치게 단순화된 실천에 기초한 기술적 분야로 만들었다는 사실을 비판하였다. 솔로(1997: 54)는 "역사와 사회적 맥락으로부터 독립된 경제학의 부분은 작을 뿐 아니라 따분하다"라고 말했다. 사실 학계의 경제학자들 가운데 신고전주의 헤게모니를 구성하는 다양한 가정들 사이의 관계를 탐색하는 것을 발견할 수 있다. 예를 들면 수학화의 필요성과 모델의 가치에 대한 방법론적 가정, 원자론atomism의 존재론적 가정(개인주의와 그를 따르는 집합), 완벽한 (경쟁적) 시장과 최적화 (또는 이성적 선택), 그리고 한계주의와 균형에 대한 이론적 가정 등이 있다.

또한 잠시나마 주류 및 비주류 경제학에서 문화경제학이라는 간판을 내걸고 많은 진지한 논의들이 있다. 비주류 경제학뿐 아니라 심지 '주류' 전통에서도 문화에 대한 다양한 문제를 다루고 폭넓은 관점을 취하는 연구들이 많다. 우리는 이런 문헌을 무시하는 경향이 있지만 말이다. 데이비드 스로스비David Throsby(2001)의 책은 가치, 문화 자본과 지속 가능성에 대한 이론, 그리고 경제 발전의 문화 그리고 문화의 경제학에 관한 보다 명백한 관심(문화유산의 경제적 측면, 창조성, 문화산업 문화 정책의 경제학 등을 포함한)에 대한 논의를 포함한다.

확실히 가장 직접적인 문제는 문화가 '합리적인' 행동에 미치는 영향

172 예를 들어 퍼트리샤 코헨Patricia Cohen이 쓴 기사 "경제학부에서 기본 가정에 대한 토론 의지 증가"(*New York Times*, 2007. 7. 11)를 참조하라.

에 대한 질문이다. 많은 이들이 인정하는 바와 같이 사람들은 경제학자들이 문화를 분석하기 위하여 통과해야 하는 책략에 대하여 어떻게 반응해야 할지 모른다. 예를 들어 문화경제학에 관한 심포지엄에서 발표된 에세이(Guiso, Sapienza & Zingales, 2006: 23)는 다음과 같이 주장한다. "검증 가능한 가설 없이는…… 아마도 다중 평형 사이의 선택 메커니즘 이외는 경제학에서 문화의 역할은 없다." 여기서 저자들은 문화가 경제적 결과에 영향을 미친다는 것을 입증하기 위해 필요한 3단계 절차를 제안한다. (1) 기대와 선호에 대한 문화의 직접적 영향을 드러낼 것, (2) 그러한 신념과 선호가 경제적 결과에 영향을 준다는 것을 나타낼 것, (3) "문화와 경제학에 대한 모든 작업은 인과 관계가 양방향 — 문화에서 경제로 그리고 경제에서 문화로 — 으로 작동할 가능성이 크다는 문제에 직면해 있다…… [경제학자는] 자발적으로 축적된 차원보다는 이전 세대로부터 개인이 물려받는 문화의 차원에만 초점을 맞춘다. 이러한 선택은 신념의 문화적 결정 요인을 조작 변수로 사용함으로써 신념과 선호의 문화적 요소를 분리할 수 있다"(24). 마치 중요한 문제에 대해 아무것도 하지 않겠다라는 모습으로 보인다.

다른 의미에서 에릭 존스Eric Jones(2006: ix)는 "문화는 역사를 아주 희미하게 통과할 뿐이며 비경제학자들이 제안하는 것보다 문화가 미치는 독립적 영향은 훨씬 적지만, 문화는 어느 정도 행동과 선택 그리고 기술에 영향을 미친다"라고 제안한다. 그러나 불과 몇 페이지 뒤에서 그는 "경제학은 선택이라는 행위의 추상적 범주이기 때문에, 선택의 기술은 문화적으로 중립적이고 정의상 보편적이라고 생각하는 것이 더 합리적인 입장일 수 있다. 일부 경제학자들이 서구 사회 외부에서 전면적인 시장 행동에 대한 법적, 종교적, 사회적 장애물을 허용하는 것을 놓치지 않는다면, 그것은 그들의 약점이지 과학의 약점이 아니다"(6)라고 주장한다. 결국 존스는 문화적 고착cultural fixity과 문화적 무효cultural nullity라는 두 극단 사이에서 길을 찾아 나서는 것을 옹호한다. 문화적 고착은 문화가 일차적이라고 주장함으로써 상대주의로 귀결하는 입장이고, 문화적 무효는 문화가 중요하지 않거나 존재하지 않는다고 가정하는 입장이다(여기서 그가 두 극단에 이러한 이름을 붙인 것은 흥미롭고 많은 점을 시사한다). 반면에 다소 아이러니하게도, 문화의 중요성은 좌파보다 우파에 의하여 좀 더 옹호되어 왔다. 예를 들어 로런스 해리슨Lawrence Harrison은 다음과 같이 주장하였다.

> 사회가 발전하는 방식에 대한 문화적 가치, 신념, 태도의 영향은 학자, 정치인, 개발 전문가 등에 의해 외면되어 왔다. 그에 대한 알렉시스 드 토크빌Alexis de Tocqueville, 막스 베버Marx Weber, 최근에는 프랜시스 후쿠야마Francis Fukuyama, 새뮤얼 헌팅턴Samuel Huntington, 데이비드 랜디스David Landes, 로버트 퍼트넘Robert Putnam, 루시안 파이Lucian Pye 등의 견해에도 불구하고 말이다. 전문가들은 지리적 제약, 부족한 자원, 잘못된 정책과 취약한 제도 등을 지적하는 것을 훨씬 편하게 생각한다. 그렇게 하면 그들은 성공과 실패에 대한 문화적 설명으로 발생하는 부당한 비교, 정치적 민감성, 상처받은 감성 등을 피할 수 있다. (Harrison, 2006: 1)

해리슨은 변인 25개를 세계관, 가치관과 미덕, 경제적 행동, 사회적 행동이라는 네 가지 범주로 구성하여 '진보 성향적progress-prone'과 '진보 저항적progress-resistant'이라는 문화 유형을 제시한다. 아마존(Amazon.com)의 한 후기는 해리슨의 책이 정량적 분석과 정량화 가능성의 부족으로 인해 경제학자들에게는 유용하지 않지만, 정치학자 및 사회학자에게는 어느 정도 도움이 될 수 있다고 제안했다.[173]

최근에 경제사학자 그레고리 클라크Gregory Clark도 유사하게 문화의 중요성을 제안하였다. 그는 제도적 조치가 지속적인 경제 성장이 가능한

173 게시자는 윌리엄 G. 로즈William G. Rhoads(2006. 7. 7)다.

새로운 구성체를 시작하는 필요한 변화를 이루어 낼 수 없다고 확신한다. 대신 그는 산업혁명의 시작을 알린 유럽의 급속한 경제 성장이 문화적 변화에 의해 가능했다고 주장한다. 예를 들어 개신교와 부상하는 중산층에 의하여 지목되었던 행동의 변화가 유럽이 (맬서스주의적) 빈곤의 순환을 깨고 생산성과 성장 순환의 새로운 경제적 형태를 만들 수 있게 했다. 이러한 변화는 유전적 변화를 유발했고, 말 그대로 새로운 — 근대적이고 자본주의적이며 유럽적인 — 인간을 탄생시켰다. 클라크에 따르면, 이러한 새로운 문화와 그에 따른 경제적 변화는 부상하는 (그리고 착취당하는) 농민/노동 계급이 아닌 쇠퇴하는 엘리트 귀족들에 의해 확산되었다. 바로 이 귀족들의 급락하는 사회적 궤적이 그들의 문화를 바꾸도록 강요했고 증가하는 필요와 전근대적인 조건에 대한 응답으로서 새로운 행동 레퍼토리를 만들게 강요했다. 클라크의 이론은 문화에 중요한 역할을 부여하지만, 동시에 노동 계급의 기원과 역할에 대한 명백한 난제 역시 제기한다.

물론 문화연구는 이러한 다양한 논의에 참여함으로써 많은 것을 배울 것이고, 동시에 이런 과정에 상당한 위험도 존재한다. '문화' 분야의 사람들이 왜 이러한 논의에 더 자주 참여하려 하지 않는지 생각해 봐야 한다. 내 생각에 그 이유는 현실적으로 그러한 참여가 — 단순한 정치적 비난과 인식론적 비판을 넘어서 — 다른 기획을 의미하는 것이고 경제학을 재창조하는 국면적인 기획을 의미하기 때문일 것이다.

경제적인 것의 맥락성

경제가 부분적으로 담론으로 구성된 것이라면, 우리는 경제가 물질적인 것으로도 구성된 것임을 인정해야 한다. 더 직접적으로 말하자면 경제적인 것, 즉 실천, 관계, 제도도 역시 맥락적으로 구성된다. 우리는 경제가 복잡한 맥락적 관계 안에서 구성되고 위치하고 존재할 뿐 아니라 기능하는 방식을 분석해야 하는데, '경제적인 것'의 특수성과 사례로서 분석해야 한다. 다시 말해서, 무엇이 경제적인 것이고 그것이 경제적으로 작동하고 존재하는지는 맥락적으로 결정된다는 것이다. 경제적인 것은 맥락적 분석 없이는 절대 이해할 수 없는 것이다. 예를 들어 시장은 자연적인 것이 아니다. 즉 시장은 만들어져야 하며 따라서 시장에 대한 단일한 보편적 모델은 없다. 마찬가지로 자본주의를 정의하는 방식에 대해서도 질문해야 하는데, 자본주의를 계급의 모순, 생산 양식의 모순, 노동의 상품화, 잉여 가치의 전유 방식(또는 착취), 또는 보편적 등가물의 존재(즉 자본의 재현으로서 화폐) 등으로 정의할 수 있다.

자본주의는 어떤 특정한 경제가 아닌 특정한 사회구성체 안에서 '경제적인 것'의 조직을 가능하게 하는 일련의 체계를 설명하는 추상적인 범주다. 이를 위해 접합뿐 아니라 협상, 거리두기, 타협, 주변화 등 다양한 담론과 실천 사이의 접합 형태를 살펴보아야 한다. 구체적으로 특정한 궤적을 따라서, 그리고 특정한 시리석, 제노석 상소에 위치한 경제 관계와 실천을 살펴보아야 한다. 이는 일반적으로 정치적, 경제적, 문화적 생활의 교차점에서 다양한 행위자, 제도, 실천, 담론 간의 관계를 살펴봐야 하는 것을 의미한다. 즉 사회구성체를 다양한 구성체, 영역, 수준의 구체적인 접합으로, 즉 국면적 총체성으로 연구해야 한다.[174]

근대라는 특정한 문제-공간에 무슨 일이 벌어지는지를 설명하기 위해서는 우선 특정한 국면으로 돌아가야 한다. 신자유주의라는 기호 아래서 멋지게만 설명되는 방식을 선호하게 되면서, 이러한 작업은 종종 무시

174 이 작업의 일부는 이미 경제학의 규제학파와 마르크스주의 재상정 그룹을 포함한 일부 마르크스주의학파, 또는 다양한 제도 및 사회 경제학(소스타인 베블렌Thorstein Veblen, 폴라니, 브로델의 추종자 포함)과 일부 페미니즘 경제학자들 사이에서 진행 중이다. 문화연구 및 관련 분야(인류학, 지리학 등) 내에서도 이미 이 작업을 시작한 사람들이 많다. 경영대학원에서도 이에 관련하여 흥미로운 발전이 있다(예를 들어, 담론적 구성체로서 회계 역사에 대한 연구).

되어 왔다. 클라크(2007)가 주장한 바와 같이 신자유주의라는 개념은 매우 다양한 의미를 지니며, 신자유주의는 마술처럼 외견상 지배적이고 조화로운 형태로 서로 연결이 된다. 신자유주의는 자본 축적의 새로운 형태로, 기업자본주의의 확대된 범위로, 그리고 "사회적이고 정치 생활의 간접적인 경제화"로 정의되기도 한다(Clarke, 2009). 때때로 신자유주의는 경제적 기획이지만, 어떤 때는 이데올로기적 기획이면서 또 다른 때는 통치성의 한 형태로 보인다. 신자유주의는 때때로 재정 정책, 통화주의, 글로벌 제국주의, 노동 시장 또는 기업 거버넌스와 이익에 관한 것이기도 하다. "사회 운동과 신자유주의 정책, 특히 '참여'와 '시민권'의 핵심적인 운영 사상과 원칙 사이의 '비뚤어진 합류perverse confluence'"에 대한 에벨리나 다니노Evelina Dagnino의 관찰(Clarke, 2009에서 재인용)을 우리는 어떻게 다룰 것인가? 그 합류가 무엇이든 간에 질문은 그것이 기존의 실천, 기획, 담론 또는 구체적인 (낡은 그리고 새로운) 배치configurations에 어떤 방식으로 탈접합되고 재접합되는가 하는 것이다. 그리고 그것이 접합되고 있고 심지어 접합의 작업 일부를 진행하고 있다면, 그것은 자신의 정체성에 어떤 영향을 미치는가? 그러나 신자유주의가 거의 대부분의 앞에 놓이는 형용사가 되면서, 신자유주의의 담론이 이러한 국면적 분석의 작업을 더욱 어렵게 만드는 것 같다. 신자유주의란 분명히 개념이라기보다 '곤경에서 쉽게 벗어나게 하는' 용어이며, 그 뜻이 항상 구체화되고 맥락적으로 놓이지 않는 한 이 용어가 없는 것이 더 나을 것이다.[175]

175 이러한 분석은 또한 다양한 정치적 구성체와 경제적 담론 및 실천 사이의 접합의 복합성을 무시한다. 예를 들어, 신고전주의 경제학에 대한 다음과 같은 보수적 비판을 고려해 보라. "인간 사회에 대한 우리의 과학적 무지는 심오하다. 이것이 바로 경제 시장과 정치적 자유, 말하자면 열린 사회의 값비싼 시행착오 과정이 필연적인 이유다. 《괴짜 경제학》의 가장 큰 아이러니는 존 로트John Lott가 그 책이 시장의 역할을 정의한다고 평가한 것이다. 하지만 인간의 행동이 그가 가정하는 것만큼 분석하기 쉬운 것이었다면, 시장이란 거의 필요 없을 것이다"(Manzi, 2007: 51). 또

(우리가 해야 하는) 이런 작업은 국면 분석을 사회적 총체성으로 유럽-근대적 분열에서 비롯된 파편들을 구체적이고 (상대적으로) 자율적인 영역이나 범위로 재구성하는 것으로 본다. 이러한 영역 또는 범위는 (그것들이 사회 구성체 내에서 차이와 구별이 생산되는 방식에 의해 교차되고 접합되는 속에서도) 이후 다양한 담론과 실천에서 물화된다reified. 그러나 바로 이 실천은 결국 유럽-근대성 자체의 윤곽과 배치를 재생산하는 것으로 귀결된다. 경제가 사회적, 정치적, 문화적으로 구성된다는 것을 인식하더라도, 우리는 경제를 계속해서 '고립'시키고 때로는 거의 무의식적으로 경제를 특권화한다. 대안적으로 우리는 '경제적으로 관련된 실천'뿐 아니라 '경제적인 것'을 구성하기 위하여 경제가 사회적 실천의 다른 형태로부터 명백히 '탈착근disembedded' 되는 방법과 그에 대한 작업을 탐색해야 한다. 이런 분리disentanglement 작업은 실제로 한동안 경제학 분과의 주요 작업이다. 더욱이 이런 영역이 비교적 명백하게 자율적으로 생산된다는 역사적 사실은 '경제'가 계속에서 총체성의 관계 안에 내재하고 그 관계에 의해 접합되어 있지 않는다는 것을 의미하지 않는다. 이 역사적 사실은 또한 그 총체성 안에서 그것의 작동을 이해하는 최선의 방법을 보장하지도 않는다.

'경제'를 분리시키는 작업을 분석하고 때로는 반박하는 것은 단순히 내부적으로 경제를 차별화하거나, 경제가 서로 다르고 모순된 구성체와 발전을 포괄하는 것을 인식하는 것만의 문제가 아니다. 이러한 작업은 경제나 경제적으로 관련된 활동의 '조립assembling'이나 구성을 인식하거나 경제의 역학이 완전히 내부적이라는 가정을 폐기하는 것만으로는 충분하지

한 적어도 미국에서는 경제 정책이 항상 비경제적 용어로 팔리거나, 보다 정확하게는, 사회적이고 국수주의적인 문제에 뒤쳐진다는 것(그리고 선거 담론에서 상대적으로 배제된다는 것)을 기억해야 한다. 그런 의미에서 미국에서 이른바 신자유주의 이데올로기의 성공은 대중적 선택의 결과가 아니라 항상 국가 안보와 도덕의 문제를 따라 발생한다.

않다. 앞서 말했듯이, 우리는 경제적인 것의 범주, 이 범주 안팎에서 실천의 분포, 그리고 실천을 범주에서 포함하거나 제외하는 것의 효과가 미리 주어지거나 보장되는 것이 아니라는 것을 인식해야 한다. 이런 실천들이 국면을 구성하는 복잡한 관계임에도 불구하고 말이다. 물론 많은 부분은 국면을 어떻게 구성하느냐에 달려 있다.

여기에는 경제에 관한 문화연구를 위한 두 가지 압축된 질문이 있다. 첫째, 우리는 유럽-근대성에서 구성된 경제학의 명백히 특권적 위치를 설명해야 한다. 어떻게 특정한 기구와 집합체가 구체적인 종류의 정체성, 특권, 권력을 부여하며 그것들이 특정한 효과 결정을 가능하도록 사회구성체에 삽입되고 위치 지어지는가? 이 질문이 결정과 자율성의 문제를 다른 방식으로 제기하고, 상대적 자율성의 한계를 피하는 방법을 가리키기 바란다. 둘째로, 경제가 지니는 특정한 '국면적 지배'라고 묘사되는 것의 본질은 무엇인가? 이 지배는 종종 '신자유주의'라는 용어로 언급되었다.[176] 미첼(1998: 91)은 "만약 경제가 단지 담론적 구성물이었다면…… 경제가 왜 이토록 강력해졌는지에 대한 의문이 생긴다"라는 질문을 던진다. 물론 여기서 우리는 어떤 것도 단지 담론적 구성물이라는 주장에 동의할 필요는 없다. 아마도 지그문트 바우만Zygmunt Bauman(2000: 4)이 가리키는 것은 후자의 국면적 질문일 것이다. "고체를 녹이는 것은 전통적인 정치적, 윤리적, 문화적 얽힘으로부터 경제의 점진적 풀림untying을 초래하였다." 물론 이러한 얽힘의 풀림이 이미 오래전에 발생한 것이 아니었는지에 대한 질문을 제기할 수 있다. 이러한 질문들을 구별하는 또 다른 방법은 가설로서 경제의 세 가지 '상태state'(여기서는 편의상 시작으로 표시된)를 대조하는 것이다. (1) 사회관계에 착근된 시장(이는 '경제적인 것'의 범주가 없다는 의미가 아니라, 최소한 그

176 2007년 시작된 경제 위기로 인해 이러한 지배력이 크게 감소할지는 지켜봐야 할 일이다.

경계가 모호해지고 변화하고 있음을 의미함), (2) 사회관계의 탈착근된 체계로서의 시장, 즉 유럽-근대적 경제, (3) 사회관계가 아닌 것으로 시장, 즉 이중으로 현대 국면에서 분리된 시장(예를 들어 금융 시장이 작동하는 방식 — 파생상품 등 — 또는 적어도 금융 시장이 스스로 작동한다고 상상하는 방식)이 있다.[177]

유사하게 나는 미첼(1998: 84)이 제기하는 논쟁적 주장, 즉 '경제'의 의미가 당연시 여겨진 것은 불과 1930년대부터라는 언급이 두 번째 질문의 변형이라고 생각한다. 미첼은 경제의 현대적 의미가 20세기 초 역학/물리학 이론을 적용한 결과이며 이로 인해 경제학자들이 "성장을…… 경제를 대상으로 정의하는 관계의 총체성 강화로 상상"할 수 있게 하였고, 또한 경제를 "계획, 규제, 통계적 계산 및 재현의 새로운 권력을 위한 장"으로 바꾸었다고 주장한다(91).[178] 미첼이 유럽-근대성을 "특정 국가 또는 정권 내에서 상품과 용역의 생산, 분배 그리고 소비 관계의 구조 또는 총체성"(82)으로, 또는 경제 관계의 일반 구조, 즉 "자명한 총체성"(88)으로 당연하게 묘사할 때, 그가 유럽-근대성의 두 순간을 병합한다고 주장할 수 있다. 나는 20세기 초반에 '경제'에 중대한 변화가 발생하였고, 그 변화는 자료 수집에 대한 새로운 요구와 기술에 기반을 둔 새로운 통치성에 종속되었다는 미첼의 주장이 옳다고 생각한다. 그러나 더 긴 역사적인 일련의 접합 내에서, 이런 변화는 경제를 분리 가능한 총체성이자 통치 권력의 대상으로 구성하는 유럽-근대적 재접합의 하나이며, 또한 이것은 가장 최근의 재접합도 아니다. 미첼의 이러한 해석은 옳기도 하고 틀리기도 하다. 경

177 상태 2와 상태 3의 차이는 (이 통찰은 케리 하딘Carey Hardin으로 인해 가능했다) 두 종류의 기계 사이의 차이로 볼 수 있으며, 전자는 (우선 자연과 사회를 나누고 그 다음에 사회적인 것의 다양한 영역을 나누는) 영토화 기계의 결과이고, 후자는 경제적인 것이 사회적인 것에 내용으로서 접합되는 표현이 되는 계층화 기계의 산물이다.

178 미첼은 19세기에 그 어느 누구도 '경제'라는 대상을 언급하지 않았다는 주장을 너무 강조한다. 이것은 사회생활의 담론적 현실에 대한 주장을 세우기에는 너무 취약한 기반이다.

제가 1930년대 처음으로 자율적인 총체성을 구성되었다는 진단은 틀렸지만, 경제의 총체화와 자율화의 성격이 1930년대에 크게 재구성되었다는 것은 맞다. 나의 주장은 20세기 전반에 경제적인 것의 탈착근 형태forms of disembeddedness의 재구성이 내가 자유주의 근대성liberal modernity라고 명명할 것을 성립하기 위한 투쟁의 지속적 표현이라는 것이다. 그리고 몇십 년 뒤에 우리는 자유주의 근대성에 대항하는 투쟁의 맥락에 더 중요한 변화를 목격하게 된다.

그러나 경제 영역 밖으로 제외될 수 있는 것이 무엇인지 질문하는 것이 중요하다는 미첼의 주장은 확실히 옳다. 아이러니하게도 과거에 제시된 가장 명백한 답은 가구, 국가, 문화였다! 따라서 미첼의 다음 주장(1998: 93)은 경제적 본질주의에 대한 공격이라 할 수 있다. "경제를 독립적인 영역으로 개념화하고 배치하는 것은 처음부터 모든 시점, 그리고 모든 상호 작용과 교환에서 통화적인 것과 비통화적인 것, 그리고 경제적인 것과 개인적, 공적, 그리고 사적인 것 사이의 차이 유지를 요구한다."[179] 이런 방식으로 미첼은 경제의 문제를 근대성이라는 더 큰 문제의식 안에 위치시킨다.

그렇다면 여기서 근대 유럽에서 근대적 경제의 '구성'에 대한 이전의 역사적 연구를 살펴보는 일이 타당할 것이다. 나는 폴라니(2001)와 브로델(1977)의 작업을 살펴볼 것인데, 두 작업의 차이를 판단하지 않고 그들의 성과를 완전히 받아들이지는 않으려 한다. 폴라니와 브로델은 근대성과 자본주의가 등장하기 전에, 그리고 (특히 브로델의 경우) 어떤 의미에서는 그 이

179 미첼의 주장은 통찰력 있고 중요하지만, 일부 세부 사항, 특히 다양한 이분법 사이의 가정된 동등성과 언제든지 경제적인 것과 연관될 수 있는 특정 이분법에 대해서는 논쟁의 여지가 있다고 생각한다. 존 클라크(2009년 2월 개인적 대화)는 미첼이 경제와 다른 구성체 사이의 변화하는 관계를 놓치고 있다고 지적했다. 푸코(2007a)는 이상하게도 가구를 통한 통치를 경제 행위의 근본적 장소로 자연화한다. 푸코는 소비가 경제와 다른 영역을 접합하는 특이한 부분을 놓치는데, 소비는 경제 회로 내에서 교환 행위와 별도로 발생하기 때문이다.

후에도, 경제가 물질적이고 일상적 생활에 그리고 (폴라니의 경우) 사회관계의 체계에 (초기 분산된 후) 의존하는 것으로 인식하는 것에서 작업을 시작한다.

폴라니와 브로델은 모두 시장, 시장 경제 그리고 자본주의 출현(또는 생산)의 역사를 그려낸다. 지역, 시, 지방, 국가, 국제를 포함한 다양한 시간의 구성체와 다양한 구성체 사이의 차이와 거리를 유지하는 것이 둘의 작업에 매우 중요하다. 두 연구자 모두 대부분의 지역 시장을 경제라고 부르는 것에 위치시키는 것을 적절하지 않다고 생각한다. 이러한 시장은 제한된 경쟁을 보였고 국가 규제에 의하여 만들어지고 통제되었다. 실제로 폴라니는 규제와 시장이 함께 성장했으며 전자는 노동과 토지가 상업의 대상이 되지 않도록 보호하는 역할을 했다고 주장한다. 상품 사슬이 성장하고 연장됨에 따라 국가적이고 장거리 공공 시장은 경쟁적이고 투명한 교환을 위한 장소(경제 행위자가 '가격 수용자price-taker' 역할을 하는)로 제도화되었다. 브로델은 이런 시장이 규제 체제로부터 스스로를 해방시켰다고 주장하는 반면, 폴라니는 '사유 무역'이 중앙 개입과 규제의 증가를 요구하는 방식을 강조한다.

그러나 이러한 시장 경제가 아직 자본주의는 아닌데, 자본주의는 국제 무역의 결과로 등장하기 시작하며 '외부,' 사적, '대안counter-' 또는 반시장 anti-market의 네트워크 생성에 의존한다. 이들은 다른 경쟁 체제를 수립하기 위해 투명성과 규제를 회피한다. 이러한 시장에서 기업 형태의 경제 행위자는 가격을 매기기보다는 결정하기 위해 수요와 공급을 조작하는 기법을 사용한다. 그러나 '자본주의의 탄생'을 알리는 이러한 규제되지 않는 시장조차도 "사회의 적극적인 공모 없이는 상상도 할 수 없다"(Braudel, 1977: 62).[180]

브로델은 18세기까지 유럽 인구의 극소수만이 자본주의 이전의 시장 경제에 영향을 받았다고 주장한다. 두 연구자 모두 초기 근대 경제학자들

180 톰슨(1966)을 참조하라.

이 시장 경제와 자본주의를 통합하여 전자를 마치 후자에 대한 충분한 설명인 것처럼 연구하였다는 점에 동의한다. 물론 둘이 이러한 가정된 동등성과 차이를 설명하는 방법은 서로 다르지만 말이다.

마지막으로 두 연구자 모두 근대 자본주의의 출현을 확인하면서, 브로델은(1977: 46)은 이를 "가장 넓은 의미에서…… 20세기 초에 시작되었다"라고 주장하는 반면, 폴라니는 자본주의의 출현을 외부의 간섭이나 도움 없이 시장 가격에 의해서만 정해지는 시장의 자체 규제 체계의 존재와 함께 훨씬 이른 시간에 위치시키다. 그러나 두 사람 모두 이러한 독립적 경제가 사회에 의존했다는 점을 인식한다. 폴라니에 따르면, 사회는 경제 체계가 자체의 법칙에 따라 기능하도록 재구성되어야 했다.[181]

브로델은 "경제는 다른 앙상블의 관점으로만 이해될 수 있다"(64)라고 주장한다. 그는 자본주의는 "본질적으로 국면적인 것으로" 사회적 상황에서 "변화의 지시에 따라 번영한다"(61)라고 제안한다. 아이러니하게도 폴라니는 자본주의가 경제 및 정치 영역의 제도적 분리에 의해 가능해졌고, 따라서 국가는 더 이상 토지, 노동 및 자본이 ('가상의fictitious') 상품이 되는 것을 막을 수 없었다고 가정하는 반면, 브로델은 마찬가지로 설득력 있게 "자본주의는 국가와 동일시될 때만," 즉 자본이 문자 그대로 국가가 될 때만 승리한다고 주장한다(64).[182] 동시에 그들의 작업 한계는 자본주의 자체의 이야기, 즉 자본주의가 시장의 자체 규제 체계로 구성된다는 점을 계속 믿는 데 있다. 앞으로 해체되고 다시 서술되어야 하는 것이 바로 이 이야기다.

폴라니와 브로델 모두가 지닌 모호함 중 하나는 그들이 '경제'를 역사

181 이에 대한 다른 관점으로는 푸코(2008)를 참조하라.

182 여기서 폴라니가 경제적 자유주의와 자유방임주의를 구별한다는 점을 지적할 필요가 있다. 폴라니는 전자가 보다 높은 이윤을 위해 모든 형태의 사회적 보호주의에 반대하는 반면, 후자는 항상 제한적이면서 국가의 적극적인 개입을 수반한다고 주장한다.

화함에도 불구하고 경제적인 것을 당연하게 여기는지에 대한 문제다. 다시 말해 그들은 '경제적인 것'과 비경제적인 것의 구분을 미리 아는 것처럼 보이는데, 이때 비경제적인 것은 사회적인 것으로 너무 쉽게 동일시되면서 총체성으로서 사회구성체의 한 영역 또는 분야와 융합한다. 그러나 두 연구자에게 경제적인 것 자체는 오직 그들이 기술하는 사회사 내에서만 구성되는데, 그로 인해 경제를 생산과 분배의 체계로 이해할 수 있는 것은 자본주의 내에서만 가능하다. 다시 말해서, 자본주의 생산뿐 아니라 경제적인 것의 특정 범주의 생산은 지식의 형태, 통제의 형태 (정부의 통제를 포함하여) 및 기술의 형태의 교차점에서만 국면적으로 이해될 수 있다. 그러나 동시에 폴라니와 브로델은 어떤 의미에선 경제적인 것의 범주를 당연한 것으로 여기며, 그래서 그들이 유럽의 긴 역사의 장기 지속을 통하여 진행 중인 기구로서 경제적인 것의 존재를 추적한다는 느낌을 지울 수 없다.

따라서 자본주의(그리고 경제)에 대한 이러한 역사는 사회적 총체성 내에서 내밀하게 중첩된 것으로부터 탈착근시키는 이야기로 서술된다. 반면 내가 보기에 우리가 확인할 수 있고 중요한 것은 착근성과 탈착근성의 복잡하고 변화하는 관계에 관한 이야기로, 즉 착근된 탈착근성embedded disembeddedness에 대한 이야기다. 왜냐하면 경제가 사회구성체에서 탈착근된 만큼, 경제는 결코 사회구성체로부터 완전히 탈출하지 못하고, 심지어 결국에는 돌아서서 그것을 재통합시킨다고 주장한다.[183] 폴라니는 이것이 어떻게 작동되는지를 설명한다. 자본주의의 결과는 부분적으로 빈곤과 가난의 생산, 그리고 시장의 법치에서 명백히 설명할 수 없는 생산자 대량의 궁핍화immiseration다.[184] 바로 이러한 실패가 경제를 자연의 권위 아래

183 물론, 다른 국면과 다른 방식으로 이는 문화와 정치 모두에 해당되며, 이 두 가지 모두 다양한 시기에 착근된 탈착근성의 논리에 따라 작동한다.

184 자본주의 그 자체가 빈곤을 낳는다고 주장하는 것은 지나친 단순화일 수 있지만, 자본주의

둘 것을 요구하는 동시에, 빈곤을 관리할 사회의 건설을 요청하는 것이다. 이러한 상황은 희소성이 유럽-근대성의 경제적 가치를 만들기 위한 두 번째 구성 요소로 필요하다는 점을 부분적으로 설명하는데, 그래서 경제는 희소성이 달성해야 하는 필요를 충족하기 위하여 항상 희소성을 생산해야 했다. 그러나 우리는 근대 자본주의와 유럽-근대성이 사회와 사회적인 것의 출몰로 시달린다는 것을 안다. 또한 근대 자본주의와 유럽-근대성은 노동 계급(및 다른 계급)의 생산과 작동을 합리적인 방식으로 통제하기 위하여 고안된 다양한 개입을 요구한다.

근대적인 것 자체가 정치적 문제 틀이 된 맥락에서 (담론과 실천으로) 경제학에 제기되어야 할 질문은 근대에서 경제적인 것의 존재 방식이 어떻게 변화하였고 변화하는지에 관한 것이다. 브로델과 폴라니를 인용하자면, 그 질문에 대한 답은 변화하지만 여전히 역설적 형태의 착근된 탈착근성을 포함한다. 쉽게 말해, 자율 경제란 것은 존재하지 않으며, 상대적인 자율성이라는 제한적인 주장도 과한 부분이 있다는 것이다. 다시 말해서 일종의 이중 접합이 존재한다. 특정한 형태의 탈착근성은 착근성의 형태를 통하여 구성되고, 반면에 탈착근성의 형태는 그것의 탈착근성이 구성체를 통해서 유지되고 분산되는 방식을 통하여 다른 형태의 착근성을 구성한다.

유럽-근대성에서 경제학의 특권적 위치는 착근된 탈착근성의 특정한 형태로 구성되는데, 이 형태는 다른 유럽-근대의 자율적 영역, 즉 문화와 정치(국가)의 형태와 유사하면서 다르다. 우리는 여기서 자율성의 형태와 정도가 영역에 따라 동일하다고 가정할 수 없으며(예를 들어 경제는 거의

가 사실상 사회적 영향과 완전히 분리될 수 없다는 점은 여전하다. 다시 말하지만, 푸코(2008: 32)도 비슷한 주장을 한다. 중세부터 17세기까지 유럽에서 시장은 사법권과 정의의 장소였다. 18세기 중반에 시장은 자연스럽고 자발적인 메커니즘으로 보인다. 가격-가치 관계의 이론은 "시장은 진실과 같은 것을 드러내는 것이어야 한다"라는 가정의 접합일 뿐이며, 따라서 정부의 실천에 대한 검증의 장소를 구성한다.

절대적인 자율성이라는 특권을 지닌다), 심지어 한 영역에서도 동일하게 유지된다고 가정할 수도 없다(예를 들어 문화는 초월적인 자율성에서 평범한 형태의 자율성으로 점차 이동해 왔다). 따라서 경제를 탈착근된 것으로 가정하는 것은 유럽-근대성의 다양한 사회 영역 또는 수준에서의 분열과 물화에 대한 관찰을 넘어선다. 이러한 구조 내에서조차 '경제'에는 독특한 무엇이 있다. 이 독특함은 여러 가지로 설명되었지만, 이 독특함의 가장 명백한 징후는 경제에 관한 이야기의 다양성과 계보로서, 이에 대해서는 어떠한 재결adjudication의 필요나 가능성이 없어 보인다. 예를 들어 루이 듀몽Louis Dumont(1977)은 경제가 상호 연관된 부분들의 일관된 전체로 보이게 만들어졌지만, 표면적으론 자연적인 현상으로 보인다고 주장한다. 유사하게 경제에 대한 미첼(1988)의 계보는 경제를 "항상 존재하는 것은 아닌" 대상이자 "보다 넓은 발전의 맥락에서 새로운 것으로 형성되는" 것으로 인식하면서도, 경제는 "근대에서 다른 영역과 기능에서 탈착근"된다는 점에서 경제를 적절하게 구별해 낸다. 그리고 찰스 테일러Charles Taylor(2004: 76)는 경제를 "고유한 법칙과 역학을 가진 체계를 형성하는 생산, 교환, 소비의 상호 연계된 활동"이라고 묘사하면서, "경제를 하나의 체계로 구상하는 것은 19세기 이론의 성과이지만…… 사회의 가장 중요한 목적이나 의제를 경제적 협력과 교환으로 생각하는 것은 그 시기에 시작하여 지금까지 우리의 사회적 상상 속에서 표류한다"라고 주장한다.

문화연구에서 경제학을 다루려는 노력의 출발점은 경제, 즉 특정한 실천과 관계가 맥락에 따라 '경제적인' 것으로 (그리고 심지어 특정한 경제 형태로) 구성된다는 사실에서 시작해야 한다. 즉 경제적인 것과 비경제적인 것의 구분(그것이 아무리 유동적이고 다공적이라 해도)은 구성된 것이고, 따라서 경제적 본질주의라는 가정(경제 실천과 비경제 실천 사이에 안정적이고 자연스럽고 보편적인 구분이 있다는 것)은 유지될 수 없다. 근대 자본주의적 경제의 맥락에서 경제적인 것으로 정의된 다양한 방식을 고려해 보자. 예를 들어 관계의 특정한 구조로서(예를 들어 자체적인 역학 및 법칙에 의해 통제되는 상호 연결된 활동으로서 생산과 소비의 회로), 가치의 생산으로서, 또는 관계의 특정한 형태로서 경제적인 것이 정의되어 왔다. 물론 상호성reciprocity(대칭적 관계), 재분배redistribution(조공 경제나 사회주의에서), 가사, 공동 소유, 선물 관계 등과 같이 상호 구성적인 관계의 가능성은 많이 있다. 사람들 대부분이 근대 경제의 특수성이 교환 형태라는 특수성에 의해 정의된다고 주장한다고 본다. 그러나 그 특수성은 교환 그 자체일 수 없는데, 왜냐하면 의사소통, 사랑, 성관계, 가정domesticity 등을 포함해 '경제적'으로 여겨지지 않는 많은 교환 관계가 존재하기 때문이다.

그렇다면 교환이 정말로 의미하는 것은 시장관계성market relationality인데, 이것은 애덤 스미스의 시장의 보이지 않는 손(보이지 않는 메커니즘에 의한 자기의식의 사회적 조화의 개념)에 내재된 이익의 필연적인 조화로 이해될 수 있다. 이에 따라 애덤 스미스는 경제가 그 자체의 규범적 특성을 지니며 내버려두면 유익할 것이라고 결론 내린다. 즉 교환(따라서 경제적인 것)은 그런 관계가 의도하지 않더라도 서로에게 유익하다는 것을 전제로 한다.[185] 예를 들어 듀몽(1977: 35)은 "교환을 양 당사자에게 유익하다고 생각하는 것은 기본적인 변화를 상징하고, 경제학의 시작을 시사했다"라고 제안한다. 그는 또한 교환은 인간의 선함을 지향하는 내적 일관성이라는 가정에 달려 있다

185 동시에 사회관계의 영역은 일반적으로 회로(생산 회로, 더 넓게는 생산, 분배, 교환 및 소비 회로에서와 같이)와 네트워크 또는 시장 교환(선택에 대한 그것의 암시와 함께)의 영역으로 축소된다. 시장은 경쟁적(하이에크의 경우 가격-수용자로서)일 수도 있고 자유 시장(프리드먼의 경우)일 수도 있다. 또한 시장은 국제 무역에서와 같이 가치 사슬로 이해할 수 있는데, 여기서 주요 행위자는 기업이고 이 개념의 중요성은 시장의 특권과 가격 경쟁에 반대한 조지프 슘페터Joseph Schumpeter로 거슬러 올라간다. 슘페터(1962: 84)에 따르면 경쟁의 실제 장소는 가격이 아니라 "새로운 상품, 새로운 기술, 새로운 공급원, 새로운 유형의 조직"에 있다. 브로델(1977)은 기업이 지배하는 시장들은 사실상 반시장, 즉 가격-수용자가 아니라 가격을 결정하는 자이며, 이들은 명령과 조정으로 가격을 대체한다고 주장했다. 이러한 반시장은 위계적이고 수요와 공급의 조작을 수반하며 계획의 새로운 실천을 초래한다.

고 결론 내린다. 찰스 테일러는 18세기에 "인간이 상호 이익을 생산하도록 설계된 방식에 대한 인정"이 새롭게 나타났으며, 그는 이를 '보이지 않는 손' 요인이라고 지칭한다. 또 "이 새로운 구상에서 중요한 것은 우리의 목적이 인식 속에서 아무리 다를지라도 서로 맞물린다는 점이다. 우리 목적은 우리를 이익의 교환에 참여시킨다"(2004: 70)라고 주장한다. 그러나 여기서 중요한 점은 테일러가 "이익의 교환"(그것은 특정한 관계 뒤에서 발생하는 것)이라는 개념에서 "인간은 용역의 교환에 관여하고 있다는" 개념으로 넘어간다는 것이다(71). 적어도 이 두 가지는 매우 다른 문제다. 따라서 이 변화에서 기본 가정은 근대적 대상으로서의 경제가 특정한 사회관계에서 개인의 가치 실현이라고 추측되는 사회 이익에 기초하여 구성된다고 본다. 그러나 이러한 정의는 순환적일 뿐 아니라 자기 모순적이기도 하다. 왜냐하면 이런 정의는 시장 실패(그리고 희소성, 가난, 불평등이라는 필연적인 산물)라는 가능성, 즉 필연성을 다룰 수 없기 때문이다.

여기서 착근된 탈착근성의 문제로 되돌아가 보자. 반복적으로 말한 바와 같이 '자율성autonomy'이 구성되는 동안 그것은 실제 효과가 있기에 단순히 환상이 아니다. 경제가 겉보기에 탈착근된 것으로 보이지만, 경제는 계속해서 사회구성체에 착근되고 사회구성체에 의해 관계적으로 구성된다. 경제는 동시에 착근되고 탈착근될 뿐 아니라, 그러한 착근성은 자신의 탈착근성을 정의하기도 한다. 이런 생각은 진정한 딜레마를 야기한다. 무언가가 어떻게 자신의 착근성에 의하여 효과적으로 탈착근될 수 있는가? 무언가가 어떻게 자체 생산적인 것으로 생산할 수 있는가? 이런 방식으로 질문을 하게 되면 쉬운, 그러나 잘못된 해결책을 피할 수 있다. 다시 말해, 경제가 자체 생산으로 생산된다면 더 큰 맥락에 의존하는 것이 멈춘다는 주장은 경제가 탈착근되면 더 이상 착근되지 않는다라는 주장을 피할 수 있다. 그러나 경제적인 것의 역설은 바로 그것이 자기 생산적인 것으로 생산된다는 점에 있다. 또한 경제의 관계적 존재라는 본성은 관계성과 상관없이 어떤 방식으로든 작동하도록 만들어졌다는 것이다. 어떤 방식이라고 하는 이유는 경제적인 것이 분명히 사회구성체의 복합성 내의 위치와 복합성과의 관계로부터 독립적이지 않기 때문이다. 즉 경제적인 것이 총체성에 항상 관계적으로 연결되었기 때문에, 그것의 탈착근성에 대한 부정은 진실이면서 동시에 진실이 아니다.

마지막으로 경제적인 것의 맥락성을 인식하는 일은 경제적인 것이 사회적 총체성과 그 안의 다양한 구성체에 미치는 영향에 대해 생각하는 방식을 재고함을 의미한다. 그것은 최소한 어떠한 형태의 경제주의도 거부하는 것을 의미하는데, 여기서 경제주의란 경제적인 것이 아무리 복잡하게 이해되더라도 그것이 항상 역사와 사회 변화의 원동력이란 주장이다. 경제주의가 경제적 구성체와 특정 국면에서 활동 중인 다른 생산적이고 표현적 측면, 기관, 구성체 사이의 복잡한 관계를 지나치게 단순화하기 때문이다.

분과로서 경제학은 경제적인 것의 탈착근성에 전적으로 초점을 맞추면서 경제적인 것의 사회성이나 관계성을 과소평가하는 위험을 우리에게 제시한다. 인류학은 종종 경제적인 것의 착근성에 초점을 맞추면서 경제적인 것의 사회성과 관계성을 과대평가하게 한다. 과제는 경제적인 것의 착근성과 탈착근성의 변화하는 형태뿐만 아니라 경제적인 것을 실제로 구성하는 두 '존재의 형태' 사이의 접합 형태를 고려하는 것이다.

이 문제는 단순히 경제가 자율적이라는 점을 부인하는 것으로 해결될 만큼 단순하지 않다. 왜냐하면 분과로서 경제학(특히 신고전학파의)의 제국주의는 사회구성체의 전체를 묘사하거나 개입할 수 있다고 주장하면서 경제의 자율성에 의존하면서 동시에 그것을 부정하는 것처럼 보이기 때문이다. 사실상 신고전주의적 헤게모니를 '합리적 기대의 혁명'의 형태로 구성하는 것이 일종의 제국주의인 셈이다. 따라서 듀몽(1977: 294)은 "표준적인 신고전주의의 미시적 도구가 거시적 맥락에 적용되어 스태그플레이션과 같은 현상과 정책 실패를 전체적 수준에서 설명하였다"라고 기술한다.

마찬가지로 개리 베커Gary Becker(1978)는 경제를 분석의 방법으로 바라보면서 선택을 포함한 모든 인간의 행동에 적용한다. 개인이 생각하는 대로 복지를 극대화한다는 가정에서 베커는 근본적으로 다른 종류이지만 착근성으로 이동할 것을 제안한다.

이어지는 과제는 경제의 착근된 탈착근성이 어떻게 투쟁의 장소가 되는지, 그리고 착근된 탈착근성이 경제학 담론이 제국주의적이고 팽창주의적인 방식으로 작동하도록 경제학 담론을 특권화하고 권능화하도록 어떻게 변화시키는지 질문하는 것이다. 경제를 현대 국면에 대한 더 나은 이야기에 통합하려는 시도를 위해 우리는 하나의 가설을 세울 수 있다. 그 가설은 현대적 국면에서 경제적인 것의 역설적 존재 방식 자체가 가시적이고 자의식적인 것이 되었고, 그래서 경제적인 것이 사회적인 것보다 더 크고 외부에 있으며 통제할 수 있는 것으로 그리고 동시에 우리 삶의 매개체로서 경험된다는 것이다. 경제의 효율성은 경제의 탈착근성에 있는 것이 아니라 새로운 형태의 착근성의 결과인데, 이것이 역사가 만들어지고 우리 자신과 변화에 대한 감각의 핵심 공간이다.

유럽-근대, 특히 자유주의적 근대에서 문화는 — 구체적으로 미학적 또는 표현적 텍스트이자 더 일반적으로는 언어 또는 커뮤니케이션으로서 — 사람들이 자신을 이해하고 자기 삶의 역사적, 정치적 변화와 도전을 경험하고 그에 의미를 부여하는 영역으로 특권을 누렸다. 게다가 자유주의적 근대에서 문화는 역사 그 자체가 만들어지고 경험되며, 저항이 조직화되는 결정적 영역으로 여겨지게 되었다. 알튀세르(1970)의 용어를 사용하자면, 문제는 어떤 영역이 '지배적dominant'[186]일 것인지에 관한 것이다. 즉 정치적 변혁, 역사적 변화, 그리고 삶 경험의 선두가 어디에 위치할 것인가에 대한 질

186 '마지막 경우에 결정적'인 것과는 대조적으로.

문이다. 나는 현대의 국면에서 문화의 지위가 경제적인 것에 비하여 약화되었다고 제안하고 있다. 경제적인 것은 역사가 만들어지고 경험과 저항이 정의되는 영역이 되어 가고 있다. 더 나아가 나는 헌법과 경험의 중요한 중심지가 경제적인 것과 경제(들)에 있다고 가정하고 있다.[187] 그러나 이런 변화가 단순히 사회생활의 경제화라는 (착시된) 주장과 동일하다고 생각하지는 않는다. 나는 다른 연구(Grossberg, 2010)에서 부상하는 '감정 구조'가 있음을 제안하는데, 이것은 '직접적으로' 경제학 영역 내에서 구성되고 또한 경제학을 구성하고 우리가 경제 문화라고 불러야 하는 문제를 전면에 내세운다. 그리고 새로운 감정 구조는 문화경제가 관심의 대상으로 간주되는 이유 중 하나라고 생각한다. 그러나 동시에 이러한 변화를 이해하기 위해서 우리는 사회구성체가 별도의 수준이나 영역으로 구성되었다는 전망을 버리고, 국면적으로 사고하는 새로운 실천을 모색해야 한다.

가치와 통약

이 마지막 섹션에서 나는 현대 국면에서 경제적인 것에 대한 국면주의적 재고의 가능성과 그것의 위치를 제안하고자 한다(Grossberg, 2010 참조). 경제적 가치에 대한 노동 이론을 간략히 요약하는 것에서 시작하여, 우리가 이 가치의 이론을 맥락화해야 한다고 결론 내릴 것이다. 그리고 가치에 대한 일반적 고찰을 할 것인데, 이는 가치 문제의 두 가지 차원, 즉 생산과 통약commensuration을 구별하게 한다. 그리고 '통약'이 모든 실천의 한 측면이자 국면을 가로지르는 위력으로서 경제적인 것을 정의한다고 제안할 것이다. 나는 결론적으로 현재 국면적 위기 일부는 통약의 선 위에 분산된 위

187 그리고 아마도 기술 — 그러나 이것은 명확히 세대 간의 차이라고 생각한다.

기의 집합으로 배치되어 있다고 주장할 것이다.

나의 의도는 (경제) 가치 이론의 역사를 자세히 제공하려는 것이 아니라 그 이론의 발전을 강력하게 형성한 동의와 이견의 조건을 이해할 수 있는 충분한 역사적 배경을 제공하는 것이다. 경제 영역 내에서도 가치는 수많은 문제를 가리킨다. 예를 들어 (애덤 스미스의 용어로 하면) 이용 가치value in use는 유용성 또는 사용 가능성에 대한 질문을 가리키며 때때로 특별한 (이용) 가치를 얻기 위해 기꺼이 포기할 수 있는 것의 관점으로 설명했다. (또다시 스미스의 용어에서) 교환 가치value in exchange는 일반적으로 어떤 것을 얻기 위해 거래해야 하는 것, 즉 교환을 위한 다른 상품의 양으로 생각되었다. 때때로 교환 가치는 스미스의 '자연 가격natural price,' 마르크스의 '생산 가격price of production' 그리고 다른 이들이 '원가 결정 가격'이라고 부르는 것과 같은 가격의 개념과 동일하거나 적어도 그에 의해 측정되는 것으로 가정된다. 교환 가치가 가격과 어떻게 연결되는지에 대한 질문은 그 자체로 '변환 문제transformation problem'라고 불리는 다양한 종류의 문제를 제기한다.

애덤 스미스 이전에 가치에 대한 지배적인 이론은, 모든 가치가 토지에 고정되어 있어 토지가 가치의 유일한 원천이라고 주장하는 중농주의자와, 가치는 자본이나 금괴와 동일시하는 중상주의자의 이론이었다. 두 이론의 결과, 특히 중상주의자의 경우, 전 세계 가치의 총합은 유한하고 불변하는 것으로 간주되었다. 따라서 한 지역에서 경제의 성장은 다른 곳에서의 손실을 수반했다.

다양하게 해석되는 애덤 스미스(1723~1790)의 이론은 가치의 자본가 이론뿐 아니라 기존의 가치의 효용 이론도 거부하면서 시작했다. 고전 자유주의 경제 이론은 사용 가치와 교환 가치가 실천적인 목적에서 서로 독립적이라는 점을, 그리고 이는 가치의 역설을 초래한다는 것을 인식하면서 시작한다. 스미스(2003)는 이것을 다이아몬드와 물의 역설이라고 불렀다. 결국 스미스는 다이아몬드는 교환 가치가 매우 높지만 사용 가치가 거의 또는 전혀 없는 반면(그는 다이아몬드의 산업적 용도를 전혀 알지 못했지만, 그런 경우에도 다이아몬드의 교환 가치를 설명하지는 못한다), 물은 사용 가치가 매우 높은 반면(생존을 위하여 필요하기 때문에) 적어도 최근까지 교환 가치는 매우 낮다고 주장했다.

가치 이론과 마르크스주의의 역사에 대하여 매우 영향력 있는 로널드 미크Ronald Meek(1956)의 연구는 스미스의 연구를 다음과 같이 평가한다. 스미스는 상품의 교환은 활동의 교환이며, 가치는 생산자로서 인간 관계의 결과로 생산된다고 가정함으로써 가치 그 자체를 사회관계로 만드는 큰 진전을 이루어 냈다. 결과적으로 스미스는 가치의 노동가치론을 제안하면서 상품을 생산하는 데 사용된 노동이 상품 가치의 원천(반드시 상품의 실질과 양을 구성하지 않더라도)이라고 제안했다. 즉 상품은 사회적 노동 때문에 가치를 획득하지만, 반드시 사회적 노동의 결과물은 아니다. 그러나 스미스에 따르면, 상품 가치의 진정한 척도는 그것의 교환 조건인데, 거기에서 상품 가치의 양은 스미스가 '명령 가능한 노동commandable labor'이라고 부른 것, 즉 시장에서 판매와 명령을 가능하게 하는 임금-노동의 양에 의해 정의된다. 따라서 스미스는 양적 노동이 아닌 질적 노동가치설을 제시했다. 그러나 미크에 따르면, 스미스는 발전된 시장 경제에서 시장 가격이 더 이상 노동 비용에 비례하지 않는다고 주장했는데, 이제 상품의 가치에는 생산 수단의 소유자에 대한 보상이 포함되어야 하기 때문이다. 이 점은 스미스에 대한 근본적인 의문을 제기하는데, 그가 노동 비용이 시장 가치를 규제한다는 점을 부인하는 것과 구체화된 노동과 명령된 노동 사이의 거리를 감안할 때, 이익 그 자체는 어떻게 가능하고 계산할 수 있을까?

데이비드 리카도David Ricardo(1772~1823)는 스미스가 가치와 임금, 따라서 가치와 가격을 혼동했다고 주장하면서 이 딜레마에 부분적으로 대응한다. 리카도는 가치 이론의 필수적인 출발점은 노동 시간에 의한 가치의 결정이라고 단언한다. 상품의 가치, 즉 교환 가치는 노동의 양이 임금과 동일시되지 않는 한 그 상품을 생산하는 필요한 노동량에 비례한다. 따라서 절대 가치는 불변하는 것이다. 그러나 리카도는 상대적 가치의 금전적 표현인 '자연 가격'은 생산 비용에 의해 결정되며, 여기에는 이익의 수단이 어느 정도 결정된 평균 비율로 포함되어 있다고 주장한다.

마르크스는 이 논의에 합류하면서, 경제(한편으로 가치와 가격을 그리고 다른 한편으로 호모 에코노미쿠스Homo economicus를 포함한)가 자연적으로 주어진다는 스미스와 리카도의 가정을 비판한다. 하지만 마르크스는 이런 가정의 담론적이고 계산적 논리에서 부분적으로 연계하며 활동한다. 미크의 영향력 있는 논문을 따라 다시 말하자면, 마르크스는 교환 관계(교환 가치의 핵심으로 보이는 것)가 생산 관계에 의해 결정되며, 즉 상품 교환의 가치 양식은 생산력(노동)의 교환 양식에 의존한다고 주장했다. 어떤 면에서 이것은 스미스와 리카도의 노동가치설을 되풀이한다. 그러나 이런 주장에 대한 마르크스의 부분적 기여는 "일반적인 상품 생산에서 그리고 특별히 자본주의 상품 생산에서 생산 관계와 교환 관계 사이의 질적이고 양적인 연관성"을 이해하기 위해서 가치 법칙의 성량 분석을 개발한 것이었다(Meek, 1956: xiv).[188]

마르크스는 가치(또는 가치-형태)를 모든 상품의 교환 가치의 공유된 특성으로 정의했다. 가치는 생산 과정에서 상품에 구현된 노동의 재현으로, 생산에 투입된 살아 있는 노동living labor과 그 노동이 사용한 생산 수단에 구현된 죽은 노동 모두를 가리킨다. 보다 정확하게 말하자면, 가치는 사회적으로 필요한 (평균적인) 노동 시간의 재현이다. 마르크스는 또한 사용 가치와 교환 가치 사이의 구별을 재생산하는데, 여기서 전자는 '구체적인' 노동

188 미크는 마르크스의 가치 이론에 대해 다양한 해석이 있다고 지적한다. 어떤 이들은 마르크스의 가치 이론이 그의 경제 이론의 일부분이 아니라 자본주의에 대한 그의 비판(소외, 상품 페티시즘, 착취)의 필수적인 부분이라고 주장할 것이다. 다른 이들은 마르크스가 가격 형성의 역학 이론 또는 (가격의 규모가 노동의 양에 비례하도록) 가치의 법칙에 기초한 가격의 노동 이론을 제시한 것이라고 주장한다. 마지막으로, 마르크스의 가치 이론의 또 다른 영향력 있는 연구자인 이자크 루빈Isaak Rubin(1973)은 그것을 경제의 여러 부문에 노동/가치의 분배 이론으로 해석할 것을 제안한다.

력(또는 노동 시간)의 재현/구현이고 후자, 즉 교환 가치는 무역에서 가치의 출현 또는 표현으로서 추상적인 노동력(또는 시간)에 의해 정의된다. 마르크스에 따르면, 필요와 욕구에 대한 반응으로 결정되는 사용 가치는 진정한 물질적 풍요의 장소다. 이와 같은 가치의 두 가지 형태는 상품 속에서 서로에게 비교되어 함께 유지된다. 마르크스에게 자본주의는 노동력의 상품화에 의해 가능하고 정의되는 것이며, 이로 인해 노동력 자체가 자신만의 가치를 지니고 모든 재화와 용역의 가치로 측정되는데, 이것은 노동자들이 노동력을 지속해서 팔기 위해 필요한 것이다. 이러한 상품화는 '잉여 노동'의 존재와 '잉여 가치'의 생산을 가능하게 하는데, 이는 노동력이 그 가치에 판매될 때도 노동의 '사용 가치'가 교환 가치를 초과하기 때문이다. 다시 말해서, 가치의 사용은 잉여 가치, 즉 그 자체의 가치보다 더 많은 가치를 더한다.

미크는 마르크스가 《자본론》에서 그의 이론을 조금 더 복잡한 방식으로 해석해야 한다고 주장한다. 미크는 마르크스가 분석의 세 가지 구별된 논리적 단계 — 반드시 역사적인 순서는 아닌 — 를 묘사한다고 주장하기 때문이다. 첫 번째와 두 번째 단계는 《자본론》 제1권에서 찾을 수 있다. 첫 번째 단계는 사람들이 특정 상품을 생산하고 교환에 관여하는 단순한 상품 생산에 기반을 둔 사회를 설명한다. 이러한 조건 아래서 균형 가격은 이러한 상품을 생산하기 위해 일반적으로 사용되는 노동량에 비례하는 경향이 있다. 두 번째 단계는 자본의 도입을 수반하는데, 자본이 노동을 발견하는 기술적 조건에 기초해 자본이 노동을 종속시키는 시기다. 여기서 기술적 조건은 일반적으로 원시적 축적이라고 하는데, 우리는 미크의 가정과 달리 자본이 폭력 행위(예컨대 영국의 인클로저enclosure[189])를 통해 이러한 기술 조건을

189 근세 초기의 유럽, 특히 영국에서 영주나 대지주가 목양업이나 대규모 농업을 하기 위하여 미개간지나 공동 방목장과 같은 공유지를 사유지로 만든 일을 말한다. 15~16세기의 1차 인클로저와 18~19세기의 2차 인클로저로 인해 중소 농민은 농업 노동자 또는 공업 노동자로 전락하였

실제로 생산한다는 점을 인지할 수 있다. 결과적으로 자본은 계급 소득의 새로운 형태, 즉 잉여 가치를 창출하는데, 여기서 이익은 자본의 양보다는 노동의 양에 비례한다.

그러나 미크는 《자본론》 제3권에 간략하게 서술된 세 번째 단계가 있고, 이 단계에서 마르크스가 선진화된 자본주의의 가격에 대하여 새로운 형태의 설명이 필요하다는 스미스의 의견에 동의하는 것 같다고 주장한다. 잉여 가치는 이익으로 전환되었고, 이익은 투여된 자본의 양에 비례하고, 가격은 가치에 의해서가 아니라 '생산 가격'으로 정의된다. '자본주의적으로' 수정된 상품 관계의 단계에서, 가치의 문제는 생산에서 노동-자본의 관계가 임금과 이익의 사이의 국가 수입의 분배를 어떻게 결정하는지를 고려하는 것으로 방향이 전환된다. 마르크스는 노동 가치와 균형 가격 사이에 근본적인 관계를 조금은 다르게 가정한다. "총이익은 정의상 총잉여 가치와 같기 때문에, 총이익은 당연히 가치의 합은 생산 가격의 합과 같다는 것을 따른다. 달리 말하면, 가치로부터 생기는 가격의 편차는 서로 상쇄된다"(Meek, 1956: 191).

마지막으로 미크는 "'기본적이고' '확장되고' 그리고 '금전적' 형태의 가치에 대한 마르크스의 다소 복잡한 분석"에 호소한다. 그는 "본질적으로 여기서 마르크스의 의도는 상호 순환 작용에서 시작된 모순을 밝히고…… 논리와 역사가 요구하고 제공하는 이러한 모순의 해결책의 본질을 보여 주는 것이다"라고 말한다(1956: 173~174). 이런 주장은 매시(1995)가 수려하게 주장한 보다 맥락화된 가치 이론[190]을 가리킨 것으로 보인다. 루치오와 잭 아

다. — 옮긴이

190 마르크스의 노동가치설에 대한 비판은 마르크스주의자와 반마르크스주의자들뿐만 아니라 우호적인 이들과 '외부인'으로부터도 많이 제기되어 왔으며, 이들의 비판은 이러한 맥락화로 이어지지 않는다. 여기서는 두 가지만 언급하고자 한다. 현대 시대에 보드리야르(1975)는 사용가치와 교환 가치의 분리가 불가능하다고 주장한다. 전자는 사실 후자에 의해 후자의 알리바이

마릴리오Jack Amariglio(2003: 184)는 "시장 경제에는 일반적인 형태가 없으므로 일반적 법칙이나 원칙이 없다…… 각 시장과 시장 가치가 결정되는 각각의 방식은 맥락적으로 이해되어야 한다"라고 주장한다. 문화연구와 많은 마르크스주의 이론 모두의 실패 중 하나는 그들이 정치경제 그리고 특히 노동가치설을 우발적이고 맥락에 근거한 이론으로 다루지 못하는 것이다. 문화연구와 마르크스주의 이론은 급진적 맥락성, 특히 후자의 표현으로 하면 역사적 특수성에 전념하기에 이런 실패는 더욱 역설적이다. 결국 마르크스 스스로가 "직접 형태의 노동이 더 이상 부의 위대한 원천이 아니게 된 순간, 노동 시간은 부의 척도가 되는 것을 멈추고(그리고 멈춰야 했으며), 따라서

로 만들어진 것이다. (이런 주장은 마르크스의 사용 가치 이론이 필요와 욕구의 차이를 설명하거나 판단하지 못한다는 보다 일반적인 마르크스주의 주장과 유사하다.) 보드리야르는 정의상 구체적인 노동은 항상 비교할 수 없는 것이기 때문에 궁극적으로 구체적 노동과 추상적 노동 사이의 구분은 지속 가능하지 않다고 주장한다. 그것이 동등성의 체계로 추상화될 수 있는 유일한 방법은 마르크스주의가 작업과 상징적 교환 사이의 관계/단절을 고려할 것을 요구하는 일이다. 마찬가지로, 스피박(1987: 162)은 "가치는 객관화된 노동의 표현이라는 그 주장은 사용 가치에 대한 질문을 제기한다…… 사용 가치는…… 가치 결정 체계 외부와 내부에 있다. 그것은 노동가치설로는 측정할 수 없기 때문에 외부에 있는 것이다…… 교환 가치는 사용 가치에 대한 과잉 또는 기생적이다…… 자본은 노동력의 사용 가치를 소모한다"라고 주장한다. (보통 이성적이라고 간주하는) 개인에 초점을 맞춘 신고전주의 경제학은 또 다른 과제를 제기한다. 신고전주의 경제학은 (수요를 결정하는) 취향, 욕구, 선호뿐만 아니라 (부분적으로 공급을 결정하는) 생산 능력도 외생적 변수라고 가정한다. 이러한 변수들은 주어진 것으로 간주하며 요구의 충족(또는 충족 실패) 문제의 측면을 제외하고는 경제 자체에서 조치를 취할 수 있는 것이 아니라고 가정된다. 신고전주의 경제학은 생산보다 교환을 우선시한다. 시장은 가치 생산의 장소이며 가치는 수요와 공급 곡선의 교차점에서 완전히 정의되는 가격(이상적으로는 균형 가격)과 동일할 뿐만 아니라 가격으로 측정되기도 한다. 결과적으로 가치는 (부분적으로 또는 전체적으로) 효용에 의해 결정된다. 오스트리아학파(예를 들어, von Mises, 1966)의 경우, 이는 가치를 주관적 판단의 문제로 만드는 반면, 다른 신고전주의 경제학자들의 경우 가치는 더 객관적으로 결정되는데(예컨대 공리주의), 여기서 효용은 소비 행위로부터 소비자가 도출한 가치다. 스미스의 가치 역설에 대한 신고전적 해결책은 부분적으로 한계주의의 응용에 달려 있다. 가치는 마지막으로 구매한 상품이 특정한 요구를 만족시키는 효용에 의해 결정된다.

교환 가치는 사용 가치의 [척도가 되는 것을 멈춰야 했다]”(1973: 705)라고 예상했다. 그는 심지어 이러한 변화를 가치의 본질에 더 구체적으로 위치시켰다.

> 그러나 대규모 산업이 발전함에 따라, 실제 부의 창출은 노동 시간과 고용된 노동의 숫자보다는 노동 시간을 가동하는 기관의 권력에 의존하게 된다. 이러한 기관의 '강력한 유효성' 그 자체는…… 생산에 투여된 직접적인 노동 시간과는 균형이 전혀 맞지 않지만, 오히려 과학의 일방적 상태와 기술의 진보에 의존한다…… 진정한 부는 투여된 노동 시간과 생산 사이의 엄청난 불균형, 그리고 순수한 추상으로 축소된 노동과 생산 과정의 권력 사이의 질적 불균형에서 나타난다. (704~705)

마르크스의 가치 이론에 대하여 근본적으로 맥락주의적인 해석을 제시하는 가장 독창적이고 중요한 노력은 모이시 포스톤Moishe Postone(1993)의 작업이다. 포스톤이 자신의 작업을 문화연구에 속한다고 여기지 않을 것이라고 생각함에도 나는 문화연구가 근본적으로 맥락적인 가치 이론을 수용해야 하며, 따라서 마르크스의 노동가치설에 대한 근본적으로 맥락적 해석을 받아들여야 한다고 제안하고자 한다. 스튜어트 홀(2003a: 116)은 이미 문화연구가 이러한 경로를 따라야 한다고 제안하였는데, 특히 마르크스의 노동가치설이 의존하는 추상적 노동의 개념 자체가 역사적으로 특정한 범주로 간주되어야 한다고 주장하였다. “'일반적인 생산production-in-general'이란 것은 존재하지 않는다. 오직 구체적 시간과 조건에 따른 특정한 형태의 생산이 있다. 이러한 형태 중 하나는 다소 혼란스럽게 '일반적인 생산general production'인데, 그것은 특정 생산 부문에 국한되지 않는 '일반화된 generalized,' 즉 추상적인 노동에 기반을 둔 생산이다.” 따라서 홀은 마르크스에게 핵심인 “'가치가 교환 가치가 되는 형식'…… 즉 그것은 특정 역사적 조건(상품-생산의 형태와 조건)에 고유한 것”에 대하여 질문을 제기한다.

포스톤은 마르크스의 가치 이론을 이해하기 위해서는 사회관계(즉 매개)의 특징적이고 결정짓는 형태에 근거하여 부를 그것의 특정한 형태로부터 분리해야 한다고 주장한다. 즉 마르크스의 가치 이론은 추상적인 노동 시간에 기초한 가치를 의미한다. 결과적으로 우리는 마르크스가 의미하듯이 가치를 "역사적으로 특정한 생산 방식에 본질적으로 연결된 사회적 부의 역사적으로 특정하고 일시적인 범주"(1993: 25)로 이해해야 한다. 포스톤은 마르크스에 대한 오독이 널리 퍼져 있다고 주장하는데, 이런 오독은 자본주의를 분배 방식의 변형(노동력을 임금으로 교환하는 것)으로 여기게 된다. 여기서 주어진 생산 방식(산업적 생산)을 가정하면서 노동력을 임금으로 교환하는 것은 부의 원천으로서 가치에 기반을 둔다.[191] 결과적으로 마르크스주의적 비판은 일반적으로 노동의 관점에서 사회관계에 대한 비판으로 여겨졌다. 그러나 포스톤은 만일 마르크스의 이론이 "근대 자본주의 사회에 대한 역사적으로 특정한 비판 이론, 즉 그 사회에서 노동, 매개 형식 및 생산 방식에 기초를 둔 이론"(43)일 수 있는지 질문한다. 이 경우, 자본주의에 대한 마르크스의 비판은 매개의 특정한 형태, 역사적으로 확실한 사회관계로서의 노동의 사회적 성격에 대한 비판이다. 따라서 포스톤에게 중요한 문제는 부의 분배가 아니라 부의 형태 그 자체다.

마르크스의 이론에서 상품에 대한 분석과 특권은 그것의 이중 구조에 기초한다. 상품은 "타자를 위한 사용 가치이자 동시에 생산자를 위한 교환 수단"이다(Postone, 1993: 148). 노동 자체는 구체적이고 추상적인 노동으로 유사하게 이중화되어 있으며, 이는 포스톤에 따르면 "사회적 상호 의존의 확실한 형태"(149)의 역사적으로 특수한 범주로 볼 수 있다. 노동의 두 가지 형태가 구현되고 결합하는 곳은 바로 상품에서다. 결과적으로 "노동 자체가

191 산업자본주의는 생산 방식으로 더 정확히 이해될 수 있는데, 이 안에는 잉여 가치(또는 잉여 노동)의 전유가 자본의 기능일 뿐만 아니라 잉여의 창출도 자본의 기능이다. 산업자본주의는 일반적으로 상업자본주의와 금융자본주의와 구별된다.

명시적인 사회관계 대신에 사회적 매개를 구성한다"(151). 다시 말해서 노동은 자신의 기반을 제공하면서 스스로를 매개하는 것처럼 보이는데, 그 결과 가치는 — 마르크스의 설명에 따르면 — 일반적이고 사회적인 매개의 총체적 형태로 볼 수 있다. 총체적이고 자기 기반적 매개로서의 노동은 필연적으로 상품 안에서 스스로를 객관화시키기 때문에, 자본주의 사회의 본질적인 특징인 사회관계는 객관화된 형태로만 존재할 수 있다. 또한 (노동이자 상품으로) 이러한 이중성은 상품과 돈 사이의 관계에서 다시 한번 외부화된다. 사용될(소모될) 사물인 상품은 이런 이중화를 통해 돈에 의해 사회적으로 매개되며, 이것은 그 자체로 보편적 매개로, 즉 사회관계의 총체적이며 자기 기반적인 매개로 (또다시) 등장한다. 가치는 부의 자기 분배적인 형태로 다른 형태의 사회관계(물질적 부의 형태와 같은)에 의해 매개되지 않는 것으로 보인다. 따라서 포스톤은 "가치란 노동 그 자체가 아니라 노동의 역사적으로 특정화된 형태의 객관화다. 노동은 다른 사회구성체에서 이런 역할을 하지 않거나 그 역할은 아주 미미하다"라고 결론 내린다(167).

가장 간단히 말하면, 포스톤은 마르크스의 노동가치설이 특정한 생산 방식(산업자본주의)에 특정한 것으로 마르크스 자신은 또 다른 형태의 자본주의 도래를 예견했다고 주장한다. 그리고 포스톤은 또 다른 형태의 자본주의에서는 《자본론》 제1권에서 설명한 가치의 특정한 조직, 노동의 특정한 배치, 부의 특정한 형태가 더 이상 유효한 분석 도구가 되지 못할 것으로 보았다. 보다 논란이 되는 것은 포스톤이 결과적으로 자본주의에 대한 마르크스의 비판이 노동의 관점에서 상품화된 사회관계에 대한 비판이 아니라고 주장한 점이다(왜냐하면 노동의 이중성은 부유함뿐만 아니라 상품의 형태와도 밀접하게 연결되어 있기 때문이다).[192]

192 포스톤(1993)과 루카치(1971)의 마르크스에 대한 해석은 유사하다. 사회의 자본주의적 경제화의 결과와 조건에 대한 분석에서 루카치는 부르주아 자본주의(실제로 모든 형태의 자본주

나는 가치의 원천으로 노동이 그리고 노동의 이중적 구현으로 상품이 이제는 경제적 가치에 무관하거나 산업자본주의에 더 이상 존재하지 않는다고 제안하려는 것이 아니다.[193] 나는 단지 이런 관점의 노동이 경제 가치 생산의 유일한 체제가 아니라는 점을 제안한다.[194] 결국 경제는 국면 내

의)에 매우 핵심적 노동력의 상품화가 개인의 분할 — 한편으로는 상품화된 노동력으로, 다른 한편으로는 자유로운(자유주의적, 부르주아적, 인본주의적) 주체로서 — 에 의해 가능했고 동시에 개인의 분할을 생산했다고 주장했다. 루카치에 따르면, 자본주의(그리고 근대주의)는 주체성을 (부르주아) 주관성으로 이해되는 주관적 과잉과 동일시함으로써 노동력, 신체, 프롤레타리아로부터 탈착근시켰다. 이것은 최초이자 근본적인 자본주의적 타협이다. 주관성의 영역과 '사적인 것'의 영역을 양도함으로써 자본주의는 부르주아 시민 사회의 생산을 자유의 영역으로 감독했다. 부르주아 주관성으로 구성된 주관적 과잉은 수세기 동안 경제 기구의 작동을 포함한 특정 종류의 권력 조직으로부터 인간 삶의 특정 영역을 보호하는 것을 정당화했다. 그러나 이것은 인구의 특정 부분(식민주의가 이 근대성의 타협에서 동등한 핵심이었기 때문에)에만 해당된다. 여기에는 정치적 측면이 있다. 자본주의는 시민으로서의 주체의 개념에서 부분적으로 결정화된 추상적 권리의 집합으로 그 가치를 옮김으로써 노동에 최소한의 가치를 부여한다. 여기서 또한 들뢰즈와 가타리(1977)의 노예로서의 노동자에서 주체로서의 노동자, 기계의 코드에 내부적으로 포함된(즉 기계의 노예가 된) 공적인 개인에서 기계 외부에 남아 있으면서 그것에 종속된 사적인 추상화로서의 노동자로의 전환을 떠올릴 수 있다. "사람은 추상적인 수량에서 파생되는 한 현실에서 '사적'인 것이 되었다. 주목할 만한 것은 이러한 추상적 수량['전환 가능한 추상적 권리']이며, 더 이상 사람 자체가 아니다"(272). 근대성이 노동자, 소비자, 시민으로서의 개인의 추상적 존재의 파편들로부터 주체를 생산했다면, 새로운 현대 국면에서 개인은 더 이상 추상적 권리를 주장할 수 없다. 그러한 권리(이제는 재산권으로 재접합됨)는 오직 (금융) 자본의 투자와 생산의 특정 장소에서만 주장할 수 있기 때문이다. 개인은 더 이상 북대서양 근대성의 신비한 추상적(또는 보편적) 특이점이 아니다. 그렇다면 여기서 우리가 직면한 것은 새로운 호명 방식, 즉 사람들을 특정한 통제 및 의존의 기구에 종속시킴으로써 주체를 만드는 새로운 방식이다.

193 그러나 이것은 우리가 "일자리가 없는 자본"이라는 생각 아래 "노동이 멸종 위기에 처해 있다"라고 주장하는 울리히 벡Ulrich Beck(McRobbie, 1998: 139에서 재인용)만큼 멀리 가야 한다는 것을 의미하지는 않는다.

194 나는 포스트포드주의적 이론의 다양한 형태가 이러한 구성체에서 가치의 본질에 의문을 제기하기 시작했는지조차 모르겠다. 점점 더 혁신 과정을 전면에 내세우는 자본주의 구성체의 가치를 어떻게 이론화할 것인가? 슘페터의 의견에 전적으로 동의하고 않으면서도, 가치 생산의 일부 현대적 실천(그리고 이익)은 생산 과정뿐만 아니라 마케팅과 (더욱 문제되는 것은) 기업 형

에서 어떻게 개념화하더라도 경제는 많은 서술이 가정하는 것보다 더 복잡하고 다양하다. 국면 분석의 경험적 작업에 앞서서 노동이 다른 논리와 가치의 원천에 의해서 완전하게 대체되었다고 가정할 수 없다. 그러나 노동이 다양한 방식과 장소에서 반박되고 있는 것은 분명하다. 나는 국면에 대한 분석이 여러 투쟁, 논리, 원천에 대하여 어떤 결론을 내릴지 확신하지 못한다. 비물질적 노동에 대한 현대적 이론화(예를 들어 Lazzarato, 1996 참조)는 현재 국면의 가치 생산과 본질에 대한 맥락적인 이해에 기여할 수도 있지만, 이런 이론들은 기껏해야 부분적(종종 정신노동이 자본주의의 구성 이전에는 결정적이지 않은 것처럼 들리기도)이고 경험적이기보다 놀랄 정도로 이론적이다. 나의 요점은 다른 곳에 있다. 가치의 생산에서 노동 역할의 불확실성(세계 자본주의 경제의 신고전주의적이고 금융적 전향의 담론과 실천에서 부분적으로 표현되고 가시화되는)이 불확실성과 위기에 대한 감각, 그리고 가치의 개념과 실천을 둘러싼 일련의 투쟁에 기여한다는 점이다.

나는 '가치'가 인간 삶의 전반적인 범위에 걸쳐 나타난다고 주장함으로써 가치에 대한 보다 포괄적인 질문을 제기하고자 한다. 가치의 범주가 다양하게 나타난다는 점을 고려해 보자. 첫째, 가치는 재현에 대한 문제로서 기호학에서는 의미 있는 차이를 가리키며 수학에서는 변수를 명시하

태에서 혁신, 금융 시장으로의 기업이 점차 이동하는 중요성, 그리고 금융 및 주식 조작에 의존한다는 것은 분명하다. 이러한 가치 생산의 실천을 일시적이거나 단순한 추측으로 무시하는 것은 우리가 항상 하는 것과 똑같은 오래된 이야기를 다시 쓰는 것뿐이다. 나는 포스톤의 주장(그리고 그것을 사용하는 나의 방식)을 역사주의적인 것으로 읽을 수 있다는 점을 알고 있고, 어느 정도까지는 그것을 기꺼이 받아들일 수 있다. 나는 내가 옹호하는 종류의 급진적 맥락주의가 발달주의(헤겔)나 상대주의(현대의 포스트구조주의 및 인류학적 이론화의 많은 부분에서와 같이)에 대한 헌신을 수반하지 않는다고 주장한다. 대신 맥락주의는 이론과 정치가 특정 맥락으로부터 그리고 그에 대한 반응으로 발전한다고 주장하지만, 그것은 특정 일반화의 유용성을 부정하지도 않고 객관주의적 지시성을 고수하지도 않는다. 다시 말하지만, 이론은 세계를 증인으로 하여 현재와 미래의 가능성에 대응하는 그것의 능력으로 측정된다.

는 것을 의미한다. 둘째, 경제학에서 나오는데, 여기서 가치는 데이비드 그레이버David Graeber(2001: 1)를 인용하자면, "물건에 대한 열망의 정도, 특히 많은 사람들이 그것을 얻기 위해 얼마나 포기하느냐에 따라 측정"되는 것이다. 이것은 자신이 원하는 것을 포기할 때 얼마나 조금 포기하고 싶냐는 질문으로 일반화할 수 있다. 그레이버에게 경제학자들이 가치라고 부르는 것은 바로 "쾌락의 약속"(9)이다. 그러나 이런 방식으로 가치를 다룰 때 경제학자들은 사회관계를 물건으로 축소시킬 뿐 아니라 경제적 가치를 항상 중요한 것으로 여긴다.

셋째, 윤리학이나 미학과 같은 영역에서는 가치가 어떤 양질quality의 존재 또는 척도를 가리킨다. 이런 양질의 특성은 특정한 사례를 초월하는 것으로 여겨질 때도 종종 특정 사물에 내재된 것으로 여겨진다. 그레이버(2001: 34)는 이런 양질을 특이성의 척도로 설명하며, 이것은 적어도 일부 영역에서는 "역사를 축적하는 능력"으로 해석된다. 넷째, 개인적/사회적/문화적 영역에서 가치는 좋고 바람직한 것인지에 대한 관점으로 작동한다. 클라이드 클러크혼Clyde Kluckhohn(Graeber, 2001: 3에서 재인용)은 이것을 사람들이 다양한 행동 가운데 선택하는 데 영향을 미치는 개념으로 설명한다. 가치로서 문화는 인간 행동을 이끄는 원칙, 기준 또는 특성을 가리키는 것이다. 이런 정의는 스튜어트 홀(1981)이 '대중적인 것'이라고 구체화한 것, 즉 사람들이 그들의 삶을 어떻게 살 것인가를 결정하는 계산의 논리와 유사하다. 하지만 불행히도 이러한 설명은 이데올로기 이론과 같이 종종 그러한 '가치'의 중요성과 투자에 대해서는 자세한 답변을 하지 않는다. 그러나 그레이버가 이런 문제들을 '동기 부여 이론'의 필요성으로 포함시킨 것은, 이 문제들을 정동이라는 더 넓은 존재가 아닌 심리학으로 잘못 이끌게 된다.[195]

195 그로스버그(2010)의 4장을 참조하라. — 옮긴이

이렇게 광범위한 가치 담론은 우리를 사용/교환 가치의 생산으로서의 노동 문제로부터 인간 실천의 엄청난 복수성은 사회관계를 구현하면서 동시에 내재하면서 동시에 항상 창의적이라는 인식으로 이동시키는 것으로 보인다. 그레이버가 말했듯이(2001: 45), 모든 실천은 시간, 에너지, 관심 그리고 지능의 상대적인 분배 및 투자를 가시적으로 만드는 '표현'이다. 이러한 투자는 항상 가치의 형태로 구현되며, 이는 사람들이 욕망과 가치의 '대상'으로 유형적인 형태로 그들 행동의 의미와 중요성을 재현하는 방식을 정의한다. 그러나 가장 중요한 점은 모든 행동이 이미 잠재적으로 존재하는 (변형하는) 차이의 가능성을 가시화한다는 것이다(47).

가치에 대한 일반적 이론은 모든 인간 활동이 가치를 생산한다고 제안한다. 즉 가치는 사회적인 것의 유효성을 구성하여, 사회적인 것의 존재 자체이자 모든 사회적 실천의 유효성이다. 나는 여기서 가치의 존재론으로 너무 깊이 들어가지 않으면서 가치에 대한 이런 주장을 이해할 수 있는 방법을 제안하고자 한다. 가치는 가상의 것the virtual을 여는 실세적인 것the actual의 존재presencing다. 가치는 가상의 것이 실제적인 것을 항상 초월한다고 보여 줌으로써 가상의 것과 실제적인 것 사이의 긴장을 체계화한다. 가치는 잠재력potentiality으로서 잠재력의 현실화로 여겨지거나, 가상으로서 가상의 것의 존재로 여겨진다. 즉 가치는 가상의 것으로 가는 입구로서 실제적인 것을 현실화하는 것으로, 항상 실제적인 것보다 더 많은 것을 현실화한다. 가치는 잉여 생산(즉 실제적인 것이 아닌)이므로, 가치는 항상 실제적인 것보다 크고 실제적인 것을 초과하는 현실적인 것the real의 생산이다.[196] 여기서 잉여는 기호화의 논리를 정의하는데, 이것은 또 하나의 타자성과 차

196 이것을 경제적(자본주의적) 용어로 표현한다면, 우리는 가상을 자원으로 이해할 수 있다. 반면에 사용 가치는 효용으로서 자원의 현실화인데, 동시에 항상 효용을 피하면서 동시에 가능한 것으로 만드는 것으로서 자원의 존재를 생산한다.

이의 논리를 생산하지만, 반드시 유럽-근대성의 부정성의 논리를 재생산하지는 않는다. 이러한 이론에서 가치의 특수성은 가치 생산의 형태, 실제적인 것과 가상적인 것의 접합 형식, 즉 다른 맥락에서 특정한 가상성 virtualities이 현실화되는 (그래서 가상적인 것을 과잉으로 포함하도록) 방식에 따라 달라진다. 또한, 나는 가치가 항상 창의적이고 확장하는 가능성이라는 발상을 하트와 네그리(2009)의 주장과 연결시키고자 한다. 하트와 네그리는 가치는 생명의 표현이자 창조와 협력의 힘의 표현으로 간주해야 한다고 주장한다. 이러한 하트와 네그리의 주장은 가치를 생산하는 것이 오직 인간의 실천뿐이라는 (존재론적인) 질문에 대하여 열린 답변을 가능하게 하는데, 그렇다면 세상 자체는 가치를 생산할 수 없는 것인가?

그레이버(2001: 88)가 "정치에서 궁극적으로 중요한 것은…… 가치를 전유하기 위한 투쟁이 아니라, 무엇이 가치인지 확립하기 위한 투쟁"이라고 주장한 것이 옳다고 생각한다. 다르게 표현하면, 가장 중요한 투쟁은 항상 가치가 어떻게 생산되고 생산된 가치가 인간 삶에 어떻게 작동하는가에 대한 것이다. 그러나 이러한 질문들은 항상 특정 국면에 위치시켜야 한다. 현대의 국면에서 대부분의 진단은 경험적 연구에 앞서 이루어지고 있는데, 모든 가치가 교환 가치로 그리고 심지어 돈으로 환원되고 있다고 공통적으로 진단해 버린다. 이러한 진단은 많은 사회 비평가의 비슷한 견해가 지난 백여 년간 제시되었을지라도 충분한 묘사가 아니다. 따라서 지멜(1991: 23)은 1896년에 다음과 같이 제안했다. "지속적으로 요청되는 금전적 가치에 따른 가치 평가는 결국 이런 평가가 유일하게 유효한 것으로 보이게 한다. 점점 더 많은 사람이 돈으로 표현할 수 없는 물건의 구체적인 가치를 빠르게 지나쳐 가고 있다." 그는 또한 "실제로 사물들은 이런 금전적 교환 수단과의 등치를 통하여 자신의 뛰어난 중요성이 평가 절하된다"(24)라고 덧붙인다.

그러나 지멜(1991: 24)은 또한 "무엇이 가치 있는지에 대한 질문과……

그것의 가치가 얼마나 되는지에 대한 질문"을 구별함으로써 우리에게 이 문제를 더 깊이 고려할 방향을 제시했다. 지멜은 이러한 문제, 즉 가치 있음worthiness의 생산 또는 사실, 그리고 그 가치 있음의 비교 측정, 번역 또는 통약이 일반적으로 혼동된다는 점을 인식하였지만 이에 대하여 다음과 같이 주장했다. "사물들이 서로에 대한 직접적 관계로 이해되는 경우(따라서 돈이라는 공통분모로 축소되지 않는 경우), 한 단위를 다른 단위로 반올림하고 비교하는 일이 훨씬 더 많이 발생한다"(28). 그러나 나는 이렇게 직접적인 관계가 얼마나 많은지 확신할 수 없다. 돈에 관한 지멜의 설명(25)을 내가 통약 기구apparatus of commensuration라고 칭하려는 것으로 생각해 보자. 돈은 "전환의 경우에만 온전한 의미를 갖는다…… 돈은 최종적인 가치로 가는 다리이며, 다리 위에서 존재할 수 없다."

그러면 우리는 이제 가치의 생산과 본질에 대한 질문을 가치의 통약과 구별할 수 있는데, 여기서 후자는 모든 실천이나 사건의 가능한 차원을 기술한다. 나는 서로 다른 '권력들'을 가진 여러 개의 서로 다른 통약 기구의 존재(또는 그 부재)를 가정하고자 한다. 이런 생각은 매릴린 스트레턴Marilyn Strathern(1999: 166)의 보상compensation 개념과 유사하다. "보상은 자신만의 평가 수단으로 이동한다. 인간의 에너지를 다른 가치를 변환시키는 거래다." 스튜어트 키르시Stuart Kirsch(2001: 157)는 "스트레턴은 보상이 특정한 상황에서 무엇이든 부로 전환할 수 있는 '보편적 번역기'와 같다고 제안한다"라고 설명한다.

여기서 통약이라는 개념을 상세히 설명하고자 한다.[197] 유럽-근대 안에서 통약이 가능한 것은 오직 두 가지 방법이라고 보편적으로 여겨진다. 하나는 통약할 두 개의 용어를 세 번째 (안정된) 용어,[198] 즉 마르크스의 보편

197 루스 챙Ruth Chang(1987)을 참조하라.

198 여기서 나의 주장은 근대성의 위기가 모든 것을 상품이라는 공통된 표준으로 축소시키는

적 등가물에 의해 제안되어 표준 역할을 하는 용어에 비교할 때다. 다른 하나는 두 용어를 번역, 축소, 또는 균질화하여 세 번째 용어의 집합, 즉 웬디 에스펠랜드Wendy Espeland와 미첼 스티븐스Mitchell Stevens(1998: 314)가 '공통의 측정 기준'이라고 부르는 용어에 호소할 때다. 대부분의 가치 이론은 서로 다른 구체적인 가치(더 나아가 구체적인 가치의 다른 형태들)를 측정하고 비교할 수 있는 유일한 방법은 세 번째 용어를 지정하는 것이라 가정하는데, 이 세 번째 용어는 동등성을 정의하고 성립할 수 있는 측정 기준의 역할을 한다. 경제적 차원에서 일반적으로 체계(특히 여러 상품이나 자본의 형태를 포함하는 체계)에는 보편적인 표준이 필요하다고 가정된다. 그러나 마르크스(1992: 161)가 경고한 바와 같이, "보편적 등가물로 간주되는 상품은…… 가치의 보편적이며 상대적인 형태에서 제외된다. 만약 보편적 등가물로서 기능하는 상품이…… 동시에 가치의 상대적 형태에 참여한다면, 그것은 스스로의 등가물로서 기능해야 할 것이다." 가야트리 차크라보르티 스피박Gayatri Chakravorty Spivak(1987: 156)도 반복하여, "보편적 등가물이 되는 상품은 상품 기능에서 제외되어야 한다"라고 주장한다. 등가물이 되는 상품은 시장에서 변동되는 가격으로 거래되는 대상이 될 수 없다. 그렇지 않으면, 그 상품은 "가치를 측정하면서 동시에 가치를 지니는 두 개의 지점에서 작동하게 된다"(157).

이러한 이론은 보편적이고 자연적인 측정 기준을 요구하지 않는다. 이러한 이론은 모든 표준이나 측정 단위가 사회적으로 생산되고 심지어 임의적일 수 있다는 것을 쉽게 인정하지만, 불변한 것으로 구성된 표준(1미터의 길이를 결정하는 시장이나 중재는 존재하지 않는다)과 욕망과 주장에도 불구하고 그렇지 않은 표준(예컨대 돈과 노동)을 구별해야 한다. 후자의 경우 "측정 단위

것이라는 프랑크푸르트학파의 주장(Horkheimer & Adorno, 1976)과 그 위기를 넘어서려는 테오도르 아도르노Theodor Adorno의 노력과 연결될 수 있고 연결되어야 한다. 이와 관련하여 탈근대와 언어 게임에 대한 리오타르(1984)의 주장도 고려해 보라.

그 자체가 그것이 측정하는 것의 산물인 셈이다"(딕 브라이언Dick Bryan, 2009년 3월 개인적 대화). 홀과 포스톤과 마찬가지로, 가치의 척도로서 노동이 그 자체로 역사적 산물이라는 사실을 인식하면, 보편적 등가물이 사실은 그 자체의 상대적 가치를 지닌 상품이 된다는 가능성, 어쩌면 필연성까지도 열리게 된다. 다르게 말하자면, 보편적인 기준은 불가능한 것으로 보인다.[199]

비록 나는 통약을 (언어적) 번역에 동일시하는 그녀의 주장에 동의하지 않지만, 엘리자베스 포비넬리Elizabeth Povinelli(2001: 320)는 통약의 변증법적 또는 환원주의적 개념을 다음과 같이 설명한다. "통약불가능성incommensurability의 개념은 언어적 비결정성indeterminacy과 밀접한 관련이 있다…… 비결정성이 한 현상을 두 가지 이상의 사실적인 방식으로 기술할 수 있는 가능성을 의미한다면, 통약불가능성은 두 개의 현상(또는 세계)을 심각한 왜곡을 일으키지 않고 제3의 현상으로 비교할 수 없는 상태를 의미한다." 비록 에스펠랜드와 스티븐스(1998: 315)는 통약이 "사회생활의 근본적인 특징"이라는 점을 인정하지만 두 견해 모두 통약을 표준화의 실천으로 본다. 게다가 그들은 "통약은 근본적으로 상대적"이라는 사실을 찬미하면서, "[통약은] 비교를 통해 가치가 드러나는 속성 또는 차원 사이의 관계를 생성한다…… 통약은 급진적으로 포괄적이며, 거의 모든 것 사이의 관계를 생성하는 통약의 능력은 비범하다"(317)라고 평가한다.

나는 여기에 세 가지 수정안을 제안한다. 첫째, 통약은 항상 이미 존재하는 관계 위에서 더해지는 특정한 관계성relationality의 접합으로, 다시 말해 접합의 접합an articulation of an articulation이다. 둘째, 통약은 가치의 생산이 아니 가치의 적정화adequation로, 즉 전유 가능성의 조건이다. 셋째, 유럽-근

199 나는 다른 곳(Grossberg, 2010)에서 달러 변동을 허용하여 브레튼 우즈Bretton Woods의 통화 협정을 깨기로 한 닉슨의 결정에 구현된 보편적인 등가물의 이러한 부족이 바로 2007년 금융 붕괴에 기여한 조건 중 하나였다고 주장한다.

대성은 통약을 종종 해석학적 문제로 정의했지만, 통약은 (반드시) 의미, 이해 또는 번역의 문제가 있다. 오히려 통약은 물질적인데, 반드시 수량화할 필요 없이 무게를 재고 측정하는 문제다. 사실 나는 통약성이란 항상 번역할 수 없는 것the untranslatable이라고 여기는데, 이런 생각은 통약을 존재로 보게 한다. 게다가 통약은 다양한 형태를 취할 수 있고, 통약에는 많은 논리와 기구가 있다. 통약은 동등화, 표준화, 축소, 상대주의 형태를 제안할 수 있고, 상대주의와 모든 형태의 절대주의를 거부할 수도 있다. 통약은 조정 문제가 아니라 조정할 수 있게 하는 가능성이다. 통약은 특정한 종류의 동등성이나 매개는 아니지만, 특정한 기구는 동등성 또는 매개의 특정 개념을 구성하는데, 부정이나 변증법은 제외하고 매개의 가능성을 포함한다.

나는 비교 가치의 계산으로서 가치의 실제 효용성은 어떤 특정한 가치가 비교 교환 관계를 갖게 된다고 제안한다. 이 과정에 강력한 기구나 통약의 논리가 있지만 이러한 교환이 모두 경제적(시장이나 돈)이지는 않다. 이러한 매개를 통해서만 가치는 실현되고 인식될 수 있다. 즉 교환(또는 통약)은 가치를 생산하는 기구가 아니라 가치를 번역하는 기구이며, 이러한 기구들은 모두 같은 종류는 아니다. 더욱이, 서로 다른 교환-구성체는 보편적 등가물의 역할을 하는 (모든 가치를 측정하고 통약하는) 능력에서부터 번역의 제한적이고 특수한 가능성에 이르기까지 다양한 힘을 가질 수 있다.

나는 이러한 통약적 기구를 들뢰즈와 가타리가 포획 기구apparatuses of capture라고 부른 것의 특정한 구현으로 볼 것을 제안한다. 이러한 기구는 (1) 비교를 허용하는 동등성의 근거를 설정하는 가치 측정과, (2) 평가('교환')를 가능하게 하는 차이의 근거를 설정하는 가치 매개체와 관계를 맺는데, 이것은 잉여를 실현하기 위해서다.[200] 비교의 경우, 차이는 비교되기 위

200 이러한 잉여의 포획이 바로 정치적 기구(포획)를 경제적인 것의 생산으로 되돌리는 것이다.

해 평준화된다. 전유의 경우, 차이는 계량되고 측정된다. 그러나 일반적인 공간을 생성하는 비교는 항상 전유를 전제로 하는데, 전유는 비교를 따를 수밖에 없을 때도 움직이는 중심a mobile center을 생성한다. 포획 기구는 동등성을 가로지르는 전유를 통해 잉여 노동, 이익, 임대료와 같은 차이 또는 초과를 생산하고 포획한다. 이런 방식으로 포획 기구는 단순한 균질화가 아닌 집합체의 일관성을 생산한다. 따라서 "잉여 노동은 노동을 초과하는 것이 아니다. 반대로 노동은 잉여 노동에서 제하여진 것으로 잉여 노동을 전제로 한다. 노동 가치에 대하여 말할 수 있는 것은 오직 이런 맥락에서다"(1987: 442). 이런 논리는 탁월한 기호학적 작동이다.[201] 들뢰즈와 가타리가 비교는 항상 직접적이고 전유는 항상 독점적이라고 평가한 한계를 고려하였을 때, 사실 나는 이런 포획 기구가 특정한 종류의 (자본주의적인) 통약적 기구라고 제안하고 싶은 마음이 들었다.[202]

201 이것은 들뢰즈와 가타리의 한계주의와 연결할 수 있다. 그들은 "교환 가치도 사용 가치도 없고, 오히려 양 당사자에 의한 마지막에 대한 평가(한도를 넘을 때 수반되는 위험 계산)가 있다"(1987: 439)라고 주장한다. 따라서 마지막에 대한 평가는 일련의 대상 전체가 해당하는 언술의 집합이다. 들뢰즈와 가타리는 한계limit와 한계점threshold을 구분한다. 한계가 연속물이 다시 시작하는 지점이라면, 한계점은 집합체의 변형 지점이다. 한계점이 항상 주변부와 다음 것의 장소라면, 한계점은 들뢰즈와 가타리가 '재고stock' 또는 집합이라고 부른 것으로 전유되고 비교될 수 있는 지점이다.

202 토지 및 임대료에 관한 노동가치설에 대한 리카도(1981)의 반대와 관련하여 이것을 고려한다면 이해하는 데 도움이 될 수 있다. 한편으로, 농산물의 자연 가격은 주로 임대료에 달려 있어야 한다. 반면에 비옥한 땅에서 자란 농작물은 더 비싸지만 엄밀히 따지면 이러한 농작물은 보다 적은 노동력을 요구하기 때문에 가치가 더 낮아야 한다. 이에 대한 리카도의 답변은 임대료가 인건비 차이를 상쇄하기 때문에 농업 제품의 가치는 토양 질과는 무관하게 동일하고, 이것은 임대료 자체가 차별적 생산성에 기반을 두기 때문이라는 것이다. 동일한 노동력과 동일한 투입량을 가진 두 밭인 A와 B를 고려하라. A의 생산량은 노동일 수 1,100일인 반면, B의 생산량은 노동일 수 1,000일다. 그러나 임대료 차이는 노동일 수 100일과 일치하다. 그렇다면 가치를 어떻게 계산할 것인가? 리카도는 땅의 한계 위치marginal position를 정의하는 세 번째 불모의 밭을 상상하라고 말한다. 이 밭이 노동일 수 800일의 생산량을 생산할 수 있고, 이것은 임대료를 위해 남는

통약의 개념을 이해하기 위하여 잠시 경제학과 계산의 관계를 살펴보는 것이 도움이 될 것이다. 이는 오스트리아학파 이론가들(물론 그들은 스스로를 자유주의자라고 생각했다)의 주장을 일부 재고(그리고 어쩌면 구제)함으로 가능하다. 나는 우리가 밀턴 프리드먼(그리고 그의 정치적 협력자들)에게 케인스와 오스트리아학파 경제학자들의 논쟁을 정의하는 데 너무 많은 권한을 부여했다고 생각한다.[203] 일반적으로 그리고 특별히 2007년 금융 위기의 맥락에서 이 논쟁은 종종 재정fiscal 정책과 금융monetary 정책 간의 분쟁으로 호도되는데, 마치 각각은 경제 정책과 상상의 상호 배타적인 양극처럼 느끼게 한다. 그러나 둘의 차이에는 더 중요한 측면이 있는데, 그것은 가격 메커니즘과 계획의 가능성에 대한 '사회주의적 계산 논쟁'으로 거슬러 올라간다.

케인스와 신고적주의 사이의 분쟁에 대한 간단한 해석은 후자가 모든 불확실성을 측정 가능한 위험으로 줄일 수 있다고 믿는 반면, 전자는 그렇지 않았다는 것이다. 그러나 이런 해석은 오스트리아 자유주의자인 하이에크와 루트비히 폰 미제스Ludvig von Mises의 위치를 지나치게 단순화할 뿐 아니라 그들의 엉망진창인 부분을 숨기는 것으로 보인다. 예를 들어 폰 미제스(1966)는 그가 계산이라고 부르는 (개인의 심리학적) 과정 없이는 사회가 불가능하다고 믿었다. 그러나 종종 간과되는 것은 폰 미제스에게 계산이 측정보다 앞선다는 것이다! 사실, 계산은 모든 합리적 행동의 전제 조건이

것 없이 경작 비용만을 충당함으로 임대료는 0이라고 가정하라. 밭 A는 이 세 번째 밭보다 노동일 수 300일의 가치를 더 생산하므로 임대료가 노동일 수 300일로 정의된다. 밭 B는 세 번째 밭보다 노동일 수 200일을 더 생산하므로 임대료가 노동일 수 200일이다(http://faculty.lebow.drexel.edu/mccainr/top/prin/txt/marx/marx2.html).

203 나는 또한 하이에크를 다시 읽을 가치가 있다고 생각한다. 왜냐하면 급진적으로 개방적이고 경쟁적인 시장을 옹호하는 그의 주장이 규제 완화에 대한 보수적인 주장에 반대되는 것으로 보일 수 있기 때문이다. 하이에크는 시장을 만들고 경쟁력을 유지하기 위해서는 노력, 특히 정부의 노력이 필요하다는 것을 잘 알고 있었다.

다. 그리고 폰 미제스는 계산이 수단과 목적 사이의 차이와 관계를 구성하는 것이기 때문에 어떤 시장 경제 이론이 가능하기 이전에 계산의 문제를 해결해야 한다고 결론짓는다(수학적 모델링에 대한 신고전주의적 페티시즘은 그들이 이러한 점을 간과했을 수 있음을 시사한다).

마찬가지로 중요하게 폰 미제스(1966: 212)는 "경제적 계산의 주요 임무는 변하지 않거나 약간만 변하는 시장 상황과 가격 문제를 다루는 것이 아니라, 변화를 다루는 것"이라고 주장한다. 그는 또한 다음과 같이 설명한다(392). "가격은…… 변하지 않는 관계를 나타내는 것이 아니라, 다양하게 변화하는 집합체 속의 일시적 위치를 나타낼 뿐이다. 이 집합체 속에서 활동하는 사람들의 가치 판단에 의해 각 입장의 위치는 다른 모든 입자와 상호 연관되어 있다. 가격이라고 부르는 것은 항상 통합된 체계 내의 관계이며, 이는 인간관계의 복합적 효과다."[204] 이런 주장은 경제 관계를 구성하는 문제가 비교와 계산, 즉 내가 통약이라고 부르는 것과 관계있음을 시사한다.

다시 말하지만, 나는 '경제적인 것'을 모든 실천에서 가능한 영역을 정의하는 과정으로 볼 것을 제안한다. 폰 미제스가 말한 것처럼, 경제적인 것은 정확하게는 가치의 논리나 계산calculus, 즉 통약의 실천으로 구성된다. 즉 모든 실천은 통약의 관계 내에 위치할 수 있고 다양한 통약의 논리를 거쳐갈 수 있다. 게다가 모든 사회와는 통약적 기구나 논리, 사실 통약

204 여기서 조지프 살레르노Joseph Salerno에게 감사의 말을 남기고 싶다. 적분과 미분이 역논리인 함수 사이의 관계 변화에 관한 연구로서 미적분학의 논리가 왜 이치에 맞는지를 이 경제 계산 모델에서 알 수 있다. 그리고 오스트리아학파 이론과 케인스와의 논쟁에서 언급하고 싶은 또 다른 중요한 요소가 있다. 폰 미제스(1966)는 계산이 항상 미래에 관한 것이라고 주장한다. 하나는 미래 가격을 계산하는 것이며, 이러한 계산에서 과거 또는 심지어 현재(가격)에 대한 지식은 필요하지 않다. 마찬가지로 케인스에게 경제 계산은 미래에 관한 것이지만, 불확실성의 조건하에서 미래를 상상하는 것을 포함하기 때문에 그것은 미래가 과거(와 현재)와 비슷할 것이고, 따라서 과거와 현재의 가격이 미래 전망을 정확하게 요약할 것이라는 가정에 기초해서만 가능하다.

의 복합적 생태계를 가지고 있어야 한다.[205]

결론: 통약과 국면

나는 이러한 논쟁을 현대 국면으로 가져와서 결론을 내리고자 한다. 나는 현대 국면이 근대성에 대한 투쟁으로서 널리 분산되고 다소 분해된 일련의 '통약의 위기crises of commensuration'에 의해 부분적으로 구성되어 있다고 제안한다. 통약의 위기는 서로 다른 시간성을 지니고 거의 모든 경로와 지역에 걸쳐있다. 즉 현대 국면의 가장 강력한 투쟁과 변화의 노선 중 하나는 일련의 가치의 위기로 정의되는데, 최악의 경우는 많은 통약적 기구의 붕괴로, 잘하면 통약적 기구의 불확실성을 가리키게 된다. 우리는 가치 평가와 통약의 불가능성의 한가운데 있거나 최소한 그 위협에 직면해 있는 것으로 보인다. 종교와 정치에서 지식과 경제에 이르기까지 인간 활동의 모든 차원에 걸쳐 차이를 구성, 측정, 비교 및 판단(또는 타협)할 수 있는 논리를 찾는데 점점 더 무능해지는 것처럼 보인다.

이러한 여러 가지 위기는 통약의 가능성 그 자체에 의문을 제기한다. 때때로 이 위기들은 기존의 일부 통약적 기구의 실패나 붕괴 또는 이에 반대하는 투쟁을 표시한다(예를 들어 보편적 등가물의 철회 또는 유럽-중심적 가치 체계와 특권의 위계질서에 대한 비판). 또는 이 위기들은 동등하게 평가되지만 경쟁하는 기구에 맞서는 우리의 대립을 표시한다. 때로는 통약의 요구를 충족하도록 공개적으로 요구되지만 이를 위한 상상적 기구조차 갖지 못하

205 이것은 경제적인 것에 대한 (희소성 이론이나 합리적 선택 이론과 비교할 수 있는) 새로운 보편화 개념을 제공하는 것으로 해석될 수도 있지만, 나는 결국 그렇지 않다고 생각한다. 첫째, 그것은 본질적으로 경제적인 실천의 영역이나 경제적인 것을 정의하는 논리를 만들지 않는다. 둘째, 나는 모든 실천이 항상 통약의 관계로 접합된다고 제안하는 것이 아니다. 모든 실천은 맥락적으로 특정하고 맥락적으로 지정된 진로의 집합에 의해 접합되며, 그중 통약은 오직 하나일 뿐이다.

는 곳에서 통약의 위기가 나타난다. 예를 들어 우리가 존재론적 다원주의와 급진적 타자성의 난제를 직면할 때처럼 말이다. 마리오 블레이저Mario Blaser(2009)는 브리티시 컬럼비아주에서 일어난 사건에 대해 이야기하면서 이런 존재론적 통약에 대한 훌륭한 예를 제시한다. 그린피스Greenpeace가 바닷가 작은 포구에 좌초된 고래를 발견하고 이 고래를 바다로 돌려보내 '살리고' 싶어 한다. 지역 주민들은 이 고래를 총애하던 그들의 부족 지도자이자 추장이 그들을 지키기 위해 돌아온 것으로 본다. 그들은 만약 그들의 추장이 다시 그들로부터 떨어지게 된다면(예를 들어 그린피스가 고래라고 잘못 인식한 대상을 구하고자 하는 잘못된 노력으로), 그들은 틀림없이 고통을 겪을 것이라고 확신한다. 이러한 차이를 어떻게 판단할 수 있을까? 이러한 가치/실재의 체계를 어떻게 통약할 것인가? 양측은 확실히 서로의 언어를 이해할 수 있기 때문에 이 차이는 번역의 문제(내가 곧 문화적인 것의 영역에 위치시킬)가 아니라는 점에 주목하자. 문제는 이 주장들을 저울질하는 데 있다.

우리는 통약의 위기를 정치와 문화에서 찾을 수 있다. '정치'에서 이러한 위기는 당파주의와 극단주의에 대한 지나친 찬사와 힘 그리고 온건함과 타협의 소멸로 표현된다. 위기는 점점 더 도덕적 계산과 정치적 계산의 동일시에서 발견할 수 있는데, 이는 결코 패배를 받아들일 수 없다는 것을 의미한다(선거에서도 항상 음모와 외적인 요인을 탓하게 된다). (유럽-근대성이 구성하는) '문화'에서는 상대주의를 벗어나지 못하는 광범위한 무능력을 지적할 수 있다. 상대주의는 다양한 근본주의에 대한 비판에서 나타난 것으로,[206] 이것은 우회적 방식과 다양한 입장에서 교육과 지식의 가치를 거부하는 데 도화선이 되었다. 이러한 위기는 이해의 문제가 아니기 때문에 번역의 위

206 여기서 내가 말하는 것은 (논리적 실증주의와 경험주의를 포함하여) 모든 형태의 인식론적 근본주의와 실증주의적 형태의 존재론적 현실주의에 반박하는 모든 범위의 이론이다. 여기에는 과학 연구의 부상, 이른바 언어론적 회전, 다양한 형태의 사회구성론, 가능세계론 등이 있다.

기가 아니라 비교의 위기다.

통약의 여러 위기는 단 하나의 실제적인 위기의 표현은 아닌데, 이 위기는 아직 정해지지 않았으며 동시에 근본적으로 경제적(영토화된 유럽–근대적인 의미에서, 우리로 하여금 경제 환원주의로 되돌리는)이다. 동시에 나는 통약 위기의 반복적 등장은 단지 무작위의 것이라고 생각하지 않는다. 이러한 위기들은 모두 '인식론적'인 것이 아닌 것처럼 모두 '동일'하지 않다. 대신, 우리는 이러한 위기들이 어떻게 생산되고 맥락적으로 접합되는지를 살펴보아야 한다. 왜냐하면 이 위기들은 항상 지역적이며, 국면에 걸쳐 위기(들) — 여기서는 통약의 위기 — 는 결코 종결되었거나 총체적이지 않다. 그러나 이 위기들은 연결되어 있으며 거의 무질서해 보이는 연결망의 선으로 연결되어 있다.

유럽–근대에는 적어도 두 가지의 지배적인 종류의 통약적 논리가 있다. 이들은 각각 지역적으로 구체화되고 기구를 가지고 있으며, 가치와 통약의 경쟁적인 핵심으로 가장 분리된 영역(경제학과 문화) 중 하나에 위치한다. 그렇기에 이 두 영역은 서로가 반대되는 것처럼 보인다. 경제학과 문화는 삶과 근대적인 것을 구성하는 경쟁하는 방식으로 근본적으로 다른 두 가지 통약 논리의 체계를 구체화하고 표현한다. 예를 들어 이미 과도하게 단순화된 사례를 다시 과도하게 단순화하자면, 가정생활의 정동적 실천에서 생산되는 가치를 생각해 보자. 이러한 가치는 사회경제적 기구(여기서 가치가 안전, 생계 등으로 '교환'된다)와 종교–문화적 기구를 포함한 다양한 기구를 통하여 통약된다. 현대 국면에서 가정 폭력의 증가하는 가시성과 비난, 그리고 여성 인력의 필요성과 가사 노동의 증가와 같은 발전으로 인하여 이러한 통약의 계산은 점점 의문시되어 간다.

이 통약의 위기가 2007년에 시작된 경제 위기 맥락의 일부를 구성한다는 점을 이해해야 한다. 모든 가치가 교환이나 금전적 가치로 환원되었다고 가정하기보다, 또는 경제 위기가 규제 완화(자유 시장) 자본주의 실패의 또 다른 사례로 생각하기보다, 또는 시장이 단순히 붕괴되어 가치가 파괴되었다고 가정하기보다, 나는 위기에 대한 또 다른 관점을 제안하고자 한다. 내 견해가 유일하게 가능한 견해라는 의미가 아니라, 이 국면을 더 잘 이해하기 위한 시도로서 유용한 견해일 수 있다는 의미다. 나는 이 위기의 핵심이 통약될 수 없는 거대한 금융 ('불량toxic') 자산의 존재로 정의된다고 제안한다. 다시 말해 이런 자산의 가치는 계산할 수 없다! 어떻게 이런 일이 일어났는가?

자본주의의 힘은 자신의 것을 반드시 특권화하지 않으면서 가치 사이의 관계를 접합하는 능력에 있다고 가정해 보자. 이로 인하여 예를 들어 부의 개념(가치 축적으로서)은 항상 변화되고 항상 모호해졌다. 나는 지난 수십 년 동안 이러한 자본주의의 통약 논리의 지위와 작동이 변화해 왔다고 제안한다. 첫째, 이런 통약 논리는 점점 더 보편적 논리로 재구성되어 모든 가치가 단일한 자본주의 기구를 통하여 통약될 수 있다. 둘째, 이런 통약 논리는 때때로 유일하게 실행 가능한 통약 기구이거나 다른 기구를 위계적으로 포괄할 수 있다고 주장하는 것처럼 보인다. 마지막으로, 이런 통약 논리는 다음 영역에서 문제적으로 작동하기 시작했다. 한편으로는 보수/자유 시장 경제 이론과 정책, 다른 한편으로는 금융 이론과 금융자본주의의 교차점에서다. 스스로의 매개적 위치 (정확히 통약으로서)를 거부함으로써, 이 통약 논리는 자신들이 가치 자체를 생산하고 주장하거나 마치 그렇게 행동한다.

지배적 통약 기구가 공격을 받으면서 붕괴되거나 사라지거나 기능 장해가 생기면서, 이러한 기구는 점점 들뢰즈와 가타리(1977)가 말하는 '편집광적 기계paranoiac machine'가 되어가는 경향이 있다. 다시 말하지만, 이런 통약 기구는 매개 기구로서의 위치를 부정하면서 마치 그들이 가치의 유일한 원천인 것처럼 행동한다. 나는 이러한 가치 실천에 어울리는 명칭은 종교, 정치, 경제, 지식, 금융 등 분야와 상관없이 근본주의라고 생각한다. 근본주의의 부상은 통약 가능성의 해체의 다른 측면이고, 통약 가능성이 없는 가치의 생산과 전유로서 내가 가치의 부정적 경제라고 부를 수 있는 현상이다. 근본주의에서, 특정한 관계/가치의 집합은 절대적일 뿐 아니라 다른 관계/가치에 대해 절대적 부정으로 나타난다. 근본주의는 그것의 부정성이 위계질서 체계로 코드화되는 것을 거부하기 때문에 유럽-근대성에서 차이의 부정성을 넘어선다. 근본주의는 비위계적이며, 타자의 현실이나 가능성을 거부함으로써 타자의 근절을 요구한다. 그러나 이런 근본주의의 부상은 계산을 거부하는 특정한 정동적 형태이자 절대적으로 당파적 투자로서, 어떤 단일한 원인, 집단 또는 정치적 입장으로 그 탓을 돌릴 수 없다. 현대 세계의 위대한 '불가사의' 중 하나는 일상적인 폭력, 심지어 끔찍한 종류의 폭력의 엄청난 증가다. 심지어 '집단 학살' 자체도 일상적인 일로 보이는데, 근본주의의 원칙과 강도에 따라 이웃과의 관계를 재구성한다.

따라서 우리의 과제는 차이를 통해 (그리고 차이에도 불구하고) 타자성을 판정할 수 있을 뿐 아니라 스스로를 보편화하는 것을 거부하는 통약의 논리를 찾아내거나 발명하는 것이다. 그러나 또 다른 과제는 실천이 통약 관계에 의해 그리고 통약 관계로 접합될 필요가 없는 공간을 찾거나 발명해야 한다. 이는 근대적으로 살아가는 또다른 방식을 상상하는 것으로, 가치를 통약하는 다른 논리의 가능성을 허용할 뿐 아니라 다른 가치들과 함께 공존할 수 있는 권리를 가능하게 한다. 나는 가치에 대한 질문의 중요성을 부인하려는 것이 아니라, 현대 국면에서 진정한 질문(예를 들어 성장이 사회구성체의 모든 장소와 노선에서 포용될 수 있고 그래야 하는지의 여부)[207]은 가치의 문제가 아니

207 성장은 경제적 성공의 유일한 척도가 된 것으로 보인다. 이를 포기하는 일은 경제들이 소비주의의 찬사를 통해 번성한다는 가정을 억제하는 것을 수반할 것이라고 생각한다. 물론 중국, 인도, 브라질 등의 떠오르는 세계적 세력으로의 지정학적 변화로 정의되는 국가적, 정치적, 경제적 세력의 변화하는 균형을 고려할 때 결국 이 선택은 북대서양 근대 세계의 사람들에게 달려 있지 않을 수도 있다.

라 통약의 문제라고 생각한다. 나는 경제의 모든 문제 — 가치의 경제, 통약 또는 비교 가치의 문제 — 를 경제학 분야에 맡겨서는 안 된다고 생각한다. 결국, 경제는 경제학들에게만 맡기기에는 너무 중요하기 때문이다.

L. Grossberg (2010). "Considering Value: Rescuing Economics from Economists." *Cultural Studies in Future Tense*. Durham and London: Duke University Press.

8

근대성(들)을 찾아서

타자성의 본질적인 위치가 없으면 진리의 확립도 없다. 진실은 결코 동일하지 않다. 다른 세상과 다른 삶의 형태 외에는 진리가 있을 수 없다.

— 미셸 푸코(2008b)

나는 이 장에서 다른 또는 다중적 근대성의 문제로 돌아가려 한다. 지난 논의에서 현재의 국면을 유럽-근대성, 특히 20세기 중반 북대서양의 많은 곳에서 확립된 자유주의 근대성에 반대하는 여러 투쟁으로 구성된 문제-공간으로 볼 수 있다고 주장하였다.[208] 또한 맥락에 대한 최고의 정치적 대응, 즉 세상을 '더 나은' 상태로 만들려는 최선의 전략은 맥락에 대한 최고의 지식을 생산하는 데 달려 있고, 이는 경험적이고 이론적 작업을 통해 가능하다고 주장했다. 문제-공간을 이론화하는 작업은 현재를 이해하는 능력뿐 아니라 다른 미래를 상상하는 능력을 형성해 줄 것이다. 마지막으로, 현재 근대성을 이론화하는 지배적 방식이 유럽-근대성의 보편적 모델에 대한 단순한 변형이라고 주장하였다. 이와 같은 '대안적 근대성alternative modernities'에 대한 이론은 우리가 다른 현실을 상상하는 방식을 제한시켜, 결국 현재를 분석하는 방식도 제한한다. 따라서 문제는 근대성을 이론화할 수 있는 또 다른 방법이 있는가인데, 이 질문은 근대성에 저항하는 국면적 투쟁을 이해하고 다른 세계가 가능하다고 상상하는 데 도움을 줄 것이다.

필연적 질문은 어떻게 특정한 구성을 근대적이라고 주장할 수 있느냐는 것이다. 근대성을 어떻게 변화하는 동질성으로 혹은 프레카리아스 아 라 데리바 집단Colectivo Precarias a la Deriva[209](2004: 42)의 표현을 인용하면 근대

208 그로스버그(2010) 2장을 참조하라. — 옮긴이

209 2002년 6월 스페인 총파업에 대한 대응으로 마드리드의 페미니스트 단체인 EKKA(La Eskalera Karakola)가 조직했으며 성별, 노동, 사회적 불평등을 연구하며 여성 권리와 사회적 변화를 촉구하는 운동을 한다. — 옮긴이

성을 어떻게 '공통적 특이성singularity in common'으로 정의할 수 있을까? 우리는 근대와 비근대를 구별할 뿐 아니라 공통적인 근대성 안의 변이들(예를 들어 대안적 유럽-근대성)과 분명히 다른 근대성을 구별해야 한다. 르페브르(2005: 188)가 주장하듯 "우리는 모든 국가, 사회와 정치적 체제 및 문화에 유효한 근대성에 관한 일반 개념의 필요성을 주장한다." 하지만 르페브르는 전 세계적인 효용을 주장하는 개념은 보편성을 주장할 수 없음을 분명히 강조한다. 이러한 탐색은 전적으로 개념적이거나 정의 내리는 작업이어서는 안 된다. 다케우치 요시미(2005: 53)는 "개념적 결정을 피하기 위해 '근대성'이라는 단어의 모호성을 유지하자"라고 제안한다. 그렇다면 근대성이 구체성을 필요로 하는 추상으로 작동하는 것을 인식하면서(이때 구체성은 시공간적 권력으로 구성되면서 보편화된다), 우리는 어떻게 근대성을 개념화해야 하는가?

이 질문은 경험적이거나 개념적인 것이 아니라 국면적이면서 담론적 질문이다. 근대적인 것의 문제 틀을 이론화하기 위해서는 근대의 담론이 생산하는 것, 즉 근대가 가능한 조건, 근대의 유효성 및 분산을 소사해야 한다. 즉 이 이론화는 국면적이면서 시대적 존재론에 관한 질문을 포함한다. 우리가 어떤 맥락을 근대적이라고 부를 때, 또는 이런 묘사를 부인할 때 우리는 무엇을 이야기하는 것일까? 우리가 '근대적인 것'이라고 부르는 유럽-근대의 기호 아래 존재하게 된 것은 무엇인가? 근대적인 것이 영원히 유럽-근대가 되지 않기 위한 대답은 무엇인가? 나는 근대성에 대한 공간적이고 역사적으로 흩어져 있는 대화 일부에 대한 다소 추측에 근거한 분석을 제안하고자 한다. 근대성에 관한 그리고 근대성을 위해 만들어진 맥락과 주장의 복잡성이 의미하는 것은 무엇인가? 이 분석은 본질 또는 단순한 통일성을 정의하려는 것이 아니라, 근대의 가상성, 즉 효과는 있지만 다중적 방식으로 실현되기 때문에 완전히 실현되지는 않는 현실을 가리킨다.

'근대'라는 용어가 정확히 무엇을 의미하는지는 명확하지 않다. 버나드 야크Bernard Yack(1997)는 시기 구분으로서 근대성의 시간적 의미와 근대적이라는 독특한 특성을 가리키기 위한 실질적인 의미를 구별한다. 다른 시기의 경우 그 특성을 구별하는 일은 거의 없다고 그는 지적한다. 더욱이 그는 근대의 시간적 의미와 실질적 의미를 혼용한 평론가들이 근대 기간의 모든 것이 확실하게 근대적이라고 혼동하고 있다고 주장한다. 그러나 실질적 의미에서 근대적인 것(예를 들어 민주주의)이라는 사실이 그것이 시간적으로 모든 근대성의 사례에 존재해야 한다는 것을 의미하는가? 이 구별을 인식하면 근대성을 특징짓고 촉진시키는 변화에 관한 사람들의 복잡한 관계를 이해할 수 있다. 즉 우리는 근대화의 힘에 속하여 미래로 나아가기보다, 보통 근대화의 힘 옆에 서 있거나 판단하거나 저항하면서 무슨 수를 써서라도 근대화의 힘을 피하려고 노력한다. 더욱이 근대성은 실제로 존재하는 사회구성체를 가리킨다. 다른 때는 근대성은 더 큰 구조적 조건을 의미하는데, 그 조건은 자본주의-민주주의-세속적 근대성이라는 특정한 사회구성체를 초월하고 근대성의 '구성 요소'로 간주되는 것을 구성한다. 마지막으로 근대성은 근본적이고 존재론적인 삶의 방식, 즉 '근대적 존재 방식ways of being modern'을 기술한다.

무엇이 근대적 존재 양식을 구성하며 그 도표는 어떻게 구성할 수 있는가? 나는 근대적인 것이 사람들이 특정한 가변성variability을 구성하면서 동시에 기술하고 제한한다고 생각한다. 이 가변성을 통해 사람들이 세상에 속하게 되고, 물질적, 담론적, 이념적이며 동시에 정동적인 것으로 이해되는 근대적 존재 방식에 속하게 된다. 이런 방식으로 나는 근대성을 특정한 주체, 경험, 논리 또는 제도로 정의하지 않고, 특정한 사회적이고 구조적인 규범과 동일시하지 않는다. 대신에 나는 "근대성은 실제적인 것을 인식하느냐의 문제라기보다 세상에서 살아가는 것의 문제"라고 말한 탈랄 아사드Talal Asad(2003: 14)와 근대적인 것은 "소속감의 독특한 생태학"이라고 말한 폴 길로이(2000: 55)의 견해를 따른다.

나는 근대성의 개념을 다시 생각하기 위하여 이론을 통한 필연적 우회를 택한다. 이를 위하여 근대성을 생산하는 '기계'뿐만 아니라 근대성을 유럽-근대성으로 구현하는 이런 기계와 도표의 구체적 실천을 식별하기 위해 들뢰즈적 존재론의 영역으로 이동한다. 대안적 근대성의 이론은 이러한 도표를 당연히 여김으로써 이런 도표가 단지 하나의 가능한 근대성을 생산한다는 것을 깨닫지 못한다. 대안적 현실의 이론은 유럽-근대성을 생산하는 기계의 작동 방식이 필연적이고 보편적이며 모든 근대성을 구성한다고 가정한다. 결과적으로 이러한 이론들은 이 도표들이 근대적인 방식의 가능성에 부여하는 한계를 직면하지 못한다.

나는 이전 책(Grossberg, 2010)에서 사회적 총체성의 본질에 대한 유럽-근대성의 가정을 강조하지 않는 방식으로 국면을 고려하고 위치 지을 수 있는 몇 가지 경로를 제안하였다. 이러한 작업에서 나는 근대적인 것과 유럽-근대성에 대한 세 가지 기계, 즉 도표를 제안하였다. 그 작업에서 나는 유럽-근대성의 영토화 기계에 대하여 조심스럽게 의문을 제기하였는데, 이 영토화 기계는 어떤 맥락을 (경제, 문화, 정치라는) 특정한 구성으로 만드는 힘을 분할하고 배분한다. 나는 또한 타자를 구성하는 근대의 코딩 기계와 유럽-근대성에서 이 기계가 취하는 특정한 형태에 대해 기술하면서 의문을 제기했다. 이 형태는 모든 차이, 거리, 경계, 타자를 부정성이라는 기호 아래 위치시킨다. 또한 나는 모든 근대성에서 작동하는 (통약, 지도 그리기와 번역, 포획의) 기구 일부를 설명하였다.

그러나 동시에 근대적 방식의 존재론을 제시하려는 나의 노력이 여전히 미흡하다고 생각한다. 이런 노력이 항상 불완전하다는 점을 인정하면서, 나는 여기에서 근대성의 존재론을 복수성multiplicity으로 자세히 설명하고자 한다. 이는 근대성의 또 하나의 기계로서 또 다른 도표를 구성하는 계층화 기계다. 이전의 논의에서 나는 근대성의 국면적이고 문화적인 정의와 대안적 근대성이든 근대성의 필연적 실패이든 상상할 수 있는 가능성의 한계를 고려했다. 나는 국면 이론과 문화적 이론의 접근에 동의하면서 다른 의

견을 제시하려고 하였다. 국면 이론에 대해서는, 나는 근대성의 복잡한 구성을 수용하였지만 사회적이고 제도적인 측면으로 이 구성을 이해하는 것을 거부했다. 문화이론에 대해서는 나는 근대성이 논리(또는 기구)의 관점에서 더 잘 분석된다는 주장을 받아들였지만, 근대적인 조건을 구성하는 단 하나의 기구가 있다는 추측은 거부하였다. 나의 존재론을 심화하기 위하여 복수성으로서 근대성의 문제 틀로 돌아가고자 한다. 이를 설명한 후에 시간과 공간의 관점에서 근대성을 정의하는 세 번째 방식에 주목한다. 그런 다음 나는 체험된 시간적 지리 또는 시간과 공간 사이의 가능한 관계의 접합으로서 근대성의 또 다른 도표를 제안한다. 마지막으로 지식인 앞에 놓여 있는 경로에 대한 고려와 함께 논의를 마무리하고자 한다.

다중적 근대성이라는 문제 틀

나는 (일본과 대조적으로) 중국과 아프리카에서 각각 근대성이 내재적으로 생성되었다는 다케우치 요시미와 콰메 기에키Kwame Gyekye의 주장을 살펴보고자 한다. 기에키(1997)는 아프리카 근대성을 자체적으로 생성된 근대성으로 묘사한다. 유사하게 다케우치 요시미(2005)는 중국의 근대성이 과거의 타자성과의 조우를 통해서 새로운 것으로 창조되었다고 주장한다. 20세기 초 교토 역사학파는 아시아 근대성의 기원을 10세기 중국에서 찾으려고 했다. 청 왕조에 대한 최근의 해석은 청 왕조가 확장적이고 다문화적, 즉 근대적 제국임을 암시했다.[210] 이러한 주장은 사실 놀랍지 않다. 비동맹국들의 반둥회의에서 핵심이었던 가나의 콰메 은크루마Kwame Nkrumah[211]

210 이 논의는 중국의 저명한 지식사학자 왕후이의 작업에 대한 게일 허샤터Gail Hershatter의 2007년 발표에서 비롯되었다. 작업을 공유해 준 그에게 감사한다.

211 콰메 은크루마(1909~1972)는 가나의 정치가로, 통일골드코스트회 서기장을 지냈고 회의

와 인도의 자와할랄 네루Jawaharlal Nehru는 근대성은 단일한 과정으로 '제3세계'가 서양화되었다는 주장에 동의하지 않았을 뿐 아니라 서구의 혼종화 개념에도 만족하지 않았다.

나의 요점은 방금 설명한 국가 단위의 근대성에 대한 특정한 사회-역사적 해석에 동의하는 것이 아니라, 근대성에 대한 다른 논리와 다른 담론을 보여 주는 것이다. 나는 이러한 논리들의 역사적 가치를 논하는 것이 아니라, 이러한 논리들을 근대적인 것의 다른other 담론적 논리와 다른 근대성의 담론적 서술을 보여 주고자 한다. 조엘 칸Joel Kahn(2001: 658)의 다음과 같은 말이 어쩌면 맞을 수도 있다. 칸은 "근대성의 핵심 요소가 서양에서 처음 등장한 다음 다른 지역으로 옮겨져 토착화되었는가? 서구와 일부 비서구(러시아, 일본, 중국, 이슬람 중심 세계 등)의 근대화 과정이 초기 '서구화Westernization' 사례라기보다는 동시대적 과정이라는 증거는 충분하다. 이런 사실은 평행하고 다중적인 그리고 복수의 근대성 가능성을 확실히 높인다"라고 설명한다.

근대성을 유럽-근대성의 외부에서 또는 그것을 극복해서 생각하려는 노력의 어려움과 약속은 남미 연구자들로 구성된 '근대성/식민지성 집단Modernity/Coloniality group'이라는 매우 중요한 '연구 프로그램'에서 분명히 나타난다.[212] 공정하게 말하자면, 이 집단은 에스코바(2007: 190)가 "논쟁의 공동체"라고 부르는 것으로, 동일한 정치적이고 인식론적 욕망 그리고 공통의 가정과 개념적 도구를 공유하는 기획이다. 그 욕망은 현대 맥락에 대한 특

인민당을 조직, 반영 활동을 벌이다가 투옥되었다. 골드코스트 총리를 지내고 가나공화국 초대 대통령이 되었다. — 옮긴이

212 이 그룹의 작업을 이해하려면 다음을 참조하라. 〈문화연구*Cultural Studies*〉 특별호, "세계화와 탈식민지 선택지Globalization and the De-Colonial Option"(ed. Walter D. Mignolo & Arturo Escobar, vol. 21, no. 2/3 [2007. 3/5]). 내가 이 그룹 내에서 이루어진 복잡하고 흥미로운 작업과 논쟁에 대한 완전한 개요를 제시한다고 주장하는 것은 아니다.

정한 '해석'에서 분명하게 드러난다(181). "현재는 근대성의 관점에서 정의된 세계와…… 새로운 (전 지구적인) 현실 사이의 전환의 순간이다. 새로운 현실은 여전히 확신하기는 어렵지만 전 세계 근대성의 심화로 보거나 반대로 보다 많은 이질적인 문화 구성체를 포함하는 과도하게 협상된 현실로 볼 수도 있다…… 이러한 전환의 감각은 세계화가 자본주의 근대성의 마지막 단계인지 아니면 새로운 시작인지에 대한 질문에 잘 담겨 있다."

근대성/식민지성 기획은 급진적 타자성alterity의 가능성에 초점을 맞추는데, "사고의 다른 방식 그리고 '세상과 지식'에 대하여 다르게 이야기하는" 방식을 찾고자 한다(Escobar, 2007: 179). 이들도 내가 대안적 근대성 모델이라고 부르는 것이 "마지막 심급에서…… 근대성이 어디에나 있다는 가정 아래 결국 유럽 중심적 사회 질서의 반영"(183)으로 끝날 것이라고 동의한다. 그러나 나와 그들 사이에는 대화를 지속하지만 근본적인 개념적 불일치가 있는데, 그들은 식민주의 없이는 근대성이 없다고 가정한다. 조금 다르게 이야기하면 "식민주의와 자본주의 세계 체제의 형성이 근대성을 구성한다"(183)라고 주장한다. 즉 그들은 근대성과 유럽-근대성을 동일시하는데, 이 점은 그들의 기획이 다른 근대성을 찾는 것이 아니라 근대성에 대한 대안을 찾는 것으로 이끈다. 앞서 말했듯이, 나는 오늘날 근대성에 대한 일부의 투쟁이 실제로 근대성에 대한 투쟁으로 근대성에 대한 대안을 찾으려고 하는 것이고, 이런 입장이 나름 지지를 받는다는 점에 이견이 있지는 않지만 이런 입장이 유일한 선택지라고 생각하지 않는다. 더군다나 나는 다른 근대성의 가능성, 또는 근대성에 대한 대안의 가능성이 지식의 탈식민화decolonization를 요구한다는 점에 매우 동의한다.

그러나 근대성/식민지성 기획에는 양면성이 있다. 첫째, 근대성/식민지성 그룹은 명백한 유럽적 기원으로부터 근대성을 분리하려고 시도하면서, "근대성을 유럽 내 현상으로 보는 대신에 근대성을 설명하는 세계적 관점"을 채택할 것을 제안한다(Escobar, 2007: 184). 그러나 그들은 근대성을 두 배로 늘리면서도 여전히 유럽과 근대성을 동일시한다. 첫 번째 근대성은 1492년 스페인이 아메리카를 식민화하면서 시작된다. 이어서 북유럽의 근대성이 두 번째이자 더 잘 알려진 근대성으로 이어지는데, 두 번째 근대성은 첫 번째를 대체하지 않고 첫 번째와 겹쳐진다고 설명한다.[213] 그들은 근대성을 유럽에 국한시키지만 근대성이 세계적 관계의 산물이라고 제안한다. 그러나 왜 모든 근대성이 유럽-근대성이고 따라서 식민성에 불가피하게 연관되는지는 불분명하다. 식민성이 없는 근대성을 상상할 수 있는가? 만약 이러한 상상이 불가능하다면, 근대성에 밀접하게 연결되어 있지만 유럽-근대성의 오염이 없는 다른 요소들을 상상하는 것이 어떻게 가능한가? 예를 들어 근대성의 개념을 포기해야 한다면, 우리는 민주주의 개념 또한 포기해야 하는 것 아닌가? 민주주의는 재구성할 수 있지만 근대성은 왜 불가능한가?

두 번째 양면성은 유럽-근대성에 대한 도전이 위치한 공간과 관련이 있다. 에스코바는 "식민적 차이의 관점에서 접근하지 않고는 근대성을 초월하거나 극복하는 것이 불가능하다"라고 주장한다(2007: 186). 근대성/식민지성 그룹은 '경계적 사고border thinking'를 옹호하는데, 이는 해체 이론, 포스트모던 이론, 그리고 탈식민지 이론의 다수를 포함하는 "유럽중심주의에 대한 다양한 유럽 중심적 비판," "근대성에 대한 근대적 비판"의 반대 입장에 서 있다. "경계적 사고"를 구성하는 그들의 관점은 항상 외부성으로 존재하는 타자성의 관점을 지지한다. 이것이 "근대/식민주의 체제의 외부 경계에서 발생하는" "인식론적 그리고 정치적으로 특권적 공간"으로서 식민적 차이라고 주장한다(185). 이러한 작업은 매우 중요하지만, 나는 이 그룹이 식민성과 타자화othering의 형태를 충분하게 명시하였는지 확신할

213 이사벨 길Isabel Gill(2008년 개인적 대화)이 나에게 지적했듯이, 포르투갈은 스페인보다 먼저 식민지를 개척한 국가였다.

수 없다. 예를 들어 그들의 분석은 라틴 아메리카에만 적용되는지, 그리고 그 이유는 무엇인가? 하지만 이 그룹은 확실히 진행 중인 기획이다.

식민적 차이에 대한 핵심 개념은 다른 방식으로 설명되지만, 이것은 주로 타자의 외부성으로 구체화된다. 타자의 외부성은 많은 저자들에게 필연적인 결론인데, 그들의 근대성에 대한 비판이 "식민지성coloniality의 관점에서"(Escobar, 2007: 188), 또는 "근대성 아래, 즉 배제된 타자의 관점에서"(187) 시작되기 때문이다. 그런데도 식민적 차이에 대한 개념은 여러 방식으로 정교화된다. 넬슨 말도나도토레스Nelson Maldonado-Torres(1997)의 "권력의 식민성" 개념은 그 차이가 존재론적 "과잉excess"이라고 제안한다. 엔리케 두셀Enrique Dussel(1996; 2000)의 "초근대성transmodernity" 개념은 다른 종류의 근대성을 암시한다. 그러나 지배적 입장은 '내면적 외부성interior exteriority'으로 설명되는데, 이 개념은 일종의 혼종성으로 근대성의 내부와 외부 모두에 존재한다.[214] 말도나도토레스는 "이 외부성은 근대적인 것의 손길이 닿지 않는 순수하게 외부에 있는 것으로 생각해서는 안 된다"라고 말한 에스코바의 생각에 동의할 것이다(2007: 186). 그러나 말도나도토레스는 그 외부성을 포스트구조주의, 심지어 헤겔의 부정성 논리logics of negativity로 되돌리는 에스코바의 다음과 같은 해석에는 확신을 주저할 수도 있다. 에스코바는 "외면성의 개념은 존재론적 외부를 수반하지 않고, 헤게모니적 담론에 의해 정확하게 구성된 외부를 가리킨다"(186)라고 설명한다. 이러한 설명은 다음 주장과 일치되어 보이지 않는데, 에스코바는 추가로 "사람이 위치한 외부성에 호소함으로써, 대타자the Other는 헤게모니적 총체성과 비교하여 윤리적 담론의 원천이 된다. 대타자에 대한 이러한 호소는 체계의 제도적이고 규범적 틀의 외부 또는 그 너머에서 온다"(186)라고 주장한다.

214 그리고 그의 부인에도 불구하고, 가끔은 월터 미뇰로Walter Mignolo가 식민지 하위 주체 토착민에게 일종의 본질적인 '진정성authenticity'을 부여하는 것처럼 보인다.

내가 보기에는 이 외부성은 타자가 주체로 구성된다는 가정에 의해 더욱 위태로워진다. 따라서 논쟁은 복잡한 정치적 관계로서 식민성에서 주체성의 문제로서 식민적 차이로 이동한다.[215] 식민적 차이는 이전의 토착적인 삶의 방식/주체로서 생산적 가능성의 공간과 식민화의 '희생자'인 사람들의 정체성/주체의 위치 — 찬사와 상처를 동시에 받은 — 사이에서 매끄럽게 이동한다. 한편 이러한 입장은 혼종화된 식민 주체에 대한 시각을 제시하는데, 이 시각은 극단적으로는 폭력적 종속의 불가피성이므로 근대성의 극단에서 근대성에 대한 보다 명확한 경험과 비판을 제시한다. 다른 한편으로 이 입장은 근대성에 대한 대안의 가능성을 제공한다. 추측하건대 식민 주체는 단순히 식민화된 주체 이상을 가정하면서, 그들의 혼종성은 과거로 돌아가지 않고 새로운 미래를 상상하는 가능성을 열어 주는 그들 존재의 또 다른 시공간(다른 장소와 다른 시간)을 가리킨다.

그러나 배제되고 하위집단화된 타자는 결코 근대성의 외부에 위치하지 않는데, 이는 근대성은 식민성과 분리될 수 없고 이 타자는 근대성 자체의 필수적인 측면이기 때문이다. 근대성에 대한 비판은 또한 '근대/식민적 세계의 외부에서' 비롯되기에 무엇인가 더 있어야 한다. 위에서 인용한 바와 같이 대타자를 호소하는 외부성이 항상 그리고 오직 근대성/식민성의 내부에 또는 주체성으로 위치할 이유는 없는 것으로 보인다. 근대성에 대한 힘찬 대안이 있다는 것을 인식하는 것은 중요하지만, 그러한 대안 또한 사회적 가능성과 정치적 상상력의 공간에 오는 것은 아닌가? 이러한 대안이 다른 근대성의 가능성을 열어 주어야 하는 것은 아닌가? 근대성/식민지성 그룹이 "세계의 대안적 질서 에 대한 긍정적 확언"(Escobar, 2007: 188)을 찾는다는 것은 근대성에 대한 대안뿐 아니라 다양한 근대성의 가

215 아이티 혁명에 대한 스콧(2004)의 비판과 미셸롤프 트루요Michel-Rolph Trouillot(2002)를 참조하라.

능성을 열어 주어야 하는 것은 아닌가?

결국 근대성은 항상 공간적으로 다중적이었고 심지어 유럽과 식민지 제국을 가로지르는 다른 장소에서 근대성은 다른 모습이었다. 서구적 상식은 근대성을 과학 혁명의 동기가 된 종교 개혁, 개신교와 동일시한다. 그러나 근대성이 로마와 예수회에 대한 얀센주의적Jansenist[216] 반감으로 접합되고 주로 정치적 용어로 접합된 가톨릭 프랑스는 어떤가? 그리고 다문화적이고 중세적 전통에 긍정적이면서 종교와 과학의 절대적 구분을 거부하여 경험적 증명에 대한 유럽-근대적 개념의 좁은 공간만 허용한 가톨릭 이베리아 근대성은 왜 포함되지 않는가(Domingues, 2001)? 또한 지구의 식민지 지역에 만들어진 다양한 근대성은 어떠한가? 이 모든 것이 단순히 서구의 혼종성인가?

또한 근대성은 시간으로 다중적이다. 15~16세기에 유럽-근대성은 (주로 재정적인 이유로) 식민주의와 연결된 절대주의 국가로 특징지어졌고, 이는 자본주의 출현의 조건이 되었다(그 후 자본주의는 식민주의를 다른 이유로 재전유하였다). 17~18세기에 근대성은 자본주의를 민주적인 민족 국가와 자유주의 주체의 출현으로 연결시켰는데, 이때 주체는 다시 민족적, 인종적, 경제적인 주체가 되었다. 중요한 변형은 더 없었는가? 더 많은 시간적 변형 또한 있을 수 없었는가? 서양 학자들이 근대성이 유럽에서 어느 세기에 출현했는지 동의조차 할 수 없다면,[217] 결국 우리는 브라질 철학자 앙리크 C.

216 네덜란드의 가톨릭 신학자 코르넬리스 얀세니우스Cornelius Jansenius(1585~1638)가 주창한 교의를 계승한 17세기 프랑스에서 주로 활동한 가톨릭의 초기 근대 신학 운동이다. 당시 인문주의화한 프랑스의 그리스도교에 대해 초대 그리스도교회의 엄격한 윤리로 되돌아갈 것을 촉구하였고, 인간 본성에 관한 비관적인 견해로 하느님의 은혜를 강조하고 인간의 자유 의지를 부정했다. — 옮긴이

217 다이앤 코일Diane Coyle(2007)에 따르면, 경제학자 앵거스 매디슨Angus Maddison은 유럽의 생활 수준이 15세기 초에 이미 상승했다고 주장했는데, 이는 유럽의 경제적 성공이 제국주의/

데 리마 바즈Henrique C. de Lima Vaz(Domingues, 2001에서 재인용)의 견해에 동의하지 말아야 할 이유가 없다. 바즈는 그리스 근대성, 중세 후기의 이론적-합리적 근대성(아마 12~13세기 유럽의 상업 혁명에 연결된) 그리고 유럽의 자본주의 근대성을 구분한다.

우리가 유럽 근대성의 역사를 단절보다는 부정negations의 연속으로 생각한다면 어떤가? 이런 생각은 식민화된 세계와 그 거주자에 대한 발견과 부정으로 시작되는 것이 아니라, 종교적, 과학적 그리고 다원주의적인(아랍인, 북아프리카인, 무슬림, 유대인, 그리고 가톨릭을 아우르는) 세계적 사회인 중세의 레반트Levantine[218] 형성에 대한 최초의 부정으로 시작되었다. 1492년에 발생한 '무어인,' 즉 유대인과 무슬림의 추방이라는 문자 그대로의 부정은 유럽 땅에 '야만인'의 존재로서 이러한 형성에 대한 재현으로 이어졌다. 그래서 이 부정은 근대 유럽 역사에서 레반트 사회와 남유럽을 필연적으로 지우게 되었다. 이러한 중대한 사건들은 아마도 기독교와 자본주의의 확장적 논리의 접합에 의하여 가능해졌고, 동시에 식민주의에 대한 변증법적 부정(헤겔의 주인-노예)에 연결되었다. 사실 20세기 중반에도 대중적 담론에서 유럽은 피레네산맥에서 끝나고 거기서 아프리카가 시작된다고 하는데, 이는 이베리아뿐 아니라 터키와 그리스를 배제시킨다.[219] 문제는 근

식민주의 또는 전통적으로 근대성과 관련된 다른 요소들을 통해 실현된 것보다 더 이른 조건에 의존했을 것이라고 시사한다.

218 레반트 지역은 14세기에 이탈리아 해상 상인들이 동부 지중해로 진출하면서 해상 무역의 중심지가 되었다. 아시아와 유럽을 연결하는 해상 무역의 교차점으로 발달했고 인도 항로가 개척되기 이전까지 동서 무역의 주 무대였다. 가장 넓게는 동부 지중해 국가와 섬까지 모두 포함하며, 일반적으로 시리아, 레바논, 요르단, 이스라엘, 팔레스타인 일대를 가리킨다. — 옮긴이

219 이베리아와 북유럽의 근대성(후자는 기독교의 세속화에 기반을 둔다) 사이의 이러한 대조, 그리고 이것이 라틴 아메리카의 탈식민지 역사와 북유럽의 근대성에 의해 식민지화된 다른 지역의 식민지 역사의 차이를 설명할 수 있다는 가정은 완전히 독창적이지는 않다(Dainotto, 2006; Chambers, 2008 참조). 히스패닉계에서도 이 주제에 대한 오랜 전통이 있다(Racionero, 1996;

대성이 언제 어디에 속하는가가 아니라, 무엇이 근대성에 속하는가다. 나는 근대성 속의 모순이 아니라 근대성 간의 모순 가능성을 논의하고자 한다. 근대성을 다중으로 본다는 것, 즉 근본적으로 다른 근대성이 항상 존재한다고 생각하는 것은 무엇을 의미하는가? 이러한 생각은 근대성의 단일한 서사, 또는 일련의 상태로 부드럽거나 단절적으로 근대성이 이동하는 분열된 선형 서사를 가정하는 일을 거절하는 것이다. 이런 생각은 일련의 주제를 둘러싼 변형의 문제도 아니고 어떤 근원적 형성에 대한 혼종성이 지속되는 과정의 문제도 아니다. 우리는 "역사를 발전의 과정(가능한 것이 실제화되는)으로 생각하지 않는 방법을 배워야 하고, 현재(우리가 말하면서 살아가는)를 절대적인 하나로 간주하지 않는 방법을 배워야 한다"(Chakrabarty, 2000: 249). 우리는 길로이(2000: 56~57)와 함께 "근대성은 어떤 의미에서 유럽이라는 '지리체geo-body,' 즉 폐쇄적인 실체에 속하는지" 질문해야 한다. 우리는 시릴 라이오넬 로버트 제임스Cyril Lionel Robert James(1989)가 근대성이 카리브해라는 세계적 체계의 '주변부'에서 발명되었다는 주장이 옳은지 고려해야 한다. 이것은 "다른 곳의 근대성"(Gilroy, 2000: 76)과 "다른 때"를 고려하는 것으로, 즉 "유럽 역사에 대한 완전히 다르고 탈중심적인 이해"(80)를 제공하는 것이다.

아마도 이것이 디페시 차크라바르티Dipesh Chakrabarty(2000)가 "유럽을 지방화하기provincializing Europe"로 의미했던 것이고, 유럽 외부의 사람들에게 "서발턴 주체의 위치" 이외의 것과 접합하는 방법을 찾으려는 것이다. 차크라바르티(43)에게 이런 작업은 근대성의 복수성이 어떻게 명백하게 패배하였는지를 이해할 것을 요구한다. "만약 언어라는 것이…… 한 부대가 사용하는 방언일 뿐이라면, 오늘날 특정한 '유럽'을 근대적인 아비투스로

Morse, 1982; Rodó, 1967 참조). 유럽은 파시즘의 트라우마와 패배 이후에야 크게 재구성되었으며, 이는 1970년대까지 남부 유럽에서 발생하지 않았다.

가리키는 '근대성'의 서사에도 똑같이 말할 수 있다." 이것은 계몽주의적 합리성을 비판하는 것 이상을 수반한다. 이것은 "유럽의 특정한 버전을 유럽"과 동일시하는 것이 "유럽인만의 일"(43)이라는 가정에 질문을 요청한다. 기에키(1997: 274)의 "근대화와 서구화의 연결 고리는 개념적이지 않고 경험적"이라는 말은 확실히 옳다.

유럽-근대성이 항상 단수적 보편singular universal에서 보편적 단수universal singular로 재창조된다는 담론적 전술에 어떻게 도전을 시작할 것인가? 근대성의 범주를 보편적 단수가 아닌 다른 것으로 어떻게 생각할 것인가? 어떻게 단일성singularity 내부의 혼종적 변화와는 다른 무엇으로 근대성(들)을 복수화할 수 있는가? 각각 복잡하고 관계적으로 구성된 근대성의 구체화인 단수적 보편을 어떻게 복수성으로 상상할 수 있는가? 좀 더 윤리적으로 바람직한 근대성을 상상할 수 있는가? 길로이(2000)의 지구적 인본주의, 두셀(2000)의 초근대성, 또는 조르조 아감벤(1993)의 도래하는 공동체[220]가 대안이 되는가?

다른 방식의 근대적인 것을 상상하려는 욕망이 마리아 로사 메노칼Maria Rosa Menocal(2002: 46)이 "근대 최초의 꽃"이라고 표현한 레반틴 사회에 대한 나의 관심을 부채질하였다. 레반틴 사회는 목적론과 보편성이 없는 "완전히 새로운 사회를 설립하려는 의지"(61)를 구현한 사회로, 선교자가 아닌 번역가의 관용 사회다. 레반틴 사회는 부정과 혼종이 아닌, 차이점을 끊임없이 접합하고 번역에 대한 특별한 찬사를 통하여 실현되었다. 그곳은 모순을 수용하면서 (적어도 메노칼에 따르면) '예 그리고 아니오'라는 윤리에 기초한다. 요점은 이 구성체를 낭만화하거나 우리가 이루어야 할 모델로 주장하려는 것이 아니라, 레반틴 사회 속에서 타자의 가능성, 또는 해

220 그로스버그(2000c)를 참조하라.

리 하루투니안Harry Harootunian(2000: 55)의 말을 인용하면 "동시대적coeval" 근대성을 찾으려는 것이다.

근대성(들)의 복수성이라는 개념이 질문에 대한 답이 아니라 문제-공간을 설정한다며, 우리는 다음과 같이 질문할 수 있다. 어떻게 근대성의 개념을 복수성으로 구성할 수 있는가? 스콧은 우리 모두가 "근대성의 징집병conscripts of modernity"이라고 주장한다. 다시 말해서 유럽-근대성에 반대하는 바로 그 요구가 너무 자주 바로 그 근대성에 의해 접합된다는 것이다(예를 들어 아이티 혁명에서 "나는 나의 자유를 원한다"라는 투생 루베르퇴르Toussaint Louverture[221]의 요구와 같이). 그러나 복수성의 모델에서 시작한다면, 항상 외부, 도피선, 타자의 가능성(근대성에 대한 대안을 포함하여) 등이 존재한다. 그리고 거기에는 나는 다르게 살고 싶다는 또 다른 요구가 항상 있다.

공간과 시간의 존재론

근대성은 시간(그리고 이보다는 적은 정도로 공간)의 새로운 조직이자 경험을 생산하는 것으로 일반적으로 이해되어 왔다. 많은 경우, 근대성의 시공간성chronotope은 단일한 역사History로 간주된다. 즉 근대성은 단일한 역사의 발명이며 변화를 수용(심지어 찬사 및 제도화)하고, (전통으로서) 정체stasis에 저항한다. 미래는 끊임없이 사라지는 현재를 통해 과거로 흘러간다. 조금은 다른 하지만 중요한 변형으로, 현재는 다른 시간성들(지나간 미래 그리고 다가올 과거 같은)의 접합으로 "현재 속의 과거(와 미래)의 우발성"(Scott, 2004: 220)을 구현한다. 라인하르트 코젤렉Reinhart Koselleck은 시간의 경험을 '경험의 공간'(기억된 과거 특수성의 구현으로서 현재가 된 과거)과 '기대의 지평'(예측된 미래의 분산된 가

221 투생 루베르퇴르(1743?~1803)는 아이티의 장군이자 정치가로, 노예 해방 및 아이티의 독립 운동을 이끌었다. — 옮긴이

능성의 구현으로서 미래가 만든 현재)으로 구분한다. 여기서 후자가 전자를 정의하고 능가하는 반면, 코젤렉은 근대 시기가 경험의 두 차원의 간격을 상당히 확장시킨 단절을 구성한다고 주장한다.[222]

영어권에서 이 시공간성에 대한 가장 유명한 서술은 마르크스주의 영향을 받은 마셜 버먼Marshall Berman(1982: 15)이 제시한 것인데, 근대성을 점차 빠르고 조밀하게 현실화되는 변화에 대한 특정한 태도이자 경험으로 표현했다. 버먼은 "[근대성은] 공간과 시간, 자아와 타인, 삶의 가능성과 위험에 대한 경험과 같이 필수적 경험의 방식으로…… 근대적이 되는 것은 모험, 권력, 기쁨, 나와 세계의 성장을 약속하는 환경에서 우리를 찾는 것이자, 동시에 우리가 가진 모든 것, 우리가 알고 있는 모든 것, 그리고 우리가 있는 모든 것을 파괴할 환경 속에서 우리를 찾는 것이다. 근대적이 되는 것은 '견고한 모든 것이 대기 속으로 사라지는' 세계 일부가 되는 것"(1982, 15)이라고 한다. 근대적이 되는 것은 소용돌이 속에서 편안함을 찾으며 변화를 수용할 뿐 아니라 갈망하는 것이다. 근대성은 단일한 역사의 경험이다. 그러나 단일한 역사의 선형적 시간성이 어떻게 경험되는지는 보장할 수 없다. 어떤 사람들에게 근대성은 종말보다는 목적론적인 진보의 의미로 정의되는 미래에 관한 것이다. 오스트레일리아의 퍼스[223]에 대해 쓴 데이비드 브롬필드David Bromfield에게 "'근대적인' 것은 미래를 암시하는 방식으로 아주 미미하게 이해된다…… 근대적인 것은 훨씬 더 일반적으로 알려진 역사"(Morris, 1998: 16에서 재인용)였다.

유사하게 기에키(1997: 280)는 근대성을 혁신과 변화에 대한 헌신으로 생

222 여기서 나는 데이비드 테리David Terry의 통찰력에 감사의 말을 전한다. 또한 코젤렉 이론의 보편화 경향도 지적하고자 한다.

223 호주 웨스턴오스트레일리아주의 주도로, 19세기 말 부근에서 금광이 개발됨으로써 도시 발전에 큰 영향을 주었으며 근대 공업이 활발했다. — 옮긴이

각한다. 기에키는 "혁신적 정신과 전망의 육성이…… 근대성을 정의한다고 할 수 있다"라고 주장한다. 근대성은 새로운 것을 생산하려는 끊임없는 주장이다.[224] 그런데도 기에키는 근대성뿐 아니라 혁신과 변화 개념의 복합성을 무시하는 서술에 대해 이의를 제기한다. 그는 결국 전통적 사회 또한 변화하고 종종 변화를 추구하며, 반대로 근대적 사회는 항상 전통을 구현하고 포용한다고 지적한다. 유사하게, 딜립 가온카르Dilip Gaonkar(2001)는 일상의 중요성과 변화 자체가 새로운 권력의 형태라는 것을 무시하면서 근대성의 변화 위치를 강조하는 이들에게 경고한다. 에메 세제르Aimé Cesaire(2001)와 차크라바르티(2000) 등이 주장했듯이, 이러한 선형적 시간성으로서의 역사의 구성은 다양한 형태의 폭력과 잔인함과 강력하게 접합되어 있으며, 이는 노예제도, 식민주의, 세계 전쟁에서 가장 분명하게 나타난다.

역사의 시간성 역시 항상 장소화되어 있다. 일반적으로 시간성은 민족-국가의 경계된 공간으로 구체화된다. 역사는 대체로 민족-국가 공간 내에서 발생하므로, 유럽-근대성의 보편화는 민족-국가를 사회 정치적 존재의 적절한 공간화로 정상화하고 보편화한 것에 기초한다. 그 결과 역사는 항상 특정한 민족-국가와 복수적 관계인데, 그 자체가 유럽-근대성의 보편적 역사로 단일화되고 보편화된다(Chakrabarty, 2000). 그러나 현실은 훨씬 더 복잡하다. 결국, 유럽-근대성은 종교가 기반이 된 거대한 규모의 제국에서 국경이 의사 결정을 내리는 공간을 정의하는 소규모 주권국가로의 이동을 통해 구성되었지만, 유럽-근대성은 다시 자본주의 시장과 식민주의를 통하여 새로운 형태의 공간적 확장주의를 채택했다. 사실, 유럽-근대성의 공간적 논리는 경계와 확장 사이의 '모순'에 위치하는데, 유럽-근대성을 결정하는 많은 벡터(기독교와 과학, 자본주의와 민주주의)가 지속

224 이것은 보수적 근대화론자들에게 흥미로운 모순을 만들어 낸다.

적 확장을 요청하는 개종 세력이기 때문이다.

최근 연구는 단일한 역사를 복수의 역사들histories로 재공간화하고 특정한 위치와 구성으로 위치시킴으로써 유럽-근대적 사상의 보편화하는 경향을 해체하려고 시도했다. 그 결과는 '지리-역사들geo-histories'을 구성하려는 별로 성공적인 않은 노력이었다. 티모시 미첼(2000)과 다른 연구자들은 유럽-근대성의 기원을 재공간화하려고 하였는데, 유럽-근대성을 유럽에서 세계적인 단위로 대체하면서 복잡한 세계 관계의 사물이라고 주장하였다. 미첼은 "근대성이 세계를 에워싼 교환과 생산의 그물망 기원이라면, 그것은 서구의 창조물이 아닌 서구와 비서구의 상호 작용의 창조물이었다"(2)라고 주장하였는데, 여기서 미첼은 서구와 비서구라는 개념이 시대착오적이라는 점을 인식했다. 이러한 시도는 중요하지만 여전히 복수성의 개념으로 나아가지는 못했다. 왜냐하면 유럽-근대성이 전 세계적으로 발명되었다는 주장(유럽 스스로가 근대성을 발명하지 않았다는 주장)과 근대성이 다른 시간과 공간에서 발명되었다는 주장 사이에는 분명한 차이가 있기 때문이다.

유럽-근대성에 대한 두 번째 정의인 시공간성이 있다. 첫 번째 시공간성이 사회 구조, 사회 변화, 국가 정체성의 차원에서 작동하고 옛것과 새것 사이의 단절을 강조하며 국면적인 것이라면, 두 번째 시공간성은 동일시, 투자, 경험의 구조에서 작동하며 현상학적이고 정동적이다. 두 번째는 근대적인 것에 대한 두 사람의 중요한 이론으로 거슬러 올라간다. 하나는 발터 벤야민(1968: 262~63)이 메시아적 시간을 "행위의 중단이자 엄청난 요약"이라고 부른 "다른 역사other history"이고, 다른 하나는 샤를 보들레르Charles Baudelaire가 근대성의 열쇠로서 현재와 현존 그리고 지금the now을 강조한 것이다.[225] 이 두 번째 시공간성에서 근대적인 것은 현재를 구성하는데, 시간

225 이 담론은 보들레르를 변화(비록 근본적으로 우발적이고 거의 무작위적인 변화이기는 하지만)의 크로노토프chronotope[그리스어로 시간을 뜻하는 chronos(크로노스)와 장소를 뜻하는

성의 분리된 순간으로 현재를 구성한다. 현재는 살아 있는 것의 존재론적 중심지이며 경험 주체의 시간적 중심지다. 현재는 개인 경험의 주체로서 개인의 현재화present-ing다. 지금은 시간 속에 존재하는 방식으로서의 경험의 순간이다. 스튜어트 홀(n.d.)은 근대적인 것은 개인에게 "'내면에서' 현재의 가능성을 최대한 발휘할 수 있는 특권을 부여한다"라고 말한다. 푸코(2003: 227~228)에 따르면, "현재는 가장 충만한 순간, 가장 강렬한 순간 그리고 우주가 현실로 진입하는 엄숙한 순간이 되는데, 현재는 더 이상 망각의 순간이 아니라 진실이 밝혀지는 순간이다." 또한 토니 모리슨Toni Morrison(2004: 201)은 "모든 것이 지금이고 언제나 지금이다"라고 말한다. 각각의 지금 그리고 각각의 현재는 그 자체로 고유하다. 이러한 현재의 개념은 역사 및 역사적 특수성 그리고 변화의 개념을 포기한 것처럼 보인다. 현재에서 역사는 "지식의 한 형태이자 경험적 현상의 일차적인 상태로서…… 그 시간성의 문제의식이 다른 것에 흘러넘친다 하더라도…… 그 자체로 역사적 현상이다"(Young, 1990: 74). 에르네스트 블로흐Ernest Bloch(1877)의 견해에 따라 현재는 '비동시적 축적nonsynchronous accumulation'으로 모든 시간과 다중적 시간성의 반복이다. 가온카르(2001: 7)는 "근대성에서 모든 것이 현재에 의지하고 역사의 연속에서 벗어난 현재는 내적 파열과 파편화의 끊임없는 과정"이라고 제안한다.[226] 흥미롭게도 가온카르는 근대성을 그 시간성을 통해 정의하는 것처럼 보였지만, 앞서 언급했듯이 그가 지닌 대안적 근대성의 시각은 다른 곳에 있다. 따라서 그에게 근대성의 본질인 시간성은 대안들의 모든 (표면적) 변동성에 걸쳐 일정하게 유지된다. 나는 근대성에 핵심, 적어도

topos(토포스)라는 말이 결합된 용어로, 시공간이란 의미다. — 옮긴이]에 다시 연결시키는 근대성의 형상 또는 상징으로서의 플라뇌르flâneur라는 보들레르의 개념에 대한 보다 일반적 호소와는 다르다. 데리다(1997: 306)의 "약속의 시간time of the promise"도 참조하라.

226 그러나 가온카르는 이것을 "역사로서 현재에 대한 도약"(7)이라고 묘사함으로써 다소 물러선다고 생각한다.

시간(과 공간)에 대하여 언급하려는 가온카르의 욕망에 공감하지만, 그 핵심을 유럽-근대적인 언어로 정의하는 것을 피하고자 한다.

나는 무엇보다 근대성이 계층화 기계의 산물이라고 제안한다. 이 기계는 시간과 공간에 속하는 방식의 새로운 집합(도표)을 생성하는데, 스튜어트 홀(1996b: 251)이 "중첩된 시간doubled time"이라고 부른 것에 의하여 대체로 결정된다. 홀은 "근대성을 구별 짓는 것은 중층 결정되어 봉합되고 보완적인 시간성의 특징"이라고 하는데, 나는 여기에 공간성을 추가하고자 한다. 유럽-근대성의 두 개의 시공간성은 이 기계적 계층화의 구현이자 도표일 뿐이다. 이것은 근대적인 것이 체험된 시공간으로 구성되는 방식을 생산한다.[227]

따라서 역사는 보다 존재론적으로 정의된 크로노스Chronos의 시간 또는 변화의 시공간성을 표현한 것으로 볼 수 있다. 유럽-근대성에서 크로노스는 과거, 현재, 미래의 선형적 관계의 분화differentiation로 구현된다. 이러한 결과는 크로노스가 두 번째 시공간성의 결정에 따라 되어감이 아닌 존재의 상태state-of-being로 기능하는 변화의 차원이기에 부분적으로 역설적이다. 크로노스는 변화에 관한 것이지만 변화를 구조에 종속시킨다. 피터 오스본Peter Osborne(1995)에 따르면, 근대성은 "역사적 시간성의 구별되지만 역설적인 형태"(5)이며, "시간적 분화의 끊임없는 과정"(6)으로 식별된다. 파르타 차테르지Partha Chatterjee(1993)는 시간에 속하는 다른 방법이 있다고 인식한 후 그것으로부터 후퇴하는 것으로 보인다. 차테르지는 유럽-근대적 시공간 관계의 보편화에 반대하면서 "사람들은 공허한 동질적 시간 속에서만 자신을 상상할 수 있고, 그들은 그 안에 살지 않는다"(131)라고 경고한다. 이어 사람들은 "이질적인 시간heterogeneous time," 즉 "불균등한 밀도"

227 시간 안에 소속하는 것에 대해서는 그로스버그(2000b)를 참조하라.

의 시간에 살고 있고, 동질적인 시간은 자본과 유럽-근대 국가의 '유토피아적 시간'이라고 한다. 그러나 "동질적인 시간은 실제 어느 공간에서 발견되지 않는다"라는 그의 주장은 유럽-근대성에 대해 그가 구별한 특성을 피하는 것처럼 보인다. 내 요점은 변화 안에 그리고 변화로서 되어감의 다른 방식이 있다는 것이고, 크로노스의 시간성을 구현할 수 있는 다른 방식 역시 있다는 것이다.

두 번째 시공간성은 행위 또는 지금의 사건으로 경험적인 시공간이자 사건 자체의 시공간이다.[228] 그러나 현재의 사건 또는 사건으로서의 현재는 미래가 과거가 되어 버리는 순간적이고 사라지는 통로가 아니라, 그것만의 존재-구조being-structure를 가지고 있다. 두 번째 시공간성을 정의하는 것은 존재론적 현실, 불연속과 우발성, 그리고 경험과 주체의 중심을 구성하는 특이성으로서의 현재 또는 지금의 '사건-존재event-being'다. 여기서 내가 사건이라는 단어를 사용하는 것은 지젝(2002)과 알랭 바디우Alain Badiou(2005)와 같은 작가들이 사건을 재현할 수 없는 것, 전례가 없는 것, 그리고 절대적으로 단수적인 것을 재현하도록 사용하는 방식과 무관하지 않다. 그러나 그들에게 사건은 항상 일종의 변화와 역사의 중단이고, 사건의 시간성은 과거 그리고 시간 자체와의 완전한 단절이라는 환상을 구현한다. 이런 방식은 사건을 일상적인 것과 특수한 것 모두를 부정으로 만든다.[229] 대신, 나는 사건으로서 지금의 개념을 다케우치(2005: 58)가 "순간의 영속성"이라고 부르는 것을 가리키기 위해서 사용한다.[230] 이런 의미의 사건은 하이데거의 용

228 실제로 세 번째 가능한 시공간성이 있는데, 이는 복수의 시간성/공간성을 가리킨다. 헤테로토피아heterotopias에 대한 푸코의 개념(1967)과 비동기성의 동기성에 대한 블로흐(1977)의 개념을 참고하라.

229 나는 이것이 또한 벤야민에게 핵심인 유대교의 시간화 논리에 맞서는 사건이라고 생각한다. 나는 유대교를 유럽-근대성의 유대-기독교 전통에 단순하게 통합하는 것에 대해 회의적이다.

230 내가 말하는 사건은 질 들뢰즈(1990: 63)의 견해에 가깝지만 정확히 일치하지는 않다. 사건

어로 행위로서의 사건 그리고 수행적인 것의 존재로서의 사건이다.[231] 이것은 전환, 생성 그리고 존재론적 사이between의 가능성으로서 존재론적 조건으로서의 현재다.[232] 벤야민(1968: 264)이 말했듯이, "역사적 유물론자는 현재의 개념이 없어서는 안 되는데, 이 현재는 전환이 아니고, 그 안의 시간은 정지하고 멈춰 버린다"라고 말했다.[233] 다시 말해, 현재란 소속의 사건인 동시에 하이데거(1962)가 증명한 것같이 자기 외부로의 투사다. 예를 들어 현재는 항상 열려 있는 미래로 열려 있고, 미래의 개방성은 현재 속에서 고군분투해야 한다. 따라서 현재는 변하지도 그리고 변화의 중심지도 아니지만 변화 가능성의 조건이다. 현재는 동시에 자신과 변증법적 관계를 맺기 때문에 현재의 사건 안에 영원한 것이 포함된다.

푸코(1997: 311)는 보들레르를 재해석하며, "현재의 가치는 현재를 상상하고, 지금과 다른 현재를 상상하고, 그리고 현재를 파괴하지 않고 무엇인

이란 중요한 사건도 아니고 일상생활을 방해하는 단일한 사례도 아니다. 사건은 가상과 실제 사이의 긴장감 속에 갇힌 현실의 파편이다. 사건은 "그것의 통행 불가능성과 침투 불가능성에서" 존재감이 있지만 "현재가 없다. 그것은 오히려 동시에 두 방향으로 후퇴하고 전진하며 이중 질문의 영원한 대상이 된다. 무슨 일이 일어날 것인가? 무슨 일이 일어난 것인가?" 이러한 견해는 변화, 즉 되어감이 전부인 들뢰즈와 같은 철학자에 적합하다. 나는 근대에서의 사건이 정확히 존재론적 또는 가상적 되어감으로부터 존재감을 위한 현재의 구성이라고 주장하고자 한다. 이것을 지적해 준 테드 스트리파스Ted Striphas에게 감사한다.

231 여기서 유럽-근대성은 '실행하지 않으면 두고 보라'와 같은 요구로 볼 수 있는데, 여기서 성과는 문화적 수행성뿐만 아니라 기술 및 조직적 수행에 관한 존재론적 의미를 갖는다. 유럽-근대성에 대한 이런 이해를 알려준 데이비드 테리에게 감사한다. 또한 조지 유디스George Yúdice(2003)를 참조하라.

232 푸코(1997)는 철학적 사고가 스스로의 현재에 반영되는 세 가지 방식을 구분한다. 특정 시대에 속하는 것으로 재현되는 현재, 다가오는 사건의 징조에 대해 심문을 받는 현재, 그리고 새로운 세계로의 전환의 시기로서의 현재다.

233 그러므로 나는 미첼(2000: 14)의 다음과 같은 말에 동의하지 않는다. "근대적인 것은 발터 벤야민이 동시성의 동질적인 공허한 시간이라고 부르는 시간성[동시대 또는 존재감]의 형태로 발생한다."

지 파악함으로써 변형시키려는 필사적인 열망에서 분리될 수 없다"라고 말했다. 따라서 근대적인 것의 영구적인 비판, 즉 실험주의는 "소속 관계를 표시하고 동시에 자신을 과제로 제시한다"(309). 유사하게, 데리다(1994: xix)는 "살아 있는 현재의 자신과의 비동시성noncontemporaneity"에 대해 이야기한다. 그러므로 현재의 사건 속에서는 단지 불연속성, 우발성, 순간성의 존재성presencing뿐 아니라 푸코(1997)가 묘사한 것같이 영원한 것, 영웅적인 것, 초월적인 것의 표현이라는 이중적 존재성과 같은 것이 있다. 시간의 의식이라는 흐름에서 주체를 빼냄으로써 주체의 공간인 동시에 자의식의 가능성의 조건을 구성하는 것은 바로 지금의 사건이다.[234]

현재는 "우리를 있게 한 우발성으로부터 분리되어서 더 이상 우리가 무엇인지, 무엇을 하거나 생각하지 않을 가능성이 있는데"(Foucault 1977: 355), 이런 상황은 변화의 부정에서 비롯되는 역설의 구조를 구현한다. 이는 또한 다케우치 요시미(2005: 71)가 시인 루쉰의 노예 이야기에서 확인한 것으로 헤겔의 주인과 노예의 비유에 반대되는 논리다. 즉 "인생에서 가장 고통스러운 것은 노예가 노예라는 신분을 거부함과 동시에 해방의 환상을 거부하며 자신이 노예임을 실감한 노예가 되는 것이다. 이는 따라야 할 길이 없어도 어떤 길을 따라야 하는 상태이며, 따라야 할 길이 없기 때문에 어떤 길을 따르게 되는 것이다." 우리가 이를 통해 항상 자신보다 뛰어난 현재를 생각해 볼 수 있는데, 현재의 현실에는 현재의 현실성뿐 아니라 되어감의 가상성을 포함하기 때문이다. 비유적으로 말하자면, 현재의 지금은 단일하고 부상하는 우발적인 사건으로서 스스로의 탈출구와 이동과 자기 비판의 가능성을 포함한다.

존재론적 현재 또는 사건을 유럽-근대성의 현실화와 구별하는 것은

234 따라서 여기서 푸코가 시간-의식에서 주관성의 현상학적 위치에 반대한다는 것을 알 수 있으며, 이는 이어서 의식 자체의 주제화를 가능하게 하기 위해 초월적 주체성의 주장을 요구한다.

더 어렵다. 그러나 하루투니안(2000: 4)은 현재라는 것은 '역사적' 사건으로, 19세기 후반과 20세기 초반에 등장한 "일시적 경험의 최소 단위인…… 시간적 내재성temporal immanence의 틀"이라고 제안한다. 사건의 시간성이 주체화의 장소라면, 나는 현재의 유럽-근대적 현실화에서 주체화는 주관화subjectification라는 매우 독특한 형태를 취한다고 제안한다. 사건의 장소는 (현상학적) 경험의 공간이며, 따라서 경험의 현상학적 주체로서 개인을 구성하는 공간이다. 이런 주체성은 자기 본질 또는 개성의 내면화 — 즉 형이상학적 용어로 "영적인" 자아 — 로서, 그리고 자신의 경험에 대한 특권적 저자이자 소유자로서 체험된다. 영혼의 합리화라고 말할 수 있다. 이 내면의 자아는 사회 질서와 세계와 특정한 관계를 맺는 자의식적 주체성이다. 그러나 항상 그러하듯이 이러한 관계는 결코 완전히 고정되거나 보장되지는 않는다. 메건 모리스(1998: xxii)는 "[경험의 범주]가 개인적 권위를 주장하는 방식이 아닌 역사에 대한 회의적 질문을 제기하는 방식으로 사용될 때, '경험'도 다른 시간성을 명명하는 투쟁의 일부였다"라고 제안한다.

그러나 이 계층화 도표는 또 다른 축axis이 있는데 시간성은 항상 공간성에 접합되기 때문이다. 이 축에 대하여 이야기하기 전에, 공간의 존재론에 대하여 간략히 설명해야겠다. 이는 칸트 철학에 기반을 둔 시간과 공간에 대한 유럽-근대적 이분법 그리고 공간에 대한 시간의 특권화를 피하기 위해서이고, 시간과 공간 사이 또는 그들의 특정한 구성 사이에 필연적인 동등성을 가정하는 것을 피하기 위해서다. 무엇보다도 우리는 공간을 시간이 활동하기 위한 조건으로 작동하는 수동적인 파트너로 보는 시각을 피해야 한다.[235]

공간에 대한 보편적 설명은 있을 수 없으며, 공간은 공간 자체의 횡

235 공간에 관하여 그로스버그(2000a)를 참조하라. 지도 그리기 관행과 공간 이론의 관계에 대한 논의는 존 피클즈John Pickles(2004)를 참조하라.

단매개성transversality 또는 '벡터적' 특성을 구성하는 공간적 실천의 코드와 구조와 결코 동일하지 않다. 즉 공간은 동시에 방향적이면서 차원적dimensional이다. 그러나 우리는 특수 상대성 이론에서 4차원적 민코프스키 공간[236]과 일반 상대성 이론에서 리만 공간[237]의 차이에서 시작할 수 있다. 전자의 경우 사건은 특정한 지점에 위치하고 지역화되며, 자신이 위치한 공간과 무관한 것이 그 사건의 특징이다. 각 지점들은 자체적인 힘이 없다. 후자에서 사건은 공간화되는데, 사건은 장소의 되어감의 벡터로서 '세계선world-lines'이다. 그리고 이러한 선의 특징은 그것의 중심지에 따라 다르다. 리만 공간에서 공간은 발생하는 일과 무관하지 않으며 동시에 발생하는 일은 그것이 발생하는 공간과 무관하지 않다. 즉 선은 공간을 구부릴 수 있는 것이다.[238] 이는 공간을 거리감, 되어감의 움직임을 만드는 능동적 존재로 보는 것이고 공간 속의 사물이나 장소를 그 자체에 힘이 있는 능동적인 것으로 보는 것이다. 모든 사건은 공간의 영향이고 공간을 구성한다. 사건의 생성 자체가 공간의 생성이다. 도린 매시(1998년 5월 30일 개인적 대화)는 꽃이 피는 이미지를 사건과 공간의 동시성 및 동시에 되어감의 감각을 묘사하기 위하여 사용했다. 첫째, 이러한 의미의 공간은 (겹치는) 환경의 다층성 또는 시공간의 이질적인 연합으로서 구성된다는 것을 기억하는

236 알베르트 아인슈타인Albert Einstein이 1905년 발표한 특수 상대성 이론의 기하학적 표현 수단으로, 1908년 수학자 헤르만 민코프스키Hermann Minkowski가 도입한 공간이다. 4차원 공간 혹은 시공 세계라고도 한다. — 옮긴이

237 일반 상대성 이론에서는 시간을 포함한 4차원의 리만 공간을 사용하는데, 매 점의 작은 공간에서는 비슷하지만 공간 전체를 놓고 보면 휘어져 있는 공간이다. 1854년 독일의 수학자 베르하르트 리만Bernhard Riemann이 발표한, 종래의 3차원에 대하여 n차원을 다룬 새로운 공간 기하학에서 나온 개념이다. — 옮긴이

238 물리학자 존 휠러John Wheeler는 "물질은 공간에게 어떻게 휘어야 하는지를 알려주고, 공간은 물질에게 움직이는 방법을 알려준다"라고 말한다("Universe 101: Big Bang Theory," National Aeronautics and Space Administration, http://map.gsfc.nasa.gov/universe/bb_theory.html).

것이 중요하다. 다르게 말하자면, 공간은 환경들의 되어감이다. 매시(2005: 56)는 "다층성이 존재하기 위하여 공간이 있어야 한다"라고 주장한다. 둘째, 공간은 특정한 요소의 반복을 통하여 영역으로 구성된다. 이는 환경들의 공명 또는 리듬을 생성하여 다양한 환경-맥락의 부분들이 함께 표현적인 집합체를 구성한다.

공간은 항상 되어감의 공간이므로, 공간과 시간은 상호 구성적이다. 즉 공간과 시간은 함께 존재하여 실현된다. 나는 앞서 두 개의 시간성 양식, 즉 시간 속에 존재하거나 시간에 소속되는 두 가지 방식의 관점에서 근대적 방식에 대한 계층화 도표의 한 축을 논의했다. 이제는 공간에 존재하거나 소속되는 두 가지 방식, 즉 제도적 공간과 일상생활의 공간으로 구성된 두 번째 축을 설명하고자 한다. 유럽-근대성에 대한 논의는 때때로 역사를 제도적 공간과 현재를 일상생활과 연결하는 방식으로 두 가지 축을 가로지르는 필연적인 관련성을 가정하는 경우가 많다. 하지만 이러한 접합은 우발적이며, 근대적인 것의 지형적 가능성을 구체적으로 실현시키는 방식을 규정한다.

공간의 이 두 가지 형태의 차이는 도식적으로 기술하면 대체로 단순하다. 제도적 공간은 영구성, 단순한 영역화, 복잡한 기호화로 특징지어진다. 즉 제도적 공간은 상당히 규정된 공간으로 구조화되고 종종 다양한 정도의 제한된 영역을 생성한다. 그러나 경계 내에서 제도적 공간은 규칙, 규범, 표준 체계와 같은 권력의 복잡한 기술로 특징 지어지고, 이들은 행동을 통제하고 상호 작용을 규제하기 위하여 '설계되었다.' 이 공간은 정교한 문화적 체계, 그리고 의미, 중요성 그리고 욕망을 생산하며 공유하는 세계로 특징지어진다.

유럽-근대성에서 이러한 제도적 공간은 국가와 정부 기관, 시민, 공공 그리고 심지어 사생활, 기업, 시장 등을 포함한다. 이 공간은 개별적이고 집단적으로 만족할 줄 모르는 듯한 확장적인 경향을 보이는데, 근대 생활의 모든 공간성을 규정하려는 것처럼 보인다.

근대 공간의 두 번째 형태는 일상생활의 공간성으로, 보들레르(Gaonkar, 2001: 4에서 재인용)가 "일시적이고 순간적이고 우발적"이라고 서술한 것이다. 나는 이러한 설명이 부분적으로만 옳다고 제안한다. 근대 공간의 비영구성과 불안정성이 근대 공간을 일종의 공간적 특이성으로 만드는 것처럼 보이기 때문에, 많은 비평가들이 근대 공간을 사건의 시간과 연관시킨다. 보들레르(1995: 5)는 현재의 동일하게 '놀라운' 요소, 즉 그가 "우리 전통의 폐허 속 영원한 것의 암시"라고 부르는 것을 일상생활의 공간성에 위치시킨다. 유사하게 하루투니안(2000: 4)은 "현재의 최소한의 통일성은 비록 불안정하더라도 명백히 근대적이라고 여겨지는 일상성의 실제적이고 피할 수 없는 경험"이라고 주장한다. 벤야민(Harootunian 2000: 3에서 재인용)은 유사하게 현재가 "일상의 현실성"(그리고 현실성의 일상?)이라고 제안했지만, 나는 이 관계를 동등하게 여기지 말고, 현재와 여기의 접합으로 보아야 한다고 생각한다.[239] 가온카르(2001: 4)가 말하듯이, 근대성은 일상의 "일시적 물질성fugitive materiality"이 현재에 대한 날카로워진 의식에 영향을 미치는 교차점에 위치한다.

마찬가지로 중요한 것은 일상생활이 단순한 기호와 복잡한 영역으로 특징지어진다는 것이다. 일상생활은 규칙과 의미의 체계에 의해 조직되는 것이 아니라 습관과 구조화된 동원의 분포에 의해 조직된다. 일상생활이라는 개념이 다양하게 사용되기 때문에, 이 개념의 사용을 명확히 하고자 한다. 일상생활은 현상학자의 삶의 세계life-world 또는 실용주의자의 문화적 맥락과 동일한 것은 아니다. 특히 후자는 제도적 공간과 더 일반적

239 그러므로 나는 일상성이 공간적이기도 하다고 생각하기 때문에 "일상성은 시간적 존재 방식이다"라고 한 오스본(1995: 195)의 말에 전적으로 동의하지 않는다. 그러나 나는 그의 "시간화의 방식이 현재성과 반복의 독특한 조합"이라는 말에는 동의한다.

으로 접합된다.[240] 르페브르(1984; 1991b)가 분명히 했듯이, 내가 일상생활이라고 부르는 것은 단순히 현상학적으로 '체험되는 것'이 아니라, 가능성으로서 일상생활의 조건이다. 즉 일상생활은 현상학적 '현상'과 달리 주제화 thematization하려는 모든 시도를 피하기 때문에 보이는 것의 즉시성을 통해 접근될 수 없다.

나는 르페브르의 생각을 원용하지만 동시에 그의 어휘에서는 벗어나고자 한다. 르페브르의 '일상the everyday'은 그가 말하는 '일상daily life'(그리고 내가 '일상생활everyday life'라고 부르는)이 (권력의 자본주의적 재조직화에 의해 규정된) 20세기 유럽-근대성에서 취하는 형태이며, 그곳에서 상품화되고 구체화된다. 결과적으로 일상은 자신의 권리가 있는 자의식과 동시에 권력과 통제의 대상이 된다. 일상은 이전에 '일상'에 존재했던 일체감, 총체성, '스타일'을 부정한다. 나는 두 가지 측면에서 르페브르와 차별화를 시도한다. 첫째, 나는 일상생활이 물화되거나 상품화될 필요가 없으며 일상생활이 다층적인 방식으로 실현될 수 있는 가상의 공간성이라고 주장한다. 둘째, 나는 과거의 일상생활이 현재에는 잃어버린 어떤 의미를 지녔기에, 진정성의 상실이라는 근대적 서사를 만든다는 식의 제안을 하고 싶지 않다.[241]

내가 의미하는 일상생활이란 하루 또 하루 일상의 분류되지 않는, 습관적인 그리고 때로는 일상화된routinized 특성을 의미하는데, 우리가 살아가면서 생각하지 않는 것들이다. 일상생활은 시간성이 감지되지 않는 모든 활

240 가온카르(2001)는 보들레르가 시민 사회의 시학을 요구하는 것으로 보지만, 나는 보들레르가 일상생활의 시학에 대한 묘사를 제공한다고 생각한다. 나는 또한 가온카르가 일상생활을 삶의 세계와 잘못 동일시한다고 생각한다. 비록 이 일상생활이 완전히 덧없는 것은 아니지만 말이다. 사실, 일상생활은 그 자체가 결정적으로 일상화되고 습관화된 것으로 구성된다.

241 르페브르의 이론에는 세 가지 특성이 있는데, 이는 일상생활la vie quiotidienne, 일상le quotidian, 일상성quotidienneté이다. 일상생활 자체는 항상 가상이며 이러한 세 가지 차원의 맥락적 접합의 결과다. 일상생활은 사회생활의 고정되고 영원한 차원이 아니다.

동(즉 우리가 시간이 얼마나 흘러갔는지 주의를 기울이지 않는)을 포함한다. 일상생활은 구조화되지 않고 예측할 수 없는 특성 같은 뒤죽박죽의 특성이 있다. 그것은 일상적banal이기에 되찾을 수도, 회수할 수도 또는 상환할 수도 없는 것이다. 일상생활은 모든 인간의 생각과 활동의 공통분모로 작동한다는 사실에도 불구하고, 과학과 사회 이론 외부에 머물러 있기 때문에 특정한 신비로움을 가지고 있다. 사실, 일상생활은 추상적 사고와 반대되는 것으로 일상의 치밀한 특수성을 이해할 능력이 없다. 일상생활에는 항상 의미, 가치, 신화 등이 스며들어 있지만, 그것들이 일상생활을 조직화할 수는 없다.

일상생활은 잔여물residue이며, 이는 모든 제도적 구조, 모든 의미 있고 중요한 실천을 뺐을 때 남아 있는 것이다. 물론 우리는 무의미한 것이 의미의 필연적 붕괴를 암시하지 않는다는 점을 기억해야 한다. 르페브르에 따르면 "모든 독특하고 우수하며 전문화되며 구조화된 모든 활동이 분석에 의하여 선정되고…… 그들의 전문성과 기술성을 고려할 때, 우수한 활동은 서로 간의 '기술적 공백technical vacuum'을 남기는데, 이는" 일상생활로 채워진다(1991: 97).[242] 일상생활은 일상화, 반복, 평범한 것(그리고 어쩌면 지루함)의 공간이다. 그런 의미에서 일상생활의 존재에는 특정한 사치가 존재한다. 다시 말하지만, 이러한 일상화가 마치 그 단조로움이 끊임없이 부각되고 강요되는 것 같은 "참을 수 없는 지루함"을 나타내는 것은 아니다. 이런 일상화는 습관화의 장소인데, 습관은 (단순한 일상적 반복이 아닌) 실용주의자들의 생산적이고 반복적인 특이성으로 이해된다. 일상생활은 새로운 종류의 성찰성과 자의식, 또는 더 나아가 새로운 자기 상상을 가능하게 한다. 동시에 체험된 것의 사건은 인간 생활에 예측 불가한 것, 위험, 오류 그

242 이것은 르페브르가 자본주의적 근대성의 '일상'으로 간주하는 '반복되는 지겨움'일 필요도 없고, 르페브르의 일상과 여성의 동일시를 따를 필요도 없고, 미셸 드 세르토(1984)의 힘의 완전한 부정성 또는 결여로서의 일상의 방정식을 따를 필요도 없다.

리고 사고와 같은 우발성을 도입한다. 따라서 르페브르(2005: 185)는 "근대의 본질적인 특성은 사행적인 것aleatory이 아닌가"라고도 했는데, 이는 단순히 우발적인 생각이 아니다.

마지막으로 일상생활은 항상 스스로를 초과하거나 빠져나가기에 일상생활의 신비에는 또 다른 차원이 있다. 이는 르페브르가 일상성everydayness이라고 부르는 것, 모리스(1992: 465)가 모리스 블랑쇼Maurice Blanchot를 따라 묘사한 "과잉의 순수한 과정pure process in excess"이라고 부르는 것과 같다. 사실, 당연한 것으로 여겨지는 일상의 평범함 자체는 빠져나가는 과잉, 즉 '삶의 과잉'이다. 그러나 이 진부함의 과잉은 삶 그 자체의 어떤 필수적 본질이 아니다. 이 과잉은 체험된 실천의 결과로서, 즉 평범함의 종착점이 공통의 장소에 도달하거나 건설하는 가능성이다. 일상생활은 대중적인 것의 영역과 밀접하게 관련되어 있으며, 이러한 과잉은 항상 정치적인 것의 구성을 초과하고 저항하는 창의성을 구현할 수 있다. 르페브르에게 일상생활은 저항 가능성의 기초로서 특정한 힘과 탄력성을 구현한다. 르페브르를 이어 오스본(1996: 196)이 관찰한 바와 같이, 일상생활은 "'되풀이의 수수께끼가 되어감의 이론을 가로막는 '공간'"이다. 이런 식으로 일상생활은 "담론이 생산되는 장소를 재구성할 수 있다"(de Certeau, Morris 1990: 27에서 재인용).

근대성의 계층화 도표

나는 근대적 존재 방식에 대한 도표를 공간적 소속감과 시간적 소속감이라는 네 가지의 구별되지만 접합된 기구의 구성으로 설명하고자 한다.[243]

243 여기서 나는 대안적 근대 모델의 한계를 지적하는 티모시 미첼(2000: 24)의 주장과 내 기획의 유사성을 간단히 살펴보고자 한다. 미첼은 "또한 우리는 근대적인 것의 세계적 관점이 단순히 대안적 근대를 이야기해서는 안 된다. 왜냐하면 대안적 근대에서는 (근본적으로 단일한) 근대성

이 지역적 상황에 의한 다양한 문화적 형태로 변용되어간다"(2000: 24). 대신, 미첼의 보다 '세계적인 관점'은 "자본주의적 근대성의 본질에 대한 정의의 외부에 있는 발전과 힘은 그들이 구성하는 근대성을 지속적으로 우회하고, 전환하고, 변형하고, 증식시키며, 본질적 원리, 독특한 역동성 또는 독특한 역사를 박탈한다"(12)라고 주장한다.

그러나 미첼은 나의 세 번째 도표와 다르지 않은 근대의 근본적 구조를 식별한다. 미첼은 "근대의 경험은 시간과 공간 간의 관계로 구성된다. 이것은 전자를 후자로, 그리고 후자를 전자로 표현하는 특정한 방법이다"(13)라고 주장한다. 내가 쓰는 용어와 정확히 같지는 않지만 그는 근대 시간의 이중성을 인식한다. 그것은 역사적 시간이자 "동시대성 또는 존재성이다. 근대는 발터 벤야민이 동질적인 공허한 시간…… 동시성이라고 부르는 시간성의 형태로 발생한다"(14). 미첼이 요약한 바와 같이, "근대성은…… 서구의 동질적인 형태로 나타나며 우리가 역사의 '지금'으로 인식하는 존재의 즉시성을 특징으로 하는 독특한 시공간을 형성하는 것 같다"(23). 그리고 흥미롭게도 그는 이 주장을 뒤집는 것 같은데, "역사적 시간의 관념을 구성하는 것을 가능하게 하는" 것은 "동시성의 효과"라고 그는 제안한다(15). 그는 근대 시간과 공간 사이의 복잡한 관계를 더욱 자세히 설명한다. 한편으로는 "서구의 시간인 역사적 시간은 근대 지리에 질서, 즉 유럽을 중심으로 한 질서를 부여하는 것"(7)이다. 다른 한편으로는 "근대의 '지금'은…… 동질적인 공간의 재현에 의존한다"(15).

이러한 유사성은 중요하다. 그러나 대화를 가능하게 하는 공간을 여는 중요한 차이점도 있다. 첫째, 사소한 문제일 수 있지만, 미첼은 시간과 공간에 대한 현상학적 문제와 존재론적 문제를 융합하는 것으로 보인다. 둘째, 그는 근대성의 존재 또는 '지금'을 역사적 시간의 이중화라기보다는 순간적인 존재와 동일한 것으로 간주한다. 다시 말해, 그는 역사가 동시대로부터 파생될 수 있다고 가정하는 것으로 보인다. 그래서 겉보기에도 불구하고 시간성의 이중화보다는 단일한 구조가 존재한다.

셋째, 미첼은 근대의 시간과 공간 자체가 "끝없이 복제되는 재현 체계의 산물"(23)이라고 주장한다. 따라서 결국 근대는 시간과 공간에 의해 그리고 시간과 공간으로 구성되는 것이 아니라 재현으로서, 또는 "명확히 근대적인 재현 기법"(25)에 의해 구성된다. 따라서 "유럽-근대의 생산의 가장 강력한 측면이자 동시에 그것이 주장하는 독창성과 일관성을 부정하는 차이와 변위의 망령에 그것을 노출시키는 것은 근대가 재현으로 무대화되는 방식이다"(16). 또는 다시 말해서 "근대는 공간과 공간의 재현 간의 차이로 생산된다. 근대의 생산을 특징짓는 것은 공간의 특정한 재현이 아니라 재현의 공간으로서의 현실의 구조다"(27).

이 독특한 재현의 경제에서 세계는 주체와 객체, 실제와 그것의 재현 사이의 절대적 차이라는 관점에서 (하이데거의 세계 그림과 같이) '설정set up'된다. 즉 "식민지 유럽의 근대성은 이 완전하고 중재되지 않고 자체적으로 나타나는 즉각적인 현실을 묘사하고 우리에게 약속하는 끝없는 설정을 보여 준다"(18). 미첼은 이러한 실제의 '존재'를 역사적 시간의 현재의 동시대성과 동일시

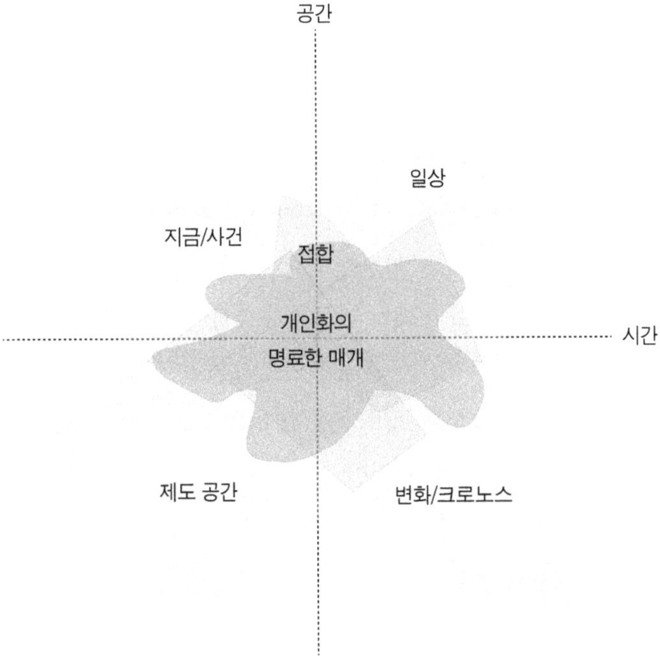

한다. "특징적인 것은 그러한 동시대성 또는 존재가 복제의 구조를 통해서만 경험이라고 할 수 있는 효과"(22)이며, 이는 훗날 그가 "차이의 무대화"(26)라고 부르는 것을 통해서다. 이 점에서 미첼의 입장은 내가 코딩 도표라고 부르는 것에 특권을 부여한 것으로 보이며, 이는 근대성/식민성 그룹뿐만 아니라 근대성에 대한 문화적 이론에 모두 동의한다.

그 결과 미첼은 변화와 존재의 시간성, 제도와 일상생활의 공간에 대한 구성의 다층성을 개념화할 방법이 없다. 다른 근대성을 이론화할 수 있는 능력 없이 다른 가능성을 상상하려는 욕망만이 남는다. "서로 다른 많은 자본주의가 존재하지 않는 것처럼, 서로 다른 많은 근대성이 있다는 것은 아니다. 자본주의와 마찬가지로 근대성은 역사의 (모든 의미에서) 종말을 제시하는 보편성, 유일성, 통일성 그리고 보편성에 대한 주장으로 정의된다"(24). 그의 분석이 아무리 생산적일지라도 미첼은 역사와 재현의 공간에서 벗어날 방법을 찾아야 하므로 그의 비관주의는 외부성, 즉 외관에 호소함으로써만 완화된다. "그러나 이것은 항상 불가능한 통일성, 불완전한 보편성으로 남는다"(24).

성(제도적 공간과 일상생활), 그리고 이들 사이의 관계의 특정한 접합 방식에 따라 규정될 것이다. 예를 들어 유럽-근대성에서 체험된 시간성과 공간성은 역사와 현상학적 현재로, 그리고 국가와 상품화된 일상생활로 나타난다. 그러나 변화와 현재를 실제화하는 그리고 제도적이고 일상 공간을 현실화하는 다른 방법들이 존재한다. 이들은 근대적인 방식의 다층성을 만들기 위해 다르게 실제화될 수 있는 가상이다. 즉 근대적이란 것은 추상적인 사건이나 변화가 아닌 이들의 구체적 실현을 포함하는데, 이들은 또한 추상적 일상생활과 제도적 공간이 아닌 이들의 구체적인 실현을 포함한다. 공간과 시간에 속하는 다양한 논리가 결코 단 하나의 가능성만 있는 단일하고 보편적인 것이 아닌 한, '근대적인 것' 그 자체는 실제적이고 긍정적인 다층성이라 할 수 있다.

이 도표는 시간과 공간에 대한 달라지는 소속감을 중심으로 두 축의(그리고 두 축을 가로지르는) 현실화와 접합을 상상할 수 있게 함으로써 근대적인 것의 가상성을 나타낸다. 여기서 제시하는 도표는 단순한 표가 아니라 두 개의 교차하는 축 또는 차원 간의 접합을 제안하려는 것인데, 여기서 축과 차원은 독립적으로 존재할 수 없다. 이 도표는 필연적으로 평평하고 정적이지만, 이 도표가 자체 생산적이며 항상 변화하며 다차원적 기계의 형상으로 받아들여지기를 바란다.[244]

244 이 도표를 제공한 샹탈 코르누젠틸 다시Chantal Cornut-Gentille D'Arcy와 소니아 로페스 바이손Sonia López-Baissón에게 감사한다. 나의 첫 번째 시도는 개성을 중심에 둔 2×2 표에 불과했다. 고안자들이 나에게 설명했듯이, "공간과 시간을 정해진/닫힌/안정된 범주로 '가두는' 대신 서로 관련된 차원으로 표현한다. 이러한 차원으로부터 발산되는 다른 세력의 힘, 영향, 끌어당기는 힘은 완전히 불규칙하다(이러한 세력 중 어느 것도 단 하나의 정해진 공간이나 시간 범위를 완전히 차지하지 않는다). 동시에 (의도적으로) 고르지 않고 어두운 중앙 영역은 여러 (공존하는) 근대성의 경험이 이러한 궤도를 도는 세력들 사이의 상호 작용 및 상호 연결의 밀도/강도가 어떻게 다른 결과로 이어지는지를 보여 준다"(D'Arcy & López-Baissón, 2009년 8월 30일 개인적 대화).

이 도표에 대한 설명을 간략하게 반복하고자 한다. 이 도표는 두 차원이 함께 소속되는 것 또는 그들의 접합으로 규정되며, 각 차원은 실제에 속하는 두 가지 형태의 관계에 의해 규정된다. 첫 번째 차원은 시간에 소속되는 방식으로 크로노스(역사성)와 사건(현재)이 필연적으로 함께 소속되는 것으로 구성된다. 차크라바르티(2000: 8)가 말했듯이, 근대성은 "'지금'의 시급성이 역사주의의 아직은 아닌 것not yet과의 긴장 관계에 있는" 공간에 위치한다. 사건의 시공간성이 현재에 전적으로 초점을 맞추는 한, 그것은 변화의 개념뿐 아니라 사건 자체의 '역사적' 특수성을 이론화할 가능성을 포기한다. 그리고 크로노스의 시공간성이 전적으로 변화에 초점을 맞추는 한, 그것은 체험된 것의 즉각성 그리고 주관성을 이해할 가능성을 포기한다. 시간-안-존재의 두 가지 방식의 우발적 관계 내에서 각각은 맥락적으로 현실화되고 연대기적이고 사건적 시간을 동시에 체험하면서, 인간의 삶은 물리적, 정동적, 기호학적 체계의 매개에 노출된다. 내가 제안한 바와 같이, 유럽-근대성에서 현존presence은 현상학적 경험으로 체험되고,[245] 변화는 단수의 역사와 역사들로 체험된다.

체험된 공간성의 두 번째 축은 공간에 대한 소속감의 방식으로서 제도의 공간과 일상생활의 공간에 대한 필연적인 소속감을 구성한다. 공간-안-존재의 두 가지 방식의 우발적 관계 내에서 각각은 맥락적으로 현실화되면서, 즉 제도적 공간과 일상 공간 모두 체험된 삶 내에서, 인간의 삶은 다층성 자체의 매우 현실적인 가능성과 필요성에 노출된다. 다시 말하지만, 유럽-근대에서 제도적 공간은 민족-국가 그리고 그 안에 있는 시민 사회와 기업 등으로 현실화되는 반면, 일상 공간은 상품화되고 생명정치화된 공간으로 현실화된다.

245 존 듀이John Dewey(1938), 윌리엄 제임스William James(2008), A. N. 화이트헤드A. N. Whitehead(1979) 같은 실용주의자에 의해 접합된 경험에 대한 비현상학적 이해도 존재한다.

그러나 이 도표는 두 개의 축뿐만 아니라, 두 축을 가로지르는 접합으로도 규정된다. 미첼은 "근대성의 경험은 시간과 공간의 관계로 구성된다. 이것은 시간을 공간으로 그리고 공간을 시간으로 표현하는 특정한 방법"이라고 설명한다(2000: 13). 공간성과 시간성 사이에는 항상 축을 가로질러 구성되고 가정되는 관계가 있다. 시간성과 공간성이 어떻게 접합되는지는 구체적이고 다층적인 현실화의 문제에 달려 있다. 따라서 예를 들어 유럽-근대성의 도표에서 역사는 (민족-국가의) 제도적 공간에 밀접하게 연결되어 있는 반면, 현재는 여러 실용적인 목적에서 일상생활과 동일시된다. 이것이 바로 이중 접합, 즉 두 축 내에서 그리고 두 축을 가로지르는 이중화doubling인데, 이것은 도표의 거울 구조를 초래한다.

이러한 축 사이와 축을 가로지르는 접합이 근대성의 다층성 내에서 사회 정치적 변화를 구조적으로 필연적이고 '정상적'으로 만든다. 일상생활과 제도적 공간 사이, 크로노스와 사건 사이, 그리고 이 두 차원을 가로지르는 변화하는 관계는 저항, 투쟁, 그리고 새로운 것을 찾고 생산하려는 노력의 근원이자 중심지를 빠르게 증식하게 한다.[246] 나는 비근대 사회에서는 이 도표에 명시적으로 나타난 분화가 존재하지 않거나 세계-안-존재의 방식에 뚜렷하고 의미 있게 체험되지 않을 것이라는 가설을 매우 조심스럽게 세워본다. 그렇다고 해서 비근대 사회에 이러한 공간과 시간이 존재하지 않는다거나, 좀 더 정확히 말하면 이 공간과 시간을 식별할 수 없다는 것은 아니다. 이러한 문제는 공간과 시간이 체험되는 유효성의 문제다.[247]

246 이것은 푸코가 훈육의 발전을 통치와 구별되는 것으로 보는 변화와 관련이 있지만, 그는 이 사이의 긴장을 생산적인 것, 또는 정치적 공간으로서 대중적인 것의 발명의 공간으로 보지 못한다.

247 어리석지 않도록 나를 도와준 마리오 블레이저(2009년 4월 개인적 대화)에게 매우 감사한다. 이전 버전에서 나는 비근대 사회에는 제도적 공간만 있다고 제안했다. 누가 봐도 이것은 변화가 외부에서만 올 수 있도록 비근대 사회를 닫힌 것으로 상상하는 것이다. 게다가 그들에게 일상적 공간만 있다는 주장도 마찬가지로 그럴듯하다. 그리고 비근대 사회에는 다른 형태의 제도적

그렇다면 이 도표 자체 내에서 이러한 접합을 어떻게 이루어지는가? 근대적인 것의 현실화를 구성하는 다양한 소속의 방식은 어떻게 매개되는가? 나는 접합의 행위자성 또는 벡터가 개인화를 구성하는 형태에 의해 구성된다고 가정한다. 시간과 공간의 주체와 가능한 행위자성을 구성하는 각각의 방식이 동시적이고 다층적인 방식의 접합이라는 것이다. 개인성individuality은 구현된 특이성과 동일시될 필요가 없고, 주체성subjecthood은 현상학적 의도와 경험의 중심지와 동일시될 필요가 없으며, 행위자성 역시 자기 반성적이고 자의식적 동기와 동일시될 필요가 없다. 이들 중 어느 것도 부정성의 기호 안에 위치할 필요가 없으며, 관계의 복잡한 망 외부에서 규정될 필요도 없다. 그러나 이것이 바로 개인이 세상에서 근본적으로 유럽-근대적으로 존재로서 구성되는 방식이다. 개인성, 정체성, 주체성, 행위자성은 동등한 것들로 가정되며, 이는 동시에 사회구성체의 다양한 영역(경제적 개인성, 정치적 개인성 등)으로 분배(영토화)되며 동시에 부정적인 분화의 논리로 기호화된다.[248]

내가 논의한 다른 도표들의 함의가 명백하게 보이는 지점이 있기 때문에, 나는 내가 제안한 도표가 국면을 진단하는 데 도움이 되는 몇 가지 방법을 제안하고자 한다. 우리가 시공간에 어떻게 소속되는지에 대한 도표가 현재의 삶과 행동의 가능성을 규정하는 데 결정적 역할을 한다는 점을 기억할 필요가 있기 때문이다. 첫째로, 관계와 요구의 복잡한 관계가 변함에 따라 권력의 도표 역시 변해야 하며, 그 반대도 마찬가지라는 것이다. 즉 시공간에 속하는 새로운 방식은 근대성의 이중적 공간성과 이중적

공간과 일상생활의 공간이 있다고 주장하는 것은 확실히 그럴듯하다. 따라서 여기에서 제시되는 입장은 내 자신의 입장을 통해 고찰된 최근의 노력이다.

248 이것은 유럽-근대적 주체로서, 부르주아 근대성(Grossberg, 1999 참조)에 대한 죄르지 루카치György Lukács(1971)의 분석(노동의 사회적 신체와 의식과 권리의 자기 성찰적 현상학적 주체)인 분열된 주체다.

시간성을 가로지르는 권력의 새로운 형태와 조직을 필요로 한다. 이러한 권력은 공간에서 신체의 관리뿐 아니라 현재와 미래의 시간성 관리를 포함한다. 르페브르(2005: 187)가 "근대성은 구조와 일관성을 달성하려는 무익한 시도로 가장 잘 특징지어진다"라고 가정한 것이 옳을지도 모른다.

그러나 인위적으로나마 잠시 두 축을 분리해 보겠다. 현대 국면에서는 공간성의 중첩된 위기와 공간을 둘러싼 갈등의 중첩된 노선이 존재한다. 다른 공간과 공간화에 대한 사람들의 소속감의 복잡성과 불확실성(투자 철회, 재투자, 투자 변화)의 증가를 고려해 보자. 아마도 더 중요한 것은 유럽-근대성의 현대적 형태에서 이러한 공간의 특정한 재접합 — 특히 제도적 공간과 일상 공간의 관계에서 — 은 단순히 중층 결정이 아니라 서로에 의한 침투라는 점이다. 따라서 일상 공간은 점점 더 제도적 공간의 기술과 코드에 의해 조직화되는 반면, 제도적 공간은 사소함과 지루함으로 특징지어진다. 제도적 공간이 지속적으로 비공식성과 일상생활의 습관화를 취하려고 해도, 일상생활은 점점 더 제도화된다고 느껴진다. 이는 어느 시점에서 공간성의 두 가지 형상 사이에 절대적인 차이가 있었다거나 그 차이가 사라진다는 의미가 아니라, 도표의 실체화, 즉 체험된 공간의 구성이 변하고 있거나, 정확히 말하자면 다양한 투쟁을 통해 변화된다는 의미다.

그러나 특별히 놀랍거나 심오한 것은 시간의 축을 둘러싼 위기와 투쟁이다. 이는 아동의 변화하는 지위와 위치의 변화에 대한 나의 연구(Grossberg, 2005)로 돌아가게 한다. 나의 결론 중 하나는 국면적 논쟁의 핵심 장소는 시간의 구성, 특히 역사와 변화에 대한 우리의 관계 변화를 포함한다는 것이다.[249] 경제 관계, 가족생활, 정부 체제, 그리고 특히 미래에 대한

249 여기에서 종종 음악을 중심으로 하는 전후 청년 문화의 복잡한 시간성에 주목해야 하며, 이는 부분적으로 항상 다양한 (2배의) 템포와 '올디스oldies'라는 개념으로 구현된 독특한 역사

시간의 구성 및 투자를 포함한 광범위한 담론적이고 비담론적 실천이 변화하고 있다. 유럽-근대성의 도표이자 특히 자유주의적 근대 변형의 핵심적 고정은 우리가 역사에 속하는 방식과 우리가 차지하는 현재에 미래로 이르는 궤적의 위치를 포함한다. 자유주의적 근대성의 상식은 특별하게 선형적, 단방향적, 개방형 관계를 가정하고, 미래가 결정적이지만 동시에 예측할 수 없는 방식으로 현재에 의존한다고 가정한다. 현재에 우리가 하는 일은 현재를 결정하는 힘을 가지고 있으며, 그 연결 고리는 미래에 대한 현재의 책임을 규정한다.[250] 의도적이든 아니든, 미래는 점점 더 현재와 구별할 수 없는 것으로(그래서 미래는 현재의 종속된 것으로 여겨지고), 또는 종말론적으로 (어떤 연속성도 없이 현재와 근본적으로 다른 것으로) 정의된다. 우리의 감각을 붕괴, 해체 또는 재형성하는 투쟁은 우리가 어디로 향할 것인지에 대한 것이 아니라 미래로 향한다는 것이 무엇을 의미하는가에 대한 것이며, 동시에 미래의 내용이 아니라 현재와 미래 사이에 작동하는 일종의 시간성과 인과성에 관한 것이다. 이 투쟁은 미래에 대한 우리의 관계, 미래에 대해 현재가 책임질 수 있다는 우리의 가장 절실한 가정, 그리고 미래의 가능성을 가능하게 하거나 심지어 영향을 줄 수 있는 현재의 가능성에 대한 것이다.

내가 말하고자 하는 점은 사람들이 미래를 형성할 수 있다는 믿음이 취약해졌다는 것이다. 사람들이 미래에 대한 신경을 쓰지 않는다는 것과 다른 것이며, 오히려 그들의 관심이 미래를 형성할 것이라고 생각하지 않는다는 것이다. 프랜시스 후쿠야마(1992: 48)가 말했듯이, "사람들은 자유민주주의보다 낫다고 느꼈던 대안을 찾다가 지친 상태로 도착한다." 가장

적 감각으로 구현된다.

250 이것은 종종 자기 완성, 개인과 국가, 그리고 역사 자체의 자기 실현으로서의 진보 개념을 포함한다.

즉각적인 결과는 우리가 점점 더 줄어드는 시간의 지평에 살게 되고, 미래가 현재인 것처럼 단기적으로 인식한다는 것이다. 이처럼 체험된 시간의 변화 징후는 쉽게 찾아볼 수 있다. 이러한 예는 미래를 마치 현재에 대한 책임이 있는 것처럼 다루려는 노력에서 확연히 나타난다. 미래는 현재의 이익을 위하여 사용되고 소모되는 자원으로 취급된다. 주식 시장이 미래의 특정한 부분에 대한 상품화를 대표한다면, 현재의 금융증권화의 폭발적 성장은 현재의 요구에 대한 전면적 복종이며, (조건과 가능성으로) 미래가 축소된다. 미래에 대한 변화하는 관계의 가장 무서운 증후는 종말론적 서사의 인기와 힘이 커진다는 것이다. 이러한 서사는 종교적 우파, 환경주의 또는 반세계화 좌파에서 나오기도 하고, 종말에 대한 시각 또는 균열, 재난, 기적의 불연속으로 역사를 제안하기도 한다. 종말론적 서술은 사회적 노력의 연속성의 개념을 예측할 수 없는 결과로 대체한다. 이런 서술은 거대한 서사 수준뿐 아니라 개인적 삶의 수준에서도 작동하기 때문에, 기적적인 (우연의) 성공(예를 들어 복권)의 이미지가 노력을 보상받는다는 신념(예를 들어 시민권 운동에서 살펴볼 수 있는 노력으로 성공의 사다리를 올라가는 이미지)을 대체하기 시작한다. 두렵게 만드는 자유주의에 관한 버지니아 포스트렐Virginia Postrel(1999)의 논문에 따르면, 미래와 관계 맺는 방법은 두 가지뿐이다. 하나는 정체론자Stasists로 (종종 유나바머Unabomber라는 연쇄 폭탄 테러범[251]으로 대표되는) 자유주의 좌파는 미래를 형성하기 위하여 현재에 할 수 있는 일을 제한하고자 한다. 그들은 변화와 근대에 반대한다! 두 번째인 동력론자dynamists들은 미래가 '알 수 없고 알려지지 않는 것'이므로 현재에서 미래

251 수학자이자 생존주의자인 시오도르 카진스키Theodore Kaczynski는 1978년에서 1995년 사이에 항공사, 대학, 기업, 개인 등에게 최소 16개의 우편물 폭탄을 보낸 테러리스트였다. 그는 기술과 소비문화에 반대했다. 1995년에 〈뉴욕 타임스〉와 〈워싱턴 포스트*Washington Post*〉는 계속되는 폭파 위협에 직면하게 되자 "산업 사회의 그 미래Industrial Society and Its Future"라는 그의 선언문을 발표했다. 그는 1996년 몬태나주에서 체포되어 재판받았고 결국 종신형을 선고받았다.

를 통제할 수 없다는 것을 알고 있다. 그래서 그들은 결과가 어떻든 현재에 수천 가지 가능성이 피어나도록 한다!

미래의 미래성futurity에 대한 이와 같은 명백한 부정은 과거에 대한 관계의 변화와 떼어놓을 수 없다. 문화적이고 정치적 핵심 장소로서 기억 문제의 중요성은 이러한 맥락에서 나타나며, 기억의 문제는 아직 질문하지 않는 문제에 대한 해결책이라기보다는 질문이 된다. 우리는 미래의 소멸에 직면하여 기념화, 즉 기억하는 것의 필요성과 속도가 증가하는 것을 볼 수 있다. 안드레아스 후이센Andreas Huyssen(2003)은 유사하게 '기억의 문화culture of memory'가 1970년대부터 등장했다고 언급했다.[252] 자유주의적 근대성이 현재-미래 관계를 강조했다면, 이 강조가 현재-과거로 변화하였다는 증거가 있는가? 우리는 현재-미래의 정치, 또는 (발터 벤야민의) 과거-미래의 정치, 그리고 과거-현재 관계의 정치에 사로잡혀 있는가? 동시에 현재 그 자체가 불확실해진다. 예를 들어, 지그문트 바우만(1991: II)은 현재에서 벗어나기 위한 투쟁에 대해 이야기했지만, 현재에 대한 변화하는 누자를 살 보여 주는 상징은 국제광고협회 세계 총회(*The Economist*, 2008)의 광고다. "다음에 무엇이 오는가?"라는 주제의 광고는 회의를 "'지금'이 과거의 일이 된 공간"으로 묘사한다.

지금까지의 이 도표에 대한 간단한 서술을 종합하면, 이러한 위기와 투쟁은 다양한 방식으로 접합된 공통의 느낌을 설명하고 있으며, 그 느낌은 우리가 경험하는 것이 중대하고 시대적이라는 것이다. 이 도표는 다층적 근대성의 공리적(논증) 기하학을 설명하지만, 그것이 근대성 이론이거나 특정한 구성에 대한 설명으로는 충분하지는 않다. 나는 시공간에 대한 소속감의 계층화 도표는 항상 그리고 언제나 다른 도표들과 권력에 의해 접

252 내 생각에 이 작업의 많은 부분이 역사주의의 동질적인 공허한 시간뿐만 아니라 체험된 기억의 기억된 시간을 생산하는 국가의 역할을 종종 다루지 못하는 것은 우연이 아니라고 생각한다.

합된다는 점을 분명히 했다. 다른 도표에는 기호화의 도표(관계성, 매개, 타자성과 같은)와 영역성(차원과 영역과 같은)을 포함하고 권력은 가치, 표현, 권력의 체계와 통약, 지도 그리기 그리고 수집의 기구에 의한 것을 포함한다. 알튀세르(1970)의 설명과 같이 이런 사회적 구성이 '매우 불편한 조화teeth-gritting harmony'라고 가정할지라도, 여전히 우리는 근대성의 다양한 도표가 구체적인 사회구성체로 현실화시키는 힘들에 대하여 논의해야 한다. 나는 이 계층화 도표가 사회 총체성을 항상 스스로의 적절한 공간에 갇힌 분열된 통일체가 아닌 시공간의 도표에 걸쳐 접합된 위기와 투쟁의 실천, 기구, 선 등의 분포로 바라보는 새로운 관점을 제시한다고 생각한다. 아마 우리는 계층화 도표를 국면적 문제-공간의 특수성으로 접합시켜 총체성을 향한 항상 불완전한 움직임으로 생각할 수 있다. 그렇다면 이러한 도표들이 어떻게 담론과 권력의 체제에 접합되는가? 또한 나는 근대적인 것의 존재론적 방식이 이런 모든 질문에 답할 수 없다는 점을 잘 알고 있다.[253] 오히려 많은 질문이 남는다. '답'을 찾기 위해서 우리는 삶을 구체화하는 사회적이고 구체적인 복합성 속에서 사람들이 세계 내 존재의 방식으로 이러한 도표를 살아가는 다양한 방식에 대한 지도를 그려야 한다. 그러나 그것은 이미 사회구성체의 다층성을 상호 연결되고, 깨지기 쉽고, 유동적이며, 다공적이며, 재접화되어 가는 '총체성들'로 이론화하는 다른 방식을 가정하는 것이다. 결국, 우리는 도표에서 현실로, 그리고 추상화에서 국면으로 가는 위험해 보이는 경로를 따르게 된다.

다층적인 근대성에 대한 논의를 끝내기 전에, 나는 마지막 과제를 언급하고자 한다. 다른 근대성에 대한 주장에 대하여 누군가는 왜 내가 그

253 마리오 블레이저(2009년 4월 개인적 대화)는 내 분석에 대해 심각한 이의를 제기했다. 이 용어가 구체화되어 있지 않아서 근대와 비근대를 구분하지 못하는 것은 아닌가? 나는 이것이 내가 이 장의 마지막에 요구하는 대화가 필요한 장소이자 이유라고 생각한다.

주장에서 다른 것 또는 근대에 대한 대안이 아닌 근대라고 부르는지 물을 수 있다. 이 질문은 진지하게 답할 가치가 있지만, 내가 다른 근대성들만이 지금까지 많이 이들이 고민하는 것에 대한 유일한 가능성이라고 생각하지 않는다는 점을 다시 한번 강조하고자 한다. 내가 사용하는 넓은 의미에서도 근대성에 대한 대안이 분명히 존재하겠지만, 근대성이라는 용어로 가능성이 잘 표현된다. 나는 최소한 이러한 결론에 대한 이유가 이 연구의 '기원', 즉 미국의 현대 국면을 보다 잘 이해하기 위한 나의 노력에 있다는 점을 분명히 하고자 한다. 이 연구가 나를 "도래하는 미국 근대성"에 대한 투쟁에 대한 이야기로 이끌었다. 근대성을 문제-공간에 대한 정의로서 '발견'하게 되면서, 나는 많은 이들이 근대성에 대한 질문을 지리적이고 역사적으로 다른 국면에서도 논의했다는 점을 발견하였다.

두 번째 이유는 내가 유럽-근대성의 부정적인 논리를 역설적으로 재생산하는 것을 피하기 위해서다. 다른 가능성이 근대성 이외의 것이거나 근대성 외부에 있지 않을 수 있는가에 대한 질문은 너무 쉽게 유럽-근대의 부정적인 차이가 될 수 있다. 아마도 중층적 근대성들에 대하여 생각함으로써, 우리는 우리 질문을 다른 이론 지형으로 이동할 수 있다. 다시 말해 관계성을 고려하는 다른 방식을 찾으려는 노력이 그 자체로 유럽-근대성을 넘어서려는 노력의 일부이지만, 분석 작업 없이는 쉽게 상상의 논리로 남게 된다.

그러나 가장 중요한 이유는 가온카르(2001: 21)가 "근대성에 대한 분노"로 묘사한 것과 리사 로펠Lisa Rofel(1999: xi)이 현장 연구에서의 대화를 설명하면서 "'근대성'은 각계각층의 많은 사람이 열성적으로 이야기하고 토론하고 싶어하는 그런 것"이라고 포착한 것에서 찾을 수 있다. 로펠(Deeb, 2006: 189에서 재인용)은 계속해서, "결국 혼란스러움에도 불구하고 근대적인 것에 대한 담론의 용어를 재정의하려는 시도는 서양과 동양에 대한 것이 아닌 '근대적'이면서 '진정한' 존재 방식을 정립하려는 시도"라고 설명한다.[254] 물론 근대성에 대한 우리 상상에 대한 유럽-근대성의 영향력을 감안하면 내가 다른 근대성을 대체할 용어를 만들 수 있지만, 나는 유럽-근대성에 권력을 넘겨주는 이러한 유혹에는 저항하고자 한다. 우리는 근대적이고 싶어하는 사람들의 욕망을 단순히 부정하는 것으로 시작할 수 없으며, 북대서양 국가들의 길을 따르지 않고 근대적인 가능성을 상상하는 능력을 과소평가해서는 안 된다. 또한 우리는 사람들이 이러한 욕망을 통해 도달하려는 것이 무엇인지 이해한다고 당연하게 여겨서는 안 된다.

기에키(1997: 263)는 근대성이 "사실상 규범적 지위를 획득하였다. 왜냐하면 세계의 모든 사회가 예외 없이 근대화되고, 그들의 사회적, 문화적 정치적 삶이 근대성 — 이것이 무엇을 뜻하든 상관없이 — 으로 특징짓기를 바라는 욕망한다"라고 주장한다. 그는 분명히 전 세계가 유럽처럼 되기를 원한다고 제안하지는 않는다. 사실 그는 중세의 많은 작가를 묘사하면서, "아랍과 라틴 학자들은 자신들과 자신들의 시대를 근대라고 규정하면서 고대와 다른 문화적 감각을 표현했다…… 그러나 그뿐만이 아니었다. 그들은 자신들의 시대를 모든 인류의 노력보다 진보된 시대로 여겼을 것이다"라고 말한다. 우리는 어떤 근거로 그들의 근대성에 대한 주장과 판단을 부정할 수 있는가? 르페브르(1995: 185)조차도 "'근대'는 특권적인 단어로, 부적이며 주문처럼 평생토록 보장이 된다"라고 인정한다. 확실히 근대 담론과의 관계는 종종 매우 복잡하고 모순적이다. 시아파에 대한 라라 딥Lara Deeb(2006)의 연구는 "근대-적인 것의 개념은 자신과 타인에 대한 사람들의 생각과 관련하여 가치가 매겨지는 비교로 사용"(229)되고, "여기에는 양립할 수 없는 욕망이 모였는데, 근대적인 것에 대한 서구의 지배 담론을 약화시키려는 욕망과 근대적이 되고자 하는 (또는 근대적으로 보이고자 하

254 이러한 문제에 대한 통찰력을 제공한 엘레나 예히아Elena Yehia에게 감사한다.

는) 욕망이 모였다"(223)라고 결론 내린다. 나는 이러한 담론의 복잡성 중 적어도 일부가 근대성에 대한 우리의 언어와 이해가 부족한 것에 기인한다고 생각한다.

따라서 내가 다층적 근대성이라는 개념을 통해 깊이 있게 고민하는지에 대한 대답은 근대성을 둘러싼 경쟁이 이미 진행 중이기 때문이고, 근대성이 실제로 결과를 초래하기 때문이고, 우리는 근대적인 것의 미래에 대한 새로운 기반, 가능성과 희망, 새로운 상상을 해야 하기 때문이라고 말할 수 있다. 문화연구는 정치적 변화를 위한 투쟁이 성공적이려면 사람들이 있는 곳에서 시작해야 한다고 항상 가르쳐 왔다. 따라서 변화의 담론이 어디서 시작해야 하는가의 선택은 지식인의 욕망이나 정치에 의해 정의되어서는 안 된다. 물론 이 문제에 관하여 우리가 고려해야 할 또 다른 관점이 있다. 예를 들어 블레이저(2009)는 내가 근대적인 것에 대한 사람들의 욕망을 너무 문자적으로 받아들이고 있으며 그들이 근대라는 용어를 사용하는 것이 어떤 요구에 대한 적응이나 얼버무림일 수 있다는 점을 고려하지 못했다고 지적하였다. 그렇다면 근대성에 대한 요구는 이러한 사람들의 정치적 위치의 결과라고 할 수 있지 않을까?[255] 나는 이런 질문이 특정한 국면적 투쟁에서 특정한 행위자들을 위해 제기되어야 한다는 점에 의심의 여지가 없다. 나 또한 딥(2006: 189)이 선언한 것처럼 "들려줄 다른 이야기들"이 있다는 점에 의심의 여지가 없다.

결론: 문화연구 되어가기

내가 이 논의에서 그리 멀지 나아가지 못했다는 점을 잘 알지만, 이제는

255 그러나 나는 그가 라투르를 사용한 것과 그에 따른 유럽 문화의 부정성의 정치로의 근대성의 축소가 다른 근대성의 가능성을 차단한다고 생각한다.

우리가 여기서부터 어디로 가야 할지 생각해 볼 때다. 나는 내 자신이 처한 맥락(또한 내가 말하고 싶은 지점)의 특수성에서 이야기하면서 다른 맥락의 특수성과 함께 이야기하고 어떤 세계성은 불가피하게 근대성이라는 문제틀의 일부라는 인식과 함께 대화에 참여하기도 한다. 이러한 대화는 근대성의 범주를 서구의 손아귀에서 벗어나게 한다. 하루투니안 (2000: 41)은 "서구는 더 이상 비서구를 구조화하는 지배적 지리적 개념이 아니기에, 어떤 비평도 이제는 '서구'의 내부 또는 외부에 위치해서는 안 된다. 비평은 근대성의 시간성 안에 내재적으로 위치해야 하는데, 이 시간성은 과거에 비서구 공간에서 발전했고 지금도 발전하고 있고, 이제는 변증법적 만남의 기회를 제공하는 새로운 문화적 형태를 포괄하고 있다"라고 제안한다.

동시에 근대성의 문제 틀은 현대 국면의 '본질'을 규정하지 않는다. 즉 국면에는 본질이 없으며, 문제-공간은 항상 논쟁될 수 있는 것이다. 근대성은 문제-공간, 심지어 미국에 대한 유리한 해석이 아니다. 또한 근대성은 국면의 윤곽을 파악하는 유일한 방법이 아니다. 그런데도 근대적인 것을 살아가는 다양한 방식의 체계로 이해하는 것은 사람들의 삶뿐만 아니라 근대적으로 살아가는 상상에 대한 유럽-근대성의 지배적 권력을 비판적으로 이해하는 것을 넘어설 수 있는 이론적 토대를 제공할 것으로 기대한다. 그래서 다른 근대성뿐 아니라 근대성에 대한 대안의 가능성을 인식하기를 기대한다. 현재 무엇이 발생하고 가능한 미래는 무엇인지에 대한 질문들은 여전히 매우 중요하다.

반복하여 말하자면, 나는 우리가 "근대적 해결책이 없는 근대적 문제"에 직면했다는 보아벤투라 데 소우사 산토스Boaventura de Sousa Santos(2002: 13)의 통찰력 있는 서술을 받아들이고 다시 해석하고자 한다.[256] 나는 우리

256 여기서 산토스는 에메 세제르(2001)가 유럽이 야기한 문제를 해결할 능력이 없다는 이전의 관찰을 반영한다.

가 근대적 문제에 직면하였고 이 문제는 우리의 근대적인 방식의 가능성 밖에서 사고하게 한다고 표현하고 싶다. 다층적 근대성에 대하여 생각하는 것은 우리가 더 이상 어떤 질문(예를 들어 일반적으로는 문화에 대해, 구체적으로 미디어와 대중문화에 대해)을 제기할지 모른다는 것을 인정하게 한다. 왜냐하면 실천이 바뀌었을 뿐 아니라(우리는 종종 무엇이 새롭고 무엇이 재접합인지 주의 깊게 식별하는 데 실패했지만), 투쟁의 맥락과 근대성의 도표가 변화하기 때문이다. 다층적 근대성에 대한 가설이 예를 들어 경제, 자연, 발전에 대한 상상의 생성에 또한 사회 운동 전략과 장소 만들기와 시간화 전략에 어떤 영향을 미치는가? 가능한 근대성과 근대성에 대한 대안의 다양한 시각과 형성에 대한 수많은 투쟁과 전환 사이에서 작동하는 세력, 기술 및 투쟁의 복잡성을 충분히 포착하기 위한 질문, 어휘, 개념을 어떻게 만들 수 있는가? 현대의 지리경제적, 정치적, 문화적 구성체와 공간, 그리고 그들을 가로지르는 새로운 주체성과 집단성의 창조를 주도하는 연결성, 관계성 그리고 차이의 다수성, 다시간성, 다규모성 방을 충분히 포착할 수 있는 질문과 언어를 어떻게 상상할 수 있는가?

나는 이 글을 통해 정치적 미래를 열고 다른 종류의 보편성, 즉 보편적 단수가 아닌 단수적 보편을 포괄하기 위한 분석적 입장을 찾기 위한 몇 가지 기초 작업을 하고자 노력했다. 보편적 단수가 모든 특수한 미래를 측정하기 위한 특수한 것의 위계적 추상을 규정한다면, 단수적 보편은 보편성을 비위계적으로 배열된 특수성을 가로지르는 움직임이나 관계로 인식한다. 이것은 목적론적(발전적)이지도 않고 확장적(총체화하는)이지도 않는 보편성이다. 이러한 보편성은 "우리가 아직 이해하지 못한 것을 들을 수 있는 능력"을 가능하게 하는데(Chakrabarty, 2002: 37), 이는 "다른 시간성, 다른 형태의 세계화worlding가 공존하고 가능하다"(Chakrabarty, 2000: 95)라는 인식에 의존한다.

근대적인 것에 대한 다른 방식을 상상하는 것은 우리가 상상 그 자체를 다시 상상할 것을 요구하는데, 가상은 '가능한 것the possible'과 달리 결국 실제하는 것이니 말이다. 레이먼드 윌리엄스(1979)는 이런 방식을 이해하는 것으로 보이는데, 그는 감정 구조라는 개념으로 이를 구체화했다. 그의 초기 작업에서 이 개념이 정동적 상동성을 기술한 반면, 후기 작업에서 이 개념은 알려진 것과 알 수 있는 것, 경험과 담론적인 것, 체험된 것과 접합 사이의 필연적인 간극을 가리키는데, 이 간극은 부상emergence과 창의성의 공간이다. 감정 구조는 우리가 세상에 존재하는 방식을 (재)구성하고 재상상하는 새로운 방식을 가능하게 하는 가상의 사건이다. 또한 이것은 불가능하게 하고 비관적 현실뿐 아니라 희망, 꿈, 욕망의 다층성을 연결하는 새로운 방식을 알려줄 수 있고, 근대적인 방식과 상상의 '가능성'을 새롭게 창조하는 새로운 집합적 기획을 모색하는 새로운 방식을 제시해 줄 수 있다. 결국 나는 피터 아마토Peter Amato(1997: 88)의 의견에 동의하게 되는데, 그는 "유럽 근대성의 희망이 성공을 거둘 수 있는 기회는 오직 아프리카 [또는 적어도 다른] 근대성의 전망 안에서 가능하다…… 이것은 하나의 특수성에서 융합을 추구하는 특수한 것들의 포괄적인 복수성으로 향하는 의식적인 이동"이라고 제안한다.

그러면 이제 무엇을 해야 하는가? 나는 문화연구를 위한 앞으로의 길이 세계를 위한 앞으로의 길에 관한 문제와 분리될 수 없다는 것이 분명하길 바란다. 둘의 미래(물론 후자가 훨씬 더 중요하지만)는 서로 얽혀 있으며 아직 보장되어 있지 않다. 그러나 둘의 미래는 부분적으로 우리가 말하고 행동하는 것에 의하여 형성될 것이고, 또한 부분적으로 우리가 지식인으로 이야기하고 행동하는 것, 즉 우리가 전할 이야기에 의하여 형성될 것이다. 나는 발상이 중요하다고 믿기 때문이고, 나쁜 이야기가 나쁜 정치를 만든다고 생각하기 때문이다. 비록 우리가 문화연구가 미래에 어떤 모습일지 미리 알 수 없지만, 나는 '만들어 가는 것making it up,' 그리고 궁극적으로 국면에 대한 더 나은 이야기를 하는 것은 많은 시간과 훨씬 더 많은 노력을 필요로 하다는 것을 잘 안다. 이런 작업은 맥락성, 복잡성, 모순, 논쟁 등에 단순히 주문을 읊조리는 것(내가 분명히 자주 했었던)보다 더 많은 노력이 필요하다. 이런 노력은 지식인과 학자로서 스스로를 재창조하고 지적 실천을 바꾸고 새로운 종류의 집단적으로 협력적인 학자-주체를 생산할 것을 요구할 것이다.

유럽-근대성을 넘어서 사고하는 기획은 많은 목소리와 맥락, 그리고 많은 담론과 지식과의 대화를 요구한다. 문화연구는 대화, 즉 중층적 대화가 되어야 하는데, 개별 연구의 합이 아닌 많은 대화가 문화연구가 되는 곳이기 때문이다. 이러한 대화는 지리적으로 다양할 뿐 아니라 간학제적이어야 한다. 이런 대화는 누구와 생각하고 이야기하고 싶은지, 그리고 이러한 대화에 생기를 불어넣을 수 있는 이질적인 언어heteroglossia의 형태와 실천에 대해 생각해야 한다. 우리는 처음부터 이런 대화들은 진행 중이며 불완전하고 고르지 않으며 일관성이 없을 것이라는 점을 받아들여야 한다. 이러한 대화들은 답이 연구자의 '위치'에 의해 결정된다는 인식을 넘어서야 하고, 질문들이 유사하게 결정된다는 근본적인 도전을 다루어야 한다. 따라서 맥락의 특수성을 넘어서 대화하려면, 질문을 하는 새로운 방법을 찾아야 한다. 그러나 우리는 지식 생산이 '민주적'이어야 하는 가정과 지식 생산의 대화 관행을 혼동하지 않도록 주의해야 한다.

대화는 우리가 인정하는 것보다 훨씬 더 어렵고, 내가 이야기하는 대화의 종류는 학자와 지식인으로서 우리의 실천에 많은 이의를 제기할 것이다. 대화는 내가 책을 통해 하려고 했던 더 비판적인 지반 정리를 요청할 것이다. 우리는 유일무이한 영웅적 지식인의 모델을 버리고 우리의 성공이나 지적 성취가 다른 사람들의 작업을 파괴하여 그 폐허 위에서만 세울 수 있다는 생각을 포기해야 한다. 우리의 기여는 협력적 대화에 참여함으로써 측정되어야 하는 것이지, 다른 이(연구자의 멘토나 친구를 포함한 소수의 특권층을 제외한)의 완전한 실패를 증명함으로써 입증되는 독창성과 차이에 대한 주장에 의해 측정될 수 없다. 우리는 협력자로서 서로를 존중해야 하고, 다른 이론, 방법론, 심지어 정치가 반드시 반대되는 것은 아니라는 점을 인식해야 한다. 각각의 이론, 방법론 그리고 정치는 무엇인가를 드러내거나 감추게도 하고, 동시에 목소리를 부여하거나 침묵하게도 한다. 따라서 (정치적이거나 이론적인) 파벌주의와 '적과의 공모'라는 비난은 문화연구의 대화에는 설 자리가 없으며, 오히려 논쟁과 심지어 열렬한 의견 불일치가 문화연구 대화에 필수적인 형태일 것이다.

우리는 지적 작업을 대화로 확립하고자 하는 과거와 현재의 많은 노력으로부터 그들의 성공과 실패를 배울 수 있다. 예를 들어 우리는 습관과 제도적 규범이 대화를 위한 노력을 약화시키는 것이 얼마나 쉬운지 잘 알고 있다. 그런 습관과 관습은 너무 산발적이며, 이론과 경험, 일반과 특수, 글로벌과 로컬로 이분법적으로 나뉘고, 유럽-근대성과 그 제도의 보편적인 지식 실천과 인식론의 주장과 규범으로 너무 쉽게 제약을 받으면서 너무 비교적이 되고, 학과를 지식과 판단의 유일한 수호자로 너무 집착하게 된다.

우리의 대화는 당연하게 여겨지는 지적 작업의 경계를 넘어서서 이야기하고 듣고자 하는, 다양한 지식 생산자와 협력하고자 하는 의지와 능력에 달려 있다. 여기서 지식 생산자는 싱크 탱크 및 NGO부터 사회 운동까지 학계 외부에 있는 사람들(초제도적 대화),[257] 다른 종류의 지식을 생산하는 사람들(초인식론적 대화), 견고하지만 변화하는 지정학적 경계와 위치를 가로지르며 위치한 사람들(초국가적, 초지역적 대화), 세계 그 자체가 우리의 이론과 욕망에 단순히 설명되지 않는다는 점을 존중하여 세계와 다른 관계에서 사는 사람(초존재론적 대화), 그리고 마지막으로 다른 학과 안에서 그리고 학과 사이에 위치한 사람(초학제적 대화)을 가리킨다. 이런 대화는 새로운 번역

257 학계 밖에서 사회 포럼 운동, 지구적 정의 운동, 프레카리아트 운동 등을 중심으로 흥미롭고 정교한 분석이 많이 이뤄지고 있다.

및 통약의 실천을 요구하면서 우리 자신의 지정학적, 인식론적, 그리고 학제적 입장 및 그것의 질문, 탐구 방식과 교육학을 다시 성찰하게 하고 결국 무슨 일이 일어나는지에 대한 좀 더 나은 이야기를 지어낼 것을 추구한다.

여기서 다시 한번 간학제성의 필요성과 난제에 대하여 언급하고자 한다. 간학제성의 요구가 증가하고 있다는 증후는 어디서나 볼 수 있다. 현대 세계에 '고정관념에서 벗어나 생각하는outside the box' 사람들이 필요하다는 데 모두가 동의하지만, 사람들은 한두 개의 상자 안에서 생각하는 법만을 배워서는 상자 밖에서 생각하는 법을 배울 수 없다는 점을 깨닫지 못한다. 사람들은 여러 상자들 사이에 대화하는 법을 배워야 하고, 상자들 사이의 공간에서 생각하고 사는 법을 배워야 한다. 게다가, 연구자들 사이의 지적 공동체 조직이 더 이상 관료적이고 학제적 체계에 의해 정의되지 않는 것으로 보인다. 그런데도 간학제성은 여전히 학계에서 자기 자리를 찾기 위해 싸워야 한다.

간학제성에는 협력이 필요하다. 이 글에서 나의 약점과 실패는 분명하다. 아무리 노력해도 혼자서는 간학제적일 수 없고, 협력은 단순히 학문의 분업을 재현해서는 안 된다(예를 들어 나는 문화를 하고 너는 경제를 하는 식의). 간학제성은 학과적 접근이 맥락적 복합성과 문화에 대한 담론적 결정으로부터 분리시키는 방식을 통하여 세계를 분할하고 연구 대상을 구성하는 방식에 이의를 제기한다. 그러나 내가 주장한 바와 같이 동일하게 중요한 것은 학과 제도에서 수행한 작업을 진지하게 여기는 점이다. 최소한 우리는 가능한 이론과 설명의 영역에서, 그리고 중요한 질문과 적절한 증거를 구성하는 토론 가운데 우리가 하는 선택과 그 중요성을 이해해야 한다. 나는 우리가 학과 제도를 없앨 수 있다고 생각하지는 않지만, 그것의 위치와 기여를 재고해야 한다고 생각한다.

불행히도 이미 많은 학과와 기관에서 간학제성에 대한 반발이 있으며, 종종 재정 축소라는 조건으로 정당화되거나 "자신의 학과 내에서 간학제적"이라는 기치 아래 수행되곤 한다. 이러한 역설적인 주장은 학자들이 실제로 작업을 수행하지 않고도 간학제성의 미덕을 구현한 것처럼 보이게 한다. 우리는 칭찬할 만한 비판적 연구자들의 실천, 즉 학과의 경계와 주변부와 이론의 초학제적 체계에 대한 연구를 학과를 넘어서는 노동과 위험과 혼동해서는 안 된다. 동시에, 점점 더 많은 학과들이 학과적 전통의 규범적 제약을 다시 규정함에도 불구하고 스스로를 간학제적이라고 묘사한다. 유감스럽게도 그 결과는 상상력은 있지만 매우 빈약하여, 문화연구의 간학제적이고 협력적인 기획을 크게 진전시키지는 못한다. 우리는 이러한 경향에 맞서, 협력적이며 간학제적인 연구의 가능성과 전문성의 조직과 의미를 재조명하고 재고할 필요가 있다.

지식 생산을 대화로 만들기 위해서는 "기관들을 통한 긴 행진"이 필요하다는 생각이 든다. 우리는 대학을 연구와 교육의 중심으로 변화시키는 전 세계적인 운동에 동참해야 하며, 경합하는 사회 현실 속에서 문화, 지식 및 교육 문제를 위치시키고 형성하는 더 큰 투쟁에 참여해야 한다. 결국 내가 묘사한 종류의 변화는 우리가 개인이나 교수진으로서 우리의 선택으로 변화할 수 있는 것은 아니다. 이런 변화는 더 큰 사회적이고 문화적 투쟁의 결과이며, 이것은 "지식인이 되어가는" 힘의 선과, "개인, 성공의 계산, 상상과 구현의 생존 전략과 방식을 생산하는" 힘의 선에 의하여 가능해지며, 동시에 (긴장과 모순 속에서) 지적 생산물의 습관과 구조를 제한한다(존 클라크, 2009년 3월 개인적 대화). 나의 이런 수사에도 불구하고, 우리는 우리의 관행과 상상을 형성하는 "뿌리 깊은 습관"에 맞서면서도, 죄책감과 피해의식이라는 비난의 형성을 쉽게 만들어 내는 자발적인 생각을 피해야 한다.

나는 우리가 대학과 지식 생산 그리고 보급을 위한 새로운 보편 모델을 제공해야 한다고 제안하는 것은 아니다. 우리는 단일화된 전략을 버리고 다원화의 가능성을 생각해야 한다. 우리는 지적인 작업과 교육, 그리고 이 둘 사이의 관계에 대한 다층적인 구성 및 조직을 상상할 필요가 있다. 우리는 학부와 대학원에서 학과적으로 규정된 전공을 요구하지 않는 여러 경로를 만드는 것을 고려해 볼 수 있다. 우리는 유연성과 변화를 허용하는 방법으로 연구 공동체와 학문적 소속감을 상상하는 다른 방법을 고려해 볼 수 있다. 간학제성에 대한 논의보다는, 학과 사이의 가능한 다른 관계에 대한 논의하는 게 나을 수 있다. 결국 문화연구는 간학제성을 가르치는 것이 아니라, 관계적이고 맥락적 사고를 가르치는 것이기 때문이다. 문화연구는 (학문 체계에 의해 규정되지 않고 세상에 대한 응답으로서) 질문하는 법을 배우는 것이고, 다양한 담론적 구성체(학과를 포함한)로부터 적절하고 명료한 이론, 방법론, 지식을 사용하는 방법을 배우는 것이다. 이를 통해 문화연구는 최선의 답을 구축하고 더 나은 이야기를 전달하고자 한다.

나는 행정 담당자들이 이런 변화는 불가능하며 관료적 악몽이라고 말할 것임을 알고 있다. 이런 변화가 행정의 본질을 바꿀 수 없을 수 없겠지만, 변화가 불가능할 것이라고 생각하지 않는다. 결국 대학은 관료와 행정가들 그리고 후원자였던 기금 모금자와 정치인에 대한 것이 아니다. 하지만 우리는 이런 부분을 잊어버린 것 같고, 대학에 대한 잘못된 재현과 그로 인한 실질적인 정책에 맞설 도덕적 용기를 잃은 것 같다. 심지어 동료 연구자들도 이러한 변화가 불가능하다고 말할 것이다. 그러나 우리가 당연시 여기는 대학의 많은 특징이 19세기 후반과 20세기 초반에 발명된 것임을 기억하는 것이 도움이 될 것이다. 그 당시 만들어진 '연구 대학research university'은 지난 세기에 최소한 두 번 더 창조되었다. 1950년대와 1960년대에 연구를 위한 증가된 정부 자금과 지원은 학생 인구의 증가와 "새로운 사회 운동"의 투쟁으로 보완되었고, 1980년대와 1990년대에는 정부 지원이 줄어들고 공공적이고 정치적인 조사가 증가하면서 대학이 보다 기업적, 관리적, 기업가적 조직 모델로 바뀌었다. 사실 우리 중 많은 사람들이 이런 변화를 직접 겪었다. 대학이 과거에 재창조될 수 있었다면, 또다시 재창조될 수 있다. 이것이 결국 문화연구가 해야 할 기획이다. 대학을 둘러싼 우발성과 맥락성을 인식하면서 다른 그리고 더 나은 가능성과 그 가능성에 어떻게 이를 수 있는지를 상상할 수 있는 설명을 제공하는 것 말이다.

마지막으로, 나는 이런 대화가 어떤 모습이고 어떤 결과를 가져올지 알 수 없다는 사실을 인정하고 싶다. 나는 새로운 대학이 어때야 하는지 알지 못한다. 나는 다른 근대성 그리고 근대성에 대한 대안이 어떤 모습일지 알지 못하지만, 우리가 그러한 가능성을 상상하기 시작해야 한다는 것을 안다. 우리는 많은 세계가 함께 공존할 수 있는 세상을 상상해야 한다. 그리고 우리는 현재 무슨 일이 일어나는지, 그리고 현재의 무엇이 우리가 인간적인 현실로 나아가지 못하게 했는지를 이해해야 한다. 나는 항상 문화연구를 이런 대화, 협력의 실험, 번역과 변형의 자기 성찰적 실천, 그리고 새로운 제도적 공간을 만들기 위한 확실한 노력으로의 초대라고 생각해 왔다. 그만큼 문화연구는 힘들고 생기 넘치며, 힘이 빠지면서도 희망이 넘치고, 겸손하면서 오만한 것이다. 그리고 문화연구란 나에게 정치적 지식이 되기 위한 유일한 방법이기도 하다!

L. Grossberg (2010). "In Search of Modernities," *Cultural Studies in Future Tense*. Durham and London: Duke University Press.

9

“우리는 어디로 가고 있는지 알고 있지만, 막상 현재 어디에 있는지 잘 모른다”

대담: 로런스 그로스버그, 조영한

조영한 이번 인터뷰는 1986년에 나온 논문[258]의 후속편이라 할 수 있다. 20년이 지난 현재 문화연구 또는 비판 연구의 "현재의 근황state of the art"을 어떻게 생각하는가?

그로스버그 일단 용어를 조금 명확하게 하고 시작하는 게 좋겠다. 일반적으로 좌파(또는 진보적 정치적 의제 측면에서)의 연구 결과물에 관해 묻는 것이라면 특히 문화를 심각하게 받아들이는 연구 중에는 훌륭하면서도 흥미로운 것이 많다고 생각한다. 그런데도 우리 연구는 현재 일어나는 정치적 투쟁에 기여하는 것이 별로 없다는 생각이 든다. 우리는 같은 이야기를 자주 하는 것 같다. 이런 이야기가 미국과 세계의 많은 지역이 변화하는 방향을 바꾸는 데 도움을 줄 새로운 통찰이나 새로운 전략적 가능성을 제공하지 못함에도 불구하고 말이다. "나쁜 이야기는 나쁜 정치를 만든다Bad stories make bad politics"가 나의 지적 연구의 새로운 구호다.

자, 그럼 질문으로 돌아가 보자. 내 말이 비판 연구critical studies를 과도하게 일반화한 논평으로 보일 수 있다. 마치 비판 연구가 진보적이고 정치적인 연구를 위한 포괄적 용어로 사용된 것과 유사하게 말이다. 하지만 솔직히 비판 연구가 오늘날 무엇을 의미하는지 잘 모르겠다. 현재 어떤 이들은 비판적 문화연구critical cultural studies라는 용어를 사용하던데, 과연 비판적이지 않은 문화연구가 무엇을 의미하는지 알 수 없다. 추측하건대 비판적 문화연구라는 용어를 사용하는 이들은 자신의 연구가 자의식적이고 명백하게 정치적 신념을 반영한다고 하겠지만, 나는 좀 더 심사숙고할

258 학술지 〈미디어 커뮤니케이션 비판 연구*Critical Studies in Media Communication*〉에 실린 "비평가들에 대한 응답Reply to the critics"이라는 그로스버그의 논문을 가리킨다. .

이 인터뷰는 2007년 9월 12일과 18일 노스캐롤라이나대학교 채플힐 캠퍼스와 그로스버그 교수의 자택에서 진행되었다. 여기서 언급되는 질문과 쟁점은 그로스버그의 책, 논문, 연설뿐만 아니라 나와의 오랜 관계에서 비롯되었다.

것을 제안한다. 왜냐하면 이런 정치적 신념이 투쟁과 가능성의 맥락을 더 잘 이해하기 위한 노력을 하지 않는 것에 대한 변명으로 너무 자주 사용되기 때문이다. 스튜어트 홀이 말하듯이, 정치를 언급하면 곤경에서 쉽게 벗어날 수 있다. 문화연구에는 구체적인 정치가 포함되어 있다고 생각하지만, 그것은 문화연구가 질문을 던지는 방식, 즉 연구의 시작점에 나타나거나, 문화연구의 마지막, 즉 문화연구가 가능성과 희망의 맥락을 재구성하려는 순간에 나타난다고 본다. 하지만 너무나 많은 경우 정치적 신념이 연구의 중심에 침투해 있어, 우리가 복합성을 지닌 모든 상황을 이해하는 데 방해가 된다. 하지만 나는 시작 또는 마지막에 나타나는 정치적 신념이 많은 연구에서 무엇을 할 수 있고 없는지 또는 무엇을 해야 하고 하지 말아야 하는지에 대한 답을 결정해 버리는 경우를 보았다.

그래서 나는 비판적 문화연구라는 용어가 자신이 원하는 모든 것을 문화연구라고 부름으로써 (때로는 스튜어트 홀 등을 언급하면서) 문화연구의 기획을 무의미하게 만들기 때문에 이 용어를 좋아하지 않는다. 이 용어는 무엇이 나쁜 문화연구인지를 판단할 능력과 권리를 부정한다. 그래서 특정 연구가 정치적 이해관계를 지워 버리거나 반대로 정치적 이해관계가 분석을 지배하게 되는 것을 허용하는 경우, 이런 식의 연구로부터 거리를 두고 싶다. 이러한 문화연구는 문화연구를 잘못 알고 있거나 떠나 버렸거나 또는 그야말로 나쁜 연구이기 때문이다.

내가 지적하는 부분은 문화연구라는 것이 학제 간 연구 또는 문화의 해석 등을 뜻하는 포괄적 용어가 되었다는 점이다. 이런 경우에 스피박이 한때 소개했던 '문화에 관한 연구culture studies'라는 용어가 적절하다. 반면에 내 글을 읽어 본 사람이라면 누구나 알고 있듯이, 문화연구의 특수성을 정의하는 특정한 기획이 있다고 생각한다. 그것은 바로 특정한 물질적 실천과 신념을 통해 구현되는 구체적인 연구 기획이다. 문화연구가 진보적인 또는 일반적인 지식인이 할 수 있는 유일하게 타당한 작업이라고 생각하지는 않지만, 문화연구를 어떻게 정의할 것인지 질문할 의무는 누구에게나 있다고 생각한다. (그리고 이 질문은 스튜어트 홀이나 영국 문화연구의 다양한 기여를 통해서만 대답할 수 있는 것이 아니다. 비록 영국식 문화연구가 부분적으로는 나를 형성시킨 전통이기도 하고 문화연구 기획에 관한 아주 유용하고 우아한 서술과 예시를 제공한다고는 생각하지만 말이다.) 물론 이 와중에 새로운 용어가 등장했다는 것도 알고 있다. '비판 문화연구critical and cultural studies'라는 용어는 전미커뮤니케이션협회(NCA: National Communication Association)에 의해 생긴 것인데, 이 용어는 일부의 수사학자와 문화학자, 그들의 분열에 의해 다소 소외된 다른 연구자들 사이의 동맹을 지칭한다고 생각한다. 물론 아이러니한 일이다. '비판 문화연구' 분과는 가장 큰 분과이기에 동시에 많은 사람이 이러한 분과를 통해 발생하는 제도적 구조에 소외감을 느끼고 있으니까 말이다. 그리고 이러한 불만을 관리하는 방법을 그것을 수용하는 공간을 만드는 것일 것이다. 나는 다른 한편으로는 동맹이라면 무조건 지지하지만 말이다.

한 가지 더 말하자면, 현대 사회에서 '비판적'이라는 게 어떤 의미인지 대화를 해 보는 것도 좋을 것 같다. 이것은 포스트모더니즘의 전성기 때 유행했던 논쟁으로 돌아가자는 의미가 아니라 그저 정치와 지식의 관계, 그리고 요즘 비평에 통용되는 것의 많은 부분을 특징짓는 압도적인 부정성에 의문을 제기하고자 하는 것이다.

그럼 이제 나만의 방식으로 첫 질문에 다시 대답해 보겠다. 특히 미국의 경우 문화연구의 '현재의 근황'은 상당히 나쁘거나 지루하다고 본다. 이들이 문화연구의 기획을 실제로 구현하기 위해 노력하는지는 일단 제쳐두고 말이다. (윌리엄스가 기획과 그 구성 사이의 차이를 논의하는데, 그는 특정 구성을 합법화하려는 시도에서 기획을 망각하는 경우가 너무 많다고 말한다.) 오늘날 연구 중에 대부분이 문화연구가 문화라는 일련의 연구 대상에 대한 연구가 아니라 항상 맥락에 관한 연구임을 잊었거나 애초에 믿지 않았을 것이라고 생각한다. 스튜어트 홀이 말했듯이, 문화를 연구하려면 문화 외의 모든 것을 연구해야 한다. 그러나 사람들은 특정 맥락에서 연구 대상을 이해하거나 맥락이 대상과 접합되는 방식(또는 그 반대의 경우)을 이해하는 것보다 TV나 대중음악 같은 대상을 정당한 연구 대상으로 삼는 것에 관심이 더 많다. 이런 경우 그들은 맥락의 복잡성과 우발성, 그리고 자신이 틀릴 수 있음을 받아들이기보다는, 자신들의 정치적 입장을 재확인하거나 이론적인 세련됨과(오늘날 주로 우리의 비관과 편집증을 강화하는 능력으로 정의되는) '옳음correctness'을 증명하는 데 더 관심이 있다. 학제 간 연구는 폭발적으로 증가했던 바로 그 순간에 사라졌다고 볼 수 있다. 왜냐하면 학제 간 연구는 오히려 한 학과 내에서 손쉽게 진행되기 때문이다. 어쩌면 문화연구를 학제 간 연구라기보다는 반학제적으로 묘사하려는 사람들의 말에 더 귀 기울여야 했을지도 모른다.

결과적으로 지난 50년 동안 미국에서 일어난 변화를 다루는 문화연구가 너무 적었다고 본다. 대부분의 연구는 신중하고 면밀한 분석보다는 누군가의 정치적이고 이론적인 신념에 의해 정의되는 매우 제한적이고 예측 가능한 연구들이었다. 미국의 문화연구가 사회에서 받아들여지고 위기를 감수하는 경향이 줄어들면서 점차 지루해지고 흥미로운 결과물이 나올 가능성도 줄어들었다고 본다. 안타깝게도 이런 유감스러운 현상, 즉 연구 대상에 너무 매료되어 연구 문제를 잊어버리는 현상이 다른 분과보다 커뮤니케이션과 미디어 연구에서 자주 일어난다고 생각한다. 강조하지만, 좋은 연구가 아예 없다는 것도 아니고 커뮤니케이션과 미디어 연구 분야에서 좋은 문화연구가 전혀 이루어지고 있지 않다는 것도 아니다. 분명 좋은 연구는 존재한다. 하지만 변화하는 세상의 권력과 담론의 복합성에 대한 실질적이고 유용한 통찰력을 제공하는 연구는 찾기가 어렵다. 우발성과 투쟁을 실행 가능한 정치 전략으로 접합시키는 연구, 그래서 새로운 형태의 희망을 상상하게 하는 그런 연구를 찾아보기 어렵다. 현재는 이러한 연구를 가로막는 힘이 더 우위에 있는 것 같다. 아마도 특정 학과 내에서 생산되는 연구들은 딱히 훌륭하지 않았다는 것이 항상 현실이었을지도 모른다. 그동안 문화연구가 보여 주었던 도전 정신이 아무래도 사라진 것 같다. 내가 묘사한 연구를 찾으려면 문화연구보다는 다른 분과, 예를 들어 인류학, 지리학, 심지어 이종heterodox 경제학자들에게 찾는 것이 쉬울 것 같다.

조영한 지난 시기에 성취한 것에 비해 현재 이루어지는 문화연구에 대해 상당히 비관적인 것 같다.

그로스버그 특히 미국 학계에 관해서는 그렇다. 국경을 넘으면 더 흥미로운 연구가 이루어지고 있는 것 같다. 국경을 넘나들며 협력하는 연구자들과 세계의 다른 지역에서 진행되고 있는 연구들이 그렇다. 내가 생각하는 연구자들은 비교 모델을 넘어서 식민성, 근대성, 세계화의 다양한 공간성과 시간성을 경제, 정치 그리고 담론의 새로운 접합, 우발성 그리고 복합성의 차원에서 고민하는 사람들이다. 이를 통해 모든 것이 새롭다(그래서 모든 것이 똑같다)고 결론 내리는 유혹에 빠지지 않고 생명권력과 생명정치, 그리고 정동의 다양한 형태에 대한 연구를 한다.

그래서 문화연구를 이야기할 때, 공평하게 말한다면, 문화연구가 어떤 방식으로 전 세계적으로 실천되고 있다는 인식에서 비롯된 낙관주의를 통하여 나의 비관을 완화시켜야 한다. 나는 중남미 및 아시아/태평양의 경계를 넘어서는 연구에 더 관심이 있는데, 더 많은 곳을 살펴봐도 좋을 것 같다. 그러나 출판사에서는 문화연구자들이 다른 맥락에 관한 연구를 읽는 것을 좋아하지 않는다고 말할 것이다. 특징적인 것 또는 지역적인 것을 극찬하는 페티시즘 경향에도 불구하고, 매우 이론적이거나 불가피하게 지역적인 것을 지우거나 초월하는 방식으로 세계화의 문제에 초점을 맞춘 글이 아니라면 특히 그러하다고. (여기서 특징적인 것, 지역적인 것, 구체적인 것 사이의 관계를 맥락의 또 다른 구성물로 간주하면 좋을 것 같다.)

어떤 이유이든 미국의 문화연구는 성공을 다른 곳으로 흘러가게 내버려 두었다. 그래서 어떤 이들은 특정 맥락의 문제의식이 아닌 다른 것, 그들의 정치학이나 이론의 정치 또는 학과의 논리에 맞추어 그들의 연구를 정의하게 한다. 그들은 문화연구가 왜 애초에 하나의 기획으로서 의미가 있었는지, 그래서 다른 형태의 지적 관행 및 정치학을 제공하였다는 점을 잊어버렸다.

조영한 문화연구에서 이러한 문제는 현재 무슨 일들이 일어나는지 제대로 설명하지 못하는 미국의 좌파 지식인 문제와 밀접한 관련이 있다고 본다. 현재 문화연구의 가장 시급한 과제는 무엇인가?

그로스버그 글쎄…… 아무래도 가장 시급한 것은 문화연구를 '잘'하는 것이다. 앞서 말한 바와 같이 문화연구가 어떤 연구 대상을 이해하거나 세계를 단 하나의 현상으로 단순화하는 방식으로 정의된다고 생각하지 않는다. 우리는 맥락에 의해 제기되는 질문을 듣는 방법과 그것을 다루는 방법을 알아내야 한다. 또한 우리는 다른 미래에 도달하는 다른 방법을 상상하는 더 나은 이야기들을 찾아야 한다. 그람시가 말했듯이 우리는 이론적, 분석적 경험적 연구를 통하여 또 다른 측면의 이야기를 알아가야 한다. 물론 현재는 그것을 잘하고 있지 못하다. 문화연구를 독특하게 하고 접합의 개념에서 구현되게 하려면 우리는 복합성, 우연성, 반환원주의라는 신념을 끝까지 붙들고 있어야 한다. 우리는 맥락을 식별하거나 구성하는 일을 해야 하는데, 이는 단순히 시간과 공간의 조각이 아닌 다중성과 다양한 모순이 결집되는 국면을 분석하게 해 준다. 우리는 기구의 권력 또는 힘들의 공간성과 시간성이 어떻게 작동하고, 동시에 그것들이 접합하는지를 이해해야 한다. 이러한 기구들의 기획은 항상 복잡하지만 동시에 목표가 부분적으로 실패한다는 것을 인식하게 된다. 우리는 음모와 꿈 사이의 간극을 연구할 필요가 있다. 그러면 기계적 집합체와 담론적 기관들의 꿈과 권력의 실체를 알게 될 것이다. 존 클라크는 이런 질문들에 대해 정말 멋진 글을 쓴다.

이 문제의 이면은 내가 '희망의 맥락'이라고 부르는 맥락들을 우리가 다시 설명하고 재구성해야 한다는 것이다. 맥락에 관한 더 나은 이해를 얻음으로써 그리고 국면을 구성하는 복잡성, 투쟁, 모순, 다중성을 인식함으로써, 우리는 변화의 가능성을 좀 더 전략적으로 사고할 수 있다. 이 가능성은 일상적이고 구조적 형태의 저항과 단순한 실패를 저항, 반대, 그리고 상상의 새로운 결합체로 접합시키는 가능성이기도 하다. 적어도 지난 35년 동안 미국은 경제적, 정치적, 사회적인 면에서 더욱 보수적으로 바뀌었다. 여기서 말하는 '보수적'이란 퇴보적이고 비인간적이며, 무관심하고 관대하지 않은, 다른 시간적, 공간적 현실에 대한 염려가 부족한 것을 뜻한다. 문화연구가 이러한 변화에 대하여 침묵하였다는 것이 참 흥미로우면서도 모순적이라고 생각한다. 아마도 영국에서 스튜어트 홀, 존 클라크, 폴 길로이, 앤절라 맥로비 등의 문화이론가들이 대처리즘에 대해 개입했던 일을 내가 낭만적으로 기억하는 것일지도 모르겠다. 하지만 내가 보기에는 이 모델(《위기 관리》[1978]와 그에 뒤따른 연구들)보다 좋은 것을 찾기는 힘들 것 같다. 특히 영어권에서는 그렇다. 문화연구는 중요하면서도 맥락적으로 특정한 질문을 다루고, 현재 무슨 일이 발생하는지에 대한 설득력 있는 통찰력을 제공해야 한다. 우리는 변화를 만들 수 있고 희망을 전략화할 가능성을 제공해야 한다.

나는 그동안 미국이 우경화되는 이유를 이해하고자 노력해 왔고, 앞으로도 미국이 우경화되는 맥락을 이해하고자 한다. 더 작거나 더 큰 차원에서 맥락을 구성하는 것이 적절할 때가 있지만, 현재는 확실히 국가적 차원에서 맥락을 구성하는 게 적절하다. 맥락의 범위를 정하는 것은 연구자가 무엇을 시도하고 어디에 개입하려고 하는지에 달려 있다. 때로는 지역적 맥락이 유용할 수도 있다. 세계적 맥락이 적절할 수도 있다. 이렇게 말하는 이유는 연구의 맥락이 단순히 세계적인 것과 지역적인 것이 변증법으로 묘사되거나, 모든 것이 신자유주의화로 설명되기 때문이다. 이러한 접근은 경제적 측면에서나 통치의 차원에서나 아무런 도움이 되지 않는다. 이러한 설명은 그럴듯하기만 하고 너무 쉬운 답만 전달한다. 우리는 지역적, 초국가적, 그리고 심지어 세계적인 맥락을 이야기하는 더 나은 방법을 찾아야 한다. 어쩌면 모든 맥락을 동시에 살펴야 할 수도 있지만 확실한 것은 다양한 맥락들의 상호 작용, 즉 접합의 양상을 효과적으로 그려내는 방법을 찾아야 한다. 결국 장소는 고립되어 있거나 고립시키는 것이 아닌데, 장소는 외부와의 연결점으로 구성되어 있다고 할 수 있다. 우리가 알다시피 해외에서의 미국은 미국 내부의 요소뿐 아니라 식민지, 군사 그리고 경계 관계들로 구성되는데, 중요한 것은 자신의 정치적 노력과 연결하여 맥락을 구성하는 것이 적절하다고 본다.

요즘 더 나은 이야기를 들려주는 틀로써 다중적 근대성의 문제의식 또는 갈등하는 근대성의 관점에서 국면을 생각하고 있다. 이 틀은 유럽 중심의 근대성 개념과 유럽 근대성과 식민성의 분리 불가능한 역사에서 비롯되는 생명권력의 특정한 접합을 재고찰하게 한다. 또한 이러한 틀은 사회적, 문화적, 정치적, 경제적인 것들의 분화를 통해 사회적 형성을 이해하는 유럽-근대적 이해를 재고하도록 한다. (그리고 각각 총체성의 순간은 다양한 담론과 맥락 속에서 스스로의 총체성을 드러내곤 한다.)

이러한 재고찰은 우리가 복잡성, 담론성, 학제성의 문제를 진지하게 받아들일 때 가능하다. 따라서 우리는 국가, 일상, 그리고 신체의 세 축을 따라 형성되는 권력의 국면적 접합들을 생각하고, 이러한 접합들이 어떠한 방식으로 권력의 횡단적 체계(예를 들어 공공/민간, 정체성과 집단성, 정치경제 등)를 생산하는지를 생각해 보는 것이 좋다. 우리는 또한 다양한 국면에서 특정하게 형성되는 정동의 관점에서 문화와 담론을 다시 생각해 볼 수 있다. 예를 들어 다양한 정동적 기구에 대한 적절한 이론이 절실히 필요하다고 생각해 왔다. 정동적 기구는 단순히 존재론적, 정서적, 감정적 요소를 동일시 여기지 않고 접합의 현장이나 주체로 작동한다.

하지만 현재의 국면이라는 관점에서 볼 때 가장 시급한 문제는 경제에 대해 말하는 방법을 이해하는 것이다. 이를 통하여 나는 경제적인 현실을 문화연구의 방식으로 이야기할 수 있을지 고민해 왔다. 관련하여 버밍엄에서 경험한 멋진 일화가 있다. 당시 사회학과의 학과장이 학생 신문에 이렇게 편지를 썼다고 한다. "현대문화연구소(CCCS)에서 사회학 교재를 읽고 사회학 연구를 가르치며 학생들과 사회학 이론에 대하여 이야기하는 사람들이 있다는 소문을 들었습니다. 나는 이들이 사회학자가 아니기 때문에 이것을 할 권리가 없다는 것을 분명히 하고 싶습니다." 당시 연구소장이었던 스튜어트 홀은 당장 답장을 하지 않았지만 몇 년 후 에세이를 써서 답하였다. 스튜어트 홀의 말을 요약하자면, "우리는 사회학자들이 이해하는 방식으로 사회학을 하려고 하는 것이 아닙니다. 우리는 문화에 관심 있는 사람들이 맥락적으로 사고하는 방식으로 사회학을 하고 있습니다. 사회적인 것의 복합성, 맥락성 그리고 담론성을 인식하는 사회학을 시도하고 있고 이러한 방식은 [물론 조금 과장일 수 있지만] 처음부터 사회학이 했어야 하는 방식입니다."

경제의 구성에 따라 변화되는 접합 및 권력 양상을 고려할 때 오늘날 가장 시급한 과제는 경제학을 똑같은 방식으로 다루는 것이다. 다시 말해 '경제'가 맥락에서 분리될 수 없다는 점, 경제의 관계를 구성하는 담론의 중요성, 경제의 복합성 및 다중성을 인식하는 경제학은 어떨까? 경제라고 간주되는 것이 맥락적이고 담론적인 현상이라고 인식하면 어떨까? 그렇다면 여러분은 경제학을 어떤 방식으로 하게 될까? 혹은 여러분은 경제적 관계, 기구, 그리고 영향력을 이들의 맥락성을 인지하면서 설명하기 위하여 어떻게 국면 분석을 수행할 수 있을까?

이를 위해서는 학제 간 연구를 매우 진지하게 받아들일 뿐 아니라 지적으로나 경력 측면에서 중대한 위험을 기꺼이 감수해야만 한다. 이는 미국 내 지식 노동의 문화에서 다음과 같은 세 가지 중요한 변화를 수반할 것이다. 첫째, 다른 사람들의 성과가 아닌 실패를 통해서 우리의 주장을 구상하는 방법, 즉 메건 모리스가 비평 문화culture of critique라고 칭한 것을 포기해야 할지 모른다. 우리는 계속되는 대화를 축하하기보다, 우리에게 방해가 될 수 있는 이들을 '비판'하며 종종 그들이 실패하지 않는 것뿐 아니라 적의 이익에 봉사하는 방식으로 실패한다고 비난한다. 둘째, 우리는 혼자 연구하는 방식을 그만두어야 한다. 많은 사람이 혼자 연구하기 때문에 특정한 연구 대상이나 일면적 관계에 집중하게 되고 커다란 질문 또는 국면적 질문을 회피하게 된다. 버밍엄 현대문화연구소에서 경험하였던 일을 생각해 보면, 우리가 정치적 지식인으로서 직면하는 장애물을 극복하기 위해서는 협력적이며 학제적인 새로운 노동 방식과 문화연구의 집합적인 대화를 제도화하는 새로운 형식을 찾아야 한다. 셋째, 우리는 어떤 비판에도 끄떡없는, 완벽하고 완전한 설명과 답을 찾는 것을 포기해야 한다. 생각건대 최종적이고 완벽하고 완전한 분석이란 없다. 우리는 지속적인 대화를 위하여 대중적인 비판(이는 비평 문화와는 다른 방식으로 이루어진다)으로부터 우리를 보호하려고 해서는 안 된다.

조영한 20여 년 전에 정치경제학과 문화연구 사이에 중요한 논쟁이 있었다.[259] 그 후 무엇이 바뀌었다고 생각하는가?

그로스버그 정치경제학과의 논쟁은 지나갔다고 생각하는데, 그 논쟁은 문화연구와 정치경제학 모두에 영향을 미쳤다. 결국 논쟁은 둘 사이에 있었

259 1995년 〈매스 커뮤니케이션 비판 연구*Critical Studies in Mass Communication*〉, 12(1)에 문화연구와 정치경제학과의 논쟁을 다룬 특집호가 실렸다. 그로스버그가 문화연구의 입장에서 그리고 니콜라스 간햄Nicholas Garnham이 정치경제학의 입장에서 논문을 기고하였다. 이 논쟁은 한동안 학계의 중요한 이슈로 논의되었다. — 옮긴이

던 것이 아니라 문화연구(특정한 방식의 문화연구)와 특정한 형태의 정치경제학 사이에 발생한 것이었다. 다시 강조하지만 문화연구는 경제가 중요하지 않다고 한 적이 없다. 다만 우리는 경제를 심각하게 받아들이면서 동시에 비환원론적인 방법으로 통합하는 방식에 대해 들어본 적이 없다고 말했다. 우리는 정치경제학의 특정한 방식들을 싫다고 했을 뿐이다. 덧붙이자면 여전히 같은 생각이다. 그러나 이제는 연구자들이 다른 방법을 찾고 있다.

정치경제학자 또는 경제지리학자로 스스로 칭하는 사람들이 문화연구에 연계하려고 한다. 예를 들어 밥 제솝, 나이절 스리프트, 데이비드 루치오, 또는 깁슨-그레이엄 같은 연구자들. 또한 폴 듀 게이, 존 클라크, 앤절라 맥로비 등의 문화연구자들은 다양한 방식으로 경제학과 정치경제적인 쟁점에 관여하고 있다.

나도 늘 경제 문제를 진지하게 받아들이려고 했지만, 종종 서투르게 해 왔다는 생각이 든다. 이제는 문화연구의 관점에서 경제학을 한다는 것이 무엇인지를 질문하며 좀 더 명확한 방식으로 경제에 접근하고 있다. 정치경제학뿐 아니라 다양한 경제학 연구를 읽으며 관련 연구자들, 예를 들어 포스트자폐적 경제학 네트워크와 대화를 하려고 시도한다. 내 생각에 경제 연구자들이 과거의 논쟁을 넘어서서 다른 방식으로 자신들의 연구를 시도하고 있다.

조영한 문화연구에서는 맥락을 늘 강조한다. 맥락에 개입하는 데 이론의 역할을 어떻게 이해하는가?

그로스버그 이론은 실용적이면서 생산적인 도구라고 생각한다. 이론은 지적 연구의 시작과 끝도 아니고, 어떠한 해답도 제공하지 않는다. 현대 학문에서는 이론 자체가 연구를 진행한다고 가정하는 경우가 많다. 마치 이론과 현실 사이에 직접적인 관계가 있다고 가정하는 것처럼 말이다. 예를 들어 들뢰즈적 존재론이 말하는 리좀을 통해 어떠한 경험적 현실도 설명할 수 있을 것으로 생각한다. 이러한 생각은 추상을 구체적인 것과 혼동하는 것이며 일관성의 영역을 조직적인 것의 영역과 혼동하는 것이며, 가상과 현실을 혼동하는 것과 유사한 일이다.

나는 문화연구가 하나의 이론적인 입장을 지녔다고 생각하지 않는다. 즉 문화연구는 마르크스주의일 필요도 없고 영국의 많은 연구자가 그랬던 것처럼 마르크스주의의 지형에서 형성될 필요도 없다. 다시 말해 문화연구자들이 고수해야 할 단 하나의 이론적 입장이 있어야 된다고 생각하지 않는다. 오히려 문화연구는 기획에 의해 정의되거나 그 자체에 내포된 접합, 복합성, 집합체, 담론적 구성체 등과 같은 개념에 의해 정의될 수 있다. 특정한 이론적 위치를 취하는 것보다, 이론은 특정한 질문에 답하고 특정 맥락을 분석하는 데 유용한 도구로서 의의가 있다.

이론은 그 자체를 맥락적으로 받아들여야 한다. 그것이 바로 이론을 일종의 연장통으로 비유했던 푸코가 주장하고자 했던 의미다. 그러나 연구자들은 때로는 도구, 즉 개념을 꺼내서 무차별적으로 사용하기도 한다. 나는 많은 문화 비평가들이 마치 통속적이고 단순한 '양적 방법론자 quantoids'들이 하는 방식과 비슷하게 행동하는 것을 본다. 통계적인 도구가 주어지면 양적 방법론자들은 그것을 가지고 세상 모든 것을 서술하고 설명한다. 마찬가지로 당신이 특정한 개념을 가지고 세상을 보게 되면, 갑작스럽게 당신은 그 개념이 어디서나 작동하는 것을 발견하게 될 것이다. 하지만 결과적으로 어디서나 발견할 수 있기 때문에 결과적으로는 현실의 복잡성, 다중성, 우발성을 지워 버리게 된다. 물론 그때는 당신은 현실이 더 복잡하다는 것을 인정하면서, 당신이 제안하는 개념에 모든 것이 해당되는 것은 아니라고 하면서도, 결국에는 그 개념에 모든 것이 해당되는 것처럼 글을 써 나가게 될 것이다. 나는 종종 통치성governmentality이라는 명목 아래 진행된 연구들로부터 이런 현상을 목격한다. 또는 당신이 차이나 저항 등의 개념을 적용하면, 세상 어디서나 그것들을 발견하게 될 것이다.

하지만 이러한 방식은 내가 생각하는 문화연구가 아니다. 문화연구는 연구자로서 무엇을 해야 할지, 어떤 맥락이 당신에게 도전이 되는지, 어떤 질문을 해야 하는지를 질문해야 하고, 그 답변을 찾아가는 것이다.

내가 사용했던 표현을 다시 써 본다면, 그 결과 이론은 당신을 곤경에서 쉽게 벗어나게 해 준다. 즉 당신은 이미 당신이 무엇을 찾고 있는지 알기 때문에, 무엇을 찾게 될지 알고 있다. 여기에는 놀라울 것도 없고 현실을 만들어 내는 모순과 실패에 대한 새로운 이해도 전혀 없다. 어떤 이론을 사용해야 되냐고 묻는 학생들에게 나는 늘 이렇게 이야기한다. 맥락과 질문을 먼저 생각해 보고, 몇 가지 이론적 도구를 가지고 이 이론들이 어떻게 연구를 도와주는지 살펴보자고 제안한다.

다른 한편으로는 스스로를 문화연구자라고 생각하는 특정한 집단을 생각하게 되는데, 그들은 이론의 절대적인 필요성을 과소평가하거나 부정하기까지 하는 일종의 경험주의를 주장한다. 그들은 맥락에 대한 강조가 구체적인 내용을 기술하는 것이라고 생각한다. 이러한 접근 역시 잘못되었다고 본다. 문화연구는 항상 마르크스가 이야기했던 '이론을 통한 필연적인 우회necessary detour of theory'에 연관되어 있다. 이것이 특수한 것과 구체적인 것의 차이이며 구체적인 것이 그 자체로 머물지 않고 접합을 이루는 이유이기도 하다. 하이데거를 잠시 인용하자면 이론과 경험적 연구를 결합하는 것(홀과 푸코가 새로운 경험주의라고 부르는 것)이야말로 문화연구를 다양한 지적 관행 및 형성과 연결되게 한다.

조영한 문화연구에 있어 이론의 역할에 대한 논의를 듣다 보니 한 가지 딜레마가 생긴다. 많은 학생이 문화연구를 하기 위해서 배워야 하는 이론의 범위와 분량으로 인하여 위축되기도 한다.

그로스버그 학생들은 이론과 현실, 더 정확하게는 이론적 작업과 경험적 작업을 오가야 한다. 둘 사이에는 절대적인 분리와 구분이 없기 때문이다.

이론 없이 문화연구를 잘할 수 있을 거라 생각하지는 않지만, 동시에 이론을 하는 것이 문화연구의 중심이라고 생각하지 않는다. 경험적인 관심사를 너무 강조하면, 여러 힘 간의 접합으로서 국면의 양상을 이해하는 능력을 결여할 수 있다. 그리고 이론을 너무 밀어붙이면, 국면의 특수성을 분석하는 능력을 잃게 된다.

이론의 핵심은 단지 이론에 몰입되는 것이 아니라 세상을 더 잘 이해하는 방법을 도와주는 것이다(비록 내가 철학자로서 이론의 '언어 놀이' 그 자체를 즐긴다는 것을 인정하지만). 그래서 어떤 시점에서 이론화하는 것을 그만두고, 스스로에게 이렇게 말해야 한다. "나는 이론적으로 완벽한 답을 가지고 있지 않을 수 있지만, 이것이 현재 내가 할 수 있는 최선이고, 나의 경험적이고 정치적인 질문에 대해 답하는 데 도움이 되고 있어"라고 말이다.

연구자들이 이론은 도구라는 사실을 잊어버리고 모든 이론을 통틀어서 보고 싶어 하기 때문에 위축된다고 본다. 누구든 목공의 장인이 되지 않더라도 망치와 톱으로 탁자를 만들 수 있다. 이론 그 자체에 너무 몰입하게 되면 결국 완벽함을 추구하거나 비판할 수 없는 이론적 입장을 찾게 된다. 그리고 결국 이론은 누구도 성공할 수 없는 무한한 발견의 대상이 되면서 일종의 본질주의로 빠지게 된다. 하지만 이미 말씀드린 것처럼 완벽한 이론적 입장은 없다고 생각한다. 완벽한 도구도 그리고 완벽한 도구 체계라는 것도 없다. 여러분은 자신의 질문에 도움이 되는 도구를 찾기만 하면 되고, 이를 통하여 불완전하지만 협력적 대화를 지속적으로 진행하는 것이다.

물론 어떤 도구가 사용 가능한지 그리고 그 도구들로 무엇을 할 수 있을지 파악해야만 한다. 그것은 다양한 이론과 개념에 익숙해야 한다는 것이다. 다양한 이론적 패러다임의 장단점은 무엇인지, 그리고 각 이론이 여러분에게 무엇을 하고, 보고, 말하게 할 수 있을지 그리고 어떤 부분은 배제하게 할 수 있는지 알아야 한다. 여러분은 각 이론이 어떤 질문에 답하는 데 어떠한 도움이 될지 부분적인 이해를 갖추어야 한다. 그러나 사람들은 종종 작은 범위의 이론만 배우고, 이론을 언제, 어디서 활용하는지 판단 내릴 수 있을 만큼 일관되게 배우지 않는다. 너무 많은 학생이 전공에 따라, 교수들이 가르치는 것에 따라, 또는 자신이 동경하는 연구에 따라 이론적 입장을 선택한다. 그래서 그들은 자신의 이론이 왜 유용한지 잘 이해하지 못한다. 학생들은 이론에 있어서 어떤 선택지가 있는지 이해해야 한다. 그래서 이론적인 정확성과 완벽함에 의해서가 아니라 자신이 연구하는 경험적인 정치적 세계에 대한 통찰력으로 스스로의 이론을 선택하면 좋겠다.

내 경험을 예로 들어보겠다. 《우리는 이곳에서 벗어나야 한다*We Gotta Get Out of This Place*》라는 책을 쓰고 있을 때였다. 대중음악에 대해서만이 아니라 우파 및 레이거니즘Reaganism의 부상에 대하여 논의해야 함을 깨달았다. 새로운 보수주의가 성공한 특징을 서술하기가 힘들어지자 대처리즘에 대한 스튜어트 홀과 동료 연구자들의 연구와 현대문화연구소의 그람시에 대한 해석을 모델로 삼고자 했다. 하지만 그 이론이 레이거니즘의 특수성과 성공의 본질에 대한 흥미로운 해석을 도출하는 데 별 도움이 되지 않음을 깨달았다. 대처리즘 연구는 어떤 의미에서 영국의 특정 시대 맥락에 적절했던 것이다. 그렇다고 대처리즘 연구가 도움이 되지 않은 것은 아니고, 내 연구를 진행하기에 충분하지 않았다는 것이다. 그래서 기존의 헤게모니 이론에 들뢰즈와 가타리, 푸코, 르페브르가 제안하는 개념을 보완하여 사용하였다.

이것은 바로 문화연구가 작동하는 방식이고 문화연구가 기존의 지적 작업과 다른 이유라고 굳게 믿고 있다. 왜냐하면 문화연구는 미리 사용해야 할 도구를 알 수도 없고, 지적이고 정치적인 의미에서 어떠한 답을 발견해 낼지 미리 알 수 없으니까. 심지어 연구의 질문을 미리 알 수 없을 뿐 아니라 이론으로부터 특정 질문을 당연한 것으로 가정할 수도 없다. 종종 학생들에게 논문을 쓸 때 가장 어려운 부분은 바로 연구 문제가 무엇인지 알아내는 것이라고 말한다. 바로 연구 문제를 알아내는 일이 제일 중요하다. 그러나 종종 연구자들은 다른 맥락에서는 다른 문제들을 제기한다는 점을 이해하기보다, 연구 문제를 마치 명백한 것처럼 당연시한다. 하지만 자신의 연구 문제를 이해하게 된다면 그때부터는 다음 단계들이 보이게 될 것이다. 연구 문제들은 어떻게 질문에 답할지, 어떤 정보가 필요한지, 어떤 이론적 범주 및 도구들이 필요한지를 명확하게 제시해 줄 것이다. 하지만 학생들은 종종 반대로 시작해서 "저는 민속지학 연구를 하고 싶어요" 또는 "저는 그람시 이론을 사용하여 X에 대한 연구를 하고 싶어요"라고 말한다. 그런 경우 나는 이렇게 대답한다. "좋아요. X에 대한 그람시 연구를 하세요. 하지만 당신의 연구가 문화연구인지는 잘 모르겠네요"라고. 연구 문제가 무엇인지 알기도 전에 그람시 이론이 문제에 대해 적절하게 답해 줄지는 잘 모르겠다.

조영한 유사한 문제가 방법론에서도 발생하는 것 같다. 학술지 심사자들은 방법론을 꼭 명시하라는 경향이 있다.

그로스버그 이론의 물신화가 있다면 물신화의 또 다른 측면은 바로 방법론의 물신화다. 내가 처음 논문을 쓰던 시기에는 학술지에서 거절당하는 일이 많았다. 거절된 주요 이유는 내 논문에 방법론 부분이 없었기 때문이다. 그들은 지식이나 접합을 방법론으로 인정하지 않았다. 사람들이 보통 말하는 방법론은 설문 조사, 인터뷰, 실험, 민속지학, 또는 다양한 담론 분석과 같은 좁은 의미의 기술이다. 연구 성격에 따라 특정 방법론이 정보를 얻는 데 도움이 되기는 한다. 이때 말하는 대부분의 방법론은 연구 문제에 대한 답을 찾는 방법이 아니라 자료를 얻는 방법이다. 자료를 무엇에 활용할지 그리고 이 자료로 답할 수 없는 것이 무엇인지 질문하지 않는다.

내 생각에는 연구 문제에 따라 어떤 종류의 자료가 필요하고 어떻게 자료를 얻을지 알 수 있다. 가장 어려운 질문은 자료를 어떻게 얻느냐가 아니라 얻은 자료를 어떻게 활용할 것이냐다. 사람들은 대부분 자료를 어떻게 해석하는가에 대해 언급하지 않는다. 구조주의와 같이 연구 관행을 명료하게 하기에 더 '객관적'이라고 주장하는 해석적 방법론도 이런 이유로 실패하게 된다. 이에 대한 문화연구의 해답은 접합이라고 할 수 있다. 다양한 주장, 언어, 경험, 그리고 사회 실체를 구성하는 다양한 요소, 힘, 집합체와 구성의 관계가 보이도록 연결성을 찾는 것이다. 그리고 이런 일을 하기 위한 방법론은 따로 없는 것 같다. 대신 이 과정이 숨겨져 있거나 불가사의한 것이 아니므로 사람들이 파악할 수 있도록 해야 한다.

조영한 문화연구에 있어 '대중주의populism' 논쟁이 있다. 대중주의가 문화연구에 본질적이라는 논쟁에 대하여 어떻게 생각하는가?

그로스버그 문화연구에서 대중주의에 대한 논쟁은 시작부터 의도가 좋지 않았다. 왜냐하면 이러한 방식으로 문화연구를 공격하는 사람들이 대부분 극단적인 형태(예를 들어 존 피스크John Fiske)를 마치 문화연구의 전체이거나 대표하는 것처럼 말했기 때문이다. 때로는 전체 논지에 한두 문장을 골라서 인용하기도 하고. 그들은 극단적인 형태가 마치 1970년대 버밍엄 현대문화연구소에서 이른바 저항 이론이라고 말하는 것과 동일하다고 가정했다. 하지만 이러한 비난은 결코 확실하지 않고 부분적으로 틀리다. 문화연구 내 다양한 입장 간의 관계를 이해하는 것은 매우 어렵고 노력이 많이 필요하다. 비평가들이 문화연구의 광범위한 형성 및 기획 속에서 이와 같은 대중주의적 정서를 찾는 경우는 매우 드물다.

사실 대중주의에 대한 비판은 여러 가지 주장들을 혼동시키곤 한다. 즉 사람들은 주어진 상황에 예측 불가능한 일을 한다는 주장, 때로는 사람들은 스스로에게 압력을 가하는 세력들에 맞서 싸운다는 주장, 사람들은 의도적이든 아니건 간에 상징적 저항이나 일상적 저항을 수행한다는 주장, 그리고 사람들은 물질적인 방법으로 저항한다는 것과 같은 주장 말이다. 그러나 이러한 주장의 본질은 저항에 관한 것이 아니라 권력에 대한 것이다. 푸코가 말했듯이, 권력이 있는 곳에는 저항이 있기 마련이다. 거시 정치적인 의미가 아니라면 현실은 항상 그러한 방식으로 엉망진창이다. 권력은 항상 완전히 성공적이지도 않고, 사실 절대 그럴 수도 없다. 사람들은 다양한 방식으로 저항을 한다. 만약 우리가 이러한 관계를 처음부터 인식하지 못한다면, 사람과 권력 사이의 복잡하고 모순적인 관계를 무시한다면, 쾌락의 현실과 긍정성을 무시한다면, 그리고 "그건 그렇고 사실 현실은 그렇게 간단하고 깔끔하지 않습니다"라고 말하는 후기를 보기 위해 기다려야 한다면, 우리는 문화연구 기획뿐 아니라, 세계를 이해하고 개입할 수 있는 정치적 가능성을 포기해 버리는 것이다.

강조하고 싶은 또 다른 요점은 문화연구가 급진적으로 맥락화된 기획이라는 점과 문화연구의 질문들과 해답들은 맥락에 따라 변화한다는 점이다. 문화연구는 끊임없이 재구성되고 있으며 마치 수출 가능한 보넬처럼 제공되지 않는다. 버밍엄 현대문화연구소의 많은 작업, 그리고 존 피스크의 후기 연구나 소비의 본질과 효과를 이해하려는 추후 연구 중 대부분은 문화비평가들의 추상적이고 탈맥락적인 방식으로 질문을 하고 대답을 하려 했다. 그 결과 그들의 연구는 마치 순진한 대중주의의 방식을 반복하는 것처럼 보였다. 문화연구의 대중주의는 결코 순진함의 결과라기보다 복합성과 모순에 대한 이론적인 헌신과 (필사적으로) 낙관주의적이고 민주적인 정치에 대한 정치적으로 헌신한 결과였다. 문화연구의 낙관주의는 '우리'만이 해답을 가지고 오직 '우리'만이 권력에서 탈출하고 나머지 세상은 지배 구조에 정복당하거나 속아 넘어갔다고 생각하는 좌파 지식의 전위주의vanguardism를 배격하였다. 마르크스를 따라, 대중주의는 종속의 상태도 능동적으로 이행된 것으로 말하며 정치적 가능성의 원천으로 작동하였다. 대중주의는 사람들이 자신에게 무슨 일이 일어나는지도 모르는 얼간이라고 가정하거나 종속성의 수동적 수행자에 불과하다고 생각하는 입장이 있다면, 그 입장은 스스로의 정치적 희망뿐 아니라 다른 이들의 희망을 훼손하는 것이라고 주장했다. 대중주의는 여전히 이러한 주장을 더 하고 있다.

새로운 맥락에서 오는 새로운 질문, 새로운 이론적 개념, 범주 그리고 정치적 가능성을 직시해야 한다. 사람들이 고군분투하고 있다는 것이 중요할까? 물론 그렇지만 그것은 출발점에 불과하다. 그러한 발언은 때로는 권력관계가 실제로 얼마나 복잡한지를 상기시키는 역할을 한다. 사람들은 고군분투하는데, 그 몸부림을 저항으로 볼 수도 있고, 그 저항을 더 넓은 운동으로 접합하는 것을 생각할 수도 있다. 물론 중요한 몸부림이다. 하지만 능동적 소비자와 수용자를 발견하는 것이 딱히 세상이 놀랄 만한 일이라고 생각하지 않는다. 그 발견이 어떠한 식으로 접합되는지를 설명하지 않는 한 말이다. 그런데도 문화연구에서 일상의 저항을 발견하는 것이 마치 대단한 통찰인 것처럼 말하는 이들을 나는 많이 알지 못한다.

이른바 대중주의적 연구들은 결정적이었고 중요했으며 그것은 특정 상황과 맥락에 대응하여 논의되었다. 하지만 우리는 능동적 소비자와 수용자를 마치 새로 발견하는 것처럼 지속해서는 안 된다. 그러나 과거의 연구로부터 남겨진 일상의 복잡함과 경쟁, 권력의 기획과 성공의 차이, 그리고 주체의 위치와 행위의 탈구에 관한 중요한 유산은 문화연구에서 소중히 다루어야 할 중요한 교훈이다.

일부 독자는 여전히 맥로비와 몰리의 미디어, 소비, 대중문화에 관한 연구가 대중주의 패러다임에 해당한다고 생각하지만, 이러한 평가는 문화연구를 오독하였거나 애초에 거부할 이유를 찾고 싶어 한다고 본다. 만약 그들이 주의 깊게 읽는다면, 문화연구가 전하고자 하는 복합성을 발견하게 될 것이다. 복합성의 일부는 바로 저항의 가능성, 투쟁, 실패를 인식하는 것이다.

한편 자주 오해되는 또 다른 질문이 있다. 문화연구에서 평범성banality에 대한 메건 모리스의 글은 문화연구의 평범성에 대한 것이 아니라, 평범한 것, 일상적인 것, 대중적인 것, 아주 단순하게 '사람들'의 목소리로 치환되는 것에 대한 중요한 문제를 제기한다. 이는 아직 충분히 논의되지 않은 중요한 질문이다.

조영한 문화연구의 역사에서 버밍엄 현대문화연구소의 위치를 어떻게 평가하는가?

그로스버그 음, 사실 버밍엄 현대문화연구소에 대해 이야기하는 것은 정치적 지뢰밭을 가로지르는 것과 마찬가지다. 버밍엄 현대문화연구소는 문화연구의 기원 중 하나라고 할 수 있지만 기원 그 자체는 아니라고 본다. 문화연구의 인지도가 세계적으로 점점 커지고 다른 학문과 지역이 자신들의 전통과 기원을 내세우면서, 우리는 2차 세계 대전 이후 문화연구가 아직 확정되지 않은 기획 중 하나라는 것을 알게 되었다. 하지만 버밍엄 현대문화연구소는 세 가지 이유로 약간의 특권을 누릴 자격이 있다. 첫째는 리처드 호가트와 스튜어트 홀이 (우연이기는 했지만) '문화연구'라는 이름을 떠올렸기 때문이다. '문화'는 영국 학계에서 아무도 의미 있게 사용하지 않았고, '연구'라는 단어도 다른 선택지보다 더 모호하고 덜 형식적으로 보였기 때문이다. 하지만 이들이 이 용어를 생각해 냈기에 사람들이 연결될 장소가 생겼다는 것이 중요하다. 서로의 연구를 몰랐던 사람들이 공동의 기획이라는 기표를 중심으로 모일 수 있었다.

둘째, 버밍엄 현대문화연구소가 문화연구를 제도화하였기 때문에 특권을 누릴 수 있다. 그람시는 기구를 통한 지속적인 실천의 중요성을 이야기하였다. 기획만 많고 학술지, 책 시리즈, 학회, 수업과 세미나 등을 담아낼 제도적 공간이 없다면, 공통의 담화를 지속적으로 생산할 방법이 없다. 따라서 버밍엄 현대문화연구소가 문화연구를 제도화한 첫 장소라는 사실 또한 중요해 보인다.

셋째, 문화연구를 규정짓는 중요한 기획이 버밍엄 현대문화연구소에서 만들어졌다는 점이다. 현대문화연구소 출신의 연구자 중 일부는 저의 의견에 동의하지 않을 수 있지만, 현대문화연구소 연구에는 지적 작업을 정치화하고 정치를 지적인 영역으로 전환시키는 다양한 방법, 학과와 이론의 다양한 연결 관계, 대상과 맥락의 다양한 관계, 그리고 복합성, 모순, 반환원주의에 대한 헌신 등의 특징이 있다. 물론 전 세계에 문화연구를 하는 멋진 연구자들이 있지만, 현대문화연구소에서의 연구들은 여러 실패를 동반함에도 불구하고 문화연구의 독특한 실험이라 할 수 있다. 내 견해로는 문화연구의 가장 좋은 예는 여전히 《위기 관리》다.

조영한 그럼 지적 여정에 따라서 이제 버밍엄에서 일리노이로 대화를 옮겨가고 싶다. 박사 학위를 받았을 뿐 아니라 오랫동안 일했던 일리노이대학교에서의 제도적 실천에 관해 이야기하고 싶다. 문화연구자이자 일리노이대학교에서는 커뮤니케이션학과 교수로 재직했는데, 커뮤니케이션학과에서 문화연구를 하는 것이 얼마나 자연스러웠는지 궁금하다.

그로스버그 커뮤니케이션학에 진입하게 될 때, 내가 그 분야에서 생존할 수 있어서 매우 감사하게 생각한다. (지도 교수였던) 짐 케리는 커뮤니케이션학에서 주류의 인물이 아니었다. 그는 존경받았지만 학과 주변부에 있었다. 하지만 그는 나를 위해 일종의 보호소 역할을 해 주었다. 1970년대 초 내가 다시 미국에 돌아왔을 때 내가 진입할 수 있는 학문은 커뮤니케이션학밖에 없다고 생각했다. 사실 커뮤니케이션학으로 진학할 것이라고는 생각지도 못했다. 스튜어트 홀의 추천으로 짐과 함께 일을 하게 되었다. 스튜어트 홀이 나를 보낼 다른 곳을 떠올릴 수 없었다는 것 자체가 의미 있다. 그런 의미에서 다른 학문이 거절하였던 연구에 대해 커뮤니케이션학은 개방적이었기 때문에(아마 커뮤니케이션학은 정의하기 어려운 분야이기 때문일 것이다), 나는 항상 커뮤니케이션학에 감사함을 표한다. 동시에 내 연구가 대중문화와 대중음악에 관련되어 있기에 커뮤니케이션학이 참 편했다. 현재는 긍정적이고 동시에 부정적인 의미에서 상황이 많이 달라졌다. 문화연구와 다른 학문의 관계가 그렇듯이 여러 면에서 말이다.

그래서 나는 한편으로는 커뮤니케이션학을, 다른 한편으로 문화연구를 오가고 있다고 항상 느낀다. 문화연구에 끌리게 되는 이유 중 하나가 연구의 초점과 학제적 연관 관계를 바꿀 수 있는 지적 작업의 모델을 제공하기 때문이다. 평생 하나의 대상만을 연구하는 학자들을 존경하지만, 내가 그러한 연구자가 될 수는 없을 것이다. 나는 맥락이 바뀌면 새로운 질문에 따라 관심사를 바꾸는 사람이다. 가령 현재는 정치 문화, 근대성, 경제에 관한 연구들을 하고 있다.

조영한 문화연구의 제도화와 함께 떠오르는 문제는 문화연구를 분과 학문으로 구성하는 일이다. 문화연구를 분과화하는 것이 왜 문제라고 생각하나?

그로스버그 늘 문화연구는 분과 학과가 아니고 될 수 없다고 생각했다. 그런 의미에서 문화연구로서 학위를 받는 것이 가능하다고 생각한 적이 없다. 문화연구는 실천이자 학문을 하기 위한 방식이라고 할 수 있다. 문화연구는 이론적이고 분석적 도구 체계로서 다양한 분야 및 분과에서 활용될 수 있다. 하지만 학과는 그들이 연구하는 대상에 따라 구별된다. 사회학은 사회라는 대상을 만들었고, 커뮤니케이션학 역시 커뮤니케이션이라는 대상을 생성하곤 한다. 물론 연구 대상의 본질에 대하여 학과 내에서 엄청난 의견 충돌이 있을 수 있다. 문화연구가 맥락을 만들어 내는 데 노력을 한다고 본다. 다시 말해 문화연구는 맥락을 이해하는 데 관심이 있고 맥락을 살펴보기 위한 특정 담론 구성체(문화연구에서 자주 연구 대상으로 취급하는)를 활용한다. 하지만 이런 작업이 잘되지 않는다면, 대상은 맥락 속으로 사라지는데, 주변과 상관없이 독립적인 대상으로 물신화되어서는 안 된다. 그러한 의미에서 문화연구는 학과로 구성될 수 없는데, 문화연구가 연구하는 맥락은 관계들의 집합으로 정의될 수 있기 때문이다.

그뿐만 아니라 문화연구는 학제 간 연구여야 한다. 텔레비전을 이해하고 싶다면, 텔레비전만 살펴보아서는 안 되고, 문화의 다른 형태와 경제학, 사회 정체성, 국가 정치 등도 검토해야 한다. 이러한 과정은 매끈하지 않고 복잡할 수 있다. 그래서 문화연구를 특정한 학과에서만 할 수 있다는 생각은 누군가에게는 하나의 모델로 여길 수 있지만, 내게 매우 문제적으로 들린다. 문화연구는 진정으로 학제 간 연구가 무엇인지 질문하게 한다. 이는 다른 학과의 주장들을 가져와서(이를 위해서는 다른 학과들의 주장이 어떻게 다른지, 어떤 선택을 할 수 있는지 어느 정도 이해되어야 한다), 그 지식을 응용하고 재접합하여 문화연구를 학제 간 연구로 만들어야 함을 의미한다. 학제 간 연구는 매우 어렵고 위험한 일이지만, 한편으로는 그것이 너무 쉬워진 것 같아 걱정스럽다.

동시에 문화연구를 제도화하는 것이 필요하다고 믿었고, 그런 제도들이 학생들을 보호할 수 있다고 믿었다. 제도들을 통하여 학생들은 학제 간 연구를 시도할 수 있고, 제도권에서 전형적인 방식으로 그들의 연구를 정치화할 수 있다. 학생들은 제도적인 보호가 필요하다. 이런 상황에서 문화연구를 소개하고 개관하는 독서 목록을 만들 수는 있다고 생각한다. 그 목록들은 매우 길고, 학제적이며 국제적이어야 한다. 물론 가능하다면 말이다.

조영한 학술지 〈문화연구*Cultural Studies*〉의 책임 편집을 오랜 기간 하였을 뿐 아니라, 세계문화연구학회와 그 학술대회 크로스로드Crossroads에도 꾸준히 관여했다. 여러 제도적인 일에 참여하는 것을 중요시했는데 구체적인 이유가 궁금하다.

그로스버그 지난 35년간 수업과 다양한 강의를 통하여 문화연구를 가르쳐 왔다. 동시에 학술지, 프로그램 만들기, 학술대회 조직하기 등 제도적인 일들을 의도적으로 많이 하고 있다. 이런 일들이 다음 학문 세대가 더 멀리 갈 수 있도록 도와주는 길이자 학자로서의 책임이라고 생각한다. 그래서 다음 세대들이 이전 세대들이 해왔던 똑같은 종류의 제도적인 싸움과 위험을 감수하지 않도록 해야 한다. 그것이 제도적 공간 및 작업이 중요한 이유다. 제도적인 일들은 더 생산적인 작업을 할 수 있도록 도와주므로, 정치적 지식인인 우리가 맡아야 할 책임이 있다고 생각한다.

조영한 일리노이대학교에서는 문화연구를 제도화하기 위하여 어떠한 노력을 했는가?

그로스버그 일리노이대학교에 있을 때, 케리 넬슨 및 몇몇 사람들과 함께 '비평과 해석 이론을 위한 단체'라는 학제적 연구소를 하나 설립했다. 그 단체는 미국 최초의 문화연구소 중 하나였으며 문화연구라는 것이 별로 알려지지 않았던 당시 일종의 시험용 연구소였다. 영어학과 커뮤니케이션, 인류학과 사회학, 그리고 다른 소외된 학자들로 구성되었던 곳이었다. 그 단체는 학회와 강의, 그리고 몇몇 수업도 개최했다. 케리와 나는 정기적으로 다양한 문화이론에 관한 공동 세미나를 열었다.

그 단체에서 우리는 학계에 큰 영향을 미친 두 개의 학술대회를 개최했다. 학술대회에 참여했든 못했든, 적어도 그렇게 이야기하는 사람들이 꽤 있다. 1982년 개최했던 첫 번째 학회는 마르크스주의와 문화의 해석에 관한 것이었다. 스튜어트 홀이 미국 좌파 지식인들에게 소개된 중요한 기회였다. 물론 그가 그전에도 미국을 방문한 적이 있지만 그 영향력은 비교할 수 없다. 우리는 그 당시 학회 직전에 제임슨, 스피박, 홀, 페리 앤더슨Perry Anderson을 포함한 연구자들의 단기 강좌를 진행했다. 소문이 퍼지면서 스튜어트 홀의 문화연구 강의를 듣고자 많은 사람이 일리노이까지 찾아오게 되었는데, 홀은 그들의 마음을 사로잡았다. 우리가 계획한 것은 아니었지만, 이 학회가 마르크스주의와 포스트모더니즘 사이에 토론을 본격화하는 주요한 행사가 되었다. 그 자리에는 르페브르, 미셸 페쇠Michel Pecheux, 라클라우와 같은 마르크스주의의 주요 이론가들과 미국이 처음이었던 버밍엄 현대문화연구소에 관련된 인물들까지 참석했다.

첫 번째 학회의 결과로 문화연구는 더욱 가시화되었고 이후 문화연구에 초점을 맞춘 두 번째 학회를 개최하였다. 그리고 두 번째 학회에는 전국에서 1,000명이 넘는 사람들이 참석하였고, 문화연구의 성공을 알리는 계기가 되었다. 주최자들은 학회 발표문을 모아서 《문화연구*Cultural Studies*》라는 책을 출판하였다. 책 제목을 둘러싼 에피소드가 있다. 처음 기획한 제목은 《문화연구: 영화*Cultural Studies: The Movie*》인데, 이 의도는 이 책이 문화연구를 완전히 대표할 수 없음을 암시하려고 했다. 아쉽게도, 출판사는 이런 의도와 말장난을 받아들이지 않았다(웃음). 이러한 일들이 일리노이 대학교를 한동안 미국 내 문화연구의 중요한 연구소가 되도록 하였다. 모든 것이 그렇듯이 제도에는 늘 역사가 있다.

조영한 이러한 문화연구의 성공 그리고 전 지구화의 과정은 필연적으로 구미Euro-American 헤게모니라는 문제를 또다시 소환하게 된다. 유럽과 미국의 지식 경험을 바탕으로 한 이론들을 비서구 사회 및 맥락에 적용하는 데 어려움을 겪는 경우가 많다.

그로스버그 우선 이렇게 시작해 보자. 문화연구의 관점에서 기원이 그 효과를 결정하는 것은 아니다. 시작된 지점이 그것의 도착점을 보장하지 않는 것이 문화연구의 기본 원칙 중 하나다. 다시 말해서 어떤 개념에는 그것의 배경이 되고 있는 정치가 반드시 담겨 있는 것은 아니다. 물론 그 개념의 접합에 대하여 도전하는 것이 너무 어렵기에 그렇게 보일 수 있다.

다시 제안하면, 이론을 어떻게 사용할 것인가를 고민해야 한다. 이론은 특정한 맥락에 맞추어 사용하는 도구들의 집합인데, 하나의 전통이나 패러다임에서 나온 이론 도구가 다른 도구들과 연결되어 다른 전통이나 패러다임에 접합되기도 한다. 이론 패러다임을 한꺼번에 가져다 사용하는 것은 시간 낭비일 뿐이다. 이론을 다른 이론 및 맥락에 연결시키는 일은 어려운 도전일 수 있다. 매우 흥미로운 연구로 유럽에서 시작된 이론들이 남미에 도착하고, 남미 연구자들이 그들의 이론적 전통과 다양한 방식으로 그 이론들을 접합하고 활용하는 경우를 들 수 있다. 그리고 드물기도 하지만 그 반대의 경우도 중요한 작업인데, 이와 같이 대화는 양방향으로 이루어질 수 있어야 한다. 어떤 순수한 것을 믿지 않는다. 대신 혼종성만이 존재한다. 그러나 혼종성은 평등하지 않아서, 유럽의 개념들이 (물론 개념들이 지리적으로 하나의 지역에만 속하는지, 그리고 그러한 사고에는 어떤 접합이 작동하는지 고민해야겠지만) 세계적으로 우세하다. 그러나 이론의 기원이나 순수성에 대한 물신주의는 일상뿐 아니라 지적인 영역에서 좋을 것이 없다고 생각한다.

물론 이론의 흐름은 다른 흐름과 마찬가지로 특정한 궤적을 따르지만, 우리는 그 흐름에 의해 종속되지 않는다. 이러한 흐름에 대한 묘사는 현실의 복잡성이나 다양한 방식의 실체와 가능성을 무시하는 경우가 많다. 그렇다고 시간의 흐름 속에서 접합된 권력관계와 그것이 지배 구조를 확립하고 재생산한다는 것을 부정하는 것은 아니나 복합성을 무시하는 것보다 그것을 묘사하려고 노력하는 것이 항상 낫다는 얘기다. 지금은 다른 때보다 더 많은 교류가 이루어지고 있으며 앞으로도 계속 추진할 수 있다고 생각한다.

조영한 문화연구의 세계화와 관련하여 질문을 이어간다면, 문화연구에서 국가와 대륙을 넘어 협력하는 작업이 얼마나 중요하다고 생각하는가?

그로스버그 동시에 진행되어야 하는 두 종류의 기획이 있다고 본다. 한 가지는 인터-아시아inter-Asia와 같은 형식으로 구현되는 것 같다. 다시 말해,

국제 학술지인 〈인터-아시아 문화연구*inter-Asia Cultural Studies*〉는 아시아 문화연구자들이 서구와 대화하기보다는 아시아 연구자들 간의 대화를 하는 것에 집중한다. 물론 이 학술지는 영어로 쓰여지기 때문에 나와 같은 서양의 학자도 읽을 수 있다. 그런 의미에서 이 기획은 천콴싱과 추아벵화가 이야기하듯 "미국의 학자들이 아닌 아시아 학자들의 대화에 집중"하자는 것이다. 물론 그들도 젊은 아시아 학자들이 서구 학계에서 인정받는 학술지에 글을 게재하도록 압박을 받는 것을 잘 알고 있다. 그래서 그들은 학술지의 지위를 보장받기 위하여 노력하였고 좋은 결과를 만들어 냈다. 남미 등 다른 지역에서도 이와 같은 움직임을 발견할 수 있다.

또 다른 기획은 세계에서 보다 평등하고 협력적인 토론과 연구를 만들어 내는 것이다. 두 가지 차원을 생각해 볼 수 있는데, 첫째는 제도적인 것으로 책, 학술지, 학회, 대학원 등 지적 작업을 보다 공평하게 만드는 것이다. 예를 들어 나와 몇몇 연구자들은 문화연구 내에 초국가적 대화를 목표로 하는 책 시리즈를 만드는 것을 구상하고 있다. 두 번째 차원은 연구를 위한 새로운 형태와 관계를 찾는 것이다. 예를 들어 남미 연구자들이 주장하는 지식의 탈식민화의 필요성을 서구 학계는 어떻게 받아들여야 할지를 고민해 보아야 한다. 지식의 탈식민화를 넘어서기 위해서는 우리는 세계적 차원의 연구가 진행되는 규범에 대하여 생각해 볼 필요가 있다. 연구 문제가 늘 미국과 유럽의 연구자들에 의해 정의되는데, 여기에는 자금 지원 문제가 연관되어 있다. 그러고는 '글로벌'한 문제에 대한 지역의 구체적인 답변을 전 세계의 동료 학자들에게 요청한다. 이것이 그동안의 비교 연구다. 그렇다면 우리는 다른 종류의 국제적인 연구를 실행할 수 있을까? 어떻게 해야 비교 연구를 다르게 할 수 있을까? 가장 어렵고 중요한 부분은 제대로 된 연구 문제를 찾는 것이다. 다시 말해 비교 연구의 주요한 모델을 대체할 필요가 있다. 또한 내가 제안하였듯이 우리가 지역과 세계의 논리가 연구 관행을 결정짓는 방식을 다시 생각해 보고 다른 제도 및 지적 실천을 찾아야 한다.

조영한 선생님은 세계문화연구학회에서 주체하는 크로스로드 국제학술대회에 오랫동안 참가했다. 이 학술대회의 중요한 점은 무엇이며 그 전망이나 문제점은 무엇이라고 보는가?

그로스버그 크로스로드가 중요한 시작점이라고 생각한다. 세계문화연구학회의 기존 학회도 좋았지만, 크로스로드는 문화연구에서 초국가적인 공간을 만들어 더 큰 대화의 장을 열게 노력해 왔다. 문화연구협회가 공식적으로 후원하기 시작한 2006년 이스탄불에서 개최된 크로스로드는 참여국가의 숫자와 다양성뿐만 아니라 사람들이 대화를 나누는 방식에서도 가장 국제화된 학회였다. 내가 참석했던 학회 중에 가장 흥미로웠다.

우리는 이제 이러한 국제 학회를 개최하는 것뿐 아니라 학회를 어떻게 만들어 갈지에 대해 이야기하기 시작했다. 크로스로드를 통해서 연구자들은 미국 모델과는 다른, 문화에 따라 다양한 습관이 있다는 것을 알게 되었다. 사람들이 당연하게 여기는 것은 미국적인 예상과 기대였다. 그러나 다른 지역에서 온 이들은 다른 것을 기대한다. 그렇다면 우리는 "지적 노동의 문화로서 학회에 참여하는 관습을 어떻게 바꿀 것인가?"를 질문해야 한다. 미국에서 학회에 가는 이유는 거기서 친구들을 만나거나 자신이 연구하는 주제의 발표를 듣고자 하기 때문이다. 우리가 제안하려는 것은 이스탄불에서 목도했던 것에 기반을 두는데, 사람들은 그곳에 상상하지 못했던 문제를 연구하는 전 세계의 학자들을 만나고 대화할 특별한 기회를 살리는 것이다. 사람들이 오래된 습관에서 벗어날 수 있도록 격려해야 하는 일을 꾸준히 해야 한다.

다른 한편, '언어 문제'는 현실적이고 누구도 이에 대한 해결책을 제시하기 어렵다. 더 많은 언어를 사용한다면 초국가적 대화를 할 가능성이 줄어든다. 현재는 영어가 국제적인 언어이고, 그것이 많은 사람에게 불이익을 준다. 학회가 자금이 많지는 않지만, 자메이카에서 열린 다음 크로스로드에는 기조연설에서 동시 통역을 제공할 예정이다.[260] 그러면 스페인어로 연설을 할 수 있으나 이것이 해결책이라고 하긴 어렵다.

또 다른 문제는 비용이다. 이스탄불과 자메이카로 가는 데 비용이 많이 든다. 미국과 유럽의 사람들은 다른 지역보다 여행 비용을 지불할 능력이 있다. 우리가 학회를 매년 옮기는 이유 중 하나가 비용 문제다(2010년에는 홍콩에서 열린다). 자메이카 학회에서는 중남미와 카리브해 지역 사람들이, 홍콩에는 아시아에서 많은 사람이 참여하길 바란다. 우리는 또한 국제 여행을 하기 어려운 학자들이 크로스로드에 참여하게 도울 수 있는 장학금 제도를 만들었다. 이 제도는 이스탄불 학회 때 처음 시작하였고 계속 유지할 계획이다. 협회와 학회가 커질수록 자금도 늘어날 것이다. 우리 조직이 진정한 다국적이고 초국가적 대화를 지속하기 위해 소속감을 지닌 이들을 적극적으로 확장해야 한다. 이것이 제도적 투쟁의 순환성이다.

조영한 인터뷰를 마치기 전에 정치적 지식인으로서 담당해야 할 책임은 무엇이라고 생각하는지 궁금하다.

그로스버그 대답에 앞서 내 책임감에 대해서만 말할 수 있다는 점을 명확히 하고 싶다. 인위적이라고 들릴 수 있지만 나는 시민으로서 책임과 지식인으로서 책임을 구별하고 싶다. 나는 시민이자 진보적 가치와 가능성을 믿는 사람으로서 정치적으로 참여하고 활동하는 것이 나의 책임이라고 생각한다. 미국이 현재 행동하는 방식과 예측하는 미래가 잘못되어 있다고 본다. 다른 일들과 마찬가지로 미국 시민으로서 나는 변화를 위하여 노력해야 한다고 생각하고, 감사하게도 나는 미국에 많은 이들이 더는 가지고

260 2008년 7월 자메이카에서 열린 학회. 아르투로 에스코바가 기조 연설자를 맡았다.

있지 않은 시간과 에너지를 제공받았다. 내 직업이 다양한 활동에 관여하고 고민할 여유를 주는데, 그것은 시민으로서 어떤 특권을 내게 준다는 의미가 아니다.

하지만 내 직업은 현재 무슨 일이 일어나고 있는지 더 나은 이해를 전달할 책임이 있다. 이것이 무엇을 하라고 사람들에게 알려준다거나 나의 정치적 의제를 위해서 교수가 갖는 작은 힘을 사용하라는 의미는 아니다. 교수라고 해서 나의 정치적 입장이 다른 누구보다 반드시 우월하다고 생각하지 않는다. 이런 관습적 생각이 좌파의 문제다. 좌파 사람들은 자신의 학력을 내세워서 자신의 정치적 견해가 그리고 어떤 이슈에 대한 자신의 의견이 일반 시민의 의견보다 뛰어나다고 생각하고 행동한다. 사람들에게 더 나은 인간이 되도록 가르치는 것 역시 내 일이 아니다. 나는 무슨 일이 일어나는지를 이해하는 방법을 가르치고 세상에서 작용하는 힘을 인식하도록, 그리고 스스로 자기 비판적이고 성찰적으로 생각하는 방법을 가르치는 것이 내 일이다. 내가 다른 사람들보다 더 훌륭하거나 더 도덕적인 사람이라고 생각하지 않는다.

정치적으로 책임 있는 지식인으로 나의 책무는 세상과 현재 일어나는 일의 이해를 돕는 것이다. 내가 '더 잘 이해'한다고 말할 때 그것은 세 가지를 의미한다. 첫째, 더 잘 이해한다는 것은 이론과 경험적 작업의 교차점에서 내가 할 수 있는 가장 엄밀한 연구를 하는 것이다. 둘째, 내 이론이나 정치적 입장이 내 분석 결과를 좌지우지하는 것을 허용하지 않는 것이다. 셋째, 내 연구가 창의적이거나 생산적이라는 것이며 적어도 가능성을 열어 준다는 것이다. 말했듯이 나의 기본적인 신념은 나쁜 이야기가 나쁜 정치를 만든다는 것이다. 세상에 무슨 일어나고 있는지 나쁜 이야기를 하고 있다면, 거기에서 도출되는 정치는 실패할 것이다.

이는 지난 40년 동안 미국에서 일어났던 일이라고 생각한다. 너무 많은 진보적 지식인들이 같은 이야기를 반복하여 이야기하거나, 또 다른 한편으로 완전히 새로운 이야기를 발명해야 한다고 생각한다. 대부분의 경우 그들은 단순한 이야기를 해야 한다고 생각하는데, 그렇지 않으면 그들이 이해받지 못하거나 정치적 지지를 받지 못할 것이라고 생각한다. 그들은 전략적이고 상상력 넘치게 생각하기보다는 비관주의와 절망에 빠져 있거나 불가능한 꿈을 꾸기를 선호하는 것 같다.

더 나은 이야기를 만드는 것은 절망을 희망의 맥락으로 바꾸고 전략적으로 다른 방법을 상상할 수 있게 해 주는 이야기들을 들려준다. 그러기 위해서는 그람시의 단순한 이분법, 즉 지성의 비관주의와 의지의 낙관주의를 넘어서서 생각해야 한다. 이것은 둘 사이의 관계를 생각해 보는 것을 의미하기도 한다.

Interview with L. Grossberg: "We know where we're going, but we don't know where we're at," *Journal of Communication Inquiry*, 2008.

영국 문화연구에 스튜어트 홀이 있다면, 미국 문화연구에는 로런스 그로스버그가 있다! 한국 문화연구의 이론적 다양성과 한국 맥락에 대한 중층적 사고를 위해서 미국 문화연구 토대를 닦는 데 기여한 그로스버그의 작업을 이해하는 일은 필수다. 홀을 포함한 영국 문화이론의 전통이 그로스버그를 통하여 미국에 확산한 것 역시 한국 독자가 문화연구의 전체 지형을 이해하는 데 중요한 부분이다. 그로스버그가 미국 대학에서 커뮤니케이션학과에서 교수직을 수행한 것은 이후 미국 대학뿐 아니라 한국 대학에서도 커뮤니케이션학과 또는 미디어학 분야에서 문화연구가 중요한 학풍으로 성장한 배경이기도 하다.

그런데도 그로스버그의 연구는 국내에서 찾아보기 어렵다.[261] 그의 글이 다루는 이론가 및 학문의 영역이 방대한 데다 매우 촘촘하고 철학적인 글쓰기 스타일이 번역을 망설이게 한 원인일 것이다. 또한 그로스버그는 자신을 상징하는 하나의 개념이나 문제에 대한 명쾌한 해답을 제시하

261 내가 발견한 그로스버그의 한국어 논문은 "문화연구: 기획의 역사, 그 구성체의 시대"(《언론정보연구》, 42권 1호)와 인터뷰로 구성된 논문 "미래시제로서 문화연구: 맥락, 국면, 주체성의 정치학"(《문화과학》, 2015. 6) 정도다.

지 않는다. 대신 그는 당연한 것을 복잡하게 만들고 필연적인 것의 우발적인 측면을 발견하려 했고 특정한 사건 및 대상에 대한 명료하고 명징한 결론보다 그것을 둘러싼 두텁고 다층적인 맥락을 구성하는 데 매진한다. 특정 맥락 및 명제에 대한 그로스버그의 촘촘한 분석과 철학적이면서 때로는 사변적으로 느껴지는 논리를 따라가다 보면 대상에 대한 더 나은 이해와 현상에 대한 한층 두터워진 맥락을 파악할 수 있다. 하지만 독자는 막상 그의 논문을 읽고 나서 한두 문장을 사용하여 그의 입장을 인용하기 쉽지 않다. 그로스버그가 문화연구자로서 헌신하는 믿음은 특정 이론가나 개념, 또는 연구 대상에 있지 않기 때문이다.

이번 선집을 통하여 그로스버그가 문화연구의 핵심으로 제안하는 복합성complexity, 우발성contingency, 맥락성contextuality의 개념에 대한 이해를 넓히고 그가 문화연구를 통해 실천하고자 하는 국면conjuncture과 국면 분석conjunctural analysis에 대한 활용으로 이어지길 기대한다. 그로스버그의 글은 한국어 독자에게 시공간을 뛰어넘는 이론 개념과 체계를 전달하지는 않는다. 오히려 특정 시공간의 맥락을 분석하기 위한 이론을 통한 우회, 맥락에 대한 체계적 분석, 그리고 맥락의 복잡성을 천착하는 예를 보여준다. 그래서 그의 글과 그가 미국 현대 사회와 문화를 분석하는 데 활용하고 고안한 이론적 틀은 손쉽게 한국의 맥락에 적용되지 않을 것이다. 여기서 주목할 부분은 그로스버그는 이론의 생산지로서 서구(혹은 미국) 그리고 그 이론의 적용지로서 비서구(혹은 한국)라는 이분법적 틀에 동의하지 않는다는 점이다. 즉 그는 이론의 생산지가 이론의 적용 가능성과 유효성을 보장하지 않는다는 것을 강조하면서, 어떠한 이론이라도 만들어진 맥락을 벗어나 다른 맥락을 분석하려면 항상 새로운 이론적 조합이 있어야 한다고 강조한다. 그로스버그는 홀의 대처리즘 분석의 틀이 1980년대 미국 대중문화 분석을 위하여 그대로 활용될 수 없음을 경험하면서, 그가 1980년대 활용한 이론적 틀 또한 2000년대 미국에 그대로 적용할 수 없음을 강조한다. 여기서 주목할 지점은 그로스버그는 이론적 틀의 생산과 적용을 생산지로서 서양(혹은 미국), 적용지로서 동양(혹은 한국)이라는 이분법적 틀에 동의하지 않는 것이다. 그는 이론의 생산지가 이론의 유효성을 보장하지 않는다고 강조하면서 개념이 만들어진 맥락과 다른 새로운 시공간의 맥락 분석을 위해서는 기존의 이론 틀을 그대로 적용할 수 없고 항상 새로운 이론적 조합이 있어야 한다고 본다.

이처럼 그로스버그의 글은 현대 한국 사회의 문화 현상 및 대중 정치를 해석하기 위한 손쉽고 빠른 이론적 틀을 얻고자 하는 독자에게는 좀처럼 쉽게 잡히지 않는 이야기처럼 들릴 것이다. 그러나 그가 늘 강조하듯이 다른 맥락에 대한 분석을 꼼꼼히 읽고 그 맥락을 설명하기 위하여 동원한 이론, 그리고 이론과 현실을 접합시키는 전략을 배울 수 있다면, 독자는 새로운 맥락을 분석하기 위한 연장통과 그것을 구성하는 방식을 배우게 될 것이다. 그로스버그가 서술해 주는 미국 학계에서 문화연구의 형성과 주요 이론 지점(1부), 미국의 대중 정서 변동과 포스트모더니티의 출현에서 대중음악과 대중문화의 함의(2부), 현대성을 고찰하기 위한 핵심 과제인 경제적인 것과 근대성에 대한 논의(3부)는 우리가 한국 학계 속 문화연구, 한류 등 한국 대중문화의 역할, 그리고 제3세계에서 이른바 선진국으로 속하게 된 한국 사회의 현대성 탐색을 위한 전략적 우회로 역할을 할 수 있다.

이 선집이 문화연구에 대한 축적된 선입관을 넘어서는 데 기여하길 기대한다. 한국 학계에는 문화연구가 재현과 담론 연구를 하는 학문이라는, 그리고 대중음악, 방송 그리고 영화와 같은 대중문화만을 연구 대상으로 삼는다는, 그래서 구조보다는 개인의 저항을 낭만적으로 해석한다는 축적된 인식이 존재하는 것 같다. 문화연구가 담론과 재현의 실천성, 문화와 사회의 연계, 그리고 주체의 실천과 의식을 강조한다는 점에서 이러한 인식이 꼭 틀린 것만은 아니다. 하지만 종종 둘의 관계가 마치 필요충분처럼 여겨지는 것은 그로스버그의 관점에서 문화연구에 대한 오해일 뿐 아니라, 기존 문화연구의 실패라 할 수 있다. 이러한 편견은 문화연구자들이 텔레비전 재현과 뉴스 담론과 같은 동일한 영역의 연구에 안주하고, 하위 문화나 팬덤의 자율적이고 저항적 실천에 대한 발견을 마치 새로운 것처럼 반복한 실패의 결과이지, 문화연구의 필연적인 결과는 아니다(물론, 이러한 함정에 빠지지 않기 위해서 문화연구자는 자기 연구에 대해 계속 노력해야 한다). 그로스버그가 강조하는 문화연구는 특정 영역, 이론가, 연구자의 정치적 신념에 의해서 미리 결정되거나 설명되는 것이 아니다. 예를 들어 그는 더 이상 대중음악에 대한 연구를 당연하게 여기지 않는다. 다시 말해 대중음악의 학문적 가치를 이제는 인정하지 않는다는 의미(그래서 대중음악의 연구 가치가 없다는 의미)가 아니라, 현재 대중음악의 학문적 의의를 보여 주기 위한 새로운 틀이 필요하다는 것이다. 그리고 자신이 연구하였던 미국 사회에서 대중음악의 정치학과 가능성이 현재도 그대로 반복된다는 보증이 없다는 것을 강조한다. 이처럼 그로스버그가 강조하는 문화연구는 항상 맥락적으로 논의되어야 하고 현실과 이론의 접합을 통하여 진행될 때 가능하다.

그로스버그가 강조하는 문화연구는 연구자가 개입하는 맥락에 대한 확장된 이해와 다른 생각을 통하여 '더 나은 이야기'를 계속해서 생산하는 기획임을 이 책을 통해 다시 한번 강조하고 싶다. 문화연구는 다양하고 개념을 활용하고 깊이 있는 이론적 논의를 해야 하는 작업인 동시에 현실에 개입할 수 있는 기획을 통해 구성됨을 그는 강조한다. 그렇기에 문화연구의 기획은 연구 대상이 현실에 대한 연구자의 관여와 헌신을 요청하지만 동시에 현실에 대한 정치 신념에 의해 연구가 결정되어서는 안 된다. 문화연구의 기획은 구체적인 현실에 기반을 두는 동시에 이론적인 탐색을 통하여 그 현실을 이해하고 상상할 수 있는 더 좋은 이야기를 계속해서 생산할 수 있어야 한다. 그로스버그가 거듭 강조하듯이 맥락에 대한 더 좋은 이야기는 행정가와 정치인을 통하여 더 나은 정책으로 그리고 다양한 주체들을 통하여 현실에 적용할 수 있는 실천으로 이어질 수 있기 때문이다.

이 책은 그로스버그가 쓴 9편의 글을 세 가지 주제로 묶어 구성하였다. 제목을 "새로운 세계에서의 문화연구"로 한 것은, 문화연구는 지금 그리고 여기에 관심을 갖는 지적 실천인 동시에 새로운 희망과 문화 정치의 가능성을 상상하고 시도하는 학문을 강조하기 위해서다. 이 책에서 그로스버그가 거듭 강조하듯이 문화연구는 현실 세계에 대한 더 나은 이야기를 하기 위하여 계속해서 질문을 던지는 학문이다. 그리고 그 질문에 대한 대답을 마련하기 위하여 연구자는 현실에 천착할 뿐 아니라 이론을 통한 우회를 끊임없이 시도해야 한다. 더 나은 이야기는 현재를 잘 설명할 뿐 아니라 앞으로 내가 그리고 내가 살아가고 있는 사회가 어디로 가야 할지를 상상하게 하고 실천을 가능하게 한다. 동시에 문화연구는 다른 국적, 민족, 인종, 젠더, 대륙의 연구자 간의 대화와 협업을 요청한다. 이를 통하여 문화연구는 단순한 비교 연구가 아닌 새로운 주체, 집단, 사회 그리고 문화를 이해하고 설명할 수 있는 이야기를 생산한다.

50여 년간 지속해 온 그로스버그의 지적 유산과 학문적 노력을 효과적으로 담아내고 동시에 한국 독자에게도 의미 있는 글을 선정하고자 했다. 다른 시기와 다른 세계에 대한 그로스버그의 이론적이면서 동시에 경험적인 연구는 21세기 그리고 한국이라는 새로운 세계를 살아가는 우리에게 더 나은 이야기를 만들어 가고 상상하고 실천하는 데 의미 있는 자양분이 될 것이다. 이 책은 그로스버그의 연구에서 세 가지 면에 초점을 두었다. 첫 번째는 문화연구의 형성과 핵심 과제이고, 두 번째는 대중문화, 마지막은 현대성이다. 그로스버그의 책 세 권을 중심으로 세 영역을 대표할 수 있는 글들인데,[262] 1984년부터 2010년까지 다양한 시기와 여러 지면

262 그로스버그는 초기 20여 년 연구 가운데 대표적인 것을 묶어 1997년에 두 권의 책을 출간하였다. 한 권은 《그 모두를 집으로 가져오며: 문화연구에 대한 에세이*Bringing It All Back Home: Essays on Cultural Studies*》로 문화연구의 형성과 주요 이론적 지점에 대한 것이고, 다른 한 권은

을 통해 소개된 것들이다.

우선 1부는 '문화연구의 형성과 새로운 도전'으로 미국 문화연구의 형성 및 주요 논의를 고찰한다. 지금도 문화연구의 정의에 대한 다양한 의견이 있지만, 문화연구 역시 다양한 형성 과정을 지닌 역사적 형성물이다. 구체적인 시작점에 버밍엄 현대문화연구소가 있었고, 그곳에서 공부한 후 미국 대학으로 문화연구의 시작을 알렸던 그로스버그가 있다. 1부의 글을 통하여 문화연구가 버밍엄 현대문화연구소에서 시작한 일관된 연구 흐름이 아니라, 다양한 이론적 지점들이 합류하면서 기획을 중심으로 확산된 연구 흐름을 이해할 수 있다. 문화연구는 1980년대 이후 미국 대학 내에서 널리 확산되어 지배력을 행사하였지만, 제도화의 영향이 단순히 긍정적이지 않은 작동을 하고 있음을 보여 준다. 특히 1부의 세 편의 글은 미국 대학 내 문화연구의 위치가 어떻게 변화하는지를 간접적으로 체험하게 해 준다. 이를 통하여 구체적인 시공간성을 내재한 문화연구의 역사성뿐 아니라 다양하고 균질하지 않은 맥락에서 지켜져야 할 문화연구의 핵심 의제와 강조점을 이해할 수 있다.

1장 "문화연구의 다양한 형성"이 발표된 시기는 1989년으로, 미국 학계 내에 문화연구에 대한 다양한 관심이 폭증한 시기를 관찰한 그로스버그의 관점을 살펴볼 수 있다. 그로스버그는 문화연구를 하나의 학과로 만드는 분과화에 부정적인 견해를 보인다. 그에게 문화연구는 특정 이론가나 사상가를 원조로 설정하고 특정 개념과 저서(이런 것들이 하나의 학과를 이루는 요소)를 정전화할 수 없는 것이다. 그렇기에 그는 문화연구의 유행이 확산되던 시기에 특정 학문 집단, 구체적으로 버밍엄에서 유래한 영국 문화

《나도 모르게 춤을 추며: 대중문화에 관한 에세이*Dancing in Spite of Myself: Essays on Popular Culture*》였다. 그리고 2010년에는 이후의 연구 성과를 집대성한 《미래 시제의 문화연구》를 출판하였다.

연구의 분파를 문화연구의 원형으로 설정하고 거기서부터 문화연구의 단일한 역사를 써 나가려는 움직임에는 분명하게 반대하며 대안적인 이해를 제시한다. 그로스버그는 영국 문화연구의 중요성을 존중하면서 그 속의 단일성보다 차이점과 다양한 입장을 드러내며 이를 통해 '차이 속 통일성'이란 명제를 구체화하고자 한다. 그로스버그는 이 글을 통하여 홀이 강조하였던 문화주의와 구조주의라는 두 가지 패러다임 외에 문화연구가 중요하게 탐구해야 할 이론적 문제 틀을 소개하며, 인문주의와 구조주의의 패러다임에 함몰되지 않고 동시에 본질주의와 결정주의를 극복할 수 있는 국면주의적 문화연구를 제안한다.

2장 "새로운 세계에서의 문화연구"는 문화연구가 미국 학계와 대학에서 성공한 이후 무엇이 변화하였는지를 탐색한다. 미국 대학 내의 성공은 더 많은 이들이 문화연구를 이야기하게 되었지만, 그럴수록 문화연구가 무엇인지 헷갈릴 뿐 아니라 공상과 같아지는 현상에 대한 그로스버그의 진단을 살펴볼 수 있다. 이런 변화에 그는 단순히 부정의 평가를 내리기보다 문화연구는 급진적으로 맥락화된다는 점을 강조한다. 이에 문화 역시 하나의 정의나 재현적인 의미에 갇히는 것이 아니라 다양한 힘들과 접합되는 공간 속에서 그 실천으로 이해할 필요가 있다. 미국 대학에서 문화연구의 성공은 필연적으로 전 지구적인 문제 틀과 대서양을 중심의 서구 맥락을 벗어난 공간에서 문화연구의 의미를 질문하게 되었다. 그는 세계적인 것과 지역적인 것 사이라는 이분법적 접근을 비판하면서, 근대성, 인종, 종족, 그리고 정체성 등 전 지구적인 고민을 담아내는 문화연구의 접합성에 대해 고민한다. 특히 그의 문제의식은 단지 유럽중심주의에 대한 비판보다, 근대적인 것을 시공간에 새롭게 접합함으로써 차이의 논리를 피하면서 타자성의 정치학으로 나아가려 한다. 이는 탈식민주의에서 논의하는 다양한 지역, 국가, 민족 그리고 인종의 정체성과 디아스포라, 혼종성, 그리고 서발턴 등 다양하게 부각되던 억압받던 주체성에 대한 문제의식으로 이어진다. 새로운 세계라는 변화된 맥락에 대한 이해를 위하여 그로스버그는 들뢰즈와 가타리의 논의를 적극적으로 활용하여 공간의 구체적인 정치를 모색할 것을 제안한다. 부정성을 기반으로 한 차이의 이론에서 긍정성의 이론을 상상할 수 있는 타자성의 이론을 구별하려는 그의 노력은 3부 현대성에 대한 그의 진단과 대안을 이해하는 데 중요한 부분이다.

3장은 《미래 시제의 문화연구》(2010)의 한 장으로 원래 제목은 "문화연구의 핵심Heart of Cultural Studies"이다. 이 선집에는 그 책의 의미와 장의 제목을 연결하여 "미래 시제를 위한 문화연구의 핵심"으로 했다. 앞의 두 장과는 시기에서 차이가 나는데, 그로스버그는 문화연구가 학교 행정과 예산 확보를 위한 제법 매력적인 수사가 되어 버리고 융복합이라는 또 다른 그럴싸한 단어로 포장되어 가는 상황에 직면한다. 즉 문화연구의 외면적이고 제도적인 확장이 어쩌면 문화연구의 의미와 실천을 훼손하는 데 이르렀고, 미국 정치와 대학의 보수화라는 변화 속에 대학 내 문화연구는 실질적이고 전략적인 위기 상황을 직면하게 되었다. 이러한 관점에서 그로스버그는 문화연구의 핵심을 특정 이론이나 학과적 전통이 아닌, 지적이고 정치적인 기획으로서 문화연구를 주장한다. 현재 맥락을 이해하기 위한 최선의 노력을 강조하면서, 동시에 현재의 맥락을 설명하는 완벽하고 유일한 이론은 존재하지 않음을 강조한다. 따라서 문화연구는 주어진 맥락에 대한 더 나은 이해를 위하여 현실에 천착하는 동시에 이론을 계속 보완하고 현실에 재접합할 필요가 있음을 강조한다. 지난 시간 동안의 학계 내 문화연구의 흥망성쇠를 경험하면서 그는 한 번 더 문화연구의 핵심으로 급진적 맥락성과 변화의 가능성을 가능하게 하는 지식 생산을 제안한다. 이러한 그의 사유는 국면의 강조로 이어지는데 국면을 모순의 접합, 축적, 응축으로 설명하면서 다양한 흐름이나 상황의 변화, 접합 그리고 모순을 설명하는 국면주의를 제시한다. 여전히 그는 문화연구의 방법론을 구체화하는 데 부정적 의견을 표하지만,[263] 국면 그리고 국면주의를 문화연구의 핵심으로 강조하는 그의 사유는 이후 국면 분석을 문화연구가 비판적 분석을 위한 실천이자 과정으로 국면 분석을 제안하는 논의로 이어진다.[264]

2부는 그로스버그의 대중문화와 대중음악에 관한 연구를 모았다. 대중문화로서 대중음악에 대한 연구는 그로스버그의 초기 연구를 특징지을 뿐 아니라 문화연구에서 대중문화의 위치를 확고하게 하는 데 기여하였다. 이후 학계에서 대중음악을 보고 즐기는 대상만이 아니라 대중음악이 생산, 유통, 소비되는 맥락에 적극적으로 개입되고 사회와 개인의 에너지가 투사되고 재생산되는 요소로 바라보는 것이 자연스럽게 여겨지게 되었다. 현재도 문화연구를 표방하는 많은 연구가 대중음악과 수용자 혹은 팬덤에 대해 연구하는데, 그 과정에서 문화연구를 마치 대중문화 연구나 미디어 재현 연구와 동일시하거나, 문화연구에서 개인의 자율성과 저항을 당연시한다는 선입관이 발생하기도 하였다. 그로스버그의 대중음악에 대한 개입은 이러한 선입관이 문화연구에 내재한 문제라기보다 문화연구를 충실하게 실행하지 못한 연구의 결과임을 보여 준다.

4장 "낙원에서의 지루한 또 하루"는 1984년에 발표한 것으로 그로스버그가 1970년대 말 개설한 로큰롤 문화사에 대한 강의에 대한 회고에서 시작한다. 그로스버그는 로큰롤 팬을 단일하지 않은 이질적인 대상으로

263 그로스버그는 학계와 학술지가 요청하는 방법론에 대하여 의심을 표하였는데, 그가 생각하는 방법론은 연구 문제의 설계에서 시작하여 연구 문제에 대한 다른 생각과 확장된 이해를 도모할 수 있는 구체적인 대상, 그리고 이를 설명하기 위한 이론적 자원과 이를 적용하여 대상을 설명하는 것을 포함한다. 이 책의 대담을 참조하라.

264 그로스버그의 국면 분석에 대한 이후의 견해는 다음 논문을 참조하라. Grossberg, Lawrence (2019) "Cultural studies in search of a method, or looking for conjunctural analysis," *new formations: a journal of culture/theory/politics*, 96, pp.38~68.

이해하면서, 그 다층성을 파악하기 위해서 정동적인 힘을 인식할 것을 제안한다. 그는 로큰롤의 쾌락을 해석하기 위해 기존의 계급, 인정이나 연령 등 사회학적 기준에 의존하기보다 전쟁 이후 미국의 맥락에서 로큰롤을 해석해야 함을 강조한다. 로큰롤의 힘을 쾌락이라는 측면에서 파악하기 위해 정동적 투자를 이해할 것을 제안하지만, 모든 수용자 그리고 팬들이 권능화되거나 저항적이라고 결론짓지는 않는다. 로큰롤은 정동적 동맹을 가능하게 하지만 동시에 로큰롤과 그 수용자 역시 지배 구조에 포섭될 수 있음을 지적하며 로큰롤의 역사는 포섭과 재탄생이라는 순환의 역사이며 스스로의 포섭에 대하여 끊임없이 저항하는 로큰롤을 묘사한다. 그로스버그는 로큰롤이 정동적 기능을 하지 않을 때 로큰롤이 지배적인 욕망에 도전할 수 없는 배경 음악이 될 수 있음을 경계하며 글을 마무리한다.

5장 “지루한 것보다 기분 나쁜 것이 더 나아”도 위의 글과 같은 해인 1984년에 발표한 글로 여기서는 대중음악 분석의 문제점에서 글을 시작한다. 그로스버그는 대중음악 그리고 로큰롤을 둘러싼 문제점을 음악이나 수용자에게 찾기보다 이들을 둘러싼 비평 그리고 분석의 한계로 파악한다. 그는 기존 로큰롤 담론에서 중요한 영역을 차지한 저항, 특히 저항의 기원을 로큰롤의 주요 수용자인 젊음의 하위 집단으로 단순화시키는 것에 비판적으로 개입한다. 역설적으로 들리겠지만 그는 능동적인 텍스트성과 능동적인 수용자를 비판하면서도 변호하는데, 이는 음악과 수용자의 가능성과 한계를 미리 결정하지 않고 접합 이론을 통하여 그 무엇도 미리 보증되지 않음을 보인다. 이러한 논리는 로큰롤을 단일한 형태가 아닌 로큰롤 기구로 볼 것을 제안하는 것으로 이어지는데, 로큰롤을 구성하고 한계를 정의하는 중첩적 기구들의 복잡한 배열을 중시하는 관점이다. 그리고 로큰롤 기구의 정동적 실천을 권능화로 설명하여 팬들이 로큰롤을 통하여 쾌락을 얻는가에 그치는 것이 아니라 그들이 로큰롤 기구를 통해 일상생활 속에서 타협과 생존을 이어가며 저항과 반항이라는 정동적 실천을 가능하게 하는지를 설명해야 한다고 주장한다. 이러한 설명은 역시 로큰롤 기구가 발생하는 정동적 현장, 즉 음악이 팬들을 권능화하는 특정한 장소에 대한 맥락적 이해를 통해서만 가능하다. 2차 세계 대전 이후 미국 생활의 풍요로움과 새로운 종류의 두려움이 로큰롤의 권능화 기구가 작동하는 주요한 맥락이 되는 것이다. 4장과 마찬가지로 그로스버그는 낙관적인 해석보다는 이러한 실천이 항상 저항적이지 않을 수 있음을 경고한다.

6장 "포스트모더니티와 정동"에서 그로스버그는 대중문화 속 포스트모던 담론에 대한 비평을 시도한다. 이 글은 1989년에 발표된 것으로 1980년대 학계뿐 아니라 대중적 서사 속에 유행하였던 포스트모던에 대한 서사와 재현물 그리고 집단 정서 등에 대한 적극적 개입을 시도한다. 그로스버그의 관심사는 이른바 포스트모던 텍스트의 주요 특성이나 개별 서사의 의미에 집중하기보다 포스트모던 텍스트가 맥락에 접합되어 나타나는 효과에 주목한다. 그리고 이런 포스트모던 텍스트가 효과적으로 작동할 수 있는 것을 이데올로기나 기호학적인 측면이 아닌 정동적 방식으로 설명한다. 5장에 언급하였던 정동의 개념을 들뢰즈가 해석한 방식의 니체, 특히 니체의 '권력에 대한 의지'의 이론을 통하여 정동의 개념을 구체화한다. 이를 통하여 그로스버그는 정동이 단지 정신 에너지와 리비도적 욕망으로 등치시키기보다, 양적으로 질적인 차이의 체계를 만들어 내고 물질적인 태도와 지향의 역사적 과정으로 서술하는 것으로 설명한다. 그에게 정동 그 자체는 중립적이라 할 수 있는데, 정동이 정치적 개입의 가능성으로 작동하기 위해서 정동적 권능화의 전략과 장소를 식별할 것을 강조한다.

1980년대 미국 문화 지형을 맥락으로 한 그로스버그의 연구를 선집에 포함한 이유는 단지 그의 초기 연구를 소개하려는 목적(물론 이 점도 중요하지만)만은 아니다. 문화연구에 있어 그로스버그의 정동 개념, 특히 니체와 들뢰즈를 지적 계보로 삼은 정동의 이해를 소개한 공헌을 알리고자 했다.[265] 미국 대중문화, 로큰롤, 수용자에 대한 그의 분석이 최근 한류, 팝, 그리고 팬덤에 대한 연구에 좋은 이정표가 될 수 있다고 생각한다. 한류 연구가 다양한 사례 연구 및 팬덤의 적극적인 수용에 대한 양상을 넘어서 한류와 팝이 글로벌 주류 시장에 진입하고 글로벌 대중문화의 하나의 흐름으로 유통되고 소비되고 변화하는 국면을 읽어 내고 이론화하는 데 그의 연구와 분석이 이론적인 우회로 역할을 하기를 기대한다.

3부는 현대성에 대한 그로스버그의 고민, 특히 경제와 근대성을 문화연구가 어떻게 접근하고 연구할 수 있을지에 대한 글을 담았다. 내가 2002년 미국의 노스캐롤라이나대학교에서 박사 과정을 시작하였을 때 이미 그의 주요 관심사는 대중음악에서 미국의 현대 사회 변동을 읽어 내기 위하여 경제적인 것과 다중적 근대성으로 옮겨가 있었다. 스스로의 연구 궤적을 통해 문화연구는 특정 대상(예를 들면 대중음악)이나 이론가와 개념(예를 들면 들뢰즈와 가타리, 정동 등)이 아닌 맥락의 변화에 주목해 연구 대상 및 연구 문제를 부단히 찾고 있음을 보여 준다. 2010년 이후 그로스버그의 주요 연구 지점은 경제적인 것과 근대적인 것(다층적 근대성의 가능성)이고, 이는 미국의 현대성을 이해하는 동시에 다른 국가, 지역, 대륙을 연구하는 이들과 대화를 지속하기 위한 것이다.

7장 "가치를 고찰하다"에서 그로스버그는 미국 현대성을 이해하기 위한 중요한 영역으로 경제에 대한 분석을 시도한다. 그는 기존의 경제학을 배제하거나 새로운 경제학 이론을 만들기보다, 미국 현대성이라는 문

265 최근 문화연구를 포함하여 인문 및 사회과학 연구에 정동이라는 개념이 널리 활용되고 있는데, 그로스버그가 풀어내는 정동의 개념 역시 주목할 필요가 있다. 최근 정동 이론의 유행과 정동 개념의 다양한 활용, 그리고 자신의 정동 개념에 대한 소개는 그로스버그의 다음 인터뷰를 참조하라. 로렌스 그로스버그 (2015), "정동의 미래: 현실태 속의 잠재태 되찾아 오기," 멜리사 그레그, 그레고리 시그워스 편저. 《정동이론: 몸과 문화, 윤리, 정치의 마주침에서 생겨나는 것들에 대한 연구》, 최성희 · 김지역 · 박혜정 옮김. pp.483~532, 갈무리.

제 공간을 이해하기 위한 시도로서 경제적인 것에 대한 다르게 생각하기를 시도한다. 그는 문화연구가 결코 경제적인 것을 무관한 것으로 여기지 않았을 보여 주지만, 동시에 그동안 연구가 기존 경제학자들이 설명하는 경제결정론과 시장중심주의에 대응하여 충분히 의미 있는 연구와 해석을 제시하지 못하였음을 지적한다. 그는 지난 1995년부터 이어진 문화연구와 정치경제학과의 논쟁, 그리고 새롭게 등장한 문화경제와의 논의를 다루면서 환원주의와 본질주의에 빠지지 않은 채 경제로 여겨지는 담론 및 실천들은 무엇인지 그리고 그것들을 경제적인 것으로 구성해 내는 다양한 경제 기구의 접합을 드러내고자 한다. 그는 궁극적으로 차이를 통하여 타자성을 발견할 수 있고 스스로를 보편화하는 것을 거부하는 새로운 통약의 논리가 필요하다고 주장한다. 미국 현대성을 규정한 경제학자들의 경제적 가치라는 단일한 논리가 아닌 다양한 논리가 허락되고 다른 가치들이 공존할 수 있는 통약의 논리가 필요하다고 주장하였다. 이를 위해서는 경제에 대한 분석을 경제학자의 정통 경제학만이 아닌 다양한 접근과 해석이 필요하다는 것이다. 그리고 이러한 가능성은 그가 3장에서 제안한 것처럼 학제적 경계를 뛰어넘는 질문을 할 수 있는 학제적 연구와 공동 기획을 통해 열릴 수 있다.

8장 "근대성에 대한 탐색"에서 그로스버그는 현재의 국면을 유럽 근대성에 대한 다양한 투쟁이 구성된 문제 공간으로 보고, 이 문제 공간을 이론화하는 작업을 시도한다. 새로운 근대성의 가능성을 개념화하기 위하여 그는 탈식민주의 이론에서 제안하는 '대안적 근대성'에 대한 이론을 채택하기보다 다중적 근대성이라는 문제 틀을 제안한다. 맥락을 무엇보다 중시하는 그의 연구는 자신이 경험하고 살고 있는 미국 그리고 때로는 구미 사회에 대한 평가와 진단을 중심 연구 문제로 삼는데, 이는 미국과 서구의 경험을 일반화하기보다 오히려 그 반대로 미국의 경험을 쉽게 일반화하지 않고 맥락화하려는 자의식 강한 의지의 결과다. 이러한 측면에서 다중적 근대성이 다양한 시공간에서 구성된다는 주장은 그에게 예외적인 작업으로 보이고 동시에 조심스러운 접근처럼 보인다. 이를 위해 그는 자신이 연구해 온 유럽 근대성에 대한 맥락과 이에 대한 반론 및 다양한 해석에 주목함으로써 자신의 주장과 분석을 하나씩 논증한다. 그는 근대라는 개념의 한계(서양의 맥락에서 시작된)를 충분히 인지하면서도, 새로움을 표현하기 위한 신조어를 제안하지는 않는다. 그는 이미 근대라는 개념, 담론, 실천이 전 지구화되었지만 동시에 서양의 근대와는 다른 개념화 및 실천이 진행되는 국면을 포착하기 위하여 다층적인 근대성이라는 문제 틀에 집중한다.

9장은 내가 그로스버그와 2007년에 한 대담을 실었다.[266] 엄밀하게 현대성에 대한 논의를 담은 것은 아니지만 경제적인 것과 다층적 근대성에 대한 연구를 한창 진행하던 그로스버그의 관심과 초점을 잘 보여 주는 대담이다. 그리고 연구자로서 연구와 논문 작업에 있어서 이론과 방법론의 역할에 대한 그의 도발적이면서도 명쾌한 입장은 실용적일 뿐 아니라 중요한 지침이 된다. 문화연구의 분과화(학과로 만드는 것)에 반대하면서도 대학 및 국제적인 학술 기관에서 제도화하려고 끊임없이 노력하고 투쟁해 온 그의 노력은 또 하나의 의미 있는 교훈이 된다.

이 책의 구성은 이러하지만 관심사에 따라 순서에 관계없이 읽어도 좋다. 다만 내용이 결코 쉽게 이해가 되거나 단숨에 정리가 되지 않기에, 시간을 들여 숙독하기를 권한다. 각 장에서 그로스버그는 자신의 주장과 해석을 정답으로 제안하거나 기존 이론과 전혀 다른 무엇으로 포장하기보다 기존의 해석을 꼼꼼히 다시 질문하면서, 새로운 대화의 가능성과 학제적인 기획을 모색할 것을 제안한다. 8장의 글을 인용하면 문화연구는 쉬운 대답과 간편한 연구가 아닌 특정 국면의 복합성, 우발성, 맥락성을 이해

266 Cho, Younghan (2008), "We know where we're going, but we don't know where we are: An Interview with Lawrence Grossberg," *Journal of Communication Inquiry*, 32(2), pp.102~122.

하기 위한 것으로 "힘들지만 생기 넘치며, 힘이 빠지면서도 희망이 넘치고, 겸손하면서 오만한 것"이다.

그로스버그는 지도 교수였지만 나는 졸업 후에야 더 친해진 것 같다. 그는 마냥 친절한 교수가 되기보다는 신뢰감을 주는 선생님이었다. 그는 개념, 이론, 정치적 신념이 연구 문제를 미리 결정하는 것은 끊임없이 경계했고 주어진 맥락에서 시작해 이론적 탐색을 멈추지 않았다. 강의에는 늘 열정적으로 임했고 실수를 범하는 것을 두려워하지 않았다. 때로는 과격한 논쟁도 피하지 않았으나, 논쟁이 끝난 후에는 반드시 사과했고, 스스로를 농담으로 희화화하며 분위기를 풀어주곤 했다. 지난해 한국의 홍수 뉴스를 듣고 내게 메일을 보냈다. "너 괜찮니? 걱정돼. 래리가." 이 짧은 글에 그의 깊은 마음이 느껴졌다.

지난 20년간 그로스버그에게 나는 학문적으로나 인간적으로 많이 배웠고 본받고자 했다. 계획보다 상당히 지연되었지만 그로스버그의 글을 통하여 문화연구에 대한 그의 생각, 이론, 믿음이 독자들에게도 공유되기를 기대한다. 출간을 앞두고 걱정과 두려움이 앞선다. 동료 번역자인 이미카와 몇 번의 번역본을 오가며 논의하였지만, 부족한 부분이 있을 것이다. 모든 실수와 오류는 온전히 옮긴이의 몫이다. 번역 과정에 2022년 방송문화진흥회 학술 지원 사업의 도움이 있었다. 긴 시간을 기다려주고 꼼꼼히 편집해 준 이여진 편집장께 다시 한번 감사를 표한다. 번역 과정 중 여러 도움을 준 조항제, 이기형, 정은귀, 이정엽 선생과 김미리, 김지수 학생에게, 그리고 2007년 번역의 약속을 일깨워 준 아내 혜영에게 감사의 말을 전한다. 한국어로 번역된 책을 들고 그로스버그를 만나게 될 날을 기다린다.

옮긴이를 대표하여 조영한

참고 문헌

Agamben, Giorgio (1993). *The Coming Community*. Minneapolis: University of Minnesota Press.

Aglietta, Michel (1976). *A Theory of Capitalist Regulation*. London: Verso.

Ahmad, Aijaz (1992). *In Theory: Classes, Nations, Literatures*. London: Verso.

Allor, Martin (1987). "Projective readings: Cultural studies from here," *Canadian Journal of Political and Social Theory*, 11, pp.134~138.

Althusser, Louis (1970/1979). *For Marx*. Trans. Ben Brewster. New York: Vintage.

Althusser, Louis (1971). "Ideology and Ideological State Apparatuses," In *Lenin and Philosophy and Other Essays*, pp.121~176. New York: Monthly Review Press.

Amato, Peter (1997). "African Philosophy and Modernity," In *Postcolonial African Philosophy*, ed. Emmanuel Chukwudi Eze, pp.71~100, Oxford: Blackwell.

Amin, Ash & Thrift, Nigel (2000). "What Kind of Economic Theory for What Kind of Economic Geography?," *Antipode*, 32(1), pp.4~9.

Amin, Samir (1989). *Eurocentrism*. New York: Monthly Review Press.

Amin, Samir (1997). *Capitalism in the Age of Globalization*. London: Zed.

Anaya, Rodolfo. A. & Lomelí, Francisco. (Eds.). (1989). *Aztlán: Essays on the Chicano homeland*. Albuquerque, NM: Academia/El Norte Publications.

Anzaldua, Gloria (1987). *Borderlands/la frontera: The new mestiza*. San Francisco: Spinsters/Aunt Lute.

Asad, Talal (2003). *Formations of the Secular*. Stanford, Calif.: Stanford University Press.

Aufderheide, Pat (1986). "Sid and Nancy: Just Say No," In *These Times*, 1(November 19-25), p.14.

Badiou, Alain (2005). *Being and Event*. New York: Continuum.

Bailey, David & Hall, Stuart (eds) (1992). "The vertigo of displacement: shifts within black documentary practices," in *Critical Reader: Black British Photography in the 80s*, Ten-8, pp.15~23

Bakhtin, Mikhail (1981). *The Dialogic Imagination*. C. Emerson & M. Holquist, trans. Austin: University of Texas Press.

Balibar, Etienne (2003). *We, The People: Reflections on Transnational Citizenship*. Princeton, N.J.: Princeton University Press.

Ballard, J. G. (1985). *The Atrocity Exhibition*. London: Triad/Panther.

Barthes, Roland (1975). *The Pleasure of the Text*. Richard Miller, trans., New York: Hill and Wang.

Baudelaire, Charles (1995). *The Painter of Modern Life and Other Essays*. London: Phaidon Press.

Baudrillard, Jean (1975). *The Mirror of Production*. St. Louis: Telos Press.

Baudrillard, Jean (1983). "The ecstacy of communication," In *The anti-aesthetic*. Ed. Hal Foster. Port Townsend: Bay Press, pp.126~134.

Baudrillard, Jean (1985). "The Child in the Bubble," *Impulse*, 11, pp.12~13.

Baudrillard, Jean (1986). "Interview," *FlashArt*, 130(October/November).

Bauman, Zygmunt (1991). *Modernity and Ambivalence*. Oxford: Blackwell.

Bauman, Zygmunt (2000). *Liquid Modernity*. Cambridge: Polity Press.

Becker, Gary (1978). *The Economic Approach to Human Behavior*. Chicago: University of Chicago Press.

Beniger, J. R. (1987). "Personalization of mass media and the growth of pseudo-community," *Communication Research*, 14(3), pp.352~371.

Benjamin, Walter (1968). *Illuminations*. New York: Harcourt Brace and World.

Benn, T. (n.d.). *Sexual spaces/public places*. Z/G 6.

Bennett, Tony (1990). *Outside literature*. London: Routledge.

Bennett, Tony (1992, July). Coming out of English. Paper presented at the Trajectories: Toward an Internationalist Cultural Studies conference, Tapei, Taiwan.

Bennett, Tony (1993). Being "in the true" of cultural studies, *Southern Review*, 26: 217~38.

Berger, John (1980). "In opposition to history, in defiance of time," *Village Voice*, 8-14 October, pp.89~90

Berland, Jody (1992, July). Cultural studies and Canadian communications theory: Critical problematics. Paper presented at the Trajectories: Toward an Internationalist Cultural Studies conference, Tapei, Taiwan.

Berman, Marshall (1982). *All That Is Solid Melts into Air*. New York: Simon and Schuster.

Bhabha, Homi K. (1991). "Postcolonial authority and postmodern guilt," In L. Grossberg, C. Nelson, & P. Treichler (Eds.), *Cultural Studies*, pp.56~66, New York: Routledge.

Blaser, Mario (2009). "Political Ontology: Cultural Studies without Culture?," *Cultural Studies*.

Bloch, Ernst (1977). "Non-Synchronism and the Obligation to Its Dialectics," *New German Critique*, 11(spring), pp.22~38.

Bourdieu, Pierre (1984). *Distinction: A social critique of the judgment of taste* (R. Nice, Trans.). Cambridge, MA: Harvard University Press.

Bourdieu, Pierre (2005). "Principles of an Economic Anthropology," In *The Handbook of Economic Sociology*, ed. Neil J. Smelser & Richard Swedberg, pp.75~89. Princeton, N.J.: Princeton University Press.

Braidotti, Rosi (1991). *Patterns of dissonance* (E. Guild, Trans.). New York: Routledge.

Braudel, Fernand (1977). *Afterthoughts on Material Civilization and Capitalism*. Baltimore: Johns Hopkins University Press.

Brunsdon, Charlotte (1996). "A Thief in the Night: Stories of Feminism in the 1970s at cccs," In *Stuart Hall: Critical Dialogues in Cultural Studies*, ed. David Morley & Kuan-Hsing Chen, pp.276~286. London: Routledge.

Callon, Michel (1998). *Laws of the Markets*. Oxford: Wiley-Blackwell.

Carey, James W. (1989). *Communication as Culture: Essays on Media and Society*. Boston: Unwin Hyman.

Carey, James W. (1997a). "Reflections on the Project of (American) Cultural Studies," In *Cultural Studies in Question*, ed. Marjorie Ferguson & Peter Golding, pp.1~24. London: Sage.

Carson, Tom (1980). "Martha and the Muffins get disengaged," *Village Voice*, 13-19 August, p.59

Carson, Tom (1981). "The David Johansen story," *Village Voice*, 8-15 July, p.49

Castells, Manuel (1989). *The informational city*. Oxford: Blackwells.

Castells, Manuel (2000). *The Rise of the Network Society*. Oxford: Wiley-Blackwell.

Center for Contemporary Cultural Studies. Centre Reports. 1966~67; 1969~71; 1972~74. University of Birmingham.

Centre for Contemporary Cultural Studies (1982). *The empire strikes back: Race and racism in 70s Britain.* London: Hutchinson.

Cesaire, Aime (2001). *Discourse of Colonialism*. New York: Monthly Review Press.

Chakrabarty, Dipesh (2000). *Provincializing Europe*. Princeton, N.J.: Princeton University Press.

Chambers, lain et al. (1978). "Marxism and culture," *Screen*, 19.

Chambers, Iain (1985). *Urban Rhythms: Pop Music and Popular Culture*. New York: St. Martin's Press.

Chambers, lain (1986). *Popular Culture: The Metropolitan Experience*. London: Methuen.

Chambers, Iain (2008). *Mediterranean Crossings: The Politics of an Interrupted Modernity*. Durham, N.C.: Duke University Press.

Chan, Siu (1992, July). Otherwise Hong Kong: The impossibilities of engaging culture. Paper presented at the Trajectories: Toward an Internationalist Cultural Studies conference, Tapei, Taiwan.

Chang, Ruth, ed. (1997). *Incommensurability, Incomparability, and Practical Reason*. Cambridge, Mass.: Harvard University Press.

Chatterjee, Partha (1993). *The Nation and Its Fragments*. Princeton, N.J.: Princeton University Press.

Clarke, John (1991). *New Times and Old Enemies*. London: Harper Collins.

Clarke, John (2004). *Changing Welfare, Changing States*. London: Sage.

Clarke, John (2007). "Living with/in and against Neo-Liberalism: Pursuing Ambivalence," Paper presented at Workshop PM Transnational Governmentality in South East Europe, Rabac, Croatia, June 1–3.

Clarke, John (2009). "After Neo-Liberalism: Markets, States, and the Reinvention of Public Welfare," Unpublished manuscript.

Clarke, John et al. (1975). "Subcultures, cultures and class: A theoretical overview," Working Papers in *Cultural Studies*, 7/8.

Clarke, John, & Newman, Janet (1997). *The Managerial State*. London: Sage.

Clifford, James (1994). *The Location of Culture*. London: Routledge.

Colectivo Precarias a la Deriva (2004). *A la deriva por los circuitos de la precariedad femenima*. Madrid: Traficantes de Suenos.

Coleman, William Oliver (2002). *Economics and Its Enemies: Two Centuries of AntiEconomics*. New York: Palgrave.

Comaroff, Jean, & Comaroff, John L. (eds.) (2001). *Millennial Capitalism and the Culture of Neoliberalism*. Durham. N.C.: Duke University Press.

Considine, J. D. (1981). "RE0 + MOR = heavy metal pop," *Village Voice*, 8-15 July, p.57

Coward, Rosalind (1977). "Class, 'culture,' and the social formation," *Screen*, 18, pp.75~105.

Coyle, Diane (2007). *The Soulful Science: What Economists Really Do and Why It Matters*. Princeton, N.J.: Princeton University Press.

Dainotto, Roberto M. (2006). *Europe in Theory*. Durham, N.C.: Duke University Press.

Davis, John B. (2006). "The Nature of Heterodox Economics," *Post-Autistic Economics Review*, 40 (December), pp.23~30.

Davis, Mike (1985). "Urban renaissance and the spirit of postmodernism," *New Left Review*, 143, pp.106~113.

De Certeau, Michel (1984). *The Practice of Everyday Life*. Berkeley: University of California Press.

De Landa, Manuel (2006). *A New Philosophy of Society: Assemblage Theory and Social Complexity*. London: Continuum.

Deeb, Lara (2006). *An Enchanted Modern: Gender and Public Piety in Shi'i Lebanon*. Princeton, N.J.:

Princeton University Press.

Deleuze, Giles (1977). "Active and Reactive," *The New Nietzsche: Contemporary Styles of Interpretation*, David B. Allison, ed., New York: Delta, pp.80～106.

Deleuze, Gilles (1988). *Foucault* (S. Hand, Trans.). Minneapolis: University of Minnesota Press.

Deleuze, Gilles (1990). *The Logic of Sense*. New York: Columbia University Press.

Deleuze, Gilles & Guattari, Félix (1981). "Rhizome." I & C, 8.

Deleuze, Gilles & Guattari, Félix (1977). *Anti-Oedipus: Capitalism and Schizophrenia*. New York: Viking.

Deleuze, Gilles & Guattari, Félix (1987). *A Thousand Plateaus: Capitalism and Schizophrenia*. Minneapolis: University of Minnesota Press.

Derrida, Jacques (1978). *Writing and Difference*. Trans A. Bass. London: Routledge.

Derrida, Jacques (1997). *The Politics of Friendship*. London: Verso.

Dewey, John (1938). *Logic: The Theory of Inquiry*. New York: Henry Holt.

Dhareshwar, Vivek (1989). "Toward a narrative epistemology of the postcolonial predicament," *Inscriptions*, 5.

Dhareshwar, Vivek (1990). "The predicament of theory," in M. Kreisworth & M.A. Cheetham (eds.), *Theory between the Disciplines*. Ann Arbor: University of Michigan Press.

Domingues, Beatriz Helena (2001). "Algumas considerações sobre a relação entre Modernidade, Barroco e Iluminismo no mundo ibérico," *Anônimos Latinos*, no. 7.

Du Gay, Paul & Pryke, Michael (2002). "Cultural Economy: An Introduction," In *Cultural Economy*, ed. Paul du Gay & Michael Pryke, pp.1～20, London: Sage.

Dumont, Louis (1977). *From Mandeville to Marx: The Genesis and Triumph of Economic Ideology*. Chicago: University of Chicago Press.

Dussel, Enrique (1996). *The Underside of Modernity*. Atlantic Highlands, N.J.: Humanities Press.

Dussel, Enrique (2000). "Europe, Modernity and Euro-Centrism," *Nepanta: Views from the South*, 1(3), pp.465～478.

Ellis, Brett Easton (1985). *Less Than Zero*. New York: Simon and Schuster.

Escobar, Arturo (2001). "Culture Sits in Places: Reflections on Globalism and Subaltern Strategies of Localization," *Political Geography*, 20, pp.139～174.

Escobar, Arturo (2005). "Economics and the Space of Modernity," *Cultural Studies*, 19(2), pp.139～175.

Escobar, Arturo (2007). "Worlds and Knowledges Otherwise: The Latin American Modernity/Coloniality Research Program," *Cultural Studies*, 21(2/3), pp.179～210.

Escobar, Arturo (2008). *Territories of Difference: Place, Movements, Life, Redes*. Durham, N.C.: Duke University Press.

Espeland, Wendy Nelson & Stevens, Mitchell L. (1998). "Commensuration as a Social Process," *Annual Review of Sociology*, 24, pp.313～343.

Farren, Mick (1982). "Surface noise," *Trouser Press*, August, p.52

Foucault, Michel (1967). "Of Other Spaces," *Diacritics*, 16(spring), pp.22～27.

Foucault, Michel (1970). *The Order of Things: An Archaeology of the Human Sciences*. New York: Pantheon.

Foucault, Michel (1977). "Nietzsche, Genealogy, History," In *Language, Counter-Memory, Practice*, pp.139～164. Ithaca, N.Y.: Cornell University Press.

Foucault, Michael (1978). "Politics and the study of discourse," *Ideology and Consciousness* 6, pp.5～21.

Foucault, Michael (1979). "My body, this paper, this fire," *Oxford Literary Review*, 4, pp.9～28.

Foucault, Michel (1980). *Power/Knowledge*. New York: Pantheon Books.

Foucault, Michel (1986). "Of other spaces," *Diacritics*, 16, pp.22~28.

Foucault, Michel (1997). "What Is Enlightenment?," In *Ethics, Subjectivity, and Truth*, pp.303~320, New York: New Press.

Foucault, Michel (2003). *Society Must Be Defended*. New York: Picador.

Foucault, Michel (2007a). *Security, Territory, Population*. New York: Palgrave Macmillan.

Foucault, Michel (2007b). "Questions on Geography." In *Space, Knowledge, Power: Foucault and Geography*, ed. Jeremy W. Crampton & Stuart Elden, pp.173~182. Burlington: Ashgate Publishing.

Foucault, Michel (2008a). *The Birth of Biopolitics*. New York: Palgrave Macmillan.

Foucault, Michel (2008b). *Le Gouvernment de soi et des autres: Cours au Collège de France (1982–1983)*. Paris: Seuil, Translated by Mark Hayward.

Franks, Thomas (2001). *One Market Under God: Extreme Capitalism, Market Populism, and the End of Economic Democracy*. New York: Anchor Books.

Friedman, Milton (1962). *Capitalism and Freedom*. Chicago: University of Chicago Press.

Frith, Simon (1981). *Sound Effects: Youth, Leisure and the Politics of Rock 'n' Roll*. New York: Pantheon

Frith, Simon & Horne, Howard (1987). *Art into Pop*. London: Methuen.

Frith, Simon, & McRobbie, Angela (1990). "Rock and sexuality," In *On record: Rock, pop and the written word*, Ed. Simon Frith & Andrew Goodwin. London: Routledge.

Frow, John & Morris, Meaghan (1993). "Introduction," In *Australian cultural studies: A reader*, Ed. John Frow & Meaghan Morris. Urbana: University of Illinois Press, vii~xxxii.

Fry, Tony (1988). "From (sun)light to sin," in *It's a Sin*. Ed. L. Grossberg, Sydney: Power Pablications, 72~82 .

Fukuyama, Francis (1992). *The End of History and the Last Man*. New York: Free Press.

Fullbrook, Edward (ed.) (2003). *The Crisis in Economics. The Post-Autistic Economics Movement The First 600 Days*. London: Routledge.

Fullbrook, Edward (ed.) (2007). *Real World Economics*. London: Anthem Press.

Fullbrook, Edward (ed.) (2008). *Pluralist Economics*. London: Zed Books.

Gaonkar, Dilip P. (2001). "On Alternative Modernities," In *Alternative Modernities*, ed. Dilip P. Gaonkar, pp.1~23, Durham, N.C.: Duke University Press.

Gibson-Graham, J. K. [Julie Graham & Katherine Gibson] (1996). *The End of Capitalism (as We Knew It): A Feminist Critique of Political Economy*. Cambridge, Mass.: Blackwell.

Gibson-Graham, J. K. (2006). *Postcapitalist Politics*. Minneapolis: University of Minnesota Press.

Gilroy, Paul (1987). *There Ain't No Black in the Union Jack*. London: Hutchinson.

Gilroy, Paul (1993). *The Black Atlantic: Modernity and Double Consciousness*. Cambridge. MA: Harvard University Press.

Gilroy, Paul (2000). *Against Race: Imagining Political Culture beyond the Color Line*. Cambridge, Mass.: Harvard University Press.

Graeber, David (2001). *Toward an Anthropological Theory of Value*. New York: Palgrave.

Graham, Dan (1983). "New wave rock and the feminine," *Open Letter*, 5-6, pp.79~105.

Gramsci, Antonio (1971). *Selections from the Prison Notebooks*. Trans. Quintin Hoare & Geoffrey Nowell Smith. New York: International Publishers.

Grossberg, Lawrence (1982). "Experience, signification and reality: the boundaries of cultural semiotics," *Semiotica*, 41, pp.73~106

Grossberg, Lawrence (1983a). "The politics of youth culture: some observations on rock and roll in American culture," *Social Text*, 8, Winter 1983/4, pp.104~126

Grossberg, Lawrence (1983b). "If rock and roll communicates, why is it is noisy? Pleasure and the popular," paper delivered to the international conference of IASPM, Reggio Emilia, Italy, September

Grossberg, Lawrence (1986a). "History, Politics and Postmodernism," *Journal of Communication Inquiry*, 10, pp.61~77.

Grossberg, Lawrence (1986b). "Teaching the popular," In *Theory in the Classroom*, ed. Cary Nelson (Urbana), pp.177~200.

Grossberg, Lawrence (1987). "The In-difference of Television," *Screen*, 28(Spring), pp.28~45.

Grossberg, Lawrence (1988). *It's a Sin: Essays on Postmodernism, Politics and Culture*. Sydney: Power Publications.

Grossberg, Lawrence (1989). "Putting the Pop Back into Postmodernism," *Social Text*, 21, pp.167~190.

Grossberg, L.awrence (1992). *We gotta get out of this place: Popular conservatism and postmodern culture*. New York: Routledge.

Grossberg, Lawrence (1999). "Speculations and Articulations of Globalization," *Polygraph*, 11(spring), pp.11~48.

Grossberg, Lawrence (2000a). "(Re)con-figuring Space: Defining a Project," *Space and Culture*, 4/5, pp.13~22.

Grossberg, Lawrence (2000b). "History, Imagination and the Politics of Belonging," In *Without Guarantees: Essay in Honor of Stuart Hall*, ed. Paul Gilroy, Lawrence Grossberg, and Angela McRobbie, pp.148~164. London: Verso.

Grossberg, Lawrence (2000c). "The Figure of Subalternity and the Neoliberal Future?," *Nepantla: Views from the South*, 1(1), pp.59~89.

Grossberg, Lawrence (2005). *Caught in the Crossfire: Kids, Politics, and America's Future*. Boulder, Colo.: Paradigm.

Grossberg, Lawrence (2006). "Does Cultural Studies Have Futures? Does It? Should It? (or What's the Matter with New York?)," *Cultural Studies*, 20(1), pp.1~32.

Grossberg, Lawrence (2010). "Modernity and Commensuration: A Reading of the Contemporary (Economic) Crisis," *Cultural Studies*, 24(3).

Guattari, Félix (1984). *Molecular revolution: Psychiatry and politics*. New York: Penguin.

Guattari, Félix (1986). "The Postmodern Dead End," *FlashArt*, 128(May), pp.40~41.

Guattari, Félix (1996). *The Guattari Reader*. Ed. Gary Genosko. Oxford: Blackwell Publishers.

Gudeman, Stephen (2001). *The Anthropology of Economy*. Oxford: Blackwell.

Gudeman, Stephen & Rivera, Alberto (1990). *Conversations in Colombia*. Cambridge: Cambridge University Press.

Guiso, Luigi, Paola Sapienza, & Luigi Zingales (2006). "Does Culture Affect Economic Outcomes?," *Journal of Economic Perspectives*, 20(2), pp.23~28.

Gupta, Akhil (1998). *Postcolonial Developments: Agriculture in the Making of Modern India*. Durham, N.C.: Duke University Press.

Gyekye, Kwame (1997). *Tradition and Modernity*. New York: Oxford University Press.

Hall, Catherine (2002). *Civilising Subjects: Metropole and Colony in the English Imagination 1830–1867*. Chicago: University of Chicago Press.

Hall, Catherine, & Davidoff, Leonore (1991). *Family Fortunes: Men and Women of the English Middle Class, 1780–1850*. Chicago: University of Chicago Press.

Hall, Gary, & Birchall, Claire (eds.) (2006). *New Cultural Studies: Adventures in Theory*. Edinburgh: Edinburgh

University Press.
Hall, Stuart (1960). "Editorial," *New Left Review*, 1(1).
Hall, Stuart (1969). "The hippies, an American moment," In J. Nagel (ed.). *Student Power*, London: Merlin Press.
Hall, Stuart (1971). "Response to People and Culture," Working Papers in Cultural Studies, 1.
Hall, Stuart (1972). "The social eye of Picture Post," Working Papers in Cultural Studies, 2.
Hall, Stuart (1974). "Marx's Notes on Method," Working Papers in Cultural Studies, 6.
Hall, Stuart (1976). "Introduction" to D. Selbourne. *An Eye on China*. London: Black Liberation Press.
Hall, Stuart (1978). "The Hinterlands of Science: Ideology and the 'Sociology of Knowledge,'" In *On Ideology*, ed. Stuart Hall, Bob Lumley, & Gregor McLennan, pp.9~32. London: Hutchinson.
Hall, Stuart (1980a). "Encoding/decoding," In Culture, Media, Language: Working Papers in Cultural Stydies, ed. Hall et al. pp.128~38. London: Hutchinson.
Hall, Stuart (1980b). "Cultural studies: two paradigms." *Media, Culture and Society*, 2.
Hall, Stuart (1980c). "Race, Articulation and Societies Structured in Dominance." In *Sociological Theories: Race and Colonialism*, pp.305~345. Paris: UNESCO.
Hall, Stuart (1981). "Notes on Deconstructing 'the Popular,'" In *People's History and Socialist Theory*, ed. Raphael Samuel, pp.227~240. Boston: Routledge and Kegan Paul.
Hall, Stuart (1983). "The problem of ideology: Marxism without guarantees," In *Marx 100 years on*. Ed. B. Matthews. London: Lawrence and Wishart.
Hall, Stuart (1985). "Signification, representation, ideology: Althusser and the post-structuralist debates," *Critical Studies in Mass Communication*, 2.
Hall, Stuart. (1986a), "The problem of ideology: Marxism without guarantees," *Journal of Communication Inqutry*, 10: 28~44.
Hall, Stuart (1986b). "Gramsci's Relevance for the Study of Race and Ethnicity," *Journal of Communication Inquiry*, 10: 5~27.
Hall, Stuart (1987a). "Gramsci and Us," *Marxism Today*, 2(June), pp.16~21.
Hall, Stuart (1987b). "Minimal selves," *ICA Document 6* (Identity: The Real Me.) London: Institute of Contemporary Aris.
Hall, Stuart (1988a). *The Hard Road to Renewal: Thatcherism and the Crisis of the Left*. London: Verso.
Hall, Stuart (1988b). "The toad in the garden: Thatchreism amongst theories," In *Maxism and the interpretation of culture*. Ed. Cary Nelson and Lawrence Grossberg, Urbana: University of Illinois Press. pp.35~57.
Hall, Stuart (1989a). "The meaning of new times," In S. Hall & M. Jacques (Eds.), *New times: The Changing face of politics in the 1990s*, pp.116~134. London: Lawrence & Wishart.
Hall, Stuart (1989b). *The Road to Recovery*. London: Verso.
Hall, Stuart (1990). "The Emergence of Cultural Studies and the Crisis of the Humanities," *The Humanities as Social Technology*, October, 53(3), pp.11~23.
Hall, Stuart (1991a). "The Local and the Global: Globalization and Ethnicity," In *Culture, Globalization, and the World-System*, ed. Anthony D. King, pp.19~40. Basingstoke: Macmillan Education.
Hall, Stuart (1991b). "Old and new identities, old and new ethnicities," In A. D. King (Ed.), *Culture, globalization and the world-system*, pp.41~68, London: Macmillan.
Hall, Stuart (1992a). "Cultural Studies and Its Theoretical Legacies," In *Cultural Studies*, ed. Lawrence Grossberg, Cary Nelson, & Paula Treichler, pp.277~294. New York: Routledge.
Hall, Stuart (1992b). "The West and the rest. In S," Hall & B. Gieben (Eds.), *Formations of modernity*, pp.

275~331, Cambridge, England: Polity Press.

Hall, Stuart (1993). "Culture, Community, Nation," *Cultural Studies*, 7(3), pp.349~363.

Hall, Stuart (1995). "Not a Postmodern Nomad: A Conversation with Stuart Hall," *Arena*, n.s., 5, pp.51~70.

Hall, Stuart (1996). "When Was 'the Post-Colonial'?," *In The Post-Colonial Question*, ed. Iain Chambers & Lidia Curti, pp.242~260. London: Routledge.

Hall, Stuart (1997). "Politics, Contingency, Strategy," *Small Axe*, 1(March), pp.141~159.

Hall, Stuart (1998). "Cultural Composition: Stuart Hall on Ethnicity and the Discursive Turn," *Journal of Composition and Theory*, 18(2), pp.171~196.

Hall, Stuart (2003). "Marx's Notes on Method: A 'Reading' of the '1857 Introduction to the Grundrisse'," *Cultural Studies*, 17(2), pp.113~149.

Hall, Stuart (in press). "Cultural studies and psychoanalysis."

Hall, Stuart (n.d.). "Cultural analysis." C.C.C.S. publication.

Hall, Stuart et al. (1978). *Policing the Crisis: Mugging, the State, and Law and Order*. New York Holmes and Meier.

Hall, Stuart et al. (1980). *Culture, Media, Language*. London: Hutchinson.

Hall, Stuart et al. (1983). *Cultural Studies*.

Hall, Stuart, & Martin Jacques, (eds.) (1983). *The Politics of Thatcherism*. London: Lawrence and Wishart.

Hall, Stuart, & Martin Jacques, (eds.) (1989). *New Times: The Changing Face of Politics in the 1990s*. London: Lawrence and Wishart.

Hall, Stuart, & Tony Jefferson, (eds.) (1976). *Resistance through rituals*. London: Hutchinson.

Hall, Stuart, Critcher, Tony et al. (1978). *Policing the Crisis: Mugging, the State, and Law and Order*. London: Macmillan.

Haraway, Donna (1987). "Apes, Aliens, Cyborgs and Women: Feminist Theory, Colonial Discourse, and the Contest for Science," *Lecture delivered at the University of Illinois*, Urbana. (April 24).

Haraway, Donna (1988). "Situated Knowledges: The Science Question in Feminism and the Privilege of Partial Perspective," *Feminist Studies*, 14(3), pp.575~595.

Haraway, Donna Jeanne (1991). *Symians, cyborgs, and women: The reinvention of nature*. New York: Routledge.

Hardt, Michael & Negri, Antonio (2000). *Empire*. Cambridge, Mass.: Harvard University Press.

Hardt, Michael & Negri, Antonio (2009). *Commonwealth*. Cambridge, Mass.: Harvard University Press.

Harootunian, Harry (2000). *History's Disquiet: Modernity, Cultural Practice, and the Question of Everyday Life*. New York: Columbia University Press.

Harrison, Lawrence E. (2006). *The Central Liberal Truth: How Politics Can Change a Culture and Save It from Itself*. New York: Oxford University Press.

Harvey, David (1989). *The Condition of Postmodernity*. Oxford: Blackwell.

Harvey, John T., & Garnett Jr., Robert F. (2008). *Future Directions for Heterodox Economics*. Ann Arbor: University of Michigan Press.

Hay, James (1993). "Invisible cities/visible geographies: Toward a cultural geography of Italian television in the 90s," *Quarterly Review of Film and Video*, 14(3), pp.35~47

Hayek, Friedrich August (1994). *The Road to Serfdom*. Chicago: University of Chicago.

Hebdige, Dick (1979). *Subculture: the Meaning of Style*. London: Methuen.

Hebdige, Dick (1982). "Posing . . . threats, striking . . . poses: youth, surveillance and display," *Substance*, 37/38, pp.68~88

Hebdige, Dick (1987). "Digging for Britain: an excavation in seven parts," *The British Edge*, Boston: ICA.

Hebdige, Dick (1988). *Hiding in the Light*. London: Routledge.

Heidegger, Martin (1962). *Being and Time*. New York: Harper and Row.

Herschatter, Gail (2007). "Civilizational Thinking and Its Discontents" (unpublished essay).

Hoggart, Richard (1957). *The Uses of Literacy*. New York: Oxford University Press.

Hoggart, Richard (1967). "The literary imagination and the study of society." C.C.C.S. occasional paper.

Hoggart, Richard (1969). "Contemporary Cultural Studies: An Approach to the Study of Literature and Society" (pamphlet). University of Birmingham: Centre for Contemporary Cultural Studies.

Hoggart, Richard (1970). "Schools of English and Contemporary Society," *Speaking of Each Other*, 2, pp.246~259, New York: Oxford University Press.

Horkheimer, Max, & Adorno, Theodor W. (1976). *The Dialectic of Enlightenment*. New York: Continuum.

Hudson, Ray (2004). "Conceptualizing Economies and Their Geographies," *Progress in Human Geography*, 28(4), pp.447~471.

Hunter, Ian (1988). *Culture and government: The emergence of literary education*. London: Macmillan.

Hunter, James (1981). "Think to the beat," *Village Voice*, 21~7 October

Huyssen, Andreas (2003). *Present Pasts: Urban Palimpsests and the Politics of Memory*. Stanford, Calif.: Stanford University Press.

James, C. L. R (1989). *The Black Jacobins*. New York: Vintage.

James, William (2008). *Pragmatism*. Rockville, Ill.: Arc Manor.

Jameson, Fredric (1983). "Pleasure: A Political Issue," *Formations of Pleasure*. London: Routledge and Kegan Paul, pp.1~13.

Jameson, Fredric (1984). "Postmodernism, or the Cultural Logic of Late Capitalism," *New Left Review*, 146(July/August), pp.53~94.

Jessop, Bob, and Stijn Oosterlynck (2008). "Cultural Political Economy: On Making the Cultural Turn without Falling into Soft Economic Sociology," *Geoforum*, 39(3), pp.1155~1169.

Johnson, Richard (1986/7). "What is Cultural Studies Anyway?," *Social Text*, 16, pp.38~80.

Jones, Eric L. (2006). *Cultures Merging: A Historical and Economic Critique of Culture*. Princeton, N.J.: Princeton University Press.

Kahn, Joel S. (2001). "Anthropology and Modernity," *Current Anthropology*, 42(1), pp.651~680.

Kirsch, Stuart (2001). "Property Effects: Social Networks and Compensation Claims in Melanesia," *Social Anthropology*, 9(2), pp.147~163.

Klein, Naomi (2007). *The Shock Doctrine*. New York: Picador.

Laclau, Ernesto & Mouffe, Chantal (1985). *Hegemony and Socialist Strategy*. London: Verso.

Laplanche, J. and Pontalis, J. (1973b). The Language of Psychoanalysis. D. Nicholson-Smith, trans., New York: W. W. Norton.

Latour, Bruno (2005). *Reassembling the Social*. Oxford: Oxford University Press.

Lawson, Tony (2003). Reorienting Economics. London: Routledge.

Lazzarato, Maurizio (1996). "Immaterial Labour." http://www.generation online.org/c/fcimmateriallabour3.htm.

Lee, Roger (2006). "The Ordinary Economy: Tangled Up in Values and Geography," *Transactions of the Institute of British Geographers*, n.s., 31(4), pp.413~432.

Lefebvre, Henri (1984). *Everyday life in the modern world*. Trans. Sacha Rabinovitch. New Brunswick: Transaction.

Lefebvre, Henri (1991). *The production of space* (D. Nicholson-Smith, Trans.). Oxford: Blackwells.

Lefebvre, Henri (1991b). *Critique of Everyday Life*. Vol. 1. London: Verso.

Lefebvre, Henri (2005). *Introduction to Modernity*. London: Verso.

Levitt, Steven D. & Dubner, Stephen J. (2005). *Freakonomics: A Rogue Economist Explores the Hidden Side of Everything*. New York: William Morrow.

Lipietz, Alain (1987). *Mirages and Miracles*. London: Verso.

Livingston, James (1997). *Pragmatism and the Political Economy of Cultural Revolution*, pp.1850~1940. Chapel Hill: University of North Carolina Press.

Lukács, Georg (1971). *History and Class Consciousness*. Cambridge, Mass.: mit Press.

Lyotard, Jean-François (1984). *The Postmodern Condition*. Minneapolis: University of Minnesota Press.

Lyotard, Jean-Francois (1990). *Heidegger and "the Jews"* (A. Michel & R. Roberts, Trans.). Minneapolis: University of Minnesota Press.

MacKenzie, David, Muniesa, Fabian & Siu, Lucia (eds.) (2007). *Do Economists Make Markets?*. Princeton, N.J.: Princeton University Press.

Maldonado-Torres, Nelson (1997). "On the Coloniality of Being," *Cultural Studies*, 21(2/3), pp.240~270.

Mann, M. (1973). *Consciousness and action among the western working class*. London: Macmillan.

Manzi, Jim (2007). "The Known Unknowns," *National Review*, September 10, 51.

Marcus, Greil (1969). "Who put the bomp in the bomp-de-bomp de-bomp?," In *Rock and Roll Will Stand*, ed. Greil Marcus (Boston), pp.6~27

Marcus, Greil (1980a). "Anarchy in the UK," In *The Rolling Stone illustrated Histoy of Rock and Roll*, ed. Jimmy Miller, 2nd edn. (New York), pp.451~463

Marcus, Greil (1980b). "Wake-up," *Rolling Stone*, 24 June, pp.40~44

Marcus, Greil (1981a). "The shock of the old," *New West*, March, p.113

Marcus, Greil (1981b). "Etched in tone," *New West*, September, p.124

Marston, Sallie A., Jones III, John Paul & Woodward, Keith (2005). "Human Geography without Scale," *Transactions of the Institute of British Geographers*, 30(4), pp.416~432.

Martin, Randy (2007). *Empire of Indifference: America's War and the Financial Logic of Risk Management*. Durham, N.C.: Duke University Press.

Marx, Karl (1973). *Grundrisse*. New York: Vintage.

Marx, Karl (1992). *Capital*. Vol. 1. London: Penguin.

Massey, Doreen (1991). "Flexible Sexism," *Environment and Planning D*, 9(1), pp.31~57.

Massey, Doreen (1994). *Space, Place, and Gender*. Cambridge: Polity Press.

Massey, Doreen (1995). *Spatial Divisions of Labor: Social Structures and the Geography of Production*. New York: Routledge.

Massey, Doreen (2004). "Geographies of Responsibility," *Geografiska Annaler*, series B, 86(1), pp.5~18.

Massey, Doreen (2005). *For Space*. London: Sage.

Mattelart, Michele (1982). "Media and the cultural industries," *Media, Culture, Society*, 4.

Matterlart, Armand (1988). "Communications in socialist France: The difficulty of matching technology with democracy," In *Marxism and the interpretation of culture*. Ed. Cary Nelson and Lawrence Grossberg. Urbana: University of Illinois Press.

McCloskey, Deidre (1998). *The Rhetoric of Economics*. Madison: University of Wisconsin Press.

McRobbie, Angela (1980). "Setting accounts with subcultures: A feminist critique," *Screen Education*, 34,

pp.37~49.
McRobbie, Angela (1986). "Dance and social fantasy," In *Gender and Generation*, Ed. Angela McRobbie & Mica Nava, London: Methuen.
McRobbie, Angela (1994). *Postmodernism and Popular Culture*. London: Routledge.
McRobbie, Angela (1998). *British Fashion Design: Rag Trade or Image Industry?* London: Routledge.
McRobbie, Angela (2009). *The Aftermath of Feminism*. London: Sage.
Meek, Ronald L. (1956). *Studies in the Labor Theory of Value*. New York: Monthly Review Press.
Menocal, Maria Rosa (2002). *The Ornament of the World*. Boston: Little, Brown.
Mercer, Colin (1986). "Complicit pleasures," *Popular Culture and Social Relations*, T. Bennett, et al., eds., Milton Keynes: Open University Press, pp.50~68.
Mercer, Kobena (1992a). "'1986: periodizing postmodern politics and identity," in Lawrence Grossberg et al., *Cultural Studies*, New York & London: Routledge, pp.424~438.
Mercer, Kobena (1992b). "Back to my routes: a postscript to the 80s," in David Bailey & Stuart Hall (eds), *Critical Decade: Black British Photography in the 80s, Ten-8*, 3, pp.32~39.
Merton, Robert K. (1946). *Mass Persuasion: The Social Psychology of a War Bond Drive*. New York: Harper.
Miller, Peter & Rose, Nikolas (1990). "Governing Economic Life," *Economy and Society*, 19(1), pp. 1~31.
Miller, Peter & O'Leary, Ted (1990). "Making Accountancy Practical." *Accounting, Organization, and Society*, 15(5), pp.479~498.
Miller, Toby (1993). *The well-tempered self: Citizenship, Culture, and the Postmodern Subject*. Johns Hopkins University Press
Mitchell, Timothy (1998). "Fixing the Economy," *Cultural Studies*, 12(1), pp.82~101.
Mitchell, Timothy (2000). "The Stage of Modernity," In *Questions of Modernity*, ed. Timothy Mitchell, pp.1~34, Minneapolis: University of Minnesota Press.
Mitchell, Timothy (2005). "The Work of Economics: How a Discipline Makes Its World," *European Journal of Sociology*, 46(2), pp.297~320.
Morley, David (1980). *The 'Nationwide' Audience*. London: B.F.I.
Morley, David & Chen, Kuan-Hsing (1996). *Stuart Hall: Critical dialogue in cultural studies*. London: Routledge.
Morris, Meaghan (1988). "At Henry Parkes motel," *Cultural Studies*, 2, pp.1~47.
Morris, Meaghan (1990). "Banality in cultural studies," In P. Mellancamp (Ed.), *Logics of television*, pp. 14~43, Bloomington: Indiana University Press.
Morris, Meaghan (1992). "The man in the mirror: David Harvey's 'condition' of postmodernity," *Theory, Culture & Society*, 9, pp.253~279.
Morris, Meaghan (1992a). "'On the Beach.'" In *Cultural Studies*, ed. Lawrence Grossberg, Cary Nelson, & Paula Treichler, pp.450~478. New York: Routledge.
Morris, Meaghan (1992b). *Ecstasy and Economics*. Rose Bay, Australia: Empress Publishing.
Morris, Meaghan (1998). *Too Soon, Too Late: History in Popular Culture*. Bloomington: Indiana University Press.
Morris, Meaghan. (1993). *Australian cultural studies: A reader*. University of Illinois Press
Morrison, Toni (2004). *Beloved*. New York: Vintage.
Morse, Richard (1982). *El espejo de Próspero: Un estudio de la dialéctica del nuevo mundo*. Mexico City: Siglo XXI.

Mulhern, Frances (2000). *Culture/Metaculture*. London: Routledge.

Nelson, Cary (1978). "The psychology of criticism, or what can be said?," In *Psychoanalysis and the Question of the Text*, ed. Geoffrey H. Hartman (Baltimore), pp.45~61

Nelson, Cary & Grossberg, Lawrence (eds.) (1988). *Marxism and the Interpretation of Culture* Urbana: University of Illinois Press.

Newman, Janet & Clarke, John (2009). *Publics, Politics, and Power*. London: Sage.

O'Brien, Glenn (1987). "What is Hip?," *Interview*, 27(July), pp.42~43.

O'Hanlon, Rosalind (1988). "Recovering the subject: Subaltern studies and histories of resistance in colonial South Asia," *Modern Asian Studies*, 22, pp.189~224.

Osborne, Peter (1995). *The Politics of Time*. London: Verso.

Parkin, Frank (1971). *Class inquality and political order*. London: Macgibbon and Kee.

Parry, Benita (1987). "Problems in current theories of colonial discourse," *Oxford Literary Review*, 9, pp.27~58.

Penman, Ian (1982). "Review of Simple Minds' "Promised you a miracle,"" *New Musical Express*, April 3.

Pfeil, Fred (1988). "Postmodernism and a structure of feeling," In *Marxism and the interpretation of culture*, Ed. Cary Nelson & Lawrence Grossberg. Urbana: University of Illinois Press.

Piccarella, John (1980). "Fashion's future fusion conventions," *Village Voice*, 14 January, p.70.

Piccarella, John (1982). "Flipper's triumph of the therapeutic," *Village Voice*, 15 June, p.83.

Pickles, John (2004). *A History of Spaces*. London: Routledge.

Polanyi, Karl (2001). *The Great Transformation*. Boston: Beacon Press.

Postone, Moishe (1993). *Time, Labor, and Social Domination*. Cambridge: Cambridge University Press.

Postrel, Virginia (1999). *The Future and Its Enemies*. New York: Free Press.

Povinelli, Elizabeth (2001). "Radical Worlds: The Anthropology of Incommensurability and Inconceivability," *Annual Review of Anthropology*, 30, pp.319~334.

Pryke, Michael, and Paul du Gay (2007). "Take an Issue: Cultural Economy and Finance," *Economy and Society*, 36(3), pp.339~354.

Racionero, Luis (1996). *El mediterraneo y los barberos del norte*. Barcelona: Plaza and Janés.

Raffles, Hugh (1998). "'Local theory': Nature and the Making of an Amazonian Place," *Cultural Anthropology*, 14(3), pp.291~325.

Reisz, Matthew (2008). "Figure It Out," *Times Higher Education* Online, June 26. http://www.timeshighereducation.co.uk/story.asp?sectioncode=26&storycode= 402499.

Ricardo, David (1981). *On the Principles of Political Economy and Taxation*. Cambridge: Cambridge University Press.

Robbins, Ira (1982). "Lip service," *Trouser Press*, August, p.46.

Rodó, José Enrique (1967). *Ariel*. Cambridge: Cambridge University Press.

Rofel, Lisa (1999). *Other Modernities*. Berkeley: University of California Press.

Rose, Jacqueline (1984). *The case of Peter Pan or the impossibility of children's fiction*. London: Macmillan.

Ross, Andrew (1989). *No Respect: American Intellectuals and Culture*. New York: Routledge.

Rubin, Harriet (2007). "Surprises in the Bookshelves of C.E.O.s," *New York Times*, sec. B, July 21.

Rubin, Isaak Illich (1973). *Essays on Marx's Theory of Value*. Montreal: Black Rose Books.

Ruccio, David F. (ed.) (2008b). *Economic Representations: Academic and Everyday*. London: Routledge.

Ruccio, David F. (2005). "(Un)Real Criticism," *Post-Autistic Economics Review*, 35(5). http://www.paecon.net/PAEReview/issue35/Rucci035.htm.

Ruccio, David F. (2008a). "Economic Representations: What's at Stake?," *Cultural Studies*, 25(6), pp. 892~912.

Safouan, Moustafa (1983). *Pleasure and being*. London: Macmillan.

Said, Edward W. (1978). *Orientalism*. New York: Vintage.

Salamon, Karen Lisa Goldschmidt (2001). "'Going Global from the Inside Out'— Spiritual Globalism in the Workplace," In *New Age Religion and Globalization*, ed. Mikael Rothstein, pp.150~172, Aarhus, Denmark: Aarhus University Press.

Santos, Boaventura de Sousa (2002). *Toward a New Legal Common Sense*. London: Butterworths.

Schjeldjahl, Peter (1981). "Appraising passions," *Village Voice*, 7-13 January, p.67

Schumpeter, Joseph A. (1962). *Capitalism, Socialism, and Democracy*. New York: Harper and Row.

Scott, David (2004). *Conscripts of Modernity: The Tragedy of Colonial Enlightenment*. Durham, N.C.: Duke University Press.

Seigworth, Gregory J. (2006). "Cultural Studies and Gilles Deleuze." In *New Cultural Studies*, ed. Gary Hall and Clare Birchall, pp.107~127. Athens: University of Georgia Press.

Sen, Amartya (2000). *Development as Freedom*. New York: Anchor Books.

Simmel, Georg (1991). "Money in Modern Culture," *Theory, Culture & Society*, 8(3), pp.17~31.

Slack, Jennifer Daryl (ed.) (2003). *Animations* [Of Deleuze and Guattari]. New York: Peter Lang.

Smith, A.C.H. (1977). *Paper Voices: The Popular Press and Social Change*. London: Chatto and Windus.

Smith, Adam (2003). *The Wealth of Nations*. New York: Bantam Dell.

Smith, Barbara Herrnstein (1997). *Belief and Resistance*. Cambridge, Mass.: Harvard University Press.

Soja, Edward W. (1989). *Postmodern geographies: The reassertion of space in critical social theory*. London: Verso.

Solow, Robert M. (1997). "How Did Economics Get That Way and What Way Did It Get?," *Daedalus* (winter), pp.39~58.

Spivak, Gayatri Chakravorty (1987). "Scattered Speculations on the Question of Value," In *In Other Worlds*, pp.154~175. New York: Methuen.

Spivak, Gayatri Chakravorty (1987). *In other worlds: Essays in cultural politics*. New York: Routledge.

Strathern, Marilyn (1999). "What Is Intellectual Property After?," In *Actor Network Theory and After*, ed. John Law and John Hassard, pp.156~180, Oxford: Blackwell, 1999.

Straw, Will (1987). "Intersections and Directions in Cultural Studies," Panel Discussion at Garleton University, Centre for Communication, Culture and Society, Ottawa, March 4.

Takeuchi, Yoshimi (2005). *What Is Modernity?* New York: Columbia University Press.

Taylor, Charles (2004). *Modern Social Imaginaries*. Durham, N.C.: Duke University Press.

Thompson, Edward P. (1966). *The Making of the English Working Class*. New York: Vintage.

Thrift, Nigel (1991). "For a New Regional Geography 2," *Progress in Human Geography*, 15(4), pp.456~465.

Thrift, Nigel (2005). *Knowing Capitalism*. London: Sage.

Throsby, David (2001). *Economics and Culture*. New York: Cambridge University Press.

Toffler, Alvin (1971). *Future Shock*. New York: Bantam.

Trouillot, Michel-Rolph (2002). "North Atlantic Universals: Analytic Fictions, 1492–1945," *South Atlantic Quarterly*, 101(4), pp.839~858.

Turner, Graeme (1990). *British Cultural Studies: An Introduction*. Boston: Unwin Hyman.

Viswanathan, Govindasamy (1991). "Raymond Williams and British colonialism," *Yale Journal of Criticism*, 4, pp.47~66.

Von Mises, Ludvig (1966). *Human Action*. Chicago: Henry Regnery.

Wallace, Michele (1994.) "Multiculturalism and oppositionality," in Henry Giroux & Peter McLaren (eds), *Between Borders: Pedagogy and the Politics of Cultural Studies*, New York: Routledge, pp.180~191.

Wark, Mckenzie. (1994). *Virtual geography: Living with global media events*. Bloomington: Indiana University Press.

Watkins, Evan (1998). *Everyday Exchanges: Marketwork and Capitalist Commonsense*. Stanford, Calif.: Stanford University Press.

Whitehead, Alfred North (1979). *Process and Reality*. New York: Free Press.

Williams, Raymond (1958). *Culture and Society 1780-1950*. New York: Harper and Row.

Williams, Raymond (1965). *The Long Revolution*. Middlesex: Penguin.

Williams, Raymond (1973). "Base and superstructure in Marxist theory," *New Left Review*, 82.

Williams, Raymond (1977). *Marxism and Literature*. Oxford: Oxford University Press.

Williams, Raymond (1979). *Politics and letters*. London: New Left Books.

Williams, Raymond (1981). *Culture*. London: Fontana.

Williams, Raymond (1989b). "The Future of Cultural Studies." In *The Politics of Modernism*, pp.151~162, London: Verso.

Williamson, Judith (1986). "The Problems of Being Popular," *New Socialist,* September, pp.14~16.

Willis, Paul (1978). *Profane Culture*. London: Routledge and Kegan Paul.

Wolf, Eric R. (1982). *Europe and the people without history*. Berkeley: University of California Press.

Women's Studies Group (cccs) (1978). *Women Take Issue: Aspects of Women's Subordination*. London: Hutchinson.

Yack, Bernard (1997). *The Fetishism of Modernities*. Notre Dame, Ind.: University of Notre Dame Press.

Young, Robert (1990). *White mythologies: Writing history and the West*. London: Routledge

Yúdice, George (2003). *The Expediency of Culture: Uses of Culture in the Global Era*. Durham, N.C.: Duke University Press.

Zion, Sidney (1981). "Outlasting rock," *New York Times Magazine*, 21 June, p.16

Zizek, Slavoj (1987). "The Subject Supposed to . . . (Know, Believe, Enjoy, Desire)," *Lecture delivered at the Symposium* on "Wars of Persuasion: Gramsci, Intellectuals and Mass Culture." University of Massachusetts, Amherst. April 24.

찾아보기